"十二五"普通高等教育本科国家级规划教材

国家精品在线开放课程教材

高等学校金融学专业主要课程精品系列教材

金融学

（第四版）

主编　李健

中国教育出版传媒集团
高等教育出版社·北京

内容简介

本书为教育部认定的中国大学首批国家精品在线开放课程和首批国家精品资源共享课课程“金融学”的配套教材，是“十二五”普通高等教育本科国家级规划教材的修订版。

本书作为金融专业的统帅性基础理论课程教材，采用宽口径金融的研究范畴，涵盖了货币与汇率、信用与利率、金融资产与价格、金融市场与交易、金融机构与业务运作、货币需求与供给、金融总量与均衡、宏观调控与监管、金融发展等几乎所有金融活动。

本书以开放经济为环境，以实体经济运作为基础，从各经济主体的财务活动中引出金融的供求；以货币、信用及其价格等基本要素为基础，阐明各要素之间的关联性；以金融机构和金融市场为载体，阐释金融运作的基本原理；以利率为连接微观金融与宏观金融的纽带，说明其作用机理；以金融总量与结构均衡为目标，讨论宏观金融的理论与实践问题；以宏观调控和金融监管为保证，研究金融发展的稳健与效率问题。

本书力图以历史和逻辑的线索系统阐述金融的基本原理、基本知识及其运动规律；客观介绍世界主流金融理论及最新研究成果和实务运作的机制及最新发展；立足中国实际，努力反映最新实践进展和理论研究成果，探讨金融理论和实践发展中的问题。

本书既可作为高等学校经济、管理等学科的金融学课程教材，又可供理论研究者和实际工作者参阅。

图书在版编目（CIP）数据

金融学/李健主编. --4版. -- 北京 ：高等教育出版社，2022.9（2025.12重印）

ISBN 978-7-04-058896-5

Ⅰ. ①金… Ⅱ. ①李… Ⅲ. ①金融学-高等学校-教材 Ⅳ. ①F830

中国版本图书馆 CIP 数据核字(2022)第 116432 号

金融学（第四版）
Jinrongxue

策划编辑 于 明 赵 鹏　责任编辑 赵 鹏　封面设计 张 楠　版式设计 马 云
责任绘图 李沛蓉　责任校对 窦丽娜　责任印制 张益豪

出版发行 高等教育出版社
社 址 北京市西城区德外大街 4 号
邮政编码 100120
印 刷 三河市宏图印务有限公司
开 本 787 mm×1092 mm 1/16
印 张 36.25
字 数 930 千字
购书热线 010-58581118
咨询电话 400-810-0598
网 址 http://www.hep.edu.cn
http://www.hep.com.cn
网上订购 http://www.hepmall.com.cn
http://www.hepmall.com
http://www.hepmall.cn
版 次 2010 年 5 月第 1 版
2022 年 9 月第 4 版
印 次 2025 年12月第 13 次印刷
定 价 79.00 元

本书如有缺页、倒页、脱页等质量问题，请到所购图书销售部门联系调换

物 料 号 58896-A0

第四版前言

《金融学》（第三版）是2018年出版的。2019年，本书获评第七届金融图书“金羊奖”。2022年，本书作为中国特色“金融学”课程建设重要成果，获评国家教学成果奖二等奖和北京市高等教育教学成果奖特等奖。近几年，随着人们对金融问题认识的不断深化，国内外的金融发展出现了许多新的变化，一些新的理论观点和知识应该及时纳入教材，以提高金融理论与实践的结合度；同时我们在线上线下的教学过程中也发现了一些问题需要进一步完善，这也是教育部对教材建设的要求和“小批量、多版次”的教材建设原则的初衷。为此，我们对第三版教材进行修订，努力构建中国特色的高质量教材。

本书是同名的国家精品在线开放课程、国家级一流本科课程、国家精品资源共享课程的配套教材，课程上线教学以来，得到许多高校师生们的厚爱，注册学习的学生超过190万人，在学习讨论区每天都有学生提出各种问题和我们讨论，还有近百所高校选择本课程做翻转课堂和小规模限制性在线课程（SPOC）的教学，所以我们非常重视线上师生在使用过程中提出的问题和反馈的意见。根据在各高校本科教学和教育部爱课程平台教学中师生们的反映，第四版保持了第三版的逻辑体系和框架结构，教材的修订调整主要体现在章下面的节、目和内容之中。

本次修订的主要原则与重点是：

（1）深化原理解读，切合实际国情。力图做到既能够阐释完整的基本原理，又能够展现鲜活的中国特色。一方面，加大中国金融理论和实践问题的比重，增加中国学者相对成熟的理论贡献，注重对中国金融发展的客观描述，实事求是地刻画评价在中国经济飞速发展中金融的贡献和作用，尽力讲好中国故事。特别是落实党的二十大精神进教材的要求，深度解读习近平新时代中国特色社会主义思想中对金融回归本源与服务实体经济、加强和完善现代金融监管、强化金融稳定保障体系和防范金融风险、深化金融体制改革和建设现代中央银行制度、健全资本市场功能、提高直接融资比重等问题的阐述，说明在中国式现代化过程中对金融发展的要求，在深入理解的基础上，精准把握理论逻辑，力图从理论和实际的结合上把这些重大问题阐释清楚。另一方面，注重从原理上阐释金融运作和发展的规律，争取讲透现代金融的基本原理，包括各种运作机理和宽口径金融范畴下的逻辑体系，突出主要金融原理的凝练和阐释，结合国内外百年未有之大变局下的金融运作新特征，特别是我们在推动中国式现代化和高质量发展中的金融实践经验，完善金融学的理论体系。

（2）强化逻辑联系，突出重点内容。本书在修订时尽量保持全书内容的系统性和内在关联性，做到“瞻前顾后”，强化了各章之间的逻辑联系，在相关章节中进一步明晰了利率在金融学理论框架中的核心地位与纽带联系作用。同时注意到了核心章节与普通章节、重点内容与一般性介绍的区别，尽量优化结构，相对减少了一般常识性介绍的篇幅，减少重复性内容，精简过于细碎的知识介绍，压缩实务性、技术性的内容，适当增加原理性的阐释和应用内容，突出本书基础性金融理论课程教材的定位。对金融一般知识和概念的修订也力求定义一致，表述准确。

（3）努力与时俱进，充实更新内容。这次修订对各章的内容进行了较多的补充和修改，更新了全部的数据和图表，以及大部分知识链接、专栏看板等，尽量注意到我国经济金融改革开放的新进展，包括金融发展中的新动态，以求能够及时反映金融实践的发展和人们认识的深化。特别是针对近十年来的金融形势变化与面临的问题，增加了数字货币、信用风险与杠杆率、利率联动机制和贷款市场报价利率（LPR）改革、碳金融市场、量化投资、商业银行的科技赋能、中央银行的常备借贷便利、结构性货币政策工具、票据互换工具、现代货币政策框架、双支柱宏观审慎政策、金融科技发展等方面的内容，力图拉近理论与实践的距离，以激发学生关注金融时势和学习探究问题的兴趣，提升教材的可读性与鲜活性。

（4）教材教辅呼应，线上线下匹配。在修改教材的同时，我们同步修改更新与教材配套的教学资源库，主要包括数据库、名词术语库、习题作业库、教学案例库、问题释疑库、自测题库、综合测试和例题库等。为师生教学提供丰富的配套资料，以拓展教材的延伸空间，提高教材在教学中的引导性、启发性和主导性，也有助于缓解课程内容丰富但课时紧张的教学困难问题。

本书是教育部首批新文科研究与改革项目“新文科·中国金融类专业课程教材体系与资源平台建设——以党的创新理论为引领”（项目编号：2021070018）的成果。本次修订是由中央财经大学国家级金融学教学团队的老师们共同完成的，具体的分工为：李健，第 1、14、16、20 章，第 18 章第 1—4 节；左毓秀，第 2 章；黄昌利，第 3、17 章；蔡如海，第 4、5 章；李建军，第 6、10 章；彭俞超，第 7 章；黄志刚，第 9 章、18 章第 5 节；贾玉革，第 8、15 章；孙建华，第 11 章；马亚，第 12、13 章；郭田勇、方意，第 19 章。全书最终由笔者进行了总纂，因此，书中的不足和错误也应由笔者来承担责任。

特别需要表达的是，在本书的建设中，高等教育出版社的有关编辑提出了很好的修改完善性意见，为本书的出版付出了辛勤的劳动，在此一并向他们表示衷心的感谢！

李　健
2022 年 4 月
（2023 年 10 月修订）

第三版前言

一本好的教材总是需要不断修改完善，尤其是应用经济学类的教材，还需要结合现实不断修正认识，调整并深化对原理与现实结合的理解。《金融学》（第二版）教材已经出版三年多了，按照教育部对教材建设的要求和“小批量、多版次”的教材建设原则，特别是同名的国家精品在线开放课程和国家精品资源共享课程的建设要求，结合近年来国内外金融发展的变化，我们对教材进行了修订。

为了做好这次的教材修订工作，本书的编写老师和讲授“金融学”课程的教学团队广泛听取了同行和学生的意见，特别关注了在教育部“爱课程”平台上开设的 8 期“金融学”MOOC 教学过程中学生讨论中所反映的问题，教学团队专门召开了四次教材修改的研讨会议，根据老师们的教学实践和同行、同学们提出的意见逐章逐节讨论如何修改，力图臻于至善。综合各方意见，本书的逻辑体系和框架结构这次修订暂不改动，内容的调整主要体现在每章的细节内容。

本次修订的主要原则与重点是：

（1）强化金融的基本原理，结合国内外金融发展特别是我国改革开放的实践完善金融理论的体系。注重从原理上深度解读中央金融工作会议和党的十九大提出的金融回归本源、优化结构、强化监管、市场导向的原则和服务实体经济、防范金融风险、深化金融改革的任务，力图从理论和实际的结合上把这些重大问题说清楚。

（2）进一步突出本书以利率为核心的市场化金融逻辑。本书的最大特点是以利率为主线连接宏观金融和微观金融及其所有范畴。因此，此次修订强调利率在金融运作中的杠杆作用和核心作用，进一步提炼利率与各主要金融变量、宏观调控与微观运作之间的关系，比如：利率与汇率、利率与收益率、利率与资产定价、利率与金融机构业务和经营管理、利率与货币供求、利率与价格型货币政策的关系等。同时，关注基本范畴、金融市场、金融机构、金融总量与均衡、调控监管等模块之间的逻辑联系，尽量注意加强本章与其他各章的关联点，真正发挥金融学课程在专业教学体系中的“导游图”作用。

（3）在内容上做了结构调整，尽量处理好与其他金融专业课程的关系。本次修订适当增加了原理性的阐释和启发性的扩展，突出了核心章节和重点内容，缩减了普通章节和一般常识性介绍的篇幅。除了强化金融学基本原理的阐释外，关注了与其他金融专业课程的关系。以已经开设过的课程为基础，对只有在“金融学”课程中涉及而其他后续课程不再出现的内容，尤其是对其他课程的理解起重要支撑作用的原理尽量讲深讲透，删减了对专业技能和具体应用方面的实务性描述，避免各课程之间重复与空漏并存或越俎代庖的问题，重在体现为后续诸多金融专业课的教学发挥“统帅性”原理课程的作用。

（4）完善全书的知识体系，按照知识点出现的先后顺序安排繁简，保持各章节间知识点的有机衔接。力求定义一致，表述准确，数据更新，循序渐进。加强理论联系实际的讨论，尤其关注我国近年来金融发展中的热点和焦点问题，提升教材的可读性与鲜活性。

（5）本次教材的修订尽可能与在“爱课程”平台上开设的资源共享课、MOOC 课程的建设相配套，处理好教材修订与后续课程建设的关联性。现有体例中已有的与资源共享课的相关部分连接仍然保留，其他网上教学资源做好同步更新的工作，以利于学生自主学习。

社会科学的理论都是随着历史的发展而不断发展完善的，这个特点在金融学领域尤为明显。随着全球金融业的发展变化和我国金融改革开放的深化，金融理论体系也在逐步完善之中。尽管我们努力在教材中体现出这种变化，但修订的版本中仍然会存在一些不当或欠缺之处，恳请读者批评指正。

本书初稿的作者是：李健，第 1、14、16、18、20 章；左毓秀，第 2 章；黄昌利，第 3、17 章；蔡如海，第 4、5 章；李建军，第 6、10 章；魏建华，第 7、9 章；贾玉革，第 8、15 章；孙建华，第 11 章；马亚，第 12、13 章；郭田勇，第 19 章。本次修订本除第 7 章由李宪铎、董兵兵修订，第 9 章由左毓秀修订，第 18 章由李健、黄志刚修订，第 19 章由郭田勇、方意修订外，其余各章修订都是由初稿作者完成的。在修订过程中，得到了许多同行和学生的帮助。中央财经大学的同学们在教学过程中提出了很好的意见，例如陈绍光写了一份近 2 万字的意见书，逐章提出了详细的意见和感受；使用本教材的兄弟院校老师们通过各种渠道肯定了教材的逻辑体系并指出了不足之处；我的博士生邱亦霖和硕士生王雪在图表制作和文字编排过程中付出了艰辛的劳动；高等教育出版社的有关编辑参与了本书修订的策划并提出了富有建设性的意见，他们的精心编辑为本书增色不少，在此一并向他们表示最诚挚的感谢！

李　健
2018 年 5 月于北京

第二版前言

本教材自2010年出版后受到广大师生的厚爱，热心的读者对教材的逻辑框架和内容安排给予了充分的肯定，也提出了一些建设性的修改意见，让我们深受感动和鼓舞。本着“小批量、多版次”的教材建设思路，我们对教材进行了首次修订。

本次修订的重点主要有以下几个方面：

（1）清晰逻辑，进一步突出利率在金融学中的纽带和核心作用。随着我国市场化改革的深入，各种价格在经济中的地位越来越重要，金融亦不例外。同时以银行体系为中心、以货币供应为纽带的原有《货币银行学》体系面临着诸多新的挑战：金融市场的迅速发展、非银行金融机构的活跃、非货币性金融资产的快速增长、金融活动中价格机制的作用越来越重要、中央银行的政策操作越来越市场化、货币政策的中介指标需要从数量型转为利率等价格型，等等。因此，需要架构起涵盖全部金融市场和金融机构、覆盖宏观和微观金融活动的市场化的新体系。在这个新体系中，利率成为核心，既是金融活动和金融运作的中心与杠杆，又是连接宏观金融和微观金融的纽带与桥梁。为此，本书在修订时进一步突出了利率在金融运作中的杠杆作用和枢纽作用，努力把利率与各主要金融变量、宏观调控与微观运作之间的关系表述清楚。希望让读者更好地掌握利率与汇率、利率与收益率、利率与资产定价、利率与金融机构业务和经营管理、利率与货币供求、利率与货币政策等多方面的关系，进而系统掌握金融学的整体逻辑。

（2）突出重点，增加新的金融知识与热点问题讨论。本书在修订时注意到了核心章节与普通章节、重点内容与一般性介绍的区别，相对减少了一般常识性介绍的篇幅，适当增加原理性的阐释和启发性的表述。特别是针对美国次贷危机后的金融形势与面临的问题，增加了量化宽松货币政策、系统性与非系统性风险、明斯基时刻、系统重要性机构、宏观审慎监管、存款保险制度、金融效率等方面的内容和热点问题讨论，以激发学生关注金融时势和学习探究问题的兴趣。

（3）与时俱进，补充新内容和新数据。在修订各章时，尽量注意到我国经济体制和金融体制改革的新进展，包括金融发展的新动态。为了保持教材理论逻辑的严整性，有一部分以专栏和看板的形式安排在教材相应章节中，而大量的新事件、新事物主要体现在与之配套的中国大学资源共享课的基本资源和拓展资源中。同时各章重要的数据资料都更新至2012年年底，目的是使教材的内容更为鲜活并贴近实际。

（4）利用网络，与中国大学资源共享课的建设相衔接。2013年，本书作者们共同建设的“金融学”课程入选教育部“国家级精品资源共享课程”，作为“中国大学资源共享课”第一门“金融学”课程于2013年6月26日在爱课程网站（http://www.icourses.cn）首批上网开放，为高校师生和社会学习者提供了运用现代信息技术加工处理后的反映课程教学思想、教学内容、教学方法、教学过程的核心资源和教学活动所必需的基本资源。我们按教材设计的思路，将教材的20章分为6个模块20个单元。对每一模块、每一单元凝练出包括教学的大纲、要点、日历、要求等教学设计方案，除了为教师提供教学示例、教学视频、教学课件等资源外，着力为学生自主学习提供更多资源，包括课程学习指南、学习要点提示和学习重点难点提示，便于学生把握学习的范围和深度。为有利于对学生自主性学习进行导学和助学，我们开发和集成了9个学习资源库：教学视频库、名词术语库、公式例题库、问题释疑库、媒体素材库、文献资料库、相关数据库、学生作品库、自测习题库等，为学生主动学习、开阔视野、培养能力和提升素质提供优质便利的教学资源。为了更好地利用中国大学资源共享课，我们在教材的体例上做了一些调整。例如将原来的导读与资源课的单元教学要求、延伸阅读与资源课的文献资料库、专栏看板与媒体素材库、图表与相关数据库等对应链接起来；把重要术语与名词术语库链接起来；把复习思考题与问题释疑库、自测习题库链接起来；同时，新增加了利用中国大学资源共享课案例素材的讨论题，力图加强教材阅读的引导性、开放性和启发性。

需要特别说明的是，随着全球金融业的迅速发展和我国金融改革与开放的深入，金融理论与实务方面都正在发生深刻的变化，原有的货币银行学框架已经越来越难以覆盖所需要研究的范畴，因此，如何架构一个更加合理的体系，如何更好地安排教材的内容，是我国各金融学科点正在探讨中的问题。尽管我们做了努力，但修订的版本中仍然有一些不妥或薄弱之处，敬请读者指正。我们期盼着广大师生积极参与教材和课程的建设，提出宝贵的建设性意见，以便下一版的修订能够有的放矢，亦使本书日臻完善。

本书初稿的作者是：李健，第1、14、16、18、20章；左毓秀，第2章；黄昌利，第3、17章；蔡如海，第4、5章；李建军，第6、10章；魏建华，第7、9章；贾玉革，第8、15章；孙建华，第11章；马亚，第12、13章；郭田勇，第19章。本次修订本除了第7章由李宪铎修订、第9章由黄志刚修订外，其余各章都是由初稿作者完成的。在修订过程中，得到了许多老师和学生的帮助。中央财经大学金融学院2010级、2011级、2012级的同学们为本书的修改提供了详细的纠错清单并提出了中肯的修改意见。我的博士生、河北大学的李浩然老师协助我做了许多具体的工作。我的硕士生李佳辰、赵越、杨娜、高扬、廉政、王敏、何文华、钱婧等同学在资料搜集、图表制作和资源链接等过程中付出了艰辛的劳动；中央财经大学教学技术服务中心主任王健教授和王利、娄金凤、殷卫平、田哲老师为本书的使用及课程建设提供了大力支持和周到的服务。高等教育出版社的有关编辑参与了本书修订的策划并提出了很好的意见，在此一并向他们表示衷心的感谢！

李　健
2013年12月

第一版前言

2008 年，一场突如其来的由美国次贷危机引爆的金融海啸席卷全球，其对于金融学科和金融理论的冲击不亚于对经济社会和金融业的冲击。痛定思痛，迫使人们重新思考并审视：金融理论和金融体系究竟出了什么问题？传统的金融理论及其据以架构的金融体系是否真的过时了？新兴的金融理论以及据此创新出来的各种新市场、新机构、新工具、新交易的基础何在？它们与传统金融有否内在联系？金融的主要功能和发展目的是什么？金融学科有没有相对明确的客观规律和基础原理？要明确地回答这些问题并非易事，但目前必须直面。本书力图以历史和逻辑的线索系统阐述金融学的基本原理、基本知识及其运行规律；客观介绍世界主流金融理论和实务运作的机制及最新发展；立足中国实际，努力反映改革开放后中国金融的实践进展和理论研究成果，探讨金融理论和实践发展中的问题。当然，本书只是体现了我们对这些问题的思考，希望读者能与我们一起探寻破解金融问题的钥匙。

（一）

金融学科的演进及教学安排依托于其研究对象的发展。中国金融学泰斗黄达教授对此作过精辟的阐释①。从历史上看，货币、信用等金融要素的产生已有几千年了，在资本主义运作方式确立以前，无论是货币的演进，还是信用的发展，都是相互独立的，因此，在早期的文献中，对货币和信用的研究也相对独立。工业革命以后，随着资本主义经济的发展，新式银行的出现把货币经营与信用活动融为一体形成了金融范畴，由此金融获得了长足的发展。直到 20 世纪中叶以前，尽管已有比较完备的金融市场，但主要的金融活动仍然在货币系统和以存款货币银行为主体的金融机构覆盖之下，因此，金融研究的成果主要集中在货币和银行方面，“货币银行学”亦成为国内外金融专业普遍开设的基础课程。20 世纪 50 年代以来，以美国为代表，以资本市场为核心和以金融衍生工具市场为先锋的金融市场迅猛发展，与此相对应，以各经济主体的理财需求为对象，以数理工具进行理论描述和建立模型为基本套路，对各种资产的估值定价和风险管理成为金融研究的重点，以马科维茨的资产组合理论、威廉·夏普的资本资产定价模型和莫迪利亚尼-米勒的 MM 定理等为基础的金融微观分析理论异军突起，形成了新兴的金融经济学，金融经济学亦成为一些商学院金融专业的基础理论课程。但与此同时，许多银行主导型国家仍然以“货币银行学”作为金融专业的基础理论课程，即便是在美国等市场主导型国家，由于货币系统和存款货币银行仍然是金融体系的主体，“货币银行学”和“金融经济学”同时成为不同特色高校金融专业的基础理论课程。

中国自改革开放以来，从“大一统”的计划金融转向多元的市场金融，形成了多元化的金融机构体系，建立了多种类金融市场，微观金融日益活跃；金融总量快速增长，建立起金融宏观间接调控体系和金融监管体系，宏观金融理论内容更为丰富。20 世纪 90 年代末以前，大多数高校的金融专业均以

① 参见：黄达. 金融：词义、学科、形势、方法及其他. 北京：中国金融出版社，2001.

“货币银行学”作为金融专业的基础理论课程，比较适合中国金融发展的实际。20世纪90年代末以来，伴随着金融市场的快速发展和对外开放的日益扩大，资本市场运作、金融资产估值和经济主体理财已经成为金融活动的重要内容且有不断扩大的趋势，原有的货币银行理论难以涵盖我国现实的金融运作，需要拓宽金融学科的研究范畴。面对新的变化，国内高校在教学中普遍将“货币银行学”发展为“金融学”或“货币金融学”课程，采用宽口径金融的研究范畴，即包括了货币与汇率、信用与利率、金融资产与价格、金融市场与交易、金融机构与业务运作、货币需求与供给、金融总量与均衡、宏观调控与监管、金融发展等所有活动的集合。宽口径的“金融学”更符合其作为阐释金融领域各要素及其基本关系与运行规律的专业基础理论课程的要求，与其在金融专业课程体系中居于统帅性的地位更加适应。

（二）

与其他《金融学》教材相比，本书具有以下特点：

（1）调整了以往教材体系的内容。改变了以往教材偏重货币理论与宏观金融分析的格局，增加了各部门金融活动、金融市场、资产估值、公司理财、金融中介等微观金融理论与运作的原理，构建宽口径的现代金融学专业的基础理论体系，努力实现“宏观金融与微观金融、传统金融与现代金融、理论金融与应用金融、人文金融与数理金融”的融合，注重培养学生对基本原理、内在联系和客观规律的认知能力、思辨能力以及文理交融的思维方式。

（2）改善了以往教材的框架设计。本书以开放经济为环境，不设单章而是融入各相关章来讨论对外金融问题；以实体经济运作为基础，从各经济主体的财务活动中引出金融的供求；以货币、信用及其价格等基本要素为基础，阐明各要素之间的关联性；以金融机构和金融市场为载体，阐释金融运作的基本原理；以利率为连接微观金融与宏观金融的纽带，说明其作用机理；以金融总量与结构均衡为目标，讨论宏观金融的理论与实践问题；以宏观调控和金融监管为保证，研究金融发展的稳健与效率问题。本书共分为20章，基本逻辑如下图所示：

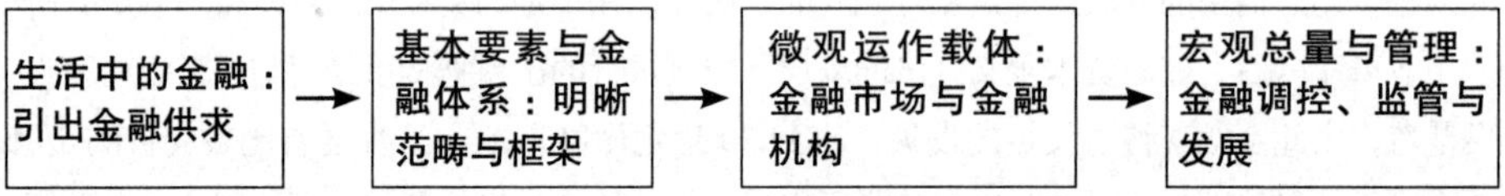

（3）强化了其统帅性课程的定位和原理性。本书的架构安排使“金融学”成为阐释金融领域各要素及其基本关系与运行规律的原理性课程，在金融专业课程体系中具有基础性、提纲性、联系性和引领性作用，具有统帅性基础理论课程的特点。由于后续的专业课程都会涉及本课程中的若干部分，而本课程的主要部分在以后的教学中都设置了更加细化和专业性、技术性更强的专业课，因此，作为专业统帅性课程，其教学定位既不能越俎代庖，又不能支离破碎，需要为学生把握整个金融学科体系提供一个相对系统的理论框架。为此，本书突出了原理性，以系统阐释金融学基本知识、基本理论和基本关系为基调，沿着历史和逻辑两条主线，运用现代经济学的分析方法，凝练古今中外金融理论的合理内核与金融运行发展的客观规律，兼容并蓄，将国内外学者在金融学方面已经取得的基本共识在各章中抽象成若干基本原理。

（4）增强了各部分的关联性。为了体现“金融学”课程在金融学专业中的统帅性特点，使其在课程体系中发挥基础性、原理性和引领性作用，本书在编写中特别关注了各章之间的内在关联性。在阐释基本原理和基本知识时，注意说明各部分的相对地位、彼此之间的内在联系和关联路径。在每一部分的讨论中，都注意将相关部分的内容有机联系起来，为学生自主学习和金融学专业后续课程的教学搭建一个有机的整体性框架，为学生提供一份了解宽口径金融各部分间主要联系线索的“导游图”。

（三）

本书的写作始于2008年，是我们获得首批国家级优秀教学团队之后重要的建设性项目。在编写中力图精炼近年来中央财经大学金融学科的教学改革成果，尽量利用首批国家精品课程“货币银行学”建设的既有资源。本书共20章，各章初稿的作者是：李健，第1、14、16、18、20章；左毓秀，第2章；黄昌利，第3、17章；蔡如海，第4、5章；李建军，第6、10章；魏建华，第7、9章；贾玉革，第8、15章；孙建华，第11章；马亚，第12、13章；郭田勇，第19章。全书由我负责设计提纲和总纂定稿。在书稿的写作过程中，得到了许多老师和学生的帮助：李建军教授和贾玉革教授协助进行了总纂，广西大学的范祚军教授参与了提纲的讨论，浙江金融职业学院的陶永诚老师承担了部分初稿的起草工作，戴迎新、张浩、成薇、王斌、杜宇、杜艳、许姗姗、张玉龙、赖贞庭等同学在书稿的通读排版过程中做了许多工作。高等教育出版社的有关编辑为本书的出版付出了艰辛的劳动。在此一并向他们表示衷心的感谢！当然，书中存在的错误或不足应由我来负责。

我们期盼着广大教师和学生积极参与《金融学》教材的建设，提出宝贵的批评和建议，使本书日臻完善。

李　健

2009年12月28日于太月园

目录

第 1 章 经济主体的财务活动与金融

本章导读

有人把金融看得很神圣，因为它似乎可以影响一切；有人把金融看得很神秘，因为它的运作难以直接看明白。实际上金融既不神圣也不神秘，而是与人们的经济活动和日常生活息息相关：各经济主体的生产、经营、消费、支付等活动都需要用货币来支付，各种跨期的借贷可以借助各种信用方式相互授受信用，资金的余缺者通过银行存贷款或金融市场的证券交易可以完成投融资活动，有专门的金融机构向各经济主体提供各种金融产品和服务，也有专门的市场交易各种金融产品，还有专设的机构对金融活动进行管理和监督，由此形成了庞大的金融体系。可见，金融源于人们的生活，融于日常的经济活动之中，因此金融必须为实体经济服务，脱离了实体经济，金融就成了无源之水、无本之木。本章从居民、非金融企业、政府和进出口四部门经济主体的财务活动与金融的有机联系入手，着力解读一个集基础要素、运作载体、总量和结构均衡、调控与监管功能于一体的现代金融体系的内在逻辑和基本原理。通过本章的学习，可以更好地理解金融来源于生活、服务于社会、根植于实体经济并与之共兴衰的道理，从总体上了解现代金融体系的构成、各部分的功能及其彼此间的关系，为后续各章的学习提供一把入门的钥匙。

引言　社会经济主体的金融交易及其关系

在现代社会中，人们的日常生活与经济活动都离不开金融。一个封闭经济由居民（Resident）（亦称住户，Households）、**非金融企业**（Non-financial Corporations）、**金融机构**（Financial Institutions）与**政府**（General Governments）这四大经济部门组成。各经济部门内部及不同的经济部门之间不断地发生着各种各样的经济活动，并引起错综复杂的资金流动。如果不考虑同个经济部门内部不同主体之间的经济活动，单是考察部门之间的经济活动与资金流动，可以发现所有的经济部门都无法独立、封闭地生存。同时，居民、非金融企业、政府三个部门都不可避免地与金融机构发生关系。

对于开放经济而言，本国各经济部门不可避免地与国外经济部门发生经济关系，产生国际金融活动。开放部门的对外金融活动主要体现在两个方面：一是对外贸易和劳务所产生的国际结算与融资，二是直接投资于实业或纯粹做金融投资。

更多数据请扫描封底增值服务码→数据库。

在不同的经济主体之间，有的总体是盈余，而有的总体是赤字，彼此之间就要通过金融活动来实现平衡。**资金流量表**（Flow of Funds Accounts）就是用以反映各经济主体的金融活动及其彼此间平衡关系的。资金流量表的主要功能是描述国民经济各主体之间一定时期资金往来或交易的流量和流向。每个经济主体的资金来源项目表示该部门从其他主体那里获得资金，资金运用项目表示该部门资金流向了其他主体。通过资金流量表，可以看出不同经济主体之间的资金流动状况。我国2019年资金流量表金融交易账户如表1-1所示。

表1-1　简化资金流量表（金融交易账户，2019年）

单位：亿元

项目	住户		非金融企业		政府		金融机构		国外	
	运用	来源	运用	来源	运用	来源	运用	来源	运用	来源
通货	3 537		358		80			3 981	6	
存款	102 916		33 079		8 456		−2 204	139 960	3 166	5 452
贷款		79 753		67 631		7 356	157 962	2 331	−402	702
保险准备金	22 095		1 448			7 549		15 994		
证券	4 786		9 380	34 430	603	47 205	119 552		6 769	5 368
直接投资			6 740	10 749					10 749	6 740
对外债权债务			−2 545	−1 488		1 936	1 192	1 291	1 739	−1 353
其他（净）	33 023	1 512	−6 899	3 655	267	254				
国际储备资产							−1 331			−1 331
合计	167 908	81 051	39 036	94 134	9 649	64 300	228 475	193 328	1 558	13 812
净金融投资	86 856		−55 099		−54 651		35 147		−12 254	

资料来源：中国人民银行统计季报（2020-4）。

注：省略了表中若干小栏目，故本表中的“合计”不等于表中所列栏目之和。

小贴士1-1

什么是资金流量表

资金流量表是以全社会资金运动为对象的核算表。资金流量表分为实物交易和金融交易两个账户表式。实物交易账户侧重反映各部门收入的形成和分配情况，金融交易账户侧重反映各部门资金的余缺以及资金筹集情况。表 1-1 为金融交易账户表。资金流量表的主要功能是描述国民经济各部门之间一定时期资金往来或交易的流量和流向。每个经济部门的资金来源项目表示该部门从其他部门获得的资金，是资金流入；资金运用项目表示该部门资金流向其他部门，是资金流出。通过当年资金流量表，可以分析不同经济部门之间的资金流动是否正常；从历年的资金流量表中可以找出货币信用运动规律，为制定收入分配政策、财政政策和金融政策，以及加强宏观调控提供依据。

更多内容请访问爱课程网→资源共享课→金融学/李健→第 1 章→1. 1→我国部门间金融资金流量表的编制与分析。

从表 1-1 可以看到：

第一，各经济主体都在进行着多样化的金融交易活动。资金流量表将国内经济分为住户（居民）、非金融企业、政府和金融机构四个主体，每个主体都有多样化的资金来源与资金运用。以住户为例，2019 年共持有 3 537 亿元现金，将 102 916 亿元资金存入银行，购买了 4 786 亿元证券，交纳 22 095 亿元保险费等，同时还从银行获得 79 753 亿元贷款。各部门复杂的金融活动形成了多元化的金融供给与需求。

第二，不同经济主体存在着资金余缺。每个经济主体的资金运用与资金来源相抵后形成**净金融投资**，它表示该经济主体的资金余缺程度。净金融投资项目数值为正表示资金有盈余，反之则表示资金短缺。从国内的四个主体来看，住户是最大的资金盈余方，其盈余资金的存在方式主要是银行存款；非金融企业是最大的资金短缺部门，2019 年的资金短缺额为 55 099 亿元，弥补的方式主要是银行贷款，亦可从证券市场上通过发行股票、债券等方式融入资金。可见，资金余缺的调剂以及由此产生的信用关系成为最基本的金融内涵。

第三，开放经济下产生的跨国经济与金融活动，形成对外资金流动及其差额，进而影响国际收支和国内经济金融活动。

第四，通过金融活动，国内各经济主体的资金余缺实现平衡。将国内四部门及国外部门的净金融投资项目进行加总，其代数和为 0。也就是说，通过存款、贷款、投资等金融活动可以调剂国内外各经济主体的资金余缺，实现平衡。如非金融企业的资金短缺，可以通过银行贷款或在证券市场上发行股票或债券，并通过住户部门的投资来实现平衡。因此，金融活动可以使得盈余主体的资金灵活、高效地流向资金短缺主体，进而实现资源的有效配置，促进社会总供求的均衡。

原理1-1

金融供求及其交易源于社会各部门的经济活动。

下面我们分别讨论各经济主体的财务活动及其与金融的关系。

第一节 居民理财与金融

居民是社会最古老、最基本的经济主体。在从自给自足经济向市场经济的逐步发展中，居民的经济活动与金融的联结越来越紧密。现代居民经济生活中的日常收支活动和储蓄投资、借贷等理财活动构成了现代金融供求的重要组成部分。

一、居民的货币收支与金融需求

（一）货币收入

城乡居民通过生产经营、提供劳务和资本等各种渠道可以获得收入。从形式上看，收入可分为**货币收入**（Monetary Income）和以消费品或其他实物形式体现的实物性收入。人类早期的收入都是实物性收入，商品交换和货币产生后，人们的收入越来越多地体现为货币收入。改革开放后，我国居民收入水平快速提升，同时居民收入的货币化程度也不断提高，使得居民的货币性收入日益增加，导致各种货币需求和金融需求随之增长（详见第15章“货币需求”）。

（二）货币支出

居民的**货币支出**（Monetary Expenditure）是指家庭为了满足日常生活需要的货币支付行为。早期经济活动中的货币支出主要是直接交易，支出方将货币直接或托人交至接受方手中。在现代经济活动中，虽然仍有零星的直接交易，但根本无法满足现代经济活动跨时间、跨空间和多维复杂交易的需要，大部分的支出活动需要信誉良好、网络庞大且运行通畅的金融机构体系作为中介提供支付服务。另外，居民的国际经济活动或财富转移产生的国际支付，也需要通过金融机构体系来快速、安全地实现。

居民的多样化支出需求促进了多样化金融产品与服务的发展。为满足居民的消费性或转移性支出，银行提供了多种转账支付服务和支票、信用卡等金融工具，极大地便利了居民支付；在网络经济条件下，基于网络支付功能的电子货币及其支付方式迅速推广应用；为了保证支付的安全性，又催生了信用证、保函等金融工具等，具体内容可见本书第12章第二节“商业银行”。

从跨主体角度来看，居民的支出会形成其他主体的收入。居民最主要的支出项目是消费，与之交易的主体主要是生产或销售的企业，居民的支出形成非金融企业的收入；居民的纳税支出形成政府的税收收入。而这种居民支出向其他主体收入的转化需要通过金融体系实现。另外，其他主体的生产经营需要居民提供劳务，又形成了居民部门的收入，这种转化也要通过金融体系来实现。在居民部门连续不断的货币收支过程中，金融体系成为最重要的载体。

从宏观角度上看，居民的支出选择在一定程度上决定了金融资产结构。如果一国或地区的居民愿意选择现金支付，则M0（流通中现金）在货币总量中占比大；如果居民愿意选择信用卡或支票进行支付，则存款货币比例上升。也就是说，居民支出方式的选择会引起货币结构的变化（详见第16章“货币供给”）。当居民对银行的支付能力与安全性产生怀疑时，就可能放弃银行支付渠道并争相从银行提取现金，引发银行危机与金融危机。

（三）盈余与赤字

居民的货币收入大于支出则产生盈余，反之则产生赤字。表 1-2 概要反映了我国改革开放以来居民收入、支出及储蓄存款的变化情况。

表 1-2　我国城乡居民收入、支出与储蓄存款

单位：元

项目	1980 年	1990 年	2000 年	2010 年	2020 年
城镇居民人均可支配收入	439	1 516	6 280	19 109	32 189
农村居民人均纯收入	468	1 413	2 253	5 919	17 131
城镇居民人均消费性支出	41	923	4 998	13 471	27 007
农村居民人均生活消费支出	191	990	1 670	4 382	13 713
人均储蓄存款余额	173	521	4 656	23 628	66 741

资料来源：国家统计局历年国民经济和社会发展统计公报。

更多数据请扫描封底增值服务码→数据库。

小贴士1-2

城镇与农村居民的收入与支出统计指标

我国城镇与农村居民的收入与支出统计指标有所不同，城镇居民采用人均“可支配收入”和“消费性支出”指标，农村居民采用人均“纯收入”与“生活消费支出”指标。可支配收入（Disposable Income）是指家庭成员可用于最终消费支出和其他非义务性支出以及储蓄的总和，即居民家庭可以用来自由支配的收入，计算公式为：可支配收入=家庭总收入-个人所得税-个人交纳的社会保障支出-记账补贴。农村居民纯收入是指农村居民当年从各个来源得到的总收入相应地扣除所发生的费用后的收入总和，计算公式为：纯收入=家庭总收入-税费支出-家庭经营费用支出-生产性固定资产折旧-赠送农村亲友支出。城镇居民消费性支出与农村居民生活消费支出的统计口径基本一致，都是指家庭用于日常生活的支出。

居民的货币盈余是进行投资的前提，居民的赤字则需要通过消费信贷或民间信用来弥补。

二、居民盈余的使用

居民作为最主要的金融盈余部门，可选择合适的方式使用盈余。一般来说，理性的居民会基于以下三个方面来考虑：一是适度的流动性，如现金、活期存款等，目的是满足日常交易需要和应付不确定性支出；二是收益性，不同的金融资产收益率不同，如不同种类的银行存款利率有所差别，不同债券的利率也各不相同，股票、基金、外汇投资等都有不同的收益；三是安全性，不同金融资产的安全性不同，一般来说安全性与收益性负相关，安全性高，则收益性一般较低，反之则较高。居民会对以上三个方面进行权衡来确定自己的盈余使用方式。有些居民的风险承受能力比较强，喜欢追求高收益，他们就会将其大部分盈余投资于股票、外汇、基金、期货或信托投资等高风险、高收益的资产；相反，居民若不愿承担较高的风险，就会将盈余主要投资于银行存款、国债、理财产品或投资性的保险产品等。居民盈余的多少对金融资产总量有决定性作用；而对盈余使用方式的不同选择，则对金融资产的结构有决定性作用。

目前居民盈余最主要的使用方式是货币储蓄与投资。我国居民总体偏爱货币储蓄，除了现金储蓄外，大部分居民盈余通过储蓄存款形成银行的资金来源，银行又通过贷款去满足企业的资金需求，实现资金供求的匹配。由于不同居民对其储蓄存款的期限、流动性有不同的需求，有的希望能随时支取，有的要求长期存放，有的希望能定期存入分散使用，等等，客观上要求银行创造出多样的储蓄存款品种，如活期、定期、零存整取、整存零取、通知存款等，推动了银行负债业务的创新。

居民货币盈余另一重要使用方式是进行投资以获取收益。居民投资可分为实物投资与金融投资。**实物投资**（Real Investment）是指用盈余购买经营性资产或各类收藏性物品以期获利；**金融投资**（Financial Investment）是指居民将货币盈余投资于股票、债券、基金、外汇等金融产品上，以期在风险承受范围内获益。居民还可以通过购买保险或通过信托使用盈余，以实现保障、遗产安排等目的。居民金融投资需求的增加和多样化，促进了多种类金融工具的创新和金融市场的活跃。

三、居民赤字的弥补

虽然从整体上看，居民是最大的金融盈余部门，但一些居民可能因购买大件商品（如住房、汽车）、支付到期债务等出现阶段性赤字，需要通过消费信用或民间借贷来弥补赤字。

居民赤字的弥补方式最常见的是消费信用。**消费信用**（Consumer Credit）是指居民为满足自身的消费需求而向消费品出售方申请赊销或分期付款，或向商业银行等金融机构申请消费贷款的信用方式。近年来我国居民消费信用发展迅速，2020 年年末消费信贷余额 495 667. 96 亿元，占金融机构人民币各项贷款余额的比重已经达到 28. 8%。一些居民在出现资金短缺时，还会采用民间借贷的方式融资，这是居民赤字弥补最原始但也是非正规的方式。民间借贷虽然灵活，但规范性差，成本较高，风险较大，官方很难直接对其进行统计监测与控制。本书在第 4 章中将讨论这些问题。

居民盈余与赤字的管理选择，对一国或地区的金融结构具有重要的决定作用。如果居民偏好选择银行存款来保留盈余，就会形成间接融资为主的金融结构；如果居民偏好持有股票、债券等投资性金融资产，则会形成以直接融资为主体的金融结构。另外，居民的盈余与赤字管理还催生了包括投资组合管理与利率管理等在内的金融技术性管理活动。居民盈余与赤字管理的金融化，使得市场利率、汇率等的波动对居民金融资产的收益与风险、居民负债及其成本产生显著影响，需要通过专业技术对其实施管理。因此，投资组合管理技术、利率管理技术以及金融衍生工具的运用得到推广。

综上对居民经济活动与金融关系的脉络进行梳理，大致可以形成如图 1-1 所示的框架图。

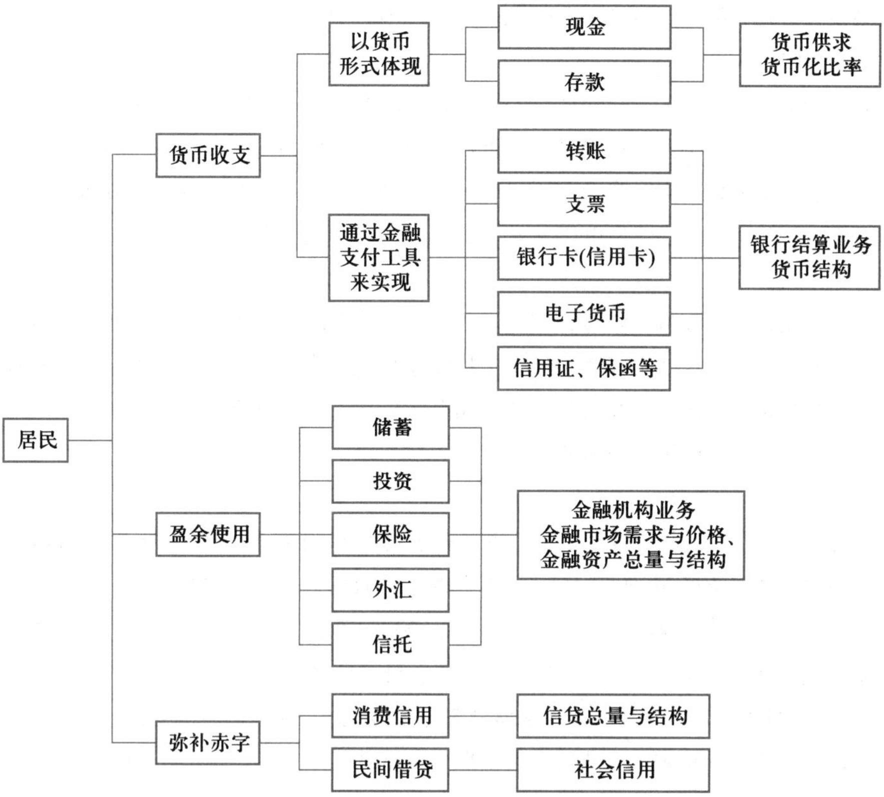

图 1-1　居民货币收支与金融关系脉络图

第二节　企业财务活动与金融

企业是现代经济活动中最基本、最活跃的经济主体，企业的经营及其财务活动与宏观金融和微观金融活动具有密切的关系。

一、企业经营与财务

（一）企业经营与资金运动

企业是实行自主经营、独立核算、依法设立、具有经济法人资格的营利性经济组织，通过从事生产或服务等经济活动以满足社会需要并从中获利。企业运作从实物形态看，在其经营过程中通过采购、生产加工、销售等环节，完成了从投入到产出的再生产过程；从资金形态看，则通过资产、负债、所有者权益、成本、利润和现金流等指标变化，实现资金筹集、资金运用、资金回收的三阶段循环周转。

1. 资金筹集

企业的资金筹集可以分为内源融资和外源融资。**内源融资**（Internal Financing）是指从企业内部筹措资金，主要来源于留存收益和折旧；**外源融资**（External Financing）是指企业从外部融通资金，通过贷款、发行票据和债券等称为债务融资，发行股票称为股权融资。

2. 资金运用

资金投入企业后，随着生产经营活动的进行，其形态也随之不断发生变化。首先，企业需要购置机器设备和厂房，采购、储存原材料，货币资金随之转化为固定资产和存货。其次，在生产过程中，企业还要不断投入生产资金用于支付燃料、动力、人工、管理等生产成本，直至产成品入库。在资金运用阶段，企业的货币资金主要以物质资产的形式存在。

3. 资金回收

企业将产品出售后回收货币资金，实现价值增值，并用以偿还到期借款、缴纳税金、提取各种基金、分配利润等。企业要实现生产经营的持续性和竞争力的提升，不仅需要扩大规模，还要更新设备和改良技术，因此，需要将部分利润和内部可用资金继续投入生产经营之中，不足部分通过外源融资来满足，由此进入新的循环。

（二）企业财务管理与金融

企业的生产经营活动过程可以通过企业财务报表直观地反映出来。**财务报表**（Financial Statements）是企业对外提供的反映自身财务和经营状况的会计报表，主要包括资产负债表、利润表和现金流量表等。资产负债表反映会计主体在某一个特定日期拥有的经济资产、所承担的经济债务和权益情况，是企业最主要的综合财务报表；利润表反映会计主体一定期间生产经营成果（盈余或亏损）；现金流量表反映了会计主体一定期间内现金的流入和流出，表明会计主体获得现金和现金等价物的能力。表1-3提供了企业资产负债表的简要项目。

表1-3 企业资产负债表简明项目

资产	年初数	期末数	负债	年初数	期末数
流动资产			流动负债		
货币资金			短期借款		
交易性金融资产			应付票据		
应收票据			应付账款		
应收账款			预收账款		
预付账款			其他应付款		
其他应收款			一年内到期的长期负债		
存货			非流动负债		
一年内到期的非流动性资产			长期借款		
非流动资产			应付债券		
长期投资			长期应付款		
固定资产			所有者权益		

续表

资产	年初数	期末数	负债	年初数	期末数
固定资产原值			实收资本		
减：累计折旧			资本公积		
固定资产净值			盈余公积		
无形及递延资产			未分配利润		
资产合计			负债及所有者权益合计		

从表 1-3 中可以看出，企业的经营活动及其相应的资金运动，形成相应的金融供求。企业生产经营前需要投入一定的资本金，现代企业大都采用股份制，可以利用股票市场筹集资本。企业在生产经营中，要预先筹措资金购买固定资产、原材料及其他辅助生产经营的物资；生产经营中会形成许多债权债务关系，有些是本企业对外负债（如短期借款或长期借款、应付债券等），有些是外企业对本企业的负债（如应收票据、应收账款等）。当企业资金充足时还要考虑将暂时不用的资金存放银行获取利息，或购买股票、债券进行长期或短期的投资获利。企业的购买活动、债权债务活动和投资活动等都是财务活动，都需要通过金融体系来实现。另外，企业获得利润后的分配政策及其发放形式既是企业财务决策的重要内容，也是影响股票价格的重要因素。企业要以货币形式依法纳税，同样需要通过银行支付。可见，企业生产经营全过程都可以通过负债管理、资产管理和盈余分配等方面的财务活动体现出来，各方面都与金融体系息息相关。

（三）企业财务活动与金融体系

1. 企业是金融机构服务的重要对象

企业财务活动中的多种需求需要多种金融服务与产品来满足。例如，银行通过对公业务为企业提供多种金融服务，包括企业存款业务、信贷业务、资金结算、现金管理、国际资金转移等；证券机构为企业提供债券和股票的发行承销、撮合交易、委托投资等业务；保险机构为企业提供财产保险、各种年金管理（包括养老金管理）等业务；信托机构为企业提供信托融资、信托投资等业务；金融租赁机构为企业提供融资租赁等业务；等等。一方面，企业庞大的财务活动是金融机构业务的基础，企业也由此成为金融机构最重要的客户群；另一方面，企业的财务运作离不开金融机构，企业资金的供求和支付、理财等都需要金融机构为之提供低成本的便利与服务。

2. 企业是金融市场最主要的参与者

企业发行的票据、股票和债券等是金融市场最主要的交易工具，企业之间的债券买卖、票据交易、股权交易等，使企业成为货币市场和资本市场上最活跃的参与者。

3. 企业的财务活动对宏观金融总量和结构有决定性影响

企业的贷款需求是货币创造的前提条件，企业信用的扩张或收缩直接影响货币信用总量；企业的资产组合与理财活动对金融资产结构和货币结构有决定性影响；企业的进出口和海外投融资对国际收支影响巨大；企业对宏观金融调控的反应也是货币政策能否见效的重要影响因素。

二、企业负债管理与金融体系

企业负债（Corporate Liabilities）是指由企业承担的能以货币计量的在将来以资产或劳务偿还

的债务。企业负债按偿还期限可分为流动负债和长期负债，企业的负债管理主要体现在其融资决策与管理上。

不同企业之间由于生产经营活动的需要，会经常性发生资金往来。从表 1-3 中可见，一些企业暂时拖欠对方企业的货款，形成该企业的应付账款或应付票据；或预收其他企业的货款，形成该企业的预收账款。企业之间相互的负债活动，称为商业信用（本书在第 4 章中有具体讨论），其信用工具主要为各种商业票据。商业票据在企业或银行之间的转让及其形成的票据背书、贴现等金融活动，是货币市场交易的重要组成部分，本书在第 8 章中将做具体介绍。

从表 1-1 的资金流量表中可见，非金融企业部门是最大的资金短缺方，需要从其他经济部门融入资金，最常见的渠道就是通过银行贷款进行间接融资。企业也可以通过发行股票、债券等有价证券从金融市场直接融资。由于历史的原因和目前金融市场还不够发达，企业主要通过银行信贷来实现外源融资。企业的融资需求既受自身经营决策的支配，也要受利率等融资成本的影响。企业的融资需求变化不仅对利率水平具有重要作用，也对银行信用货币的创造和金融市场的交易具有重要影响。

企业的负债活动对金融的影响是多方面的：一是企业通过负债活动实现外源融资，满足自己生产经营活动的资金需求；二是企业的负债活动形成银行等金融机构的业务活动和金融市场的交易，对货币和信用总量有决定性影响；三是企业的负债为居民、金融机构、国外等部门带来投资机会，使他们通过金融投资分享企业经营成果，也实现了不同部门之间资金余缺的调剂。

三、企业资产管理与金融体系

企业资产（Corporate Assets）是指能以货币计量的由企业控制并能带来收益的经济资源。企业资产主要划分为流动资产、长期投资、固定资产、无形及递延资产。企业资产管理的重点是流动资产和长期投资。

企业资产中许多直接表现为金融资产，如货币资金、短期投资、长期投资等。因为企业在生产经营中，会经常性地出现短期或较长期的资金闲置，这些闲置资金可能以活期或定期存款等形式存放在银行，形成企业的货币资金；也可能以购买国债、企业债券、其他企业股票等形式持有证券类资产；还可以进行直接投资，满足经营或发展战略的需要。

企业资产与金融紧密相关。企业的货币资金是银行存款的主要来源。另外，企业的货币资金、短期投资、长期投资等都将获得一定的利息收入，但不同资产品种的利率高低差别很大，企业为追求利润，需要根据利率、汇率等因素的变化来调整自身的金融资产结构，既保持流动性，又能实现收益最大化。因此，企业对利率和金融资产的价格变动非常敏感。

企业的资产活动对宏观金融也产生很大的影响。企业存款选择活期还是定期，将直接影响货币结构，当更多企业倾向于选择活期存款时，M1（狭义货币）数量增加，货币流动性增强；反之，则货币流动性减弱。当企业更多地从银行申请到贷款时，通过货币乘数的作用，会增加整个社会的信用货币数量。而当企业经营环境不景气时，企业的贷款需求、市场融资和投资需求都会削减，社会信用总量就会下降。更重要的是，企业的经营业绩是银行贷款质量和股票、企业债收益的基本决定因素。本书在第 4 章和第 16 章有较为深入的讨论。

四、企业盈余分配

企业经过一定时期的生产经营后，要核算收入与支出，确认自己的经营业绩。企业的经营业绩通过利润表反映，其结果可能是盈余，也可能是亏损。

企业盈余的计算是企业各项收入减去企业的各项支出。企业销售所获得的收入，减去企业生产经营的支出，形成企业的**总利润**（Total Profits）。企业缴纳的各项税收是财政收入的主要来源。缴纳所得税后的利润为**净利润**（Net Profit），净利润形成企业盈余。股份制企业的所有权归全体股东，因此企业盈余也归全体股东。企业获得盈余后，应当对盈余进行分配。如果企业亏损，需要以后年度的盈余进行弥补。企业的盈余分配，首先要提取各种**公积金**（Reserve Funds），然后决定多少以股利的形式分配给股东，剩余部分为**未分配利润**（Undistributed Profits），留在企业可用于再投资。公积金、未分配利润与企业的实收资本等一起，构成企业的**所有者权益**（Owner's Equities），这是全体股东享有的全部剩余利益，也是一个企业经济实力的体现。

企业盈余分配的决策要综合考虑自身的发展规划、资产负债水平和外部融资环境。不分配并积累盈余，是企业内源融资的一个主要方式。当企业在扩张期及外部融资环境恶化的情况下，盈余积累不失为一个明智的选择；当企业资产负债率较高时，亦应减少盈余分配，增加内源融资；反之，则需要增加盈余分配，通过外部融资并利用财务杠杆来提高股东的投资回报率。企业还要根据自身的流动资金情况决定盈余分配方式。在企业货币资金相对紧张时，可选择股票分红；反之，可选择现金分红。企业盈余分配的决策对融资需求和股票价格具有重要影响，本书在第 4 章和第 9 章中有具体的讨论。

综上，可以用图 1-2 对企业的金融活动脉络进行梳理。

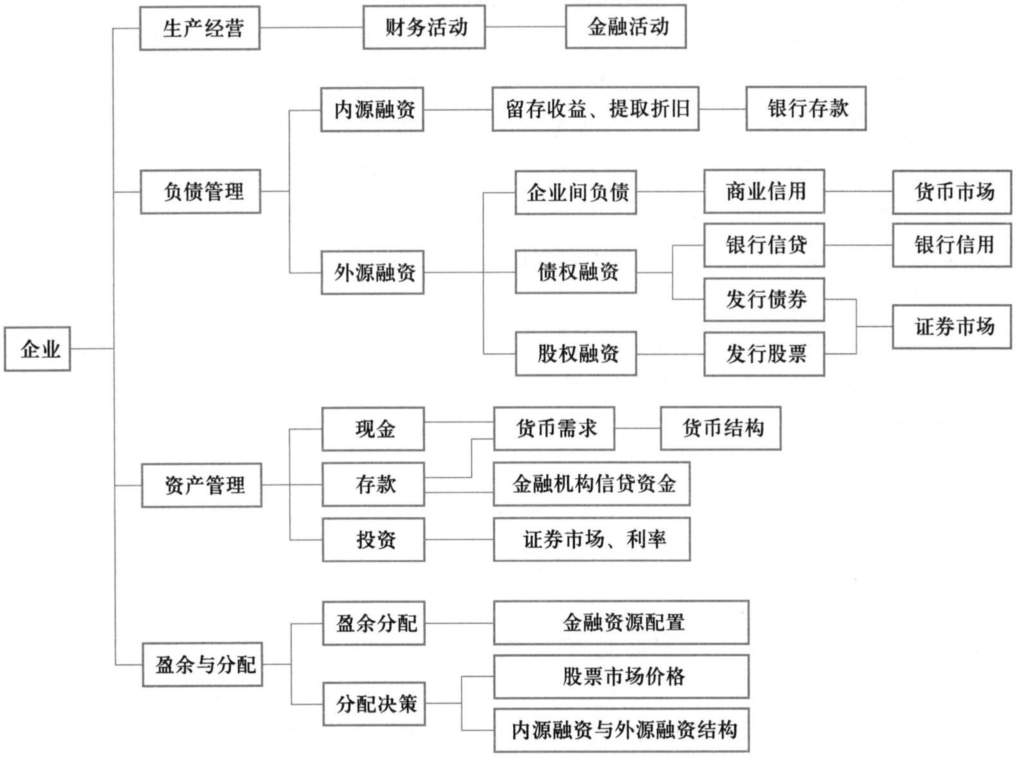

图 1-2　非金融企业财务活动与金融关系脉络图

第三节　政府的财政收支与金融

政府为了实现国家管理职能，需要参与社会分配和再分配，形成收入和支出，即为财政收支。政府通过财政收支分配金融资源，引导和调控其他部门的经济活动。因此，财政收支对居民、企业、金融及国外部门的微观经济主体活动，以及宏观金融、经济运行等都产生重要影响。

一、财政收支与政策安排

（一）财政收支

在现代经济中，政府一方面以税收及其他收费形式从社会各部门获得收入，另一方面又以购买、转移支付等形式使用其收入，政府的收入与支出称为**财政收支**（Financial Income and Expenditure）。财政收支是政府参与国民收入分配与再分配活动的主要体现，也是政府参与和干预经济运行的主要渠道。

财政收支与金融活动紧密相连。首先，财政收支以货币形式体现。现代社会庞大而复杂的财政收入与支出不可能通过实物来实现，都必须借助货币形式。财政收支的总量与结构对货币供求及其均衡影响重大，本书第16—18章将对此作具体讨论。其次，财政收支需要通过金融系统来实现，金融系统是财政收入、支出顺利实现的渠道，因此财政收支产生对金融支付的多种需求。再次，财政收支对中央银行影响极大，中央银行作为政府的银行经理国库业务，财政收入形成的存款是中央银行重要的负债来源，财政支出直接减少中央银行负债；财政透支或借款成为中央银行的资产，这个问题将在本书第14章中详细分析。最后，财政收支影响各部门的金融活动，财政收入使资金从社会各部门流向政府，财政支出使资金从政府流向各部门。当政府提高税率或扩大征税范围时，非政府部门的可支配收入减少；当政府增加支出时，流入非政府部门的可支配资金增加。财政支出的结构还可改变社会各部门的资源配置结构。

（二）财政盈余与赤字

政府的收入与支出并不总是平衡的，也会形成盈余或赤字。**财政盈余**（Financial Surpuls）是指在一个财政年度内收入大于支出，形成财政资金结余；财政年度内收不抵支则为**财政赤字**（Financial Deficit）。由于政策取向不同、预算与决算的差异等原因，财政收入出现盈余或赤字是正常现象。

财政出现赤字就必须弥补，否则无法维持正常的预算内支出。弥补财政赤字主要有三种方式：一是增加税收，如前所述这将相应缩减居民和企业部门的可支配收入；二是向中央银行透支，这会影响货币的稳定，引起通货膨胀；三是借款，对内主要通过发行公债向居民、非金融企业、金融机构等非政府部门借款，也可以通过在国际金融市场上发行政府债券或向他国借款。后两种方式统称政府信用，本书第4章将作详细说明。

出现财政盈余，政府则需要考虑如何运用盈余。第一种方式是用盈余偿还前期发行的政府债券，减少政府的借款存量。这种方式将减少金融市场上的政府债券，减少非政府部门的投资机会；同时，政府债券的减少，会改变债券市场的供求状况，引起债券价格的上涨。第二种方式是先保留盈余以备后用，这会增加中央银行账户上的政府存款。第三种方式是进行政府投资。综上可见，无论采用何种弥补赤字和运用盈余方式，政府的金融决策都会影响金融总量与金融市场的活动。

（三）财政政策安排

在现代经济运行中，财政收支活动会影响社会发展和居民、非金融企业、金融机构甚至国外部门的经济、金融活动，政府已作为一个独立的经济主体参与社会再生产的全过程，更重要的是，随着国家经济管理职能的强化，财政也成为国家重要的宏观管理部门，通过主动制定并实施财政政策措施，来参与经济运行并影响其他主体的金融活动与经济活动，进而达到国家经济发展的预期目标。政府通过主动调节财政收支实现经济社会发展目标的政策措施称为财政政策，它与中央银行的货币政策共同成为国家宏观调控的两大基本政策，本书第 18 章将讨论两大政策及其关系。

二、公债融资

在市场经济条件下，发行政府债券是财政最常用、最普遍的筹措资金方式。政府债券称为公债（Government Bonds），是指由政府作为举债人发行的债券。一般来说，中央政府发行的公债称为国债，地方政府发行的为地方公债。

公债融资对金融市场影响很大，公债成为债券市场和衍生工具市场上最重要的交易品种。政府发行的公债由于有税收和国家信用作保证，其安全性很高，投资收益又可免税，是居民、非金融企业和金融机构理想的投资产品。所以，公债的发行不仅解决了政府融资的需求，而且为非政府部门提供了良好的投资机会。多样化的政府债券及其交易满足了居民、非金融企业、金融机构等多样化的债券投资需求，促进了金融市场的繁荣。本书第 8 章和第 9 章中将对公债的发行与交易进行详细的讨论。

知识链接1–1

政府公共债务

政府公共债务作为财政范畴具有悠久的历史。政府公债制度产生于奴隶社会，是在私债的基础上发展和演变而来的。到了封建社会，借债规模虽然有所扩大，但发展十分缓慢。到了商品经济和信用经济高度发达的资本主义社会，特别是凯恩斯主义为代表的国家干预主义盛行以后，公债得到了快速发展。目前几乎所有国家都将公债作为政府筹集财政资金的重要形式和发展经济的重要杠杆，举债规模也越来越大。2020 年年初，美国的国债总额达到前所未有的 23 万亿美元。2022 年 2 月 1 日，美国国债首次突破了 30 万亿美元，远超 2021 年美国 GDP（23 万亿美元）。

从金融运行的角度看，公债由于兼备安全性、流动性和盈利性，其作用颇多。其一，公债在债券市场上发挥基准性作用。公债利率通常作为无风险的基准利率，公债收益率则是分析利率期限结构的基本标的，公债的价格波动在市场上具有主导性的影响。其二，公债是金融机构调节资金流动性最主要的工具，可作为商业银行的二级储备。其三，公债是中央银行公开市场业务的主要操作工具，中央银行通过买卖公债吞吐基础货币进行货币政策的操作（详见第 14 章、第 18 章）。因此，公债市场活动又与中央银行的货币政策和国家宏观调控联系在一起。

政府除了对内发行公债外，也可以对外举债，引起政府的国际金融活动。政府对外举债可以是直接向外国政府或机构借款，更普遍的是在国际金融市场上面向外国居民、非金融企业、金融机构等发行债券。一国或地区的外债是否适度，会影响到本国（地区）的国际收支平衡，甚至会引起债务危机，详见本书第 17 章。

三、政府投资

现代各国政府实现其社会发展和经济管理目标的重要手段之一就是动用其收入进行投资。政府的投资主要围绕基础性的能源、交通、市政设施、大型水电、公共工程建设等，为经济社会发展和民间投资创造良好的基础条件，特别是在民间投资疲软、失业增加时，通过扩大政府投资支出来刺激经济发展和增加就业，是政府实施积极财政政策的重要举措。

知识链接1–2

我国政府推出 4 万亿元的经济刺激计划来振兴国内经济

自 2007 年下半年美国次贷危机爆发后，引起全球性的金融危机与经济衰退。为遏制本次金融危机的蔓延和提振经济，世界各国纷纷推出了相应的经济振兴计划，如美国最终通过总额达 7 000 多亿美元的新政府一揽子经济刺激计划。受金融危机的影响，我国经济也出现了新一轮的调整。为扩大内需，促进国内经济的持续、平稳增长，我国政府于 2008 年 11 月 9 日提出在 2010 年年底前总投入 4 万亿元人民币的经济刺激计划，它是我国政府推行积极财政政策的重大举措。另外，我国还出台了钢铁产业、汽车产业、纺织工业、装备制造业、船舶工业、电子信息产业、轻工业、石化产业、有色金属产业和物流业十大产业振兴规划。

资料来源：21 世纪经济报道，2008-11-10。

政府投资对金融活动产生重要影响。第一，政府投资伴随着大量的货币收支，其投资活动需要通过银行资金转账和支付结算来实现，对货币需求和货币流通具有重要影响。第二，政府投资是政府支出的项目之一，政府若扩大投资，在收入不变的情况下，可能面临更严重的财政赤字，政府债券的发行额度将增加，公债利率也会变化，进而影响整个金融市场及其运行。第三，政府投资将影响整个社会的金融活动，政府投资的导向和基础改善性作用，将拉动更多的民间资本进行投资，引起整个社会金融资源的流向和流量发生变化。第四，政府的对外投资对国际金融具有重要影响。在开放经济下，政府可以通过设立主权财富基金进行国际投资。**主权财富基金**（Sovereign Wealth Funds，SWFs）是指一国政府利用外汇储备资产创立的，在全球范围内进行投资以提升本国经济和居民福利的机构投资者。主权财富基金普遍采取专业化、市场化运作手段和多元化投资经营策略，谋求长远利益与投资回报。由于其交易量大，投资敏感性强，不仅对国际金融市场投资品的价格和汇率影响很大，而且会引起国际资本流动的变化。

综上所述，可用图 1-3 对政府财政收支与金融关系进行脉络梳理。

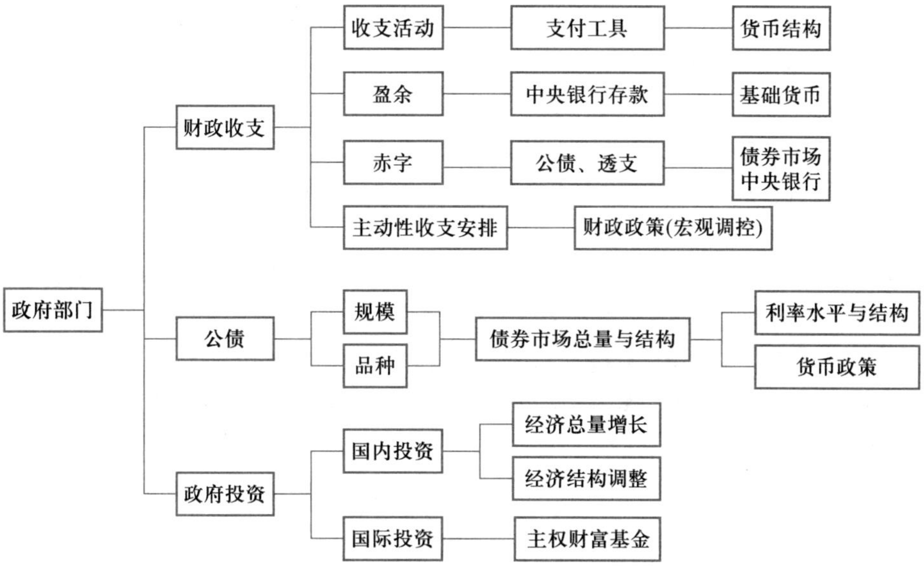

图 1-3　政府财政收支与金融关系脉络图

第四节　开放条件下各部门的金融活动

在开放经济条件下，居民、企业、金融机构、政府等经济主体经常性地要与外部经济发生交易，从国际经济的角度看，这些发生国际经济活动的国内经济主体统称为开放部门，与不从事国际经济活动的非开放部门相对应。各国开放部门间的经济活动形成国际支付、融资与资本流动等国际金融活动。本国开放部门的活动亦成为他国的国外部门活动，反映在资金流量表的“国外”栏目中。我国资金流量表（表 1-1）显示，2019 年，国内各经济部门与国外部门间产生贸易支付、直接投资等金融活动，全年共形成 12 254 亿元的资金净流出，表明我国经济的开放度已很高，国际金融活动频繁，并对国内经济、金融活动产生了重要影响。

一、国际支付与结算

（一）国际支付

居民、企业、金融机构、政府等都存在跨国经济活动或财富转移活动，以一定的支付工具和方式，清偿因各种经济活动产生的国际债权债务就叫**国际支付**（International Payments）。居民主要因国际服务贸易或财富转移如国际劳务收支和国外的购买、旅游、留学以及国际汇款等形成国际支付；非金融企业是国际支付的主体，其频繁的进出口贸易以及财富转移活动引起复杂的国际支付；金融机构会因购买、服务性贸易等引起国际支付活动；政府也会因购买、援助等引起国际支付活动。

（二）国际结算

现实中并不是每一项国际交易活动都立即完成货币的国际支付，其中部分债权债务关系可以抵销，部分用国际性货币可以即时结清，而绝大部分则是通过金融机构运用金融工具进行结算。清偿国际债权和债务的货币收付行为，就叫**国际结算**（International Settlement）。

国际支付与结算的发展，催生了多样化的金融工具。国际结算的工具，最基本的是票据，主要有汇票、本票和支票。随着国际支付结算的发展，票据的形式与功能也随之发展。同时，国际结算方式也不断多样化，除了大量采用汇兑、跟单托收、信用证等方式外，国际保理、银行保函、旅行支票、非贸易汇款、光票托收与光票信用证、备用信用证、信用卡等方式不断出现并广泛使用，推进了国际信用和国际货币市场的发展。本书第 4 章和第 8 章中有专门的讨论。

（三）国际货币

各国的主权货币都是以本国的法定强制力来保证流通的，一旦超越国界就失去其法偿能力。因此，在国际市场上可用于支付与结算的是国际货币。国际货币必须同时具备两个条件：一是被各国普遍接受；二是必须可自由兑换。在国际支付结算中被广泛使用的美元、英镑、欧元、日元等都是国际货币。国际货币的有关事项通常由各国政府协商而定，由此形成国际货币制度，本书第 2 章将做详细讨论。

对于非发行国来说，国际货币即为外汇。国际经济交往越频繁，则国际支付结算的总金额就越大，就需要更多的外汇。另外，国际支付结算使用的币种依据双方对外汇选择的偏好。若国际支付结算中更多地倾向于选择美元，对美元的需求就会增加；若更多地倾向于选择欧元，则欧元受到追捧。因此，国际支付结算活动将影响外汇市场供求的总量与结构变化，影响外汇汇率的波动，本书第 3 章将作详细讨论。

二、贸易融资与国际信用

当开放部门在办理进出口业务中，出现资金不足时，就会产生贸易融资需求。**贸易融资**（Trade Financing）是指金融机构对进口商或出口商提供的与进出口贸易结算相关的短期融资或信用便利。

贸易融资需求一般由进口部门产生，因为进口部门要支付贸易货款。但随着贸易的发展，许多出口部门为了尽快实现商品或服务出口，或在出口竞争下为了吸引进口商与其开展业务，经常请求当地银行提供出口融资服务。因此，进出口部门的业务活动产生的贸易融资需求，催生了多样化的贸易融资形式，如保理、信用证、福费廷、打包放款、出口押汇、进口押汇等。

开放部门除贸易融资外，还会产生非贸易的融资行为。例如，我国的企业可能向国外的商业银行申请贷款，或购买外国企业债券、政府债券等；我国政府会对一些发展中国家提供贷款，或购买他国政府债券，也可接受别国政府提供的贷款；国际金融机构可能会对我国的企业、公共项目、农村建设项目等提供贷款等，这些贸易融资与非贸易融资活动形成了复杂的国际信用关系。**国际信用**（International Credit）是跨国的借贷活动。从一般意义上看，国际信用既包括国际直接投资，也包括国际借贷，其中国际借贷主要包括政府借贷、国际金融机构借贷、国际商业银行借贷和国际商业信用等，在本书第 4 章中有详细的讨论。

国际贸易融资与非贸易融资都是开放部门在经济活动中自发产生的国际信用活动，国际信用活动需要以外汇为载体，通过金融机构的国际业务来实现。因此，国际信用活动对国际金融市场的供求关系和外汇汇率产生重要影响，对金融机构的业务经营和盈利能力产生影响，进而影响这些金融机构的股价表现，影响国内证券市场的发展变化。同时，国际信用活动体现了国与国之间债权债务关系的建立与转化，直接表现为国际间的资本流动，对国际收支有决定性作用。

三、国际投资与资本流动

由于各国经济发展和资源等方面的差异，各国的投资机会和投资收益率也存在着差异，逐利的资本本性导致了跨越国界的投资越来越活跃。这种跨越国界的投资称为**国际投资**（International Investment），国际投资引起了资本在国与国之间的流动。

国际投资可分为国际直接投资与国际间接投资。**国际直接投资**（Foreign Direct Investment，FDI）是指投资者以控制企业部分产权、直接参与经营管理为特征，以获取利润为主要目的的资本对外输出。主要有三种形式：一是采取独资、合资或合作等方式在国外建立新企业的"绿地投资"；二是收购国外企业的股权达到拥有实际控制权的比例；三是利润再投资，即将前期投资所获利润继续投资于企业。**国际间接投资**（Foreign Indirect Investment，FII）又称为国际金融投资，是指购买国外的证券，如股票、政府债券或企业债，以实现资本增值或取得利息或股息等的一种投资活动，本书第 9 章有较详细的讨论。国际间接投资与国际直接投资的根本区别在于投资者对其投资项目的经营活动有无控制权，前者不控制被投资企业或项目的经营活动，其投资活动主要通过国际证券市场进行。

国际投资引起国际资本流动，不管是直接还是间接投资，实质上都是国际资本的跨境流动。当国内经济形势良好，国内资本投资回报率较高时，大量的外资会流入境内；相反，当国内投资成本上升和回报率下降时，会使得大量的国际资本流向境外。国际资本流动形成了国际金融市场，本书第 7 章涉及这部分内容。此外，利率和汇率的波动，股市、债市与楼市的涨跌等都将影响国际投资和国际资本流动。反过来，国际资本流动又会影响国际收支、汇率、利率、国内证券市场和房地产业等实体经济市场。本书第 17 章还会讨论这些问题。

与国际支付结算、国际贸易融资所引起的国际资金流动不同，国际投资所引起的国际资本流动一般不依附于真实的商品或劳务交易，带有很强的投机性，特别是短期间接投资在金融市场上寻机套利，具有极高的流动性，因此有必要将两者进行区分。在国际收支中将前者归入经常项目，后者归入资本项目。大部分国家都开放经常项目，允许经常项目下的资金自由流动，即可自由兑换；而许多国家（主要是发展中国家）都对资本项目进行不同程度的管制，即非自由兑换，以防止国际资本特别是国际游资的大进大出，形成对国内经济的冲击。在资本项目非自由兑换下，如何允许合理的国际资本流动，许多国家建立了相应的管理机制，典型的如合格境外投资者制度和合格境内投资者制度。相关内容将在第 7 章中再作详细讨论。

综上，可用图 1-4 对开放部门的金融活动进行脉络梳理。

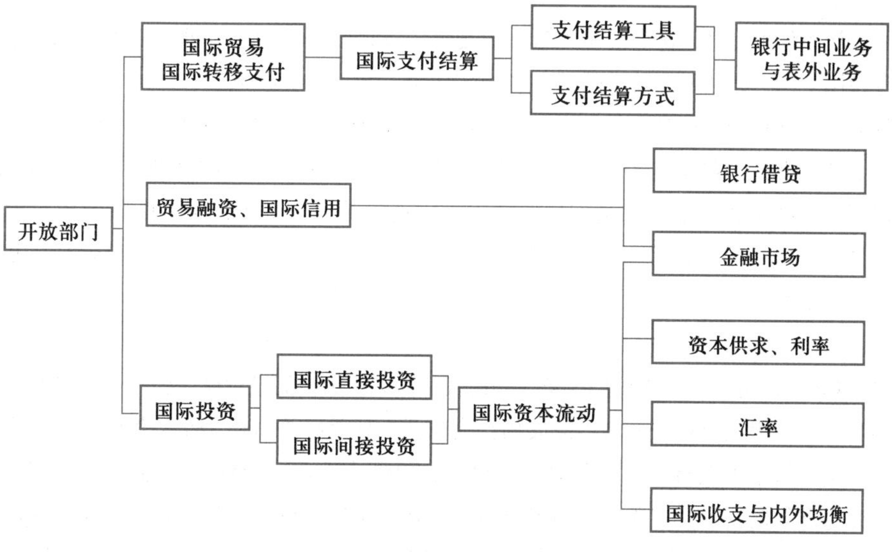

图 1-4 开放部门金融活动脉络框架图

第五节　现代金融体系的基本构成

金融源自社会经济活动并为之服务。一方面，国内外各经济部门内部与彼此间的经济活动，都需要通过金融来实现；另一方面，金融在服务于社会经济活动的过程中逐渐形成一个有机的体系。现代金融体系的构成以货币、信用、利率、汇率、金融工具等为基本要素，以金融机构和金融市场为运作载体，以金融总量供求与均衡为机制，以宏观调控与监管为保障。本书各章即在此框架下展开讨论。

一、现代金融体系的基本要素

现代经济是货币信用经济，现代金融体系建立在现代货币制度和现代信用制度基础之上。各部门的经济活动都要借助货币来计价交易，各经济主体要通过信用活动来实现投融资，缤纷复杂的金融活动要通过多样化的金融工具来实现交易，各种货币借贷和金融工具的交易都以利率为参照来进行定价，不同主权货币之间的兑换价格体现为汇率。因此，货币、信用、金融工具、利率、汇率等是现代金融运作的基本范畴，也是现代金融体系必不可少的基本要素。

（一）货币与货币制度

货币（Money）是商品生产与交换发展到一定阶段的产物。货币产生后，通过为商品计价、作为交换手段和支付手段等发挥交换媒介职能，通过作为财富贮藏和保值增值的手段发挥资产职能，极大地促进了商品生产与交易的发展。在历史的长河中，货币形式经历了实物货币、金属货币和信用货币等不同的阶段。货币的载体也在不断演变，从商品到金属，又发展到纸和磁媒体，以适应经济社会发展的需要。

货币流通要有相应的**货币制度**（Monetary System）来规范和约束。一国对主权货币的各种规制形成了国家货币制度，各国对国际货币的各种协议形成了国际货币制度。本书第 2 章将详细介绍货币与货币制度。

（二）汇率

开放经济条件下，每天都会发生大量需要用外汇支付的国际贸易和非贸易性的国际借贷、国际投资等跨国交易，必然要涉及不同国家（地区）之间货币的兑换问题。两种不同货币之间的兑换比率称为**汇率**（Exchange Rate），是一国货币的对外价格。汇率的决定及其波动受货币购买力、外汇供求、市场预期、经济实力、经济发展速度等多因素影响。汇率的高低将改变一国（地区）对外经济活动的成本和收益，对进出口贸易、国内商品价格、资本流动、国际收支、宏观经济都会产生重大影响，因此，汇率制度的安排极为重要。本书第 3 章将对汇率和汇率制度作详细介绍。

（三）信用与信用体系

信用（Credit）是指以还本付息为条件的借贷活动。在历史的进程中，信用方式从实物借贷发展到货币借贷，信用范围从个人信用发展到社会信用。现代经济本质上是信用经济，从上述各经济主体的活动分析中可以看出，企业之间的赊销、预付或借贷，金融机构的存款、贷款或信托、租赁，居民之间的借款赊欠，政府发债或借贷，以及跨国的赊销、借款、发债等信用活动无处不在。因此，信用关系成为现代经济生活中一种最普遍的经济关系，这些信用关系相互交织在一起，成为连接所有经济主体和一切经济活动的纽带。可以说，经济越发达，债权债务关系越复杂，信用越必要。各经济部门内部和彼此之间的经济活动，形成了商业信用、银行信用、国家信用、居民消费信用、国际信用等多种信用形式，在特定的信用安排下各类信用机构发挥中介、服务或管理职能，建立征信系统，共同构成整个社会的**信用体系**（Credit Systems）。本书第 4 章将对信用与信用体系作详细介绍。

（四）利率

在古往今来的信用活动中，借入者只有以偿还本金和支付利息为条件，才能取得贷出者财物的使用权。对于贷出者来说，他们除了要求获得出借货币使用权期间的收益外，还要求对其承担的风险进行补偿，这部分收益即为风险收益。出借财物使用权的报酬和风险收益共同构成贷出者在借贷时期内的总收益体现为利息。利息额与本金之比称为**利率**（Interest Rate）。利率因此而成为衡量收益与风险的尺度。利率的计算方法和种类很多，决定和影响因素非常复杂。利率既是资金供给者的收益，也是资金借入者的成本，利率及其变化对借贷双方决策和各种金融交易产生直接影响，进而影响生产、消费、储蓄、投资等微观金融活动，同时还将影响宏观经济总量和内外均衡。调节利率水平的高低，可以影响整个社会的投融资决策和经济金融活动，利率因此成为政府调节社会经济金融活动的工具。

利率是金融学最古老和最重要的范畴，也是现代金融体系中极为重要的基础要素。利率在整个金融体系中居于连接宏微观的纽带和运作核心地位：利率的变化体现了货币的时间价值，利率与汇率之间相互影响、互为作用；利率是信用活动中最重要的价格机制，是金融市场上所有金融工具定价的主要决定因素，是所有金融机构运作和行为变化最重要的决定性变量；利率对各种货币需求都有重要的决定作用和影响力，对存款货币的创造具有决定性影响；利率是中央银行货币政策操作的主要工具，也是货币政策的中介指标，是宏观经济运作中调节货币和信用总量均衡的关键；防范利率风险是金融监管的重点，也是金融稳健发展的基本要求。因此，本书以利率为核心构建了金融体系的框架，不仅在第 5 章中详细讨论利率问题，在前后各章都将讨论到利率在微观金融运作和宏观金融调控中的重要作用及其机理。

（五）金融工具

金融工具（Financial Instruments）是实现资金借贷或金融交易的载体。例如，居民将资金存放银行时的存款单或存折是金融工具，居民在金融市场上投资的股票、债券或基金等也是金融工具。根据持有者的权益不同，金融工具通常分为债权、股权、衍生和合成等不同种类。融资需要付出成本，保障也要付出成本，投资既有风险又有收益。这些成本、收益、风险等通过金融工具的价格来体现。有些金融工具的价格体现为一定的利率，如存款利率、贷款利率等；而有些金融工具的价格直接表示为市场价格，如股票价格、债券价格、外汇价格等；还有些金融工具的价格反映了交易的权益，如期权费、合约价格等。金融工具作为金融活动实现的载体，提供者在创造之初仅作为融资的工具，内含着一定的金融资产价值与收益权，因此可以独立地在市场上交易、流通。一旦买卖成交，买者就拥有了该工具上所记载的金融资产价值或收益权。因此，对于持有者来说，金融工具就是金融资产。由于金融资产的持有属性，其价值评估和价格决定是非常复杂的，已成为现代金融学最艰深的内容。本书第 6 章将对金融资产及其价格作详细介绍。

需要说明的是，上述各个金融基本要素都不是独立存在的。现代经济社会中的货币都是信用货币，信用亦采用货币信用的方式。当货币信用合为一体形成金融范畴之后，出现了以货币计值的信用工具——金融资产。金融资产的价格与利率、汇率之间也相互作用与影响，形成了彼此关联的金融价格体系。各金融价格的变动亦会通过其传导机制影响货币供求和信用活动，影响金融资产的总量与结构。因此，用联系而非分割的思维来把握各种金融要素是非常重要的。

二、现代金融体系的运作载体

现代市场经济中，无论是居民、企业、政府、开放部门内部的金融活动，还是各部门之间的金融活动，都是通过金融市场或金融机构来完成的。**金融市场**（Financial Market）和**金融机构**（Financial Institutions）是现代金融体系的两大运作载体。①

（一）金融市场

从广义上讲，按市场原则进行金融活动的场所即金融市场。当我们到银行存款或贷款时，就形成了信贷市场的供求与交易；当我们通过证券委托在上海或深圳证券交易所买卖股票、债券或基金时，就构成了证券市场交易；等等。不同的金融活动形成了不同的金融市场，主要包括货币市场、资本市场、外汇市场、黄金市场和衍生金融工具市场等，这些市场彼此关联，构成一个有机体系。各金融市场在特定的形式安排和交易规则下为相关的金融资产提供交易的场所。通过市场交易，形成能被双方接受的交易价格和交易规模。金融市场除了具备满足投融资需求和配置资源的基本功能以外，还内生出信息集中与管理、价格发现、风险管理等功能，在现代经济社会发展中具有举足轻重的地位与作用。本书第 7—10 章重点对金融市场、货币市场、资本市场和衍生工具市场的运作做全面介绍。

（二）金融机构

如前所述，各部门的金融活动基本上都是通过金融机构来实现的。居民、企业、政府部门的盈余资金大部分存入银行；资金短缺者或通过贷款从银行融入资金，或通过券商发行股票债券筹资，或通过信托租赁机构满足资金需求，各种金融投资通常要通过金融机构才能完成交易。另外，资金在不同经济主体之间的转移、支付，也都离不开金融机构所提供的服务，金融机构就成为金融活动顺利进行的组织载体。

随着经济社会的发展，各经济主体对金融需求更加多样化。有短期融资需求，也有长期融资需求；有金融投资需求，也有金融保障需求；有风险管理需求，也有财富管理需求。为适应社会经济主体多样化的金融需求，不同类型的金融机构也在不断演进发展，共同构建一个有机体系来提供多样化的金融业务，这些金融机构包括各类银行、证券公司、保险公司以及信托公司、金融租赁公司、金融资产公司、财务公司等，并由此形成了庞大的金融产业。本书第 11—13 章将介绍各类金融机构及其运作原理。

三、金融总量与均衡

社会各经济主体借助货币信用形式，通过金融市场或机构完成的金融活动形成了金融总量与结构。**金融总量**（The Total Financial）是指整个金融体系活动的总规模。从理论上讲，一国（地区）各经济主体对内、对外的金融活动总和即为其金融总量。但在实际工作中，很难直接将社会各部门的金融活动简单加总来统计金融总量。而且，各经济主体的金融活动可能存在交叉，也可能出现重复统计问题。因此，只能通过确定若干可观测的统计指标，从货币总量、信贷总量、证券总量、保险总量等方面来大致测算金融总量。

---

① 更多内容请访问爱课程网→金融学/李健→第 1 章→1. 1→究竟是什么决定了一国的金融体系结构。

金融体系的运作在内生力量和外生力量的共同作用下形成了供求总量均衡的机制。其中从信贷、证券、保险等角度对金融总量的研究，一般与这些金融机构的业务活动结合在一起进行考察，主要着眼于产业发展和信用规模。而货币总量则是宏观金融研究的重点问题，因为所有经济总量和信用总量都以货币来计值。因此，货币供给与需求及其关系，成为研究宏观金融动态均衡的核心。各个经济主体为什么需要货币？哪些因素决定和影响货币需求？同时现代货币是信用货币并由银行体系创造，整个银行体系是如何提供货币的？货币供求是如何实现均衡的？货币失衡的原因主要是什么？通货膨胀或紧缩有何影响？如何治理？这些都是非常复杂而又重要的问题。本书第 15—17 章将重点研究货币供求及其均衡问题。

四、金融调控与监管

金融活动源于社会经济活动，同时又影响社会经济活动。合理健全的金融体系及其总量结构，将对社会经济活动产生积极的促进作用，反之将制约甚至产生破坏力。因此，金融体系及其运行状态对促进经济发展、物价稳定、就业增加和国际收支平衡等具有十分重要的作用。

在纯粹自由的市场上，金融体系及其运作主要通过价格机制和风险收益的匹配性来自我调节。但由于市场本身的不完善、参与者的私利性和狭隘性，往往会出现信息不对称的道德风险和逆向选择、不规范竞争、损害公众利益、总量与结构的失衡等问题，需要通过政府干预来解决市场失灵问题。特别是由于金融的特殊重要性，当代各国政府无一不采用各种政策和制度，通过特设的管理机构，对金融体系及其运作进行调节、控制、监督、管理。其中，中央银行作为货币发行的银行、银行的银行和政府的银行，成为政府调控货币金融的职能机构，进而调控整个国民经济。本书第 14 章将对中央银行作专门介绍。

金融宏观调控的主要政策是中央银行的**货币政策**（Monetary Policy），它是中央银行运用其政策工具，调控金融活动进而调节社会经济活动各项措施的总称。本书第 18 章专门对中央银行的货币政策作详细介绍。

金融是社会信用的产物，金融活动具有极高的风险性。而金融一旦出现风险，又将对社会各经济主体活动都产生严重的不利影响。为了减少金融风险，维持金融秩序，保护公众利益，需要政府实施**金融监管**。为此，政府指定中央银行或设立专门的监管机构，对银行、证券公司、保险公司等金融机构和金融市场的活动进行监管，促使其稳定运营，以减少金融风险。良好的金融监管是金融体系稳定发展的必要保障。本书第 19 章将专门讨论金融监管。

原理1-2

现代金融体系以货币、信用、汇率、利率和金融工具为基本要素，以金融市场和金融机构为运作载体，以金融总量与结构均衡为目标，以金融价格为杠杆，以宏观调控与监督为保障，在为经济社会发展服务的过程中实现自身的稳健发展。

综上所述，我们可以将现代开放的经济社会中，金融体系的构成及其运行的内外关系用图 1-5 来表示。

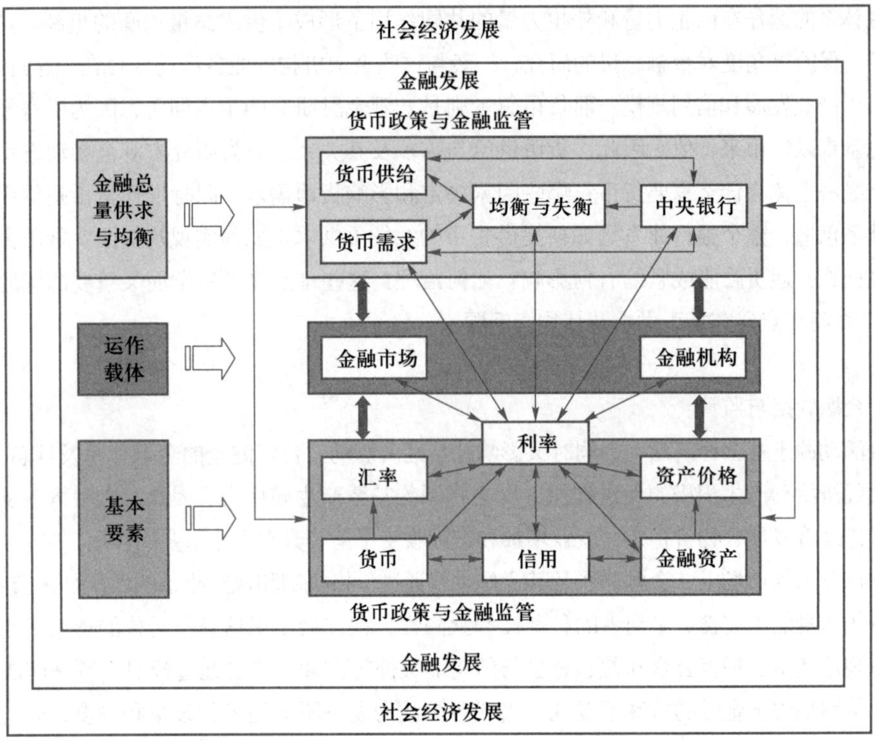

图 1–5　开放框架下金融体系运行的内外部关系示意图

本章小结

1. 金融源自社会经济生活，各经济主体的生产经营、生活消费、日常支付等活动都需要通过金融来实现；社会各经济主体出现的资金余缺，也都要通过金融来实现调剂；各经济主体的投资需求也要通过金融来满足。

2. 国内经济一般可分为居民、企业、政府和金融机构四大经济主体，有的总体存在资金盈余，有些总体出现资金短缺，通过金融活动可以使资金在不同部门间进行余缺调剂，实现金融平衡。在开放经济下，还存在国际金融资源流动，以实现国际金融平衡。

3. 居民是一个社会最基本的经济主体。在现代居民的经济生活中，居民有日常的收入、支出活动，也有投资、借贷等理财活动。居民的这些经济活动构成了现代金融的重要组成部分。

4. 企业是现代经济活动中最基本、最活跃的经济主体，企业的生产经营都要借助货币资金来实现，企业的生产经营活动及其成果都体现在其财务报表上。企业的资产经营、负债管理，以及经营盈余的分配和投资等，都是金融活动的重要部分，同时又对金融活动产生重要影响。

5. 政府是现代社会稳定的管理者和社会经济活动的调节者。政府有税收或其他收入，也要支付各种开支，政府的财政收支需要借助货币信用活动来实现，同时也影响货币供求和信用总量结构；政府的财政赤字要通过发行债券来融资，政府的筹资和投资对金融运作及其价格影响很大。另外，政府要通过财政收支来分配金融资源，通过调控金融来实现调控整个国民经济的目的。

6. 在开放经济条件下，一国或地区内的居民、企业、政府、金融机构等经济主体经常性地与外部经济发生交易，都需要通过国际支付、贸易融资、国际信用、国际投资等活动来实现。同时，国家对本国开放部门国际金融活动及其汇率的调控，可以起到调控国际收支的目的。

7. 从一个国家（地区）来看，所有经济部门内外部之间的金融活动及其制度安排共同构成其整体的金融体系。现代金融体系以货币、信用、汇率、利率和金融工具为基本要素，以金融市场和金融机构为运作载体，以金融总量与结构均衡为目标，以金融价格为杠杆，以宏观调控与监督为保障，在为经济社会发展服务的过程中实现自身的稳健发展。同时，现代金融体系也是一个高风险的组织体系，需要政府的适度调控和监管。

重要术语

金融	资金流量表	收入	支出	盈余
赤字	储蓄	投资	财务报表	负债
资产	财政收支	财政政策	货币政策	公债
主权财富基金	国际收支	国际结算	FDI	FII
国际储备	信用	货币	金融工具	金融机构
金融市场	金融总量	金融结构	金融体系	金融调控
金融监管				

☞ 术语解释请扫描封底增值服务码→名词术语。

思考题

1. 如何理解金融源于社会经济生活？
2. 如何理解各经济主体的金融活动以及开放经济下国内外各部门的经济金融活动？
3. 居民的收支如何引起金融活动？居民的盈余或短缺如何通过金融来调节？
4. 企业的生产经营与其财务活动有何关系？企业的财务活动与金融有何关系？
5. 财政收支活动通过哪些渠道与金融相关？财政盈余或短缺如何通过金融来调节？
6. 国际收支活动如何引起金融活动？国际收支的盈余或短缺如何通过金融来调节？
7. 现代金融体系由哪些因素构成？为什么要对金融体系进行调控与监管？

☞ 更多思考练习请扫描封底增值服务码→习题作业、例题及综合测试。

讨论题

讨论主题：经济与金融的关系

讨论素材：《日升昌的兴盛与没落》

思考讨论：

1. 结合实际谈谈金融在经济发展中的作用。
2. 如何认识社会经济主体的金融活动及相互关系？

相关讨论素材请扫描封底拓展资源码→教学案例。

延伸阅读

1. 《中国金融年鉴》，了解“资金流量表”及其统计指标。
2. 《中国统计年鉴》，了解有关“国民经济”“人民生活”“工业经济”“金融”“财政”等方面的内容。
3. 近年来中国人民银行各期货币政策执行报告。
4. 陈雨露．公司理财．3版．北京：高等教育出版社，2014.
5. 尼夫．金融体系：原理和组织．北京：中国人民大学出版社，2005.
6. 德米尔古克-肯特，莱文．金融结构和经济增长：银行、市场和发展的跨国比较．北京：中国人民大学出版社，2006.

更多资源请扫描封底拓展资源码→文献目录。

即测即评

请扫码答题，检测本章学习效果。

第2章 货币与货币制度

本章导读

第一章介绍的现代金融体系的基本构成中指出，货币与货币制度属于现代金融体系中的基本要素，点明了货币与货币制度在现代金融体系中的基础性地位。货币与货币制度的研究内容主要包括货币的起源与货币形式的演变、货币的职能与作用、货币制度和当代信用货币的层次划分与计量。了解货币的起源和货币形式的演变，理解货币的职能与作用，了解货币制度和当代信用货币层次划分与计量，是深刻理解和认识金融机构与金融市场运作，理解金融机构体系中的中央银行、商业银行和其他金融机构，理解货币的供给需求与均衡，理解中央银行货币政策和金融宏观调控，理解金融稳定和金融发展等内容的不可或缺的基础。为什么货币与货币制度具有上述意义？通过本章的学习，你可以全面了解和认识货币与货币制度的具体内容，同时也能理解其作为现代金融体系基本要素的缘由和重要性。

第一节 货币的出现与货币形式的演进

一、货币的出现及货币起源学说

对货币的出现和货币起源学说的探讨并不是单纯的历史回顾，而是能够从中窥探货币产生和发展的动因，理解货币形式的演进及其规律，理解货币的职能和作用。

（一）货币的出现

货币自问世以来，已经有几千年的历史。从历史资料的记载中可以看出，货币的出现是和交换联系在一起的。根据历史记载和考古发现，最早出现的是实物货币，在古波斯、印度、意大利等地都有用牛、羊作为货币的记载，古埃塞俄比亚曾用盐作货币，美洲曾用烟草、可可豆作货币。中国古代许多地方使用贝作为货币，因此，自古以来与货币或财富有关的汉字都带有贝字，如财、贫、贱、贮、货、贵、资等。世界上最早的铸币是在中国产生的，大约公元前800年中国就开始仿照农具铸造布币（又称铲币）、刀币等。而西方最早的钱币，则是在公元前7世纪初期由小亚细亚的吕底亚人铸造的金银铸币。①

（二）对货币起源的探讨

货币广为使用以后，货币如何产生的问题一直吸引着人们进行探究。古今中外众多学者们从不同的角度进行了研究，形成了不同的货币起源学说。

中国古代的货币起源学说主要从两个角度解释了货币的产生。一个是管子的先王制币说，认为货币是圣王先贤为解决民间交换困难而创造出来的；另一个是司马迁的交换需要说，司马迁认为货币是用来沟通产品交换的手段，因此货币是为适应商品交换的需要而自然产生的。

西方早期关于货币起源的学说大致有三种：一是创造发明说，认为货币是由国家或先哲创造出来的，主要代表人物如公元2—3世纪的古罗马法学家J. 鲍鲁斯；二是便于交换说，认为货币是为解决直接物物交换的困难而产生的，主要代表人物如英国经济学家亚当·斯密；三是保存财富说，认为货币是为保存财富而产生的，主要代表人物如法国经济学家J. 西斯蒙第等。

马克思在批判和继承资产阶级古典政治经济学货币理论的基础上，运用历史的和逻辑的方法，以劳动价值理论为基础，从商品价值表现和实现的角度阐明了货币产生的客观必然性。马克思认为：在人类社会产生初期的原始社会中，人们共同劳动，共同消费，既不存在商品，也不需要货币。随着社会生产力的发展，出现了社会分工和私有制，劳动产品也就转化成了专门为交换而生产的商品。商品要进行交换，但交换比例怎么决定呢？各种商品的功能和品质各异，无法直接进行比较，能够决定商品交换比例的只能是所有商品都共有的东西，这就是商品的价值——凝结在商品中的一般人类劳动。然而商品的价值是看不见、摸不到的，只能通过交换来表现。因此，随着交换的发展，也就产生了不同的价值形式。从原始公社时期的偶然价值形式，发展到社会分工和私有制产生后商品交换经常化时期的扩大价值形式。

在扩大的价值形式阶段，仍然是直接的物物交换。随着交换物品的种类越来越多，地域越来越广，物物交换的困难日益凸显。因为直接的物物交换要求交换双方在物品的种类、数量、时间、地点等方面都匹配，否则交换就难以完成。人们在设法解决困难的过程中，发现有某种物品较多

---

① 赵朴越，陆如川．金融之最．北京：中国财政经济出版社，1988：1-2。

地参与交换，为大多数人所需要，于是人们就把自己的商品先换成这种物品，再用它去换回自己想要的商品，久而久之这种物品就成为交换的媒介，这个媒介就是一般等价物。于是，直接的物物交换就发展成为利用一般等价物充当媒介的间接交换，扩大价值形式演进为一般价值形式。当从充当一般等价物的几种商品中分离出一种商品作为交换媒介时，这种固定充当一般等价物的商品就成为货币。从上述分析中可以看出，商品是货币产生的前提，没有商品和商品交换，也就不会有货币。货币是在商品交换过程中自发产生的，是商品交换发展的必然产物。

综上所述，虽然各种货币起源学说对货币产生的具体路径有不同的表述，但是它们都认为货币的产生与交换活动具有密切的关系，货币是为了解决直接物物交换的困难而产生的。

原理2-1

货币与商品伴生，是商品交换发展的必然产物。

现代西方经济学家更侧重于从交易成本的角度研究货币的存在及其意义，通过分析物物直接交换与货币交换在交易成本上的差别，得出货币在交易中的成本优势是货币存在的重要原因。

二、货币形式的演进

自从货币产生以来，货币形式一直在持续发展演变着，由最早的实物货币发展到金属货币，再到纸币、存款货币等信用货币，反映出币材的形态和性质伴随着商品交换发展的不同阶段而不断地改变，商品交换对交易媒介的需求和技术进步共同推动着货币形式的演进。

币材（Money Material）是指充当货币的材料或物品。一般来说，币材应同时具备以下特质：一是价值较高，这样就可以用少量的货币完成大量的交易；二是易于分割，且分割后不影响其价值，以便实现价值量不等的商品交易；三是易于保存，指币材经久耐用，不会因时间长久而变质或长期保存而减少价值，满足频繁换手交易和保存购买力的需要；四是便于携带，以利于货币在较大区域内充当交换媒介；五是供给弹性，即币材的数量可以随着商品交换规模的变化而调整。从币材的角度看，货币形式的演变沿着从低级向高级、从有形向无形、从注重货币材料自身的价值向注重货币形式发挥交换媒介功能的便利度和降低交易成本的轨迹发展。

最初的货币主要以实物货币的形式出现，后来发展到金属货币形式。这两种形式的货币原本都是普通的商品，具有作为普通商品的使用价值，因此这两种形式的货币又被称为商品货币。20 世纪 30 年代以后，随着金本位制度的崩溃，商品货币逐渐从各国国内流通中消失，取而代之的是纸币、存款货币等货币形式。由于这些形式的货币在流通中作为货币发挥各项职能主要依赖于发行机构的信用，其本体若作为普通商品则几乎没有价值，所以这些形式的货币便被称为信用货币。大致而论，货币形式的演变是从实物货币开始，发展到金属货币，再发展到纸币和存款货币等信用货币。需要说明的是，虽然币材总体上是沿着“实物货币—金属货币—信用货币”这样的历史顺序而发展演变，但在一些时期也出现过几种货币形式的并存，如中国唐代的钱帛兼行，就是金属货币和实物货币同时使用，而纸币最早出现在金属货币流通时期。

（一）实物货币

实物货币（Physical Money）是指以自然界存在的某种物品或人们生产的某种商品充当货币。

能否作为实物货币，主要取决于两个因素：一是罕见或相对珍贵而受大家喜爱，这样才能作为一般等价物被广泛接受；二是容易转让，以便能够在交易中作为媒介而转手。古代的实物货币种类很多，如外国曾用牛、羊、烟草、可可豆、盐等作为实物货币；我国古代的贝、刀、铲、纺轮、弓、箭、皮、帛、牛、马、羊、猪、盐等都曾经在不同的地域充当过交易的媒介，其中使用时间较长、影响较大的是贝币，另一种是谷帛，它们基本符合上述两个要求。然而以实物形式作为货币，并不能很好地满足商品交换对交易媒介的要求。因为许多实物货币都形体不一，不易分割，不易保存，不便携带，而且价值不稳定，所以并不是理想的货币形式。

（二）金属货币

以金属如铜、银、金等作为材料的货币称为**金属货币**（Metallic Money）。与实物货币相比，金属货币具有价值稳定、易于分割、易于储藏等优势，更适宜于充当商品交易媒介。以贵金属作为币材是货币发展史上的重要演进。中国是最早使用金属货币的国家，从殷商时代开始，金属货币就成为中国货币的主要形式。但是在中国历史上，流通中的铸币主要由铁、铜等贱金属铸造，金、银通常是作为衡量价值和贮藏财富的工具。西方国家使用金银作为金属货币的历史比较久远。金属充当货币材料采用过两种形式：一是称量货币，二是铸币。

称量货币是指以金属条块的形式按重量流通的金属货币。金属条块在使用时每次都要称重量，鉴定成色，所以称为称量货币。称量货币在中国历史上使用的时间很长，典型的形态是银两制度。从汉代开始实行银两制度一直到1933年，国民党政府实行“废两改元”，才从法律上废止了这种货币形式。

铸币是铸成一定形状并由国家印记证明其重量和成色的金属货币。铸币的出现，克服了称量货币使用时的种种不便，便利了商品交易。铸币最初形态各异，如中国历史上铸币的形状有仿造贝币铸造的铜贝、银贝、金贝，有仿造工具铸造的刀币、布币等，如图2-1所示。最后铸币的形态逐渐过渡统一到圆形，因为圆形便于携带，不易磨损。中国最早的圆形铸币是战国中期的圜钱（亦称环钱），流通全国的则是秦始皇为统一中国货币而铸造的秦半两，这种铸币为圆形，中间有方孔，一直沿用到清末。因为钱有方孔，所以历史上称钱为“孔方兄”。西方国家金属铸币采用的是圆形无孔的形式，币面通常铸有统治者的头像。清朝末年，受流入我国的外国银元的影响，方孔铸币被圆形无孔铸币代替。

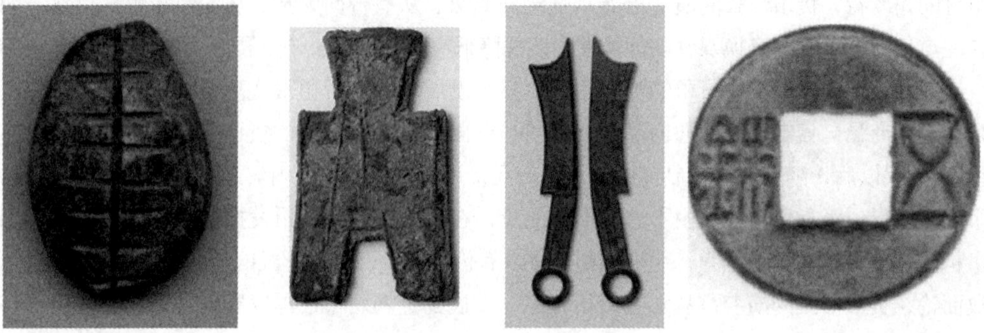

先秦骨贝　　**布币**　　**刀币**　　**五铢钱**

图2-1　我国古代铸币

金属作为货币材料，特别是当流通中的货币是十足的金属铸币时，货币的价值比较稳定，能够为交换和生产提供稳定的货币环境，有利于交换和借贷活动的发展。但是金属货币也有难以克服的弊端，面对日益增长的商品数量和保存财富的需求，货币的数量很难保持同步增长，由于金属货币的数量深受金属的贮藏、开采和稀缺性的限制，所以在经济急速发展时期，大量商品往往因为货币的短缺而难以销售或价格下跌，引发萧条。同时“当当响，滚滚流”的金属货币在进行大额交易时不便携带，也影响了金属货币的广泛使用。

（三）纸质货币

纸质货币简称**纸币**（Paper Money），包括国家发行的纸质货币符号、商人发行的兑换券和银行发行的纸质信用货币等。中国是世界上使用纸币最早的国家，马可·波罗在其游记中所提到的中国古代的纸币，就是由当时的商人发行的纸质的兑换券。

知识链接2-1

世界最早的纸币——北宋交子

大约在 10 世纪末，在北宋川峡诸路出现了纸币交子。交子是四川方言，“交”字是交合的意思，指合卷取钱。北宋时交子最早在四川产生，绝非偶然。第一，当时四川僻处一隅，免遭唐末五代时期兵燹之灾，社会长期安定，商品经济繁荣，需要纸币代替铸币。第二，当时四川流通中使用的货币——铁钱体积大、分量重、价值低，“行旅囊持不便”。第三，四川悠久的信用事业为交子的产生创造了条件。第四，宋代四川高度发达的造纸、印刷技术和雕版印刷业为交子的产生准备了有利的技术条件。蜀纸厚重坚韧，细白光滑，耐折叠，不易磨损，套版印刷的交子朱墨间错，印有屋木人物，隐秘题号，难以仿造。

资料来源：姚遂．中国金融史．北京：高等教育出版社，2007：13，136。

资本主义银行体系产生以后，为了弥补流通中金属铸币的不足，商业银行便开始发行银行券（Bank Note）。最初的银行券通过银行的存贷款等信用业务发行，并以随时兑现金属货币为保证，但后因各银行的发行量和兑现能力不同，引起银行券流通的混乱。中央银行产生以后，银行券集中由中央银行垄断发行。随着金属货币制度的崩溃，中央银行发行的银行券从不完全兑现金属货币到完全不能兑现为金属货币，成为纯粹的信用货币。在现代中央银行体制下，各国流通中使用的货币现钞几乎全部都是由中央银行发行的纸制信用货币。

由政府直接发行的纸币不能通过兑现金属货币流回到发行机构，而是通过收缴税收的形式回笼。历史上政府发行纸币主要是为了弥补财政赤字，由于缺乏硬约束往往会过量发行而造成通货膨胀，因此，人们经常把政府发行的纸币和通货膨胀联系起来。

与金属货币相比，纸币的优点很明显：一是携带方便；二是具有供给弹性，即纸币的发行量能够在较短的时间内大量增加，充分满足商品交换对交易媒介数量的增长需求，为政府运用财政政策和货币政策进行宏观调控提供了货币条件。但是这也造成了纸币易于过量发行的弊端，影响货币流通的稳定。

（四）存款货币

存款货币（Deposit Money）是指能够发挥货币交易媒介职能和资产职能的银行存款，包括可以直接进行转账支付的活期存款和定期存款。

存款货币产生于现代银行转账支付业务广泛发展的基础之上。现代银行的一项重要业务是为客户办理结算业务，充当支付中介。人们先把一部分款项存入银行，设立活期存款账户，客户根据存款余额可签发支票，凭支票进行转账结算，通过存款账户间存款的转移来完成支付行为，在这个过程中，可签发支票的存款同银行券一样发挥着货币的作用，故称为“存款货币”。用存款货币取代纸币进行支付，具有快速、安全、方便的优点，特别是在大额异地交易中，很难用纸币进行即时交易。因此在发达的商品经济中，转账结算是一种重要的支付方式，绝大部分交易都利用存款货币的转移进行支付。

在存款货币产生以后很长一段时期内，由于存款货币主要是利用支票等票据实现交易结算，因此使用范围大多集中在大额交易领域；电子货币出现后，利用银行卡、ATM、POS、网上支付、移动支付等电子支付方式，存款货币也可在小额交易中使用，使用范围得到极大的扩展。与纸币相同，存款货币也是一种弹性货币。但是与纸币不同之处在于，存款货币的弹性既取决于中央银行的基础货币供给，也受商业银行存款派生规模的影响，其详细内容参见第16章“货币供给”。

三、货币形式的发展与未来

商品经济发展不停息，技术进步无止境，货币形式的发展就会持续下去。

（一）电子货币

随着银行卡的发行和使用，与纸币和存款货币具有紧密关联，但同时又与纸币和存款货币的传统使用方式有所不同的电子货币出现了。

电子货币（Eelectronic Money）① 是指以金融电子化网络为基础，通过计算机网络系统，以传输电子信息的方式实现支付和存储功能的电子数据。这些电子数据是基于持有人所拥有的纸币或存款货币而产生的，可以像纸币和存款货币一样，进行汇兑、存款、贷款和支付。电子货币的使用要借助于一定的介质，通常是利用卡基支付工具、网上支付和移动支付等电子支付方式发挥货币的功能。卡基支付工具包括借记卡、贷记卡和储值卡。借记卡和贷记卡由银行发行，统称为银行卡。储值卡是指由非金融机构发行的具有电子钱包性质的多用途卡，不记名，不挂失，适应小额支付领域，大多用于乘坐公共交通工具、高速公路收费、加油付费、超市购物等。网上支付是指人们利用互联网进行的支付。移动支付是指利用手机实现电子货币的支付。从性质上看，电子货币与中央银行发行的纸币、存款货币一样，都是信用货币。它们之间的区别主要在于存在的形态和使用的方式，电子货币实际上是存款货币的一种呈现方式；其支付就是存款货币的一种使用方式，因为它必须依赖于存款账户才能使用；从规模上看，电子货币是存款货币的一部分。电子货币与纸币是此消彼长的关系，例如我们利用智能手机进行小额移动支付，可以替代纸币的使用，减少纸币发行。

与其他货币形式的发展相同，电子货币的产生首先源于交易活动中人们对更加灵活便捷的交易支付方式的需求，同时技术进步提供的基础设施条件和环境也发挥了巨大的推动作用，两者合力促进了电子货币的产生和发展。目前各国电子货币发展程度差别较大，大多数国家尚未单独对电子货币进行统计，欧元区建立后，欧洲中央银行成为唯一一家正式公布电子货币规模的货币当局。2010—2020年欧元区电子货币总量如表2-1所示。

---

① 请访问爱课程网→资源共享课→金融学/李健→第2章→2.1→媒体素材13。

表 2-1　2010—2020 年欧元区电子货币总量

单位：亿欧元

时间	2010 年	2011 年	2012 年	2013 年	2014 年	2015 年	2016 年	2017 年	2018 年	2019 年	2020 年
总量	24	31	40	47	55	66	79	89	99	139	176

数据来源：欧洲中央银行网站。

我国电子货币的出现晚于西方发达国家，但是得益于技术进步带来的后发优势，我国电子货币的发展速度迅猛，普及范围广，对我国电子商务的成长发挥了巨大的促进作用。

知识链接2-2

2016—2020 年我国银行卡与电子支付的发展

1985 年中国银行发行国内第一张银行卡，2002 年中国银联成立，我国银行开始发行带有“银联”标志的银行卡。2005 年人民币银联卡在韩国、泰国和新加坡的受理业务正式开通，银联卡首次走出国门。目前银联卡已在众多国家开通受理业务。2016—2020 年，我国银行卡业务不断增长。2016 年年末，全国银行卡在用发卡数量 61.25 亿张，其中，借记卡在用发卡数量 56.60 亿张，信用卡和借贷合一卡在用发卡数量合计为 4.65 亿张。全国人均拥有银行卡 4.47 张；至 2020 年年末，全国银行卡在用发卡数量增长到 89.54 亿张，其中，借记卡在用发卡数量增长到 81.77 亿张，信用卡和借贷合一卡在用发卡数量增长到 7.78 亿张，全国人均持有银行卡 6.40 张。与此同时，银行卡交易量持续增长，2016 年，全国共发生银行卡交易 1 154.74 亿笔，交易金额达 741.81 万亿元；2020 年，全国共发生银行卡交易 3 454.26 亿笔，金额达 888.00 万亿元。银行卡消费比例也不断提高，2016 年全年银行卡渗透率（即剔除批发类和房地产交易，银行卡消费额在社会消费品零售总额中的占比）达到 48.47%，2020 年全年银行卡渗透率提升为 49.18%。

2016—2020 年，我国电子支付业务增长迅速。我国的电子支付是指客户通过网上银行、电话银行、手机银行、ATM、POS 和其他电子渠道，从银行结算类账户发起的账务变动类业务，主要包括网上支付、电话支付、移动支付、ATM 业务、POS 业务和其他电子支付等业务类型。其中网上支付即指客户使用计算机等电子设备通过银行结算账户发起的业务，移动支付指客户使用手机等移动设备通过银行结算账户发起的业务。2020 年，我国银行共处理电子支付业务 2 352.25 亿笔，金额 2 711.81 万亿元。其中网上支付业务 879.31 亿笔，金额 2 174.54 万亿元，与 2016 年相比分别增长 90.41%和 4.30%；移动支付业务 1 232.20 亿笔，金额 432.16 万亿元，与 2016 年相比分别增长 379.27%和 174.30%，显示了随着智能手机的广泛普及，移动支付具有的巨大发展潜力。2020 年，非银行支付机构处理网络支付业务 8 272.97 亿笔，金额 294.56 万亿元，与 2016 年相比分别增长 404.75%和 196.73%。

资料来源：中国人民银行发布的《中国支付体系发展报告 2016》《2020 年支付体系运行总体情况》。

（二）数字货币

1. 数字货币及其种类

数字货币（Digital Currency）是指以数字化形式存在的货币。尽管有人将数字黄金货币和密码货币称为数字货币，比如2009年后相继问世的比特币和莱特币、维卡币、元宝币、天元币以及2019年6月Facebook推出的Libra等，其特点是去中心化和匿名性，在特定的网络系统依靠密码和校验技术来创建、分发和维系运转，大部分是被作为加密资产用于投资和投机交易，价格极易暴涨暴跌，不具备货币的基本功能和内在要求，故大多数中央银行不承认其货币属性。真正的数字货币是**中央银行数字货币**（Central Bank Digital currency，CBDC），是中央银行推动的基于区块链技术的法定数字货币。目前各国中央银行逐渐重视央行数字货币的研发。根据国际清算银行的数据，截至2020年7月中旬，至少有36家中央银行发布了关于央行数字货币的具体构想，厄瓜多尔、乌克兰和乌拉圭3个国家完成了零售型央行数字货币试点，柬埔寨、巴哈马、中国、东加勒比货币联盟、韩国和瑞典6个国家和地区正在进行零售型央行数字货币的试点，18家中央银行发布了有关零售型央行数字货币的研究报告，13家中央银行宣布了批发型央行数字货币的研究或开发工作。

2. 我国的数字货币

现有的私人数字货币大多缺乏价值支撑、价格波动剧烈、交易效率低下、能源消耗巨大，导致其难以在日常经济活动中发挥货币职能，同时，加密货币多被用于投机，存在威胁金融安全和社会稳定的潜在风险，并成为洗钱等非法经济活动的支付工具，因此中国人民银行等机构在2013年发布《关于防范比特币风险的通知》，2017年发布《关于防范代币发行融资风险的公告》。2021年6月，中国人民银行有关部门约谈了中国工商银行、中国农业银行、中国建设银行、中国邮政储蓄银行、兴业银行和支付宝（中国）网络技术有限公司，要求银行和支付机构不得为虚拟货币交易炒作活动提供账户开立、登记、交易、清算、结算等产品或服务。

与此同时，中国人民银行高度重视法定数字货币的研究开发，2014年成立法定数字货币研究小组，对发行框架、关键技术、发行流通环境及相关国际经验等进行专项研究；2016年成立数字货币研究所，完成法定数字货币第一代原型系统搭建；2017年年底，人民银行开始组织商业机构共同开展法定数字货币——数字人民币（字母缩写“e-CNY”）的研发试验；2020年开始选择部分城市进行内部封闭试点测试。截至2021年年底，数字人民币试点场景超过808.51万个，兼顾线上和线下，涵盖批发零售、餐饮文旅、教育医疗、公共交通、政务缴费、税收征缴、补贴发放等领域。

数字人民币是中国人民银行发行的数字形式的法定货币，以国家信用为支撑，具备货币的价值尺度、交易媒介、价值贮藏等职能。数字人民币是一种零售型央行数字货币，定位于实物人民币即现金（M0），主要用于满足国内零售支付需求，数字人民币与实物人民币并行发行、长期并存。数字人民币采取中心化管理、双层运营，发行权属于国家，中国人民银行在数字人民币运营体系中处于中心地位，负责向作为指定运营机构的商业银行发行数字人民币，指定运营机构及相关商业机构负责向社会公众提供数字人民币兑换和流通服务。

数字人民币与我国的电子货币在支付功能上相似，但是也存在差异：一是数字人民币是国家法定货币，是安全等级最高的资产；二是数字人民币可以不依赖银行账户进行价值转移，并支持离线交易，具有“支付即结算”的特性；三是数字人民币支持可控匿名，有利于保护个人隐私及用户信息安全。

数字货币会带来哪些新变化、产生哪些新问题、对中央银行宏观调控会造成哪些影响，目前仍然存在诸多的未知和不确定性，尚需进行理论研究和实践探索。

货币形式从实物货币、金属货币演变为纸币和存款货币，再发展到目前的电子货币与数字货币，每一次演进不仅是货币形式的改变，也引发了货币发行、货币流通等诸多方面的变化。不同的货币形式具有不同的发行和流通特点，并在此基础上形成了相应的货币制度。信用货币取代金属货币成为现代货币形式之后，国家货币制度和国际货币制度随之发生了巨大变化，货币政策和宏观金融调控对经济的影响也愈加广泛和深入。与此同时，也带来了众多难题和挑战，相关内容参见货币制度、汇率制度、中央银行、货币供给和货币政策等章节。

第二节　货币的职能与作用

一、货币的职能

货币职能是指货币固有的功能，理解货币职能是分析货币需求的起点，关于货币需求的相关内容参见第 15 章“货币需求”。在金属货币制度下，由于货币本身具有内在价值，因此，学者们对货币职能的认识没有实质性分歧，划分标准也大体一致。例如，色诺芬（约前 430—约前 355 年）认为货币是用来交换和积累财富的；亚里士多德（前 384—前 322 年）明确指出货币具有价值尺度、流通手段和贮藏手段的职能；马克思从历史和逻辑统一的角度，对典型的货币——金币的职能按照先后顺序排列为价值尺度、流通手段、贮藏手段、支付手段和世界货币五个职能。随着本体没有内在价值的信用货币出现与进入流通，对如何认识货币的职能产生了不同的见解。早期名目主义的货币本质观下，人们认为信用货币只能作为交换媒介，这种单一职能论成为货币面纱观和货币中性思想的重要依据。现代名目主义者凯恩斯（John Maynard Keynes）认为，货币不仅仅是交换媒介。他从货币具有生产弹性等于零、替换弹性等于零和周转灵活性及保藏费低等特性出发，论证了信用货币也是最佳存货，因而也具有贮藏财富的职能，并且是买卖脱节造成供求失衡进而导致有效需求不足的重要原因，这个观点成为他阐释货币非中性思想的重要依据。之后的学者们虽然对货币职能有多种表述，但都可以归纳为交换媒介职能和资产职能。

（一）交换媒介职能

交换媒介（Media of Exchange）职能是货币在商品交易中作为交换手段、计价标准和支付手段，从而提高交易效率、降低交易成本、便利商品交换的职能。这是货币独有的职能，货币的产生、货币形式的演变、货币作用的发挥都与交换媒介职能密切相关，一旦货币失去交换媒介的职能，也就失去了存在的意义，因此，交换媒介职能是货币最基本的职能。

原理2-2

交换媒介是货币最基本的职能。

货币发挥交换媒介职能主要通过三种方式实现。

1. 交换手段

交换手段（Means of Exchange）是指货币在商品交换中通过一手交钱一手交货的方式作为商品流通的媒介。没有货币充当交换手段的物物直接交换方式，只适应于简单偶然交易的需要。当交换物品增多以后，物物直接交换的交易成本相应增加，因为人们要花费更多的时间和精力去寻找交易对手，既要有需求的双重巧合，又要满足数量、时间和地点的巧合。当参与交换的产品数量和品种增多、交换范围扩大以后，要寻找这样一个交易对手实在是一件很困难的事。以货币作为交换手段，把原来的物物直接交换分割成卖和买两个环节，卖出商品换回货币，再用货币去购买所需商品，人们在交换中花费的各种成本大大降低，每个人都能很容易地交换到自己需要的物品，交换的速度和便利度都提高了。因此，货币作为交换手段给商品交易带来了极大的便利。

货币作为交换手段有两个特点：一是必须使用现实的货币，由此引出了人们对货币的需求，关于这个问题本书在第 15 章再作讨论。二是作为交换手段的货币不停地在买卖者手中流通，因此人们关注的是货币的购买力，而非货币本身的价值，无论币材是什么，只要有购买力就能作为货币，这也成为货币形式能够从商品货币演进到纸币、存款货币、电子货币等信用货币的重要原因。

2. 计价标准

货币作为**计价标准**（Standard of Value），是指用货币去计算并衡量商品或劳务的价值，从而为商品和劳务标价。各种商品或劳务进入交换前的必要条件就是标价，即确定彼此的交换比率。以货币作为尺度来衡量各种不同商品或劳务的价值，很容易进行价值比较，各种交换对象都用货币进行标价，交换比率的表现简单明了。

如果没有货币的计价标准功能，某一商品或劳务的价值就只能用其他各种商品来衡量，这会使商品或劳务的价值衡量和表现极其繁杂。假如市场上有 4 种商品，用商品形式进行价值比较至少需要罗列 6 种交换比率；如果有 1 000 种商品，就需要掌握 499 500 种交换比率；市场上的商品种类更多时就必须列出更多的交换比率才能在不同商品之间进行比较。试想到一家拥有近万种商品的超级市场去买东西将会何等艰难！而用货币作为唯一的计价标准，问题就简单得多，每一种商品都用同一货币单位来标价，可以极大地便利交换，也使企业、部门、个人的财务核算、成本控制和效益比较更加简捷。

3. 支付手段

支付手段（Means of Payment）是指货币作为延期支付手段结清债权债务关系。随着商品流通的发展，出现了商品交换与货币支付在时间上不一致的情况，有的先买货后付款，有的先付款后取货，这样就在信用交易的同时建立了债权债务关系，货币就成为跨期支付的手段。此时的货币不再简单地作为交换手段完成等值的商品和货币互换，而是作为跨期交换行为的一个结清环节，或作为交换价值的绝对存在进行单方面转移，成为在信用交易中补足交换过程的独立环节。随着信用关系的发展，货币在偿还债务或作其他支付时，都可以作为价值的独立运动形式进行单方面转移，如在信贷收支、财政收支、工资发放或劳务收支、捐赠或赔款等活动中，货币都发挥着支付手段的职能。

货币发挥交换媒介职能主要是与商品交换发生联系，发挥交换媒介职能的货币量多少不仅影响商品交换的效率，而且影响商品交换的价格。人们为了购买商品或支付劳务，就必须持有一定的货币量，由此产生了货币需求，作为交换媒介而产生的货币需求通常称为货币的交易性需求。与货币需求对应的是货币供给，货币供求均衡是物价稳定的重要保证。如果流通中的货币供给量小于交易性货币需求量，往往会造成物价下降，商品销售困难；反之，如果货币供大于求，就会造成物价上涨。两种情况都会破坏商品交换的正常进行。因此，货币能否正常发挥交换媒介的职能成为衡量货币流通状况的标准。在有内在价值的商品货币形式下，发挥交换媒介职能的货币能够随着商品交换的需要进行自发调节，多余的货币会自动退出流通作为财富保存下来；货币不足时又会自动进入流通，因此可以实现货币供求的自动均衡和商品交换价格的相对稳定。但由于信用货币没有内在价值，单位货币的购买力主要取决于货币量，货币量过多时单位货币的购买力下降，不仅不会自动退出流通，反而促使原来保存下来的货币进入流通，因此，信用货币没有自我调节能力，特别是在现代信用货币制度条件下，需要通过中央银行实施货币政策进行调控。关于这些问题本书在相关章节再作详细讨论。

（二）资产职能

货币的资产职能是指货币可以作为人们总资产的一种存在形式，成为实现资产保值增值的手段。现代社会资产的构成形式多种多样，从物理形态上可以分为实物资产和金融资产。实物资产包括房屋、土地、金银珠宝、耐用消费品、文物古董等，金融资产是指一系列权益凭证，包括股票、债券、保险合约、外汇以及存款、现金等，上述资产形式都可以作为贮藏财富和实现资产保值增值的选择。

货币发挥资产职能，是与货币的特点和优势分不开的。因为货币是社会财富的一般代表，贮藏货币等于贮藏社会财富；同时，货币具有与一切商品直接相交换的能力，可随时用于购买。与其他资产形式相比，货币最大的优势在于它的流动性。所谓**流动性**（Liquidity）是指资产变成现实购买力而不受损失的能力。在所有资产形式中，货币的流动性最高，持有者可以随时随地直接用货币购买所需的商品，或转换成其他资产形式。但是其他形式的资产，如房产、珠宝、股票和债券等，如果持有人需要购买其他商品或转换成其他资产形式，则必须先将这些资产转换成货币，在资产变现或转换的过程中，需要支付一定的交易费用或承受损失。例如，当人们为了其他支付而不得不卖出股票时，也许卖出价只是当初买入价的 1/2，资产变现的成本很高；而当股票市场出现有利的投资机会的时候，房地产、文物古董等资产只能变卖成货币后才能购买股票，在变现过程中不仅要支付成本，还可能失去最佳投资机会，而以货币形式持有资产则可以避免上述缺陷。

由于货币能够发挥资产职能，所以形成了人们对资产职能货币的需求。因为持有这部分货币是为了谋求财富的保值增值，所以称之为投资性或投机性货币需求，这种货币需求的大小影响的不是普通商品或劳务的价格，而是利率、汇率、股票价格等资产价格，更详细的内容可参阅金融市场和货币需求的相关章节。

二、货币的作用

（一）货币在经济中的作用

货币对人类生活产生的重要影响显而易见。从货币职能的角度看，货币的积极作用，一是克服了物物交换的困难，降低了商品交换的信息搜寻成本，提高了交换效率，促进了商品流通与市场的扩大；二是克服了价值衡量与交换比率确定的困难，为顺利实现商品交换提供了便利；三是可以通过支付冲抵部分交易金额，进而节约流通费用，还可以通过非现金结算加速资金周转；四是提供了最具流动性的价值贮藏和资产形式，在财富日益增长的过程中丰富了人们的贮藏手段和投资形式；五是通过在发挥支付手段时形成的活期存款和在发挥资产职能时所形成的定期存款，促进社会资金的集中，使金融体系能够有效利用社会资金，这是现代社会化大生产顺利进行最重要的前提条件。马克思就曾用“第一推动力”来概括货币在资本周转和社会再生产运动中对经济发展的推动作用。马克思认为，货币具有集结各种生产要素从而启动社会生产的能力。在商品经济条件下进行生产活动，首先需要拥有一定数量的货币用来购买生产设备、原材料和雇佣劳动力，如果没有货币把各种生产要素合理组合起来，资本增值、积累以及扩大再生产都无从谈起；其次，货币是保证再生产不断进行的持续动力，社会再生产必须依赖货币资本的不断投入才能周而复始地进行下去。

货币对人类的生产方式、生存方式乃至思想意识的发展也都产生了重要影响。货币成为推动经济发展和社会进步的特殊力量。因为它的存在使人们的生产和生活突破了狭小的天地。在缺少货币的社会，人们积累的是实物财富，而实物财富的转移相对困难，这就限制了人们行动的自由，人们的思想也多受禁锢；而货币出现以后，人们的活动领域大为扩展，货币“使臣轻背其主，而民易去其乡”①，与此同时，人们的思想也就不再受某地传统习俗及偏见的束缚，激发了人们的想象力和创造力，对商品生产的扩大、社会的发展和思想文化的进步产生了积极作用。

货币在发挥各种积极作用的同时，也对社会经济发展和人们的意识形态产生了负面影响。首先，由于货币的出现将交换过程分离为买和卖两个环节，使商品买卖脱节和供求失衡成为可能。其次，货币在发挥支付手段职能时形成了经济主体之间复杂的债务链条，产生了债务危机的可能性。最后，货币的跨时支付使得财政超分配和信用膨胀成为可能，货币过多会造成通货膨胀，而货币过少又会影响商品价值的实现，导致价格下跌。此外，把货币神化为主宰操纵人生与命运的偶像加以崇拜的货币拜物教，会扭曲人类的思想与行为，影响社会经济的健康发展。

（二）货币发挥作用的内在要求

如上所述，货币通过发挥交换媒介和资产职能对社会经济活动产生重要影响。但是，要正常发挥货币的积极作用必须具备一定的条件。

首先是币值稳定。只有当货币币值保持稳定，货币才能正常发挥计价标准的职能，才能稳定地充当交换手段和支付手段。如果货币币值剧烈变动，无论是升值还是贬值，都会影响货币的交换媒介职能。货币币值的状况对货币发挥资产职能也有重要影响，如果币值不稳，人们就不会选择货币作为贮藏手段，也难以利用货币实现资产的保值增值。

其次是具有使货币流通量能够适应经济社会发展要求的调节机制。随着社会经济和商品市场状况的变化，货币需求量也在不断地增减变化，这就要求货币供给应该具有弹性，这样才能实现货币供求均衡和货币正常流通。在商品或金属货币制度下，具有内在价值的商品货币具有自发调节机制。但在信用货币制度下，需要中央银行通过货币政策进行调控，为货币发挥各项职能作用创造良好条件。

（三）关于货币中性与非中性的争论

探讨货币的作用，就不能不论及货币中性与非中性的争论。货币中性观认为货币对经济运行没有实质性影响，货币非中性观则认为货币对经济运行能够产生实质性影响。

在西方经济理论中，早期货币中性观的代表是货币面纱论。以萨伊为代表的名目主义学者认为，货币仅仅是商品交换的媒介，除了在交易中即刻发挥交换媒介作用外，对实体经济活动没有实质性的影响。因为商品供求关系主要受商品价格变化的影响，货币数量的变动只是在总体上改变全部商品的绝对价格水平，而不会对商品的相对价格体系产生任何实质性的影响，故无法改变

① 彭信威. 中国货币史. 上海：上海人民出版社，1965：90。

商品的供求关系进而影响实际产出，货币不过是覆盖于实体经济上的一层面纱，货币经济与实体经济在本质上没有什么差别。

现代西方经济理论中的理性预期学派则从理性预期的角度论证了货币是中性的，认为货币不可能对经济生活中的就业量、实际产量或实际收入产生实质性的影响，货币唯一能影响的只是名义变量。这是由于公众的理性预期和预防性对策，使得名义变量的变动不会对实际变量发生作用，只有当货币数量突然而剧烈变动时，对失业率、产量和收入等实际变量才能产生暂时的影响，一旦人们做出理性预期，短暂的影响也随之消失。因此从长远来看，即便是突然一次性增发货币，其效应仍将是中性的，因为它最终只能导致价格水平的提高，而一切实际变量最终将保持不变。"从长期来说，货币增长对生产增长率的影响是中性的，并会在一对一的基础上影响通货膨胀率。"①

而主张货币非中性论的西方学者们则认为，在货币信用经济中，货币并不是实物经济的一层面纱，它不仅能对经济发生重大影响，甚至可以改变经济的运行过程，而且与经济中的其他变量互相影响，紧密相关，从而成为改变经济运行最重要的内生变量。例如，凯恩斯学派的经济学家认为，货币不仅对所有经济活动和交易起传递和媒介作用，而且可以通过对工资、物价、利率和汇率等变量的影响对经济运行发挥促进作用。他们认为，由于人们普遍存在货币幻觉，注重货币的名义价值而忽视其实际价值，政府增加货币供应量后，随着货币工资的增加，人们就会增加劳动力的供给，提高实际消费水平，由此出现刺激投资、扩大产量和就业量、增加收入等真实变量变化的效应，名义货币量的变化可以影响实际经济变量。而货币学派则从现代货币数量说出发，认为"货币最重要"，一切经济变量的变动都与货币有关，货币数量是决定物价、产量和就业量的最主要因素。"货币一般地不是中性的，它不只是蒙在实际经济上的一层轻纺纱。在调控和指导金融和实际经济活动中，货币体系有其重要的任务。"② 总体上看，越来越多的学者承认货币在现代信用经济中是非中性的。

西方经济学者对货币中性与非中性的争论不仅仅停留在理论层面上，以此出发，引发了对如何发挥货币的作用、政府应该如何利用货币政策调节经济运行等不同的政策取向，关于这些问题可参阅本书第 16 章"货币供给"、第 17 章"货币均衡"和第 18 章"货币政策"。

第三节　货币制度

一、货币制度及其类型

货币制度（Monetary System）是针对货币的有关要素、货币流通的组织与管理等内容以国家法律形式或国际协议形式加以规定所形成的制度，简称币制。货币制度是货币发挥职能必不可少的制度保证，因为无论何种货币若要正常发挥货币的交易媒介职能和资产职能，都需要交易者达成共识，遵循统一的交易规则。例如货币单位是什么，流通中货币有哪些种类，不同种类货币有何

① 卢卡斯. 货币中性//诺贝尔奖获奖者演说文集：经济学奖. 上海：上海人民出版社，1999：1166。
② 格利，肖. 金融理论中的货币. 贝多广，译. 上海：上海三联出版社，1988。

种支付能力，货币如何发行，等等，对这些问题达成的共识、制定的规则就是货币制度。

货币制度有多种类型，包括金属货币制度和信用货币制度、国家货币制度、国际货币制度和区域性货币制度。为什么会产生不同的货币制度类型？一是取决于货币发挥职能的范围和区域，国内货币流通需要国家货币制度进行规范，在国际交往中则需要国际货币制度；二是取决于货币形式，由于货币形式不同，相应产生了不同的国家和国际货币制度。一般来说，金属货币制度对应着金属货币形式，信用货币制度对应着信用货币形式。货币制度的更迭和演进取决于货币形式的更迭与演进，两者是密不可分的。货币制度类型之间具有一定的对应关系。表 2-2 列出了货币制度的所有类型，并且直观地展示了它们之间的关系。

表 2-2　货币制度类型

<table>
<tr><th>货币形式</th><th colspan="2">国家货币制度</th><th>国际货币制度</th><th>区域性货币制度</th></tr>
<tr><td rowspan="4">金属货币</td><td colspan="2">金银复本位制</td><td>金银复本位制</td><td rowspan="4"></td></tr>
<tr><td rowspan="3">金本位制</td><td>金币本位制</td><td rowspan="3">国际金本位制</td></tr>
<tr><td>金块本位制</td></tr>
<tr><td>金汇兑本位制</td></tr>
<tr><td rowspan="2">信用货币</td><td colspan="2" rowspan="2">不兑现的
信用货币制度</td><td>布雷顿森林体系</td><td>货币联盟制度</td></tr>
<tr><td>牙买加体系</td><td>欧洲货币制度</td></tr>
</table>

二、国家货币制度的内容及其演变

（一）国家货币制度的内容

国家货币制度（National Monetary System）是指一国政府以法令形式对本国货币的有关要素、货币流通的组织与调节等加以规定所形成的体系。国家货币制度是一国货币主权的一种体现，由本国政府或司法机构制定实施，其有效范围一般仅限于国内。国家货币制度具有法律上的强制性，在一国国内若不遵行该国货币制度的各项规定即被视为违法行为。国家货币制度是伴随着国家统一铸造货币开始的。从历史上看，早期的货币制度较为杂乱，各国间的差异也很大。16 世纪以后，随着资产阶级国家政权和资本主义制度的确立，国家货币制度才逐步完善并相对规范与统一。国家货币制度从其存在的具体形式看，大致可分为金属货币制度和信用货币制度两大类，在币材和发行两个方面有所区别，但从总体上看，两类货币制度的内容构成大同小异，具体包括以下基本内容。

1. 规定货币材料

确定不同的货币材料就构成了不同的货币本位，确定用黄金充当币材就构成金本位，用白银充当币材就构成银本位。目前世界各国都实行不兑现的信用货币制度，也就不再对币材作出物理性质的规定。

从形式上看，似乎货币材料的选择是由国家规定的，然而从货币形式演变的历史看，金属货币、纸币、存款货币、电子货币和数字货币等货币形式的产生、发展和更迭，深层次的原因在于经济发展不同阶段对交易媒介的需求和科技进步与变革提供的技术条件。因此国家规定货币材料只是对流通中业已形成和使用的货币材料进行了法律上的认可和保护。

货币材料的规定是国家货币制度中非常重要的内容，因为货币材料的性质决定了货币制度的类型，对货币制度中关于货币铸造发行的流通程序的规定具有决定性的影响，金属货币等商品货币与纸币和存款货币等信用货币具有完全不同的发行流通程序，由此也就形成了两种完全不同的货币供给机制。

2. 规定货币单位

货币单位（Money Unit）是指货币计量单位。规定货币单位，对于统一商品价值衡量标准，便利货币发挥交易媒介职能具有重要意义。货币单位的规定包括两个方面，其具体内容因货币材料和货币制度的不同而产生较大的差异：

（1）规定货币单位的名称。货币单位的名称最早与商品货币的自然单位或重量单位相一致，如两、磅。后来由于金属货币铸造、兑现以及货币材料的变化等方面的原因，如信用货币的产生和流通，货币单位与自然单位、重量单位逐渐脱离，有的沿用旧名，有的重立新名。按国际惯例，往往加上该国简称，如美元、英镑、日元等。

（2）规定货币单位的值。在金属货币条件下，货币单位的值就是每一货币单位所包含的金属重量和成色；在不兑现的信用货币尚未完全脱离金属货币制度时，确定货币单位的值主要是确定每单位货币的含金量；当黄金非货币化后，纯粹的信用货币制度一般不再硬性规定单位货币的值，货币单位的值主要体现在为维持本国货币币值稳定而采用的一些措施上，如规定中央银行对币值稳定的责任与权力等。

3. 规定流通中的货币种类

规定货币种类主要是指规定主币和辅币以及它们之间的兑换关系，为货币发挥交换媒介职能创造条件。

（1）主币（Standard Money）就是本位币，是一个国家流通中的基本通货，一般作为该国法定的价格标准。主币的最小规格通常是 1 个货币单位。在金属货币制度下，主币是指用金属材料按照国家规定的货币单位铸造的货币；在信用货币制度下，主币的发行权集中于中央银行或政府指定的发行银行。

（2）辅币（Fractional Money）是本位货币单位以下的小面额货币，它是本位币的等分，主要解决商品流通中不足 1 个货币单位的小额货币支付问题。在金属货币流通条件下，为节约流通费用，辅币多由贱金属铸造，是不足值的货币，因此铸造权由国家垄断并强制流通，但铸造数量一般都有限制，铸造收益归国家所有。由于辅币的实际价值低于名义价值，国家以法律形式规定其按名义价值流通，并规定与主币的兑换比例。金属货币退出流通后，辅币制度仍然保存下来，在当代不兑现的信用货币制度下，辅币的发行权一般都集中于中央银行或政府机构。

4. 规定货币的法定支付能力

货币的法定支付能力分为两种：无限法偿和有限法偿。

（1）无限法偿是指不论支付数额多大，不论属于何种性质的支付，如购买商品、支付劳务费、归还贷款、缴税等，对方都不能拒绝接受。在金属货币制度下，本位币通常具有无限法偿的能力；在不兑现的信用货币制度下，中央银行发行的纸币具有无限法偿能力，而流通中的存款货币，在经济生活中通常被普遍接受，但大多数国家并未明确规定存款货币是否具有无限法偿能力。

（2）有限法偿是指在一次支付中若超过规定的数额，收款人有权拒收，但在法定限额内不能拒收。在金属货币制度下，不足值辅币通常为有限法偿，但是信用货币制度下则没有明确的规定。例如，我国目前仍然实行现金管理，国家对现金和非现金流通规定了适用范围和数量，但对本位币人民币“元”和辅币“角”“分”未作明确的无限法偿或有限法偿的区分，只是规定它们都是法定货币，都具有法偿能力。

对流通中的货币规定不同的法定支付能力，可以保护交易双方和持币人的利益，维护正常公平的交易秩序，也是保障货币稳定发挥交易媒介职能的必要条件。

知识链接2-3

中国人民银行依法整治拒收人民币现金行为

2020年12月，中国人民银行贯彻落实国务院要求，以服务消费、畅通支付流通环境、保障民生为目标导向，发布人民币现金收付指引公告，加强规范引导，深入开展拒收人民币现金行为集中整治。2020年第四季度，人民银行依法对16家拒收现金的单位及相关责任人作出经济处罚，处罚金额从500元至50万元人民币不等。2021年第一季度，人民银行又依法对8家拒收现金的单位及相关责任人作出经济处罚，处罚金额从500元至5万元人民币不等。两次被处罚的单位主要为公园景区、公共服务机构、停车场、保险公司、游乐场及房地产公司等。这并不是人民银行偶然为之的整治工作，早在2018年中国人民银行就发布公告，以我国货币制度为依据，认定单位和个人拒收或者采取歧视性措施排斥现金为违法违规行为。因为《中华人民共和国人民币管理条例》明确规定：人民币是我国的法定货币，以人民币支付我国境内一切公共和私人的债务，任何单位和个人不得拒收。人民银行的整治工作对规范社会经济主体对支付方式的选择和应用，保护消费者合法权益，维护公平交易具有积极意义。

为什么在存款货币、电子货币等非现金支付工具已经广泛使用，数字货币开始发展的背景下，仍然赋予人民币现金无限法偿的支付能力？人民银行的研究报告认为：第一，货币最本源的属性是充当商品交换的媒介，现金是无门槛的支付工具，可随时随地完成交易，具有最广泛的适用性，能够充分满足流动性需要。第二，保留现金有利于降低社会总交易费用。非现金支付需要投入固定成本并构建生态体系，依赖规模效应。对于现阶段难以形成规模效应的金融服务“最后一公里”地区或场景，现金和非现金支付有机共存可以使社会总交易费用更低。第三，保留现金符合普惠金融的初衷。数字技术提升了金融服务的覆盖面，但也带来了“数字鸿沟”，弱势群体对现金的依赖度高，过度“去现金化”会引发新的金融排斥，也使中小商户在接受支付结算服务时失去议价空间和最后退路，被迫接受支付服务提供商随意提高佣金或延长资金到账周期。第四，现金可以保障消费者的自主选择权、公平交易权、信息安全权和财产安全权等基本权利。此外，现金可以帮助消费者控制预算，避免过度消费。第五，现金是应对金融脆弱性的一道底层屏障和心理防线。理论上，现金可以被视为无风险的支付工具和安全资产，非现金支付工具或多或少具有操作风险、市场风险、信用风险甚至是道德风险，在自然灾害等重大突发事件造成支付系统中断时现金更是不可或缺的支付工具。

资料来源：中国人民银行网站资料，有改动。

5. 规定货币铸造发行的流通程序

在金属货币和信用货币等不同的货币形式和货币制度条件下，关于货币铸造发行流通程序规定的内容具有明显的区别，也因此决定了金属货币和信用货币具有不同的供给模式。

（1）自由铸造与限制铸造。这种规定是金属货币制度的内容之一。自由铸造即公民有权把法令规定的金属币材送到国家造币厂铸成金属货币，公民也有权把铸币熔化，还原为金属。限制铸造是指只能由国家铸造金属货币，特别是不足值的辅币必须由国家铸造，其他机构和个人不得铸造。

（2）分散发行与垄断发行。信用货币出现后货币制度也必须对货币发行权作出规定。分散发行是指允许私人部门按照规定的条件发行信用货币，垄断发行是指信用货币只能由中央银行或指定机构发行。例如，早期的银行券允许各商业银行分散发行，但是后来为了解决银行券分散发行造成的混乱，各国逐渐通过法律把银行券的发行权收归中央银行。在当代不兑现的信用货币制度下，各国信用货币的发行权都集中在中央银行或指定机构，由此也就确定了信用货币制度条件下的货币供给机制（参见第 16 章“货币供给”）。同时货币垄断发行的规定和实施促进了现代中央银行的产生，商业银行在金融机构体系中的重要地位也与现代信用货币供给机制具有紧密关联。

6. 规定货币发行准备制度

货币发行准备制度是指发行者必须以某种金属或某种形式的资产作为其发行货币的准备，从而使货币的发行与某种金属或某些资产建立起联系和制约关系。在金属货币制度下，法律规定以金或银作为货币发行准备，早期各国一般都采用百分之百的金属准备，后期各国采用部分金属准备制度以适应货币发行日益增加的需要，货币发行准备金的比例主要通过货币的含金量加以确定，在货币制度演化过程中，这个比例逐步递减，直至金属货币制度的崩溃。纯粹的信用货币制度下，货币发行的准备制度已经与贵金属脱钩，多数国家主要以外汇资产做准备，也有的国家以物资做准备，还有些国家的货币发行采取与某个国家的货币直接挂钩的方式，如盯住美元或英镑等。各国在准备比例和准备制度上也有差别。目前各国货币发行准备的构成一般有两大类：一是现金准备，包括黄金、外汇等具有极强流动性的资产；二是证券准备，包括商业票据、国库券、国债等在金融市场上流通的证券。

（二）国家货币制度的演变

古代的货币制度，前面分别从不同的侧面已有涉及，其详细的研究则属货币史的范畴。近代的货币制度从资本主义发展初期开始，经历了从金属货币制度发展为不兑现的信用货币制度的演变过程，大致的演变顺序是：银本位制→金银复本位制→金本位制→不兑现的信用货币制度。

1. 银本位制

早在中世纪，许多国家就采用过银本位货币制度。**银本位制**（Silver Standard）的基本内容包括：以白银作为本位币币材，银币为无限法偿货币，具有强制流通的能力；本位币的名义价值与本位币所含的一定成色、重量的白银相等，银币可以自由铸造、自由熔化；银行券可以自由兑现银币或等量白银；白银和银币可以自由输出输入。银本位制在 16 世纪以后开始盛行，至 19 世纪末期被大部分国家放弃。

中国使用白银作为货币的时间很长，唐宋时期白银已普遍流通，宋仁宗景佑年间（1034—1038 年）银锭正式取得货币地位。金、元、明时期确立了银两制度，白银是法定的主币。清宣统二年（1910 年）4 月政府颁布了《币制则例》，宣布实行银本位制，实际是银圆和银两并行。1933 年 4 月，国民政府废两改元，颁布《银本位铸造条例》，1935 年 11 月实行法币改革，废止了银本位制。

知识链接2–4

废两改元和法币改革是20世纪30年代国民政府的两项货币制度改革。废两改元是国民政府废除银两、银元并行制度，采取单一银元流通制度的改革。1933年3月1日，国民政府财政部发布《废两改元令》，规定银本位币1元等于上海规元7钱1分5厘，全国所有公私款项之收付，订立契约票据及一切交易，一律改用银元，不得再用银两。

法币改革的核心是废除银元流通，以法币代替银元，实行纸币流通。国民政府规定自1935年11月4日起，以中央银行、中国银行和交通银行所发行的钞票为法币。所有完粮纳税及一切公私款项收付，概以法币为限，不得使用银币。通过确定法币与英镑、美元的固定汇价，维持法币价值的稳定。

资料来源：戴相龙，黄达．中华金融辞库．北京：中国金融出版社，1998。

更多内容请访问爱课程网→资源共享课→金融学/李健→第2章→2.1→清末民初紊乱的货币制度。

2. 金银复本位制

金银复本位制（Gold and Silver Bimetallism Standard）是金、银两种铸币同时作为本位币的货币制度，流行于16—18世纪资本主义发展初期的西欧各国。其基本特征是：金银两种金属同时作为法定币材，一般情况下，大额批发交易用黄金，小额零星交易用白银。金银铸币都可以自由铸造、自由输出输入国境，都具有无限法偿能力，金币和银币之间、金币银币与货币符号之间都可以自由兑换。

金银复本位制是一种不稳定的货币制度，当金银铸币各按其自身所包含的价值并行流通时，市场上的商品就出现了金价、银价两种价格，容易引起价格混乱，给商品流通带来许多困难。而用法律规定金和银的比价，又会出现“劣币驱逐良币”的现象，即两种实际价值不同而法定价格相同的货币同时流通时，市场价格偏高的货币（良币）就会被市场价格偏低的货币（劣币）排斥，在价值规律的作用下，良币退出流通进入贮藏，而劣币充斥市场，这种劣币驱逐良币的规律又称为**格雷欣法则**（Gresham's Law）。随着资本主义经济的进一步发展，这种货币制度越来越不能适应流通要求，于是改行单本位制成为必然。

3. 金本位制

18世纪末19世纪初，主要资本主义国家先后从金银复本位制过渡到**金本位制**（Gold Standard），最早实行金本位制的国家是英国。金本位制包括金币本位制、金块本位制和金汇兑本位制。

金币本位制是金本位制的典型，其基本特点是：只有金币可以自由铸造，具有无限法偿能力；辅币和银行券与金币同时流通，并可按其面值自由兑换为金币；黄金可以自由输出输入；货币发行准备全部是黄金。金币本位制被认为是一种稳定有效的货币制度，因为它保证了本位币的名义价值与实际价值相一致，国内价值与国际价值相一致，价值符号所代表的价值与本位币价值相一致，并具有货币流通的自动调节机制，曾经对资本主义经济发展和国际贸易的发展起到了积极的促进作用。但是随着资本主义经济的发展，特别是帝国主义列强矛盾加剧所导致的战争，金币流通的基础被不断削弱，第一次世界大战期间，各国停止了金币流通、自由兑换和黄金的自由输出输入，战后也难以恢复金币流通，只能改行残缺不全的金本位制——金块本位制和金汇兑本位制。

金块本位制（Gold Bullion Standard）又称生金本位制，是不铸造、不流通金币，银行券达到一定数量后才能兑换金块的货币制度。

金汇兑本位制（Gold Exchange Standard）又称虚金本位制，指本国货币虽有含金量，但国内不铸造也不使用金币，而是流通银币或银行券，但它们不能在国内兑换黄金，只能兑换本国在该国存有黄金并与其货币保持固定比价的国家的外汇，然后用外汇到该国兑换黄金。实行金汇兑本位制的多为殖民地、半殖民地国家。

4. 不兑现的信用货币制度

1929—1933 年的经济大危机摧毁了第一次世界大战结束后西方各国残缺不全的金本位制，各国国内开始实施信用货币制度，但是很多国家仍然规定信用货币的含金量，货币制度依然保持与黄金的联系。20 世纪 70 年代布雷顿森林体系彻底崩溃后，各国货币与黄金既无直接联系，亦无间接挂钩关系，意味着金属货币制度已经完全退出历史舞台，取而代之的是不兑现的信用货币制度。这种货币制度在三个方面具有突出特点：一是现实经济中的货币都是信用货币，主要由现金和存款货币构成；二是流通中的货币都是借助于中央银行和商业银行等金融机构的业务投放的；三是货币流通不具有自我调节机制，国家对信用货币的管理调控成为经济正常发展的必要条件，大多数国家都由中央银行管理信用货币的发行与流通，运用货币政策调控信用货币的供求总量与均衡。

不兑现的信用货币制度是现代金融体系的货币制度基础，对现代金融体系的运行产生了全方位的影响。不兑现的信用货币制度为经济增长提供了具有弹性的货币制度环境，从这个角度看，信用货币制度促进了现代经济发展，但同时也带来了很多风险。例如，由于信用货币价值的不确定性，就需要设计和进行能够对冲风险的金融市场交易活动；不兑现的信用货币制度条件下汇率制度日趋复杂化，浮动汇率制波动性大，容易造成国家之间的货币冲突，若实行固定汇率制，则需要一国政府和中央银行进行调节和干预；为保证货币稳定发挥各项职能，为经济增长提供良好的货币环境，中央银行需要运用货币政策进行宏观调控；等等。本书后续章节中讨论的许多金融问题，都是以不兑现的信用货币制度为前提展开的。

（三）我国现行的货币制度

我国现行的货币制度较为特殊。由于我国目前实行“一国两制”的方针，1997 年香港、1999 年澳门回归祖国以后，继续维持原有的货币金融体制，从而形成了“一国多币”的特殊货币制度。目前不同地区各有自己的法定货币：人民币是内地的法定货币，港元是香港特别行政区的法定货币，澳门元是澳门特别行政区的法定货币，新台币是台湾地区的法定货币。各种货币均限于本地区流通，人民币与港元、澳门元之间按以市场供求为基础决定的汇价进行兑换，澳门元与港元直接挂钩，新台币主要与美元挂钩。

人民币是我国的法定货币，由中国人民银行于 1948 年 12 月 1 日开始发行。人民币主币“元”是我国法定计价结算的货币单位。人民币的符号为“￥”，取人民币单位“元”字的汉语拼音“Yuan”的第一个字母 Y 加两横，读音同“元”。人民币不规定含金量，是不兑现的信用货币。人民币以现金、存款货币、电子货币、数字人民币等形式存在：现金由中国人民银行统一发行；存款货币由商业银行体系通过业务活动投入流通；电子货币基于存款货币支付流通；数字人民币由中国人民银行发行和管理。中国人民银行依法实施货币政策，对人民币总量和结构进行管理和调控。

三、国际货币制度及其演变

（一）国际货币制度的内容

国际货币制度亦称**国际货币体系**（International Monetary System），是支配各国货币关系的规则以及各国间进行各种交易支付所依据的一套安排和惯例。国际货币制度通常由参与国政府磋商而定，一旦商定，各参与国都应自觉遵守。但是与国家货币制度相比，国际货币制度类似于君子协定，并不具备强制性。

国际货币制度包括三个方面的内容：一是确定国际储备资产，即使用何种货币作为国际支付货币，哪些资产可用作国际储备资产；二是安排汇率制度，即采用何种汇率制度，是固定汇率制还是浮动汇率制；三是选择国际收支的调节方式，即出现国际收支不平衡时，各国政府应采取什么方法进行弥补，各国之间的政策措施如何协调等。理想的国际货币制度应该能够促进国际贸易和国际经济活动的发展，主要体现在国际货币秩序的稳定，能够提供足够的国际清偿能力并保持国际储备资产的信心，保证国际收支的失衡能够得到有效的调节。迄今为止，国际货币制度经历了从国际金本位制到布雷顿森林体系再到牙买加体系的演变过程，实际上是跟随国家货币制度的演变，从金属货币制度演进到不兑现的信用货币制度。

（二）国际金本位制

国际金本位制是指黄金充当国际货币，各国货币之间的汇率由它们各自的含金量之比即金平价（Gold Parity）决定，黄金可以在各国间自由输出输入，在“黄金输送点”的作用下，汇率相对稳定，国际收支具有自动调节机制。国际金本位制是以当时各国的国家金本位制为基础建立的，1880—1914 年是国际金本位制的黄金时代。1914 年第一次世界大战爆发以后，各参战国国内黄金退出流通领域，停止纸币兑换黄金，禁止黄金输出，国际金本位制因此受到严重削弱，之后虽改行金块本位制或金汇兑本位制，但因其自身的不稳定性都未能持久，在 1929—1933 年的经济大危机冲击下国际金本位制终于瓦解。随后，国际货币制度一片混乱，直至 1944 年重建新的国际货币制度——布雷顿森林体系。

（三）布雷顿森林体系

布雷顿森林体系（Bretton Woods System）是第二次世界大战以后实行的以美元为中心的国际货币制度。1944 年 7 月，在美国新罕布什尔州的布雷顿森林召开了由 44 国参加的“联合国联盟国家国际货币金融会议”，建立了以美元为中心的国际货币制度。其主要内容是：① 以黄金作为基础，以美元作为最主要的国际储备货币，实行“双挂钩”的国际货币体系，即美元与黄金直接挂钩，其他国家的货币与美元挂钩。美元与黄金挂钩是指，美国政府保证以 1934 年 1 月规定的 35 美元等于 1 盎司的黄金官价兑付其他国家政府或中央银行持有的美元。其他国家货币与美元挂钩是指，根据 35 美元等于 1 盎司黄金的价格确立美元的含金量，其他国家也以法律形式规定各自货币的含金量，而后通过含金量的比例，确定各国货币与美元的兑换比例。② 实行固定汇率制。各国货币兑美元的汇率一般只能在平价上下 1%的幅度内浮动，各国政府有义务在外汇市场上进行干预，以维持外汇行市的稳定。国际收支不平衡则采用多种方式调节。这个货币体系实际上是美元—黄金本位制，也是一个变相的国际金汇兑本位制。布雷顿森林体系实施时期，各国国内实行的是信用货币制度，国内流通使用的都是纸币和存款货币等信用货币，虽然各国规定了信用货币的含金量，但是信用货币在国内不能兑换黄金，含金量只是用于确定本国货币与美元之间固定汇率的基础而已。随着布雷顿森林体系的崩溃，国家货币制度和国际货币制度都进入完全不兑现的信用货币制度阶段。

布雷顿森林体系对第二次世界大战后资本主义经济发展发挥了积极作用。但是布雷顿森林体系自身具有不可克服的矛盾，又被称为“特里芬难题”。这一难题指美元若要满足国际储备的需求就会造成美国国际收支逆差，影响美元信用，引起美元危机；若要保持美国的国际收支平衡，稳定美元，则又会断绝国际储备的来源，引起国际清偿能力的不足。布雷顿森林体系实施的早期，这个矛盾并未完全显现。20 世纪 60 年代以后，美国政治、经济地位逐渐下降，特别是国际收支大幅逆差，黄金储备大量外流，60 年代末出现黄金储备不足抵补短期外债的状况，导致美元危机不断发生，各国在国际金融市场大量抛售美元，抢购黄金，或用美元向美国挤兑黄金。为了解决美元作为单一国际储备货币带来的各国国际储备资产的短缺和风险，IMF 在 1969 年 7 月正式创立了**特别提款权**（Special Drawing Rights，SDR），与黄金、外汇一起作为国际储备资产。当时的 SDR 与黄金挂钩，1 SDR 与美元等值，等于 0.888 671 克黄金。进入 70 年代，美元危机更加严重。1971 年 8 月 15 日，美国公开放弃金本位，各国随后也纷纷宣布放弃固定汇率，实行浮动汇率，不再承担维持美元汇率的义务。1974 年 4 月 1 日起，国际协定正式解除货币与黄金的固定关系，以美元为中心的布雷顿森林体系彻底瓦解。1974 年，SDR 改为以一篮子货币定值。2015 年 11 月 30 日，IMF 宣布人民币纳入 SDR 货币篮子，成为 SDR 的定值货币之一。

（四）牙买加体系

1976 年 1 月，国际货币基金组织（International Monetary Fund，IMF）在牙买加签署了《牙买加协定》，形成了新的国际货币制度——**牙买加体系**（Jamaica System）。其主要内容包括：

（1）国际储备货币多元化，黄金完全非货币化，即无论是国家货币制度还是国际货币制度，货币与黄金已经没有任何关联，黄金不再发挥交易媒介职能，成为单纯的国际储备资产。各国可自行选择国际储备货币，美元依然是主要的国际货币，SDR 仍为国际储备货币，日元、英镑、德国马克等货币则随着本国经济实力的增强而成为重要的国际货币。

（2）汇率安排多样化。出现了以浮动汇率为主，盯住汇率并存的混合体系，亦称“无体制的体制”，各国可自行安排汇率制度。

（3）多渠道调节国际收支。一是运用国内经济政策，通过改变国内的供求关系和经济状况，消除国际收支的失衡；二是运用汇率政策影响本币币值，通过增强本国出口商品的国际竞争力减少经常项目的逆差；三是通过国际融资平衡国际收支；四是通过加强国际协调解决国际收支平衡问题；五是通过外汇储备的增减调节国际收支失衡。

牙买加体系对维持国际经济运转和推动世界经济发展发挥了积极作用。多元化国际储备货币的结构为国际经济提供了多种清偿货币，摆脱了布雷顿森林体系下对一国货币——美元的过分依赖；多样化的汇率安排适应了多样化的、不同发展程度国家的需要，为各国维持经济发展提供了灵活性与独立性；灵活多样的调节机制，使国际收支的调节更为有效与及时。

但是牙买加体系并非理想的国际货币制度，仍然存在诸多缺陷，其中较为突出的有三点：第一，以国家主权货币作为国际储备货币，发行国可以享受“铸币税”等多种好处，但却不承担稳定国际储备货币的责任。第二，以浮动汇率制为主，汇率经常出现大起大落，变化不定，加大了外汇风险，在一定程度上抑制了国际贸易活动，极易导致国际金融投机，对发展中国家而言，这种负面影响更为突出。第三，目前的国际收支调节机制并不健全，各种调节渠道都有局限性，全球性的国际收支失衡问题并没有得到根本改善。因此，国际货币制度仍有待于进一步改革和完善。

知识链接2-5

建立超主权储备货币

在牙买加体系下，以国家主权信用货币作为国际储备货币，对于储备货币发行国而言，国内货币政策目标与各国对储备货币的要求经常产生矛盾。货币当局既不能忽视本国货币的国际职能而单纯考虑国内目标，又无法兼顾国内外的不同目标。既可能因抑制本国通胀的需要而无法充分满足全球经济不断增长的需求，也可能因过分刺激国内需求而导致全球流动性泛滥。理论上特里芬难题仍然存在，即储备货币发行国无法在为世界提供流动性的同时确保币值的稳定。

超主权储备货币的主张虽然由来已久，但至今没有实质性进展。超主权储备货币不仅克服了主权信用货币的内在风险，也为调节全球流动性提供了可能。由一个全球性机构管理的国际储备货币将使全球流动性的创造和调控成为可能，当一国主权货币不再作为全球贸易的尺度和参照基准时，该国汇率政策对失衡的调节效果会大大增强。这些能极大地降低未来危机发生的风险，增强危机处理的能力。

资料来源：周小川．关于改革国际货币体系的思考．中国人民银行网站，2009-3-23。

更多内容请访问爱课程网→资源共享课→金融学/李健→第 2 章→2. 1→媒体素材 11。

四、区域性货币制度

区域性货币制度是指由某个区域内的有关国家（地区）通过协调形成一个货币区，由联合组建的中央银行负责发行与管理区域内的统一货币的制度。

区域性货币制度的理论依据是 20 世纪 60 年代西方经济学家蒙代尔（Robert A. Mundell）提出的“最适度货币区”理论。他认为，要使浮动汇率更好地发挥作用，必须放弃各国的国家货币制度而实行区域性货币制度。“区域”是指有特定含义的最适度货币区，即由彼此间商品、劳动力、资本等生产要素可以自由流动，经济发展水平和通货膨胀率比较接近，经济政策比较协调的国家（地区）组成的独立货币区，在货币区内成员国通过协调的货币、财政和汇率政策，达到充分就业、物价稳定和国际收支平衡。

区域性货币制度的实践可以追溯到 20 世纪 60 年代，当时一些地域相邻的欠发达国家首先建立了货币联盟，并在联盟内成立了由参加国共同组建的中央银行，如 1962 年建立的西非货币联盟、1973 年建立的中非货币联盟和 1965 年建立的东加勒比货币联盟等。

欧洲货币制度是区域性货币制度的典范。欧洲货币制度从起源到完全实施经历了较长的发展阶段。1950 年欧洲经济合作组织建立了欧洲支付同盟，启动了欧洲货币联合的进程。1957 年欧共体建立之后，正式提出建立欧洲经济和货币联盟并设计了时间表。1991 年欧共体更名为欧盟，规定最迟在 1999 年 1 月 1 日之前建立经济货币联盟（Economic and Monetary Union，EMU），统一货币进程加快。1994 年成立了欧洲货币局，1995 年 12 月正式决定欧洲统一货币的名称为欧元（EURO）。1998 年 7 月 1 日欧洲中央银行成立，1999 年 1 月 1 日欧元正式启动，法国、德国、卢森堡、比利时、荷兰、意大利、西班牙、葡萄牙、芬兰、奥地利、爱尔兰共 11 个国家为首批欧元国，希腊于 2001 年加入欧元区。2002 年 1 月 1 日起，欧元的钞票和硬币开始流通。欧元的钞票由欧洲中央银行统一设计，由各国中央银行负责印刷发行；而欧元硬币的设计和发行由各国完成。2002 年 7 月 1 日，各国原有的国家主权货币停止流通，与此同时，欧元正式成为各成员国统一的法定货币。2007 年斯洛文尼亚加入欧元区，2008 年塞浦路斯和马耳他加入欧元区，2009 年斯洛伐克加入欧元区，2011 年爱沙尼亚加入欧元区，2014 年 1 月 1 日拉脱维亚加入欧元区，2015 年 1 月 1 日立陶宛加入欧元区，成为欧元区第 19 个成员国。此外还有 9 个国家和地区采用欧元作为当地的单一货币。

欧元现已成为重要的国际储备货币。根据 IMF 对其成员国已经明确计价币种的官方储备货币构成情况的调查统计，从 2010 年开始，欧元一直是 IMF 成员国的第二大官方储备货币。2010 年第二季度，美元在各国官方储备中的占比为 62. 5%，欧元占比为 26. 2%，位列第二，位列第三的英镑占比为 4. 2%，日元为 3. 2%，位列第四；2016 年年底美元占比为 64. 0%，欧元为 19. 7%，英镑为 4. 4%，日元为 4. 2%；2020 年年底美元占比减少到 55. 1%，欧元微增到 19. 9%，日元增长为 5. 6%，取代英镑成为第三大储备货币，英镑占比与 2016 年相同，仍然为 4. 4%，下降到第四位。同时欧元在跨境支付、国际银行业负债和国际债务证券发行等业务中的占比也紧随美元，远超英镑和日元，成为全球第二大国际货币。

欧洲货币制度的建立和欧元的实施，标志着现代货币制度又有了新的内容并进入了一个新的发展阶段，也为世界其他地区货币制度的发展提供了一个示范。但是欧洲货币制度的实施也存在诸多问题，如欧元区国家货币政策与财政政策的协调问题、成员国经济发展不平衡与生产要素自由流动的问题，直接影响了欧洲货币制度的稳定。2009 年爆发的欧债危机先后波及希腊、葡萄牙、意大利、爱尔兰、西班牙等欧元区国家，德国和法国也受到影响。2012 年 10 月 8 日欧洲稳定机制（ESM）正式启动，规模为 5 000 亿欧元的永久性救援基金首先向陷入债务危机的欧元区主权国家提供救助贷款，用于稳定欧洲货币制度。然而欧洲货币制度与生俱来的缺陷使其能否发挥预期功能充满了悬念。

第四节　当代信用货币的层次划分与计量

一、当代信用货币的层次划分

所谓信用货币的层次划分，是指对流通中的现金、存款货币等信用货币按照不同的统计口径划分为不同的层次。信用货币层次划分是在不兑现的信用货币制度产生后出现的，在中央银行拥有货币发行垄断权并承担货币调控职能的前提下，由中央银行主导信用货币层次划分并在此基础上负责货币供给量的统计与分析。目前在我国，中国人民银行定期向社会发布三个层次的货币供给量统计数据，IMF 和世界上绝大多数国家的中央银行在统计货币供给量时，也都将信用货币划分为不同的层次分别进行统计分析。

（一）划分信用货币层次的必要性

当代各国流通的都是由现金和存款货币构成的信用货币。其中，现金包括中央银行发行的现钞与金属硬币。也有部分国家中央银行发行现钞，硬币则是由财政部发行。在商业银行支付业务十分发达的现代社会，现金的使用量在整个社会的交易额中所占的份额很小，存款货币占主体。由于商业银行等金融机构为客户提供的存款类型多样，所以存款货币又可以分为活期存款、定期存款和其他存款等不同的种类。

现金和各种存款货币都代表了一定的购买力，但是它们的购买能力是有区别的。现金和活期存款是可以直接用于交易支付的现实购买力，而定期和其他存款要成为现实购买力还必须经过提现或转换存款种类的程序，中央银行对现金、活期存款、定期存款和其他存款的控制和影响能力也不同。因此，在进行货币供给量统计时，既要考虑货币统计的全面性和准确性，又要兼顾中央银行调控货币的需要，就必须对信用货币划分层次进行统计分析。

（二）信用货币层次划分的依据

目前，各国中央银行在对信用货币进行层次划分时，都以“流动性”作为依据和标准。“流动性”有多种含义，从信用货币层次划分标准的角度看，流动性是指金融资产作为交换媒介的方便程度，体现为金融资产随时以其全部的面值进行支付的能力。中央银行发行的现钞流动性最强，因为它们能够以全部面值随时购买商品、服务以及各类资产。活期存款的流动性次之；定期存款则需要经过提现或者转成活期存款才能进行支付，因此流动性更弱。

流动性不同的金融资产在流通中周转的便利程度不同，由此形成的购买力强弱不同，也就意味着它们对商品流通以及其他各种经济活动的影响程度出现了差别。因此，按流动性的强弱对不同形式、不同特性的货币划分不同的层次，是中央银行科学统计货币供给量、客观分析货币流通状况、正确制定实施货币政策和及时有效地进行宏观调控的必要基础。

（三）IMF 和主要国家的货币层次划分

由于世界各国金融体系、金融工具和金融资产类型具有各自的特点，因此各国货币层次划分的具体内容有较大差异，但基本上都包含了**狭义货币**（Narrow Money）和**广义货币**（Broad Money）两大层次，也有部分国家在广义货币之外又增设了流动性总量层次。

狭义货币通常是指流通中的货币加上银行活期存款。狭义货币量反映了整个社会对商品和服务的直接购买能力，它的增减变化对商品和服务的价格会形成直接的影响。广义货币是指狭义货币加上**准货币**（Quasi Money），准货币是能够转化成狭义货币的信用工具或金融资产，通常包括定期存款、其他存款或者短期证券。准货币的流动性小于狭义货币，它反映的是整个社会潜在的或未来的购买能力。显而易见，广义货币量所统计的货币的范围大于狭义货币量，它不仅包括了直接购买力，而且包括了潜在和未来的购买力，因此广义货币总量指标可以更全面地反映货币流通状况。广义货币层次的确立，对研究货币流通的全貌具有重要意义。流动性总量是指广义货币加上广义货币以外的具有一定的货币性的金融资产，它包含的金融资产的种类更多，范围更大。

1. IMF 对货币层次的划分

IMF 是货币金融统计国际准则的制定机构，2000 年以后，IMF 将货币划分为两个层次：广义货币和流动性总量。考虑到各国金融体系、金融工具和金融资产的差异，为了兼顾各国的情况，IMF 货币层次中包含的金融资产的种类与各国实际发行的金融工具或金融资产的名称有所不同。

按照金融资产的流动性从强到弱排列，IMF 广义货币层次包括的金融资产有：

（1）通货。通货主要是中央银行发行的现钞，如果一国中央政府同时发行现钞，也被包括在内。在某些国家外币可以在国内直接流通使用，外币现钞也计入通货。

（2）可转让存款。可转让存款包括存款性公司发行的活期存款、银行本票、旅行支票，邮政储蓄机构发行的可转让存款，非存款性公司发行的旅行支票。

（3）其他存款。其他存款包括存款性公司发行的不可转让储蓄存款、定期存款、固定存款等。

（4）货币市场基金份额。

（5）债务证券。债务证券包括存款性公司发行的大额存单、商业票据等。

如果把 IMF 划分的货币层次与各国货币层次进行对比，IMF 广义货币层次对应的是：美国货币层次中的 M2，英国的 M4，日本的 M3，欧元的 M3，韩国的 M2，巴西的 M4，印度的 M3，墨西哥的 M4，俄罗斯的 M2，南非的 M3，中国的 M2。IMF 认可各国将广义货币细分为狭义货币和准货币，但是 IMF 并没有将其广义货币层次再进行细分。

IMF 的流动性总量层次包括广义货币加上具有一定货币性的金融资产，例如政府发行的国库券、储蓄债券，存款性公司的长期存款、银行承兑汇票，非金融机构发行的商业票据，等等。

2. 美国、欧元区、英国、日本的货币层次划分

目前各国对货币层次的划分有同有异，相同点在于各国货币层次划分都以“流动性”为标准，不同之处在于各国货币层次的级数和所包含的金融工具的种类多少不一。

（1）美国。

1944 年美联储开始统计公布 M1 数据，即包括银行体系外货币和银行活期存款的狭义货币。直到 1971 年美联储才增加了货币层次 M2 和 M3 的统计和公布，1975 年又扩大到 M4 和 M5，1980 年美联储将部分金融创新产品纳入货币层次，同时调整了各层次货币包含的内容。1982 年美联储简化了货币层次，2006 年停止统计公布 M3 层次。目前美国货币层次简化为两个层次：

M1＝流通中现金+非银行机构发行的旅行支票+活期存款+其他支票存款（包括存款机构的可转让支付命令账户、自动转账账户、信用合作社股金提款账户）

M2＝M1+储蓄存款（包括货币市场存款账户）+小额定期存款（金额小于 10 万美元的定期存款）+零售货币市场共同基金余额

（2）欧元区。

1999 年欧洲中央银行建立并开始发行欧元，同时即确立了欧元货币层次，主要分为三个层次：

M1＝流通中货币（包括纸币和硬币）+隔夜存款（可即刻兑换现金和直接用于支付的存款）

M2＝M1+2 年内到期的定期存款+3 个月内的通知存款

M3＝M2+货币市场基金份额/单位+回购协议+2 年内到期的债券

（3）英国。

英国货币层次也经历了多次调整，目前英国的货币层次主要分为：

M0（狭义货币）＝流通于英格兰银行之外的英镑现钞、硬币（由英国财政部发行）+商业银行在央行的清算存款

M4（广义货币）＝由非货币金融机构持有的英镑现钞和硬币+英镑存款和大额可转让存单+商业票据、债券、远期浮息债券、货币金融机构发行的期限在 5 年内的金融工具+源于回购的货币金融机构的债权+估算的非货币金融机构持有的英镑票据

（4）日本。

1949 年以前，日本中央银行仅仅统计现金规模。1949 年以后，存款货币被纳入日本货币供应量统计范围，但是当时的存款货币仅限于活期存款。1955 年，日本银行将储蓄存款和通知存款纳入货币统计范围。1967 年，日本开始统计定期存款，建立了 M1、M2 两个货币层次，1977 年后增加了 M3 层次，1989 年又新增了广义流动性统计，形成了目前的四个货币层次：

M1＝流通中现金+即付存款（可以随时支付的存款，包括活期存款、普通存款、储蓄存款、通知存款、特别存款、纳税准备存款）

M2＝M1+准货币（国内银行和信用金库的定期存款）+定期存单

M3＝M2+邮政储蓄存款、信用合作社存款、劳动金库存款、农业合作社存款、渔业合作社存

款+金钱信托

L=M3+金钱信托以外的金钱信托+投资基金+金融债+金融机构发行的票据+政府债券+外国债券

（四）我国货币层次的划分

我国从1994年开始正式划分货币层次，按照流动性强弱，将货币划分为M0、M1（狭义货币）和M2（广义货币）三个层次①。从1994年至今，我国货币层次一直稳定保持为三个层次，其间中国人民银行对广义货币所包含的金融资产的内容进行过几次调整：2001年6月起，证券公司客户保证金存款计入M2层次；2011年10月起，住房公积金中心存款和非存款类金融机构在存款类金融机构的存款计入M2层次；2018年1月，人民银行完善货币供应量中货币市场基金部分的统计方法，用非存款机构部门持有的货币市场基金取代货币市场基金存款（含存单）。目前我国货币层次的具体划分内容为：

M0=流通中的现金

M1（狭义货币）=M0+活期存款

M2（广义货币）=M1+准货币（企业单位定期存款+储蓄存款+证券公司客户保证金存款+住房公积金存款+其他存款+非存款机构部门持有的货币市场基金存款（含存单）

知识链接2-6

我国货币层次的划分过程

改革开放前，我国只承认个人与企业之间用于消费品购销的现金是货币，企业、机关、团体等单位之间用于转账结算的银行存款不是货币。改革开放后，我国经济的商品化程度迅速提高，迫切要求扩大货币内涵、划分货币层次。1985年7月2日至6日，中国金融学会“货币理论与政策研究会”在江苏省扬州市举行，讨论我国货币的内涵和层次划分，形成了以下共识：第一，货币的内涵，除现金以外，还应包括银行存款。第二，为了全面和准确反映货币的作用，应按它们对商品购买力的影响、货币作用的大小以及同国家宏观调控的关系，划分为四个层次：M0为现金；M1包括现金，企业存款，乡镇企业存款，机关、团体、部队存款，基建存款；M2包括M1和单位定期存款、城乡储蓄存款；M3包括M2和财政金库存款、汇兑在途资金、其他金融机构存款。这次会议的研究成果促成了我国新的货币概念和货币层次的划分。

资料来源：赵海宽．回忆我国货币层次的划分过程．中国金融，2008（2）。

（五）各国货币层次划分的特点

从我国和其他国家货币层次划分状况来看，各国货币层次划分具有以下特点：

（1）随着流动性强弱的变化，货币层次覆盖的金融资产的范围也在变化。流动性越强的货币层次所包含的货币的范围越小，如大部分国家流动性最强的货币层次只包含现金。随着活期存款和定期存款的加入，货币层次的流动性在减弱，但是货币层次包含的金融资产的范围在扩大。

---

① 对货币层次的研究始于1985年7月中国金融学会在扬州召开的“货币理论与政策研究会”，会上根据我国的货币流通现实，创新地提出了在国际通用的M1、M2、M3的口径前增加M0。参见知识链接2-6。

（2）不同国家各个货币层次所包含的金融资产不同。这是由于各个国家都有各自独特的金融产品，无论是产品的名称还是产品的功能都有差异，因此即使是两个国家流动性相同的货币层次，实际所包含的金融资产的具体内容也有很大的差别。一般而言，金融制度越发达，金融产品越丰富，每一货币层次中包含的金融资产的种类就越多。

（3）货币层次的划分不是固定不变的，随着金融产品的创新，经济环境的改变，原有的货币层次可能已无法准确地反映货币的构成状况，需要对货币层次进行重新划分。金融产品创新的速度和深度、金融体制的变化，以及中央银行货币政策操作目标的调整，都会影响货币层次的划分和修订。从美国、英国等经济发达国家货币层次变动的趋势看，2000 年以来，货币层次逐步由繁变简，美国从原来的五个层次简化为两个层次，英国也简化为两个层次。

（4）货币层次的划分和计量只能在一定程度上反映货币流通的状况。随着金融创新的加速，新的金融产品层出不穷，许多金融工具都或多或少地具有一定的“货币性”。有的能够直接作为货币发挥作用，有的略加转化就能发挥交换手段和支付手段职能，要想十分清晰地划分货币层次越来越困难，货币层次和计量也只能做到相对准确。

由于货币层次划分存在的不确定性，给中央银行货币政策中介指标的确定造成了影响和困扰。货币供给量还能否作为货币政策的中介指标，中央银行应该选择数量型货币政策还是价格型货币政策，等等，都成为中央银行在实施金融宏观调控时不得不慎重考虑的问题。相关内容参见第 18 章“货币政策”。

二、货币供给量的统计分析

货币供给量的统计与分析是当代各国中央银行的一项重要职责，是中央银行制定和实施货币政策的重要基础性工作。目前世界绝大多数国家的中央银行都会定期按照货币层次公布货币供给量统计数据。中央银行统计和公布的货币供给量指标都是存量数据，货币存量就是在某一时点上各经济主体所持有的货币余额。表 2-3 所示为 2000—2020 年我国各层次货币供应量总量指标。

表 2-3　2000—2020 年我国各层次货币供应量表

单位：亿元

年份	M2	M1	M0
2000	134 610. 4	53 147. 2	14 652. 7
2001	158 301. 9	59 871. 6	15 688. 8
2002	185 007. 0	70 881. 8	17 278. 0
2003	221 222. 8	84 118. 6	19 746. 0
2004	254 107. 0	95 969. 7	21 468. 3
2005	298 755. 7	107 278. 7	24 031. 7
2006	345 603. 6	126 035. 1	27 072. 6
2007	403 401. 3	152 519. 2	30 334. 3
2008	475 166. 6	166 217. 1	34 219. 0
2009	610 224. 6	221 445. 9	38 247. 0
2010	725 851. 8	266 621. 6	44 628. 2

续表

年份	M2	M1	M0
2011	851 590.9	289 847.7	50 748.5
2012	974 159.5	308 673.0	54 659.9
2013	1 106 525.0	337 291.1	58 574.4
2014	1 228 374.8	348 056.4	60 259.5
2015	1 392 278.1	400 953.4	63 216.6
2016	1 550 066.7	486 557.2	68 303.9
2017	1 676 768.5	543 790.2	70 645.6
2018	1 826 744.2	551 685.9	73 208.4
2019	1 986 488.8	576 009.2	77 189.5
2020	2 186 795.9	625 581.0	84 314.5

资料来源：相关年份的《中国金融年鉴》和《中国人民银行统计季报》。

注：2001 年 6 月起，证券公司客户保证金计入广义货币供应量（M2），含在其他存款项内。2011 年 10 月起，住房公积金中心存款和非存款类金融机构在存款类金融机构的存款计入广义货币供应量。2018 年 1 月，人民银行完善货币供应量中货币市场基金部分的统计方法，用非存款机构部门持有的货币市场基金取代货币市场基金存款（含存单）。

更多数据请扫描封底增值服务码→数据库。

此外，一些国家的中央银行也会公布货币的增长率指标。图 2-2 所示为 2001—2020 年我国各层次货币供应量同比增长率。

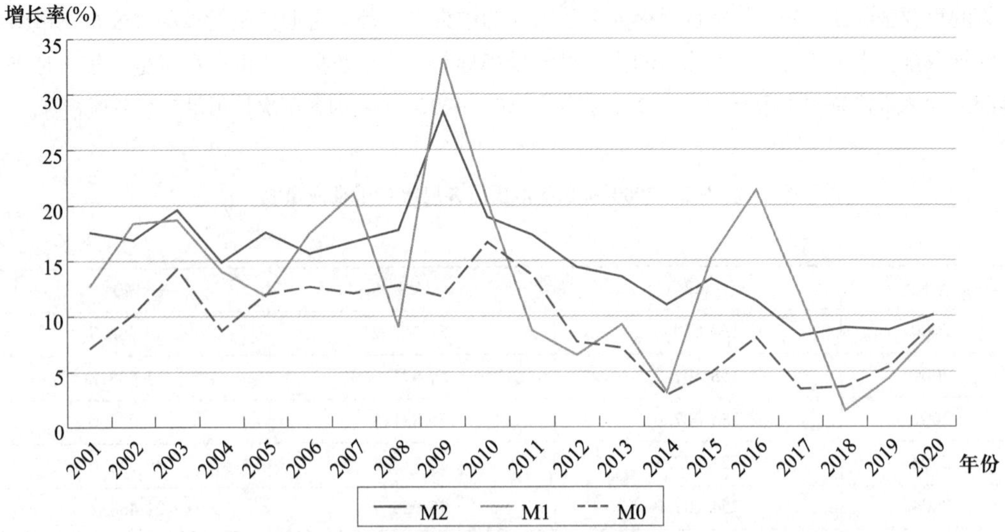

图 2-2 2001—2020 年我国各层次货币供应量同比增长率

资料来源：相关年份的《中国金融年鉴》和《中国人民银行统计季报》。

由于货币在经济中的影响十分广泛，货币存量和增长率的变化不仅影响人们的收入，影响商品和服务的价格，还会影响汇率、利率和金融资产的价格，进而影响消费、储蓄和投资，因此货币存量和增长率指标便成为社会普遍关注的重要的宏观金融指标。相关内容参见汇率决定理论、利率决定理论、金融资产价格、货币政策等章节。

本章小结

1. 货币产生几千年以来，围绕货币的起源问题，古今中外出现了种种不同的货币起源学说和理论。在我国古代主要有两种学说，西方国家关于货币起源的学说大致有三种。而马克思在批判与继承前人理论的基础上，用劳动价值论科学地阐明了货币产生的客观必然性，现代西方货币金融理论在这个问题上的探讨则侧重于从交易成本的角度进行。

2. 从货币产生至今，货币形式经历了一个不断发展演变的过程。从币材演变的角度看，货币形式从早期的商品货币发展到现在的信用货币，经历了从实物货币到金属货币再到纸币、电子货币和数字货币的发展过程。实物货币是货币产生初期采用的货币形式，金属货币的天然属性使其在很长时期内成为重要的货币形式，纸币和存款货币的出现，克服了金属货币不便携带的缺陷，在传统信用货币形式的基础上，又产生了电子货币和数字货币等新的货币形式。

3. 人们关于货币的职能的认识是基本相同的，但是在货币职能的具体划分上，却有着种种不同的看法。马克思认为货币有五大职能，有的经济学家认为货币有三大职能，有的认为货币有两大职能。本书认为货币有两大基本职能：交换媒介职能和资产职能。货币发挥交换媒介职能主要是通过交换手段、计价标准和支付手段三种方式进行的；货币的资产职能主要表现在货币被人们作为财富的贮藏手段和资产的保值增值方式。

4. 国家货币制度是指国家以法律形式确定的货币流通的结构和组织形式，简称币制。其目的是保证货币和货币流通的稳定，使之能够正常地发挥各种职能。货币制度的内容主要有：规定货币材料、规定货币单位、规定流通中的货币种类、规定货币法定支付偿还能力、规定货币铸造发行的流通程序和货币发行准备制度。

5. 国家货币制度是一国货币主权的一种体现，由本国政府或司法机构独立制定实施，其有效范围一般仅限于国内。国家货币制度从其存在的具体形式看，大致可分为金属货币制度和信用货币制度两大类。16 世纪以后至今国家货币制度的主要种类有银本位制、金银复本位制、金本位制和不兑现的信用货币制度。20 世纪 70 年代中期以来，各国实行的都是不兑现的信用货币制度。

6. 不兑现的信用货币制度有三个特点：① 现实经济中的货币都是信用货币，主要由现金和银行存款构成。② 现实中的货币都是通过金融机构的业务投入流通中去的。③ 国家对信用货币的管理调控成为经济正常发展的必要条件。我国的人民币货币制度也是信用货币制度。

7. 国际货币制度亦称国际货币体系，是支配各国货币关系的规则以及各国间进行各种交易支付所依据的一套安排和惯例。国际货币制度一般包括三个方面的内容：国际储备资产的确定、汇率制度的安排和国际收支的调节方式。迄今为止，国际货币制度经历了从国际金本位制到布雷顿森林体系再到牙买加体系的演变过程。

8. 区域性货币制度是指由某个区域内的有关国家（地区）通过协调形成一个货币区，由联合组建的一家中央银行负责发行与管理区域内的统一货币的制度。区域性货币制度的建立，是以货币一体化理论为依据的。目前，实行区域性货币制度的国家主要在非洲、东加勒比海地区和欧洲，西非货币联盟、中非货币联盟、东加勒比货币联盟、欧洲货币联盟都属于区域性货币制度。

9. 在信用货币制度条件下，中央银行在统计和分析货币量时，首先要对货币划分层次。货币层次划分的标准是流动性，由于金融制度和金融产品的差异，各国货币层次的划分有所不同。随着金融创新的发展，各国货币层次划分也在不断变化。我国中央银行从 1994 年开始对货币量划分层次，目前我国货币划分为三个层次，即 M0、M1、M2。M0 是指流通中的现金，M1 指 M0 加上可开支票进行转账结算的活期存款，M2 指 M1 加上准货币。

10. 根据货币层次划分，中央银行定期对货币供应量进行统计并公开发布。我国中央银行发布的货币供应量指标包括总量指标和增量指标，根据货币供应量指标，中央银行就可以对货币流通状况作出基本的判断，为宏观调控提供参考依据。

重要术语

货币	币材	实物货币	金属货币	纸币
信用货币	银行券	存款货币	铸币	电子货币
数字货币	货币层次	交换媒介	价值储藏	价值尺度
狭义货币	广义货币	M0	M1	M2
准货币	货币供应量	货币存量	货币制度	主币
辅币	货币单位	自由铸造	限制铸造	无限法偿
有限法偿	格雷欣法则	金本位制	金块本位制	金汇兑本位制
国家货币制度	国际货币制度	布雷顿森林体系	牙买加体系	区域性货币制度

☞ 术语解释请扫描封底增值服务码→名词术语。

思考题

1. 你是如何看待货币在经济活动中的作用与影响的？
2. 货币形式不断演变的原因是什么？你认为数字货币会带来哪些影响？
3. 在我国的货币层次中，哪个层次货币的流动性最大？哪个层次的计量口径最大？
4. 你认为我国居民活期储蓄存款应该列入 M1 吗？为什么？
5. 请梳理改革开放以来现金在我国经济生活中作用和地位的变化。
6. 你认为货币在什么条件下是一种较好的价值储藏工具？
7. 为什么会出现货币制度？它主要包括哪些基本内容？
8. 国家货币制度是如何演变发展的？
9. 试描述我国现行的货币制度的状况。
10. 布雷顿森林体系的核心内容是什么？
11. 牙买加体系与布雷顿森林体系有何区别？
12. 目前世界上主要有哪几个区域性货币制度？

☞ 更多思考练习请扫描封底增值服务码→习题作业、例题及综合测试。

讨论题

讨论主题：货币层次的划分

讨论素材：《中国的货币层次划分》

思考讨论：

1. 我国的货币层次划分标准与其他主要发达国家有何异同？是否需要保持一致？
2. 如何理解货币层次的划分与国家宏观调控之间的关系？

相关讨论素材请扫描封底拓展资源码→教学案例。

延伸阅读

1. 彭信威. 中国货币史. 上海：上海人民出版社，1965.
2. 卢卡斯. 货币中性//诺贝尔奖获奖者演说文集：经济学奖. 上海：上海人民出版社，1999.
3. 格利，肖. 金融理论中的货币. 上海：上海三联出版社，1988.
4. 萨尔瓦多，等. 欧元、美元和国际货币体系. 上海：复旦大学出版社，2007.
5. CRIBB J，COOK B，CARRADICE I. 世界各国铸币史. 北京：中华书局，2005.

更多资源请扫描封底拓展资源码→文献目录。

即测即评

请扫码答题，检测本章学习效果。

第3章 汇率与汇率制度

本章导读

汇率是重要的涉外价格变量，被货币当局等政策制定者和企业、投资者高度关注。例如，2005年以来，人民币对美元等主要货币的名义汇率以及实际汇率经历了显著的升值。一方面，出口企业往往由此而“抱怨”收益减少了；另一方面，人民币升值使得进口外国商品、去外国留学或者旅游变得更便宜。汇率对物价、货币的需求和供给、跨境资金流动、利率等经济变量有着重要的影响，汇率政策在改善国际收支、促进宏观经济内外均衡方面起着重要的作用，而这些经济变量对汇率也有着重要的影响。如何理解汇率的决定和波动、汇率与其他重要经济变量的影响关系呢？各经济体包括我国又是如何选择合适的汇率制度呢？本章将对此进行系统的阐述。

第一节　外汇与汇率

一、外汇的概念

鉴于货币承担着各项重要职能，在各个经济体内部和相互之间，都需要使用货币。通常情况下，在本经济体内使用的只能是本币，外币则不被允许；并且，绝大多数经济体的货币并不能充当直接用于国际贸易和国际投资等跨境经济交易的交易媒介，也不充当国际上例如大宗商品的价值尺度或计价单位，以其计值的金融资产也不会被用于各货币当局或经济部门的价值贮藏。当本国与其他经济体发生跨境经济交易，需要清偿由此引起的对外债权债务时，交易主体便需要将本币兑换成外币，或是将外币兑换成本币，这就涉及外汇的概念。外汇（Foreign Exchange）是指以外币标价的，为国际上的各经济主体普遍接受的各种金融资产，是可用于国际结算的债权。例如在我国，根据 2008 年 8 月 1 日修订通过的《中华人民共和国外汇管理条例》中所列明的，外汇是指下列以外币表示的可以用作国际清偿的支付手段和资产：① 外币现钞，包括纸币、铸币；② 外币支付凭证或者支付工具，包括票据、银行存款凭证、银行卡等；③ 外币有价证券，包括债券、股票等；④ 特别提款权；⑤ 其他外汇资产。

并非所有经济体发行的货币或有价证券都能成为其他经济体的外汇。某经济体的货币或有价证券要成为（其他经济体的）外汇需一般应具备几个必要条件：可以自由输出输入国境，可以自由兑换、买卖，在国际支付中被广泛接受等。当今只有少数几国发行的货币或有价证券才被视为外汇。需要指出的是，外汇并不等同于外币（外币只占外汇构成的一小部分），还包括高信用等级的权益类证券（货币统计口径是不包括权益类证券在内的）。

债权债务关系是现代经济中最基本的经济关系，信用货币也体现着债权债务关系，货币的支付反映着债权债务的变化。本币是如此，外汇也是如此。本国持有由其他国家发行的外汇，意味着持有对该国的债权。

二、汇率及汇率标价法

每个经济体的货币对其他经济体的货币都有一个兑换比率，称为汇率或汇价，即一种货币用另一种货币表示的价格。其中最重要的是对美元、欧元、日元等几种主要国际性货币的汇率。

在之前章节提到的币值是一个常用的概念，泛指货币具有的购买能力。以本国物价来反映时称为本币的对内价值；以外币价格来表示（也就是汇率）时，称为本币的对外价值。理论上说，货币的对内价值与对外价值应该是一致的，这是本币与外币之间之所以能相互兑换的基础，也是决定兑换比率的依据；但由于汇率不仅仅取决于货币的对内价值，还要受外汇市场上供求变化及其他因素的影响，货币的对内价值与对外价值之间有可能存在较长时间的、较大幅度的偏离。

汇率是货币间的兑换比率，由于选取的是以本币或是外币作为折算汇率的两种不同的标准，产生了汇率的两种标价方法：直接标价法和间接标价法。

（一）直接标价法

直接标价法（Direct Quotation）是以一定单位（1 个或 100 个等标准单位）的外币作为标准或基准，计算应付多少本币来表示汇率，因此也被称为应付标价法。例如，中国外汇交易中心在 2021 年 7 月 7 日某时刻，人民币对美元汇率的即期报价是 6.466 9 元，这就是以人民币标示的 1 美元的即期外汇的价格。顾名思义，直接标价法就是以本币去给外汇或外币这种特殊商品直接标示价格。这就如同是以（本币）人民币来给诸如鸡蛋等普通商品直接标价，例如1千克鸡蛋的价格是10元人民币。这种直接标价方法很自然，便于与其他商品的价格水平作比较，价格变化也一目了然。若标价的数字增大了，意味着商品的价格上涨，也可以说成人民币的币值或购买力下降也就是贬值了。也就是说，在直接标价法下，本币升值或贬值的变动方向与汇率的数值上升或下降的变动方向是相反的，外汇或外币升值或贬值的变动方向与汇率的数值上升或下降的变动方向是一致的：汇率的数值上升或变大，意味着单位外汇或外币能换取更多的本币，本币贬值或外汇或外币升值；汇率的数值下降或变小，意味着本币升值。

（二）间接标价法

间接标价法（Indirect Quotation）是以一定数量的本币单位作为标准或基准，计算应收多少外币来表示汇率，也被称为应收标价法。在间接标价法下，本币升值或贬值变动方向与汇率的数值上升或下降的变动方向是一致的：汇率的数值上升或变大，表示单位本币能换取更多的外币，意味着本币升值；汇率的数值下降或变小，则本币贬值。

大多数经济体对主要国际性货币的名义汇率采用直接标价法。在美国，美元对英镑、欧元等少数货币的汇率采用直接标价法，但对多数货币的汇率从1978年9月1日起改用间接标价法，也体现了美元在国际货币体系中的中心地位。在中国外汇交易中心，人民币对美元等10种货币的汇率报价采用直接标价法，但对其他多种货币的汇率报价已采用间接标价法。

在讨论实际汇率问题时，通常对实际汇率使用间接标价法，这样处理会更为方便。

三、汇率的分类

按不同的标准或角度，可以对汇率进行不同的分类。

（一）按照制定方法，可以分为基准汇率和套算汇率

基准汇率（Benchmark Exchange Rate）是本币对在对外经济交往中最常用的主要货币的汇率。这是由于外币种类繁多，要给出本币对每一种外币的汇率报价，或者各外币相互之间的汇率报价有许多不便。目前各经济体的货币一般以美元为基本外币来确定基准汇率。

套算汇率（Cross Exchange Rate）又称交叉汇率，是根据本币基准汇率套算出本币兑非主要货币的汇率，或套算出外币相互之间的汇率。

（二）按照外汇银行给出买卖外汇报价的角度，可划分为买入汇率和卖出汇率

买入汇率（Bidding Rate）是外汇银行买进外汇（结汇）时所使用的汇率，也称买入价。**卖出汇率**（Offering Rate）是外汇银行售出外汇（售汇）时所使用的汇率，也称卖出价。外汇是外汇银行经营买卖的一种特殊商品，按照“低买高卖”原则，买入汇率应当比卖出汇率便宜，两者间的价差就是利润。由于汇率有两种标价方法，所以外汇银行挂牌汇率或者报价的标示方法也是不同的：在直接标价法下，买入汇率的数值小于卖出汇率；在间接标价法下，买入汇率的数值大于卖出汇率。买入汇率和卖出汇率的算术平均数为**中间汇率**（Intermediate Rate）。

此外，外汇银行的外币现钞的买入价通常低于现汇的买入价。这是因为外币现钞会产生保管成本，也不像其他种类的外汇资产那样可以生息，并且由于在本国流通使用受到限制，需要运送到货币的发行地或能被流通使用之地存入国际金融机构，从而要产生和支付一系列成本。表3-1选取列出了某一时点中国银行对几种主要货币（100单位）的外汇牌价。

表 3-1　中国银行外汇牌价

货币名称	现汇买入价	现钞买入价	现汇卖出价	现钞卖出价	中行折算价	发布日期	发布时间
欧元	762.08	738.4	767.7	770.17	765.38	2021-7-7	15：23：37
英镑	888.94	861.32	895.49	899.45	893.53	2021-7-7	15：23：37
港币	83.1	82.44	83.43	83.43	83.38	2021-7-7	15：23：37
日元	5.821 6	5.640 8	5.864 5	5.873 5	5.852 4	2021-7-7	15：23：37
美元	645.53	640.28	648.27	648.27	647.62	2021-7-7	15：23：37

资料来源：中国银行网站。

更多数据请扫描封底增值服务码→数据库。

（三）按照外汇买卖的交割期限，可以划分为即期汇率和远期汇率

即期汇率（Spot Rate）也称为现汇率，是作为外汇市场上交易对象的即期外汇的价格，是交易双方达成外汇买卖协议后，在两个营业日内办理交割时的汇率，一般就是现时外汇市场的汇率水平。

远期汇率（Forward Rate）是作为外汇市场上交易对象的远期外汇这种金融衍生工具的价格，是买卖双方事先约定的，据以在未来一定时期（或时点）进行远期外汇交割或结售时所使用的汇率。远期汇率的存在，为国际贸易中的套期保值、规避汇率风险的操作提供了工具。随着我国进一步融入国际经济金融体系，人民币汇率机制更为灵活，远期外汇在我国已有迅速的发展，在第 10 章“衍生工具市场”中将会进一步介绍远期外汇交易，与之相关，远期汇率的地位和作用也越来越重要。与其他市场各种类型的远期价格的形成机制相类似，远期汇率反映了外汇市场上众多的参与主体根据各种信息，在现期时对汇率在未来一段时期的可能趋势的一致性看法或者说是预测判断。这当然又为分析判断汇率在未来的趋势提供了重要的信息，有着重要的参考价值。表面上看，远期汇率是外汇交易双方约定的价格，但绝大多数的参与主体其实又都是市场价格的接受者。

在直接标价法下，作为外汇市场上交易对象的远期外汇的价格也就是远期汇率的数值如果高于即期汇率，称为**升水**（Premium），意味着远期外汇的价格是预期上涨的或者说是预期升值的，将带来正的收益，而本币预期是贬值的；远期汇率的数值如果低于即期汇率，称为**贴水**（Discount），意味着远期外汇是预期贬值的，而本币预期是升值的；二者的数值相等称为**平价**（Par）。

远期汇率与即期汇率之间的价差也可以用相对数表示：

$$\text{升（贴）水年率}=\frac{\text{远期汇率}-\text{即期汇率}}{\text{即期汇率}}\times\frac{12}{\text{远期月份}}$$

这是远期外汇在未来某一时期内的预期升值/贬值率。

（四）按照汇率制度，可以分为固定汇率与浮动汇率

固定汇率（Fixed Rate）是指某一经济体的货币对某种主要国际货币（通常是美元）的汇率基本上是固定的，波动幅度被货币当局干预或限制在较小的范围内，货币当局有义务维持汇率的基本稳定。

浮动汇率（Floating Rate）是指货币当局对汇率的波动上下限不作限定或干预，汇率随外汇市场的供求关系自由波动。

对于某些经济体来说，如果货币钉住某种基本外币，即对该外币的汇率基本上是固定的，但随该外币对其他外币的浮动而其浮动，则被称为联系汇率制或钉住汇率制度。

（五）按照是否考虑一种货币所在经济体与其他经济体之间物价差异的因素，可以分为名义汇率与实际汇率

名义汇率（Nominal Exchange Rate）是指在外汇市场上观察到的、挂牌的、交易中使用的汇率。

实际汇率（Real Exchange Rate）是在某种经济体货币的名义汇率的基础上，考虑到该经济体与其他经济体之间的相对物价差异因素的汇率。不同于名义汇率，实际汇率是无法直接观察得到的，需要根据该经济体与其他经济体的相对物价差异去测算，可能因选取的价格指数不同而有所不同。关于实际汇率的经济含义、作用和影响将在下文作进一步的介绍。

（六）按照货币当局对汇率进行管理的角度，可分为官方汇率和市场汇率

官方汇率（Official Rate）是货币当局或外汇管理当局制定并公布实行，在本经济体内发生外汇交易的经济主体遵照执行的汇率，一般具有价格管制的色彩。

市场汇率（Market Rate）则是主要由外汇市场供求关系等因素决定和影响的汇率。在布雷顿森林体系解体后，主要经济体普遍采取的是市场汇率制或者说是自由浮动汇率制。

第二节　汇率的决定理论

汇率决定是汇率理论中的核心问题之一，极为复杂。汇率作为价格变量，其决定机制与其他的价格变量有诸多相似之处。例如，外汇与本币之间的供求关系一般会显著地影响汇率，反之，汇率也会影响外汇与本币之间的供求。但是，由于汇率自身所具有的特殊性质和重要地位，其价格形成也有诸多自身特色。在不同的经济和金融发展阶段、背景和假设下提出的各种汇率理论，一般是着重从某个方面进行阐述，分析视角和解释能力也存在差异。汇率理论的不断演进有助于人们进一步认识汇率的形成机制。

一、较早期的汇率决定理论

（一）国际借贷理论

国际借贷理论是在金本位制度盛行时期流行的阐释外汇供求与汇率形成的理论，由英国经济学家戈申（George Goschen）于1861年提出。他认为，汇率变动是由外汇供给与需求的对比变动所引起的，而外汇供求状况又取决于由国际贸易往来和跨境资金流动所引发的债权债务关系。当一国的流动债权多于流动债务时，外汇供给大于需求，在供求定律作用下，外汇将贬值而本币将升值；反之，外汇将升值而本币将贬值。该理论中的国际借贷关系实际上是指国际收支，故又被称为国际收支说。该理论是较早提出的汇率供求决定论，但不足之处在于并未说清楚是哪些因素，又是如何具体地影响外汇供求，而只是笼统地归结为国际借贷，这一缺陷大大地限制了其应用价值。此后随着凯恩斯主义占据主导地位，很多学者应用凯恩斯模型来说明影响国际收支的主要因素，进而分析这些因素是如何通过国际收支作用到汇率，形成了汇率决定的国际收支学说，弥补

了国际借贷理论的缺陷。

原理3-1

当某一经济体出现持续一段时期的、较大幅度的国际收支逆差时，在供求定律作用下，本币趋于贬值；当国际收支出现持续的、较大幅度的顺差时，本币趋于升值。

（二）购买力平价理论

购买力平价理论也是较早就被提出，并且具有深远影响，可用以解释汇率的长期决定。瑞典学者卡塞尔（Gustav Cassel）于 1922 年第一次系统地阐述了购买力平价的思想和理论体系。他指出，人们之所以需要外币或外汇，是因为外币在其发行国具有购买力，相应地，需要本币也是因为在本国具有购买力，因此货币的名义汇率的决定基础就应当是两国货币所代表的购买力之比。而货币购买力是以商品价格反映的，是价格的倒数，价格越高则货币购买力越低，两者之间呈反向关系。因此，名义汇率就表现为两国的商品价格之比，该比率可称为购买力平价（简称 PPP）。名义汇率变动的原因在于本国货币购买力与外国货币购买力的相对变动。

购买力平价理论假设：所有的商品和劳务具有可贸易性，国际贸易可自由进行，不受任何限制，国际贸易的交易成本例如运费和关税为 0，一价定律成立。**一价定律**（Law of One Price，LOOP）是指当贸易开放且交易费用为零时，同样的货物无论在何地销售，用同一货币来表示的货物价格都相同。一价定律成立是购买力平价理论的逻辑出发点和重要假设前提。对于可贸易品，在自由交易条件下，由于套利行为的存在，一国或是其他国家生产的同一种商品在不同市场应当是相同的价格（以汇率折算后的同一种货币价格来衡量）。例如，当英镑对美元的汇率为 1 英镑=2 美元时，若某跨国零售企业出售的 1 瓶某饮料（可被认为是在全球市场上同质性的商品）在英国的价格为 1 英镑，在美国的价格为 2.5 美元，由于不符合一价定律，存在套利机会，就会有贸易商通过国际套利活动来逐利。他可以用 1 英镑从英国买入该商品，运到美国按 2.5 美元卖出，在外汇市场上再把 2.5 美元卖出兑换成 1.25 英镑，如此一来假如不考虑运输费用的话他可净赚 0.25 英镑。这将导致外汇市场上美元的供给增加，同时对英镑的需求增加，在供求定律作用下，推动英镑升值及美元贬值，汇率变动至 1 英镑=2.5 美元，使得符合一价定律，即在英国和美国的商品价格用变动后的汇率折算后是一样的。当然这也是一种简化的情形，即仅考虑了供求定律只作用于外汇市场，而假定商品市场的价格在两国仍维持不变。如果考虑到供求定律对商品市场的影响，情形又更为复杂些。但不管怎样，套利行为会使得两种货币间的名义汇率自然地调整，以反映出这两国物价水平之比，也就是购买力平价，名义汇率与购买力平价应当是动态一致的。换言之，名义汇率的变动趋势会追随两国价格水平的变动趋势，如果名义汇率明显地偏离购买力平价，则经汇率换算以后，一国的相对价格水平就会与另一国出现偏差，这就为商品套利提供了机会。

当所有的商品均满足一价定律时，**绝对购买力平价**（Absolute Purchasing Power Parity）成立。在某一时点上，本国货币与外国货币之间的兑换比例（直接标价法下的名义汇率，NER）就取决于两国物价总水平之比（直接标价法下的购买力平价，PPP），即：

$$\mathrm{NER}=\frac{P}{P^{*}}=\mathrm{PPP} \tag{3-1}$$

其中，P、P^* 分别为本国、外国的一般物价水平。

例如，假设在中国一篮子商品和服务的价格总水平为700元人民币，在美国相同的一篮子商品和服务的价格总水平是100美元，则购买力平价为1美元=7元人民币。

但是，一价定律的假设过于严格且偏离现实。例如，在发展中经济体，服务这类不可贸易品按汇率折算后要比发达经济体便宜很多，但由于现实中种种条件的限制，却难以进行套利；对于可贸易品，套利也不是无成本、无制约的；此外，在计算PPP时，各经济体物价指数的编制在方法、篮子商品的范围、基期选择等方面存在着诸多技术性困难，因而价格水平是难以确定和比较的。为此，在绝对购买力平价的基础上，又可推导出**相对购买力平价**（Relative Purchasing Power Parity）。

若在基期和当期绝对购买力平价成立，即分别有：

$$NER_0=\frac{P_0}{P_0^*}=PPP_0,\quad NER_1=\frac{P_1}{P_1^*}=PPP_1$$

则有：

$$NER_1=NER_0\times\frac{P_1/P_0}{P_1^*/P_0^*}=PPP_1=PPP_0\times\frac{P_1/P_0}{P_1^*/P_0^*} \tag{3-2}$$

其中，变量符号下标为0、1分别表示在基期及当期。P_1/P_0、P_1^*/P_0^* 的经济含义分别是本国与外国在当期的价格相比于基期的价格，可反映出期间的通胀率；$\frac{P_1/P_0}{P_1^*/P_0^*}$就可反映出本国与外国在此期间的通胀率的差异。

相对购买力平价认为：如果能够找到一个符合绝对购买力平价的基期汇率（NER_0），那么就可以根据期间两国之间相对的价格变动情况或通胀率，推算出期间汇率的变动，当然也可确定出当期的汇率水平。也就是说，本国货币的汇率在一定时期内的变动是由本国与外国在此期间的通胀率的差异决定的。例如，若本国的通胀率持续地高于外国，则本币趋于贬值或者有贬值压力。与绝对购买力平价相比，相对购买力平价更为简洁和实用。

名义汇率取决于两国货币的相对购买力，这是购买力平价理论的基本思想和结论。它抓住了货币内在的特性——货币具有购买力，即价格水平这一影响汇率的核心因素，揭示了汇率长期变动的根本原因，符合逻辑和直觉，表达形式也使得汇率确定定量化，较其他汇率决定理论更为直观和易于理解。尤其是针对持续的、较高的通胀率的情形，更具解释力。所以，购买力平价理论被广泛运用于对长期汇率决定的分析和政策研究。例如，在固定汇率制下，一国的均衡汇率应该由本国与外国的相对价格来决定或设定，如果一国的名义汇率与由相对价格所决定的购买力平价出现持续的显著偏离，意味着存在汇率失调，本币的名义汇率面临着调整的压力，如果通过人为干预去强行维持的话，可能要付出干预成本和代价。在浮动汇率制下，汇率变动应当反映出本国与外国货币的购买力的相对变化，会受其影响而发生变动调整。

购买力平价理论提出后，获得了很高的评价。但是，由于现实世界中购买力平价理论的基本前提条件往往不能得到充分满足，所以在现实中观察到的、市场上挂牌交易的名义汇率与按照理论估算出的购买力平价之间往往存在着显著偏离的现象。在发达经济体，由于对外开放程度较高，国内市场的商品和服务中贸易品所占比重较大，名义汇率与购买力平价之间的偏离程度一般会较低一些；在发展中和转型经济体，由于开放程度较低，非贸易商品和服务所占比重较大，且价格往往低于国际价格，再加上国内价格机制不健全，所以名义汇率与购买力平价的偏离程度一般会较大一些。

原理3–2

当本币的购买力相对于外币的购买力下降时，本币趋于贬值；当本币购买力相对于外币的购买力上升时，本币趋于升值。

（三）汇兑心理学说

在较早期提出的汇率决定理论中，法国学者阿夫特里昂（Albert Aftalion）于 1927 年提出汇兑心理学说（Psychology Theory of Exchange），将人们的主观心理因素引入了汇率分析，为解释汇率的决定和变动提供了独特视角。这一学说也认为市场上的（名义）汇率取决于外汇的供给与需求。人们对外汇的需求是为了满足某种欲望或获得效用，例如对外国商品和服务的购买和支付、投资、外汇投机、跨境资金流出等需要，而这种欲望或效用是由人们的主观评价决定的。因此外汇的价值是由供求双方对外汇边际效用所作出的主观评价所决定的。汇率取决于外汇供求双方所作出的对外汇的边际效用与边际成本之对比的主观评价。在一定的汇率水平上，如果人们认为外汇提供的边际效用大于边际成本，就会继续购买外汇，导致外汇升值，直至边际效用等于边际成本。对外汇的效用和成本所作的主观评价会随各种情况而不断变化，因而汇率也会相应变动。汇兑心理学说揭示了学术界以前所忽视的主观心理活动和预期对汇率的影响作用，有其合理性。在解释外汇投机、“热钱”等因素对汇率的影响方面，有很强的说服力，特别适用于市场异常波动的情形。不过这一学说可能过分强调主观心理因素，也不能解释长期的汇率影响因素，并且难以定量分析。

原理3–3

外汇市场交易者的心理预期对汇率变化有显著影响，尤其在短期内。

（四）利率平价理论

利率、汇率均是货币或金融资产的价格，两者之间应当存在着密切的内在联系。凯恩斯于 1923 年首次系统地阐述了利率与汇率之间的关系，初步建立了古典利率平价理论（Theory of Interest Rate Parity）。在两国出现利差的情形下，套利性的短期跨境资金将从低利率经济体流向高利率经济体，但是为规避在投资期结束时面临的汇率风险，套利者在投资开始时往往将套利与掉期业务相结合。大量掉期外汇交易的结果是，由于需求上升，导致低利率经济体的货币在远期外汇市场上预期升值或升水，高利率经济体的货币在远期外汇市场上预期贬值或贴水，汇率的升/贴水率取决于两国利差。抛补套利不断进行，直至在两国金融市场所获取的收益率相等时停止，并且升/贴水率等于两国间的利差，即利率平价成立。利率平价理论的基础是，跨境资金在两个市场的投资收益率（包括利率收益和汇率收益）应当是相等的。

下面以具体例子说明。假设：不存在交易成本；资金在国际上具有高度流动性；存在完善的远期外汇市场；套利资金规模是无限的；套利者能不断进行抛补套利，直至利率平价成立。假设代表性的投资者或套利者现有 1 单位本币资金，投资期限为 1 年，若选择在期初时投资于本国金融市场，在期末可得到数量为（$1+i$）的本息之和，投资的年化收益率是 i。若选择在期初时投资于外国金融市场并在期末时卖出外汇兑换回本币，那么在期初时可以即期汇率 S（直接标价法下）买入数量为 $1/S$ 的外汇，在期末时可获得数量为 $(1+i^*)/S$ 的外汇本息之和。投资者出于规避汇率风险的考虑，要在期初时就与外汇银行约定按照外汇市场上现在形成的远期汇率 F，在期末时卖出数量为 $(1+i^*)/S$ 的外汇本息之和，也就是在期末时可换回数量为 $(1+i^*)\times F/S$ 的本币，投资的年化收益率是 $(1+i^*)\times(F-S)/S$。由于外汇市场上时刻存在着的、迅速发生的套利行为，远期外汇价格随之而调整，在国内、国外金融市场的投资收益率应当是相等的。例如，假设出现投资于外国金融市场的收益率高于投资于本国的情形，那么就可能是投资者增加买入即期外汇，推高即期外汇的价格（也就是在直接标价法下的即期汇率数值变大），这样就意味着期初买入的外汇数量将减少，投资于外国金融市场的本金将减少；也可能是投资者增加卖出远期外汇，拉低远期外汇的价格（也就是远期汇率的数值变小），这就意味着期末可兑换回的本币数量将减少。这些交易行为都将导致投资于外国金融市场的收益率降低，直至等于投资于本国的收益率。因此应当有：$i=(1+i^*)\times(F-S)/S$，对该式略作变形，即可得到：$(F-S)/S=i/(1+i^*)$。鉴于 i 和 i^* 的数值一般是远远小于 1 的，所以可以有：

$$\frac{F-S}{S}\approx i-i^* \tag{3-3}$$

因此可见，远期外汇的升水率 $(F-S)/S$，或者说是本币的预期贬值率，等于本国与外国的利差。当本国利率高于外国时，在外汇市场上远期外汇表现为升水（预期升值），本币表现为预期贬值；当本国利率低于外国时，远期外汇表现为贴水（预期贬值），本币表现为预期升值。例如，假设某时中国金融市场的年利率为 2%，美国年利率为 5%。不考虑其他因素的话，则 1 年期的美元远期外汇应当是贴水 3%，或者说是市场预期人民币在 1 年后升值 3%。

以上分析作了简化处理，只是单向地表明远期汇率差价（反映出市场对汇率走势的预期）是如何受国内外利率的决定和影响的。反过来，国内利率的决定也可能受远期汇率差价的影响（此处假设外国经济运行不受本国的影响），这可以基于对式（3–3）变形进行分析。例如，当本币面临着较为明显的升值预期时，货币当局可选择将本国利率维持在较低水平或降息，以部分地化解或对冲升值压力；当面临着较为明显的贬值预期时，可选择将本国利率维持在较高水平或加息，以部分地化解或应对贬值压力。

英国学者艾因其格（Einzig）对其进行了发展，从动态角度考察了远期汇率与利率之间的关系，提出了动态的利率平价理论，认为远期汇率与利率等变量之间存在相互影响关系。

原理3–4

利率与汇率的关系是：高利率经济体的货币在远期外汇市场上预期贬值，低利率经济体的货币在远期外汇市场上预期升值。

以上几种学说是较早期或传统的汇率理论。汇率作为联系经济体内部和外部的重要变量，具有双重性质。一方面，汇率是用一种货币表示的另一种货币的价格，属于货币层面的经济变量，因此必然要受到各种货币层面因素的影响；另一方面，汇率又取决于实体经济的运行状况，会对实体经济层面因素的变化作出反应。从分析视角来看，国际借贷理论的视角是从实体经济的层面来考察外汇市场上的供求是如何决定的，开启了从流量角度研究汇率之先河，此后发展起来的国际收支理论也是沿着这一逻辑思路发展起来的；购买力平价理论和利率平价理论可以归结为货币层面的分析。

二、现代汇率决定理论

20 世纪 70 年代以来，国际经济联系日益紧密，国际金融市场一体化迅速发展，主要经济体纷纷推行金融自由化政策。在布雷顿森林体系解体之后转而采用浮动汇率制。在此大背景下，汇率出现了频繁而剧烈的波动，而这种波动难以简单地根据实体经济状况做出解释，汇率越来越表现出与其他金融资产价格相类似的特征。汇率决定理论有了很大发展，加之随着 20 世纪 70 年代货币主义理论的兴起，现代汇率决定理论主要是资产市场分析法，着重从跨境资金流动和货币供给的角度进行分析，更加强调资产市场存量均衡对汇率的决定作用，认为汇率变动是为了实现两国资产市场的存量均衡，均衡汇率即两国资产存量供求均衡时的两国货币相对价格。下面介绍其中三种主要汇率决定理论。

（一）货币分析法

货币分析法（Monetary Approach to Exchange Rate）通过建立货币模型分析汇率的决定因素。它是以购买力平价理论为基础加以发展的。该理论认为，汇率是两国货币的相对价格，对汇率变动具有决定性作用的是本国货币供求关系相对于外国的变化，它将引起物价水平相对变化，进而影响本币的名义汇率（当然也会影响实际汇率）。基本的货币模型为：

$$e_t = M_t - M_t^* - a(y_t - y_t^*) + b(i_t - i_t^*) \tag{3-4}$$

其中，e_t 是本币的汇率（直接标价法）；M_t、M_t^*，y_t、y_t^*，i_t、i_t^* 分别代表本国与外国的货币供应量的增长率、国民总收入的增长率、利率，系数 $a>0$，$b>0$。

一国货币的汇率决定及变动与本国和外国的这三类变量的变动差异有关。在货币供给端，当其他条件不变时，若本国货币供应量的增长率高于外国，将使本币贬值。在货币需求端，若本国国民总收入的增长率高于外国，那么对本国的货币需求就会增加，将引致本币升值；若本国名义利率高于外国，则意味着本国有较高的预期通胀率（也意味着持有货币的机会成本较高），这样，对本国货币的需求将降低，将引致本币贬值。反之亦然。

该理论的优点是阐明了汇率受两国货币供应量的制约，从而把汇率与货币政策联系起来；缺陷在于过分依赖货币数量论。

原理3–5

当本币供应量更快地增长时，将导致本币贬值；当本国国民总收入更快地增长时，将导致本币升值。

（二）资产组合分析法

资产组合分析法也称为汇率决定的资产组合平衡理论（Portfolio Balance Theory of Exchange Rate

Determination)。该理论认为：人们根据对各种资产收益和风险的权衡，将财富配置于各种可选择的国内外金融资产和非金融资产。本币与外币资产只是人们可以持有的一系列资产中的一类，投资者根据经济形势和预期，及时调整其本外币资产的比例，从而往往引起跨境资金在各国间的大量流动，并对汇率产生很大影响。资产组合的调整实际上是对财富这一存量的结构调整，在长期上一国财富的规模总量也会发生变动，这其中就包括了由于经常项目失衡带来本国对外国债权总量的变动，财富结构调整和规模变动引起资产市场进而是汇率的调整。

这一理论把分析汇率决定的视野扩大到各种金融资产供求方面，其理论贡献在于运用一般均衡分析，综合考虑多种变量、多个市场影响汇率变化的因素，承认本币资产与外币资产的不完全替代性，较好地反映了20世纪70年代之后各国金融资产快速增长、流动加快的客观现实。但该理论忽略了实际经济因素对汇率变动的影响。

（三）换汇成本说

20世纪70年代末，中国学者结合国情，在购买力平价说的基础上发展出换汇成本说。该理论将购买力平价说中的不可贸易品剔除，而只考虑可贸易品的相对价格如何决定人民币汇率及其变动，故被称为换汇成本说。它有两种表达方式。

第一种是出口换汇成本（ExC，直接标价法，即在国际市场上换得1美元所需支出的人民币成本）：

$$\mathrm{ExC}=\frac{(1+P_e)\cdot \mathrm{ExC}_{\mathrm{RMB}}}{\mathrm{ER}_{\mathrm{USD}}} \tag{3-5}$$

其中，P_e为预期利润率；$\mathrm{ExC}_{\mathrm{RMB}}$为一定时期内以人民币计算的出口总成本；$\mathrm{ER}_{\mathrm{USD}}$为此间以美元衡量的出口总收入。

第二种是进口换汇成本（ImC，直接标价法，即在国内市场上出售1美元的进口物品所能获得的人民币收入）：

$$\mathrm{ImC}=\frac{\mathrm{TSR}_{\mathrm{RMB}}}{\mathrm{IM}_{\mathrm{USD}}} \tag{3-6}$$

其中，$\mathrm{TSR}_{\mathrm{RMB}}$为一定时期内进口商品在国内市场的人民币计算的销售总收入；$\mathrm{IM}_{\mathrm{USD}}$为此间以美元衡量的进口商品总值。

在相当一段时期，发展外贸特别是鼓励出口是我国对外经济政策的重要目标，因此出口换汇成本就成为确定人民币汇率水平的重要依据。换汇成本说在购买力平价理论的基础上，结合我国的经济现实并有所创新，曾经发挥了重要的政策参考作用。换汇成本说的理论创新主要体现在：第一，假设前提不同，认为只有可贸易商品的价格满足一价定律，而购买力平价理论认为所有商品的价格均满足一价定律；第二，购买力的决定基础不同，认为除货币数量外，劳动生产率也是决定货币购买力的主要影响因素，而购买力平价理论只认为前者是主要影响因素。

近年来，汇率决定理论的相关研究中出现了新的动向，例如更加关注微观基础。需要指出的是，各国货币当局为使汇率维持在有利于本国经济的水平，尤其是为了避免短期内汇率的剧烈波动对金融市场和经济运行可能造成的不利影响，往往对汇率进行干预或管理，对汇率的形成和波动也会造成一定影响。例如，在本币面临较大的贬值压力时，货币当局可通过卖出外汇回笼本币，以减缓贬值压力，但也可能面临着耗尽外汇的困境；也可以加息或维持较高的利率水平，但也可能对金融市场和实体经济运行带来不利影响。在本币面临较高的升值压力时，则可买进外汇抛售本币，但也可能因货币投放过多而导致通胀；也可以降息或维持较低的利率水平，但也可能产生流动性过剩以致资产价格过快上涨等不利影响。现实中，由于难以兼顾多个政策目标，货币当局往往是根据面临经济问题的轻重缓急，选择合适的政策工具进行调控。

第三节　汇率的影响与风险规避

从上一节的内容可以看到，进出口、物价、利率等重要经济变量对汇率有着重要影响。反之，汇率作为重要的涉外价格变量，对经济主体的行为、本国（乃及贸易伙伴的）国际竞争力、进出口、物价、跨境资金流动、利率等，进而对整体的宏观经济状况也都会产生重要影响。在开放经济条件下，汇率风险及其规避的问题也不容忽视。

一、名义汇率、实际汇率与国际竞争力

前文提到，汇率是以一国货币表示的另一国货币的价格，这是名义汇率的概念。布雷顿森林体系解体之后，汇率波动加剧，国际经贸联系日益紧密和多元化，在此背景下，实际汇率的概念开始受到重视。实际汇率作为一国从事国际经贸活动时最主要的价格指标，可以更综合全面地反映该国的相对国际竞争力，并对经济主体的行为、国际收支状况和宏观经济运行产生重要影响。因此，对实际汇率的认识与测算有着重要意义。

购买力平价理论指出，在理想的假设前提满足时购买力平价理论成立，一国货币的名义汇率取决于本国与外国的货币购买力的相对关系；以价格指数（或生产成本）衡量的各国商品的国际竞争力不仅不变，且将趋于相等；相互贸易的各国之间将不存在商品的价格优势。但实际上，各国商品价格的国际竞争力并非不变，并且竞争力的强弱差别很大；而名义汇率对购买力平价的偏离，往往反映了一国商品的竞争力的变化状况。

因此，人们以某种货币的名义汇率对该货币的购买力平价的偏离程度来测算和度量实际汇率，把实际汇率作为衡量一国商品价格的国际竞争力的主要指标。根据以上定义，本币的实际汇率（RER，间接标价法下）可表示为：

$$\mathrm{RER}=\frac{\mathrm{NER}}{\mathrm{PPP}}=\frac{\mathrm{NER}}{P^{*}/P}=\mathrm{NER}\cdot\frac{P}{P^{*}} \tag{3-7}$$

其中，NER 为现实观察到的本币的名义汇率，PPP 为本币的购买力平价，这二者的标价法应当与实际汇率一致，同为间接标价法；P 和 P^{*} 分别为本国与外国的价格水平。

当 RER 为 1 或实际汇率指数为 100 时（RER 为标量，更常见的情形是基于特定基期的指数化处理），名义汇率与购买力平价之间不存在偏离，两国商品的国际竞争力相等；当 RER<1 时，本国商品的竞争力更强；当 RER>1 时，本国商品的竞争力要弱一些。本币的实际汇率升值（间接标价法下，表现为 RER 数值变大），表明本国商品在国际市场上的实际价格上升，竞争力下降；本币的实际汇率贬值（间接标价法下，表现为 RER 数值变小），表明本国商品在国际市场上的实际价格下降，竞争力上升。现实经济运行中，一国的实际汇率应当是在均衡水平（也就是 RER 为 1 或指数 100）附近动态地波动，如果持续地偏离得较远，意味着出现了明显的汇率失衡，存在着向均衡回归调整的压力。

下面再举例进一步说明（当然相关数据不一定就是现实中的数据）。为简化起见，假设中、美两国只生产同一种某商品；在人民币的名义汇率、中国商品和美国商品的价格不同的情形下，可以很容易看到，人民币的实际汇率（也就是人民币的名义汇率与购买力平价之间的偏离程度）可以衡量出国际竞争力相对的强弱状况；或者说，本币的名义汇率、本国价格与外国价格这些变量综合地影响着本国商品的竞争力状况（见表3-2）。

表3-2　名义汇率、购买力平价、实际汇率及对竞争力的影响

人民币名义汇率（直接标价法）	中国价格（¥）	美国价格（$）	PPP（直接标价法）	人民币实际汇率（间接标价法）	中国竞争力状况
8	10	1	10	1.25	更弱
8	9	1	9	1.13	较弱
8	8	1	8	1.00	相当
8	7	1	7	0.88	较强
8	6	1	6	0.75	更强
10	8	1	8	0.80	更强
9	8	1	8	0.89	较强
8	8	1	8	1.00	相当
7	8	1	8	1.14	较弱
6	8	1	8	1.31	更弱

实际汇率除了考虑本币的名义汇率因素，还考虑了本国与外国的价格差异因素。因此，从实际汇率的角度，可以更好地比较货币间的相对价值，评估竞争力的相对变化对进出口等变量的影响。除了测算出本币对另一种货币的双边实际汇率，还可进而根据贸易份额等因素进行加权，测算出本币对多种货币的实际有效汇率（REER，“有效”的含义是加权）。

实际汇率的经济含义和式（3-7）也告诉我们，名义汇率的变动，以及本国物价相对于外国价格的变动会影响实际汇率的变动。也就是说，实际汇率的升值可通过名义汇率的升值和/或者本国物价相对上涨的方式进行，当然实际汇率的这两种升值途径或方式对经济主体或经济部门（如出口部门、进口部门）的影响是有差别的；再者说来，名义汇率一般要比价格变量调整得相对较快一些。这就为货币当局提供了多种政策组合的选择，当然也是对其政策能力的考验。

二、汇率与进出口

一般说来，本币贬值有助于提高本国商品的国际竞争力，起到促进出口、抑制进口的作用；本币升值有利于进口，不利于出口。下面先以本币名义汇率升值的简单例子来说明其影响：

假设中国某厂商制造并出口玩具，每件玩具的出口成本是6.5元；出口到国际市场，可卖1美元。按当时1美元兑6.9元的汇率，一件玩具可赚人民币0.4元（6.9-6.5），利润率约是6.2%；如果人民币升值到1美元兑6.6元人民币的水平，那么出口一件玩具赚0.1元（6.6-6.5），利润率下降至约1.5%。可见本币升值导致出口商品的利润率下降，影响和抑制出口；同时也意味着进口商品相对便宜了，有利于进口。

上面的例子说明的是名义汇率的变化会影响进出口。但正如前文所述，如果进一步考察相对价格的因素，实际汇率可以使得我们更好地测算和衡量两国产品相对竞争力的强弱。仍以某厂商制造并出口玩具为例，这也将会使得我们更深入地认识实际汇率的影响。假设由于原材料或工资上涨等因素，每件玩具的出口成本由6.5元上涨到6.6元，同时，人民币名义汇率升值到1美元兑6.6元人民币的水平。由于是处于价格接受者的地位，出口到国际市场的价格是维持未变的，此时出口玩具的利润率下降至0。也就是说，受本币名义汇率升值和国内价格相对上涨的双重因素的影响，本国商品的出口竞争力大大降低了。

汇率变化对进出口的影响有一个伴随的条件，即进出口需求有价格弹性——进出口品价格的变动对需求会有所影响。概括地说，如果进出口需求对汇率和商品价格变动的反应灵敏，即需求弹性大，那么，本币贬值和相应降低出口商品价格，则可以有效刺激出口；而由贬值导致的进口商品的国内价格上涨，则可以有效抑制对进口商品的需求，从而减少进口数量。就出口商品来说，也有一个出口供给弹性的问题，即汇率贬值后出口商品量能否增加，还要受商品供给扩大的可能程度所制约。

原理3-6

本币贬值，可有助于增加出口，抑制进口；本币升值，可有利于增加进口，抑制出口。

三、汇率与物价

如前文所述并基于式（3-7）的分析，实际汇率体现了物价变动对汇率的影响，即本国的物价相对上涨将推动本币实际汇率的升值；这反过来也可理解为，本国物价相对上涨又可在一定程度上减轻或化解本币名义汇率的升值压力，那如果本国物价持续地、过高地相对上涨，甚至将导致本币名义汇率有贬值的压力。

反过来，汇率也会影响本国的物价水平。从进口商品来看，本币（名义）汇率贬值可能引起进口商品在本国的价格上涨。至于它对本国物价总指数影响的程度，则取决于进口商品在国内生产总值中所占的比重和结构。从出口商品看，本币贬值有利于扩大出口，但在出口商品供给弹性小的情况下，出口扩大会引发国内市场对此类商品的抢购，从而抬高其国内价格，甚至有可能进一步波及国内的物价总水平。若出口商品由于贬值引起国内收购价格提高，那么，对于这类出口商品而言，贬值刺激出口增加的作用将会部分乃至全部被抵消。这就意味着随后而来的物价变动抵消了汇率变动的作用。反之，本币（名义）汇率升值，其他条件不变，进口商品的价格有可能降低，从而可以起到抑制物价总水平的作用。

正是因为本币贬值可能具有通胀效应，升值可能具有通缩效应，所以货币当局有时会选择升值/贬值作为货币政策工具，以应对通胀/通缩。

本币汇率的变动导致物价总水平的波动，其后果就不仅限于进出口，而是将影响整体经济。例如，消费品主要依靠进口的经济体，如果进口消费品因本币贬值而涨价，那不仅会引起物价总水平的上涨，可能还会引发公众不满和社会矛盾。由此可见，单纯从进出口角度考虑汇率政策是不够全面的。

四、汇率、跨境资金流动与资产选择

总的来看，长期跨境资金的流动如外国直接投资等，主要受利润和风险等因素影响，而较少受汇率变动影响。

金融市场上的短期跨境资金流动与汇率之间则常常相互影响。在本币贬值预期下，投资者持有以本币计值的各种金融资产的意愿降低，会将其转兑成外币计值的资产，发生跨境资金流出现象，这又进一步增加对外汇的需求，使本币面临进一步贬值压力。反之，在本币升值预期下，投资者就会力求增持以本币计值的资产，引发跨境资金流入；同时由于外汇供过于求，使本币面临进一步升值压力。货币当局出于应对升值压力，稳定汇率以维护一个稳定的经济环境之目的，可能会选择干预，在外汇市场上买入外汇，但可能会面临随之所带来的货币投放过多而导致通胀的挑战。

由于跨境资金会在金融市场上买入或卖出有价证券等金融资产，或者是房地产等资产，所以，汇率也可能影响证券、房地产等资产价格。根据利率平价理论，若本币有升值趋势或预期压力，则国内可以保持较低的利率水平以应对（当然，这也需要以本国货币政策的独立性为前提；并且在实践中，货币当局也会综合考虑本国正面临的经济增长或通胀等经济问题因素）。这也正是2005年至2013年期间，人民币存在着显著的升值预期时，为应对人民币的升值压力，在多数时期国内的利率水平低于以美国为代表的国际利率水平的重要原因之一。但显然，长期保持低利率环境可能又成为推高房地产价格的重要因素之一。

汇率变动对投资者选择资产、构建投资组合有着重要影响。由于汇率的变动影响本币和外币资产的收益率，所以若市场存在着本币的升值预期或趋势，将促使投资者增持本币资产，将其一部分外币资产转换为本币资产，以期获得更高的未来收益。当市场上的这种投资行为普遍发生时，也将促使本币如期升值。相反，若市场存在着本币的贬值预期或趋势，则会导致投资者减持本币资产。也就是说，除了汇率的实际变化对金融资产的选择会产生影响外，汇率预期也将影响投资者对金融资产的选择。

五、汇率与利率

汇率与利率都是重要的金融价格和经济杠杆，也都可充当重要的货币政策工具。汇率与利率的高低，能反映一国宏观经济运行的基本状况，其变动又将影响所有宏观经济变量如国内生产总值、物价水平、就业水平、国际收支、经济增长率等，对宏观经济运行与微观经济活动都有着极其重要的调节作用。

汇率变动对利率的影响渠道主要有：一是通过改变公众预期影响短期跨境资金流动，进而改变国内资金供求对利率产生影响；二是通过影响国内物价水平引起实际利率的变化；三是通过改变该国的贸易条件进而影响外汇储备，并随之影响货币投放和利率。具体的影响机制在前文讲述的汇率与物价部分，利率平价理论，汇率与跨境资金流动、与金融资产选择、与进出口的关系中等部分已提及。这其中也涉及利率对汇率的影响机制。根据本国经济运行状况和货币政策目标来自主地设定利率是一国货币政策独立性的重要形式和基础。货币政策独立性意味着货币当局能够相机抉择来应对和平滑各种内外冲击，也无需忍受国外货币政策调整带来的溢出效应。对于开放经济体来说，货币当局希望维持货币政策独立性、汇率稳定和跨境资本自由流动，以维持币值稳定、鼓励出口、吸引外资、促进经济增长和金融稳定等多个目标。但国际经济学中“不可能三角”理论却表明这三个目标只能实现其中的两个，汇率与利率存在着紧密的联系。

六、汇率发挥作用的条件

汇率影响机制能否充分发挥作用以及作用程度的大小，除了受前文提到的进出口商品的需求弹性、出口商品的供给弹性制约外，还会因经济体制、市场条件、市场运行机制、对外开放程度的不同而异。通常市场调节机制发育得越充分，外汇市场与其他金融市场和商品市场的相关度越高，国内市场与国际市场的联系越密切，微观经济主体与经济变量对汇率的反应才会越灵敏，汇率作用才会越有效地发挥。

另外，在讨论汇率能否充分发挥作用时，人们往往与应当实行怎样的汇率制度综合进行分析。固定汇率制的支持者认为，固定汇率可以避免汇率频繁波动给国际贸易和投资活动所带来的汇率风险，减少收益的不确定性，从而推动国际贸易和跨国长期投资，有利于一国的经济增长与充分就业；而浮动汇率制的支持者则认为，浮动汇率可以对国际收支的运行进行自发调节，避免可能的不当干预给经济带来的剧烈震荡，而汇率风险是可以通过金融市场的相关操作加以分散或转移的。

七、汇率风险与规避

汇率的变化有可能给参与外汇交易的一方带来损失（当然对其交易对手来说则意味着收益），这通常被称为汇率风险或外汇风险。无论是在未来要收入外汇的债权方，还是在未来要支出外汇的债务方，都可能面临汇率风险。主要表现为以下几方面。

（一）进出口贸易或国际投资的汇率风险

这是指在进出口贸易中收付外汇因为汇率变动引起损失的可能性。例如，厂商从签约出口商品至结算收入外汇往往有一段时间，其间如果外汇贬值（或者本币升值），将会使得出口商可以获得的以本币计值的实际收入相应减少。同样道理，从厂商签约进口商品至货款支付期间，如果外汇升值（或者本币贬值），将会使得进口商需要支付的以本币计值的进口成本相应增加，从而蒙受损失。类似地，对外直接投资和间接投资的投资者也会面临汇率风险。

（二）外汇储备风险

一国为应付日常外汇支付以及平衡国际收支，常常需要持有一定数量的外汇储备，一般是在主要的国际金融市场上投资高等级的有价证券等外币资产。企业、家庭等经济主体也会持有一定数量的外汇。持有外汇是对他国拥有的债权，如果所持有的外汇资产计值货币的汇率长期地、大幅地贬值，就可能会蒙受损失。

（三）债务风险、债权风险

对外债务风险是指由于借入非本币计值的债务，在偿还时因汇率变动而引起损失的可能性。当然，跨境投资或借出资金的债权方也会面临汇率风险。例如，某厂商在期初时借入美元，但在到期偿还美元债务时如果遇到本币对美元显著贬值，则其以本币计的债务负担就加重了，需要支付更多的本币去兑换美元才能够清偿外债。再例如，某厂商在期初时借入日元，兑换成美元进口设备，但在到期偿还日元债务时如果遇到日元对美元升值，则需要支付更多的美元去兑换日元才能够清偿外债。某些国家的政府对外大举借债，因汇率变动而承担损失的案例也不鲜见。

为避免或减轻汇率风险损失，在对外交易中需要采取一些防范措施。例如，有涉外业务的企业应当重视、关注和分析汇率趋势，尽量争取以软货币（即汇率有贬值预期或压力的货币）偿还债务，尽量争取以硬货币接受债务偿还，在外汇市场中运用外汇远期等衍生工具进行套期保值；外汇银行的外汇头寸（也就是外汇的收付数额）一般应维持平衡，减少敞口头寸；等等。

第四节　汇率制度的安排与演进

一、固定汇率制与浮动汇率制的安排

汇率制度的安排是指货币当局对本经济体汇率水平的确定、汇率变动方式等问题所做的一系列规定。汇率制度的类型主要有固定汇率制和浮动汇率制，各国在国际汇率制度框架下可自行选择类型。

（一）固定汇率制与浮动汇率制

固定汇率制（Fixed Exchange Rate Regime）是指一国货币的汇率基本固定，汇率的波动幅度被限制在较小的范围内，货币当局有义务维持本币币值基本稳定的汇率制度。固定汇率制可大致分为两个阶段：一是国际金本位制下的固定汇率制；二是布雷顿森林体系下的固定汇率制。

布雷顿森林体系解体后，尤其是工业化经济体普遍采取**浮动汇率制**（Floating Exchange Rate Regime），即货币当局不规定汇率波动的上下限，允许汇率随外汇市场供求关系的变化而自由波动。现实中，货币当局通常会根据需要对汇率加以适度调节，干预方式可以是直接参与外汇市场活动进行外汇买卖，也可以是通过诸如调整国内利率水平进行间接调节，这种汇率被称为管理浮动汇率。

一些发展中经济体，由于经济实力的限制难以维持本币汇率稳定，或为了稳定与其关系最为密切和重要的经济体之间的经贸往来，而采用**钉住汇率制**（Pegged Exchange Rate Regime），即把本币对主要经济贸易伙伴的货币（视为货币锚）确定在一个固定的比价，当然对其他经济体的货币则随该货币锚浮动而浮动，为此货币当局需要在外汇市场上进行干预。

当前各经济体汇率制度的选择已明显地呈现出多样性，严格的固定汇率制与浮动汇率制的二分法已不符合各国汇率制度安排的实际情况。事实上，只有很少的经济体实行完全固定或完全浮动汇率制，大多数经济体一般采取介于固定汇率制与浮动汇率制之间的汇率制度安排（IMF 将之统称为中间汇率制），实行不同程度的管理浮动，这其中又以传统的钉住汇率制占多数。很多经济体官方宣称的汇率制度与实施的事实汇率制度往往并不一致。虽然有些经济体宣称实行固定汇率制，但却经常对名义汇率作出大幅调整，这种现象被称为“害怕固定”；有些经济体宣称实行浮动汇率制，但却经常通过调整利率等手段来防止汇率出现大幅波动，这种现象被称为“害怕浮动”。IMF 于 1999 年起开始对各经济体按照事实汇率制度进行分类，共划分为三个大类和 8 个小类，具体如表 3-3 所示。

表 3-3　IMF 对各国汇率制度的分类

种类	汇率制度分类
硬钉住汇率制（Hard pegs）	无独立法定货币的汇率安排（Exchange arrangement with no separate legal tender）
	货币局制度（Currency board arrangement）
软钉住汇率制（Soft pegs）	传统的钉住安排（Conventional pegged arrangement）
	区间钉住汇率制（Pegged exchange rate within horizontal bands）
	稳定化安排（Stabilized arrangement）

续表

种类	汇率制度分类
软钉住汇率制（Soft pegs）	爬行钉住（Crawling peg）
	类似爬行的安排（Crawl-like arrangement）
浮动汇率制（Floating regimes（market determined rates））	浮动制（Floating）
	自由浮动制（Free floating）

资料来源：IMF. Annual Report on Exchange Arrangements and Exchange Restrictions 2019.

（二）固定汇率制与浮动汇率制的利弊分析

不同的汇率制度各有利弊。在汇率制度的演进中，人们对如何选择合适的汇率制度一直存在争论。各经济体往往根据自身的经济发展阶段和状况、国际经济金融环境等因素，选择自认为合适的汇率制度。

1. 浮动汇率制的优点

大多数人认为，与固定汇率制相比，浮动汇率制的有利方面主要有以下几点：

（1）有助于发挥汇率作为价格变量对国际收支的自动调节作用。当一国发生国际收支逆差，外汇市场上出现外汇供不应求，本币的（名义）汇率就会迅速作出反应，本币贬值，可刺激外汇供给，抑制对外汇需求，国际收支趋于平衡。此外，管理当局的对外经济管理也变得简便易行，灵活主动，可避免货币当局可能的不当干预或拖延采取调节措施，以及由此形成的汇率高估或低估和引发的国际收支迟迟得不到改善等情形出现。

（2）减少国际游资的冲击，减少国际储备需求。在浮动汇率条件下，由于软货币会及时贬值从而可化解国际游资的冲击，且货币当局不承担必须干预汇率的义务，不必保留过多的国际储备。而在固定汇率制下，国际游资尤其是投机性资金往往通过抛售软货币，抢购硬货币从中谋利。而且，投机者常常表现出一致的行为，对软货币经济体的汇率冲击很大，若货币当局对外汇市场干预则可能导致国际储备快速大量消耗，也使得国际金融市场动荡不安。

（3）内外均衡易于协调。在浮动汇率制下，汇率的调整可调节国际收支，承担着避免跨境资金流动的不利影响的减缓垫的作用，从而实现对外均衡；国内均衡则可依赖财政政策或货币政策，内外均衡就不致发生冲突。采取浮动汇率制意味着货币当局政策的目标约束有所减少，在面对国内经济问题时可拥有更多的政策选择灵活性和独立性，例如在面临经济衰退和国际收支存在逆差问题时就可采取扩张性的货币政策。但是在固定汇率制下，只能通过紧缩性的财政或货币政策来改善国际收支，但这却可能加剧经济衰退，政策的有效性也常常因为跨境资金流动而受到抵消和削弱。

2. 浮动汇率制的弊端

与固定汇率制相比，浮动汇率制也被认为存在一些弊端：首先，不利于国际贸易和投资的发展。浮动汇率制下汇率的趋势及波动难以预测，使得国际经济贸易的成本与收益不易准确核算，汇率风险在一定程度上阻碍了国际经济贸易的发展。而钉住汇率可以减少本国企业和个人可能面临的汇率风险，方便经济活动与核算。其次，浮动汇率助长国际金融市场上的投机活动。在浮动汇率制下虽然“单向投机”不复存在，但汇率波动频率和幅度的增大却为外汇投机活动提供了更多机会，并加剧国际金融市场的动荡。再次，浮动汇率可能引发货币之间竞相贬值。各经济体可能通过本币贬值的方法来改善国际收支，但这会使其他经济体的国际收支处于不利地位，引发竞相贬值。最后，浮动汇率可能诱发通货膨胀。在固定汇率制下，货币当局为了维持汇率水平，就不能过度增发货币，否则将会给本币带来贬值压力，这就是所谓的货币纪律的约束（Monetary Discipline）。但在浮动汇率制下，由于国际收支可完全依赖汇率的自由浮动而得到调节，货币当局就可能偏好采取扩张性政策来刺激经济增长，而不必顾忌和受限于其对国际收支的不利影响，由此货币纪律的约束减弱了。

二、国际汇率制度的演进

国际汇率制度的演进大致经历了以下三个阶段。

（一）国际金本位制下的汇率制度

在国际金本位制下，各国货币之间的汇率由各自的含金量之比决定，在外汇市场上汇率则围绕货币含金量之比所确定的**金平价**（Mint Par）上下波动，但这种波动被限定在黄金输送点之间，汇率的稳定与黄金输送点的作用相关。因此，国际金本位制下的汇率制度是一种较稳定的固定汇率制。其特征表现为：第一，汇率制度以黄金作为物质基础，保证了各国货币的对内价值和对外价值的稳定。第二，由于黄金可自由输入输出，汇率具有自动稳定的机制，货币当局不加干预。第三，汇率制度有利于拥有更多黄金的发达经济体。该种汇率制度有力地促进了世界经济的发展与繁荣。但是当其稳定的基础不复存在时，必然被新的汇率制度取代。

（二）布雷顿森林体系下的汇率制度①

在布雷顿森林体系下确立的是以黄金—美元为基础的、可调整的固定汇率制。这一汇率制度安排的特征是“双挂钩”。正如在第 2 章所指出的，它对于维护和促进第二次世界大战后各国经济的稳定与发展发挥过积极的作用，但由于自身存在的不合理因素，尤其是至 20 世纪 60 年代时全球经济金融状况已发生了重要变化，最终导致了该汇率制度的解体。

（三）牙买加体系下的汇率制度

牙买加体系下，汇率制度呈现出多样性，主要特征表现为：第一，在多种汇率制度安排中，以浮动汇率制为主导，但并不意味着固定汇率制已经消失。第二，黄金与各国货币彻底脱钩，已不再是货币汇率的参照物，汇率制度是以信用货币本位为基础的。第三，IMF 成员国均可自主决定其汇率制度的安排。

牙买加体系的运行经历了多次冲击，验证了汇率制度安排的灵活性对于现行国际货币体系的稳定具有重要的意义，但是缺陷和不足也日益凸显。主要表现在：第一，汇率波动总体上更加严重，也成为多次货币危机甚至是金融危机的重要诱因之一。第二，浮动汇率制并没有很好地实现理论上的国际收支的自动调节机制。事实证明，国际收支经常项目的失衡并不能通过汇率的变动来自动调节，普遍的做法是用跨境资金流入为经常项目赤字提供融资，其长期结果是可能导致债务危机。20 世纪 80 年代的国际债务危机充分反映了这一问题。第三，管理当局对宏观经济的调控难度加大。

---

① 请访问爱课程网→资源共享课→金融学/李健→第 2 章→2. 2→媒体素材 4。

三、人民币汇率制度的演进

计划经济时期，人民币汇率采用的是固定汇率制。一方面，受内外部诸多因素制约，当时的国际结算主要以卢布作为计价和结算与清算工具，通过社会主义阵营国家的金融体系——“多边清算协定”进行。人民币与卢布的汇率采用了贸易汇率和非贸易汇率，努力保持人民币汇率的合理性，但人民币汇率服务于对外贸易和调节进出口的功能较弱。另一方面，当时整个国际货币体系主要采用的是固定汇率安排，因此人民币汇率也是固定汇率制。人民币兑美元的汇价从 1955 年至 1981 年 12 月期间基本未动，一直保持在 1 美元兑 2.461 8 元人民币的水平。

改革开放之后，人民币汇率改革也随之展开，汇率体制的演变大致可分为两个主要阶段：经济转轨阶段的汇率制度（1979—1993 年），社会主义市场经济时期的汇率制度（1994 年至今）。在这两个阶段中，又可进一步细分为几个子阶段。

（一）内部结算价与官方汇率并存阶段（1981—1984 年）

改革开放之初，为鼓励外商投资和促进开放，人民币汇率采取了用于对外贸易的内部结算价和用于非贸易的官方牌价的双重汇率制度，在 1985 年年初两种汇率实现了并轨。

（二）外汇调剂市场汇率与官方汇率并存阶段（1985—1993 年）

对外开放要求进一步改革汇率机制，在这一背景下外汇调剂市场发展起来。这是计划经济走向市场经济过程中的特殊产物，是在供需失衡的大背景下逐步引入市场机制，推动价格形成机制较为和缓地转换，以求降低改革的成本和代价。但是双轨制价格也存在着弊端，例如非法“套利”现象等。随着改革的不断深入和市场经济体制的逐步建立，双轨制逐渐消失。1993 年外汇调剂市场交易额占全部外汇交易比重已达到 80% 左右。其间，为适应物价和外贸出口换汇成本的变动（大幅上涨），人民币兑美元汇率作了几次大幅贬值调整。调剂市场汇价成为反映宏观经济和国际收支状况的重要价格信号，并为汇率体制的进一步改革做了准备。1993 年时的两种汇率价格如表 3-4 所示。

表 3-4　1993 年度人民币兑美元的官方汇率和调剂市场价

单位：人民币/美元

月份	1	2	3	4	5	6	7	8	9	10	11	12
官方汇率	5.76	5.77	5.73	5.70	5.72	5.74	5.76	5.78	5.79	5.79	5.79	5.81
调剂市场价	7.76	8.34	8.08	8.09	8.14	10.07	8.89	8.82	8.74	8.70	8.69	8.69

资料来源：国家外汇管理局网站。

（三）有管理浮动汇率制时期（1994—1997 年）

1993 年 11 月，中共十四届三中全会提出建立社会主义市场经济体制，改革开放进入新时期。1994 年，国家对外汇管理体制进行了重大改革，主要内容为：

（1）从 1994 年 1 月 1 日起，实行官方汇率和外汇调剂市场汇率并轨，人民币汇率成为以市场供求为基础的、单一的、有管理的浮动汇率。

（2）实行银行结售汇制，废止外汇留成和上缴制度。企业出口所得外汇须于当日结售给指定的经营外汇业务的银行，同时经常项目下正常的对外支付只需持有效凭证用人民币到外汇指定银行办理。

（3）建立统一的银行间外汇市场，中国人民银行只是根据银行间外汇市场交易情况公布汇率，规定银行间市场汇率变化幅度及银行结售汇市场的汇率变化幅度，并通过中央银行外汇公开市场操作，对人民币汇率实行有管理的浮动，形成了人民币汇率决定的市场化机制。

（4）1996 年 7 月，正式将外商投资企业纳入银行结售汇体系，结束了 1994 年以前内资企业直接通过外汇指定银行办理结售汇业务，而外商投资企业则需通过外汇调剂中心办理外汇交易的差别做法。

（5）1996 年 12 月 1 日起，中国接受 IMF 协定第八条的全部义务，从此不再限制经常性国际贸易支付和转移，不再实行歧视性货币安排和多重汇率制度，这标志着中国实现了经常账户下的人民币完全可兑换。

（四）事实上的钉住汇率制时期（1998—2005 年 7 月）

1997 年，中国经济开始面临亚洲金融危机冲击和内部需求下降的双重挑战。在这一形势下，中国政府明确宣布坚持人民币汇率不贬值的方针，同时实行积极财政政策和适度宽松的货币政策以扩大内需。由于我国金融账户尚未全面开放，加上经济基本面因素支持，国际收支仍然保持较高的盈余，人民币兑美元汇率成功坚守在 1 美元：8. 27 元人民币左右的水平。到 2002 年前后，外部冲击带来的人民币贬值预期影响已基本化解，国际收支持续双顺差，国民经济进入新一轮景气期。在这一背景下，人民币汇率的低估和升值问题又开始引起高度关注和激烈争论。

（五）回归有管理浮动汇率制（2005 年 7 月至今）

2005 年 7 月 21 日，人民币汇率制度又进行了一次重要改革，新的人民币汇率制度是以市场供求为基础、参考一篮子货币进行调节、有管理的浮动汇率制度，同时宣布人民币兑美元升值约 2 个百分点。银行间外汇市场人民币兑外汇的交易价格在一定幅度内浮动。

为增强人民币兑美元汇率中间价的市场化程度和基准性，中国人民银行持续完善人民币兑美元汇率中间价报价机制。自 2015 年 8 月 11 日起，做市商在每日银行间外汇市场开盘前，参考上日银行间外汇市场收盘汇率，综合考虑外汇供求情况以及国际主要货币汇率变化，向中国外汇交易中心提供中间价报价。2015 年 12 月 11 日，中国外汇交易中心发布人民币汇率指数，加大了参考一篮子货币的力度，以更好地保持人民币兑一篮子货币汇率基本稳定，初步形成了“收盘价+一篮子货币汇率变化”的人民币兑美元汇率中间价形成机制。2016 年 6 月，外汇市场自律机制建立，以更多地发挥金融机构在维护外汇市场运行秩序和公平竞争环境方面的作用。2017 年 5 月，外汇市场自律机制在“收盘汇率+一篮子货币汇率变化”的中间价形成机制基础上，组织各报价行在报价模型中增加了“逆周期因子”，以对冲外汇市场的顺周期性。“收盘价+一篮子货币汇率变化+逆周期因子”的中间价报价机制，有助于中间价更好地反映宏观经济基本面；对冲外汇市场的顺周期波动，使中间价更加充分地反映市场供求的合理变化；保持了较高的规则性和透明度。人民币兑美元的双边汇率弹性进一步增强，双向浮动的特征更加显著，汇率预期平稳。

改革开放是我国制度和政策演变的主要推进力量，是推动 40 多年来经济持续高速增长的重要制度因素。人民币汇率制度和政策调整的主要内容就是要确立一个与改革开放进程相适应，能够反映和适应经济基本因素的汇率水平和制度，发挥汇率调节宏观经济和国际收支自动稳定器的作用。

知识链接3-1

改革开放以来人民币汇率的“先贬后升”

中国经济自改革开放以来，已持续高速增长 40 余年，是继日本等国之后的大国经济长期增长的最典型案例。然而，人民币汇率走势在两方面表现出独特性：以 1994 年为界限，在改革开放初期阶段的约 15 年期间，在经济长期高速增长的同时，人民币名义汇率和实际汇率持续大幅贬值；而自 1994 年之后，在人均收入水平仍很低的追赶阶段，人民币开始面临升值压力并开始缓慢升值。2005 年人民币汇率形成机制改革以来至 2020 年年末，人民币兑美元的名义汇率累计升值 26.8%，兑欧元汇率累计升值 24.8%，兑日元汇率累计升值 15.5%。兑主要货币的实际汇率总体上也是显著升值的。根据国际清算银行的测算，在此期间，人民币名义有效汇率和实际有效汇率分别升值 37.7%和升值 51.3%。

巴拉萨-萨缪尔森效应可较好地解释人民币在长期上的“先贬后升”：改革开放的初期阶段虽然经济快速增长，但由于以出口初级产品为主，竞争力不强，我国可贸易部门生产率尚未出现“相对增长”，大多数年份也为贸易逆差，且由于计划经济时期长期处于发展滞后、体制封闭及汇率高估的背景下，需要时日去破除各种阻碍，建立和完善各种制度环境，提升人力资源素质，缩小生产率差距，汇率为此也需要“先贬”；而在 20 世纪 90 年代中期之后，随着经济进入更高发展阶段，可贸易部门的生产率开始“相对增长”，这导致了持续的经常账户和金融账户的双顺差累积，以及我国整体价格“相对上涨”，成为引致人民币名义汇率和实际汇率升值的重要因素。

更多内容请访问爱课程网→资源共享课→金融学/李健→第 2 章→2.2→人民币汇率：悖论困局下的相机决策选择。

本章小结

1. 外汇是指用外币标示的、在国际范围内被普遍接受的，在国际结算中可以直接使用的支付手段或金融资产。

2. 汇率是两种货币之间兑换的比率。汇率标价分为直接标价法和间接标价法，直接标价法是以本币表示外币价格，而间接标价法是以外币表示本币价格。大多数经济体的货币汇率采用直接标价法。

3. 按照不同的分类标准和角度，汇率可分为买入汇率与卖出汇率、即期汇率与远期汇率、固定汇率与浮动汇率、名义汇率与实际汇率等。

4. 较早期的汇率决定理论有国际借贷理论（或国际收支说）、购买力平价理论和利率平价理论等，分别从一国对外净债权债务、两国间货币购买力和物价水平、两国间的利差等角度解释汇率决定和变动的影响因素。

5. 现代汇率决定理论主要有货币模型、金融资产组合模型等，认为汇率是由两国货币供应量对比、投资者境内外配置金融资产的结构等因素决定的。

6. 名义汇率反映的是市场外汇供求状况，是外汇市场交易者进行外汇交易的价格；而实际汇率反映的是一国对外竞争力水平。

7. 一国货币汇率的变动可以影响国际竞争力和进出口贸易，一般地，本币贬值有利于出口，不利于进口。本币汇率变动也影响物价水平，本币升值可能有助于抑制国内物价上涨。汇率波动影响跨境资本流动和金融资产选择。汇率与利率存在紧密联系，汇率变动对利率产生重要影响。

8. 一国的市场调节机制发育得越充分，外汇市场与其他金融市场和商品市场的相关度越高，国内市场与国际市场的联系越密切，微观经济主体与经济变量对汇率的反应才越灵敏，汇率作用才能越有效地发挥。

9. 无论是外汇的债务方还是债权方都可能面临汇率风险。汇率风险主要影响进出口贸易、外汇储备价值和外债负担等。

10. 固定汇率制和浮动汇率制各有利弊。

11. 改革开放以来，人民币汇率制度不断深化改革，汇率的市场化形成机制进一步完善，初步建立了以市场供求为基础、参考一篮子货币进行调节、有管理的浮动汇率制度。

重要术语

外汇	汇率	直接标价法	间接标价法	买入汇率
卖出汇率	即期汇率	远期汇率	升水	贴水
一价定律	购买力平价	利率平价	货币模型	资产组合模型
名义汇率	实际汇率	固定汇率制	浮动汇率制	人民币汇率制度

☞ 术语解释请扫描封底增值服务码→名词术语。

思考题

1. 比较外汇、外币与本币的异同。本国居民持有的外汇或外币在本国境内是否具有货币的各种职能？
2. 试概括决定和影响汇率的因素。改革开放以来，影响和决定人民币汇率变动的主要因素有哪些？
3. 试解释实际汇率的经济含义。
4. 通过何种途径可实现本币实际汇率的升值？其对不同经济部门的影响可能是什么？
5. 试分析本币汇率的变动如何影响国际收支。
6. 试分析本币汇率的变动如何影响物价。
7. 试分析本币汇率与本国利率如何相互影响。
8. 本币的升值/贬值预期对一国的证券市场、房地产市场会产生什么样的影响？
9. 浮动汇率制与固定汇率制各自的利弊是什么？
10. 假设：期初（基期）时，人民币（CNY）对美元（USD）的名义汇率（NER_0）为 8.27CNY/USD；期末时，名义汇率（NER_1）为 7.00 CNY/USD，我国物价（P_1）相对于基期上涨了 20%，美国的物价（P_1^*）相对于基期上涨了 10%。试大致估算期末时人民币对美元的实际汇率（RER_1）相对于基期的实际汇率（RER_0）的升值/贬值幅度。
11. 试述我国目前外汇市场中的汇率形成机制。

☞ 更多思考练习请扫描封底增值服务码→习题作业、例题及综合测试。

讨论题

讨论主题：人民币的升值效应

讨论素材：《人民币升值与“广场协议”后的日元升值，有何异同》

思考讨论：

1. 人民币升值与“广场协议”后的日元升值区别有哪些？
2. 人民币升值后对我们的生活有何影响？

☞ 相关讨论素材请扫描封底拓展资源码→教学案例。

延伸阅读

1. 吴念鲁，陈全庚. 人民币汇率研究. 北京：中国金融出版社，2002.
2. 赵大平. 人民币汇率传递对中国贸易收支的影响. 上海：上海人民出版社，2007.
3. 沈晓晖. 发展中国家汇率制度选择：基于国际货币体系不对称的视角. 北京：中国金融出版社，2008.
4. 张礼卿. 国际金融. 2 版. 北京：高等教育出版社，2018.
5. COPELAND L. Exchange rates and international finance. 5th ed. Harlow：Financial Times，2008.

☞ 更多资源请扫描封底拓展资源码→文献目录。

即测即评

☞ 请扫码答题，检测本章学习效果。

第4章 信用与信用体系

本章导读

信用作为一个古老的经济范畴，既是与货币同样重要的金融基本要素之一，又是现实生活中最普遍的经济活动。我们置身于信用关系之中，但可能并不特别清楚信用及信用体系是如何运行的，包括其存在形式，社会经济各部门、各经济主体之间的信用关系与地位等。本章将对信用的产生和发展进行梳理，从道德和经济两个层面剖析其内涵，分析私有制与信用之间的关系；从资金供求、市场结构以及风险因素等角度来剖析高利贷信用的特性；分析经济五部门之间的资金流动关系，把握信用关系形成的宏观经济基础，以加深对“现代经济是信用经济”的理解；对比分析直接融资和间接融资，让我们理解金融市场和各类金融机构在信用活动中扮演的不同角色。通过本章的学习，掌握商业信用、银行信用、国家信用、消费信用和国际信用等主要信用形式；了解市场经济发展与信用秩序之间的关系，我国信用体系建设与发展的状况，以及现代信用体系构建的制度保障。

第一节　信用概述

一、信用及其基本形态

（一）信用的含义①

信用（Credit）一词，在现代社会中使用频率极高。各种与信用相关的词汇，诸如各类信用形式、信用管理体系、信用缺失、信用危机等，也常见之于各类媒体。信用之于现代经济的重要性，是不言而喻的。不难想象，一家企业如果失去了信用，其经营会受到怎样的影响。某人若被贴上“不守信用”的标签，其未来的生活和发展也会有诸多不便。而对于像银行、证券、保险公司这类以信用为生命线的金融机构，丧失信用的后果就更加严重。在以上各种语境中，虽然讲的都是信用，但其内涵却是有所差异的。我们大体上可将其区分为两个相对独立但又具有密切联系的信用范畴：道德范畴的信用和经济范畴的信用。

1. 道德范畴的信用

道德范畴的信用主要是指诚信，即通过诚实履行自己的承诺而取得他人的信任。古人云：“言必信，行必果。”这个“信”指的就是诚信。在日常生活中评论某个人是否守信，也是指这个人是否能说到做到。在英文中，信用也具有相信、信任和信誉的内涵。

古往今来，人们都将诚实守信视为最基本的道德规范和行为准则之一。在我国古代，孔子曾有“民无信而不立”之说，荀子则认为“诚信生神，夸诞生惑”。良好的信用环境不仅是个人之间正常交往的基础，而且是个人与机构、机构与机构乃至国与国之间相互交往的基础。

与诚信和守信相对立的，则是失信和欺诈行为。在日常生活中，每个个人和机构也都面临着这类行为的威胁和困扰。一个社会如果失信和欺诈行为盛行，我们就会说这是一个信用缺失的社会，此时正常的人际交往和经济交易都会因此而受到极大的干扰，生活于这样的环境中，人们无疑会有诸多的痛苦和无奈。

2. 经济范畴的信用

经济范畴的信用是指以还本付息为条件的借贷活动。作为经济范畴的信用，是以收回本金并获得利息为条件的贷出，或以偿还本金并支付利息为前提的借入，它代表着一种债权债务关系。借贷行为中无须支付利息的情况也并不少见，比如亲友间的借贷、友好国家间的无息贷款等，它们在一定程度上体现了亲友间以及友好国家间的互助关系，不妨将其理解为一种略显特殊的信用关系——信用关系外加“贷方向借方的利息赠予”。西方国家的商业银行一般也无须对企业活期存款支付利息，在这种信用关系中，商业银行其实是通过对存款企业减免服务收费的方式来冲抵其本应向企业支付的利息。

原理4–1

偿还与收回本金、支付与收取利息是信用关系确立的必要条件，利息从信用关系中产生，又引导信用关系的发展。

① 请访问爱课程网→资源共享课→金融学/李健→第 2 章→2. 3→媒体素材 6。

3. 两种信用范畴之间的关系

经济范畴的信用是以还本付息为条件的价值单方面让渡，与“一手交钱，一手交货”的商品买卖具有本质区别。正是这种价值单方面让渡与承诺未来还本付息的组合，使得我们不得不关注借款人的诚信问题，这必然要涉及道德范畴的信用。因为对借款人而言，未来能否兑现还本付息的承诺，除去借款人遭遇不可控的风险因素，在很大程度上还要取决于其是否具有信守承诺的意愿。

（二）信用的基本形态

借贷活动自产生以来一直采取两种基本形态：一种是实物借贷，另一种是货币借贷。但随着经济发展和社会分工的专业化，货币借贷逐渐成为居于主导地位的信用形式。

1. 实物借贷与货币借贷

实物借贷是以实物为标的进行的借贷活动，贷者将一定数量的实物贷给借者，借者在约定时间内以多于初始借入数量的实物归还，其中多出部分即为实物借贷的利息。《管子》中有记载，当时借贷形式分为粟和钱两种，其中的“粟”就是指实物借贷。在旧中国的农村，“春借一斗，秋还三斗”描述的就是当时的粮食借贷。即便是在改革开放以后，实物借贷在广大农村地区也很普遍。在商品货币关系尚未普及、自然经济占主导的时期，生产力相对落后，社会分工不充分，产品种类非常有限，实物借贷双方在生产和生活方式上具有很大的雷同性，亲属和邻里之间通过实物借贷方式调剂生产和生活中的余缺，自然也是很常见的事情。但实物借贷在授信对象、借贷品、时间、地域等方面具有明显的局限性。当通过货币购买所需商品已成为常态的情况下，货币借贷也就逐渐替代实物借贷成了调剂余缺的主要方式。

2. 货币借贷成为信用的主导形态

货币借贷是以货币为标的进行的借贷活动，即贷者将一定数额的货币贷放给借者，借者到期用货币归还本金和利息。货币之所以会逐步成为信用的主导形态，不仅在于货币借贷和实物借贷相比，解决了以上提到的专业化分工使得需求和自产物品的错位问题，能够更加灵活地适应借贷双方在对象、时间、空间上的要求，还在于货币借贷更加简便，不存在实物借贷中鉴定相关实物品质时可能出现的纠纷。当然，在某些特殊的情况下，尤其是严重的通货膨胀时期，当货币剧烈贬值导致币值不稳时，会迫使一部分借贷转而采取实物借贷的方式。

二、信用的产生与发展

（一）私有制与信用

1. 私有制是信用产生的基础

从逻辑上讲，私有财产的出现是借贷关系赖以存在的前提条件。在公有制度下，要么是根据需要取用属于公有的财产，要么是按照某种既定的计划对公有财产进行分配。无论采取哪一种公有财产的使用模式，其本质都是无偿使用的：付出不一定要求偿还，取用即便要求归还，也不会涉及与利息相关的超额偿还问题。只有在财产与其所有者利益息息相关的私有财产制度下，借贷作为一种经济行为才具有存在的必要性，因为它解决了以不损害所有者利益为前提在不同所有者之间进行财产调剂的问题。

2. 产权制度与信用的发展

产权制度的逐步建立与完善，为信用的良性发展奠定了坚实基础。产权制度作为信用体系和信用秩序的基础，在于追求产权必须以诚实履行信用并遵守市场秩序为前提，履行信用的能力也在很大程度上受制于是否拥有产权。对产权的清晰界定、顺畅流转和严格保护，也是增强生产经营动力、稳定投资预期、规范投资和经营行为的基础条件。而在我国现实生活中存在的制假售假、逃废债务和违约等失信行为，也恰恰与没有形成良好的产权制度环境密切相关。因此，只有逐步完善现代产权制度，才能推动我国信用关系的良性发展。

（二）信用、货币与金融范畴的形成

信用和货币是两个不同的经济范畴。信用是一种借贷行为，它在不同所有者之间进行财富余缺调剂时扮演着非常重要的角色。货币是一般等价物，是不同所有者之间进行商品交换的媒介。尽管如此，在信用与货币之间一直存在密切的联系。而随着金属货币退出流通和不兑现信用货币制度的建立，这种联系变得愈发密切。

1. 古代相对独立的货币与信用范畴

如前所述，信用与货币的产生都与私有制以及不同所有者之间财富的调剂和转移密切相关。在货币范畴和信用范畴的发展之间，一直存在相互促进和推动的关系。一方面，货币借贷拓展了信用的范围，扩大了信用的规模；另一方面，信用拓展了货币的形态及其流通的领域。

尽管货币与信用范畴有着如此密切的联系，但在现代市场经济出现之前，这两个范畴的发展却一直保持着相对独立的状态。当货币以实物和金属货币形态存在时，它是以其内在价值与各种有价物交换，货币本身与信用没有任何必然的联系，实物和金属货币体制也无须依赖于信用范畴而存在。与之相对应，在前资本主义社会，信用一直以实物借贷和货币借贷两种形式并存，信用关系的建立和发展也没有完全借助或依赖于货币。即使是那些随着货币借贷发展而出现的信用流通工具，在当时也不是流通中货币的主要形态。

2. 现代银行出现与金融范畴的形成

随着现代银行的出现，有了银行券和存款货币。随着金属货币逐步退出流通，银行券和存款货币逐渐变得不可兑现，20 世纪中期以后全球都实行了纯粹的信用货币制度，自此以后，任何货币的运动都是以信用为基础，无论是银行券还是存款货币，其本身就是信用的产物，都意味着相应的债权债务关系。与此同时，实物信用在整个信用规模中的比重已经变得微不足道，任何信用活动也几乎都是指货币的运动，信用的扩张与紧缩意味着对货币供给与流通的调整，微观主体的信用活动意味着货币在不同主体之间的流动。此时的货币运动与信用活动融为一体，二者相互渗透、不可分割，不存在独立于信用的货币和货币制度，也不存在不依赖于货币的信用体系。

当货币流通与信用活动变成了上述同一个过程时，我们就说在经济生活中又增添了一个由货币范畴与信用范畴相互渗透、相互融合而形成的新范畴——金融。“金融”一词，其本意就是“资金的融通”，即“以货币为载体的借贷活动”，而这正好与以上新范畴的外延相吻合。只是在金融范畴出现以后，货币和信用作为两个重要的范畴，仍然会存在于经济和社会生活之中。

原理4–2

信用与货币相结合形成了新的范畴——金融，它是以货币为载体的借贷活动。

三、最古老的信用——高利贷

信用的历史，可以追溯至私有制出现的远古时代。高利贷作为最古老的信用形式，无论在东方还是西方，在前资本主义社会以自然经济和小生产为主导的旧生产方式中，都一直是居于主导地位的信用形式。

（一）高利贷的特点

高利贷是指索取极高利息为基本特征的贷款。例如，旧时盛行于广东一带的“大耳窿”，放贷有“九出十三归”之说，亦即借款100元，借款者实得90元，而在1个月后需要还本付息130元。再如，旧中国华北一带流行的“驴打滚”，多在高利贷者与农民之间进行，借贷期一般为1个月，月息4~5分，到期不还则利息翻番，并将利息计入下月本金，这使得本金逐月增加、利息成倍增长，就像驴打滚一样。此外，“印子钱”“羊羔息”“坐地抽一”等都是旧中国常见的高利贷形式。

高利贷始于原始社会末期，在奴隶社会和封建社会则成了最基本的信用形式。历史上高利贷名目繁多，最初主要采取实物借贷的形式，如在中国历史上曾经出现的谷利、油利、牛利、猪利、布利、盐利、青苗利等，就是以实物方式开展的高利贷活动。但随着分工的深入及商品货币关系的发展，高利贷也逐渐转向货币借贷的形式。

高利贷除了具有利率极高的特征之外，利率不稳定且差异极大则是其另外一个重要的特征。高利贷者确定的利率水平，往往会因借款人的偿还能力、与其关系的亲疏远近而有很大的差异。此外，地区差异和时间季节因素也是影响贷款利息的重要因素。由于借款人通常居于弱势地位，高利贷者在确定利息时不仅具有绝对的话语权，往往还具有很大的随意性。

（二）高利贷之“高利”的原因

高利贷之所以具有极高的利率，主要由以下几个方面的因素决定。

1. 借贷资金的供求状况

供求关系决定价格的基本经济学规律，也同样适用于高利贷这一古老的信用形式。高利贷盛行时期的一个典型特征，就是自然经济占主导地位，生产力水平低下，商品货币关系不甚发达。在这样的经济环境中，绝大多数普通民众都不会有多少积蓄以备不时之需，抗风险能力非常差，在遭遇自然灾害或意外变故时，他们不得不通过借款来解决再生产乃至生存的问题。这也使得借贷需求非常普遍且具有极大的刚性，而能够用于借贷的实物和货币数量则非常短缺，借贷资财严重供不应求，必然导致极高的利率。

2. 贷者的垄断地位

高利贷盛行时期的显著特征不仅是借贷需求非常旺盛且借款者高度分散，而且借贷资财的供给数量有限且主体高度集中（如少数巨富或与宗教相关的机构，如寺院、庙宇、教堂、修道院等）。受制于交通不便和信息传递的闭塞，再加上贷方对风险的顾虑，借贷双方的空间距离通常不可能太远，借贷行为具有很强的地域性，而这也进一步增强了贷方所处的垄断地位。因此，在这样一个典型的卖方垄断市场中，贷方具有绝对话语权和定价权，而借方则处于毫无议价能力的弱势地位，极高的借贷利率也就成了非常自然的事情。

3. 风险与成本的补偿

早期高利贷市场的借方大体可以区分为两类：一类是农民和小手工业者因伤病、婚丧嫁娶或遇到天灾兵乱时，为维持简单再生产及家庭成员的生存而不得不借。另一类是奴隶主和封建主，他们借钱要么是为了维持其统治的需要，再高的利息也得借，如汉初长安的列侯封君向无盐氏借款3个月、本利合计高达10倍的高利借贷；要么是为了挥霍享受，借钱时根本不考虑成本以及将来偿还的问题。

无论是上述哪一种情况，贷方都要面临着极高的本金无法偿还的风险，只有高利率才能补偿这种风险损失并有所盈利。同样由于这种高利率和高风险，高利贷者在收回债务本息时需要具有极强的威慑能力，他们通常需要出钱豢养众多彪悍的逼债人员，而这会大大增加高利贷者的经营成本，而这一成本也会通过增加利息的方式转嫁给借款者。因此，高风险和高运营成本也是高利贷之所以“高利”的重要原因之一。

原理4–3

自然经济条件下借贷资金供求矛盾、贷者集中垄断、高偿还风险和信用维系成本是高利贷者索取高利率的根本原因。

（三）历史上反对高利贷的斗争

1. 中外关于高利贷的不同观点

中国古代对高利贷主要有两种态度。一类是将高利贷视为一种正常的经营行为，因而无可厚非。如司马迁认为应将放债与冶铁、煮盐、种田、畜牧、酿造、经商等同等看待，因为不是靠做官或犯法致富，而是审时度势，甘冒高风险以获取高额利润。另一类则是揭批高利贷的压榨行为，如西汉景帝时期的御史大夫晁错认为农民勤苦而负担很重，遇灾害和重税则只能低价卖粮，无粮则不得不借“取一偿二”的高利贷，最后有些人落到了卖田地、房子，甚至由子孙来偿还债务的地步。

古代部分其他国家由于受宗教教义的影响，不仅对高的利率，甚至对利息本身都有彻底否定的倾向。其主流观点是在道德上视利息为罪恶，政策上加以取缔。如圣经《旧约·利未记》中就有“借给人钱，不可取利；借人以粮，不可多要”的表述。在伊斯兰教和婆罗门教的教义中，也有不得向同胞兄弟收取利息的禁律。但尽管如此，这些禁律也未能改变这些国家高利贷长期存在甚至盛行于古代的事实。

极具讽刺意味的是，尽管古代教会通常将反高利贷作为一项重要的政策主张，其自身却是高利贷的主要贷放者之一。虔诚的教徒会将大量的贵金属器皿捐献给寺院，而寺院则将这些器皿熔化后向造币厂兑换铸币用于贷放。中国的寺庙庵观也会用施主布施的银钱放债取息。

2. 资产阶级的反高利贷斗争

在奴隶社会和封建社会时期，自然经济占统治地位的旧生产方式，决定了借贷资金严重供不应求的局面无法改变，高利贷活动一直具有存在和发展的坚实基础。高利贷的残酷剥削，尽管也招致了民众的强烈反抗，但却无法改变其在信用活动领域的统治地位。只有在资本主义生产方式确立之后，高利贷才逐步失去了在信用活动中的统治地位。

在封建社会向资本主义社会过渡期间，高利贷的作用具有两重性。一方面，高利贷者通过高利借贷活动积累了大量的货币财富，有可能将其投资于产业领域，成为资本原始积累的重要来源之一。同时，高利贷也导致广大农民和手工业者破产，使其成为资本主义发展的产业后备军。因此，高利贷对于资本主义发展的促进作用，在于它能够为资本主义生产方式提供原始资本积累和雇佣工人队伍。另一方面，资本主义生产方式的发展又会侵蚀高利贷赖以存在的自然经济和小生产占优势的经济基础，因此，高利贷者要极力维护这一基础并阻碍高利贷资本向生产资本转化。此外，高额利息也制约了资本主义的发展，因为资本家通过高息借贷方式发展实业基本上是无利可图的。

随着资本主义的发展，最早是在 17 世纪的荷兰，随后是 18 世纪的整个欧洲，新兴资产阶级展开了反对高利贷的斗争。他们反对超出产业资本承受能力的高利率，要将利率降到产业资本家所能承受的范围之内，让生息资本能够为资本主义生产方式服务。在资产阶级夺取政权以后，他们开始通过包括教会力量、国家权力以及法律在内的多种方式惩罚和限制高利贷。但总体而言，在资本主义生产方式确立之前，这些做法并没能动摇高利贷的垄断地位。

真正动摇高利贷垄断地位的，是资本主义生产方式的确立以及现代银行和信用货币体系的建立。资本主义生产方式确立后，商品货币关系得到了极大发展。专业化分工和社会化大生产极大地推动了生产力的发展，财富创造和积累的速度空前提高，借贷资本的供给变得相对充裕。而现代银行体系和信用货币制度的建立，其意义不仅在于其具有聚集闲余资金的强大能力，而且在于其创造的信用流通工具本身就具有货币特性并被逐步纳入货币统计口径。这也使得整个货币体系逐步突破了金属货币制度下货币供给数量的限制，借贷资本的供给能力空前提高，供给主体也随银行业的扩张和竞争加剧而快速增加。此时，高利贷赖以存在的基础条件——借贷资本不足以及贷者的垄断地位都变得不复存在，高利贷的垄断地位也随之被彻底摧毁。

需要说明的是，高利贷垄断地位的丧失并不意味着这种信用形式将不复存在。相反，不仅在落后的国度或一国的落后地区高利贷活动仍十分猖獗，即使是在发达国家或发达地区，在特定时期和特定领域，高利贷活动仍会由于资金供给趋紧而死灰复燃。甚至在当今世界上金融业极其发达的城市，高利贷暴力逼债甚至逼死债务人的事件也时有发生。

3. 中国的高利贷问题

中国封建社会的基本经济制度是地主制经济，与之相适应的是以佃农、自耕农为主体的小生产方式，该生产方式具有自给性和商品性的双重特征。随着商品货币经济的发展，生产资金问题变得日益突出，而在当时资金供给极其短缺的情况下，高利贷资本在解决其资金困难方面通常扮演着非常重要的角色。小生产方式的特殊性，也决定了其借贷需求到底属于生产性需求还是生活性需求通常是不明确的。当小生产者的生活或生产出现困难时，他们通常会被迫求助于高利贷者以解燃眉之急。当时，高利贷活动广泛存在于城乡社会经济生活中，地主和商人由于聚集了可观的财富，通常是发放高利贷的主体，而小农和小生产者则是借贷资金的主要需求者。

在 20 世纪中国第二次国内革命战争以及此后的抗日战争时期，中国共产党曾在农村发起了“分田废债”和限制高利贷的运动。新中国成立前后的土地改革时期，政府明确提出了废除劳动农民所欠地主、富农和高利贷者债务，但对劳动农民之间的债权债务关系并没有简单加以限制，而是采取了“借贷自由、利息由双方协商、政府不加干涉”等保护和鼓励的措施。全面实行计划经济之后，由于对私有经济实行严格限制，对高利贷更是严厉打击，致使高利贷活动大幅减少，甚至几近销声匿迹。改革开放之后，各种民间借贷活动又开始重新活跃。由于存在大量高回报投资机会而正规金融体系的资金供给又相对紧张，民间借贷市场逐步成为体制内正规金融的补充，对促进经济发展扮演着一定的积极作用。但与此同时，那些具有极高利率因而明显具有高利贷特征的民间借贷和各类非法融资活动，则对经济正常发展和金融秩序的稳定产生了不小的负面影响。

到底多高的利率才算是高利贷呢？根据 2002 年颁布的《中国人民银行关于取缔地下钱庄及打击高利贷行为的通知》，民间个人借贷利率由借贷双方协商确定，但双方协商的利率不得超过中国人民银行公布的金融机构同期、同档次贷款利率（不含浮动）的 4 倍。超过上述标准的，应界定为高利借贷行为。2015 年 9 月 1 日，最高人民法院制定的《关于审理民间借贷案件适用法律若干问题的规定》开始施行，其中的第二十六条规定：借贷双方约定的利率未超过年利率 24%，出借人请求借款人按照约定的利率支付利息的，人民法院应予以支持。借贷双方约定的利率超过年利率 36%，超过部分的利息约定无效。借款人请求出借人返还已支付的超过年利率 36%部分的利息的，人民法院应予以支持。从上可见，我国法律意义上的高利贷以年利率是否超过 36%为标准，不超过 36%的都不属于高利贷，超过 36%则被界定为违法的高利贷。2020 年 8 月，最高人民法院修改了上述规定，对高利贷的认定界限，由之前的 24%和 36%"两线三区"更改为一年期 LPR①的 4 倍。此次修订，除调整了高利贷的认定界限，还新增了一种借贷无效的情形，即对未依法取得放贷资格的出借人，以营利为目的向社会不特定对象提供借款的，应当被认定为无效。

四、现代信用活动的基础与特征

（一）赤字、盈余与债权债务关系

信用是一种借贷活动，最终会体现为债权债务关系的产生及其增减变化，而债权债务关系的增减变化则是由经济主体的收支状况所决定的：收入小于支出即出现赤字，就需要借入资金或收回债权，即通过资金流入的方式为其赤字融资，而这会导致其债务的增加或债权的减少；收入大于支出即出现盈余，则可以利用盈余放贷投资，也可用盈余偿还债务，即通过资金流出的方式来安排其盈余，而这会导致其债权的增加或债务的减少。经济主体即便是以货币形式持有盈余，也同样意味着其对银行体系的债权：持有现金意味着对中央银行的债权，持有存款则意味着对商业银行的债权。当然，如果收入和支出正好相等，即收支平衡，就没有必要进行借贷，也就不必形成新的债权债务关系，但这种状况往往只是极其偶然的事情。

如第 1 章所述，现代经济生活中各经济主体往往是既有借入又有贷出，即扮演着债务人和债权人的双重角色，而不管其收支总体上表现为盈余、赤字还是平衡。对某一经济主体而言，债权大于债务则表现为净债权，反之则表现为净债务。因此，现代信用体系下的赤字，必然需要有资金的净流入，即导致净债务增长或净债权减少，而盈余则必然会有资金的净流出，从而导致净债权增长或净债务减少。

（二）五部门经济中的信用关系

按照经济主体的基本特征，可以将宏观经济划分为以下五大部门：居民、企业、政府、金融机构和国外部门。

1. 信用关系中的居民

居民主要是指有货币收入的自然人。就单个居民而言，既可能因收大于支形成结余，也可能因收不抵支或购房等大宗开支而需要借入资金。但一般来说，居民支出主要依靠其收入，由于在生命周期中个人能够取得收入的时间要短于其生存的时间，为了能够在没有收入时保持一定的生活水准，居民不可能将当期收入全部花光，他们通常会有所结余。因此，居民部门作为一个整体通常会是盈余部门，并因此对其他部门拥有净债权。

---

① LPR 是贷款市场报价利率（Loan Prime Rate）的简称，由中国人民银行授权全国银行间同业拆借中心自 2019 年 8 月 20 日起每月发布一次，目前包括一年期 LPR 和五年期 LPR。

2. 信用关系中的企业

企业在信用关系中是至关重要的一环，它既是资金的主要供给者，也是资金的主要需求者。现代经济中企业是最基本的生产单位，为实现其发展目标，企业通常都具有明显的扩张性，这需要以增加资金投入为基础。如果投资完全依靠企业自身的积累，不仅速度十分缓慢，而且筹资规模会受到严重制约，许多大额投资也就无法适时完成，通过信用方式借入资金也就成了解决问题的最有效途径。就单个企业而言，既可能因盈余而导致净债权或净权益的增加，也可能因赤字而需要借入资金。但是企业作为一个整体，却是宏观经济五个部门中最大的赤字部门，并因此对外承担净债务。

3. 信用关系中的政府

政府在信用关系中的地位是由政府的财政收支状况决定的。财政收入主要来自比较稳定的税收，大部分税收都有一个固定的税率和缴纳时间。相比较而言，财政支出则由于经济社会等环境的变化而显得不太稳定。如果是收大于支，会形成财政结余；如果是收不抵支，则会形成财政赤字。综观当代世界各国的财政运行，我们会发现财政赤字已成为一种常态。政府弥补财政赤字最常用的手段就是举债，即政府作为债务人，以发行国债的方式向其他部门借款，从而与本国居民、企业、金融机构以及国外部门建立起信用关系，成为这些部门的债务人。

4. 充当信用中介的金融机构

金融机构的主要功能就是充当信用中介或信用媒介。作为信用媒介，金融机构一方面从社会各个部门吸收和聚集资金，另一方面通过贷款、投资等活动将所筹集的资金运用出去。吸收资金形成金融机构的负债，运用资金形成金融机构的债权，因此金融机构的日常经营活动本身就是信用活动。在证券发行和交易过程中，金融机构也为投融资活动提供专业化服务，从而扮演着信用中介的角色。

5. 信用关系中的国外部门

如果将除本国之外的所有经济体视为一个整体，则形成了与国内部门相对应的国外部门。国内部门与国外部门之间的商品和服务交易、资金流动以及由此形成的债权债务关系，其流量体现为一国的国际收支状况，通常用国际收支平衡表来显示，其存量变化体现为该国国际投资头寸的变化，通常用国际投资头寸表加以反映。国际收支顺差亦称国际收支盈余，意味着在一定时期内（通常为一年），该国对外经济往来的收入总额大于其支出总额，会导致以外汇储备为代表的该国对外债权的增加或该国对外债务的减少；国际收支逆差也称“国际收支赤字”，是指该国对外经济往来的收入总额小于其支出总额，需要动用外汇储备或者借入外债来平衡其收支差额，这会导致以外汇储备为代表的该国对外债权的减少或该国对外债务的增加。国际投资头寸表反映了因上述流量引起的该国（包括官方和民间）对外资产和负债存量以及对外资产负债净值的变化。如果国际投资头寸表为对外净资产，则意味着对外拥有净债权；反之则意味着需对外承担净债务。

原理4–4

宏观经济中居民个人、非金融企业、政府、金融机构与国外部门的资金余缺状态及其调剂需求是现代信用关系存在的经济基础。

（三）间接融资与直接融资

在资金供求者之间的信用活动中，存在着两种基本的融资形式：间接融资和直接融资。

间接融资（Indirect Finance）是盈余方和赤字方不直接建立债权债务关系，而是以金融机构为中介进行的融资活动。在间接融资活动中，金融机构需要先与盈余方建立债权债务关系，作为债务人（或义务承担者）以实现资金的汇集；金融机构再与赤字方建立债权债务关系，作为债权人（权利所有者）以实现资金的分配，把资金提供给赤字方，从而实现资金融通。在间接融资活动中，作为资金供给的盈余方和作为资金需求的赤字方并不直接发生联系，它们之间也不产生直接的债权债务关系，金融机构在其中具有债权人（权利所有者）和债务人（义务承担者）的双重身份：通过债务人（义务承担者）身份获得资金来源以实现资金集中，通过债权人（权利所有者）身份运用资金以实现资金分配，从而间接实现了资金从盈余方向赤字方的流动，实现社会资金的余缺调节。

直接融资（Direct Finance）是盈余方直接把资金提供给赤字方使用，即赤字方通过发行所有权凭证或债权债务凭证融入资金，而盈余方则通过购买这些凭证向赤字方提供资金，二者之间直接建立债权债务关系或权利义务关系。在证券市场上盈余方通过直接购买赤字方所发行的证券而实现的投融资活动，通常也被视为直接融资的典型代表。

在证券市场的投融资活动中，通常会有金融中介机构参与其中，如果其职责仅仅是为盈余方和赤字方牵线搭桥，通过为证券发行和流通提供相关服务来赚取佣金和其他服务收入，而并不改变在盈余方和赤字方之间直接建立的债券债务关系或权利义务关系，那它仍然是直接融资活动。反之，如果在投融资活动中金融中介机构并不是提供服务收取佣金，而是充当资产管理者的角色，以债务人或者义务承担者身份发行证券汇集盈余方的资金，同时以债权人或权利所有者身份投资各种证券以实现资金向赤字方的分配，而在盈余方（最终投资人）和赤字方（最终融资人）之间并不建立直接的债权债务关系或权利义务关系，则此时的证券融资活动则是属于间接融资的范畴。

简言之，我们可以将融资过程分为有中介参与和无中介参与两大类。如果在融资过程中没有中介参与，而是在盈余方与赤字方之间直接达成协议并建立信用关系，则毫无疑问其属于直接融资的范畴。如果融资过程有中介参与其中，则要看中介在融资过程中所扮演的角色：如果中介仅仅是牵线搭桥并提供相关的服务，并没有在其中扮演债务人和债权人的双重角色，则依然属于直接融资。只有当中介以资产管理者的身份在融资过程中同时扮演着债务人和债权人的双重角色时，才将其列入间接融资的范畴，此时在盈余方和赤字方之间关系的一个重要特征，就是他们之间并不存在直接的债权债务关系或权利义务关系。

此外，有研究者还将融资过程中“是否必须发生金融工具的替换”作为区分直接融资和间接融资的重要依据。在资金由盈余方向赤字方流动的融资过程中，如果只需要一种金融工具就可以完成融资活动，即便有金融中介参与其中，只要金融中介的参与并没有改变该金融工具的特性，就可以称其为直接融资。比如在股票和债券发行的直接融资活动中，尽管有金融中介参与其中并提供了大量的服务，但在融资活动中并没有出现金融工具的替换，金融工具的特性也没有因为金融中介的参与而发生任何改变。相反，如果在资金由盈余方流向赤字方的过程中，至少需要借助两种或两种以上的金融工具（即必须发生金融工具的替换）才能实现，就称之为间接融资。在保险、信托及各类资产管理类金融中介机构的业务活动中，各金融中介机构一方面通过发行各种融资工具与资金盈余方建立起权利义务关系以实现资金的汇集，另一方面再通过各种不同的投资工具以实现资金的运用，满足赤字方的融资需求，在资金由盈余方流向赤字方的过程中，都必须要借助两种或两种以上的性质不同的金融工具，才能够实现资金由最终提供者（盈余方）向最终使用者（赤字方）的流动，我们也将其归类为间接融资。

直接融资和间接融资各具优点，也各有局限。

直接融资的优点在于：① 资金供求双方之间构成直接的债权债务关系，将债务人的资金使用状况与债权人的利益紧密联系起来；② 由于剔除了间接融资活动中金融中介的价差收益，在盈余方获得更高回报的同时，赤字方可能以更低的成本融入资金；③ 资金供求双方可根据各自不同的融资要求或条件，尤其是可以在筹资规模和风险承担方面进行灵活组合，以满足不同投资者的风险偏好与收益要求，有利于对高风险、创新性投资项目提供资金支持，实现资金和资源的优化配置。直接融资的局限性则主要表现为：① 直接融资的便利程度及其融资工具的流动性会受到金融市场发达程度的制约；② 在直接融资活动中赤字方凭借自己的信用度筹集资金，当筹资者的信用等级不高时，资金供给者通常需要承担较大的风险；③ 在以债券和股票公开发行方式筹集资金的直接融资活动中，公开信息披露通常会与筹资方保守商业秘密的要求相冲突。

与直接融资相比，间接融资的优点表现为：① 间接融资的风险可以通过金融中介机构专业化的风险管理措施和多样化的投资组合来分散，因而作为投资者（盈余方）的社会公众通常具有更高的资金安全性；② 在间接融资活动中，作为资产管理方的金融机构在汇集和分配资金时，可以在数量和期限上具有更大的灵活性，筹资者的资金需求可以更加方便、及时地得到满足；③ 融资活动不需要筹资方（赤字方）进行公开的信息披露，有利于保护筹资方的商业秘密。间接融资同样也具有一定的局限性：① 割断了资金供求双方的直接联系，减少了投资者对资金使用状况的关注和压力，资金运用和资源配置的效率更多地依赖于金融中介的素质；② 金融中介要从经营服务中获取包括服务收费和利差在内的收益，这会增加筹资者成本并降低投资者收益；③ 对间接融资中介的监管通常会比较严格保守，其资金运用通常很难满足新兴产业和高风险项目的融资要求，但随着金融创新和各类风险控制技术的运用，间接金融中介也在不断通过金融工具的创新，增加对创新型企业的支持力度。

在金融发展的历史上，直接融资活动是先于间接融资活动出现的。在信用发展之初，由于信息不对称和信息获取成本过高，直接融资通常只会在空间距离较近、资金供求双方了解程度较高的情况下出现，且融资规模相对有限。以银行为代表的间接融资中介的出现，在很大程度上缓解了融资活动中的信息不对称问题。银行在为企业和个人提供资金结算服务的过程中，可以低成本获取资金需求方的真实信息，从而更加有利于融资活动中的风险控制，这也使得银行通过存贷款业务实现的储蓄投资转化规模快速增长，银行资金运用可以不完全受制于其资金来源的特性，使得其能够通过包括贷款在内的资产业务扩张创造存款，向经济注入更多的货币，成为推动经济发展的最重要力量。但随着市场环境趋于完善、法律法规对投资者保护力度加大、外部审计和监管制约的强化，尤其是信息技术的快速发展，极大地降低了信息不对称和信息获取的成本，这也使得直接融资在整个融资规模中的比重不断上升，并成为与间接融资并行发展、相互促进，为经济发展提供金融支持的另一支重要力量。而随着金融市场规模扩展和复杂化程度的提升，专业资产管理机构正在逐渐替代个人投资者成为金融市场投资的主导力量，个人投资者借助专业资产管理机构发行的各类资管产品间接投资于证券市场，不仅大大降低了个人投资者的投资风险，而且还大大节省了个人投资所必须付出的时间成本，这不仅再次促进了间接融资业务的新发展，也在证券市场投资层面加速了直接融资和间接融资业务的融合。总而言之，在现代经济和金融发展的过程中，直接融资和间接融资各有特色，在充分发挥各自优点的同时，也在相互弥补对方的缺陷，并有通过产品和组织机构创新而相互交叉发展甚至逐步融合的趋势。

(四) 现代经济是信用经济

在现代社会，各经济主体之间都存在错综复杂的信用关系。债权债务关系无所不在、相互交织，形成了一个覆盖整个经济生活的庞大网络。我们只要生活于其中，就不可能与信用撇清干系。在各主体都要使用货币，并需要以货币或各类金融资产持有其盈余的货币经济中，赤字必然意味着资金流入并形成债务，盈余也同时意味着资金流出并拥有相应的债权。即使是那些恰好收支平衡的主体，也并不意味着他们没有任何债权或者债务，只不过是其债权、债务正好相等而已。而且只要经济主体使用货币，就必然会与信用扯上关系，因为货币本身就意味着持有者的债权与发行者的负债。因此，除非一个人隐居山林，或者过着鲁滨孙式的生活，否则他就不可能不被覆盖在信用关系的大网之下。

此外，各类经济活动的开展，都需要有信用作为支撑，个人与企业的商业活动、金融市场的各类投融资活动、金融机构的正常运营等，都需要以良好的信用为基础。经济的扩张与收缩，以及针对经济波动的宏观调控政策，本身就与信用的扩张和收缩密切相关，而就信用本身而言，也已经成为经济活动的重要组成部分。

正因为如此，才有了“现代经济是信用经济”的说法。不理解信用的内涵，也就无法真正理解现代经济运行的内在规律。

原理4–5

现代经济是信用经济，其健康运行依托信用关系的良性运转。

(五) 信用风险和杠杆率

信用风险（Credit Risk）是指借款人因各种原因未能及时、足额偿还债务而出现违约的可能性。在现代经济中，由于信用关系无所不在，债务人违约的信用风险也就变得非常普遍。当出现违约事件时，债权人会因为未能得到预期收益而出现财务上的损失。在债权人通常也同时拥有债务的情况下，其债权无法回收自然会影响其债务的偿还，并因此导致违约事件的连锁发生。在从2007年开始由美国次贷危机引发的国际金融危机中，人们已经深刻体会到信用风险沿债务链传导所带来的严重后果，并使得人们不得不对信用风险给予足够的重视。

具体而言，信用违约的出现包括债务人刻意违约和被迫违约两种情况：

(1) 债务人刻意违约，一定是其违约收益要远远高于其失信成本，这需要通过制度设计来加大违约的惩罚力度，增加违约的成本，从而减少刻意违约事件的发生。

(2) 债务人被迫违约，一般有两个原因：一是经济运行的周期性。在经济扩张期信用风险会明显降低，因为较强的盈利能力会使总体违约率下降；而在经济紧缩期，信用风险则会明显增加，因为盈利情况的总体恶化会导致借款人不能及时足额还款的可能性增加。二是发生了财务收支失常或对公司经营有负面影响等特殊事件，导致债务人无力还款。如由三鹿奶粉引发的“三聚氰胺事件”，使得中国所有涉及这一问题的牛奶企业都受到了沉重打击，并直接导致了三鹿集团的倒闭破产，也使得许多相关企业出现违约。

杠杆率（Leverage Ratio）一般是指资产负债表中负债与总资产的比率。杠杆率可以反映出债务人的还款能力，是主要用于衡量债务人负债风险的指标。一般来说，杠杆率越高信用风险就越大，通过分析政府、企业、居民、金融机构等不同主体的杠杆率可以判断其信用风险的大小。2008 年以来我国杠杆率快速攀升，尤其是 2015—2016 年宏观政策环境相对宽松叠加债券市场的迅速扩容，民营企业大规模举债，导致了杠杆率偏高的问题。在 2017 年宏观政策收紧、金融严监管及资管新规实施的背景下，民企再融资难度加大，逐步迎来了民企违约潮，随后传导至弱资质国企。仅 2018 年全年，发生违约的企业债券累计就达到了 1 200 亿元，超过以往全部违约企业债券规模的总和。

专栏看板4–1

非金融企业部门 2020 年下半年实现去杠杆

近日，中国社科院国家金融与发展实验室发布《2020 年度中国杠杆率报告》，报告显示，2020 年我国的宏观杠杆率从 2019 年年末的 246.5%攀升至 270.1%，增幅为 23.6 个百分点。

分项来看，2020 年居民部门杠杆率上升了 6.1 个百分点，从 2019 年年末的 56.1%增长至 62.2%，其中房地产贷款是拉动居民杠杆率上升的主因，消费低迷导致了短期消费贷款对居民杠杆率的负贡献。

非金融企业部门杠杆率上升了 10.4 个百分点，从 2019 年年末的 151.9%增长至 162.3%，实现了结构性去杠杆。一方面，银行贷款上半年较为宽松，银行表内贷款保持较高增速，三季度开始增速放缓，回归到往年的平均水平；另一方面，非金融企业的表外融资继续下降，委托贷款和信托贷款余额全年共下降了 1.5 万亿元。大量表外融资回归表内，增强了金融体系的稳定性，实现了结构性的去杠杆。

报告同时指出，当前信用债违约已成常态。2020 年公司信用债违约数量继续上升，违约规模扩大的同时，2020 年企业债违约还呈现出两个新的特点。一是国企的违约比例加大，连续发生了北大方正集团和紫光集团等国企的违约事件。二是大量违约主体在违约前的评级较高。国企和高评级公司的债券违约，更是出乎市场预料。但从全球比较来看，中国企业债违约率仍处在较低水平。随着结构性去杠杆的继续推进，未来企业债券违约事件仍有上升的趋势，尤其是部分国企和高评级公司的违约率也会上升。这有利于促进对风险的市场化定价，推动信用债市场的健康发展。另外，对于债券发行及资金使用中的违法违规行为也要加大惩处力度。此外，企业流动性环境相对改善，活期存款上升，将为未来的支出扩张奠定了基础。

2020 年，政府部门杠杆率上升了 7.1 个百分点，从 2019 年年末的 38.5%增长至 45.6%，增幅达 7.1 个百分点，为有杠杆率数据统计以来的历史最高水平。其中，中央政府杠杆率上升了 3.1 个百分点，从 2019 年年末的 16.9%增至 20.0%；地方政府杠杆率上升了 4.0 个百分点，从 2019 年年末的 21.6%增至 25.6%。全年政府债务规模增长 8.24 万亿元，广义政府赤字率达到 8.3%，全年政府债务的增长幅度达到了历史最高水平。广义政府赤字率虽然高于预算内 3.6%的赤字率水平，但远低于国际货币基金组织财政监测报告中所预测的 11.9%的广义财政的赤字率。

金融部门杠杆率总体保持相对平稳，资产方统计的金融杠杆率下降了 0.9 个百分点，负债方统计的金融杠杆率上升了 2.5 个百分点，影子银行规模下降，货币政策保持稳健，银行净息差收窄、不良率抬升。

资料来源：张晓晶，刘磊．2020 年度中国杠杆率报告：非金融企业部门下半年实现去杠杆．经济参考报，2021-2-9。

第二节　信 用 形 式

一、商业信用

（一）商业信用及其特征

商业信用（Commercial Credit）是指在工商企业之间买卖商品时，卖方以商品形式向买方提供的信用。赊销是商业信用中最典型的形式。作为在工商企业间经常采用的一种延期付款的销售方式，它在促进商品销售和生产方面都扮演了极重要的角色。

在典型的商业信用中，实际上包含着两种同时发生的经济行为：商品买卖与货币借贷。在商品买卖完成的同时，商品的所有权就由卖方转移给了买方，这就如同现款交易一样，但由于买方无法实时支付货款，从而对卖方承担了相应的债务。而在此之后，就如同买方向卖方借款一样，买卖双方只存在相应货币金额的债权债务关系，而且这种债权债务关系并不会因为买方通过赊销方式购入的商品能否顺利销售而有任何变化。

商业信用的良性发展，对商品流通和经济发展起着重要的促进作用。而在企业之间建立稳定顺畅的联系，是商品生产正常进行的必然要求，也是经济发展的内在要求。但在现实经济运行的过程中，这种联系往往会由于种种原因而受到影响。比如说，产品具有良好销售前景的企业可能会因为缺少现款而不能购买原材料，具有强大销售能力的商业企业也可能由于缺少现款而无法购进适销的商品。没有商业信用，上下游企业之间的这种联系就会中断，原材料企业无法出售原材料，商品生产企业无法开工，销售企业无法购进适销商品，最终消费者的福利也会因此而受损。而商业信用的介入，则能够使以上中断的商业链条重新被链接起来，促进生产和流通的顺畅进行。

尽管如此，商业信用也存在一定的局限性。首先，商业信用在规模上存在局限性。商业信用以商品买卖为基础，其规模会受到商品买卖数量的限制，而且生产企业也不可能超出所售商品量向对方提供商业信用，这也决定了商业信用在规模上的界限。其次，商业信用存在方向上的局限性。商业信用通常是由卖方提供给买方，由生产原材料的上游企业提供给需要原材料的下游企业，一般很难逆向提供；而在那些相互之间没有买卖关系的生产企业之间，则更不容易发生商业信用。最后，商业信用在期限上也存在局限性。其期限一般较短，会受到企业生产周转时间的限制，通常只能用来解决短期资金融通的需要。商业信用的以上局限性，也同时决定了其流通范围的局限性，而且商业信用中产生的每张票据在支付金额、支付期限以及债务人的信用等级上存在的巨大差异，也使得其作为支付凭证时会受到一定的限制。

（二）商业票据

商业票据（Commercial Paper）是在商业信用中被广泛使用的表明买卖双方债权债务关系的凭证。

商业票据可以经债权人背书后转让流通，从而使其具有流通手段和支付手段的职能。在这一意义上，商业票据在背书转让过程中，事实上发挥着货币的职能。也正因为如此，人们通常也将商业票据称为商业货币，并将其纳入广义信用货币的范畴之内。在商业票据转让流通的过程中，背书是必须要履行的手续。所谓**背书**（Endorsement），即商业票据的债权人在转让票据时在其背面签字以承担连带责任的行为。从这一意义上讲，一张商业票据的背书人信用等级越高，参与背书的人数越多，该商业票据接收方所面临的信用风险也就越低。因为所有背书人都要对该商业票据承担连带责任，而任何一位背书人因受到追索而偿还了债务，他也同时拥有了向其前面的任一背书人进行追索的权利。

（三）商业信用在我国的发展

解放初期，商业信用在我国企业融资活动中占有相当大的比重。据统计，1953—1954 年我国商业信用的规模占企业流动资金的 10%～20%。但在“一五”期间，随着国家大规模经济建设的推进，提出了资金集中管理和计划分配的要求，国家决定取消商业信用，集中信用于国家银行，我国商业信用的发展也因此出现了停滞和断层。

改革开放后，我国商业信用逐步得到恢复，银行也开始对商业信用的发展给予支持。1982 年上海市首先恢复票据贴现业务，此后中国人民银行于 1984 年发布了《商业票据承兑贴现暂行办法》，决定于 1985 年 4 月在全国推广，允许银行之间办理转贴现，中国人民银行办理再贴现①。1995 年《中华人民共和国票据法》（简称《票据法》）的颁布，为商业信用发展提供了法律依据。商业信用的发展，对加速我国企业资金周转、减少资金占用发挥了积极作用。但相对而言，由于历史原因导致的商业信用断层，再加上我国社会信用环境欠佳等原因，我国商业信用依然存在规模偏小、范围狭窄、规范性弱、失信欺诈较为严重、管理效率低下等问题。

在我国的很多场合，不规范的商业信用通常会使之沦为“代销”，将销售和降价风险转嫁给了卖方。通常以“挂账”形式存在的商业信用，使得债权债务凭证的流动性丧失，更谈不上背书转让。以上这些现象，都大大降低了卖方提供商业信用的积极性，使得商业信用的发展相对迟缓。但近些年随着我国社会信用环境的改善和市场化、法治化程度的提高，商业信用的外部环境有所改善，规模也有所增长，相信未来其在我国会有更广阔的发展空间。

二、银行信用

（一）银行信用及其特征

银行信用（Bank Credit）是银行或其他金融机构以货币形态提供的信用。银行信用是伴随着现代资本主义银行的产生，在商业信用基础上发展起来的。与作为直接融资范畴的商业信用不同，银行信用属于间接融资的范畴，银行在其中扮演着信用中介的角色。银行以自有资金和吸收客户存款所聚集的资金为基础，开展以贷款为主的资产业务，银行资产业务的扩张，会不断增加资金需求方在银行的存款，为经济发展源源不断地注入货币。

与其他信用形式相比，银行信用具有四个突出特点：第一，银行信用的资金来源，是其自有资金和通过吸收公众存款所导致的资金积累②，银行基于此资金积累进行贷放和资产业务扩张，会同时导致客户在银行存款的增长，创造出数倍的存款货币（本书第 16 章“货币供给”还会详细讨论这个问题）。第二，由于银行只需在其资金积累中为其存款余额保留部分准备，所以银行资产业务扩张以及由此导致的客户存款增加的规模，通常可以数倍于其资金积累的规模。第三，银行信用是以货币形态提供的，因此它可以独立于商品买卖活动，具有广泛的授信对象。第四，作为

---

① 贴现是票据持有人贴付利息，向商业银行出售未到期的票据，亦即商业银行以扣除利息的价格购买未到期票据的业务。转贴现是商业银行将贴现的未到期票据再转让给其他商业银行的业务。再贴现是商业银行将贴现的未到期票据转让给中央银行的行为。

② 对单个银行而言，存款净流入会导致其资金积累增加，存款净流失则会导致其资金积累减少。但当银行体系总体上处于资产业务（包括贷款业务）扩张时，会同时导致存款规模的不断增长，这也使得正常经营状况下的银行，存款净流入会是一种常态。

银行信用重要组成部分的存贷款业务，在数量和期限上都具有相对的灵活性，可以满足存贷款人在数量和期限上的多样化需求。

（二）银行信用与商业信用

商业信用的出现虽然先于银行信用，但其局限性使其难以满足资本主义社会化大生产的需要。银行信用及其内在特性，则使其克服了商业信用的局限性。首先，在资金提供规模方面，银行依赖自有资金和存款净流入所形成的巨额资金积累，不仅能够满足小额资金的需求，而且能够满足大额信贷资金的需要，部分准备金制度使得银行可以数倍于其资金积累去满足客户的信贷需求。其次，在信贷资金的方向上，所有拥有闲余资金的主体都能够将其存入银行，所有需要资金的企业，只要符合信贷条件都可以获得银行的贷款支持。以银行为中介，资金供求双方被联系起来，他们完全不必受商业信用中上下游关系的限制，甚至可以是毫不相干的企业或个人。最后，就银行信用的期限而言，银行吸收的存款可以是短期的也可以是长期的，其贷款也是如此，既有长期贷款又有短期贷款。对于正常经营的银行，在存续期内储户不可能同时提取存款，再加上银行具有吸收短期存款、发放长期贷款的“续短为长”的功能，也使得银行信用克服了商业信用在期限上的局限性。由于银行信用在资金提供规模、资金流向与范围、借贷期限三个方面都克服了商业信用的固有局限，因而也就成为现代经济中最基本、占主导地位的信用形式。

尽管相对于商业信用而言，银行信用具有诸多优势，但银行信用的发展却不会排斥商业信用。恰恰相反，银行信用通常与商业信用有着极为密切的联系，前者通常是在后者发展的基础上产生和发展起来的。在银行信用发展的初期，银行通常是通过办理商业票据贴现和抵押贷款、为商业汇票提供承兑服务等业务介入到商业信用领域的，此举不仅促进了商业信用的发展，也为银行信用的良性发展奠定了坚实的基础。即使是银行信贷业务独立发展且规模日趋庞大的今天，上述与商业信用密切相关的银行信用也仍然是银行最重要的核心业务之一。

在资本主义发展的早期，银行信用的意义主要在于它能够突破商业信用的诸多局限，为企业提供更加灵活多样的融资形式。在现代经济中，尽管金融市场十分发达，融资工具品种极为丰富，各种原生和衍生金融工具为企业融资提供了广阔的选择空间，但银行信用仍然是最重要的融资形式，随着经济发展所导致的经济总量和交易规模不断扩张，我们需要依赖银行信用扩张源源不断地向经济注入更多的货币。即便是金融市场和直接融资最发达的美国，1970—1985 年的统计数据显示，在企业外源融资的资金来源中，金融机构（主要是银行）提供的贷款占比最大，高达 61.9%，发行债券融资的比例为 29.8%，股票融资的比例为 2.1%，其他贷款（包括政府贷款和国外贷款）的比例为 6.2%。其他经济发达国家如英国、法国、德国、日本的融资结构也呈现出类似的态势。

（三）我国经济中的银行信用

在我国，银行信用一直居于主导地位。在高度集中的计划经济时期，我国为集中资金的支配权，曾经取消了其他信用形式，将信用集中于银行，银行信用也就成为经济社会中唯一的信用形式。改革开放以后，随着金融市场的恢复与发展，各种信用形式都得到了不同程度的发展，但总体而言，银行信用仍然是我国最主要的信用形式。这一点可以从表 4-1 中得到明显体现。

表 4-1　国内非金融机构部门融资情况简表

融资方式类型	融资额（亿元）					各项占比（%）				
	2017 年	2018 年	2019 年	2020 年	2021 年	2017 年	2018 年	2019 年	2020 年	2021 年
社会融资规模增量	261 537	224 919	256 735	347 918	313 408	—	—	—	—	—
其中：人民币贷款	138 431	156 710	168 834	200 309	199 404	52.9	69.7	65.8	57.6	63.6
外币贷款（折合人民币）	19	−4 203	−1 274	1 449	1 714	0.0	−1.9	−0.5	0.4	0.5
委托贷款	7 993	−16 060	−9 396	−3 954	−1 696	3.1	−7.1	−3.7	−1.1	−0.5
信托贷款	22 232	−6 974	−3 467	−11 019	−20 073	8.5	−3.1	−1.4	−3.2	−6.4
未贴现银行承兑汇票	5 363	−6 344	−4 755	1 747	−4 917	2.1	−2.8	−1.9	0.5	−1.6
企业债券	6 244	26 319	33 385	43 749	32 865	2.4	11.7	13.0	12.6	10.5
政府债券	55 803	48 530	47 204	83 217	70 156	21.3	21.6	18.4	23.9	22.4
非金融企业境内股票融资	8 759	3 606	3 478	8 924	12 133	3.3	1.6	1.4	2.6	3.9
存款类金融机构资产支持证券	1 977	5 941	4 034	2 110	2 782	0.8	2.6	1.6	0.6	0.9
贷款核销	7 586	10 155	10 551	12 222	10 299	2.9	4.5	4.1	3.5	3.3

资料来源：中国人民银行网站。

注：1. 社会融资规模增量是指一定时期内实体经济从金融体系获得的资金额。年度数据根据月度数据汇总得到。

2. 中国人民银行不断完善社会融资规模统计，2018 年 7 月起将"存款类金融机构资产支持证券"和"贷款核销"纳入社会融资规模统计，在"其他融资"项下单独列示；2018 年 9 月起将"地方政府专项债券"纳入社会融资规模统计；2019 年 9 月起将"交易所企业资产支持证券"纳入"企业债券"指标；2019 年 12 月起将"国债"和"地方政府一般债券"纳入社会融资规模统计，与原有"地方政府专项债券"合并为"政府债券"指标（指标数值为托管机构的托管面值），所有历史数据追溯到 2017 年 1 月份。

更多数据请扫描封底增值服务码→数据库。

三、政府信用

（一）政府信用的含义

政府信用（State Credit）又称国家信用，是指政府作为债权人或者债务人的信用活动。政府信用是一种很古老的信用形式。在我国历史上就有过许多关于政府借贷活动的记载。如《史记》记载，汉景帝三年国内爆发"七国之乱"，因缺乏经费，长安将领在出征平乱时向子钱家（放债取息者）借款，因战局成败未定无人肯借，唯有无盐氏果断贷出了大笔钱款，但收取 10 倍利息。三个月后"七国之乱"即告平定，无盐氏一年中竟收息 10 倍，一下子成为关中巨富。

在历史上，政府除作为债务人从民间借款外，也会作为债权人发放贷款。如《周礼》中记载的泉府，就曾办理一种期限随用途而定的赊贷业务：如借款用作祭礼，只准借款 10 天；如果用作丧事，则能赊借 3 个月。政府放贷收取的利息，可以用作政府的开支。以后的历代统治者也都曾举办过类似的政府贷款。

在现代经济活动中，政府信用主要表现为政府作为债务人而形成的负债。这是因为政府在现代经济中的职能得到了空前强化，政府不仅本身作为最重要的经济部门参与经济活动，而且作为宏观经济的调控者对经济进行干预。在政府履行经济职能的过程中，当财政收入无法满足财政支出的需要时，通常需要借助政府信用来筹集资金，特别是当政府通过财政政策干预经济时，它通常会主动利用政府信用筹集资金，以增强政府干预经济的力量。

（二）政府信用的形式

在现代经济中政府信用的形式主要有内债和外债两种。内债是对国内的负债，外债则是对其他国家的负债。政府信用主要包括中央政府债券、地方政府债券和政府担保债券三种形式。

中央政府债券亦称**国债**（National Debt），是一国中央政府为弥补财政赤字或筹措建设资金而发行的债券。根据期限的不同，国债可区分为短期国债和中长期国债。以美国为例，短期国债又称**国库券**（Treasury Bills），是指期限在 1 年或者 1 年以下的国债，这类国债一般采取贴现的方式发行。中央政府发行国库券的主要目的是调节年度内的财政收支不平衡。中长期国债是指期限超过 1 年的国债，其中期限在 10 年或者 10 年以下的国债通常被称为中期国债，又称国库票据；而期限在 10 年以上的国债则被称为长期国债，亦称国库债券。中长期国债一般按照固定的面值发行，在市场利率波动较大时，也可以溢价或折价发行。中长期国债一般附有固定的息票（Coupon），每半年付息一次。中央政府发行中长期国债的目的，是缓解长期财政赤字的压力，或者是为公共建设的需要而筹集资金。

地方政府债券（Local Government Bonds）是由地方政府发行的债券，通常也被称为**市政债券**（Municipal Securities）。地方政府债券又被分为**一般义务债券**（General Obligation Securities）和**收益债券**（Revenue Securities）。一般义务债券是以地方政府的税收、行政规费等各项收益为偿还来源，期限非常广泛，从 1 年到 30 年不等。收益债券则是以某一特定工程或某种特定业务的收入为偿还来源的债券，其期限通常与特定工程项目或者业务的期限密切相关。由于购买市政债券的利息所得通常会享有免缴地方所得税的优惠，这使得市政债券对那些边际税率较高的投资者而言，通常会具有很大的吸引力，即使它所提供的利率相对较低，也仍会受到这类投资者的欢迎。地方政府发债通常有两种模式，一种是地方政府直接发债，另一种则是由中央政府代为发行，即由中央政府发行国债，再转贷给地方政府使用。

政府担保债券（Government Guaranteed Bonds）是指政府作为担保人而由其他主体发行的债券。政府担保的主体通常是政府所属的企业或者那些与政府相关的部门。政府担保债券的信用等级仅次于中央政府债券，因为其发行人一旦失去了偿还能力，则由政府代其偿还债券的本息。其利率水平一般与市政债券相当，但不享受国债和地方政府债的利息免税优惠。在美国，政府机构债券就属于政府担保债券，如美国联邦国民抵押协会（Fannie Mae，又称房利美）、政府国民抵押协会（Ginnie Mae，又称吉利美）、联邦住房抵押贷款公司（Freddie Mac，又称房地美）三个中介机构发行的债券就属于政府机构债券而享有中央政府的担保。在 2007 年爆发的美国次贷危机中，政府接管抵押贷款巨头房利美和房地美（简称“两房”）后，投资者持有的“两房”债券由于拥有中央政府的全额担保，也因此而转变成了政府担保债券。

（三）我国政府信用的发展

新中国成立之后，我国充分运用了政府信用的形式。我国的国债发行可分为三个阶段：第一阶段是新中国刚刚成立后的 1950 年，发行了“人民胜利折实公债”等，主要用于恢复国民经济。第二阶段是 1954—1958 年，发行了“国家经济建设公债”等（1959—1979 年停止发行公债）。第三阶段是 1981 年开始，每年发行国债，至 2020 年年末，我国政府债务余额为 46. 55 万亿元，其中中央财政国债余额20.89万亿元，地方政府债务余额25.66万亿元（不包括地方政府隐性债务）。政府信用已经成为财政政策的重要工具，对于调节我国的经济总量与结构发挥了重要作用，但地方政府债务风险问题也不容忽视。

四、消费信用

（一）消费信用及其主要形式

消费信用（Consumer Credit），又称消费者信用，是工商企业、银行和其他金融机构提供给消费者用于消费支出的一种信用形式。随着生产力快速发展和人民生活水平的提高，市场消费品的供给结构在不断发生变化，大量价格昂贵的耐用消费品逐步进入居民生活必需品的行列。对那些当前财富积累水平或收入水平不高的居民和家庭而言，往往很难在短期内靠自身的收入满足用于购买耐用消费品的资金需要，而对兼有投资品和消费品双重属性的住房①则更是如此。如果仅依靠居民当前的收入和财富积累水平全款购买，则只会有很少一部分居民和家庭具有购买能力，整个社会的购买力会大幅下降。为提高居民部门对高价格耐用消费品的购买能力以及对住房的消费和投资能力，消费信贷应运而生，并已经发展成为提高居民部门当期消费能力的重要手段。

目前，消费信用主要包括如下几种形式：

（1）赊销。赊销是工商企业对消费者提供的短期信用，即以延期付款的方式进行销售，到期后一次付清货款。

（2）分期付款。分期付款是指消费者购买消费品或享受相关服务时，只需支付一部分货款，然后按合同条款分期支付其余货款的本金和利息。一般来说，分期付款方式多用于购买房屋、汽车或各种高档耐用消费品，属中长期消费信用。

（3）消费贷款。消费贷款是银行及其他金融机构采用信用放款或抵押放款方式对消费者发放的贷款。消费贷款的期限一般比较长，最长可达30年，属于长期消费信用。按照接受贷款的对象不同，消费贷款又可以区分为买方信贷和卖方信贷两种方式。买方信贷是指对购买消费品的消费者直接发放的贷款，消费者再将该贷款资金用于各种消费支付；卖方信贷则是以分期付款单作抵押，对销售消费品的工商企业发放贷款，或者由银行与以信用方式出售消费品的企业签订合同，将货款直接支付给企业，再由购买商品的消费者逐步向银行还款。

有的国家对一般的消费信用多通过信用卡发放，即由银行或其他信用卡发行机构向其客户发行信用卡，消费者可凭信用卡在信用额度内购买商品或作其他支付，也可以在一定额度内提现。向客户提供商品或者服务的商户在每天营业终了时向发卡机构索偿款项，发卡机构再与持卡人定期结算清偿。

（二）消费信用的作用

1. 消费信用与宏观经济调节

消费信用是扩大有效需求、促进商品销售的一种有效手段，通过调整消费信用的规模和投向，能够在一定程度上调节消费需求的总量和结构，有利于市场供求在总量和结构上的平衡。当总需求不足、经济面临滑坡时，可以适当增加消费信用的规模，通过鼓励消费信贷、降低利率和首付比率、延长还款期限等措施，降低消费信贷的进入门槛，减轻消费者的还款负担，从而增加有效

① 正是因为住房兼有消费品和投资品的双重属性，在一些关于信用的分类中将其归入不动产信用之列而专门讨论。

需求，提高总供求均衡点的水平。而在经济过热、消费品价格涨幅过快、消费品供不应求的情况下，则可以适当控制消费信贷的投放，如通过限制消费信贷的发放规模、提高利率和首付比重、缩短还款期限等措施，抑制消费者通过消费信贷购买商品的积极性，从而起到抑制经济过热、缓解供求矛盾的效果。

消费信贷除了能够调节总供求外，还能针对某些领域和部门进行结构上的调节，从而起到促进或者限制某些领域或经济部门发展的作用。如在经济总量大致平衡但结构性矛盾突出的情况下，可以限制对过热部门的消费信贷规模，提高其进入门槛，而对相对疲软且需要鼓励其发展的部门，则可适当增加消费信贷的投放规模，降低其进入门槛。

消费信贷在总量和结构层次上对宏观经济进行调节的作用，在近些年我国经济发展中表现得尤为突出。如 2007 年之前针对房地产市场过热的表现，我国连续出台了一系列限制房地产消费信贷的措施，而在 2007 年开始的美国次贷危机导致国际金融危机的背景下，为了缓解经济下滑的压力，我国又出台了一系列大力促进消费信贷的措施，并对房地产和汽车领域的消费信贷进行了力度较大的支持。

2. 消费信用与居民生命周期内的财务安排

金融学所要解决的核心问题，是研究人们在不确定的环境中如何进行资源的跨期配置。对个人以及为家庭提供财务保障的核心成员而言，都会面临着这样的问题，即在生命周期内如何有效地进行财务安排。一般来说，人们可以通过储蓄为未来储备一笔资金，以应对未来支出的不确定性，亦即将当期收入延迟消费，以满足未来消费的资金需求。但人们也同样会面临着这样的问题，当财富积累水平不足、收入水平不高时，暂时还无法承担大额消费支出，而要等到财富积累和收入水平足够高时才去消费，则会严重影响生活质量，甚至会失去提升生活质量的最佳时机。此时，消费信用的介入恰恰提供了将未来的预期收入用于当前消费的有效途径，为人们在生命周期内进行财务安排提供了可能。

在这个问题上，我国住房信贷发展初期，中美老太太购房的对比故事就曾是一个广为流传的案例。其大意如下：中国老太太攒了一辈子的钱，终于有能力全款购买了一栋新房子，但可能住上漂亮的新房子没多久就去世了。而作为对比的美国老太太，则是在她年轻的时候就贷款买了一栋新房子，住进去后每天工作还贷，在老年时她已经还清了所有贷款，甚至还可以在还清贷款后通过倒按揭①的方式去改善晚年生活的质量。这个故事的缘起无从得知，但它确实让国人开始反思我们传统所持有的不该欠债消费的观念。观念的转变对我国近些年消费信用的发展起到了积极的推动作用。除了住房和高价耐用消费品外，近些年针对大学生开展的高校助学贷款，也为诸多家庭条件欠佳的大学生提供了将未来收入用于当前学费支出的有效途径。

3. 消费信用可能导致的负面影响

需要说明的是，尽管消费信用具有诸多好处和便利，但其发展也需要遵循信贷的基本规律，如果盲目发展，也会给正常经济生活带来不利影响。

其一，消费信用的过度发展，会倾向于掩盖消费品的供求矛盾，容易导致虚假需求，向生产者传递错误信息，导致某些消费品的生产盲目发展，严重时可能导致产能过剩和产品的大量积压。

---

① “倒按揭”也称“反向住房抵押贷款”，是指房屋产权拥有者把自有产权的房子抵押给银行、保险公司等金融机构，后者在综合评估借款人年龄、生命期望值、房产现在价值以及预计房主去世时房产的价值等因素后，每月给房主一笔固定的钱，房主继续获得居住权，一直延续到房主去世。当房主去世后，其房产出售，所得用来偿还贷款本息，其升值部分亦归抵押权人所有。

其二，过量发展消费信用很容易导致信用膨胀。由于消费信贷是基于未来的收入预期，将未来的收入拿到当前来集中消费，如果对消费信贷发放的规模和节奏控制不当，很容易导致某一时期信贷投放规模过大，从而导致通货膨胀的压力，这在经济繁荣时期尤其如此。

其三，由于消费信用是对未来购买力的预支，如果消费信贷的借款人对未来预期收入发生严重的误判，则会使得借款人的债务负担过重，甚至会影响其未来的生活水平，从而增加社会的不稳定因素。

五、国际信用

（一）国际信用的内涵

国际信用（International Credit）是指一切跨国的借贷关系和借贷活动。国际信用体现的是国与国之间的债权债务关系，直接表现为资本在各国间的流动，是国际经济联系的一个重要方面。对债权国来说，国际信用意味着资本的流出；而对债务国而言，国际信用则意味着资本的流入，流入的资本被称为“外资”，由此形成的对外债务则被称为“外债”。一般来说，西方发达国家在国际信用中往往扮演着债权国的角色，而发展中国家往往是引进外资的债务国。但随着某些发展中国家经济的快速发展，它们在大量利用外资的同时，也拥有了大量的对外债权，某些发展中国家甚至出现了对外的净债权。例如，随着中国出口竞争力增强，出口创汇能力大幅提高，尤其是在21世纪初加入WTO以后，中国外汇储备和对外债权的总规模已经远远高于对外债务的总规模，并逐步增大对外净债权的规模，已由过去的净债务国转化为世界上最大的净债权国。

（二）国际信用的主要形式

国际信用大体上可以划分为两大类：国外借贷和国际直接投资。

1. 国外借贷

国外借贷（Foreign Loan）是指一国与该国之外的经济主体之间进行的借贷活动，其基本特征是在国内经济主体与国外经济主体之间形成债权债务关系。国外借贷主要包括：出口信贷、国际商业银行贷款、外国政府贷款、国际金融机构贷款、国际资本市场融资、国际融资租赁等。

（1）**出口信贷**（Export Credit）。出口信贷是出口国政府为支持和扩大本国产品出口，提高产品的国际竞争力，通过提供利息补贴和信贷担保的方式，鼓励本国银行向本国出口商或购买本国商品的外国进口商提供中长期信贷。出口信贷包括卖方信贷和买方信贷两种具体方式。卖方信贷是指出口方银行向本国出口商（卖方）提供贷款，出口商得到了银行贷款后向进口商提供延期付款的信用。买方信贷则是出口方银行向国外进口商或进口方银行提供贷款，国外进口商用该笔款项购买出口方银行所在国的出口商提供的商品。

（2）**国际商业银行贷款**（International Commercial Bank Loan）。国际商业银行贷款是指一些大商业银行向外国政府及其所属部门、私营工商企业或者银行提供的中长期贷款。这种贷款利率较高，一般在伦敦银行同业拆借利率（London Interbank Offered Rate，LIBOR）之上另加一定的附加利率，期限大多为3~5年。这种贷款通常没有采购限制，也不限定用途。国际商业银行贷款的主要方式有独家银行贷款和银团贷款两种。银团贷款也称辛迪加贷款，是指一家银行牵头，由多家银行组成贷款银团，共同向特定客户发放的贷款。

（3）**外国政府贷款**（Foreign Government Loan）。外国政府贷款是他国政府利用国库资金向本国政府提供的贷款，这种贷款一般带有援助的性质，具有利率低、期限长的特征，但通常要附加一定的采购限制或指定的用途。外国政府贷款的利率水平通常要远远低于国际商业银行贷款利率，平均为 2.5%~3%，最高一般不超过 4%，有时甚至为无息贷款，通常还会包含无偿赠予的部分。其平均偿还期限为 30 年，最长可达 50 年。外国政府在提供上述优惠贷款条件的同时，一般都会要求接受贷款的国家必须将贷款的一部分或者全部用于购买贷款发放国的设备和物资。

（4）**国际金融机构贷款**（International Fianancial Institution Loan）。国际金融机构贷款是国际金融机构对成员国政府提供的贷款，主要包括国际货币基金组织、世界银行及其附属机构以及一些地区性国际金融机构提供的贷款。这些机构提供的贷款大多条件优惠，主要目的是改善成员国的国际收支状况并促进其经济长期健康发展。

（5）**国际资本市场融资**（Financing at International Capital Markets）。国际资本市场融资主要是指在国际资本市场上通过发行债券、股票及其他有价证券的方式向外国投资者筹集资金。

（6）**国际融资租赁**（International Financial Leasing）。根据《国际融资租赁公约》①（UNIDROIT Convention on International Financial Leasing）的规定，融资租赁交易是指出租人根据承租人的规格要求及其所同意的条件同供货人缔结一项供货协议，据此，出租人取得工厂、资本货物或其他设备，并同承租人缔结一项租赁协议，授予承租人使用该设备的权利，以补偿其所付的租金。在出租合同到期后，出租人可以根据合同条款将设备赠予承租人，或者以一个象征性的低价将设备所有权转让给承租人。由此可见，融资租赁实质上是一种以承租物为载体，以“融物”形式进行的中长期融资活动。国际融资租赁中，参与融资租赁活动的出租人和承租人必须为不同国家的经济主体。

2. 国际直接投资

国际直接投资（International Direct Investment）也称对外直接投资（Foreign Direct Investment, FDI），是指一国居民、企业等直接对另一个国家的企业进行生产性投资，并由此获得对投资企业的管理与控制权。

国际直接投资主要采取以下几种方式：① 在国外开办独资企业，包括设立分支机构、子公司等；② 收购或合并国外企业，包括建立附属机构；③ 与东道国企业合资开办企业；④ 对国外企业进行一定比例的股权投资；⑤ 利用直接投资的利润在当地进行再投资。

（三）我国利用国际信用的情况

我国在改革开放之前，一直实行计划经济和封闭经济。除银行信用以外，禁止一切形式的信用活动，在“既无内债、又无外债”方针的指导下，实行严格的资本管制，禁止任何形式的国际资本流动。改革开放以后，我国逐渐将利用外资作为发展经济、促进技术进步的重要手段之一，对国际信用也从先前的全盘否定，转变为适度发展和合理利用。这主要表现在对不同形态的国际信用进行区别对待和分类管理上：在严格控制外债规模和结构的同时，对国际直接投资则采取鼓励的态度；对资本市场的对外开放也一直秉承审慎的态度，通过积极有序地推进资本市场的对外开放，有效地防范了国际资本流动可能对我国经济产生的冲击。近些年随着出口竞争力的增强，我国已经由过去的净债务国转变为净债权国，且我国对外净债权的规模近些年出现了快速增长。在这种背景下，我国一方面积极引进利用外资，另一方面也鼓励具备条件的企业走出去参与国际市场的投资活动。由中国国际投资头寸表可知，我国的对外净债权由 2004 年年末的 2 764 亿美元快速增加到了 2012 年年末的 18 665 亿美元，此后的几年稍有下降，2015 年年末下降为 16 728 亿美元，但 2016 年重新恢复增长，截至 2021 年年末为 19 833 亿美元（见表 4-2）。

---

① 该公约由国际统一私法协会制定，于 1988 年 5 月 28 日在加拿大首都渥太华召开的国际外交会议上通过。

表 4-2 中国国际投资头寸表

单位：亿美元

项目	2004 年年末	2005 年年末	2006 年年末	2007 年年末	2008 年年末	2009 年年末	2010 年年末	2011 年年末	2012 年年末
资产	9 291	12 233	16 905	24 162	29 567	34 369	41 189	47 345	52 132
负债	6 527	8 156	10 503	12 281	14 629	19 464	24 308	30 461	33 467
净头寸	2 764	4 077	6 402	11 881	14 938	14 905	16 880	16 884	18 665
项目	2013 年年末	2014 年年末	2015 年年末	2016 年年末	2017 年年末	2018 年年末	2019 年年末	2020 年年末	2021 年年末
资产	60 205	64 839	61 558	64 666	69 256	74 327	78 464	88 791	93 243
负债	42 021	48 736	44 830	46 660	51 115	53 252	55 468	65 923	73 410
净头寸	18 184	16 103	16 728	18 005	18 141	21 075	22 996	22 868	19 833

资料来源：国家外汇管理局网站。

第三节 信用体系

一、市场经济与信用秩序

市场经济是以自由缔约和自由交易为基础的经济。在交易过程中，信用活动如影随形，成为市场经济的重要组成部分。信用活动在作为经济交易媒介、促进资金合理有序流动、推动经济增长和社会发展等方面，扮演着极为重要的角色。尽管信用活动属于虚拟经济的范畴，但在市场经济高度发达的今天，其重要性逐步上升到与实体经济同等重要的地位，并成为发展市场经济的基础性要素。

（一）信用秩序与市场运行成本

作为借贷行为的信用，自然会涉及守信与失信的问题。守信是借贷双方彼此遵守用以规范信用行为的契约，而失信则是指借贷双方或者任一方不遵守该契约。当然，失信并不等于蓄意赖账，除去蓄意赖账以外，还可能因为种种原因导致失信行为的出现。

守信是支撑信用关系良性发展的前提条件。良好的信用秩序，可以降低市场运行的成本，也是经济良性运转的基础性保障；而失信行为的出现，无论是蓄意赖账，还是由于出现意外而迫不得已的行为，都会影响信用关系的良性发展。当失信行为超过一定规模和范围时，则会导致信用秩序的混乱；失信行为持续、大量地存在，会大幅提高市场乃至整个社会的运行成本，正常的信用关系无法建立，正常的商业行为也因此受到阻滞。因此，从市场经济发展的角度来看，维护信用的制度基础就变得至关重要。

（二）信用状况与市场空间拓展

在商业交易和市场空间拓展的过程中，完全依赖“钱货两清”的交易方式，往往会使得诸多交易无法进行。各类信用形式的介入，会有助于商业交易的完成和推进，而这必然会产生债权债务关系。在信用秩序良好的社会环境中，人们都将诚信视为最大的美德，并将蓄意赖账视为最大的耻辱，商业交易中的卖方就能够放心地向买方提供信用，资金盈余方也敢于向资金短缺者出让资金，从而有利于商业交易进行，也有利于市场范围和空间的拓展。而在一个信用秩序不佳、恶意赖账盛行的社会环境中，除非确有把握，卖方不敢向买方提供信用，资金盈余方也不敢贸然出借资金，商业交易的范围和活动空间将会非常狭小，甚至只能局限在相互熟知的狭小圈子或者狭小区域里，对市场空间的拓展造成极大的阻碍。

二、我国经济发展中的信用秩序

（一）诚信的冲击：信息经济学视角的分析

前些年，随着改革开放和市场经济的推进，我国商业交易中的欺诈现象日益严重，并在一定程度上导致了信用秩序的混乱，更有甚者，还出现了“不以欠债不还为耻”的现象。中国自古以来就视“诚实守信”为最大的美德，“欠债还钱”“人死债不烂”等朴实的理念也深入人心。为什么短短几十年的市场经济发展，就动摇了国人几千年来一直视为美德和道德信条的理念？难道市场经济真的就是信用的摧毁者和掘墓人？若果真如此，市场经济良性发展需要良好的信用秩序作为基础性平台，这对尖锐的矛盾又如何去化解呢？在这里，不妨从信息经济学的视角来加以分析。

在自然经济为主的农耕社会，交通不甚发达，人口迁移和流动的概率相对较低，人们需要祖祖辈辈生活在相对狭小的地域之内。在这样一个“方圆之内皆邻居”的环境中，信息的传递是相对充分的，邻里之间的流言蜚语本身就很好地起到了传递信息的作用。某人“不守信用、欠债不还”的事情，很快就会传遍他赖以生存的这个小的区域。当然，这也就意味着他会因此经常遭人鄙视，从此再难得到他人的帮助，甚至还会殃及其子女的婚配等。由于无法离开这片他赖以生存的土地，这样的惩罚对失信者来说应该是非常残酷的，失信的成本也就变得极其高昂，除非万不得已，人们是不愿意落上不守信的坏名声的。这也是乡土社会人们通常会极其珍视信用的重要原因之一。

随着改革开放的推进，人们的生存和活动空间急剧拓展，人口流动逐渐成为普遍现象。出生地、现时的生活和工作之地，都不再是人们赖以生存和安身立命的唯一场所。市场空间的拓展，也必然意味着人们需要同越来越多的陌生人打交道。在交易过程中，能否对违约和失信行为进行有效的惩罚，不仅取决于法律制度是否完善，更要取决于当事人的违约信息能否被很好地传递出去，从而对其未来的发展造成巨大的负面影响。但现实的情况则是在市场空间急剧扩展的初期，由于信息传递效率很低，某人在一地进行欺诈的信息，很难传递到其他地方，再加上司法诉讼的高成本和法律执行方面存在的严重缺陷，使得违约和欺诈行为很难得到有效的惩罚，也使得当事人在违约或欺诈即能获得巨大利益时，具有很强的违约和欺诈的冲动。对比我国改革开放后的信用状况，不难得到这样的启示：要降低违约和欺诈现象，不仅要建立一套对违约和欺诈行为予以严惩的机制，而且还需要一个能够将违约和欺诈事件进行公示的、高效的信息传递机制。

近些年，随着互联网与信息技术的快速发展，我国在打造诚信数据平台，实现诚信数据共享、互通方面做了大量的工作，也对扭转信用状况滑坡的局面起到了非常重要的作用。打破诚信数据信息分散割裂的局面，用大数据技术推进诚信体系建设，构建全国统一的诚信数据平台势在必行。

（二）产权制度与信用关系

经济学意义上的信用，究其本质是债权债务关系。而从信用关系发展的历史沿革来看，它又与私有产权制度密不可分。甚至可以这样说，没有私有产权制度，也就不会出现经济学意义上的信用，也就不会产生债权债务关系。因此，要保持良好的信用秩序，最根本的问题就是要建立一整套严格保护债权人利益的制度。而建立这样的制度，不仅要对私有产权明晰化，而且要激励产权所有者关心并保护自身的合法利益，还要通过包括法律和社会舆论在内的多种手段对侵犯产权人利益的行为予以严惩。以上这些作为产权制度建设的核心内容，也从一个侧面说明了我国当前改革和完善产权制度的迫切性和重要性。

（三）计划经济对信用关系的影响

计划经济作为我国特定历史时期的产物，曾对我国国民经济体系的构建和发展作出过一定的贡献，但其对信用关系的发展则是具有相当负面的影响的。首先，计划经济时期禁止一切形式的商业信用，使得我国商业信用的发展事实上被人为割断。在实行计划经济的几十年里，商业信用的发展出现了一段相当长时期的断层。改革开放后，商业信用发展的基础自然也就十分薄弱，要抵御计划经济观念的干扰，重新与我国历史上曾经建立起的良好商业信用传统对接，无疑需要一段相对较长的时间。其次，当时存在的最为重要的信用形式——银行信用，就其本质而言，并不能算是严格意义上的信用。在计划经济体制下，银行根据计划部门的指令将资金调拨给国有企业，而国有企业“负盈不负亏”，很难说这样的资金流动还具有信用关系的本质特征。正因为如此，作为债务人的国有企业认为，向银行贷款是国家将钱“从左口袋放到右口袋”，因而不必严格遵守信用规则，甚至逃废银行债务。而这种逃废债务的行为产生了极坏的示范效应，对整个信用秩序的发展造成不良影响。

（四）建立并维护良好的信用秩序

人们通常认为，守信的社会基础是道德规范，良好的社会道德风尚将会极大地降低主观失信的概率。以上分析还阐释了这样一个道理：作为一个重要的经济范畴，守信机制的核心是经济行为主体对经济利益的权衡。当失信的收益远远高于需要承担的成本时，将会对经济行为主体的失信行为造成正向激励。反之，如果对失信行为施以严厉惩罚，使失信成本变得极为高昂，经济行为主体就会在主观上降低失信的动机。因此，在信用制度的设计中，除了需要倡导诚实守信的道德风尚，还需要建立并完善违约和欺诈信息的公示系统，建立诚信黑名单制度，并通过法律和各种合理手段对恶意失信和欺诈行为进行严惩。通过大幅增加失信的成本来有效遏制失信行为，逐步建立良好的信用秩序。但与此同时，我们也应该清醒地认识到：在我国建立良好的信用秩序，是一个渐进的过程，任重而道远。

三、现代信用体系的构建

（一）信用制度

信用制度是规范和约束社会信用活动和信用关系的行为规则。信用制度是构建信用体系的重要制度保障，有狭义和广义之分。狭义的信用制度是指国家管理信用活动的规章制度和行为规范。广义的信用制度则是由相互联系、相互制约的信用形式，信用工具及其流通方式，信用机构和信用管理体制形成的有机统一体。从层次上看，信用制度既有对信用活动本身的规范和约束，如对各种经济主体能够从事的借贷活动的规定，也有为保证信用安全和秩序而进行的制度安排，如对违约失信的惩罚等。从形式上看，信用制度安排既有正式的法律法规，又有非正式的约定俗成的道德规范。

信用制度是保证信用活动正常进行的基本条件。在不同的社会经济发展阶段，信用制度的形式和内容也有很大的差别。现代经济是信用经济，信用关系错综复杂，信用在经济中发挥着举足轻重的作用。信用缺失、信用危机会直接危及社会经济发展乃至政治的稳定，信用制度是否完善影响巨大。同时，现代经济也是法治经济，在自然经济中起重要作用的约定俗成的道德规范，已经无法适应现代经济错综复杂的信用关系，需要更具有强制力的法律法规成为构建现代信用制度的重要组成部分。从各国社会经济发展来看，以法律为主体的、完善的信用制度，也是信用活动健康发展的重要基石。

（二）信用体系构建的基础性保障

前面的分析表明，在信用体系构建的过程中，至少应该考虑以下三个层面的问题。

1. 道德规范仍然是信用体系构建的重要基础

道德规范对抑制失信行为而言，并不具有任何强制力。但道德规范在信用秩序形成的过程中则具有成本最为低廉的特征，良好的道德风尚，可以向那些不诚实守信的市场参与者传递强大的舆论压力，从而大大降低其主观违约和欺诈的可能性。因此，道德规范在促进良好信用秩序形成的过程中，由于其低成本或无成本特征而具有无可比拟的优势。

2. 高效快捷的社会征信系统，是防止同一主体多次出现失信行为的利器

社会征信系统通过信用调查，建立信用档案，进行信用评估，建立并完善信用查询和失信公示系统，能够在相当程度上降低识别和避免信用欺诈的难度。其中，信用查询和失信公示系统的建立，能够极大地缓解市场交易中的信用信息不对称问题，有助于降低市场参与者甄别失信和欺诈行为的成本。

3. 法律规范对失信行为的严厉制裁，是完备信用体系的终极制度保障

一方面，法律由于具有强制力，在秩序形成和重建的过程中往往具有无可比拟的优势，也是信用体系建设的终极制度保障。但另一方面，由于法律在制定和实施过程中，需要投入大量的人力、物力，因而具有极高昂的成本。因此，对于任何一项法律而言，最理想的状态应该是存在并具有强大的威慑力，以至于人们慑于法律的威严而不敢去尝试不利于社会的违法行为。此外，关于惩罚失信行为的法律精神和导向，只要不违背最基本的道德内涵，本身也有利于引导并形成关于守信问题的道德风尚。当然，在信用秩序的规范中，不仅需要严厉的法律条文，更需要在信用违法行为出现时，能够切实将法律条文付诸实施的能力。

现代信用体系的构建和完善，在以上三个方面得到了较充分的体现。其中，守信氛围和道德风尚的形成，需要顺应社会的主流价值观，在舆论上加以引导和宣传。而与规范信用关系及保护产权相关的法律，散见于一国的民法、商法以及经济法等法律文本之中，也有一些国家专门针对信用违约行为进行了立法。而真正将这些精神付诸实施，则需要建立与之相配套的信用机构体系和社会征信系统，并需要加强对失信惩处相关法律执行的力度。

（三）信用机构体系

在现代信用活动中，交易者数量众多并且分散，不同交易者因交易规模差异、加工处理信息的能力不同，而存在着严重的信息不对称，信息获取的高成本，会严重影响甚至阻碍信用活动的顺利进行。对于大多数交易者而言，受自身实力限制而不得不求助于各类信用中介机构，以减少交易信息获取成本，降低交易风险，信用机构因此在现代信用活动中发挥了非常重要的作用。信用机构主要包括以下几种类型。

1. 信用中介机构

信用中介机构是指为资金融通直接提供服务的机构，通常简称金融机构。在不同的国家，信用中介机构的形式和名称有比较大的差别，它们不仅能为资金融通提供相关服务，而且能够收集

市场参与者的信用信息，在监督违约行为、预防失信行为中扮演着重要角色。

近些年，随着互联网发展和金融科技的应用，一些基于互联网和大数据信息技术的互联网金融平台，逐渐在信用活动中扮演着重要角色，并成为我国信用中介机构的重要组成部分。而包括银行、保险、证券、信托、基金等在内的传统信用中介机构，也逐渐利用互联网和金融科技发展的成果，对自身进行了基于互联网和大数据信息技术的改造，不断提升其作为信用中介机构提供金融服务的效率并降低服务成本。

2. 信用服务机构

信用服务机构是指提供信息咨询和征信服务的机构，主要包括信息咨询公司、投资咨询公司、征信公司、信用评估机构等。除了专业的信用服务机构外，律师事务所、会计师事务所等机构也可以在一定程度上起到信用服务机构的作用。

良好的社会信用运行体系，有赖于信用服务机构和信用服务市场的培育和完善。2014 年国务院出台的《社会信用体系建设规划纲要（2014—2020 年）》指出，我国存在信用服务市场不发达、服务体系不成熟、服务行为不规范、服务机构公信力不足等问题。要求充分发挥市场和政府的双重作用，大力发展信用服务机构，培育信用服务市场。过去几年，随着我国市场经济不断朝着纵深方向发展，已经逐步形成了多样化的信用服务需求，信用服务机构已经在围绕信用市场的需求提供多元化的信用产品和信用服务，不断拓展服务范围和服务方式，逐渐构建精细化和专业化的信用服务体系。

3. 信用管理机构

信用管理机构主要是指对各种信用中介机构和信用服务机构实施管理的机构，可以分为政府设立的监管机构和行业自律型管理机构。政府设立的监管机构主要包括中央银行和其他专业监管机构。我国由政府设立的信用中介管理机构主要包括中国人民银行、中国银行保险监督管理委员会①（简称银保监会）、中国证券监督管理委员会（简称证监会），作为行政活动和政策制定的主体，它们在信用监督管理方面扮演着至关重要的作用。行业自律型管理机构主要有中国银行业协会、中国证券业协会、中国保险行业协会等，它们在制定本行业的行业标准，监督企业严格落实和遵循，以“口碑”来强化对行业内企业的监督方面，充当着不可或缺的角色。同时，各监管主体也在逐步运用金融科技发展的成果，运用大数据技术提升监管的效率并降低监管的成本。

党的十九大报告提出，要打造共建、共治、共享的社会治理格局。在社会信用管理监督领域，应鼓励政府、行业协会、专业信用服务机构和社会公众共同参与，形成监督合力。同时，还要辅之以诚信奖惩机制，落实守信激励和失信惩戒制度，形成监督机制和奖惩机制联动、耦合的有效制度体系。

2020 年以来，多个中央文件明确提出了要推动社会信用方面的法律建设。如在《中共中央、国务院关于新时代加快完善社会主义市场经济体制的意见》中提出，修订反垄断法，推动社会信用法律建设，维护公平竞争市场环境。在《国务院办公厅关于进一步完善失信约束制度构建诚信建设长效机制的指导意见》中提出，要着力加强信用法治建设。一方面，加快推动信用法律法规建设，加快研究推进社会信用方面法律法规的立法进程，理顺失信惩戒与行政管理措施的关系，

---

① 根据 2018 年 3 月召开的第十三届全国人民代表大会第一次会议批准的国务院机构改革方案，将原有的中国银行业监管管理委员会与中国保险监督管理委员会合并，设立中国银行保险监督管理委员会，作为国务院直属事业单位。

夯实法治基础。另一方面，要严格依法依规推动社会信用体系建设，依法依规严格规范信用信息采集、共享、公开范围，严格规范严重失信主体名单认定、失信惩戒和信用修复工作，确保社会信用体系建设各项工作在法治轨道运行。此外，在《法治社会建设实施纲要（2020—2025 年）》中也明确提出了要推动出台信用方面的法律。

（四）社会信用体系与社会征信系统

1. 社会信用体系

社会信用体系包括公共信用体系、企业信用体系和个人信用体系。三者共同作用，构成了完整的社会信用体系。

公共信用体系即政府信用体系。从社会信用体系的全局看，公共信用体系是影响社会全局的信用体系，也是建设好企业和个人信用体系的前提条件。公共信用体系建设的核心作用是规范政府的行为，避免各级政府朝令夕改、废债赖账等失信行为，提高政府行政和司法的公信力。

企业是市场经济活动的主体，企业信用体系是社会信用体系的重要组成部分。企业信用体系的建设可以约束企业的失信行为，促进企业间的公平竞争。企业信用体系建设的关键环节是企业信用数据库，它必须动态地记录企业在经济交往中的信用信息，为企业信用评估提供决策依据。

个人是市场经济活动的参与者，也是信用的提供者和接受方，个人信用体系自然也是社会信用体系的重要组成部分。政府和企业的信用状况，在一定程度上会受到人的因素影响，尤其是受相关政府部门或企业负责人的影响，因此在此意义上个人信用体系是作为社会信用体系的重要基础而存在的。个人信用体系从两个方面影响整个社会信用体系的运行：首先，是为向个人授信提供信用信息；其次，是通过公共部门和企业相关负责人的个人信息，为公共部门和企业的信用评估提供辅助信息。个人信用体系建设的关键环节是个人信用数据库，数据库的信息采集及营运模式与企业数据库基本相同，不同之处在于个人信用信息的采集和查询，会受到更多的法律保护。

2. 社会征信系统

征信一词源于《左传》“君子之言，信而有征，故怨远于其身”。征信是对信用进行评价的活动，是指通过对企事业单位或自然人的历史信用记录，以及构成其资质、品质的各要素、状态、行为等综合信息进行测算、分析、研究，借以判断其当前信用状态，判断其是否具有履行信用责任能力的评价估算活动。根据征信所涉及的对象不同，征信系统主要包括两大类：一是与以企业为主体的法人组织相关的企业征信系统；二是与公民个人的经济和社会活动相关的个人征信系统。

根据征信系统数据库的形成和使用过程，一个完整的社会征信系统通常包括以下五个子系统：

（1）信用档案系统。信用档案是指法人和自然人信用活动中信用状况的原始记录，它是整个征信系统的基础。信用档案系统中包括个人信用档案和企业信用档案。

（2）信用调查系统。信用调查是了解征信档案的事实真相，借以作为市场决策的重要参考依据。信用调查的内容主要包括贷款信用调查、融资信用调查、合资合作信用调查、贸易伙伴信用调查等几个方面。

（3）信用评估系统。信用评估是对企业、金融机构、社会组织和个人履行各类经济承诺的能力及可信程度的评价，主要是偿还债务的能力及其可偿债程度的综合评价，信用评估的结果通常采用特定的等级符号来表示。

（4）信用查询系统。信用查询系统是指在社会征信系统数据库建立起来后，可供商业机构和个人查询相关企业以及个人信用状况的系统。根据查询对象不同，可将信用查询体系分为个人信用查询系统和企业信用查询系统。信用查询系统可采取无偿自助、有偿档案两种方式查询。属于国家信息资源且可供查询的企业信用信息采取有偿档案查询，属政府部门监管的社会公共和政务范畴的企业信用信息可无偿自助查询。个人信用信息的使用一般采用有偿档案查询的方式。

（5）失信公示系统。失信公示系统是征信机构依法及时、客观地将有不良信用记录的个人和企业的名单以及对其处罚意见在某一范围内进行公布，让失信记录在特定范围内有效传播，以警示与其有联系的机构、企业或个人的系统。失信公示是对失信者的一种惩罚，它将征信服务与社会监督、法律制裁的作用有机地结合起来，形成合理的失信约束惩罚机制。有失信记录的个人和企业的各种活动将遇到极大的障碍，有些个人和企业可能被市场淘汰出局。公示的失信行为记录依照法律要保留多年，时间的长度由法律规定，从而使失信者在一定期限内付出惨痛代价。

进入 21 世纪以来，我国不断加强社会信用体系和征信系统建设。2003 年 9 月底，中国人民银行成立征信管理局，负责管理信贷征信业务。其中企业征信系统的开发，是在中国人民银行总行的直接领导下，对原有银行信贷登记咨询系统进行的升级改造。通过对信贷管理系统的改造，采集数据并自动生成上报文件，向中国人民银行总行的征信服务中心直接报送数据，扩充信息量，提高了数据上报的及时性和准确性。该系统主要从商业银行等金融机构采集企业的基本信息，在金融机构的借款、担保等信贷信息，以及企业主要的财务指标。金融机构在受理企业贷款申请时，需查询企业征信系统，了解借款企业的财务状况和信用状况。随着企业征信系统的建设和完善，其在帮助金融机构防范信用风险、提高商业银行信贷资产质量，促进信贷市场发展、扩大信贷范围、促进消费增长，加强金融监管和宏观调控，改善金融环境等方面的功能日益显现。

相对于企业征信系统的建设，我国个人征信系统的建设则相对滞后。截至 2016 年 3 月，中国人民银行金融信用信息基础数据库作为官方征信系统，有征信记录的自然人仅为 3. 9 亿，占全国总人口数不到 30%。随着个人金融业务的相对重要性不断提升，需要不断完善支持个人金融业务发展的个人征信系统。2015 年年初，中国人民银行印发《关于做好个人征信业务准备工作的通知》，同时点名要求 8 家机构做好个人征信业务准备工作。2018 年 2 月 22 日，有中国“信联”之称的百行征信有限公司的个人征信业务申请获得中国人民银行的许可证。百行征信有限公司的主要股东为中国互联网金融协会（持股 36%），以及此前中国人民银行点名要求做好个人征信业务准备工作的 8 家机构，即芝麻信用、腾讯征信、深圳前海征信中心、鹏元征信、中诚信征信、考拉征信、中智诚征信、北京华道征信（各自持股 8%）。百行征信有限公司的成立，旨在将央行征信中心未能覆盖到的、银行贷款以外的个人金融信用信息归纳统一在一个官方平台之内，从而实现个人借贷记录的共享，这对我国征信业发展具有极为重要的意义。同时，百行征信有限公司的横空出世，也意味着中国人民银行对此前民间征信机构的发展思路进行了调整。

本章小结

1. 信用包括两个不同的含义：道德范畴的信用是指诚信，经济范畴的信用是指借贷活动以及由此导致的债权债务关系。尽管二者所指的是完全不同的事情，但这两个范畴的信用却有着极密切的内在联系：没有诚信，借贷活动就不可能正常进行，而且能够在“承担并兑现义务”这一本源意义上找到经济范畴信用与道德范畴信用之间的内在联系。

2. 信用具有悠久的历史。高利贷是在资本主义产生以前，在自然经济中占主导地位的信用形式。高利贷具有利率极高的特点，而这是由当时借贷资金供求状况、资金供求双方的市场结构及其风险特性决定的。在资本主义产生以后，经济快速发展使得高利贷逐渐失去了存在的经济基础。但即使是在现代经济中，高利贷依然存在，这也反映出现代信用体系仍然无法充分满足社会信用的需要。

3. 信用与货币是两个不同的经济范畴，但是两者之间有着密切的联系。货币的出现使信用获得了更大的发展，信用也促进了货币形式和货币流通的发展。在信用货币制度下，信用和货币紧密地联系在一起，并产生了由货币和信用相互渗透而形成的新范畴——金融。

4. 现代经济中盈余和赤字的普遍存在，是导致信用关系无处不在的重要基础。五部门经济中盈余、赤字特性以及资金流动关系的分析，也使得对“现代经济是信用经济”的表述有了直观的认识。

5. 融资过程可分为有中介参与和无中介参与两大类。融资过程中无中介参与，资金最终使用者与最终提供者之间直接达成协议并建立信用关系的，属于直接融资的范畴。融资过程如有中介参与其中，则要看中介在融资过程中所扮演的角色。如果中介仅仅是牵线搭桥并提供相关的服务，并不具有债权人和债务人的双重身份，仍然是由资金最终提供方（盈余方）和资金最终使用方（赤字方）之间直接建立债权债务关系，则依然属于直接融资。只有当中介在融资过程中具有债务人和债权人的双重身份时，才将其列入间接融资的范畴。此外，人们还将融资过程中“是否必须发生金融工具的替换”作为区分直接融资和间接融资的重要依据。

6. 根据信用活动的主体，信用可以区分为商业信用、银行信用、国家信用、消费信用和国际信用五种主要的形式。

7. 商业信用的出现虽然先于银行信用，但其局限性使其难以满足资本主义社会化大生产的需要。银行信用在其资金提供规模、资金流向和范围、借贷期限三个方面克服了商业信用的局限性，因而也就成为现代经济中最基本的、占主导地位的信用形式。尽管如此，银行信用的发展却不会排斥商业信用，恰恰相反，银行信用通常与商业信用有着极密切的联系，它是在商业信用的基础上产生和发展起来的。

8. 国家信用主要表现为政府作为债务人而形成的负债。在政府履行经济职能的过程中，当财政收入无法满足财政支出的需要时，就需要借助政府信用来筹集资金，特别是当政府通过财政政策干预经济时，它通常会主动利用政府信用筹集资金，以增强政府干预经济的力量。

9. 消费信用又称消费者信用，是工商企业、银行和其他金融机构提供给消费者用于消费支出的一种信用形式。消费信用作为现代经济中的一种重要的信用形式，对宏观经济调节、个人生命周期内的财务规划和安排，都发挥着重要的作用，但与此同时，对消费信用的不当利用也会带来诸多问题。

10. 国际信用是指一切跨国的借贷关系和借贷活动。国际信用体现的是国与国之间的债权和债务关系，直接表现为资本在国与国之间的流动，是国际经济联系的一个重要方面。对债权国来说，国际信用意味着资本的流出；而对债务国而言，国际信用则意味着资本的流入。在全球经济严重失衡的背景下，国际收支顺差国的对外净债权规模不断积累和扩大是当前国际信用的典型特征。

11. 市场经济是以自由缔约和自由交易为基础的经济。在交易过程中，信用活动如影随形，并成为市场经济的重要组成部分。信用活动在充当经济交易媒介、促进资金合理有序流动、推动经济增长和社会发展等方面有着极其重要的作用，并成为发展市场经济的基础性要素。在现代经济中，信用秩序的好坏不仅影响市场运行的成本，而且会直接对市场空间拓展产生重要影响。

12. 在信用体系构建的过程中，基础性的制度保障有三项：道德规范仍然是信用体系构建的重要基础；高效快捷的社会征信系统，是防止同一主体多次出现失信行为的利器；法律规范对失信行为的严厉制裁，是完备信用体系的终极制度保障。

重要术语

信用	实物借贷	货币借贷	高利贷	直接融资
间接融资	信用风险商业信用	商业票据	背书	银行信用
国家信用	国库券	国库票据国库债券	市政债券	政府担保债券
消费信用	国际信用	买方信贷卖方信贷	国外直接投资	信用秩序
信用制度	信用机构	社会征信系统		

☞ 术语解释请扫描封底增值服务码→名词术语。

思考题

1. 试列举生活中遇到的信用形式和信用问题。
2. 信用产生和发展与私有制之间存在何种联系？
3. 如何理解道德范畴的信用与经济范畴的信用之间的关系？
4. 试分析货币借贷成为主要信用形式的内在原因和动力。
5. 试对高利贷之所以具有高利率特征进行分析。高利贷发展对现代信用的发展有何启示？如何看待我国民间信用发展中的高利率现象？
6. 结合实际案例，谈一谈信用对你、你的家庭及你的朋友的生活的作用与影响。
7. 简要分析五部门经济中的资金流动关系。谈一谈你对“现代经济是信用经济”这一说法的理解。
8. 如何准确区分直接融资和间接融资？请指出几种典型的直接融资和间接融资形式。
9. 结合 2008 年国际金融危机，谈谈你对现代经济中的系统性信用风险的看法。
10. 试分析 2018 年以来我国企业债券集中违约与杠杆率上升之间的关系。
11. 谈谈商业信用和银行信用之间的关系。
12. 试分析国家信用在现代经济发展中的作用。如何看待许多国家政府事实上已经形成的“债台高筑”局面？
13. 如何看待消费信用的正面效应和负面影响？
14. 结合当前我国国际信用的特征，谈一谈我国应该如何有效利用和开发国际信用。
15. 结合我国现实，谈一谈信用秩序与市场经济发展的关系。
16. 结合我国现实，谈一谈我国应如何建立和健全信用体系。
17. 结合我国社会征信体系发展的现状，思考我国社会征信体系的建设。

☞ 更多思考练习请扫描封底增值服务码→习题作业、例题及综合测试。

讨论题

讨论主题：信用卡改变生活

讨论素材：《信用卡走进大学校园——是喜是忧》

思考讨论：

1. 信用卡对我们的生活产生了哪些改变？
2. 你认为信用卡走进大学校园是利大于弊，还是弊大于利？

相关讨论素材请扫描封底拓展资源码→教学案例。

延伸阅读

1. 曾康霖，王长庚. 信用论. 北京：中国金融出版社，1993.
2. 国家外汇管理局. 外汇管理与社会信用体系建设. 北京：中国经济出版社，2006.
3. 何建华. 市场秩序：从人伦信用到契约信用. 杭州：浙江大学出版社，2008.
4. 李曙光. 个人信用评估研究. 北京：中国金融出版社，2008.
5. 张维迎. 产权、政府与信誉. 北京：三联书店，2001.
6. 李建军. 中国地下金融调查. 上海：上海人民出版社，2006.

更多资源请扫描封底拓展资源码→文献目录。

即测即评

请扫码答题，检测本章学习效果。

第5章 货币的时间价值与利率

本章导读

1年前你的朋友向你借了1 000元钱，现在他还给你同样的数目，你可能会想，这钱已经和出借时的钱不一样了，至少用现在的1 000元买到的商品数量与1年前可买到的数量不同了。进而你又会想，即使不买东西，将钱存在银行，1年期定期储蓄存款利率是1.75%，朋友只还了本金，自己损失了17.5元的利息。这都是因为货币具有时间价值，使得在涉及资金和资源跨期配置的金融领域，利息和利率成为一对非常重要的基础性概念。也正是因为货币具有时间价值，使得不同时点的货币量不能简单比较。为解决不同时点的货币金额相互比较和加减的问题，引入了贴现的概念以及贴现现金流分析方法，并在此思想指导下进行项目分析和投资决策。按照不同标准对利率进行分类，可以直观认识利率体系的复杂性和多样性，也为分析利率的风险结构和期限结构作了必要的知识准备。利率和收益率概念的差异，决定了二者在价值评估和投资决策中功能的差异。通过学习利率决定理论，可以全面系统地认识一国利率水平的决定和影响因素，为现实中对利率走势的分析判断提供了理论基础。利率作为重要的经济杠杆，对一国经济的宏观层面和微观层面都具有极为重要的影响，它是联结各利益主体的关节点。通过本章学习，可以了解货币的时间价值和利息，掌握利率发挥作用的基本条件和相应的经济制度环境。

第一节　货币的时间价值与利息

一、货币的时间价值

经济范畴的信用是指以还本付息为条件的借贷活动。在现代信用活动中，货币几乎成了唯一的载体，以货币的形态借出一定金额的本金，然后在约定时间内以货币的形态收回本金和利息。而在借贷本金相同的情况下，借贷的时间越长，所需支付的利息一般也越多。也就是说，在信用活动中时间长短成了影响利息多少的一个重要因素，亦即贷出的货币是具有时间价值的。

（一）货币的时间价值——概念界定

在现实生活中，现在的 1 元钱比 1 年后的 1 元钱更有价值，因为可以把现在拥有的 1 元钱存进银行，1 年后从银行取出的货币总额将大于 1 元，两者的差额就是通常所说的利息。对这种现象，金融理论用“货币的时间价值”进行概括。所谓**货币的时间价值**（Time Value of Money），就是指同等金额的货币其现在的价值要大于未来的价值。利息是货币时间价值的体现。

那么，货币为什么具有时间价值呢？西方经济学对此的解释是：就当前消费与未来消费来说，人们更加偏好当前消费，如果货币的所有者要将其持有的货币进行投资或借予他人进行投资，他就必须牺牲当前的消费，对此，他会要求对其当前消费的推迟给予一定的补偿，补偿金额的多少与当前消费推迟的时间长短同向变动。因此，货币的时间价值来源于对当前消费推迟的时间补偿。

货币的时间价值使人们对货币产生了一种神秘感，似乎货币可以自行升值，带来利息收入。其实不然，这涉及利息的来源问题。

马克思对利息的来源有过经典的阐述：“贷出者和借入者双方都是把同一货币额作为资本支出的。但它只有在后者手中才执行资本的职能。同一货币额作为资本对两个人来说取得了双重的存在，这并不会使利润增加一倍。它所以能对双方都作为资本执行职能，只是由于利润的分割。其中归贷出者的部分叫做利息。”① 由此可见，利息来源于再生产过程，是生产者使用借入资金发挥营运职能而形成的利润的一部分。

（二）货币时间价值的体现——利息与利率

利息（Interest）是借贷关系中资金借入方支付给资金贷出方的报酬。正是因为货币具有时间价值，所以在未来一段时间之后进行偿还时，需要在本金之外附加一定数额的利息，这样利息也就成了货币时间价值的具体体现。

由于本金数量和借贷时间的长短都会对利息总额产生重要影响，这就使得我们无法通过简单地比较利息额来衡量货币时间价值的高低，在对不同信用活动中的货币时间价值进行比较时，我们需要剔除本金数量多少和借贷时间长短差异对其产生的影响。由此，我们需要引入另一个衡量货币时间价值的概念——利率。**利率**（Interest Rate）是利息率的简称，它是指一定时期内的利息总额与贷出本金总额的比率。由于利息率能够剔除本金数额多少以及借贷期限长短差异对利息总额的影响，亦即给出了单位时间内单位货币的时间价值，所以相对于利息而言，利率是一个衡量货币时间价值的更好指标，它使得各项信用活动中货币时间价值的高低变得可以相互比较。

（三）与货币时间价值相关的术语

在货币时间价值的计算中，通常会涉及以下几个关键的术语：**现值**（Present Value，PV），即

---

① 马克思，恩格斯．马克思恩格斯文集：第 7 卷．北京：人民出版社，2009：395-396。

当前的价值；终值（Final Value，FV），即未来某个时间点的价值；时间区间 t，即表示终值和现值之间的时间区间；利率 r，即单位时间内单位货币的时间价值。一般来说，所有金融工具的定价问题都与 PV、FV、t、r 这四个变量密切相关，如果确定了其中任何三个变量，就能够得出第四个变量，而在具体计算的过程中，通常需要借助如图 5-1 所示的现值—终值图以使问题变得更加直观、简便。对于该图的使用，将在后面对利率相关问题的计算中作详细说明。

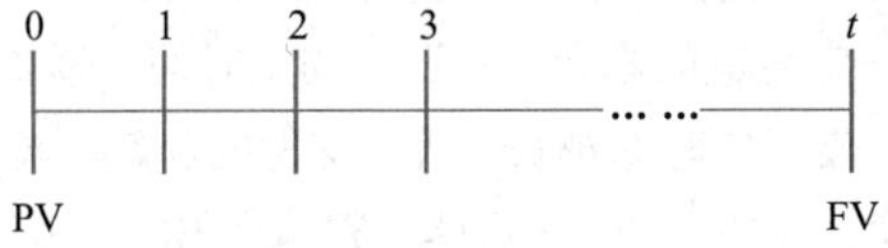

图 5-1 现值—终值（时间轴与四大变量）

二、利息的实质

西方经济学对利息实质问题的分析散见于各个不同的利率理论之中，概括起来可以区分为非货币性因素和货币性因素两个不同的分析视角。①

（一）关于利息实质的不同观点

1. 从非货币因素对利息实质的考察

古典学派以利息产生于借贷资本为基础，从影响储蓄和投资的实际因素来考察利息的来源。这方面的代表性观点有庞巴维克的时差利息论、西尼尔的节欲论和马歇尔的等待论等。庞巴维克认为一切利息都来源于同种和同量物品价值上的差别，而这种差别又是由二者在时间上的差别造成的。资本生产的费时性决定了现在物品与未来物品的差额，利息在实质上即来源于这种差额。西尼尔最早提出节欲论，认为利息和利润都是对资本所有者"节欲"的报酬。马歇尔的等待论第一次将利息与利润区分开来，把利息定义为纯息，利润定义为毛利息，认为资本是一种生财之源，资本出借及其形成的资本的等待都是一种牺牲，因此利息是节欲和等待的报酬，而作为毛利息的利润则不具有这种特质。

2. 从货币因素对利息实质的考察

20 世纪以来，随着西方国家经济货币化程度的加深，经济学家们越来越关注货币性因素，凯恩斯的流动性偏好利息论颇具代表性。凯恩斯把利息定义为对人们放弃货币流动性的报酬。他认为人们得到货币收入后要作两种选择：一是对时间偏好的选择，即在既定收入下对现期消费和未来消费的分配；二是对灵活偏好的选择，指在既定收入下对持有货币与债券的选择。② 凯恩斯认为与债券相比，货币具有最小的风险和最大的流动性，为社会普遍接受，可随时转化为商品。因此人们在选择持有财富的形式时，会对货币的流动性有一种特殊的偏好。而持有债券就意味着要放弃货币的流动性，因此而得到的报酬就是利息，我们可将其理解为对人们在一定时期内放弃货币流动性的一种补偿。

（二）现代金融学关于利息的基本观点

现代金融学的研究更加侧重于对利息补偿的构成以及对利率影响因素的分析。其基本观点就是将利息看作投资者让渡资本使用权而索取的补偿或报酬，这种补偿一般包括两个部分，即对放弃投资于无风险资产机会成本的补偿和对风险的补偿。对于投资者而言，他至少可以投资国债这

---

① 王广谦. 20 世纪西方货币金融理论研究：进展与述评. 北京：经济科学出版社，2003：91-92。

② 在凯恩斯那里，货币是现金的概念，是不带来收益的金融资产，而债券则是指所有能带来收益的金融资产。

一几乎没有风险的资产。如果投资于其他有风险的资产，首先意味着必须放弃持有国债带来的利息收入，即无风险收益，因此需要对这部分损失（即放弃投资于无风险资产的机会成本）进行补偿，该补偿即为用国债利率表示的**无风险利率**（Risk-Free Interest Rate）。而且由于持有该风险资产相对于持有国债而言具有更高的风险，还需要根据该风险资产的风险高低对其进行风险补偿，这部分补偿称为**风险溢价**（Risk Premium）。因此，风险资产的收益率等于无风险利率和风险溢价相加之和。

原理5-1

风险资产的收益率等于无风险利率加上风险溢价。

这一原理，已经成为现代金融资产定价的依据和基础。在第 6 章关于金融资产定价的讨论中，这一思想得到了充分的体现。

需要说明的是，关于利息实质的界定，尽管在 20 世纪的利率理论中并不是研究的重点，但在利率决定理论、利率作用以及利率政策理论的探讨中，则是直接运用了人们对利息本质的这些观点和认识。

三、利息与收益的一般形态

（一）利息转化为收益的一般形态

利息是资金所有者由于借出资金而取得的报酬，它成为资金所有者放弃该笔资金使用权而获得的收益。显然，利息的产生是与借贷活动密切相关的，没有借贷，就没有利息。

但在现实生活中，利息通常被人们看作收益的一般形态：无论贷出资金与否，利息都被看作资金所有者理所当然的收入——可能取得或将会取得的收入；与此相对应，无论借入资金与否，生产经营者即便是使用自有的资金，也总是把自己的利润分成利息与企业收入两部分，似乎只有扣除利息后剩余的利润才是经营所得。于是，利息就成了一个衡量是否值得投资的尺度：如果利润总额与投资额之比低于利息率，则根本不应该投资；如果扣除利息，所余利润与投资额之比甚低，则说明经营效益不高。

利息之所以能够转化为收益的一般形态，是因为货币可以提供利息的观念由来已久，并已经成为一种被人们普遍接受的传统看法。以至于无论货币是否被用于借贷，是否被当作资本来使用，人们都丝毫不会怀疑其产生收益的能力。因此，本来以借贷为前提，源于产业利润的利息，逐渐被人们从借贷和生产活动中抽象出来，被赋予了与借贷、生产活动无关的特性，而将利息直接与资本的所有权联系起来，认为利息是资本所有权的必然产物，人们可以凭借资本所有权而获得收益，这样，利息也就转化为收益的一般形态。

（二）收益资本化规律及其应用

利息转化为收益的一般形态，其主要作用在于导致了收益的资本化。如果一笔资本，不论其是否借贷出去，是否参与生产活动并创造利润，都可以计算该笔资本应得的利息，亦即它所产生的收益。反过来看，各种能够产生收益的事物，不论它是否是一笔贷放出去的货币资金，甚至也不论它是否为一笔资本，我们都可以通过收益与市场利率的对比，倒算出它相当于多大的一笔资本金额。这便是现实经济生活中我们会经常用到的**收益的资本化**（Capitalization of Return）。

原理5-2

利息转化为收益的一般形态导致了收益的资本化，各种有收益的事物都可以通过收益与利率的对比进行资本定价。

小贴士5-1

收益资本化规律的应用

收益资本化规律使得有些本来不是资本的东西（如技术、专利等）也可因此被视为资本，并可取得相应的价格；有些本身并不存在某种内在规律来决定其相当于多大资本的事物，也可以取得一定的资本价格。例如，土地本身不是劳动产品，不具备决定其价值的内在根据，难以根据土地与货币价值的对比来确定其价格。但在土地可以获得收益的情况下，完全可以根据其收益与市场利率的对比来确定其市场价格。比如一块土地的年平均收益为5 000元/亩①，在年利率为5%的情况下，其市场价格大致为10万元/亩。当利率不变时，土地的预期收益越大，其市场价格将会越高；而当预期收益不变时，市场均衡利率越高，土地的价格将会越低。这也表明收益资本化规律在市场化的土地价格形成过程中扮演着重要的角色。同样的道理，股票、人力资本、技术、专利的定价，都是基于收益资本化规律起作用的考虑。

收益的资本化是从本金、收益、利息率之间的关系中套算出来的。一般来说，收益是本金与利率的乘积，可用公式表示为：

$$B=P\cdot r \tag{5-1}$$

其中，B代表年收益；P代表本金；r代表年利率。同样，在已知B与r时，可求出P：

$$P=\frac{B}{r} \tag{5-2}$$

例如，在已知一笔贷款每年的利息收益是50元，市场年平均利率是5%的情况下，可求得本金为：

$$P=\frac{B}{r}=\frac{50}{0.05}=1\ 000\text{（元）}$$

收益资本化是商品经济中普遍存在的一个规律，只要利息成为收益的一般形态，这个规律就会起作用。在我国市场经济发展过程中，这一规律正日益显示出其重要作用。比如，在土地的使用权买卖和长期租用、相对工资体系的调整、住房价格的确定、有价证券的买卖活动以及技术转让、专利买卖等活动中，收益资本化规律都在相关价格形成中起着重要作用。随着我国市场经济的进一步发展，收益资本化规律的作用会不断扩大和深化。

① 1亩≈666.7平方米。

需要说明的是，收益资本化规律在市场价格形成过程中具有重要的作用，但这并不意味着现实的市场价格不会偏离按照收益资本化规律所确定的内在价格。由于市场结构、过度投机以及其他非市场化因素的影响，市场价格完全可能在短期内偏离，甚至严重偏离其内在价格。但从长期角度看，市场价格对内在价格的偏离程度越严重，其向内在价格回归的动力也就越强。

四、金融交易与货币的时间价值

本节第一部分介绍了与货币时间价值相关的术语，解释了货币时间价值计算中的四个关键变量，即现值 PV、终值 FV、时间区间 t 和利率 r。由于在金融交易以及金融产品的定价过程中，始终会涉及这四个关键变量以及相关的计算问题，需要在这里结合图 5-1 进行较为深入的分析。下面先比较两种计算利息的方法，然后运用案例分析单期终值和现值以及多期终值和现值的计算方法，并在此基础上引出贴现和贴现率的问题。

（一）利息的计算：单利和复利

如前所述，利率是借贷期满的利息总额与贷出本金总额的比率。利息的计算有两种基本方法，即单利法和复利法。

1. 单利法

单利法是指在计算利息额时，只按本金计算利息，而不将利息额加入本金进行重复计算的方法。其计算公式为：

$$I=P\cdot r\cdot n \tag{5-3}$$

$$S=P(1+r\cdot n) \tag{5-4}$$

其中，I 代表利息额；P 代表本金；n 代表借贷期限；S 代表本金和利息之和，简称本利和。

案例5-1

A 银行向 B 企业发放了一笔金额为 100 万元、期限为 5 年、年利率为 10%的贷款，如果按照单利计息的话，则到期后 B 企业应该向 A 银行偿还的利息与本利和分别为 50 万元和 150 万元。具体计算过程如下：

$$I=P\cdot r\cdot n=100\times 10\%\times 5=50\ (\text{万元})$$

$$S=P(1+r\cdot n)=100(1+10\%\times 5)=150\ (\text{万元})$$

2. 复利法

复利法与单利法相对应，是指将按本金计算出来的利息额在下期再计入本金，重新计算利息的方法。其计算公式如下：

$$I=P[(1+r)^n-1] \tag{5-5}$$

$$S=P(1+r)^n \tag{5-6}$$

在案例 5-1 中，若其他条件不变，则按复利计算的到期日应付利息额与本利和分别为 61.051 万元和 161.051 万元。具体计算过程如下：

$$I=P[(1+r)^n-1]=100[(1+10\%)^5-1]=61.051\ (\text{万元})$$

$$S=P(1+r)^n=100(1+10\%)^5=161.051\text{（万元）}$$

将案例 5-1 按照单利和复利分别计算利息的过程及其结果进行比较，可以得出这样的结论：以单利计算，程序相对简便，借款人的利息负担较轻，资金出让方的利益会受到一定损失；以复利计算，程序则相对复杂，借款人的利息负担较重，但资金出让方的利益会得到较好的保护。

3. 复利更能反映利息的本质特征

就本质而言，复利和单利仅仅是利息计算方式的不同而已。只要承认利息的合理性，就等同于承认资本可以依据其所有权获得一部分增加值，从而取得一部分社会产品的分配权，进而认可复利的合理性。因为认可利息，也就等于认可了可以凭借资本所有权获得额外的报酬，最初凭借本金而获得的利息也就应该享有与本金同样的进一步获得额外报酬①的权利。

在生活中微观主体的自利选择，也会使得复利成为事实上的计息方法。譬如规定按单利计息时，存款人可以选择在每期期末将利息取出，然后再将其存入银行，等于事实上享受了复利的待遇。此外，就提高资金使用效率的角度看，复利也是更为合理的计息方法，由于资金使用者不能无偿使用上期产生的利息，将促进其尽量去合理地利用资金。

（二）单期终值和现值

在只有一个计息周期（即单期）的情况下，已知现值求终值，其计算公式如下，图示见图 5-2（a）。

$$FV=C_0(1+r)=PV(1+r) \tag{5-7}$$

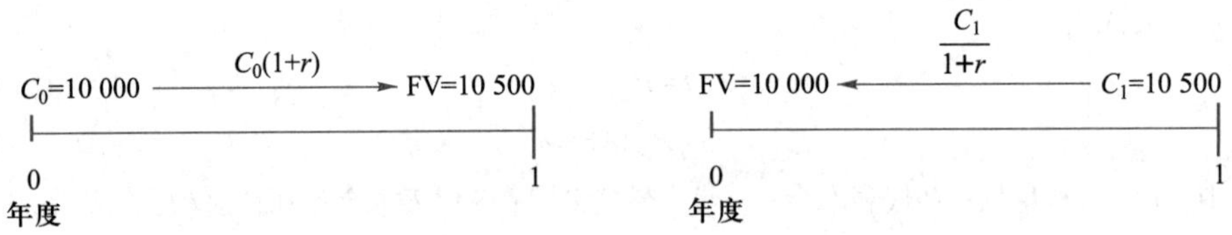

(a) 单期由现值求终值　　(b) 单期由终值求现值

图 5-2　单期终值和现值

案例5-2

假设年利率为 5%，张三拿出 10 000 元进行投资，一年后他将得到 10 500 元。即有：10 500 = 10 000（1+5%）。

在该案例中，第 0 期的现金流 C_0（亦即现值 PV）为 10 000 元，投资结束时获得的现金流 C_1（亦即终值 FV）为 10 500 元，利率 r 为 5%，时间区间为 1 年。

已知终值求现值，其计算公式如下，图示见图 5-2（b）。

$$PV=\frac{C_1}{1+r}=\frac{FV}{1+r} \tag{5-8}$$

（三）多期终值和现值

在有多个计息周期（即多期）的情况下，已知现值求终值，其计算公式如下，图示见图

① 即通过上期的利息所得进一步获得利息，就是复利。

5-3（a）。

$$FV = C_0(1+r)^t = PV(1+r)^t \tag{5-9}$$

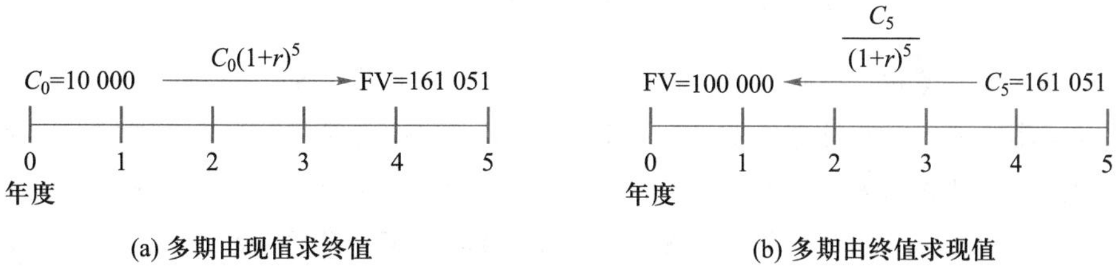

图 5-3　多期终值和现值

这里将（$1+r$）^{t} 称为终值复利因子，它是指 1 元钱在投资收益率为 r 的情况下投资 t 年后的终值。

案例5-3

王五以面值价格投资 10 万元购买了期限为 5 年，年利率为 10%，复利计息到期一次还本付息的公司债券，则到期后王五将获得的本利和为 161 051 元。

在本案例中，第 0 期的现金流 C_0（亦即现值 PV）为 10 万元，投资结束时获得的现金流 C_t（亦即终值 FV）为 161 051 元，利率 r 为 10%，时间区间为 5 年。

已知终值求现值，其计算公式如下，图示见图 5-3（b）。

$$PV = \frac{C_t}{(1+r)^t} = \frac{FV}{(1+r)^t} \tag{5-10}$$

这里将 $\frac{1}{(1+r)^t}$ 称为现值复利因子，亦称贴现因子，它是指 t 年后的 1 元钱在投资收益率为 r 时的现值。

（四）贴现与贴现率

前面的分析表明，计算终值其实是解决这样的问题："假如你现在有 10 000 元，以每年 10%的利率计算，5 年后你将有多少钱?"

而当求现值时，则是要解决这样的问题："如果 5 年后你需要为孩子准备 5 万元上大学的教育费用，在年投资收益率为 6%的情况下，你现在需要投资多少钱?"

通常将计算现值的过程称为贴现（Discount），也称其为现金流贴现分析（Discounted Cash Flow Analysis）。计算现值时所使用的利率，通常称为贴现率（Discount Rate）。从以上计算现值的公式可知，在其他条件相同的情况下，现值的大小与贴现率负相关：贴现率越大，现值越小；贴现率越小，现值越大。

知识链接5-1

投资决策中的现金流贴现分析

现金流贴现分析是投资决策中一个必不可少的重要分析方法。净现值（Net Present Value，NPV）方法是运用最广泛、适用性最强的一种投资决策方法。NPV方法的核心思想是只能接受未来现金流的现值大于初始投资额的项目。该方法的关键问题是需要解决各个不同时点现金流的可比性问题，而现值法可以有效解决这一问题，已知未来某一时点的现金流、现金流发生的时间、贴现率的情况下，就可以得到该现金流的现值。因此NPV方法可以详细表述为：

NPV等于所有未来流入现金的现值减去现在和未来流出现金的现值后的差额。如果一个项目的NPV是正数，就采纳它；如果一个项目的NPV是负数，就不采纳。

为什么要使用NPV作为投资项目评估的标准呢？这是因为接受NPV为正值的项目符合投资人的利益和投资目标，这样的项目会为投资人带来正的投资收益，而且NPV越大，投资项目的绝对收益通常也就越高。

案例5-4

某投资项目A的初始投资为900万元，项目要求的投资收益率为10%，该项目每个年度的现金流入和流出情况如表5-1所示，试分析该项目是否值得投资。

表5-1 投资项目A各年度的现金流入和流出情况

单位：万元

年度	收入	支出
1	1 100	600
2	1 900	1 200
3	2 800	3 300
4	1 800	600

该项目的资金流如图5-4所示。

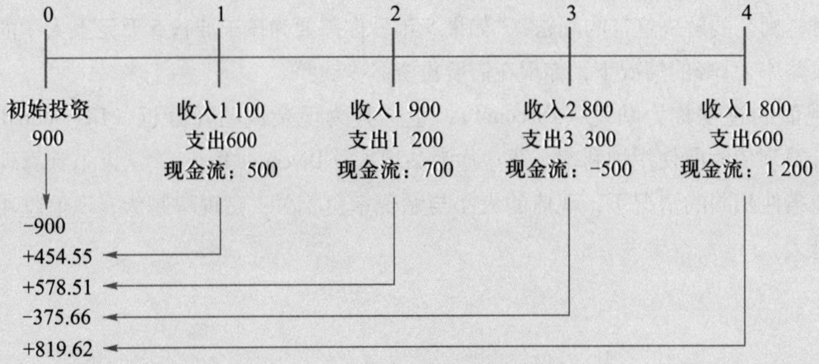

图5-4 项目A的现金流及净现值

该项目的净现值为：

$$
\begin{aligned}
NPV &= PV_0(CFs) - C_0 \\
&= \sum_{i=1}^{4} \frac{C_i}{(1+r)^i} - C_0 \\
&= \frac{500}{1.1} + \frac{700}{1.1^2} + \frac{-500}{1.1^3} + \frac{1\ 200}{1.1^4} - 900 \\
&= 577.02 > 0
\end{aligned}
$$

由于项目 A 的 NPV>0，所以投资人应该采纳该项目。

第二节　利率分类及其与收益率的关系

如前所述，利率可以简单定义为是一定时期内的利息总额与贷出本金总额的比率。但利率作为一个体系，极其庞杂。根据分析问题的需要，可以按照不同的标准将利率划分为不同的种类。

一、利率的分类

（一）按计息时间，分为年利率、月利率和日利率

年利率（Annual Interest Rate）是以年为单位来计算利息的。

月利率（Monthly Interest Rate）是以月为单位来计算利息的。

日利率（Daily Interest Rate）则是以日为单位来计算利息的。

通常，年利率以本金的百分之几表示，月利率以本金的千分之几表示，日利率按本金的万分之几表示。三者之间可以按时间换算。例如，对于同样一笔贷款，年利率为 7.2%，也可以用月利率 6‰或者日利率 2‱（每月按照 30 天计）来表示。

中国传统上还喜欢用“厘”作单位，年息 1 厘是指年利率为 1%，月息 1 厘是指月利率为 1‰，日拆 1 厘则是指日利率为 1‱。在民间，被经常使用的利率单位还有“分”，分为厘的 10 倍，如月息 3 分是指月利率为 30‰（即 3%）。在西方国家，习惯上以年利率作为表示利率的主要方式。中国曾以月利率为主，但随着国际化程度的推进，目前越来越多地采纳了以年利率作为标示利率的方法。

（二）按照决定方式，分为市场利率、官定利率和公定利率

市场利率（Market Interest Rate）是按照市场规律自发变动的利率，即由借贷资本的供求关系决定并由借贷双方自由议定的利率。

官定利率（Official Interest Rate）是一国货币管理部门或者中央银行所规定的利率。该利率规定对所有金融机构都具有法律上的强制约束。

公定利率（Trade-regulated Interest Rate）是由非政府部门的民间组织，如银行公会、行业协会等，为了维护公平竞争所确定的属于行业自律性质的利率，故亦可称为行业利率。这种利率对行业成员尽管不具有法律上的约束力，但作为行业成员的金融机构一般都会遵照执行。

一般来说，无论是官定利率还是公定利率，通常都只是规定利率的上限或者下限，在上下限之间，则是由市场供求来对利率进行调节。

（三）按照借贷期限内是否浮动，分为固定利率与浮动利率

固定利率（Fixed Interest Rate）是指在整个借贷期限内，利息按照借贷双方事先约定的利率计算，而不是随市场资金供求状况所导致的利率变化进行调整。实行固定利率对于借贷双方准确计算成本与收益十分方便，适用于借贷期限较短或市场利率变化不大的情形。但在借贷期限较长、市场利率波动较大的情况下，则不宜采取固定利率。因为固定利率一经双方协定，就不能单方面变更。在此期间，通货膨胀和市场资金供求关系的变化使得借贷双方需要承担利率波动的风险。因此，在借贷期限较长、市场利率波动幅度较大且较频繁的情况下，借款协议通常会采取浮动利率的形式。

浮动利率（Floating Interest Rate）是指在借贷期限内根据市场利率的变化定期进行调整的利率，多用于期限较长的借贷和国际金融市场上的借贷。在采取浮动利率计息的情况下，借贷利率通常会依据某一基准利率（如伦敦银行同业拆借利率）定期（通常为3~6个月）进行调整。这也使得浮动利率能够灵活反映市场资金的供求状况，更好地发挥利率的调节作用。与此同时，浮动利率可以定期进行调整，有利于降低利率波动风险，从而克服了固定利率的缺陷。但浮动利率变化不定，会使得借贷成本的计算和核定相对复杂。

需要说明的是，在实行利率管制的国家，当局允许以官定利率为基准在规定的范围内上下浮动，通常也叫浮动利率，但实际上这是指官定利率的浮动区间，与国际上通用的浮动利率是有区别的。

（四）按是否考虑币值变化分为，实际利率与名义利率

在借贷过程中，借贷双方需要承担因币值变化导致物价变动的风险，物价水平上涨则债权人面临损失；物价水平下降则债务人的债务负担会增加。实际利率和名义利率的划分，正是从这一角度来加以考虑的。

实际利率（Real Interest Rate）是指物价水平不变从而货币的实际购买力不变时的利率。

名义利率（Nominal Interest Rate）是指包括物价变动（包括通货膨胀和通货紧缩）因素的利率。

用名义利率减去物价变动率就可以得到实际利率，即有：

$$i=r-p \tag{5-11}$$

其中，i 为实际利率；r 为名义利率；p 为物价变动率。p 可以为正，也可以为负，视物价水平是上涨还是下跌而定。①

在市场上，只要存在物价水平的变动，所见到的各种利率就都是名义利率，实际利率不易直接观察到，需要进行计算后才能得到。但对经济产生实质性影响的，是不易观察到的实际利率。在物价水平变动成为一种常态的背景下，划分名义利率和实际利率的意义，在于它为分析利率变动及其影响提供了可靠的依据和行之有效的工具。在不同的实际利率状况下，借贷双方作为微观主体会有完全不同的行为模式，从而会对资金的流动以及消费和投资决策产生重要影响。一般来

① 以上实际利率的计算公式，仅仅考虑了借贷本金受物价变动的影响，如果还考虑物价变动对利息部分的影响，我们则可以得到实际利率 i、名义利率 r 和物价变动率 p 三者关系的精确公式：$1+r=(1+i)(1+p)$，$r=i+p+ip$，$i=\frac{r-p}{1+p}$，在物价变动率不大的情况下，ip 的数值将远小于 r 和 p 的数值，如将其忽略，则可得到公式（5-11）。

说，适度的正的实际利率有利于引导资金的合理有序流动，从而有利于资金和资源的优化配置，而为零乃至为负的实际利率都会导致资金和资源的错配，从而对经济成长造成危害。

图 5-5 给出了我国自 1979 年以来消费者物价指数（Consumer Price Index，CPI）和名义利率（一年期存贷款基准利率）的变化情况。通过名义利率和通货膨胀率的对比，大致可以看出我国存贷款实际利率的变化情况。由图 5-5 可以看出，在通货膨胀率比较高的年份，如 1988 年、1989 年、1993—1995 年以及 2008 年，存贷款的实际利率皆为负值，而在物价上涨率不高甚至出现物价下跌的年份，如 1998 年至 2002 年以及 2009 年，尽管名义利率水平并不高，但实际利率却并不低。

更多数据请扫描封底增值服务码→数据库。

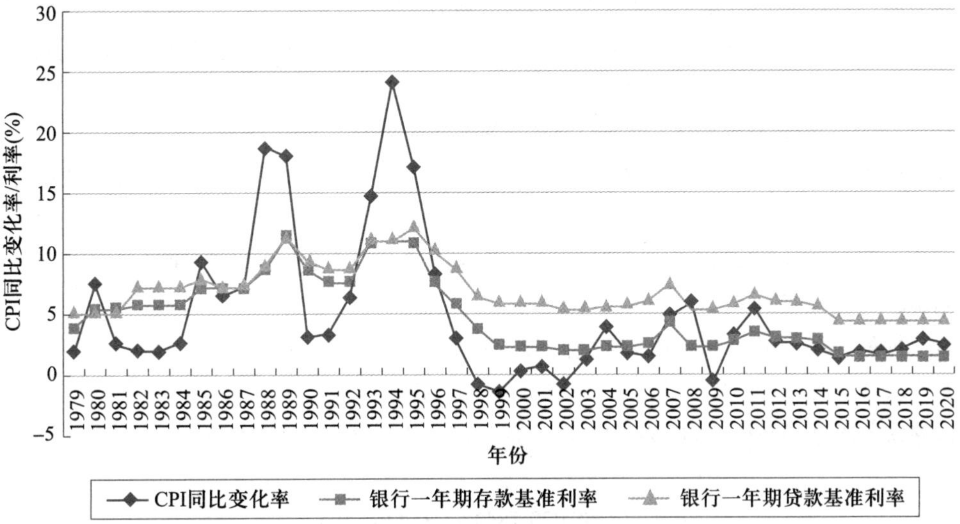

图 5-5　CPI 同比变化率与名义利率（1979—2020 年）

（五）按照利率的地位，分为基准利率与一般利率

基准利率（Benchmark Interest Rate）是在多种利率并存的条件下起决定作用的利率，其他利率会随其变动而发生相应变化。把握这一关键性利率的变动，有助于判断整个利率体系的变化趋势。

基准利率应该是一个市场化的利率，有广泛的市场参与性和代表性，能充分地反映市场供求并在整个利率体系中处于主导地位。在西方国家，基准利率通常是中央银行的再贴现利率以及商业银行和金融机构之间的同业拆借利率，如著名的伦敦银行同业拆借利率（LIBOR）和美国联邦基准利率等。但 2017 年，英国金融行为监管局（FCA）宣布，2021 年年底后将不再强制要求报价行报出 LIBOR。为应对 LIBOR 的退出，各主要发达经济体积极推进基准利率改革，选定的新基准利率多为无风险基准利率（RFRs），由各经济体独立发布，均为实际成交利率，且绝大多数由中央银行管理。例如，美国、英国、欧元区和日本分别选择了有担保隔夜融资利率（SOFR）、英镑隔夜平均指数（SONIA）、欧元短期利率（€ STR）和日元无担保隔夜拆借利率（TONA）。

我国的基准利率曾经是中国人民银行对商业银行及其他金融机构的存、贷款利率，又称法定利率。随着金融市场的发展，我国在 2007 年推出了货币市场基准利率——上海银行间同业拆放利率和基于实际交易的债券回购利率等基准利率，具有较好的基准性和公信力。目前中国的基准利率体系建设已取得重要进展，货币市场、债券市场、信贷市场等基本上都已培育了各自的指标性利率，存款类金融机构间的债券回购利率（DR）、国债收益率、贷款市场报价利率（LPR）等在相应金融市场中都发挥了重要的基准作用①。

一般利率（General Interest Rate）是相对于基准利率而言的，它是指金融机构在金融市场上形成的各种利率。一般利率通常参照基准利率而定。我国一般利率主要指商业银行对企业和个人的存、贷款利率和金融市场交易的利率。

（六）按照信用活动的期限长短，分为长期利率与短期利率

一般来说，一年期以内的信用活动称为短期信用，其适用的利率即为**短期利率**（Shortterm Interest Rate）；一年期以上的信用活动通常称为长期信用，其适用的利率即为**长期利率**（Longterm Interest Rate）。总的来说，基于对流动性和风险因素的考量，较长期限的利率水平一般要高于较短期限的利率水平。但在不同种类的信用活动之间，由于在借贷主体和借贷条件等方面存在差异，我们不能对利率水平的高低进行简单的对比。

（七）按照给定的不同期限，分为即期利率与远期利率

即期利率（Spot Interest Rate）是指对不同期限的金融工具以复利形式标示的利率，即在持有到期之前不支付利息、到期一次性还本付息时，按复利原则计算所适用的利率。如 1.50%、2.078 4%、2.677 8%，即为我国自 2015 年 10 月 24 日起实行的 1 年期、2 年期、3 年期定期存款按复利计息的即期利率。②

远期利率（Forward Interest Rate）是指隐含在给定即期利率中的从未来某一时点到另一时点的利率，即以未来某一时点作为起始点计息时所适用的利率。

以存款金额为 10 000 元的 2 年期定期存款为例，其即期利率为 2.078 4%，2 年到期的本利和为：

$$10\,000(1+0.020\,784)^2=10\,420.00\ （元）$$

2 年期存款的第一年，应该视为与存款 1 年期无差别，在理论上应该按照 1 年期定期存款计算利息，则第 1 年年末其本利和为：

$$10\,000(1+0.015)=10\,150.00\ （元）$$

如果存 1 年定期，则存款人在第 1 年年末拥有自由处置本利和的权利，假如他没有其他更好的投资方式可供选择，则可以再存 1 年定期，则到第 2 年年末的本利和为：

$$10\,150(1+0.015)=10\,302.25\ （元）$$

存 2 年期定期之所以可以多获得利息 117.75 元，就是因为放弃了在第 2 年期间对第 1 年末的本利和 10 150.00 元的自由处置权。也即 2 年期定期存款与 1 年期定期存款相比，其较高的收益是来自于第 2 年，如果认为二者在第 1 年的利率应该相同，则 2 年期定期存款第 2 年的利率应该为：

$$(10\,420.00\div10\,150.00-1)\times100\%=2.660\,1\%$$

2.660 1%即为第 2 年的远期利率。如果要计算第 3 年、第 4 年……第 n 年的远期利率，也可以采取同样的方法进行推算。如果用 f_i 代表第 i 年的远期利率，用 r_i 代表 i 年期的即期利率，则 n 年期的即期利率与各年的远期利率之间存在着如下的关系：

$$(1+r_n)^n=(1+r_{n-1})^{n-1}(1+f_n)=(1+r_1)\prod_{i=2}^{n}(1+f_i)=(1+r_1)(1+f_2)(1+f_3)\cdots(1+f_n) \qquad (5-12)$$

则第 n 年远期利率的计算公式为：

① 参见中国人民银行：《参与国际基准利率改革和健全中国基准利率体系》白皮书，2020 年 8 月 31 日发布。

② 自 2015 年 10 月 24 日以来我国实行的 1 年期、2 年期、3 年期定期存款按单利计息的利率分别为 1.50%、2.10%、2.75%，换算成复利计息的 1 年期、2 年期、3 年期定期存款的利率则分别为 1.50%、2.078 4%、2.677 8%。

$$f_n=\frac{(1+r_n)^n}{(1+r_{n-1})^{n-1}}-1 \tag{5-13}$$

由于第 n 年的远期利率是通过推算得到的，常称为隐含的远期利率。需要重点指出的是，远期利率与即期利率之间的关系以及上述计算公式，是理解本章稍后的利率期限结构及相关理论的重要基础。

二、利率与收益率

在涉及利率问题的分析中，通常还会遇到**收益率**（Yield）这一被广泛使用的概念。收益率或**回报率**（Returns）的概念常与利率并行使用，因为从本质上讲，收益率实质上就是利率，有的收益率直接表现为利率（如存款），在理论探讨和学术研究中，通常不对其加以区分。但在实际投资的过程中，由于利率被定义为一定时期内的利息与本金的比率，而真正能够准确衡量一定时期内投资人获得收益多少的指标则是收益率。收益率不仅受利息支付额和投资额的影响，而且会受到计息期间、利息支付周期以及投资标的市场价格变动等因素的影响，这也使得投资人的收益率与利率之间通常会存在差异。

（一）收益率的计算

对于任何持有证券的投资者而言，其收益率应该包括两个部分：其一，每年的利息收入与证券购买价格的比率，通常称为**当期收益率**。其二，由于证券价格变动所导致的收益或损失，称为**资本利得（损失）率**。比如，投资者在时间 t 和时间 $t+1$ 期间持有某债券，该债券支付的息票利息为 C，在时间 t 该债券的价格为 P_t，在时间 $t+1$ 该债券的价格为 P_{t+1}，则投资者投资该债券的收益率为：

$$RET=\frac{C+P_{t+1}-P_t}{P_t}=\frac{C}{P_t}+\frac{P_{t+1}-P_t}{P_t} \tag{5-14}$$

其中，第一部分 $\frac{C}{P_t}$ 表示该段时间内的利息相对于购进价格的比率，即当期收益率；第二部分 $\frac{P_{t+1}-P_t}{P_t}$ 表示该段时间内债券价格变动相对于购进价格的比率，即资本利得（损失）率。

案例5–5

某公司在期初以 96 元的市场价格购买了面值为 100 元、每年支付 8 元利息的企业债券，该公司在持有期内共得到了 8 元的利息支付，最后以 101 元的价格将该债券出售，试计算该段时间内债券的利率及该公司投资该债券的当期收益率、资本利得率和总收益率。

该债券的利率为利息与面值之比，即为 8%。投资的当期收益率为 $\frac{C}{P_t}=\frac{8}{96}=8.33\%$，资本利得率为 $\frac{P_{t+1}-P_t}{P_t}=\frac{101-96}{96}=5.21\%$，则总收益率为：$RET=\frac{C+P_{t+1}-P_t}{P_t}=\frac{C}{P_t}+\frac{P_{t+1}-P_t}{P_t}=13.54\%$。

通过比较可以知道，案例 5–6 中债券的利率为 8%，而总收益率为 13.54%，二者在数值上相差甚远。这也表明票面利率并不是一个表示投资者实际回报的好的指标。相比较而言，收益率指标更能够反映投资者的实际回报水平。尽管如此，以上的收益率计算公式只是考虑了持有该债券期间的总回报，并没有考虑持有债券的时间长短对收益率的影响，更没有考虑利息支付时点和债券出售时点到债券买入时点的时间间隔差异可能对收益率的影响。为了更加精确地计算和比较证券投资的实际收益率水平，我们需要引入到期收益率和持有期收益率的概念。

（二）到期收益率和持有期收益率

到期收益率（Yield-to-maturity）是衡量债券投资收益的最常用的指标，是在投资者购买债券并持有到期的前提下，未来各期利息收入、到期本金收入的现值之和等于债券购买价格的贴现率。到期收益率的计算公式为：

$$\sum_{i=1}^{T}\frac{C}{(1+y_{TM})^{i}}+\frac{FV}{(1+y_{TM})^{T}}-P=0 \tag{5-15}$$

其中，C 为该债券每年定期支付的利息；P 表示债券的购买价格；FV 为到期应该支付的面值；y_{TM} 表示该债券的到期收益率；T 表示该债券的到期年限。在已知 P、C、FV 和 T 的情况下，就可以运用财务计算器计算出该债券的到期年收益率 y_{TM}。

持有期收益率（Holding Period Return）是指现在买进某一证券，持有一段时间后，然后以某个价格卖出该证券，在整个持有期，该证券所提供的平均回报率。它是使投资者在持有证券期间获得的各个现金流的净现值等于 0 的贴现率。持有期收益率的计算公式为：

$$\sum_{i=1}^{t}\frac{C}{(1+y_{HP})^{i}}+\frac{P_t}{(1+y_{HP})^{t}}-P=0 \tag{5-16}$$

其中，P_t 为证券的出售价格；t 为持有债券的年限；y_{HP} 表示该债券的持有期收益率（其他符号的意义同到期收益率计算公式）。在已知 P、C、P_t 和 t 的情况下，就可以运用财务计算器计算出该债券的持有期年收益率 y_{HP}。

案例5-6

某债券面值为 1 000 元，息票利率为 6%，期限为 30 年，每半年付息一次，投资者以 1 050 元的价格购入该债券，如果投资者在持有 20 年之后以 1 060 元出售该债券，试计算其持有期的平均收益率。如果投资者持有该债券到期，则到期平均收益率是多少？

由于计算的时间间隔为半年，则有 $C=30$，在计算到期收益率时 $t=60$，每个计息周期（半年）的到期平均收益率为$\frac{y_{TM}}{2}$，在计算持有期收益率时 $t=40$，每个计息周期（半年）的持有期平均收益率为$\frac{y_{HP}}{2}$。根据以上给出的到期收益率和持有期收益率的计算公式可得：

$$\sum_{i=1}^{60}\frac{30}{\left(1+\frac{y_{TM}}{2}\right)^{i}}+\frac{1\ 000}{\left(1+\frac{y_{TM}}{2}\right)^{60}}-1\ 050=0$$

$$\sum_{i=1}^{40}\frac{30}{\left(1+\frac{y_{HP}}{2}\right)^{i}}+\frac{1\ 060}{\left(1+\frac{y_{HP}}{2}\right)^{40}}-1\ 050=0$$

用财务计算器计算可得：$y_{TM}=5.652\%$，$y_{HP}=5.740\%$。

第三节　利率的决定及其影响因素

在现代经济中，由于资金的流动支配着实物资源的流动，利率作为货币资金的价格，其高低是否合理自然会对资金流动和资源配置产生重要影响。因此，利率水平如何决定，哪些重要因素会导致利率的变化，是金融理论中极为重要的内容。

一、利率决定理论

利率究竟由什么因素决定？经济学史上有许多种解释，影响较大的有以下几种。

（一）马克思的利率决定理论

马克思对利率决定的研究是以剩余价值在不同资本家之间的分割作为起点的。他认为利息是贷出资本的借贷资本家从借入资本的职能资本家那里分割出来的一部分产业利润，而产业利润是剩余价值的转化形式。利息的这种质的规定性，也决定了其量的规定性，即利息量的多少取决于利润总额，利息率取决于平均利润率。正如马克思所说，因为利息只是利润的一部分，所以利润本身表现为利息的最高界限，达到这个最高界限，归执行职能的资本家的部分就会等于零。① 由此可见，平均利润率构成了利息率的最高界限。至于利息率的最低界限，从理论上说是难以确定的，它取决于职能资本家与借贷资本家之间的竞争。但一般来说总不会等于或者低于零，否则借贷资本家就不会把资本贷出。因此，利息率的变化范围在零与平均利润率之间。当然，也不排除利息率超过平均利润率的情况，比如说在经济危机时期，借贷风险急剧上升，或者由于中央银行的货币政策收紧导致资金极端紧张，都可能会导致利率被抬高到高于平均利润率的水平。而在经济极端不景气的情况下，中央银行则会降低利率水平，极端情况下甚至可能会实行负利率政策，以促使商业银行向企业提供更多的信贷支持。

马克思进一步指出，在平均利润率与零之间，利息率的高低取决于两个因素：一是利润率，二是全部利润在贷款人和借款人之间进行分配的比例。② 这一比例的确定主要取决于资金的供求关系及借贷双方的竞争，一般来说，资金供大于求时利率下降，供不应求时利率上升。此外，法律、习惯等也有较大作用。马克思的利率决定理论，对于说明社会化大生产条件下的利率决定问题具有一定的指导意义，其突出贡献是从定性分析的视角给出了合理利率的高限和低限。

（二）古典学派的实际利率理论

由于古典经济学关注非货币的实际因素对利率决定的影响，因此人们也将这一时期的利率理论称为实际利率理论。该理论认为：投资流量导致的资金需求是利率的减函数，储蓄流量导致的资金供给则是利率的增函数，而利率的变化则取决于投资流量与储蓄流量的均衡。利率决定中的这种关系如图 5-6 所示。

---

① 马克思，恩格斯. 马克思恩格斯文集：第 7 卷. 北京：人民出版社，2009：401。

② 马克思，恩格斯. 马克思恩格斯文集：第 7 卷. 北京：人民出版社，2009：402。

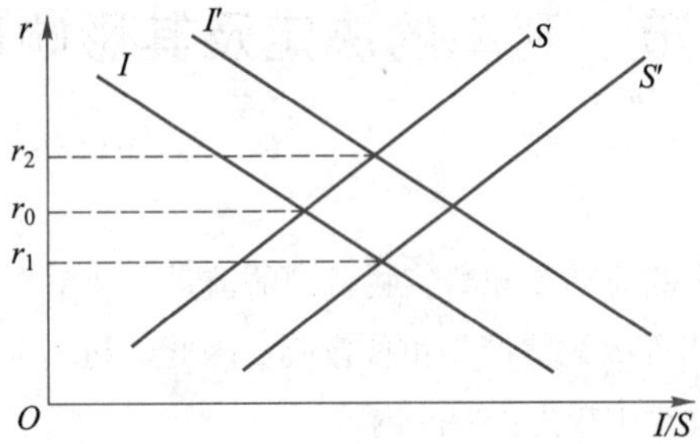

图 5-6 古典学派实际利率理论

图 5-6 中，I 为投资曲线，S 为储蓄曲线。I 向下倾斜，表明投资流量是利率的减函数；S 向上倾斜，表明储蓄流量是利率的增函数。投资曲线和储蓄曲线的交点意味投资流量和储蓄流量正好相等，对应的利率水平为均衡利率 r_0。在投资需求不变的情况下，储蓄意愿增强会导致 S 曲线右移至 S'，新的均衡利率随之下降为 r_1；在储蓄意愿不变的情况下，如果投资需求增加，则会导致 I 曲线上移至 I'，新的均衡利率也随之提高至 r_2。

（三）凯恩斯的流动性偏好理论

凯恩斯的流动性偏好理论更加重视货币因素对利率决定的影响。凯恩斯认为，利率取决于货币供求数量的对比，货币供给量由货币当局决定，而货币需求量取决于人们的流动性偏好。在货币供给不变的情况下，人们的流动性偏好增强，意愿持有的货币数量（即货币需求）随之上升，利率也会随之走高；反之，人们的流动性偏好减弱，会导致意愿持有的货币数量下降，利率也会随之走低。

如图 5-7 所示，货币供给曲线是由货币当局决定的外生变量，它是一条垂直于横轴的直线，货币供给增加会导致供给曲线右移和均衡利率走低，货币供给减少则会导致供给曲线左移和均衡利率走高。流动性偏好曲线即货币需求曲线，它是一条向右下方倾斜的曲线，流动性偏好增强会导致货币需求曲线上移和均衡利率走高，流动性偏好减弱则会导致货币需求曲线下移和均衡利率走低。凯恩斯认为，货币当局为刺激经济通过买入债券的方式拉低利率，但随着利率不断下降至非常低的位置，以至于不可能再下降时，人们就会产生利率将会上升、债券价格将会下跌的预期，此时流动性偏好会使人们持有现金的意愿大幅上升而导致债券抛售，人们对流动性的偏好就会趋于无穷，货币需求的利率弹性也会变得无限大，此时无论增加多少货币供给，都会被人们无限增大的货币需求所吸收，政府的货币政策意图便会落空，这就是著名的流动性陷阱假说。图 5-7 中“流动性陷阱”对应于流动性偏好曲线右方趋于平直的部分，货币需求的利率弹性变得无限大，此时供给再多的货币也无法使利率进一步下降。

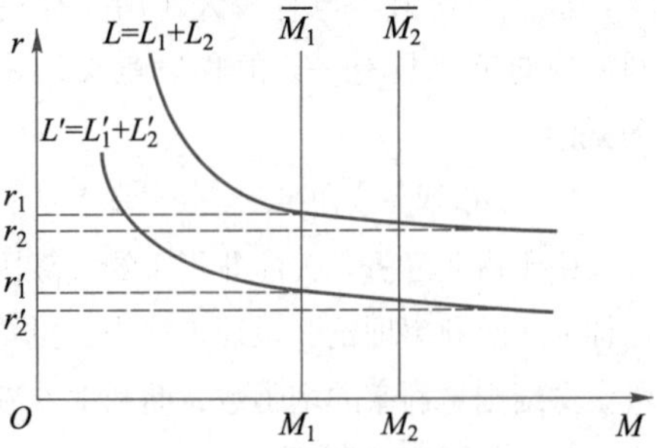

图 5-7 凯恩斯的“流动性偏好理论”

与实际利率理论关注投资流量和储蓄流量的角度不同，流动性偏好利率论是从货币供求存量对比的视角来分析利率的变化趋势。由于货币供求受短期因素的扰动较大，该理论在分析短期利率走势的变化时更具说服力。

（四）可贷资金利率理论

可贷资金利率理论（Loanable-Funds Theory of Interest）是在批判并综合实际利率理论和流动

性偏好理论的基础上提出来的。该理论认同实际利率理论提出的储蓄流量和投资流量决定利率的观点，但认为完全忽视货币因素则是不恰当的。同时，该理论也认为凯恩斯指出货币因素对利率决定的影响是可取的，但完全否定实际因素的作用却是错误的。可贷资金利率理论试图在实际利率理论的对储蓄和投资流量对比分析的框架内，纳入货币供求变动（即货币供求变化量）的因素，在利率决定问题上同时考虑实际因素和货币因素对利率走势的共同影响。

该理论认为利率是借贷资金的价格，因而取决于可贷资金在流量层面的供求状况。可贷资金供给的流量 F_s 来自某一时期的储蓄流量 S 和货币供给的增量 ΔM_s 之和，其与利率水平正相关；借贷资金需求的流量 F_d 则取决于同一时期的投资流量 I 和人们希望保有的货币余额的变化 ΔM_d 之和，其与利率水平负相关。因此，均衡式可以表达为：

$$F_s = F_d \tag{5-17}$$

$$S + \Delta M_s = I + \Delta M_d \tag{5-18}$$

该理论认为，在投资流量和储蓄流量这对实际因素保持稳定的情况下，货币供求力量的对比变化将会导致利率的变动。从这一意义上讲，利率变动在一定程度上也是一种货币现象。由于可贷资金总量在很大程度上受制于中央银行，货币政策也就成了利率决定中必须考虑的重要因素。当然，可贷资金理论是在认同投资流量和储蓄流量这一对实际因素的对比，对利率起基础性决定作用的前提下，考察货币供求增量的对比变化对利率的影响问题。所以，从本质上讲，可贷资金理论仍然是从资金供求流量对比的视角来考察利率决定的问题。

（五）*IS-LM* 模型与利率决定

凯恩斯的利率决定理论存在循环推论：利率通过投资影响收入，收入又会通过货币需求影响利率。即收入依赖利率，利率又依赖收入，比如利率降低会刺激投资导致收入增长，但收入增长会增加货币需求，导致利率水平上升，这又会抑制投资和收入增长。亦即理论没有很好地解决货币市场和商品市场的相互影响机制问题。*IS-LM* 模型是由英国经济学家约翰·希克斯根据凯恩斯的宏观经济理论框架创建，后经美国经济学家汉森加以完善和发展的一个经济模型，是将商品市场和货币市场结合起来建立的一般均衡模型，也称希克斯-汉森模型。

IS-LM 模型将市场划分为商品市场和货币市场，认为国民经济均衡是商品市场和货币市场同时出现均衡。该模型在进行利率分析时，加入了国民收入这一重要因素，认为利率是在既定的国民收入下由商品市场和货币市场共同决定的。

如图 5-8 所示，*IS* 曲线是商品市场均衡时利率 r 与收入 Y 的组合，在 *IS* 曲线上的每一点，投资和储蓄始终相等（$I=S$，即商品市场均衡）。在 *IS* 曲线上，由于利率与市场需求呈负相关，市场需求会直接影响和决定收入水平 Y，从而有 r 与 Y 负相关。*LM* 曲线为货币市场均衡时利率 r 与收入 Y 的组合，在 *LM* 曲线上的每一点，货币需求与货币供给始终相等（$L=M$，即货币市场均衡）。由于货币需求与 Y 正相关，与 r 负相关，在货币供给为外生变量的假设前提下，必须使 Y 和 r 同向变动才能保持货币需求等于外生给定的货币供给，亦即保持货币市场的均衡，因此在 *LM* 曲线上 r 与 Y 正相关。

将 *IS* 曲线和 *LM* 曲线放到同一图上，二者的交点即为商品市场和货币市场同时达到均衡时的利率和收入水平，即均衡利率与均衡收入，这对宏观经济问题的分析具有非常重要的意义。当 *IS* 曲线和 *LM* 曲线发生移动时，均衡利率也必然会发生变动。由于 *IS* 曲线的移动是由投资和储蓄变动引起的，*LM* 曲线的移动是由货币供求的变化引起的，因此这些变量的变动都将改变均衡利率的位置，并引起均衡收入的变化。

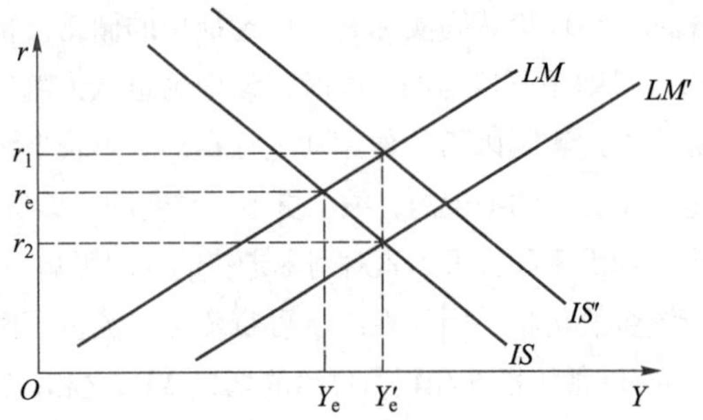

图 5-8 *IS-LM* 模型

原理5-3

利率和国民收入主要由储蓄、投资、货币供给、货币需求等因素共同决定。

二、影响利率变化的其他因素

上述理论讨论的是最基本和最重要的利率决定因素。除此之外，还有一些因素对利率的变化具有重要影响，主要有宏观经济周期、风险因素、时间及期限因素以及一国对利率进行管制的规定等。

（一）宏观经济周期对利率的影响

在宏观经济周期的波动中，社会再生产过程会表现为危机、萧条、复苏、繁荣四个往复循环的阶段。而在经济周期的不同阶段，商品市场和资金市场的供求关系会发生相应的变化，包括财政和货币政策在内的宏观经济政策也会随之相应调整，从而会对利率高低及其走势产生重要影响。

在危机阶段，工商企业由于商品销售困难导致库存增加、资金紧张的局面，严重时会导致无法按期偿还债务，甚至会造成支付关系紧张并引起货币信用危机。由于信用违约的风险快速上升，此时企业以赊销方式出售商品的意愿大幅降低，要求现款支付的比率大幅提高，从而导致资金需求急剧增加、借贷资金供不应求、利率节节走高的局面。

进入萧条阶段，一方面由于企业和居民对经济前景缺乏信心，对消费和投资资金的需求大幅降低；另一方面由于针对危机推出扩张性财政和货币政策，则会导致市场上资金面相对宽松，甚至出现大量游资。这两方面的作用都会使利率不断走低，一些国家在极端情况下甚至会出现零利率甚至负利率的情况。

在复苏阶段，随着企业和居民信心的逐渐恢复，消费和投资需求都逐步回升，对借贷资金的需求也相应增加，利率水平逐渐从低位逐步走高。

进入繁荣阶段，生产迅速发展，利润急剧增长，新企业不断成立，对借贷资金的需求很大，利率水平也会因此而不断上升。在经济繁荣和高涨时期，货币当局为抑制经济过热而不得不采取的紧缩性货币政策，也会在一定程度上抑制货币供给的增加，加大利率上升的压力，并为下轮危机的到来埋下伏笔。

（二）影响利率的风险因素——利率的风险结构

相同期限的金融资产，可能因违约风险、流动性风险和税收风险等方面的差异，从而形成不同的利率，亦称利率的风险结构。

1. 违约风险

违约风险（Default Risk）又称信用风险，是指不能按期偿还本金和支付利息的风险。债务人的收入及盈利能力会随经营状况而发生变化，从而给债务本息能否及时偿还带来不确定性。例如，政府债券的偿还来源是税收，因而本息偿还能力极强，违约风险极低，尤其是中央政府发行的债券违约风险就更低，这也是通常将国债利率视为无风险利率的主要原因。公司债券的偿还能力与宏观经济环境及公司经营状况息息相关，具有较大的不确定性，因而具有较高的违约风险。违约风险可分为两部分：**违约概率**（Default Probability）和违约后的**损失挽回比率**（Recovery Rate）。一般来说，违约风险的高低与违约概率正相关，而与损失挽回比率负相关，不同公司债券的违约风险高低取决于其发行主体的资质。

一般来说，违约风险低的债务，其利率也较低，违约风险高的债务其利率也相对较高。有违约风险的债务与无违约风险的债务之间的利率之差，称为**违约风险溢价**（Default Risk Premium），它是债务风险溢价的重要组成部分。

2. 流动性风险

流动性风险（Liquidity Risk）是指因资产变现能力弱或者变现速度慢而可能遭受的损失。一般来说，金融工具的利率会与流动性风险同方向变化，即流动性风险越大，利率也会越高。一般将同一信用级别的低流动性金融工具与高流动性金融工具之间的利率差异称为**流动性风险溢价**（Liquidity Risk Premium），它也是债务风险溢价的一个重要组成部分。

3. 税收风险

根据各国的规定，债权人获得的利息收益通常必须纳税。因此，债权人真正关心的是税后的实际收益率。由于各国政府在税收上采取不同的政策，税率也会进行调整，这会给债权人造成税收风险。一般来说，税率越高的债券，其税前利率也应该越高，而低税率或者免税债券的利率支付则可以相对低些。例如，与美国国债相比，美国地方政府债券具有较高的违约风险，流动性也较差，但美国地方政府债券却可以支付较低的利率，这主要是因为地方政府债券的利息收入享有免税待遇。为了使免税债券与纳税债券的收益率具有可比性，通常需要计算出**税后收益率**（After-tax Yield），然后和免税债券的利率进行比较。

4. 购买力风险与“费雪效应”

在黄金非货币化以后，通货膨胀会经常发生，物价上涨导致货币贬值、购买力下降，资金的贷出者不仅面临着本金贬值的损失，利息也会因为货币购买力的下降而面临贬值损失，即面临着**购买力风险**（Purchasing Power Risk）。通货膨胀程度越严重，资金贷出方所面临的损失也越严重，为了弥补本金和利息的损失，在确定借贷利息时需要考虑通货膨胀预期对本金和利息的影响，并采取提高名义利率的方式来降低预期的通货膨胀损失。

对于通货膨胀预期与名义利率之间的关系，著名经济学家欧文·费雪认为，当预期通货膨胀率上升时，利率也将上升，这就是著名的费雪效应（Fisher Effect）。因此，由于通货膨胀预期所导致的名义利率上升的部分，也可以被视为对购买力风险的一种补偿。

5. 汇率变动风险与利差

随着各国资本项目的开放度提高，跨国的资本流动和套利行为逐渐成为一种常态，而这必然会涉及不同货币之间的兑换以及汇率变动的问题。在当前的浮动汇率体制下，汇率剧烈波动增加了跨国资本流动以及套利的风险。资本由低利率国家流向高利率国家进行套利活动时，不仅要关注两国利差的大小，还需要将汇率变动因素可能导致的预期汇兑损益考虑进去，即在套利活动中，需要在利差中剔除（或加上）汇率波动可能导致的损失（或收益）。汇率变动风险越大，预期的汇兑损失越大，套利活动需要的利差也越大；反之，汇率变动风险越小，预期的汇兑损失越小，或者预期会产生汇兑收益，套利活动所需要的利差也就越小。因此，跨国套利活动中的利差可以看作对汇率变动风险的补偿。

（三）影响利率的时间因素——利率的期限结构

各种利率都会与不同的期限相关联，如有 1 年期的存款利率，也有 3 年期的存款利率，后者一般要高于前者，这便是存款利率的期限结构。再如国债利率，也因期限长短不同而有高有低，从而形成了国债利率的期限结构。由于市场利率是不断变化的，所以利率的期限结构表现为某一时点上因期限差异而有所不同的一组利率所构成的利率体系，同一类金融工具不同期限的利率构成了该类金融工具利率的期限结构。需要注意的是，利率期限结构只能就与某种同质的债务相关的利率，或就同一发行人的债务相关的利率来进行讨论，若加入包括信用品质差异在内的其他因素，利率期限结构则不再具有可比性。

在利息成为收益的一般形态之后，利率与期限的关系也就反映为收益率与期限的关系。西方学者的利率期限结构理论认为，利率高低主要取决于金融工具的到期收益率与到期期限之间的关系。利率的期限结构曲线也因此被视为在某一时点以同类金融工具的不同到期期限为横坐标，不同到期期限的同类金融工具的到期收益率为纵坐标而画出的一条曲线。① 由于到期期限和未来现金流支付完全相同的同类金融工具的市场价格会出现波动，其到期收益率自然也会随之发生变动。因此，在不同的时点可以得到不同的收益率曲线。图 5-9 给出了四个不同时点上我国银行间市场国债收益率曲线的变化情况。

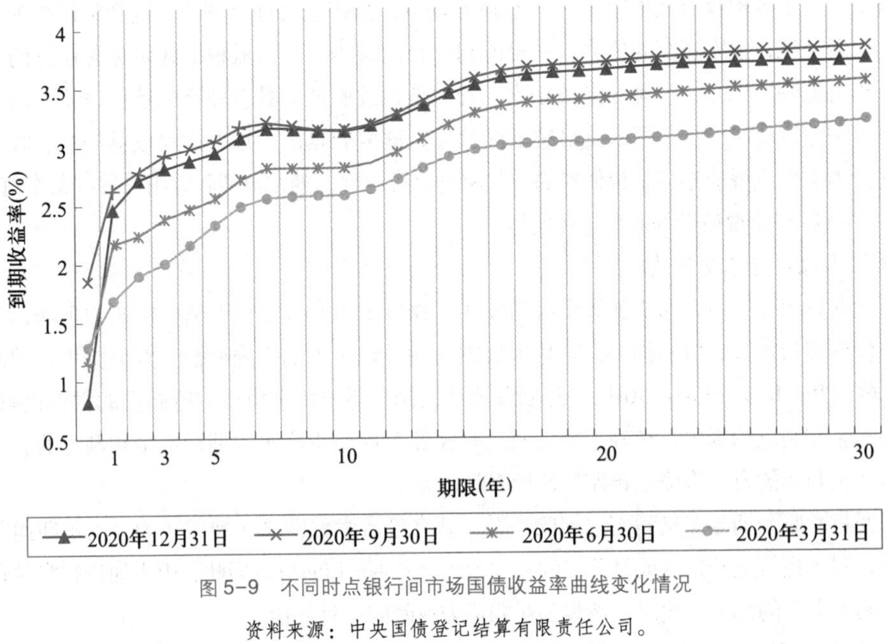

图 5-9　不同时点银行间市场国债收益率曲线变化情况

资料来源：中央国债登记结算有限责任公司。

① 在某一时点金融工具的市场价格、未来的现金流、到期期限已知的情况下，可以根据本章第二节的到期收益率公式计算出该金融工具的到期收益率。

在理论分析中，经济学家多不考虑其他因素的变化对收益率的影响，仅从期限的不同来考察收益率与期限的关系。利率期限结构的理论主要解释三个经验事实：① 不同期限的债券，其利率随时间变化同向波动。② 短期利率低，收益率曲线更倾向于向上倾斜；短期利率高，收益率曲线可能向下倾斜。③ 收益率曲线通常是向上倾斜的。

在解释长短期利率之间关系的上述经验事实时，由于基本假设的不同，形成了三种不同的理论，即预期假说、市场分割理论、期限选择与流动性升水理论。

1. 预期假说

预期假说（Expectation Hypothesis）的基本假设是：不同债券完全可替代，投资者并不偏好于某种债券。在这一基本假设前提下，短期债券价格和长期债券价格就能够相互影响，因为投资者会根据不同债券收益率的差异在不同期限的债券之间进行套利，从而使得不同期限的债券价格具有相互影响、同升同降的特性，这也就解释了第一个经验事实。

此外，由于长期债券的到期收益率 r_n 取决于长期债券到期前人们对于短期利率预期的几何平均值，即 $(1+r_n)^n=(1+f_1)(1+f_2)(1+f_3)\cdots(1+f_n)$。因此，已知短期利率 r_1，长期债券的到期收益率 r_n 也就在很大程度取决于投资者对于未来各个年度远期利率 f_i 的预期。如果短期利率处于高位，则未来各年度远期利率下降的可能性要远高于上升的可能性，从而使得长期债券的到期收益率要低于短期债券的到期收益率，收益率曲线倾向于向下倾斜。反之，如果短期利率处于低位，则未来各年度远期利率上升的可能性要远高于下降的可能性，从而导致长期债券的到期收益率要高于短期债券的到期收益率，收益率曲线更可能向上倾斜。因此，预期假说也能够很好地解释第二个经验事实。

尽管预期假说能够很好地解释前两个经验事实，但却无法解释第三个经验事实，即收益率曲线通常会向上倾斜。因此，有人提出市场分割理论来解释第三个经验事实。

2. 市场分割理论

市场分割理论（Market Segmentation Theory）又称期限偏好理论，其假设前提是：不同期限的债券不是替代品，不同投资者会对不同期限的债券具有特殊偏好。而且一般来说，人们会偏好期限较短、利率风险较小的债券。正是基于这一假设前提，要使得投资者放弃其希望持有利率风险较小的短期证券这个一般偏好，长期债券需要在收益率方面向其提供补偿，亦即只有提供更高的收益率才能促使投资者去持有其通常并不偏好的长期债券。因此，市场分割理论能够很好地解释第三个经验事实。但由于该理论假设过于极端，认为不同期限的债券根本不可替代，长、短期债券也就处于相互不受影响的分割状态，无法解释长、短期债券收益率会相互影响的第一个和第二个经验事实。

3. 期限选择与流动性升水理论

期限选择与流动性升水理论是在综合上述两个理论的基础上提出来的，它在假设前提上对上述两个理论进行了综合与折中：认为不同期限的债券是替代品，但并不完全可替代，投资者通常会更加偏好流动性更高、风险更小的短期债券，要让投资者持有流动性更低、风险较大的长期债券，必须向其支付流动性升水以补偿其增加的风险。由于不同期限的债券是替代品，使得长、短期债券的收益率可以出现联动，预期因素也能够实现长、短期利率之间的关联和传递，从而能够解释第一个和第二个经验事实。而对于第三个经验事实，该理论是这样解释的：由于短期利率所处位置的不同（高位或者低位），本来收益率曲线是可能向上倾斜，也可能向下倾斜的。但一旦加入了期限选择和流动性升水的因素，即需要对流动性较低的长期债券提供收益补偿。向上倾斜的收益率曲线仍会保持向上倾斜，但会变得更加陡峭。向下倾斜的收益率曲线则有可能出现三种情况：变为向上倾斜，变成平直的直线，仍向下倾斜但变得平缓。也就是说，当考虑期限选择和流动性升水因素时，收益率曲线向下倾斜的概率会大大降低，向上倾斜的概率则会大为增加，亦即收益率曲线通常会表现为向上倾斜。这就使该理论能够较好地同时解释以上三个经验事实。

（四）利率管制

以利率管制为代表的制度性因素也是直接影响利率水平的重要因素。利率管制的基本特征是由政府有关部门或中央银行直接制定利率或规定利率的上下限。

由于管制利率具有高度的行政干预力和很强的法律约束力，会弱化甚至排斥各类经济因素对利率决定和变动的影响，甚至能够直接决定利率水平与结构。在发达市场经济国家，尽管也可能实行利率管制，但其范围通常会相当有限，而且经济非常时期一旦结束就会很快解除利率管制。相比之下，发展中国家由于经济落后、资金严重不足，多通过利率管制的方式来促进经济发展，一般都是通过压低居民储蓄存款利率的方式汇集资金，同时为企业提供低成本的投资资金，以促进经济增长。但在市场经济体制中，利率管制有诸多不良影响，甚至会导致储蓄动员和投资不足的金融抑制，因此，很多人主张通过推进以利率市场化为主要特征的金融自由化以消除利率管制的不良影响。

总之，现代市场经济的环境错综复杂，许多因素都与利率息息相关。从宏观上看，利率主要受储蓄投资、货币供求、货币政策、经济周期、利率管制和世界利率水平的影响；从微观层面考察，期限、风险、担保品、信誉、预期等都会对利率的变动产生影响。

第四节 利率的作用及其发挥

一、利率的一般作用

在现代市场经济中，利率作为重要的经济杠杆，具有牵一发而动全身的效应，对一国经济的发展具有极为重要的影响。从第一章的开放框架下金融体系运行的内外部关系示意图（图 1-5）中可见，利率不仅在宏观方面影响经济运行，而且在微观层面直接对金融机构、金融市场、企业及个人的经济活动产生重要影响。具体可从以下几个方面分析。

（一）利率对储蓄和投资的影响

对个人而言，储蓄是其可支配收入减去消费以后的剩余部分。利率的高低会对居民部门的储蓄产生重要影响。合理的利率能够增强居民部门的储蓄意愿，不合理的低利率则会削弱其储蓄热情。因此，利率变动会在一定程度上调节居民消费和储蓄的相对比重。居民可用多样化的方式保有其储蓄：既可以持有实物资产，也可以持有金融资产，而在金融资产中，既可以选择货币类的资产，也可以选择股票、债券等各种非货币类资产。通货膨胀率和各种金融资产收益率的差异，会在很大程度上影响人们的资产持有结构。

利率对投资的规模和结构都具有非常直接的影响。企业在进行投资时，往往需要大量借用外部资本，利率作为企业借款的成本，自然也就成了影响企业借款规模的重要因素。当投资项目收益既定时，社会投资规模会与利率的升降反向变化。利率走低会降低企业借款成本，企业会倾向于增加投资，整个社会的投资规模会随之增长；反之，利率走高则会压缩整个社会的投资规模。此外，由于利率是借贷资本的“价格”，其变动会影响资本流动的方向与规模，从而会对投资结构产生重要影响。因此，政府可以通过差别化的利率政策去调节国民经济的产业结构。如对那些符合产业规划方向的企业，可以通过优惠利率促进其发展，而对那些需要限制的产业，则可对相关企业实施惩罚性的利率。

（二）利率与借贷资金供求

在前述利率决定理论的分析中，我们充分阐释了借贷资金供求对利率的影响：资金供给增加会导致利率走低，资金需求增加会导致利率走高。但反过来看，利率的高低也会对资金供求产生影响。就利率对资金需求的影响来看，二者存在负相关关系，即高的利率增加了企业和个人获取资金的成本，从而会抑制其资金需求；低的利率则鼓励企业和个人的借贷资金需求，从而导致资金需求的增加。① 就利率对资金供给的影响来看，利率水平高低不仅会影响居民消费和储蓄的选择，而且会影响居民部门持有现金和储蓄存款的比例。较高的利率有利于储蓄动员，也有利于借贷资金供给的增加；过低的利率不利于储蓄动员，会导致借贷资金供给的减少。但在现实生活中，利率升降对借贷资金供给的影响却极为有限，借贷资金供给的利率弹性通常较低。这主要是因为，一国借贷资金的供给主要取决于该国经济发展水平、财富积累规模以及受中央银行货币政策操作影响的货币供给变动以及借贷资金规模的增长，利率水平能够影响和调节的，则主要是存量货币中意愿用于借贷的资金规模。对于这一问题，结合第 16 章对货币供给机制的剖析，我们将会有更进一步的认识。

（三）利率与资产价格

无论在实物资产还是金融资产的定价中，利率都是一个极重要的变量。由于资产价格等于该项资产未来现金流或收益的贴现，利率通常会从两个层面来影响一项资产价格：其一，利率高低会影响该项资产未来的现金流；其二，利率高低会影响计算未来现金流现值时所适用的贴现率。对于一般企业来说，利率对其资产未来现金流的影响，主要通过影响企业的融资成本来实现。一般来说，较低的利率水平意味着企业融资成本低，这会倾向于增加该企业未来的现金流。同时，较低的利率也意味着企业未来现金流的贴现价值会相对更高。因此，低利率通常会对资产价格形成支撑，也意味着更高的资产价格；反之亦然。在人们的投资活动中，正是基于这一分析逻辑，加息通常被视为利空房地产价格和证券行市，降息则被看作利好因素。随着我国房地产和证券市场规模的扩展及其市场化程度的提高，利率变动对其价格的影响将会变得越来越明显，利率变动趋势也会越来越受到各类投资者的高度关注。而在第 6 章关于金融资产与价格的讨论中，资产定价的核心问题实际上就是确定本质上即为利率的资产收益率。此外，第 3 章所讨论的利率与汇率之间的密切关系，还将在第 6 章第四节结合对资产价格的影响做更加深入详细的讨论。

（四）利率与社会总供求的调节

要达到经济持续增长的目标，一国须保证社会总供求保持一种动态的平衡。而利率的调整则会对社会总供求起着重要的调节作用。当社会总供求出现较大的失衡时，利率对社会总供求的调节，主要体现在短期内易于调节的总需求上。在短期内总供给不易调节且相对稳定的情况下②，如

---

① 对于利率与货币需求关系的深入分析，可参见第 15 章。

② 总供给主要由劳动和资本投入规模，以及内化在劳动和资本当中的人力资本投资和技术进步所导致的全要素生产率（TFP）提升所决定，这些在短期内都很难调整，只能通过长期的逐步调整才能实现既定的调整目标。

果经济因供过于求而面临较大的增长率下行压力时，降低利率一方面会增强居民部门的消费动机，另一方面会刺激企业投资需求的增加，从而导致总需求的增长，缓解经济增长率下行的速度和压力。反之，如果经济因需求过旺导致供不应求、经济过热而出现物价上涨压力时，适当提高利率则会抑制居民的消费需求和企业的投资需求，起到缓解供求矛盾并降低物价上涨压力的效果。

需要说明的是，利率水平降低尽管会在短期内增加总需求并缓解当前供过于求的矛盾，但从长期来看，低利率导致的企业投资规模扩张则会倾向于增加总供给，这可能会在未来导致产能过剩的压力；反之，利率上升会导致短期需求的下降，但同样也可能会通过制约企业投资增加的途径而在长期导致总供给的下降，这可能会加剧未来的产能不足和供求矛盾。因此，利用利率升降对社会总供求及其平衡状况的调节，更需要从动态的视角来加以把握。

利率变动对社会总供求的调节问题，实际上是一个较为综合的问题，涉及货币供求与社会总供求之间的关系，在本书后面的诸多章节，如第 15 章“货币需求”、第 17 章“货币均衡”及第 18 章“货币政策”中均会围绕这一问题有较为深入的探讨。

（五）利率水平与资源配置效率

在现代经济中，货币资本作为经济发展的核心要素，对经济发展的重要性日益凸显。经济行为主体只有拥有了货币资本，才可能将各种生产要素组织起来进行生产活动。也正是在这一意义上，我们认为现代经济具有“资金流动决定实物资源配置和流动，即物随钱走”的典型特征。作为货币资金的价格，利率水平的高低是否合理，能否真实反映资金的机会成本，其作为价格杠杆能否将资金引入那些优质高效的企业，将会对实物资源流动和配置效率产生重要影响。

在市场经济国家，企业作为自负盈亏的行为主体，需要为自己的投资决策承担责任。由于利息成本支付是企业盈利的最低界限，利率水平高低也就会直接影响企业的盈利能力，从而影响企业的投资决策。高的利率水平，不仅会抑制企业投资的积极性，而且首先会将那些经营效率低、盈利能力弱的劣质企业淘汰出局，优质企业的资金可得性随之增加，资源更多地集中于优质高效企业。保持较高的利率水平，遏制劣质低效企业的过度扩张行为，尽管会导致经济增长率的下降，却会导致资源耗费速度下降和资源配置效率的提高，经济发展对环境破坏的压力也随之降低。反之，维持过低的利率水平，那些经营效率低、盈利能力弱的劣质企业也能够维持生存甚至过度扩张，它们对资源的占用和争夺，延缓了资源向优质高效企业集中的进程。众多企业都能够加入生产过程，尽管可能导致更高的经济增长和就业，但却意味着更快的资源耗费速度和更低的资源配置效率，经济发展对环境的破坏也会更加严重。

改革开放以来中国金融体系以及中国经济的改革与发展，实际上也就是逐步改变计划经济体制下不合理的低利率和资金按计划配给的制度，逐步推进资金的市场化配置和利率的市场定价，以不断优化资源配置效率的过程。

（六）利率对金融机构经营管理的影响

作为经营货币信用的特殊企业，利率对于金融机构的经营管理具有重大影响，金融机构是利率敏感性最为明显的企业。

1. 利率与金融机构负债

在金融机构的经营活动中，能否以较低成本获得长期稳定的资金来源是至关重要的。以银行为例，吸收存款的利率高低决定了其主要资金来源的成本；债券市场现行利率及其变化对银行发债融资的成本和种类选择具有决定性影响；货币市场的利率对于银行的流动性负债规模及其成本影响很大；中央银行利率是商业银行流动性管理的重要影响因素；而资本市场长期利率对于银行发行资本性债务工具的成本和种类选择也有决定性影响。

2. 利率与金融机构资产

金融机构在经营资产项目时首先要考虑利率，因为资金来源与资金运用的利差是金融机构获利的主要来源。因此，当资金来源的利息成本既定时，能否通过资产运用获得较高收益就成为金融机构资产管理的重要内容。例如，当市场利率水平较高时，金融机构的放贷意愿就会比较高。利率也是金融机构资产经营的重要手段，银行既会根据申请人的情况采用不同利率向授信对象提供借款，也会通过利率浮动来对客户进行筛选。

3. 利率与金融机构的风险

利率风险是指因利率变化所造成损失的可能性。由于市场利率是灵活多变的，而利率的变化会改变金融机构的净利息收益和其他利率敏感性负债与资产的内在价值，一旦利率出现不利的变化，就会给金融机构造成损失。所以，无论是金融机构的负债还是资产运营，利率风险始终是最为重要的管理内容。正因为如此，巴塞尔银行监管委员会发布的银行监管要求中，一直把利率风险管理作为重要的监管内容。

在现实经济活动中，利率对金融机构运作的影响是非常复杂的，本书将在第 12、13 章中做进一步讨论。

（七）利率与金融市场

就利率与金融市场发展的关系而言，利率是金融工具定价的基本要素。利率水平合理与否，将直接决定金融工具的定价是否合理，以及通过该金融工具导致的资金流动是否合理。不能反映资金稀缺程度的、扭曲的、不合理的利率水平，自然会导致金融工具定价的扭曲，从而导致不合理的资金流动以及低效率的资源配置，并会扭曲市场参与主体的投融资行为和投融资决策。例如在我国金融市场发展的过程中，最初制度设计所关注的重点是如何为融资企业提供低成本资金来源，管理上也一直通过控制证券发行规模和供给数量的方式来保持较高的证券发行和流通价格，这对融资企业而言意味着较低的融资成本，对控制企业的原始股东来说也意味着巨大的利益，但对二级市场的普通投资者而言，则意味着整体的低收益甚至负收益，实际上构成另外一种形式的低利率管制。这种金融市场的发展模式，虽然有助于实现我国上市企业的低成本融资并助力经济的快速增长，但却鼓励了我国企业的上市融资偏好，同时损害了二级市场大量普通投资者的利益，也降低了投资者长期进行价值投资的动机，导致我国证券二级市场泡沫化和短期投机炒作成为常态。故改变金融市场的低利率管制，也是我国利率体制改革进程中需要重点关注的问题。

利率机制对金融市场良性发展的影响，不仅在于它会决定金融市场的定价和资源配置效率，还在于合理的利率机制，能够促进各金融子市场之间相互影响和制约，不断优化金融市场投融资环境，而这也正是一国的货币政策和利率传导更加高效畅通的重要基础。我国的货币政策正在逐步从数量型向价格性转变，利率在整个货币政策传导中的地位也会变得尤为突出。对于这方面的问题，我们将在本书第 18 章货币政策中进一步进行探讨。

二、利率发挥作用的环境与条件

在现代市场经济中，利率发挥作用的领域是十分广泛的。从微观角度看，利率对个人收入在消费和储蓄之间的分配，对企业经营管理和投资的决策等都有直接影响。从宏观角度看，利率对借贷资金的供求、对市场的总供求、对物价水平的升降、对国民收入分配的格局、对汇率和国际资本流动、对金融市场发展和货币政策传导，进而对经济成长和就业等，都具有十分重要的影响。

在经济学中，无论是微观经济分析还是宏观经济分析部分，在各种模型中利率几乎都是不可或缺的重要变量。但利率能否充分发挥这些重要作用需要一些基础条件和适宜的制度环境。

（一）利率发挥作用的基础性条件

1. 独立决策的市场主体

利率要想发挥应有的作用，首先需要各个微观行为主体是能够独立决策、独立承担责任的市场行为主体，当他们面临两种以上的选择时，总会理性地选择对自己更有利的方案，实现自身利益的最大化：消费者追求效用最大化，厂商追求利润最大化，要素所有者追求收入最大化，政府追求目标决策的最优化等，亦即微观行为主体是所谓的理性经济人。只有高度关心自身利益的市场参与者的投资决策与其自身利益息息相关，且需要为决策所导致的后果承担责任时，利率高低才能够通过其对市场参与者的投资收益和利润的影响，来对其行为产生激励和约束，其投资决策才会对利率水平具有高度的敏感性。如果市场参与者无法满足这一基本条件，当他们无法享受到投资成功所带来的收益，也无须为投资失败承担责任时，利率的高低及其升降变化也就无法对其产生相应的影响，利率的作用也就无法得到有效发挥。

2. 市场化的利率决定机制

市场化的利率体系与利率决定机制，意味着资金供求状况能够对利率水平产生影响，利率变动也会反过来调节资金供求。此时，利率高低能够真实地反映资金的稀缺程度及其机会成本。具有理性经济人特征的市场参与者，也就可以根据自身情况和市场利率高低作出理性的决策：资金盈余方可以根据自己投资所能获得的收益率与出让资金的市场利率，来决定是自己去投资还是将资金贷放出去；而决定出让资金的投资者，也可以根据投资标的的收益和风险，来决定自己资金的投资方向；企业也可以根据目标项目的投资收益和借款成本，决定是否需要投资，并在权衡投资边际收益与借款边际成本的基础上，决定是否需要扩大投资规模。在决定扩大投资规模的情况下，根据市场资金的供求情况以及融资成本变化，选择适合自身的融资方式。此时，通过利率信号，就能够有效地筛选优质项目，从而将资金配置给那些最需要资金、具有良好经济效益的投资项目。

图 5-10 给出了市场化利率背景下企业的投资决策。在市场化的利率决定机制下，作为理性经济人的企业，其投资决策受制于融资成本和资本边际收益的对比，只有当企业投资的资本边际收益高于其融资的边际成本时，企业才会有扩大投资规模的冲动。就融资成本而言，企业投资规模扩大会导致对货币资金的争夺加剧和企业融资的边际成本上升，形成了一条向上倾斜的企业融资成本曲线。就企业投资收益而言，则要受制于资本边际收益递减规律的约束，随着投资规模的扩大边际收益逐步下降，形成了一条向下倾斜的资本边际收益曲线。企业融资成本曲线和资本边际收益曲线的交点，对应于投资规模最优化的点 I_{max}，在达到 I_{max} 之前，资本边际收益始终高于融资的边际成本，增大投资规模会增加企业总利润，一直到投资规模达到 I_{max} 为止①。而在投资规模达到 I_{max} 之后，若再继续增大投资规模，由于资本的边际收益开始低于以市场利率所代表的边际融资成本，企业总利润开始下降，投资规模继续扩张的冲动自然也就得到了遏制。

---

① 纵轴、向下倾斜的资本边际收益曲线和向上倾斜的企业融资成本曲线所包围的面积，是企业所能达到的最大利润，此时所对应的投资规模 I_{max} 即为企业的最优投资规模。

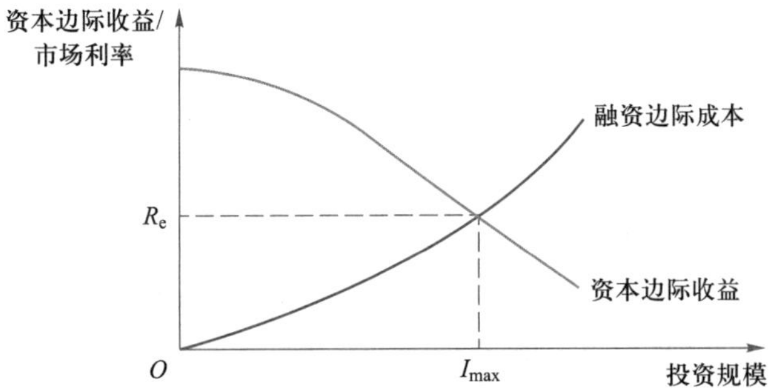

图 5-10　市场化利率背景下的企业投资决策

3. 合理的利率弹性

所谓利率弹性，就是其他经济变量对利率变化的敏感程度，通常用单位百分比的利率变化所导致的其他经济变量变化的百分比来表示。该比率越大，亦即某经济变量对利率富有弹性，该经济变量就会对利率的变化越敏感，通过利率变动引导其朝着预期目标变化的意图也就更容易实现；反之，如果经济变量对利率缺乏弹性，对利率变动不敏感，利率变动对经济变量的影响就极其微弱，通过利率变动就很难达到预期的目标。

4. 灵活的利率联动机制

利率联动机制是指各种利率之间相互关联的变动关系。在市场化的微观经济活动中，需要一套完善有效的利率联动机制来传递各种信息，使各种利率能够迅速地反映出市场流动性的变化，进而传递至整个经济系统中，各类参与主体根据不同利率的变化调整自身的行为，改变微观经济活动，进而对宏观经济产生影响。利率联动机制也是货币政策利率传导的基础，在市场经济体制下，完整的利率传导模式为“政策利率—货币市场利率—存款利率—商业银行负债成本—贷款利率”。中央银行只需要调节政策利率，即可实现对整个利率体系的调控，这也是货币政策由数量型调控向价格型调控的基础。

2019 年 8 月 17 日，中国人民银行发布〔2019〕第 15 号公告，决定改革完善贷款市场报价利率（LPR）形成机制。报价行按公开市场操作利率（主要指中期借贷便利利率 MLF）加点形成的方式，向全国银行间同业拆借中心报价，然后按去掉最高和最低报价后算术平均的方式计算得出 LPR。LPR 的改革建立起了从 MLF 向 LPR 传导，再传导至贷款利率的联动机制。但如何改善从货币市场利率到存款利率，以及商业银行内部资金转移双轨定价导致从商业银行负债成本到贷款利率等传导渠道不畅的问题，依然需要深化利率改革。

（二）经济制度与经济环境对利率作用发挥的影响

除了以上影响利率作用发挥的基础性条件，还有一些经济制度与经济环境因素影响利率作用的发挥。

1. 市场化改革与利率作用的发挥

对于实行计划经济的国家，市场化改革是利率发挥作用的前提。因为市场化改革以后才有独立决策、独立承担责任的市场行为主体，他们才会对利率及其变化做出反应。例如，在我国实行严格的计划经济时期，企业不是关心自身利益的市场行为主体，无权决定生产什么以及生产的规模，利率自然也就不能发挥其应有的作用。随着市场化改革的推进，企业成为独立的经济主体，再加上改制后国有企业的预算约束相对硬化，对利润追求和自身利益诉求逐渐增强，利率在资金配置和资源配置中的杠杆作用也就逐步得到强化。

2. 市场投资机会与资金的可得性

在发达市场经济国家，市场充分竞争导致的投资机会减少和盈利空间收窄，使得利息成本成为制约企业投资及其利润状况的重要影响因素，利率的升降也就会直接影响企业的投资决策。相对于发达市场经济国家而言，曾经包括中国在内的众多发展中国家，由于市场竞争不充分以及大量投资机会的存在，使得不少项目都具有很高的投资收益率，利息成本尽管也会对投资决策产生影响，但却不是决定项目是否值得投资的主导因素。在满足其他外部条件的情况下，对投资具有真正影响的是能否获得足够的资金，亦即资金的可得性问题。也就是说，发展中国家相对较高的投资收益率和较严格利率管制导致的低利率，使得相对于利率高低而言，资金的可得性对项目投资决策来说是一个更具实质性的约束。近些年，我国市场竞争加剧导致投资回报率整体下降，再加上利率市场化推进导致的融资成本上升，使得利率高低对投资决策的影响越来越明显，利率的作用也变得越来越重要。这也正是近些年我国货币政策传导需要由数量型（以货币供给量为代表）转向价格型（以利率为代表）的重要原因。对于这一问题，我们在第 18 章“货币政策”中会有更加深入的探讨。

3. 产权制度与利率作用的发挥

如前所述，微观经济主体是否为自我约束、自负盈亏的市场行为主体，对利率作用的发挥具有至关重要的制约作用。在不同的产权制度下，微观行为主体面临的激励和约束明显不同，其行为方式也会具有本质差异。在传统计划经济体制的国有企业制度下，由于预算约束软化，对管理者的激励和约束不仅明显不足，也非常不到位，管理者往往会具有资源掌控最大化与成本费用最大化的动机，而对利润水平的关注明显不足，这也是导致这类企业往往具有“投资饥渴”特征的重要原因。产权制度的改革，在规范和发展非公有产权制度的同时，还通过诸多制度设计明显强化了公有产权背景下的激励和约束，微观行为主体的逐利动机明显增强，其对利率变化的敏感性也自然会随之提高。

（三）我国的利率市场化改革

新中国成立之初，针对严重通货膨胀、囤积居奇和高利贷盛行的状况，我国采取了包括利率管制在内的经济管制措施，收到了较理想的效果。随着高度集中的计划经济体制的建立，利率管制的做法得到了进一步强化。这一阶段利率管制具有“利率档次少、利率水平低、利差小、管理权限高度集中”的典型特征。由于计划经济体制下的生产、销售、分配和资金供求均基本上取决于国民经济计划，利率高低对经济变量几乎不起作用。在当时的政治和经济背景下，利率作为国家可控制、可管理的经济杠杆，成为体现政策意图和实施计划的重要工具。例如，新中国成立后至改革开放之前，我国长期实行低利率政策，对于稳定物价、稳定市场和促进工农业生产的发展发挥过积极的作用。

改革开放以后，随着我国经济体制从计划逐步向市场转轨，利率对宏观经济和微观行为主体的影响逐步增强，利率体制改革问题也逐渐变得迫切。尤其是在我国现代企业体制改革全面推进并取得实质性进展的背景下，利率体制僵化逐渐成为经济优化和良性发展的严重阻碍，利率市场化问题重要性日益突显。因为从市场经济发展的内在要求看，利率管制一方面不利于储蓄的动员和资本的形成，另一方面又会导致企业对资金的过度需求，诱导并强化企业的“投资饥渴症”，甚至会诱导企业向包括银行管理者和资本市场监管者在内的资金提供方进行寻租，导致融资领域出现较普遍的腐败行为。而且利率管制导致的低利率，尽管能够通过刺激投资以保证经济的较快增长，但却是以资源配置效率低下、环境压力过大为代价的，因为低利率无法淘汰劣质企业，导致大量低水平的重复建设，行业集中度过低以及企业之间的过度竞争，不利于经济的协调发展和转型升级。

此外，一国的利率管制通常是与银行主导型金融结构相伴而生的，市场主导型的金融结构，通常会更加有利于打破利率管制并推进利率市场化进程，利率市场化推进也会助推金融结构朝着市场主导型的方向演进。一般来说，银行天然具有风险厌恶的特征，利率管制不仅能够保证与银行具有紧密关系的传统企业（通常是大型企业，尤其是传统国企）获得低成本资金，而且还能保持较高的存贷利差以维持银行的高利润，这不仅会降低银行支持小微企业和零售业务发展的动机，也不利于银行通过市场化的业务创新支持企业的创新发展，尤其是满足更具创新能力的小微企业的多样化资金需求。

在市场经济中，市场利率是一个重要的价格信号，不仅能够反映市场资金的供求状况，作为重要的价格杠杆去引导资金的合理流动和资源的优化配置，还能为货币当局的宏观经济决策提供依据，而且利率本身就是金融工具定价的基础。在管制利率体系下，利率作为市场资金供求指针的作用几近丧失，金融工具的定价也因此出现扭曲，而这可能导致资金错配和实物资源的错配。因此，随着改革开放的深化和我国市场经济体制的完善，利率市场化改革加速推进势在必行。而在一定程度上，利率市场化的实现不仅是我国市场经济体制不断完善的重要标志，也为我国企业创新发展和经济转型升级提供了基础性条件。

所谓**利率市场化**（Interest Rate Liberalization），是指通过市场和价值规律机制，在某一时点上由供求关系决定的利率运行机制。它是价值规律在起作用的结果。利率市场化实际上就是将利率的决策权交给金融机构，由金融机构自己根据资金供求状况及其对金融市场走势的判断，自主调节利率水平，最终形成以中央银行基准利率为基础，以货币市场利率为中介，由市场供求决定金融机构存贷款利率和金融市场利率的市场化利率形成机制与市场化利率体系。

与我国的渐进式改革战略相应，我国的利率市场化也具有渐进式改革的典型特征。根据党的十六届三中全会精神，结合我国经济金融发展和加入世界贸易组织后开放金融市场的需要，中国人民银行按照“先外币，后本币；先贷款，后存款；存款先长期大额，后短期小额；先农村，后城市”的基本步骤，逐步推进我国的利率市场化进程，使市场机制在金融资源配置中逐步发挥主导作用。

知识链接5-2

中国的利率市场化改革：历史进程回顾与未来展望

1995 年 7 月，在中国人民银行与国际货币基金组织共同举办的关于货币市场与利率自由化的国际研讨会上，货币当局首次提出了利率市场化改革的基本原则和基本路径。此后我国利率市场化进入实质性推进阶段，历时 20 多年先后经历了表 5-2 所示的重大事件。

表 5-2　中国利率市场化改革大事记

时间	重大事件
1996 年 1 月	构建银行间同业拆借市场，放开同业拆借利率
1996 年 4 月	使用本币进行公开市场操作，实现公开市场利率市场化
1997 年 6 月	银行间债券市场启动，国债发行利率市场化
1998 年 3 月	改革准备金制度，改革贴现和再贴现利率生成机制，同时政策性银行金融债券利率市场化

续表

时间	重大事件
1998 年 10 月	上调金融机构对小企业、农信社贷款利率上浮幅度
1999 年 10 月	保险公司大额定期存款实行协议利率，尝试大额长期存款利率市场化
2000 年 9 月	放开外币贷款利率和 300 万美元以上大额外币存款利率
2003 年 8 月	农信社改革试点地区贷款利率浮动上限扩大到基准利率的 2 倍
2004 年 10 月	金融机构（不含城乡信用社）人民币贷款利率上限取消，所有金融机构的人民币存款利率下限取消，实现了“贷款利率管下限、存款利率管上限”的阶段性目标
2012 年 6 月	降息并扩大存贷款浮动区间
2012 年 7 月	降息并再次下调贷款下浮限制，7 月 20 日全面取消贷款利率限制
2013 年 12 月	12 月 9 日起施行《同业存单管理暂行办法》
2014 年 11 月	扩大存款利率浮动上限至 1.2 倍
2015 年 2 月	扩大存款利率浮动上限至 1.5 倍
2015 年 10 月	10 月 24 日人民银行决定对商业银行和农村合作金融机构等不再设置存款利率浮动上限

知识链接5-3

进一步深化利率市场化改革

2020 年以来，中国人民银行用改革的办法畅通货币政策传导，持续推进贷款市场报价利率（LPR）改革，企业融资成本明显下降。一是前瞻性引导公开市场操作利率和中期借贷便利中标利率下降 30 个基点，带动 1 年期 LPR 下行 30 个基点，推动整体市场利率和贷款利率下行，支持合理的贷款需求增长。12 月，企业贷款利率 4.61%，较 2019 年 12 月下降 0.51 个百分点，连续两个月创有统计以来最低水平。二是进一步推动 LPR 运用。自 2020 年 1 月 1 日起新发放贷款不再参考贷款基准利率定价。2020 年 3 月至 8 月，按照市场化、法治化原则顺利完成存量浮动利率贷款定价基准转换。截至 8 月末，存量贷款定价基准转换率达 92.4%。促进银行将 LPR 嵌入内部资金转移定价（FTP）体系，切实打破贷款利率隐性下限，引导金融资源更多配置至小微、民营企业，降低贷款实际利率水平。三是推进信用卡透支利率市场化。从 2021 年 1 月 1 日起，信用卡透支利率由发卡机构与持卡人自主协商确定，取消信用卡透支利率上限和下限管理。放开信用卡透支利率的行政管制，完全实现市场化定价，有利于促进市场竞争，督促发卡机构改进服务。四是强化利率行业自律，推动明示贷款年化利率。设立特殊成员，将小贷公司等机构纳入利率自律范围，健全利率定价自律机制。五是继续发挥存款基准利率作为我国整个利率体系“压舱石”的作用，加强存款利率自律管理，压降不规范存款创新产品，维护存款市场竞争秩序。LPR 改革促进了金融结构优化，畅通银行内部定价机制，有效推动存款利率市场化，存款利率整体有所下行。

资料来源：中国人民银行发布的 2020 年《中国货币政策执行报告》。

☞ 更多内容请扫描封底服务码→媒体素材。

本章小结

1. 货币的时间价值是指当前所持有一定数量的货币，要比未来获得等量货币具有更高的价值。货币之所以具有时间价值，主要是由于三个方面的原因：对货币的占用具有机会成本，需要对通货膨胀损失进行补偿，需要对投资风险进行补偿。

2. 利息是借贷关系中资金借入方支付给资金贷出方的报酬。正因为货币具有时间价值，所以相对于当期付出的本金而言，在一段时间之后偿还时需要在本金之外附加一定数额的利息，这样利息也就成了货币时间价值的具体体现。

3. 利率是利息率的简称，是指一定时期内的利息总额与贷出本金总额的比率。由于利率能够剔除本金数额多少对利息总额的影响，亦即给出了单位时间内单位货币的时间价值，所以相对于利息而言，利率是一个衡量货币时间价值的更好指标，它使得各项信用活动中货币时间价值的高低可以相互比较。

4. 利息的实质是资本主义早期经济学家探讨的重点，概括起来可以区分为非货币性因素和货币性因素两个不同的分析视角。现代经济学对于利息问题的研究，更加侧重于对利息补偿的构成以及对利率影响因素的分析，认为利息是投资者让渡资本使用权而索取的补偿或报酬，这种补偿一般包括两个部分，即对放弃投资于无风险资产的机会成本的补偿和对风险的补偿。

5. 本来是以借贷为前提、源于产业利润的利息，一旦被人们从借贷和生产活动中抽象出来，就被赋予与借贷、生产活动无关的特性。将利息直接与资本的所有权联系起来，认为利息是资本所有权的必然产物，人们可以凭借资本所有权而获得收益时，利息也就转化为收益的一般形态。利息转化为收益的一般形态，其主要作用在于导致了收益的资本化，即各种有收益的事物，不论它是否是一笔贷放出去的货币金额，甚至也不论它是否为一笔资本，都可以通过收益与利率的对比倒算出它相当于多大的资本金额。

6. 利息的计算有两种基本方法：单利计息和复利计息。单利计息程序相对简便，借款人利息负担较轻，资金出让方利益则会受损；复利计息程序相对复杂，借款人利息负担较重，但能较好保护资金出让方的利益。否认复利的合理性，等于否认凭借原始本金获得的利息享有与本金同样的权利，也就等于间接否认了利息的合理性，因此复利更能反映利息的本质和经济规律。

7. 计算现值的过程称为贴现，也称现金流贴现分析。计算现值时所使用的利率，通常称为贴现率。当其他条件相同时，现值大小与贴现率负相关。

8. 按照不同的标准，可以将利率划分为不同的种类，如：根据计息时所用的时间期限单位划分为年利率、月利率与日利率；根据利率决定方式划分为市场利率、官定利率和公定利率；按照贷款期限内利率是否浮动划分为固定利率和浮动利率；按是否考虑和剔除物价变动因素划分为名义利率和实际利率；根据具体利率在整个利率体系中的地位和作用划分为基准利率和一般利率；根据信用活动的期限长短划分为长期利率和短期利率；按照利率考察时间起点划分为即期利率和远期利率。

9. 从本质上讲，收益率就是利率，但在实际投资的过程中，收益率却是能够更加准确衡量一定时期内投资人获得收益多少的指标。收益率不仅受利息支付额和投资额的影响，而且会受到计息期间、利息支付周期以及投资品市场价格变动等因素的影响，这也使得投资人的收益率与利率之间通常会存在差异。

10. 利率水平决定及其影响因素，是金融理论中一个极重要的课题。目前，具有影响力的利率决定理论主要包括：马克思的利率决定理论、古典学派的实际利率理论、凯恩斯的流动性偏好理论、可贷资金利率理论以及 *IS-LM* 模型对利率决定的分析。这些利率决定理论对决定利率的最重要因素进行了分析。除此之外，还有一些单一或者综合的因素会对利率走势产生重要影响，如宏观经济周期、风险因素、时间期限因素以及利率管制等。

11. 相同期限的金融资产，可能因违约风险、流动性风险、税收风险、购买力风险、汇率波动风险等方面的差异，从而形成不同的利率，称为利率的风险结构。

12. 利率的期限结构是指违约风险相同，但期限不同的证券收益率之间的关系。利率的期限结构表现为某一时点上因期限差异而有所不同的一组利率所构成的利率体系，同一类金融工具不同期限的利率构成了该类金融工具的利率期限结构。研究者用利率期限结构理论来解释收益率曲线所表现出来的三个经验特征：① 不同期限的债券，其利率随时间变化同向波动。② 短期利率低，收益率曲线更倾向于向上倾斜；短期利率高，收益率曲线则可能向下倾斜。③ 收益率曲线通常是向上倾斜的。由此产生了三个主要的关于利率期限结构的理论：预期理论、市场分割理论、期限选择和流动性升水理论。

13. 在影响利率高低及其变动的因素中，还有以利率管制为代表的制度性因素。对于发展中国家以及经济处于非常时期的发达国家而言，利率管制通常会成为直接影响利率水平的重要因素。在管制利率体系下，利率作为市场资金供求指针的作用几近丧失，金融工具的定价也因此出现扭曲，而这可能导致资金错配和实物资源的错配。

14. 利率是现代市场经济中最重要的经济杠杆，具有牵一发而动全身的效应。其作用不仅表现为影响宏观层面，也会对经济的微观层面产生重要影响。

15. 利率作用的发挥需要满足一些基础性条件：独立决策的市场主体、市场化的利率决定机制、合理的利率弹性等。此外，市场化改革、市场投资机会与资金的可得性、产权制度等经济制度环境也会对利率作用的发挥有重要影响。

16. 利率市场化是指通过市场和价值规律，在某一时点上由供求关系决定利率的运行机制。它是价值规律在起作用的结果。利率市场化是社会主义市场经济发展的内在要求与重要内容。

重要术语

货币的时间价值	利息	利率	无风险利率	风险溢价
收益的资本化	单利法与复利法	现金流贴现分析	贴现率	净现值方法
市场利率	官定利率	公定利率	固定利率	浮动利率
实际利率	名义利率	基准利率	即期利率	远期利率
当期收益率	到期收益率	持有期收益率	违约风险	流动性风险
税后收益率	利率管制	利率市场化		

术语解释请扫描封底增值服务码→名词术语。

思考题

1. 如何认识货币的时间价值？它与利息以及利率之间存在怎样的关系？
2. 如何认识利息的来源和本质？如何理解利息转化为收益的一般形态？为什么说它导致了收益的资本化？
3. 简述利息的实质，并说明现代经济学关于利息的基本观点与金融资产定价的关系。
4. 选择一家银行，根据其目前公布的储蓄存款利率，试计算将 10 000 元存 3 年定期储蓄存款到期后的本利和，并计算与该银行公布的 3 年期定期储蓄存款利率相当的复利利率。
5. 选择一家银行根据其 1 年期定期储蓄存款利率以及上年的物价变动率，计算上年该行 1 年期定期储蓄存款的实际利率。
6. 什么是现金流贴现分析？它为何能够成为投资分析和投资决策的基本方法？
7. 利率和收益率之间存在怎样的关系？
8. 试评述利率决定理论发展的脉络，并分析各个理论的内核以及它们之间的逻辑联系。
9. 什么是利率的风险结构？对比国债和企业债券，说明利率风险结构的主要影响因素。
10. 什么是利率的期限结构？试简述利率期限结构理论的核心思想。
11. 什么是利率管制？如何理解我国的利率管制与经济体制改革的关系？
12. 利率作为经济杠杆具有哪些经济功能？利率发挥作用应具备哪些基础性条件和环境？
13. 你对我国经济中利率的作用有何看法？哪些因素严重影响了利率作用的有效发挥？
14. 什么是利率市场化？请结合我国的利率市场化改革进程论述其必要性。
15. 费雪效应与通货膨胀率、名义利率和实际利率之间有何关系？

☞ 更多思考练习请扫描封底增值服务码→习题作业、例题及综合测试。

讨论题

讨论主题：名义利率与实际利率

讨论素材：《负利率时代》

思考讨论：

1. 造成实际利率为负的因素有哪些？
2. 实际利率为负会对我们的生活造成什么影响？

☞ 相关讨论素材请扫描封底服务码→教学案例。

延伸阅读

1. 凯恩斯. 就业、利息和货币通论. 北京：北京出版社，2008.
2. 曾康霖，邓映翎. 利息论. 北京：中国金融出版社，1990.
3. 帅勇. 存量和流量分析史：货币与利息率决定理论. 北京：人民出版社，2005.
4. 刘明亮，邓庆彪. 利息理论及其应用. 北京：中国金融出版社，2007.

5. 宋逢明. 金融经济学导论. 北京：高等教育出版社，2006.
6. 宋秀芳. 中国转型经济中的资源配置机制和利率市场化改革. 北京：中国金融出版社，2007.
7. 宋福铁. 国债利率期限结构预测与风险管理. 上海：上海财经大学出版社，2008.

更多资源请扫描封底服务码→文献目录。

即测即评

请扫码答题，检测本章学习效果。

第6章 金融资产与价格

本章导读

伴随着全面小康社会的建成与社会主义现代化国家建设新征程的开启，中国百姓的生活质量极大提升，财富积累达到一个新的水平，利用各种金融工具进行资产管理成为重要的金融需求。购买理财产品、投资债券与股票、进行期货期权交易、认购基金、管理外汇与黄金资产等构成了百姓经济生活的重要内容，过去仅仅以银行存款为主的金融资产管理模式发生了巨大变化。利率、汇率、股票指数等反映金融资产价格指标的变动都关系着公众的利益；金融监管部门会关注资产价格波动与金融风险；中央银行也会关注金融资产总量、结构和价格等问题，因为货币政策实施可能引起金融资产价格波动，影响社会投资倾向和经济运行。金融资产已经成为经济生活中与政府、居民、金融管理部门、金融机构和企业等息息相关的事物。通过本章的学习，可以更好地掌握金融工具和金融资产的知识，理解金融资产的功能、价值评估原理与定价方法，掌握现代资本市场理论的发展脉络等。

第一节　金融工具与金融资产

现代金融错综复杂的资金借贷、投资、保险和各种金融交易，需要依靠具有法律效力的协议才能完成，才能使债权、所有权或索取权在市场上转让、流动，能够确定当事人责权利且具法律效力的各种契约就是金融工具。金融资产是持有人所拥有的以价值形态存在的资产，是一种索取实物资产的权利。金融工具对工具的发行者而言是一种负债，对持有者而言则是一种金融资产。

一、金融工具

（一）金融工具的概念

金融的核心功能是实现资金的合理有效配置，资金配置需要以一定的工具作为载体。**金融工具**（Financial Instrument）是经济主体之间签订的确定责权利且具法律效力的各种契约。金融工具是金融市场交易的对象，是随信用关系而产生发展起来的。

（二）金融工具的特征

金融工具是能够在金融市场上交易的合约，必然符合市场交易的规则和要求。归纳起来，金融工具一般具备法律性、流动性、收益性和风险性四个特征。

1. 法律性

法律性是金融工具的首要特征。金融工具的本质是契约承载的信用关系，契约需要法律作保障。因此，金融工具首先具有显著的法律特征：法律保护金融工具所标示的债权与债务，金融工具的交易、执行、履约等过程都有明确、详细的法律条款规定，以保护交易各方的利益和保证义务的履行。如存款人有随时动用存款的权利，股票持有人享有分红的权利，等等，都是金融工具法律性的体现。或有债权债务工具、衍生工具等是依托法律制度产生的创新金融工具，创设这些金融工具本质上就是建立了一系列的金融交易规则和制度，其法律特征更为明显。

2. 流动性

流动性是指金融工具的变现能力或交易对冲能力。不同金融工具的变现能力不同，货币是具有完全流动性的金融工具，存款、贷款、股票、债券等金融工具的变现能力则相对较低。衍生金融工具交易过程需要有保证金做“抵押”，要撤出保证金必须对冲掉所持有的金融工具（关于衍生金融工具交易，将在第 10 章介绍），也相当于变现。金融工具都是可交易的，有相应的流通市场，在市场上变现或对冲，正是金融工具流动性特征的表现。

3. 收益性

收益性是金融工具给交易者带来的货币或非货币收益。货币作为流动性最强的工具，不能给持有人带来任何利息收益，但是能够带来非货币收益，如解决支付需要、方便交易等。股票、债券等金融工具可以给持有人带来股息、利息等收益。信用证、信贷额度等金融工具，给持有人带来的是交易、结算的便利以及应对或有交易的便利。衍生金融工具给持有者带来的可能是货币收益，如期货买卖价差收益，也可能是非货币收益，如避险等。

4. 风险性

风险性是金融工具市场价值变化给持有人带来收益与损失的不确定性。无论是有价证券等基础性金融工具，还是期货期权等衍生金融工具，在市场交易的过程中都会受政治、经济、心理等因素的影响，其价格总是处于起伏变化当中。价格变化意味着金融工具的市场价值在变化，与金融工具持有人成本及预期发生偏离，持有人的收益不确定，也可能出现损失。风险性是金融工具与生俱来的特征。

（三）金融工具的分类标准与特点

1. 货币金融统计角度的分类标准与特点

国际货币基金组织发布的《货币与金融统计手册与编制指南 2016》对金融工具的分类采用了流动性标准，将同一流动性特征的金融工具划分在同一个层次。第一层次是货币性工具，只有各国政府之间使用的支付结算工具，即货币黄金与特别提款权，但使用范围很小。第二层次是通货与存款，是所有经济活动主体都可以使用的具有很强流动性的金融工具。通货的流动性最强，存款依据流动性由高到低顺序分为两组：可转让存款与其他存款，本币存款与外币存款。第三层次是债务证券，包括票据、大额可转让定期存单、债券、商业票据、资产支持证券以及类似的在金融市场上交易的其他工具，也具有较强的流动性。第四层次是贷款，除常规贷款外，还包括证券回购协议和证券出借、黄金互换、黄金贷款等，回购协议的流动性高于其他贷款。贷款可以通过证券化变为高流动性金融工具，如次级抵押贷款支持证券。第五层次是股权和投资基金份额。股权以股份、股票、参与证书或类似的文件为凭证，不包括优先股和不参与分配的证券。股票被细分为上市公司股票、非上市公司股票和其他权益性证券，其他权益性证券包括准公司（比如分支机构、合伙企业）、非法人资金、地产和其他自然资源的权益。投资基金份额包括各种份额或者单位的投资基金，包括货币市场基金和非货币市场基金。第六层次是保险、养老金与标准化担保计划，主要涵盖非人寿保险技术储备金、人寿保险和年金权利、养老金和非养老金权利、养老基金对养老管理者的索赔权以及标准化担保条款五种类型的储备金。第七层次是金融衍生工具与雇员股票期权。金融衍生工具包括远期类、期权类和信用衍生工具等，具有较强的对冲能力；雇员股票期权是公司提供给员工的购买公司股权的选择性权利，是员工从公司获取报酬的一种形式。第八层次是其他应收款/应付账款，包括贸易信贷和预付款以及其他项目，流动性最弱。

国际货币基金组织对金融工具的分类标准强调了与金融工具交易主体分类原则上保持一致的特点，以金融工具的法律特征和债权人、债务人基本关系的法律特征作为主要分类标志，分类目的明确，也具有灵活性和动态性的特点。

2. 金融市场投资者交易角度的分类标准与特点

从金融市场投资者角度看，按照金融工具赋予持有人的权利和应履行的义务作为分类标准，可以将金融工具大体分为债权类、股权类、衍生类和合成类四大类。债权类金融工具载明的是持有人对发行人的债权，主要是债券、基金等资产；股权类金融工具载明的是持有人对发行公司财产的所有权和剩余索取权等，主要是股票、其他权益类工具；衍生类工具是基于原生性或基础性资产的远期性契约，主要有期货、期权、互换等；合成类金融工具是一种跨越了债券市场、外汇市场、股票市场和商品市场中两个或两个以上市场的金融工具，如证券存托凭证（Depositary Receipt，DR）、基于贷款的债券等。

从金融市场投资者角度划分金融工具，强调了交易市场分类与交易工具分类原则上保持一致的特点，直观、明确且不容易引起概念混淆和分类交叉问题。当然，从市场交易者角度划分的金融工具，是狭义上的金融工具，难以有效地包含货币金融统计体系对金融工具分类当中的银行、保险类等金融工具。

二、金融资产概述

（一）金融资产的概念与要素

资产是有交换价值的商品，能够给所有者带来收益，一般都具有市场价值。资产可分为实物资产和金融资产。**金融资产**（Financial Asset）指单位或个人所拥有的以价值形态存在的资产，它是金融市场中的交易工具。金融资产涉及债权和债务两个主体，依托的是信用关系，因此，同一个金融工具，从债权方看是资产，而从债务方看则是负债。站在持有人角度，金融资产是指那些具有价值并能给持有人带来现金流收益的金融工具。在金融市场上，金融资产价值的大小是由其能够给持有者带来的未来收入现金流的大小和可能性的高低决定的。作为资金融通与交易的工具，金融资产一般包括五个基本要素：

（1）发行人。金融资产都标示了具体的发行人，如债券的发行人有政府、企业和金融机构等，股票的发行人只能是股份制的公司法人。

（2）价格。金融资产发行时有面值和发行价格，在市场上交易时有市场价格。

（3）期限。金融资产本质上也是契约，既然是信用关系的约定、权利与义务的凭证，那么，金融资产就有存续期限的规定。在金融资产发行时，债券性质的资产要说明到期时间，股票性质的资产一般没有明确的期限规定，但会说明上市流通转让的时间。

（4）收益。不同的金融资产给持有人带来的货币收入是不同的，债券会有利息高低和支付频率等的规定，股票会有分红的规定。

（5）标价货币。金融资产价格的衡量要有相应的货币单位，是本币、外币还是双重货币，发行时需要明示。

（二）主要的金融资产类型

1. 债权类金融资产

债权类金融资产以票据（Note）、债券（Bond）、大额可转让定期存单（CD）等契约型投资工具为主。票据主要是银行、公司发行的短期融资工具，有汇票、本票等（详见第8章）。债券按照发行主体分为政府债券、公司债券、金融债券等，按期限长短分为短期债券、中长期债券。票据和短期债券是货币市场交易工具，流动性较强。大额可转让定期存单一般由银行发行、投资者认购，可以转让。

2. 股权类金融资产

股权类金融资产以股票为主。**股票**（Stock）是由股份有限公司发行的用以证明投资者身份和权益的凭证。股票赋予持有人的是剩余索取权、决策权和剩余财产分配权。股票可以分为普通股票和优先股票。普通股票的股东享有分红权、参与股东大会对经营管理决策的投票表决权，以及清算时的财产分配权。优先股票的股东在分红和财产清偿方面比普通股票的股东有优先权，但不能参与股东大会的投票表决。股票按记名方式可以分为记名股票和不记名股票，中国上市公司发行的股票都是记名股票。按照有无面值可以分为有面额股票和无面额股票，无面额股票不规定面值。

三、金融资产的风险与收益

（一）金融资产的风险

1. 金融资产风险类型

风险是未来收益与损失的不确定性。金融资产对于持有人来说，未来货币收益可能受到市场各种因素变化的影响，可能遭受收益减少甚至亏损的风险。归结起来，金融资产持有人承受的风险有：信用风险、市场风险、流动性风险、操作风险、法律风险、政策风险和道德风险等。

金融资产的信用风险是指发行人不履行承诺，或者在金融资产清偿支付前破产、消亡，导致投资人资产全部或部分损失的可能性。例如，某些公司发行债券以后，不能按照债券票面利率支付利息，到期时不能偿付或足额偿付债券本息，这就属于信用风险。

金融资产的市场风险是指其价格受基础金融因素的影响发生变化，使投资者资产的市场价值低于投资本金而发生损失的可能性。影响金融资产价格的基础金融因素包括经济发展状况、利率、汇率、通货膨胀变化等因素。

金融资产的流动性风险是指某种金融资产在市场交易过程中出现买盘或卖盘为零时，资产持有人因找不到交易对手无法变现的风险。例如，在可以进行空头交易的市场上，当卖方为零时，买方无法购入资产对冲其空头头寸；当买方为零时，投资人无法出售资产变现。流动性风险的另一种表现是现金流风险，是指投资者因为自身的流动性不足而被迫在非预期价位卖出资产造成损失的可能性。

金融资产的操作风险是指由于交易过程中技术系统出现问题，或交易人员工作失误导致投资者无法在理想的时间和价格上买入或卖出资产，或者由于交易过程失误导致交易指令出错造成损失的可能性。如交易过程中不小心将卖出单下成买入单、价格输入出错等行为导致亏损。

金融资产的法律风险是指金融资产交易过程中，有关各方签署的协议不符合法律规定，交易中存在违反监管规定的情况，如内幕交易、操纵价格等，事后被有关部门处罚的风险。

金融资产的政策风险是指宏观经济、外交、军事等政策变化导致金融资产价格变化，给投资者带来损失的可能性。政策风险一般很难规避。

金融资产的道德风险是指金融资产的出售人不能如实地履行信息披露义务，夸大或隐瞒信息，财务上弄虚作假，控制人利用信息优势为自己牟利，损害投资者利益的可能性。例如，上市公司发行股票融资后改变资金用途，投资方向与招股说明书声明的投资项目不符合。这类风险就是道德风险，来源于信息不对称。

2. 系统风险与非系统风险

投资者在金融市场上对其持有的金融资产进行有效组合，可以降低或规避掉一些风险。

非系统风险（Nonsystematic Risk）是指通过增加资产持有的种类能够相互抵消掉的风险，也称个别风险（Idiosyncratic Risk）。“不要把鸡蛋放在同一个篮子里”就是规避非系统风险的最朴素的表述。例如，在一个股票投资组合中，不同股票的市场价格正常情况下不会同时以相同幅度涨跌，总是有涨有跌，投资者股票市值总体上不会有大的起落。个别公司的道德风险、信用风险、操作风险是可以通过资产组合规避掉的。但有时候投资者遇到国家宏观政策调整，政策变化对市场产生了单向性总体影响，如政府提高证券交易印花税税率时，整个股票市场出现暴跌，所有的股票价格都下降，这样的风险是无法通过资产组合规避的，称为**系统风险**（Systematic Risk）。

（二）金融资产的收益

金融资产，无论是债券、股票，还是基金，给持有者带来的收益不外乎两类：① 利息、股息与红利等现金流收益；② 资产买卖价差收益，买卖价差收益也称资本利得。一般来说，在无风险利率一定的条件下，金融资产的利息、股息与红利等现金流收益的高低是决定金融资产市场价格的主要因素，影响着买卖价差收益的大小。收益高低的衡量采用相对指标——收益率，它是金融资产所有收益的现值之和与购买金融资产的价格之比。

（三）金融资产风险与收益的关系

金融资产的风险和收益具有正相关的匹配关系。如果从金融资产大类划分看，名义收益相对比较低的债券要比基金的风险小一些，收益较高的基金又比股票的风险小一些，这就是人们常说的“高风险、高收益”。但是，同一类资产会因发行主体的不同而出现风险高低的差异。例如，政府发行的债券要比企业发行的债券风险小；债券型基金比股票型基金的风险小；每股收益相同的股票，风险也不一定相同。因此，风险与收益之间的匹配关系不是简单的等比例关系。站在投资者的角度分析，这里所指的风险，是指投资者未来实际投资收益率与期望投资收益率的偏离程度。

1. 非组合投资资产的收益与风险

非组合投资是投资者购买了单一资产进行投资，风险和收益是单只股票或债券的风险与收益。不考虑股票、债券、基金的差异，简化的金融资产投资收益率计算公式为：

$$r=\frac{C+(P_1-P_0)}{P_0} \tag{6-1}$$

其中，r 为投资收益率；C 为投资资产的现金流收入，如利息、股息等；P_0 为资产的期初价格；P_1 为资产的期末价格。期初与期末之间的时间长度为一年。

投资者的期望收益率是未来投资收益率各种可能值的加权平均，权数为每种可能结果出现的概率。计算公式为：

$$\bar{r}=\sum_{i=1}^{n} p_i \cdot r_i \tag{6-2}$$

其中，$\bar{r}$ 为投资期望收益率；r_i 为未来第 i 种情形下的投资收益率；p_i 为第 i 种投资收益率出现的概率。投资收益率与期望投资收益率之间的偏离程度用标准差统计量来表示：

$$\sigma=\sqrt{\sum_{i=1}^{n}(r_i-\bar{r})^2 \cdot p_i} \tag{6-3}$$

研究证明，在一定的观察期内，大部分金融资产投资收益率基本服从正态分布。如果未来收益率的概率分布与过去实现的收益率分布情形相似，那么就可以认为，未来投资收益率也近似服从正态分布。

假设在过去 4 年中，A、B 两只股票的收益如表 6-1 所示。

表 6-1　A、B 两只股票的投资收益率表

年份	第一年	第二年	第三年	第四年
A 股票	-5%	10%	20%	22%
B 股票	9%	-3%	10%	18%

那么，A、B 股票的期望收益率分别为：

$$\bar{r}_A=\frac{22\%+20\%+10\%-5\%}{4}=11.75\%$$

$$\bar{r}_B=\frac{18\%+10\%-3\%+9\%}{4}=8.50\%$$

两只股票的风险可以用估算的收益率标准差计算，公式为：

$$\sigma = s = \sqrt{\frac{\sum_{i=1}^{n}(r_t - r_{\text{Avg}})^2}{n-1}} \tag{6-4}$$

其中，r_{Avg}为各期收益率的平均值。一般来说，估算总体方差，根号内除以 n（对应 excel 函数：STDEVP）；如是估算样本方差，根号内除以（$n-1$）（对应 excel 函数：STDEV）。因为金融市场上投资者大量接触的是样本，所以普遍使用根号内除以（$n-1$）来计算。

A、B 两只股票收益率的样本标准差分别为：

$$\sigma_A = \sqrt{\frac{(22\%-11.75\%)^2+(20\%-11.75\%)^2+(10\%-11.75\%)^2+(-5\%-11.75\%)^2}{4-1}}$$
$$=12.34\%$$

$$\sigma_B = \sqrt{\frac{(18\%-8.50\%)^2+(10\%-8.50\%)^2+(-3\%-8.50\%)^2+(9\%-8.50\%)^2}{4-1}}$$
$$=8.66\%$$

风险与收益的关系可以用两者的弹性系数（Coefficient of Variation，CV）表示：

$$CV = \frac{\sigma}{r_{\text{Avg}}} \tag{6-5}$$

弹性系数表示单位收益所承担的风险。

A、B 两只股票的弹性系数分别为：

$$CV_A = \frac{12.34\%}{11.75\%} = 1.05$$

$$CV_B = \frac{8.66\%}{8.50\%} = 1.02$$

从投资角度来讲，A 股票单位收益所承担的风险比较高，B 股票单位收益所承担的风险比较低，对于风险厌恶者而言，B 股票是比较理想的选择。

2. 资产组合投资的风险与收益

投资者为分散风险，往往采取组合投资的策略。组合收益率是组合内所有资产期望收益率的加权平均值，权数是各资产在组合总资产中所占的比重，计算方法为：

$$r_p = \sum_{i=1}^{n} \omega_i \bar{r}_i \tag{6-6}$$

其中，r_p 为投资组合的期望收益率；ω_i 是第 i 种资产所占的比重；$\bar{r}_i$是第 i 种资产的期望收益率。组合风险是所有资产标准差的协方差：

$$\sigma_p = \sqrt{\sum_{i=1}^{n} \omega_i^2 \sigma_i^2 + 2\sum_{1 \leqslant i < j \leqslant n} \omega_i \omega_j \sigma_i \sigma_j \rho_{ij}} \tag{6-7}$$

其中，σ_p 表示投资组合的风险，是组合内资产的协方差；ρ_{ij}表示第 j 种资产收益率与第 i 种资产收益率的相关系数。

投资组合的弹性系数为：

$$CV = \frac{\sigma_p}{r_p} \tag{6-8}$$

四、金融资产的配置与组合

金融资产投资组合是从时间和风险两个维度配置资产。从时间角度看，投资期限是决定收益的重要因素。一般来说，存续时间短的金融资产，其收益水平也比较低，不同期限的投资品种如何配置才能使收益达到预期水平，是资产组合投资首先考虑的问题。从风险角度看，高收益通常与高风险联系在一起，投资收益率比较高的资产，风险也相对较大。投资组合在确定不同期限的投资品种以后，需要在同类品种当中进行风险评估，依据风险偏好进行资产选择。一个理性的投资者常常是风险厌恶者，那么，如何在时间和风险两个维度上配置资产，实现资产的有效组合是投资管理的核心。

（一）现代资产组合理论

现代资产组合理论①（Modern Portfolio Theory，MPT），也称证券投资组合理论，其发展演变先后经历了马科维茨模型、单指数模型、资本资产定价模型、套利定价模型等，是针对化解投资风险的可能性而创立的资产定价理论体系。资产组合理论认为，有些风险与其他证券无关，分散投资对象可以减少个别风险或非系统风险，无法减少系统风险。市场风险包括非系统风险和系统风险。

通过持有资产的多元化来分散投资风险是最朴素的资产组合思想。现代资产组合理论通过建立数学模型进而精确地计算各种资产的持有量来分散投资风险，更有依据。但是，通过分散投资、构建投资组合并不能完全消除风险。这首先是因为存在系统风险，这类风险与其他资产的风险具有相关性，在风险以相似的方式影响市场上所有资产时，所有资产价格的涨跌都会产生类似的反应。其次，在现实中，投资组合不可能包括所有类别的所有资产。因此，投资组合可以分散风险，但无法消除风险。

原理6-1

现代投资组合理论认为，非系统风险可以通过投资组合来分散，系统风险无法通过投资组合来分散。

（二）时间维度与风险维度的配置

金融资产组合首先面临的是选择投资的资产期限长短的问题：是固定期限的债券，还是没有到期日的股票？选择什么期限的资产就是资产组合在时间维度上的配置。单纯的时间选择不可能决定投资组合中资产的最终取舍，因为证券的期限并不能完全说明风险的大小，相同期限、相同性质的证券，风险也是有差异的。构建资产组合要考虑的第二个问题就是如何在风险维度上进行资产的配置。从实际操作过程看，资产在时间维度的配置很难与其在风险维度的配置截然分开。

例如，投资者可选择的资产如表6-2所示。在未来经济状况出现过热、正常、衰退的情况下，相应的证券资产会出现不同的收益回报率。该投资者应如何选择投资组合呢？

① 更多内容请访问爱课程网→资源共享课→金融学/李健→第2章→2.5→媒体素材→金融资产与价格。

表 6-2　不同经济状况下证券资产的收益与风险

经济状况	概率	不同证券的投资收益率（%）				
		国债 T	公司浮息债 F	股票 A	股票 B	股票 C
过热	0.2	4	8	15	20	18
正常	0.5	4	6	8	12	11
衰退	0.3	4	4	3	-3	-1
计算指标	预期收益 $E(r)$	4	5.8	7.9	9.1	8.8
	风险 σ	0	1.4	4.16	8.48	6.94
	风险与收益的弹性系数 CV	0	0.24	0.53	0.93	0.79

注释：风险 σ 采用不同情景概率为权数计算，替代公式（6-4）中除以 $n-1$ 的方法。

首先要判断每一类资产的预期收益率，并测算资产的风险。国债是没有风险的资产，无论经济情况发生什么变化，投资收益率都是 4%。公司浮息债的收益率高于国债，风险也略高于国债。在三只代表不同行业的股票中，股票 B 的收益率最高，为 9.1%，风险也最大；股票 A 收益率最低，风险也最低；股票 C 的收益率与风险居中。

如果投资者是厌恶风险的，最安全的投资是将资产全部配置在国债上，获得 4%的收益率；如果是一个喜欢冒险的投资者，会将资产全部配置在股票 B 上，获得最大 9.1%的收益率。

（三）金融资产的有效组合与最佳组合

由于收益率的高低与资产的期限有一定的联系，通常是期限长的资产收益率高。那么，可以将收益率看作时间维度的代理变量，投资者资产配置在时间和风险两个维度上均衡配置可以有无数的组合点，如图 6-1 所示。图中的点为资产组合对应的风险与收益点。那么，这些组合点是否都有效呢？

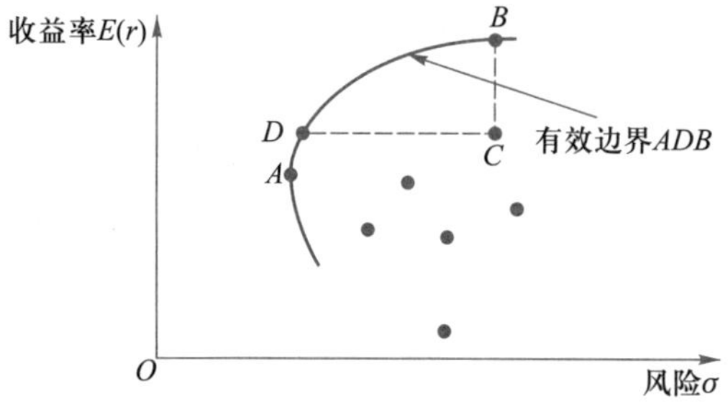

图 6-1　资产组合曲线与有效边界

资产组合理论提出了**有效边界**（Efficient Frontier）的概念，它是指在相同风险上收益最大的点连成的曲线，在这条线上的组合都是有效的——同等的风险上具有最高收益率。图 6-1 中曲线 ADB 就是有效边界，其他点上的资产组合都是无效组合。如在 C 点，风险与 B 点相同，但收益率小于 B 点，C 点的收益率与 D 点相同，但风险大于 D 点，因此是一种无效组合。

原理6-2

金融资产投资组合的选择，本质上是实现资产在时间维度和风险维度上的有效配置。有效边界是风险相同、收益最大，或收益相同、风险最小组合点的连线。有效边界上的资产组合被称为有效组合。

在有效边界上的资产组合是有效资产组合，那么，如何才能确定最佳组合点呢？因为每个投资者的风险偏好不一样，所以最佳组合对于不同的投资者是不同的。依据风险偏好程度，投资者可以在有效边界上进行资产组合。

第二节 金融资产价格

一、金融资产价格的类型

（一）票面价格、发行价格与市场价格

1. 票面价格

票面价格（Par Value）是有价证券的面值，发行时规定的账面单位值。一般而言，债券以 10、100、1 000 个货币单位作为面值，以 100 为主。股票通常以 1 个货币单位为面值，也有小于 1 个货币单位面值的股票，还有的国家股票无面值。基金份额的面值基本都是 1 个货币单位。

2. 发行价格

投资者在有价证券公开发行时认购的成交价格为**发行价格**（Issue Price）。当票面利率等于市场利率时，债券发行采取平价发行，发行价格等于票面价格；当票面利率低于市场利率时，债券发行采用折价发行方式，发行价格低于票面价格；当票面利率高于市场利率时，债券发行采用溢价发行方式，发行价格会高于票面价格。股票发行价格往往会高于票面价格，有一定的溢价率。基金的发行价格一般等于票面价格，按 1 个货币单位价格发行。

3. 市场价格

有价证券公开上市以后，在二级市场上流通交易时的价格为**市场价格**（Market Price）。债券的市场价格总是围绕面值并随市场利率的变化而变化。股票的市场价格则受到多种因素的影响，可能高于发行价格，也可能出现低于发行价格的情况。所谓“破发”，就是指市场价格跌破了发行价格。如某只股票的发行价为 66.70 元，上市第一天的价格只有 48 元，低于发行价格。开放式基金的市场价格取决于基金净值，一般会围绕净值波动。

知识链接6-1

紫金矿业 0.1 元股票面值意味什么？

紫金矿业首次公开发行人民币普通股（A 股），2008 年 4 月 8 日起开始网下询价。与其他发行新股不同，紫金矿业的发行面值为每股 0.1 元，这是沪深 A 股首次出现 1 元以下的股票面值。20 世纪 90 年代初期，我国股票市场建立之初，股票面值并不统一，大多为 100 元和 10 元面值的股票，后来经过拆细，统一为 1 元面值的股票，即每股股票代表 1 元价值。此次出现每股 0.1 元的面值，改变“1”统天下局面，投资者面对 0.1 元和 1 元股票面值并存的情况，还是需要适应和学习。因为股票面值不同，它的价值也不同。

所以，对投资者而言，判断股票价值的时候需要更加用心。不能仅凭股价，而更应关心每股净资产、每股收益，并与每股股价比较，进而作出投资决策。

摘自：谢卫群．紫金矿业 0.1 元股票面值意味什么？．人民日报，2008-4-10。

（二）证券市场价格衡量：价格指数

证券市场价格的总体变化采用指数来衡量。按照不同品种分为股票价格指数、债券价格指数、基金价格指数等。按照指数包容的样本数量划分，指数可以分为综合指数和成分指数。综合指数是将全部上市的证券纳入指数，成分指数则是选取有代表性的证券作为指数的样本。从股票价格指数编制方法来看，一般采用相对指标和绝对指标两种方式。相对指标是确定一个基期，加权计算出样本股票的市值，后续报告期样本股票的市价总值与基期市价总值相比后乘以 100 就可以得到报告期的股价指数。上海证券交易所股票价格综合指数、深圳证券交易所成份指数就是采用这种编制方法。绝对指标是直接采用样本股的市场价值总额作为指数，应该有货币单位，如道琼斯工业股 30 指数、日经 225 指数等。

二、证券价值评估

证券价值评估是对有价证券的内在价值作出科学合理的评判，进而找出市场价格与理论价值之间的偏离程度，为投资决策提供依据。影响有价证券价值的因素有证券的期限、市场利率水平、证券的名义收益与预期收益水平等。市场价格的变化除了受这些基本因素影响外，还会受到政治、经济、外交、军事等诸多因素的影响。证券的价值评估以分析可测度的基础因素为主。

（一）有价证券价值评估原理

证券的内在价值，也称证券的理论价值，是证券未来收益的现值，取决于预期收益与市场收益率水平。计算证券的内在价值，一般采用现金流贴现法。现金流贴现法是评价投资项目的基本方法，将投资形成的未来收益折算为现值。该方法的理论思想体现了收益资本化规律，因为投资的目的是获得收益，但投资收益是未来的现金流。因此，未来现金流的高低决定了投资对象内在价值的高低。只要能找到一个合适的贴现率，就可以计算出某项投资的现值。现金流贴现法需要估算投资对象的未来现金流，找到能够反映投资风险的贴现率，然后对未来现金流进行贴现，就能够对有价证券进行价值评估。评估方法分为绝对价值评估和相对价值评估两种。

（二）有价证券的绝对价值评估

1. 债券的绝对价值评估

债券的绝对价值评估相对容易，因为大多数债券在存续期内的现金流是票面规定的利息。债券付息方式可能有分次定期支付，或者是到期一次还本付息。无论何种支付方式，只要能确定每期的现金流，用合适的贴现率折算为现值即可。贴现率往往依据债券的信用等级确定。

对于到期一次性支付本息的债券，计算公式为：

$$P_B=\frac{A}{(1+r)^n} \tag{6-9}$$

其中，P_B 为债券的理论价值；A 为到期本利和；r 为贴现率；n 为债券到期前剩余期限。

对于分期付息、到期一次还本的债券，计算公式为：

$$P_B=\sum_{t=1}^{n}\frac{C}{(1+r)^t}+\frac{M}{(1+r)^n} \tag{6-10}$$

其中，C 为每期支付的利息；M 为债券的面值。

对于分期付息的永久性债券，计算公式为：

$$P_B=\frac{C}{r} \tag{6-11}$$

例如，面值为100元的1年期国债券、5年期金融债券和永久性企业债券，票面利率均为8%，按年支付利息。当市场利率分别为5%、8%和10%时，计算它们的理论价值，结果如表6-3所示。

表6-3 债券理论价格计算

单位：元

更多数据请扫描封底增值服务码→数据库。

债券	按不同市场利率贴现折算出的理论价格		
	5%	8%	10%
1年期国债	102.86	100	98.18
5年期金融债券	112.99	100	92.42
永久性企业债券	160	100	80

2. 股票的绝对价值评估

股票的绝对价值评估比债券的绝对价值评估过程要复杂一些，因为股票的收益一般是不稳定的，而且没有到期日，现金流贴现法计算过程需要做更多的工作，如判断每股收益、确定合理的贴现率等。优先股的收益是固定的，它的价值评估方法与永久性债券的价值评估方法相同，见公式（6-11）。普通股价格评估方法是将股票的未来预期收益全部折算为现值，用 P_S 表示，未来各期分红用 D_t 表示，贴现率为 r，计算公式为：

$$P_S=\sum_{t=1}^{\infty}\frac{D_t}{(1+r)^t} \tag{6-12}$$

如果分红是呈等比上升的趋势，预期增长率为 g 且假定 r 大于 g，D_0 为当期的每股收益，那么，股票的理论价值应该是：

$$P_S=\sum_{t=1}^{\infty}\frac{D_0(1+g)^t}{(1+r)^t} \tag{6-13}$$

即

$$P_S=\frac{D_0(1+g)}{r-g} \tag{6-14}$$

从企业生命周期的发展过程看，企业在不同发展阶段的盈利能力是不同的，初创时期和上升时期盈利增长速度比较快，进入稳定期后则盈利增长基本不会有太大变化。股票的价值也可以分两段计算，然后将两个评估价值相加即可。事实上，价值评估是难以准确判断企业生命周期发展阶段的转化时间的，所以，分阶段评估价值只是提供一个分析思路，不一定能够提供更为精确的估值结果。

（三）有价证券的相对价值评估

有价证券的相对价值评估通常使用以下两个指标。

1. 市盈率

市盈率（Price-Earning Ratio，PER）是反映股票市场价格高低的一个相对指标，亦称本益比，是股票市价与每股盈利的比率。其计算公式为：

$$市盈率=\frac{股票市价}{每股盈利} \tag{6-15}$$

市盈率反映了在每股盈利不变的情况下，当派息率为100%时，所得股息没有进行再投资的条件下，经过多少年原始投资本金可以通过股息全部收回。一般情况下，一只股票市盈率越低，市价相对于股票的盈利能力越低，表明投资回收期越短，投资风险就越小，股票的投资价值就越大；反之则结论相反。市盈率有两种计算方法：一是股价同过去一年每股盈利的比率；二是股价同本年度每股盈利的比率。第二种市盈率反映了股票现实的投资价值。

从国外成熟市场看，上市公司市盈率分布大致有这样的特点：稳健型、发展缓慢型公司的市盈率低，增长性强的公司市盈率高，周期起伏型公司的市盈率介于两者之间。从公司规模看，大型公司的市盈率低，小型公司的市盈率高。市盈率反映出市场投资者相对的、对公司未来业绩变动的预期。因为，高增长型及周期起伏型公司未来的业绩均有望大幅提高，市盈率便相对高一些。而一些已步入成熟期的公司，未来盈利难以出现明显的增长，市盈率不高，也较稳定，若这类公司的市盈率较高的话，则意味着风险较高。

2. 市净率

市净率（Price-Net Assets Ratio，PNAR）指股票市价与每股净资产之间的比值，比值越低意味着风险越低。其计算公式为：

$$市净率=\frac{股票市价}{每股净资产} \tag{6-16}$$

每股净资产是股东权益与总股数的比值。一般来说，市净率较低的股票，投资价值较高；反之，则投资价值较低。但在判断投资价值时还要考虑当时的市场环境以及公司经营情况、盈利能力等因素。

第三节　金融资产定价

一、市场估值与定价原理

（一）市场估值

在第二节中已经对债券、股票的内在价值进行了分析，阐述了价值评估的几种主要方法。内在价值实际上就是有价证券的理论价值，但实际的市场价格不一定与内在价值一致，因为理论价值估计并不能将所有影响价格的因素考虑进去。市场本身也是一个现实的估值体系。

市场估值的结果是市场价格，市场价格的决定因素除了包括决定证券理论价格的因素，如证券的预期收益、期限、贴现率外，还受证券的上市规模、行业周期、宏观经济周期、宏观经济政策等因素的影响，这在股票市场价格上体现得最明显。正是由于证券的市场估值体系所反映的影响证券价格的因素比理论估值考虑的因素多，所以有价证券的市场价格经常会偏离其理论价格或内在价值。此外，市场交易还可能出现非理性的结果，例如，“羊群效应”、过度悲观或过度乐观就会导致证券的市场价格被低估或高估。

由于证券的市场价格与内在价值之间存在偏离，不同证券品种之间的市场比价不合理，才使得市场价格有了套利的空间。市场价格、市场机制的有效性存在差异，同一只证券同时在不同市场上市经常会出现溢价空间，引起投机套利，投机套利交易最终会使价格回归均衡。现代资本市场理论正是建立在套利分析的基础之上，无套利均衡成为市场定价的基本标尺。

（二）资本市场理论的产生

资本市场理论源于对资本市场的分析。20 世纪 20—40 年代，资本市场分析以基本分析派与技术分析派为主。到了 50 年代后，开始出现了数量分析，并逐渐占据主导地位。1952 年，马科维茨（Markowitz）在其《投资组合选择》一文中提出了均值-方差投资组合理论，在研究方法上创立了衡量效用与风险程度的指标，确定了资产组合的基本原则。马科维茨的资产组合理论被认为是现代资本市场理论诞生的标志。

（三）资本资产定价原理

现代资本市场理论的产生使关于金融问题的分析实现了从定性到定量的转变，其所涵盖的大量科学分析方法与著名的金融理论，如资产组合理论、资本资产定价模型、套利定价理论、期权定价理论以及作为它们理论基础的有效市场假说等，皆在理论界得到普遍的认同和接受。

有关期权定价理论与模型将在第 10 章第三节“衍生工具的定价”中进行分析。下面主要介绍资本资产定价模型和套利定价理论。

二、资本资产定价模型

（一）模型的假设前提

1970 年，威廉・夏普（William Sharpe）在他的著作《投资组合理论与资本市场》中提出了**资本资产定价模型**（Capital Asset Pricing Model，CAPM）。他指出，个人投资者面临系统风险和非系统风险，投资组合可以降低乃至消除非系统风险，但无法避免系统风险。

资本资产定价模型的前提假设包括：第一，投资者是理性的，而且严格按照马科维茨模型的规则进行多样化的投资，并将从有效边界的某处选择投资组合；第二，资本市场是完全有效的市场，没有任何摩擦阻碍投资。

投资者的效用是财富的函数，财富又是投资收益率的函数，因此可以认为效用为收益率的函数。投资者事先知道投资收益率的概率分布为正态分布，影响投资决策的主要因素为期望收益率和风险两项。在同一风险水平下，投资者选择收益率较高的证券；同一收益率水平下，选择风险较低的证券。

（二）资本资产定价模型的方程

投资组合的**预期回报率**（Expected Return）的计算公式如下：

$$\bar{r}_a = r_f + \beta_a(\bar{r}_m - r_f) \tag{6-17}$$

其中，r_f 是无风险收益率（Risk Free Rate）；β_a 是组合证券的 β 系数；$\bar{r}_m$ 是市场期望回报率（Expected Market Return）；$\bar{r}_m - r_f$ 是股票市场溢价（Equity Market Premium）。

公式中的右边第一项是无风险收益率。在美国，比较典型的无风险收益率是 10 年期美国政府债券利率。如果股票投资者需要承受额外的风险，那么他将需要在无风险回报率的基础上获得相应的溢价。股票市场溢价就等于市场期望回报率减去无风险收益率。**证券风险溢价**（Risk

Premium）就是股票市场溢价和 β 系数的乘积。

（三）β 系数的确定

按照 CAPM 的规定，β 系数是用来衡量一种证券或一个投资组合相对总体市场**波动性**（Volatility）的一种反映系统风险的指标。如果一个股票的价格和市场的价格波动性是一致的，那么这个股票的 β 系数就是 1。如果一个股票的 β 系数是 1.2，就意味着当市场上升 10%时，该股票价格则上升 12%，而市场下降 10%时，股票的价格下降 12%。

β 系数是通过统计分析同一时期市场每天的收益情况以及单个股票每天的收益情况来计算出的。当 β 系数处于较高位置时，投资者便会因为股票的系统风险高，而相应提升股票的预期回报率。

原理6-3

资本资产定价模型揭示：系统风险较高的资产组合，其风险溢价也比较高。

小贴士6-1

原理 6-3 可以通过一个例子来说明。如果一只股票的 β 值是 2.0，无风险收益率是 3%，市场期望回报率是 7%，那么市场溢价就是 4%（7%-3%），股票风险溢价为 8%（2×4%），股票的预期回报率则为 11%（8%+3%），即股票的风险溢价加上无风险回报率。

资本资产定价模型给出了一个非常简单的结论：只有一种原因会使投资者得到更高的回报，那就是投资系统风险高的股票。尽管资本资产定价模型不是一个完美的模型，如假设前提有局限性，不过其分析问题的角度是无可争议的，它提供了一个可以衡量风险大小的模型，来帮助投资者决定所得到的额外回报是否与当中的风险相匹配。

小贴士6-2

1972 年，经济学家费歇尔·布莱克（Fischer Black）、迈伦·斯科尔斯（Myron Scholes）等在他们发表的论文《资本资产定价模型：实例研究》中，通过研究 1931—1965 年纽约证券交易所股票价格的变动，证实了股票投资组合的收益率和它们的 β 系数之间存在线性关系。

☞ 更多内容请访问爱课程网→资源共享课→金融学/李健→第 2 章→2.5→文献资料→资本资产定价模型的实证研究。

三、套利定价理论

套利定价理论（Arbitrage Pricing Theory，APT）导出了与资本资产定价模型相似的一种市场关系。它以收益率形成过程中的多因子模型为基础，认为证券收益率与一组因子线性相关，这组因子代表影响证券收益率的一些基本因素。事实上，当收益率通过单一因子（市场组合）形成时，将会发现套利定价理论形成了一种与资本资产定价模型相同的关系。因此，套利定价理论可以被认为是一种广义的资本资产定价模型，为投资者提供了一种替代性的方法，来理解市场中的风险与收益率间的均衡关系。

（一）套利与无套利法则

套利定价理论作为描述资本资产价格形成机制的一种新方法，其基础是价格规律，即一价定律，可以表述为：在均衡市场上，两种性质相同的商品以相同的价格出售。另一种情况是，两种资产 A 和 B，A 资产比 B 资产更有价值，但 A 的市场价格低于或者等于 B 的市场价格，这时就存在套利的机会，套利者会做多 A 资产，做空 B 资产。还有一种情形就是两种资产组合（相当于复制了收益与风险相同的单一资产，复制技术见第 10 章），前者的组合价值比后者的组合价值高，但价格却低于后者，就存在套利的机会。投资者的套利行为最终会导致套利空间消失，达到无套利的均衡状态。这就是无套利法则。

（二）套利定价模型

套利定价理论的基本机制是：在给定资产收益率计算公式的条件下，根据套利原理推导出资产的价格和均衡关系式。该理论的假设条件为：① 投资者有相同的投资理念；② 投资者是回避风险的，并且要求效用最大化；③ 市场是完全的。

1. 单因素套利定价

APT 假定资产收益率的影响因素来自公司特有因素和宏观经济因素（共同因素）两个方面。F 表示共同因素，如通货膨胀率、失业率等，$E(F)$ 为预期的共同因素，$F-E(F)$ 为共同因素预期以外的变动。比如，预测通货膨胀率为 7%，而实际的通货膨胀率为 8%，1%就是预期以外的变动。β_p 为证券对该因素的敏感性，$E(r_p)$ 为公司最近一期的收益率（期望收益率）。e_p 为公司特有因素引起收益的波动。则有：

$$r_p=E(r_p)+\beta_p[F-E(F)]+e_p \tag{6-18}$$

例如，假定单因素 $F-E(F)$ 代表预期以外的 GDP 增长，权威机构预测今年 GDP 增长率为 10.5%，而实际增长了为 9.5%，某股票对共同因素的 β_p 为 1.2，公司特有因素引致的扰动 e_p 为 3%，最近一期的分红收益率为 1%，则该股票的收益率为：

$$\begin{aligned} r_p &= 1\% + 1.2\times(9.5\%-10.5\%) + 3\% \\ &= 2.8\% \end{aligned}$$

2. 多因素套利定价

现实中，证券资产收益率受到多种宏观经济因素的影响，用 F_j 表示第 j 种因素，$j=1, 2, \cdots, k$，$E(F_j)$ 为该因素的期望值，β_{ij}表示第 i 种股票收益率对因素 F_j 的敏感性，e_i 为第 i 种股票发行公司特有因素引致的收益波动。

则多因素套利定价模型为：

$$r_i=E(r_i)+\sum_{j=1}^{k}\beta_{ij}[F_j-E(F_j)]+e_i \tag{6-19}$$

套利定价模型中的多因素确定和估计是一个比较困难的事情，由于宏观经济因素对不同性质的上市公司影响不一样，确定敏感系数 β_{ij}时需要处理大量的数据。

套利定价模型比资本资产定价模型考虑的因素更多，尤其是考虑了宏观经济因素的影响，将资本资产定价模型向前推进了一大步。

四、资产定价中的金融工程技术

（一）金融资产定价中的技术问题

资产组合理论第一次把数理方法引入金融问题研究，提出有效组合边界和系统风险，通过对有效组合的选择，得到了市场均衡的结果与投资者的个人风险偏好有关的结论。投资组合理论在确定有效组合边界的过程中，需要确定任意两项资产的协方差，因而需要处理的数据量异常庞大，需要技术支持。多因素套利定价理论将影响资产收益率的因素分解成多种因素，更加接近市场实际，分解过程需要技术支持。衍生金融工具中的期权定价模型更需要数学和统计技术支持。金融资产定价建立在无套利均衡原理基础之上，要设计金融产品，还需要工程化思维与技术的支持。

无套利均衡原理是金融资产定价的工程思维的逻辑起点，但在具体应用中，面对复杂、易变的金融市场，应用工程化思维创造出完美、适用的金融市场交易产品，仍然是一项艰巨的任务，需要解决一系列技术性的难题，并选择应用合适的技术工具，这就是金融工程问题。金融学、数学和统计学以及计算机科学等方面的知识是金融工程技术中不可或缺的工具。

技术问题的解决需要理论指引和具体的工具。金融资产定价建立在市场均衡理论、有效市场理论、估值理论、投资组合理论和资产定价理论等基础之上，其中莫迪利亚尼和米勒的 MM 定理、马科维茨的均值-方差模型、夏普的资本资产定价模型和布莱克-斯科尔斯期权定价模型尤为重要。这些理论思想与现实金融市场的需求变化结合起来，设计出应用于财务管理、投资管理、风险管理等方面的金融产品与复合产品，满足不同交易主体的需要。设计过程需要数学和统计学的技术支持。数学和统计学为金融产品设计提供的方向性路径是否可行还需要大量的试验和测试，需要借助计算机技术手段来实现。计算机的广泛运用极大地挖掘了金融交易的潜力。服务于市场开发和交易的各种分析软件和应用软件，为金融工程师提供了创新金融工具和解决金融问题的强有力手段。另外，金融产品的开发设计是在现有的制度框架内进行的，法律、税收和会计等方面的基本知识和技能也是金融资产定价中需要的工具和手段。

（二）金融工程技术的内容

美国金融学教授约翰·芬纳蒂（John Finnerty）在 1988 年发表的《公司财务中的金融工程》一文中给出金融工程的定义：将工程思维引入金融领域，综合地采用各种工程技术方法，设计、开发和实施新的金融产品，以创造性地解决各种金融问题。1994 年，英国经济学家洛伦兹·格利茨（Lawrence Galitz）在他的《金融工程学：金融风险管理中的工具与技术》一书中也给出了金融工程的定义：金融工程是应用金融工具，将现在的金融结构进行重组以获得人们所希望的结果。这两种界定是当前理论界认同度最高的。广义的金融工程是指一切利用工程化手段来解决金融问题的技术开发，它不仅包括金融产品设计，还包括金融产品定价、交易策略设计、金融风险管理等各个方面。

作为工程化的学科，金融工程所采用的技术不同于其他工程学科，有自己的特色。归纳起来，金融工程的技术主要有两类：

（1）无套利均衡分析技术。无套利均衡分析技术是金融工程技术的起点，本质上是市场均衡理论在金融资产定价方面的分析方法。无套利均衡分析法的基本思想是：当市场其他资产的价格一定时，某资产的价格是多少才不存在套利机会。无套利均衡分析的要点是，“复制”证券的现金流特征与“被复制”证券的现金流特征完全相同（关于“复制”与“被复制”的概念，见第 10 章第三节）。运用无套利均衡分析技术的资产定价模型有：资本资产定价模型、套利定价模型、布莱克-斯科尔斯期权定价模型等。

（2）分解、组合与整合技术。结构化的分解技术、组合技术与整合技术是金融工程的核心技术。具体来说，分解技术是在原有金融工具或金融产品的基础上，将其构成因素中的某些高风险因子剥离，使剥离后的各部分作为独立的金融工具参与市场交易；组合技术是指在同一类金融工具或产品之间搭配，使之成为复合型结构的新型金融工具或产品；整合技术是在不同种类的金融工具之间进行融合，使其形成具有特殊作用的新型金融工具，以满足投资人或发行人的特殊需要。

金融工程的技术核心在于对新型金融产品或业务的开发设计、对已有工具的发展应用和运用组合分解技术，将已有的金融工具复合出新的金融产品。作为处理金融问题的工程化机制，金融工程有其相应的程序：一是诊断，主要识别金融问题的实质和根源；二是分析，依据当前的体制、技术及金融理论寻求解决问题的最佳方案，通常是开发一种（或一组）新的金融工具或者设计一个新的金融策略；三是生产，运用工程技术方法从事新金融产品（工具或策略）的生产；四是定价，在成本和收益的权衡中确定新产品的合理价格；五是修正，针对客户的特殊需求或者基于完善功能的目的，改进产品；六是商品化，将为特定客户设计的方案标准化，面向市场推广，商品化过程可以利用规模经济降低产品成本，增强其市场流动性。

（三）金融工程技术设计的特点

金融工程技术设计呈现出以下特点：第一，剥离与杂交。即运用尖端技术对风险和收益进行剥离、分解或杂交而创造出新的风险与收益关系。如将附在国债上的息票从本金上剥离下来单独出售，创造出本息分离债券，还将其同掉期结合，产生了本息分离债券互换产品。第二，指数化与证券化。指数化是将一些基本的金融工具的价值同某些市场指标，如股票指数、利率等挂钩，为避免市场反向变动的损失，常将其设计成期权的形式。证券化是指以原来缺乏流动性的资产（如不动产、不良债权、垃圾债券等）为基础发行新的证券，如资产担保债券或资产掉期证券。第三，保证金机制。保证金使交易双方违约风险下降，确保交易公平，同时使金融机构资金占用大大降低。第四，业务表外化。监管机构对商业银行资本充足率的要求使其利用金融工程开发出众多不在资产负债表上反映的业务以保证盈利，改善资产负债结构，提高效率。

（四）金融工程技术的应用

金融工程技术应用的专业领域主要有：

（1）公司理财。主要是调整旧的财务结构，获得更合理的财务特性的技术，满足新的融资需要。

（2）金融工具交易。运用基础性金融工具组合成新的金融工具，或综合运用工程技术方法，设计、开发和应用新的金融工具。

（3）投资管理。开发新的投资工具和“高收益”共同基金、货币市场共同基金，以及回购、逆回购协议，将高风险投资工具转变成低风险投资工具的系统。

（4）风险管理。组合金融工具（尤其是衍生金融工具），实施风险管理的技术。

金融工程技术具体应用方向包括三方面：一是新型金融工具的设计与开发，满足投资的需要；二是新型金融手段和设施的开发，其目的是降低交易成本，提高运作效率，挖掘盈利潜力和规避金融管制；三是为了解决某些金融问题，如为实现特定的财务经营目标，制定出创造性的解决方案。

第四节　金融资产价格与利率、汇率的关系

利率、汇率与金融资产价格之间有着千丝万缕的关系。一般当市场上利率、汇率变动或中央银行动用利率手段调节经济运行时，都会引起股票、债券等金融资产价格的波动。通常是利率上升，金融资产价格下跌；利率下降，金融资产价格上涨。而汇率升值或贬值，资产价格则有可能涨，也可能跌。

一、资产价格与利率

利息转化为收益的一般形态以后，利率就成为衡量报酬的最基本的尺度。从企业财务角度分析，利率可以理解为货币资金的成本，用于衡量货币资金的价格。从存款人、金融资产投资者角度看，利率是最普遍认同的资金回报率。在第5章中，我们已经考察了利率的种类，本节所指的利率是金融市场上的无风险利率，是一定时期能够反映资金供求均衡水平的市场均衡利率。影响利率变化的因素很多，有政治因素，也有经济因素；有国内因素，也有国际因素；有市场因素，也有非市场因素。所有的因素都是变化的，市场利率也会随之变化。

（一）金融资产价格与利率变化的关系

分析金融资产价格与利率的关系，需要假定金融资产价格是无套利的均衡价格，价格偏离内在价值很小，偏离仅仅是交易成本的表现，不存在套利的可能。金融资产价格围绕其价值波动，尽管价格与价值完全重叠是偶然情况，但是，价格与价值变动在方向和趋势上是一致的。因为，价格偏离价值太大就产生了套利的可能，投机套利会使价格回归均衡。只要市场是有效的，金融资产价格应该是合理的、接近其内在价值的无套利均衡价格。

金融资产的价格一般采用未来现金流贴现法来评估。确定金融资产未来现金流贴现所使用的贴现率首先要确定无风险利率。当然，金融市场上的无风险利率不止一个，如在美国，联邦基金利率、联邦再贴现率、10年期国债利率都可以作为无风险利率。具体使用哪一个利率，取决于被评估金融资产的性质、信用等级等。一般来说，中央银行的基准利率可以作为无风险利率标准来使用，因为基准利率变化后，其他无风险利率也相应变化。

金融资产价值是该项资产未来现金流收入的贴现值，贴现率通常采用无风险利率加上风险溢价，因此，利率变化与金融资产价值的变化总是反方向的：利率升高，金融资产价值会降低，价格下跌；利率降低，金融资产价值会升高，价格上涨。

（二）利率变化对资产价格的影响机制

1. 预期的作用

利率作为宏观调控的工具，具有经济运行风向标的功能。金融资产价格在更多时候是受市场预期的影响，这在股票价格上体现得尤为明显。金融市场投资者预期是对投资资产未来前景的判断，这种判断要看宏观经济、行业特征和发行公司的发展潜力。例如，基准利率变化意味着宏观调控的松紧取向，当经济趋于过热时，中央银行会选择调高基准利率，导致市场利率上升，预期未来上市公司的盈利水平就有可能降低，投资者会抛售股票，导致股票及其相关的资产价格下跌。

2. 供求对比变化

金融资产价格变化主要受制于资产供给与需求之间的力量对比。需求可以用金融市场上交易

性货币的数量来表示。交易性货币的机会成本一般用利率来衡量。当利率上升时，交易性货币机会成本上升，会导致一部分货币回流到银行体系，金融资产交易的供求力量发生变化，供给相对需求过剩，价格下跌。利率下降时，交易性货币机会成本下降，会吸引一部分资金流入资本市场，金融资产供求对比发生变化，需求增加，价格上涨。

3. 无套利均衡机制

在利率变动之前，债券和存款两种资产的收益对比处于均衡状态，二者之间不存在套利的空间。当利率上升以后，银行存款的收益水平提高，债券价格如果不变，就会产生套利空间，人们会抛售债券，增加存款，债券价格下跌，直至套利空间消失，债券和存款两种资产价格重新达到均衡。债券的票面利率固定，市场价格可以变化，而存款是面值固定，但利率可以变化。股票等非固定收益证券，在短期内，其收益率是已知的，等于最近一期实现的收益率。利率变动以前，股票与存款之间也存在无套利均衡，利率变化后，现有的均衡被打破，套利交易使股票价格调整到新的均衡水平。所以，债券和股票等有价证券与存款之间存在套利机制，使得利率变化后，债券和股票等资产价格出现反方向变化。利率与金融资产价格之间的关系可以用金融资产价值评估模型反映出来。

原理6–4

利率变化通过预期、市场供求和无套利均衡机制等作用于金融资产价格，使资产价格出现反方向变化趋势。

二、资产价格与汇率

（一）金融资产价格与汇率变化的关系

汇率变化对金融资产价格的影响是一个复杂的过程。从现象上看，一国本币汇率升值，金融资产价格可能上涨，也可能下跌。有些国家的货币汇率升值导致的结果是金融资产价格大跌。如日本在1987年日元升值以后，日经指数开始下跌，资本市场进入长期低迷。韩国的经验也说明，本币升值以后，股市下跌。但是，中国从2005年下半年人民币升值以来，股票市场却出现一轮上升行情。相应地，本币汇率贬值，金融资产价格可能上涨，也可能下跌。如1997年亚洲金融危机时，本币汇率贬值的国家，股票市场均出现大跌。

1. 本币汇率升值推动金融资产价格上涨的情况

本币汇率升值往往不是一步到位的，无论是自由浮动的汇率，还是管理浮动的弹性汇率，都是一个逐步上升的过程。在进入升值阶段，汇率实际的升值幅度、速度与市场预期有关。在升值初期，如果存在持续升值预期，国际套汇资金会流入，即使存在资本流动管制，投机资本也可能通过各种非正常渠道流入。流入的套汇资金转化为本币后，可能投资到金融资产或不动产上，导致资产市场原有的均衡被打破，需求超过供给，资产价格上升。另外，套汇资金进入，转换为本币，导致外汇市场上本币需求旺盛，进一步推动汇率升值，同时，在中央银行没有实施货币冲销政策的前提下，套汇外币大量涌入导致基础货币投放快速增长，货币供应增加，推动市场利率走低，金融资产价格上涨。

本币汇率升值达到一定幅度，接近市场预期的上限时，套汇资金会迅速从资产市场撤出资金，转化为外汇出逃。在这个时候，汇率升值步伐停滞，甚至开始贬值，资产价格下跌。

2. 本币汇率升值导致金融资产价格下跌的情况

本币汇率升值对于一个出口导向型经济且外贸依存度高的国家而言不是好事。因为，本币升值将大大削弱本国出口的竞争力，出口为主的企业、产业必然出现效益下降，严重的可能出现企业亏损、倒闭，导致行业的衰退。决定金融资产价格的最根本因素是经济前景，本币升值使出口需求下降，进口需求增加，抑制了国内的产品生产，国民经济可能进入衰退期，投资者预期悲观，股票、债券等与经济发展状况密切相关的资产价格必然下跌。另外，从货币角度分析，本币升值导致经常账户逆差，对外支付多，外汇储备下降。外汇储备减少会导致货币紧缩效应，市场利率上升，金融资产价格下跌。

3. 本币汇率贬值推动金融资产价格上涨的情况

本币汇率贬值对于改善一国的经常账户的作用明显，有助于增加出口，减少进口，改善人们的预期。在资本市场上，贸易型公司及出口受惠行业的上市公司股票会上涨。如果出口在国民经济中的比重较高的话，国内总需求会被有效拉动，经济增长速度加快，整个经济预期前景看好，金融资产价格上升。

4. 本币汇率贬值推动金融资产价格下跌的情况

本币汇率出现贬值趋势后，国际套汇资金同样会进入，转化为本币后，在资本市场和衍生工具市场上做空股票、债券的现货与期货，买入看跌期权或卖出看涨期权。国内投资者也会产生同样的预期，进而加入做空的队伍当中，导致资产价格下跌。当金融资产价格下跌到投机者、套汇者预期的目标时，他们会进行对冲交易，获得资产高卖低买的价差收益，并将本币转换为外汇撤出。这时候，资产价格停止下跌，汇率贬值也会停止。

（二）汇率变化影响金融资产价格的约束条件

汇率变化影响资产价格总是与经常项目差额、短期资本流动联系在一起。国际收支中的贸易和短期资本项目是汇率影响金融资产价格的途径和传导机制。金融资产价格对汇率变动的灵敏度高低受制于下面的约束条件。

1. 经济的外贸依存度

一国经济的外贸依存度越高，汇率变化越能够影响经济发展预期。汇率升值，会导致出口行业衰退，经济预期看淡，资本市场投资意愿减退，金融资产价格下跌。汇率贬值，会改善本国出口，拉动国内总需求，经济发展预期看好，资本市场投资活跃，金融资产价格上升。经济的外贸依存度越低，则汇率变化对经济发展的影响越小，与资本市场没有明显的联动性，资产价格受汇率的影响很小。

2. 资本账户开放程度

一国资本账户存在严格管制时，国际套汇、套利资金难以进入，汇率升值、贬值对资本市场的金融资产价格几乎没有影响。如果资本账户开放程度比较高，尤其是资本可以自由进出的国家，汇率升值会引起金融资产价格上涨，汇率贬值可能引起资产价格下跌。

3. 本币的可兑换程度

本币的可兑换程度，如果本币是完全自由兑换的，国际套汇、套利资金流入后会顺利转化为本币，进入资本市场，对金融资产价格影响的时滞比较短；如果本币不能自由兑换，或只是经常项目可兑换，国际投机资本进入后的转换成本比较高，对金融资产价格影响的时滞比较长。

4. 资本市场的有效性

从理论上讲，资本市场如果是一个强有效市场，资产价格能够反映所有公开的信息和内部信息，那么，汇率变化对金融资产价格的影响就比较明显；反之，资本市场如果是一个弱有效市场，汇率变化对金融资产价格影响就比较小。半强有效的资本市场金融资产价格对汇率变化有一定的反应，但不强烈。

（三）汇率变化对金融资产价格影响机制

汇率变化效应最终在金融资产价格上反映出来需要一个传导机制。归纳起来，汇率主要通过预期机制、资本与资产供求均衡机制来影响金融资产价格。

1. 预期机制

预期机制是汇率通过市场预期作用于金融资产价格，外贸依存度较高的国家该传导机制有效。汇率变化会引起贸易状况变化，引起经济发展预期的变化，决定资本市场的投资倾向，投资者采取相应的投资行动，从而引起金融资产价格波动。

2. 资本与资产供求均衡机制

对于资本账户开放度高、货币可自由兑换的国家，由于国际投机资本进出方便，该机制的作用明显。当汇率变化时，投机资本进入，转换为本币后，依据汇率波动方向在资本市场上做出相应的多头或空头交易选择，打破了市场原有的均衡格局，导致金融资产价格波动。

本章小结

1. 金融工具是经济主体之间签订的确定责权利且具法律效力的各种契约。金融工具是金融市场交易的对象，是随信用关系而产生发展起来的。金融工具一般具备法律性、流动性、收益性和风险性四个特征。

2. 金融资产是持有人所拥有的以价值形态存在的资产，是一种索取实物资产的权利。金融工具对工具的发行者而言是一种负债，对持有者而言则是一种金融资产。金融资产一般包括发行人、价格、期限、收益、标价货币五个基本要素。债权类金融资产以票据、债券、大额可转让定期存单等契约型投资工具为主；股权类金融资产以股票为主。

3. 风险是未来收益与损失的不确定性。金融风险包括信用风险、市场风险、流动性风险、操作风险、法律风险、政策风险和道德风险。个别风险或非系统风险可以通过资产组合来分散，但系统风险无法通过资产组合来分散。

4. 金融资产的收益包括利息、股息与红利等现金流收益和资产买卖价差收益，买卖价差收益也称资本利得。资产组合投资收益是所有单个资产收益的加权平均值。

5. 金融资产投资组合是从时间和风险两个维度配置资产的。在时间和风险两个维度上有效配置资产，是投资管理的核心。

6. 证券的价格包括面值、发行价格、市场价格三种形式。证券的内在价值是其理论价格，影响证券内在价值的因素有证券的期限、市场利率水平、证券的名义收益与预期收益水平等。市场价格的变化除了受这些基本因素影响外，还会受到政治、经济、外交、军事等诸多因素的影响。价值评估以分析可测度的基础因素为主。

7. 证券的市场价格是市场对证券估值的结果，经常会偏离证券的内在价值。不同证券品种之间的市场比价不合理，使得市场价格有了套利的空间。投机套利交易最终会使价格回归均衡。现代资本市场理论正是建立在套利分析的基础之上，无套利均衡成为市场定价的基本标尺。

8. 现代资本市场理论包括资产组合理论、资本资产定价模型、套利定价理论、期权定价理论以及作为它们理论基础的有效市场假说等。

9. 资本资产定价模型和套利定价模型解决了资产组合预期收益的测算问题。资本资产定价模型揭示：系统风险较高的资产，其风险溢价也比较高。套利定价模型比资本资产定价模型考虑的因素更多，尤其是考虑了宏观经济因素的影响，将资本资产定价模型向前推进了一大步。

10. 金融投资组合与资产定价需要相应的技术支持，金融工程技术包含无套利均衡分析技术，分解、组合和整合技术，主要应用于财务管理、投资管理和风险管理等方面。

11. 利率变化对金融资产价格的影响通过预期、供求变化和无套利均衡机制实现，利率与金融资产价格一般呈现反向变动的关系。汇率变化后金融资产价格变化情况比较复杂，不一定是同向变化的关系。金融资产价格对汇率变动的敏感程度受制于一国经济对外贸依存度、货币自由兑换程度、资本管制程度、资本市场的有效性等因素。汇率通过预期、资本与资产供求均衡机制作用于金融资产价格。

重要术语

金融工具	金融资产	债权类金融工具	股权类金融工具	衍生类金融工具
合成类金融工具	金融风险	非系统风险	系统风险	资产收益
资产配置	有效边界	资产价格	内在价值	市盈率
市净率	有效市场假说	资本资产定价	套利定价	金融工程
无套利均衡机制				

术语解释请扫描封底增值服务码→名词术语。

思考题

1. 金融资产与金融工具的联系与区别是什么？
2. 国际货币基金组织对金融工具的分类包含哪几个层面？
3. 金融资产的基本要素有哪些？
4. 面值为 100 元，票面利率均为 5%，期限分别为 1 年、5 年和无到期日的三种债券，当市场利率为 3%、5%和 8%时，三只债券的理论价格应该是多少？
5. 在过去 5 年中，A 公司股票收益率分别为 7%、10%、15%、4%、1%，B 公司股票收益率分别为 −1%、0、9%、17%、20%。计算两只股票的风险-收益的弹性系数 CV，比较哪只股票更适合投资。
6. 联系实际分析利率变化如何影响金融资产价格。本币汇率升值或贬值，股票价格会出现怎样的变化？影响机制有哪些？

更多思考练习请扫描封底增值服务码→习题作业、例题及综合测试。

讨论题

讨论主题：金融资产的价格变化及其影响因素

讨论素材：中国居民资产情况资料

思考讨论：

1. 资产管理对居民百姓生活为何越来越重要？
2. 结合中国金融发展现状，给低风险偏好城镇家庭的资产配置组合提出建议性方案。

相关讨论素材请扫描封底拓展资源码→教学案例。

延伸阅读

1. 宋逢明. 金融工程原理：无套利均衡分析. 北京：清华大学出版社，1999.
2. 亚历山大，夏普. 证券投资原理. 成都：西南财经大学出版社，1992.
3. 郑振龙，陈蓉. 金融工程. 5版. 北京：高等教育出版社，2020.
4. FAMA E F, FISHER L, JENSEN M C, et al. The adjustment of stock prices to new information. International Economic Review, 1969, 10 (1): 1-21.
5. MARKOWITZ H. Portfolio selection. Journal of Finance, 1952, 7 (1): 77-91.
6. MERTON R C. An intertemporal capital asset pricing model. Econometrica, 1973 (5): 867-887.
7. SHARPE W F. Capital asset prices—a theory of market equilibrium under conditions of risk. Journal of Finance, 1964 (3): 425-442.
8. 马克维茨. 资产组合选择：投资的有效分散化：第2版. 北京：人民邮电出版社，2017.
9. 博迪，凯恩，马库斯. 投资学：第十版. 北京：机械工业出版社，2017.

更多资源请扫描封底拓展资源码→文献目录。

即测即评

请扫码答题，检测本章学习效果。

第7章 金融市场体系及其功能

本章导读

金融市场是随着金融投资的兴起而产生并不断发展的，金融投资的不断丰富使得金融市场的种类也相应增加。决定和影响金融投资收益的关键因素是市场利率。在金融全球化背景下，各国投资收益率和利率的差异引起国际资本流动，促进国际金融市场发展。本章重点阐释金融投融资与金融市场发展的关系、金融市场的一般构成要素、金融市场的主要种类和基本功能及其效率。

第一节 投融资活动与金融市场的产生发展

金融市场是资金供求双方实现货币借贷和资金融通、办理各种票据和有价证券交易活动的市场，也可以看作交易金融资产并确定金融资产价格的一种机制。如前所述，随着商品货币经济的发展，商业信用、银行信用和政府信用等多种信用形式日益发展，催生了金融市场。

一、资金融通与金融市场的产生

从时间上考察，广义金融市场的源头可以追溯到公元前 2000 年巴比伦寺庙经营的货币保管和收取利息的放款业务。货币兑换业和金匠业从公元 11 世纪开始向近代银行业过渡。卖方向买方提供的延期付款凭证开始在国际贸易中广泛使用，与此有关的保险业务也发展起来。

狭义金融市场的起点一般认为是票据市场的出现。自 12 世纪初开始出现了汇票等信用工具的交易并出现了市场的雏形。中世纪欧洲产生了国债制度，出现了国债发行市场。14 世纪至 15 世纪，热那亚已经有企业以股份有限公司的形式组织起来，它们向认股人提供的认股文书可以作为个人财产凭证转让，出现了股票市场的雏形。16 世纪初在伦敦和安特卫普等主要商业金融中心出现了外币交易所。于 1613 年开市的阿姆斯特丹证券交易所被认为是以股票交易为中心的证券市场的开端。

知识链接7–1

世界上最早的证券交易所

世界上最早的证券交易所与荷兰东印度公司有直接的关系。这个公司成立于 1602 年，由在远东进行香料贸易的商人组成。荷兰政府授权该公司全权控制香料贸易，并凭着强大的武装商船队在海上称王称霸。当时，荷兰东印度公司为了扩大贸易，就将公司发行的股票卖给阿姆斯特丹的市民，由于这些股票的股息丰厚，所以市民们趋之若鹜。在这种形势下，阿姆斯特丹证券交易所遂于 1613 年正式成立，这是世界上最早的以股票为交易对象的证券交易所。

资料来源：赵赴越，陆如川．金融之最．北京：中国金融出版社，1988：184。

工业革命以后，人们进行产业投资时购买机器设备、原材料，雇用劳动力都需要货币；机器的广泛使用使生产规模急剧扩大，单个资本的产业投资远远不能满足自身发展和生产社会化的需要，有必要筹集社会资金来满足这种需要。随着社会化大生产和信用的广泛发展，资金融通日益活跃，货币市场迅速发展起来。第二次世界大战前，货币市场的发展主要以扩大金融与其他经济活动的联系面为特征。第二次世界大战后，特别是 20 世纪 60 年代以来，货币市场的发展则主要以深化金融对其他经济活动的渗透为特征。这个特征通过一系列金融创新表现出来。

我国货币市场的发展也有着久远的历史。货币市场起点可上溯到公元前 11 世纪的周朝，当时以“泉府”为中心的赊贷业务开始发展。到汉唐时期，集中的货币市场已有较大的规模。明代中叶以后出现在浙江一带的钱业市场基本具备了货币市场的功能，这与欧洲金融市场的形成大致在同一时期。民国时期的拆借市场、票据市场已经初具规模。新中国成立之初，金融市场在我国曾经短暂存在过。随着高度集中的计划经济体制的建立，信用逐步集中于银行，企业的资金来源于财政拨款和银行贷款，金融市场基本消失。改革开放以来，我国的金融市场恢复发展很快。商业票据市场起步于 20 世纪 80 年代初。全国银行间拆借市场于 1996 年 1 月 3 日开始运行，全国银行间债券市场于 1997 年 6 月 16 日开始运行。1981 年，国家开始发行国库券；1985 年，银行开始发行金融债券。企业债券、股票、各种政府债券等金融工具也陆续出现。1986 年，企业债券、股票的转让市场率先在沈阳、上海起步。1988 年 4 月，国库券开始上市交易。上海证券交易所和深圳证券交易所于 1990 年 12 月开始营业。1990—1993 年，郑州商品交易所、上海期货交易所、大连商品交易所先后成立。1994 年，人民币汇率并轨，全国统一的外汇交易市场在上海成立并运行。2001 年 10 月，上海黄金交易所成立，在试运行一年后于 2002 年 10 月正式开业。2006 年，中国金融期货交易所成立。2016 年，上海保险交易所开业。至此，货币市场、资本市场、衍生工具市场、外汇市场、黄金市场等主要金融市场无一缺位。

二、金融投资与资本市场的出现

投资是经济主体为了获得未来的收益而投入资本的活动。投资的目的是获利，投资活动只是获利的手段，也是一个从投入到回收获利的动态过程。投资可划分为产业投资和金融投资。产业投资是投资于实体经济的活动，如投资于工业、农业、服务业等，这些投资最后会形成各种各样的固定资产和流动资产，通过生产经营会产生利润，从而给投资者带来相应的回报。金融投资是以金融资产为标的物的投资活动，如买卖股票、债券、外汇等的投资活动。如前几章所述，资金余缺的并存和信用的发展催生了多种金融工具。资金短缺的企业、政府和金融机构通过发行金融工具筹集资金，筹资者提供的金融工具成为投资的对象；资金盈余者通过买卖金融工具进行投资，成为投资主体。由此形成了金融市场的供求双方，通过金融市场的交易来完成投融资活动。历史的考察和逻辑的分析都表明，投融资活动的需求，是形成资本市场的基础。资本市场是资金供求双方借助金融工具进行各种投融资活动的场所，资本市场的产生和发展提供了合理的定价机制，使投融资活动更为顺利，也增强了资本的配置功能和产权功能，进一步促进了经济的发展。

金融市场上的资金供给者通过购买并持有各种金融工具拥有相应金额的债权或所有权，资金需求者通过发行或卖出各种金融工具承担着相应金额的债务或责任。金融市场的发展不仅使投融资活动更为便利，而且降低了金融交易的成本，进一步促进了投融资活动的活跃，满足了资金余缺双方的投融资需求。

20 世纪 70 年代之后，随着西方工业发达国家经济规模化和集约化程度的提高，东南亚和拉丁美洲发展中国家经济的迅速崛起，以及现代计算机、通信和网络技术的进步，全球股票市场步入了快速发展的轨道。1986 年全球股票市场的市值总额约为 6. 51 万亿美元，上市公司总数为 2. 82 万家。到 1995 年年底，市值总额上升到 17. 79 万亿美元，10 年间市值增长了近 2 倍，上市公司增加了 1 万多家，达到 3. 89 万家。据世界交易所联合会的统计数据显示，2020 年年底，全球股票市场资本总额达到 109 万亿美元。全球股票市值最大的五家交易所分别是纽约交易所集团（NYSE Group）、纳斯达克股票市场（NASDAQ）、日本交易所集团（JPX）、上海证券交易所、香港交易所集团。

原理7-1

投融资需求是金融市场产生的基础，金融市场的发展促进了投融资的活跃。

三、国际资本流动与国际金融市场的形成

在开放经济条件下，当投融资活动跨越国界，就形成了国际资本流动，进而产生了国际金融市场。

（一）国际资本流动的含义及种类

国际资本流动是指资本跨越国界从一个国家或地区向另一个国家或地区流动。根据资本的使用或交易期限不同，可以将国际资本流动分为长期资本流动和短期资本流动。长期资本流动是指期限在一年以上的资本的跨国流动，包括国际直接投资、国际间接投资和国际信贷三种方式。短期资本流动是指期限的形成较为复杂，存单、国库券、商业票据及其他短期金融资产交易，投机性的股票交易等都可以形成短期资本流动。短期资本流动可分为贸易性资本流动、套利性资本流动、保值性资本流动以及投机性资本流动等。随着经济开放程度的提高和国际经济活动的多样化，贸易性资本流动在短期资本流动的比重在降低，但套利性资本流动、保值性资本流动以及投机性资本流动的规模越来越大，成为短期资本流动的主体。

（二）国际资本流动的原因

国际资本流动的原动力来自资本的逐利性，并进一步要求在风险一定的前提下获得尽可能多的利润，不同的国家或地区资本回报率的差异是引起长期资本国际流动的根本原因。当然资本能否在各国间流动，还取决于各国资本管制政策与制度。归纳起来，国际资本流动的主要原因有以下几个方面。

1. 实体经济原因

发达国家在经济发展过程中不断积累的过剩资本，要到更广阔的国际市场上寻找获利空间，成为国际资本的主要供给来源。同时，一些发展中国家，即使国际收支状况良好，但由于国内储蓄不足以支持经济发展的投资需求，造成“储蓄-投资”缺口。同时因出口收入不足以支付进口所需而形成外汇缺口。利用外资弥补经济发展中的这两种资金缺口，构成对国际资本的持续需求。

2. 金融原因

利率代表资金的平均回报率，各国之间的利率差异是引起资本跨国流动的金融原因。尤其是短期套利性资本对利率变化的敏感性强，流动方向一般是从利率低的国家和地区流向利率高的国家和地区。汇率变化对资本流动也有明显的影响。如果一国汇率趋于升值，会吸引长期资本和短期资本流入。

3. 制度原因

第二次世界大战后相当长的一段时期内各国对国际资金流动进行过严厉管制。20 世纪 70 年代以来，各国逐步放松外汇管制、资本管制，推进金融自由化，允许外国金融机构进入本国的金融市场，允许非居民到国内金融市场筹资，放松对金融机构的控制。到了 20 世纪 90 年代初期，绝大多数发达国家开放了对国内资本的流动管制，新兴市场的资本管制也有所放松。与此相对应的是国际资金流动规模的迅速扩大。

4. 技术及其他因素

国际资本流动需要依赖一定的低成本流动路径，技术条件是决定资本流动的重要因素。20 世纪 90 年代以来，电信技术在银行的广泛运用将世界各大金融中心连为一体，单笔资本的跨洲转移可以在短短的几秒钟内完成。国际资本流动的便利度和速度都大为提高。

原理7–2

不同国家投资收益率差异是长期资本流动的根本原因，国际利率差异是短期资本流动的根本原因。

（三）国际金融市场的形成

当国际资本流动借助于相应的金融工具或投资品种时，便形成了各类国际金融市场，主要有国际货币市场、国际资本市场（包括股票、债券等）、国际衍生产品市场等。

国际金融市场是指按照国际市场规则进行跨国投资活动的场所或运营网络。国际金融市场的交易对象和交易活动与国内金融市场并无本质差异，只是交易范围和参与者往往跨越国界，其作用也有所不同。国际金融市场在经济发展中具备以下独特作用。

1. 提供国际投融资渠道

国际金融市场将来自不同国家的筹资者和投资者紧密联结在一起，有力促进了生产要素在世界范围内实现合理的配置。国际金融市场通过提供不同期限、不同币种、不同金额、不同利率、不同融资主体的金融工具，通过提供承诺、担保、代理、中介、咨询等全方位的金融服务，既可以为筹资者提供多种筹资渠道，使他们可以根据自己的偏好做出最佳选择；也可以为投资者提供丰富多彩的投资手段，使他们在安全性、流动性和盈利性中做出最佳选择。

2. 调节国际收支

一国用于国际收支调节的国际储备可以分成自由储备和借入储备两大部分。在自由储备有限的情况下，一国获取借入储备的能力就成为其国际清偿力水平的决定因素。在借入储备中，来自国际金融机构和各国政府贷款的数量非常有限且限制较多，因此，在国际金融市场上融资就成为各国特别是发展中国家提高其国际支付能力的一个重要渠道。此外，借助国际金融市场进行投融资活动，也是国际资本在国际收支盈余国与逆差国之间平衡的一种方式，有助于改善各国国际收支的调剂能力。

3. 有利于规避风险

不同国家的市场参与主体在从事国际经济交易或在国际金融市场投融资过程中，常常会面临诸如信用风险、利率风险、汇率风险、流动性风险等各种各样的金融风险。国际金融市场上金融工具和金融交易技术种类繁多，控制金融风险的机理各异，如利率远期外汇交易、外汇互换交易、金融期货交易、金融期权交易、金融互换交易、票据发行便利等金融工具和金融交易技术，可以为不同国家的市场参与者提供广阔的选择空间，使他们可以在风险收益、方便程度、难易程度、回旋余地等方面进行比较，据以做出最佳选择，满足规避、控制金融风险的需要。

第二节　金融市场的分类与构成要素

一、金融市场的分类

按照不同的标准可以对金融市场进行不同的分类。常见的有以下几种。

（一）按交易工具的期限分为货币市场和资本市场

货币市场（Money Market）又称短期金融市场，是指专门融通 1 年以内短期资金的场所。短期资金多在流通领域发挥流动性的货币作用，主要解决市场参与者短期性的周转和余缺调剂问题。

资本市场（Capital Market）又称长期金融市场，是指以期限在 1 年以上的有价证券为交易工具进行中长期资金交易的市场。广义的资本市场包括两大部分：一是银行中长期存贷款市场；二是有价证券市场，包括中长期债券市场和股票市场。狭义的资本市场专指中长期债券市场和股票市场。

（二）按交易标的物分为票据市场、大额可转让定期存单市场、证券市场、衍生工具市场、外汇市场、黄金市场、碳金融市场等

票据市场（Note Market）是指各种票据进行交易的市场，按交易的方式主要分为票据承兑市场和贴现市场。票据市场是货币市场的重要组成部分。

大额可转让定期存单市场（Negotiable Certificates of Deposit Market）也称 CD 市场，是指发行和买卖可以流通转让的定期存款凭证的市场。

证券市场（Security Market）主要是股票、债券、基金等有价证券发行和转让流通的市场。股票市场是股份有限公司的股票发行和转让交易的市场。股份有限公司发行新股票的市场叫股票发行市场或股票初级市场，已发行股票的转让流通市场叫股票的二级市场。债券市场包括政府债券、公司（企业）债券、金融债券等的发行和流通市场。本书在第 9 章重点进行讨论。

衍生工具市场（Derivatives Market）是各种衍生金融工具进行交易的市场。衍生金融工具的概念见第 10 章第一节。衍生金融工具包括远期合约、期货合约、期权合约、互换协议等，其种类仍在不断增多。衍生金融工具在金融交易中具有套期保值、防范风险的作用。衍生金融工具同时也是一种投机对象，由于杠杆化比率较高，其交易风险远远大于原生型金融工具的风险。

外汇市场（Foreign Exchange Market）有广义和狭义之分。狭义的外汇市场指的是银行间的外汇交易，包括外汇银行间的交易、中央银行与外汇银行的交易以及各国中央银行之间的外汇交易活动，通常被称为外汇批发市场。广义的外汇市场是指各国中央银行、外汇银行、外汇经纪人及客户组成的外汇买卖、经营活动的总和，包括上述的外汇批发市场以及银行同企业、个人之间进行外汇买卖的零售市场。

黄金市场（Gold Market）是专门集中进行黄金买卖的交易中心或场所。黄金市场早在 19 世纪初就已形成，是最古老的金融市场。但是随着时代的发展，黄金非货币化的趋势越来越明显，黄金市场的地位也随之下降。由于目前黄金仍是国际储备资产之一，在国际支付中占据一定的地位，因此黄金市场仍被看作金融市场的组成部分。伦敦、纽约、苏黎世、芝加哥和我国香港的黄金市场被称为国际五大黄金市场。我国于 2002 年成立上海黄金交易所，黄金开始在有形交易市场上挂牌交易。

碳金融市场（Carbon Financial Market），即金融化的碳市场，是指由《京都议定书》的签订而

兴起的低碳经济投融资活动，包括服务于限制温室气体排放等技术和项目的直接投融资、碳排放权交易和银行贷款等金融活动。2014 年，欧盟出台指令明确把碳排放限额于 2018 年起列为金融工具，碳现货及衍生品交易要遵照传统金融市场规则管理，由欧洲证券和市场管理局（ESMA）负责。2019 年 6 月，韩国指定两家金融机构作为做市商参与碳排放交易市场。中国碳排放权交易市场于 2021 年 7 月 16 日启动上线交易。随着碳达峰和碳中和目标的提出，碳排放权的金融属性将越来越清晰，碳金融市场的发展空间会进一步扩大。

（三）按交割期限分为现货市场和期货市场

现货市场（Spot Market）的交易协议达成后在 2 个交易日内进行交割。由于现货市场的成交与交割之间几乎没有时间间隔，因而对交易双方来说，利率和汇率风险很小。

期货市场（Future Market）的交易在协议达成后并不立即交割，而是约定在某一特定时间后进行交割，协议成交和标的物交割是分离的。在期货交易中，由于交割要按成交时的协议价格进行，交易对象价格的升降，就可能使交易者获得利润或蒙受损失。因此，买方和卖方只能依靠自己对市场未来的判断进行交易。

（四）按地域分为地方性、全国性、区域性和国际性金融市场

地方性和全国性金融市场同属国内金融市场，国内金融市场的主体都是本国的自然人和法人，交易工具也多在国内发行。

区域性金融市场同国际性金融市场一样，参与者与交易对象都超越国界。二者的区别只在于，前者的活动范围仅限于某一地区，如东南亚地区、中东地区，后者的活动范围则可以分布在世界各地。

国际性金融市场按照不同的标准，可以有多种分类。按照标的物可以分为国际货币市场、国际资本市场、国际外汇市场和国际黄金市场；按照投融资方式可以分为国际信贷市场和国际证券市场。国际性金融市场中还有一种**离岸金融市场**（Offshore Market），是以金融交易发生地之外的他国货币为交易对象的市场，如欧洲美元市场等。

二、金融市场的构成要素

（一）市场参与者

目前，金融市场的参与者非常广泛，包括政府、中央银行、金融机构、企业和居民。在开放的金融市场上，还包括国外金融交易者。

1. 政府

政府是一国金融市场上主要的资金需求者。为了调节国库收支、建设公共工程、干预经济运行、弥补财政赤字，通常需要通过发行公债筹措资金。在货币市场上，政府通过发行国库券借入资金；在资本市场上，政府通过发行国债满足其对中长期资金的需求。

2. 中央银行

中央银行既是国家重要的宏观经济管理部门，也是金融市场的重要参与者。中央银行与政府部门一样，参与市场的目的是实现国家宏观经济目标，但参与市场的方式不同。中央银行在金融市场上进行公开市场操作，通过买卖有价证券、吞吐基础货币，调节市场上的货币供应量。

3. 金融机构

在金融市场上，金融机构的作用较为特殊。首先，它是金融市场上最重要的中介机构，是储蓄转化为投资的中介机构。其次，金融机构在金融市场上同时充当资金供给者和需求者，它既发

行、创造金融工具，也在市场上购买各类金融工具。具体内容参见第11—13章。

4. 企业

企业是微观经济活动的主体，是股票和债券市场上的主要筹资者，也是货币市场的重要参与者。企业既用现金余款来进行短期投资，又利用货币市场融入短期资金以满足季节性、临时性的融资需求，还可以通过资本市场筹措长期资金，是金融市场最活跃的主体。

5. 居民

居民是金融市场主要的资金供给者。居民出于预防未来支出的不确定性或节俭等考虑，将收入的一部分用于储蓄。与此同时，居民可将储蓄资金投资于资本市场、保险市场或黄金市场，通过金融资产的投资组合，实现收益和风险的最佳匹配。居民是金融市场供求均衡的重要力量。

（二）金融工具

从本质上说，金融市场的交易对象是货币资金。但由于货币资金的交易通常需要借助金融工具来进行，因此，金融工具就成为金融市场上的交易载体。不同的信用形式发行不同的金融工具，每种金融工具各有不同的责权利匹配，能满足资金供求双方在数量、期限和条件等方面的需要，在不同的市场上为不同的交易者提供服务，具有广泛的社会可接受性。

（三）金融交易的组织形式

受市场本身的发育程度、技术的发达程度以及交易双方交易意愿的影响，金融交易主要有以下三种组织方式：一是在固定场所有组织、有制度、集中进行交易的方式，即交易所交易方式；二是在各个金融机构柜台上进行面议、分散交易的方式，即柜台交易方式；三是没有固定场所，交易双方主要借助电子通信或互联网等手段完成交易的无形方式。这几种组织方式各有特点，分别可以满足不同的交易需求。在完善的金融市场上，这几种组织方式通常是并存的。

（四）金融工具的价格

金融工具的价格是金融市场的另一个重要构成要素。价格反映资金的供求关系，也影响和制约资金供求双方的交易活动；政府对宏观经济的调节也通过间接调控金融工具的价格来实现，因此在金融市场上价格发挥着核心作用。不同的交易组织形式下，成交价格的决定方式也不同，比如交易所采用集合竞价方式；柜台交易采用议价方式；无形市场采用询价方式。但各种方式所决定的价格都反映了有价证券的市场估值，有关金融工具和金融资产的定价原理等内容在第6章已经作了阐述。

三、金融市场体系

在市场经济条件下，各类市场在资源配置中发挥着基础性作用，这些市场共同组合成一个完整、统一且互相联系的有机体系。金融市场是统一市场体系的一个重要组成部分，属于要素市场。它与消费品市场、生产资料市场、劳动力市场、技术市场、信息市场、土地市场、旅游服务市场等各类市场相互联系，相互依存，共同形成统一市场的有机整体。在整个市场体系中，金融市场是最基本的组成部分之一，是联系其他市场的纽带。因为在现代市场经济中，无论是消费资料、生产资料的买卖，还是技术和劳动力的流动等，各种市场的交易活动都要通过货币的流通和资金的运动来实现，都离不开金融市场的密切配合。其重要性不仅体现在提供要素上，而且其他任何一个市场的交易对象都必须量化成金融市场那样的价值形式来表现并进行交易。从这个意义上说，金融市场的发展对整个市场体系的发展起着举足轻重的作用；市场体系中其他各市场的发展则为金融市场的发展提供了条件和可能。

随着经济和金融发展的不断深化，金融市场演变成了种类齐全、专业分工明确的金融市场体系，图 7-1 所示的是各国原生工具金融市场体系的主要构成。

- 金融市场体系
  - 货币市场
    - 票据市场
    - 同业拆借市场
    - 回购市场
    - 短期政府债券市场
    - 大额可转让存单市场
  - 资本市场
    - 证券市场
      - 股票市场
      - 中长期债券市场
    - 长期信贷市场
  - 外汇市场
  - 黄金市场
  - 保险市场

图 7-1　各国原生工具金融市场体系的主要构成

（一）货币市场

货币市场上交易工具的期限都在 1 年以内，交易价格波动小、交易工具变现能力强，是风险相对较低、收益比较稳定、流动性较强的市场，对于持有人来说，相当于货币性资产。在一些国家，货币市场的交易工具往往分别被列入不同层次的货币供给量统计范围之内，并成为中央银行最为关注的市场。本书第 8 章将专门讨论货币市场。

（二）资本市场

资本市场是企业、政府、金融机构等经济主体筹集长期资金的平台，主要满足投资性资金供求双方的需求，是配置资本性资源的市场。在资本市场的种类里，股票市场和中长期债券市场最为主要。本书第 9 章将专门讨论资本市场。

（三）外汇市场

1. 外汇市场的分类

按不同的标准，外汇市场可以有多种分类，最常见的是划分为外汇零售市场和外汇批发市场。

银行与客户间的外汇交易构成了外汇零售市场。在外汇交易中，由于外汇买卖双方资信、偿还能力的差异，外汇买卖通常是由承办外汇业务的银行承担的。外汇供给方将外汇卖给银行，银行支付本国货币；外汇需求方向银行买入自己所需要的外汇。其中，对法人的外汇交易，多采用转账结算，而对居民个人的外汇交易通常在银行柜台上结算，由于金额较小，笔数较多，故称为零售外汇交易。

银行同业间的外汇交易构成外汇批发市场。银行在向客户买入或卖出外汇后，其自身所持有的外汇就会出现多余或短缺，意味着有出现损失的可能性，因此银行在与客户完成外汇交易后，就会在本国银行同业外汇市场上，或在某种外币发行中心国的银行同业市场上，做外汇即期或远期的抛补，以保持银行资产负债的合理配置，保持银行外汇头寸的平衡，将风险减小到最低程度，这种银行与银行或其他金融机构之间的外汇交易就称为批发性外汇交易。

2. 外汇市场的地位与发展

外汇市场是国际金融市场的一个重要组成部分。在外汇市场上，可以实现购买力的国际转移，为交易者提供外汇保值和投机的场所，也可以向国际交易者提供资金融通的便利，从而有效推动国际借贷和国际投资活动。

近年来，外汇市场发展呈现出两大主要特点：一是全球化。第二次世界大战以后，原有的伦敦、纽约、东京、法兰克福、卢森堡等著名外汇市场繁荣依旧，新加坡、中国香港、马尼拉、开曼群岛和巴林等新兴外汇市场迅速崛起，交易规模急剧增加，各外汇市场关联度极高，已成为24小时连续运行的市场，是全球化程度最高的市场。二是复杂化。布雷顿森林体系崩溃后，国际范围内的汇率稳定机制不复存在，新的交易工具和交易方式不断涌现，外汇市场运作日益复杂化。

3. 中国的外汇市场

1994年，中国进行了外汇体制改革，实行结售汇制度，建立了统一的银行间外汇市场，人民币汇率实现了有管理的浮动。2005年7月21日，中国外汇市场又进行了一次重大改革，其目的是增强人民币汇率弹性，更大程度发挥市场机制调节外汇供求的作用，为实现资本和金融项目的可兑换创造条件。2015年8月，中国启动新一轮汇率改革。8月11日，中国人民银行宣布，即日起将进一步完善人民币汇率中间价报价，中间价将参考上日银行间外汇市场收盘汇率。这意味着人民币汇率将相当程度上与美元脱钩，汇率决定的市场化程度提高。2016年10月1日，人民币正式加入国际货币基金组织特别提款权货币篮子，成为继美元、欧元、日元和英镑之后的又一个国际储备货币，并成为其中唯一的新兴经济体货币。人民币正式“入篮”也被各方视为中国资本账户开放和金融改革的新起点。

目前，中国外汇市场由零售市场和银行间市场两部分构成。在外汇零售市场上，企业和个人按照《中华人民共和国外汇管理条例》和结售汇政策规定通过外汇指定银行买卖外汇。银行间市场则由外汇指定银行、具有交易资格的非银行金融机构和非金融企业所构成。外汇指定银行是连接零售市场和银行间市场的主要机构。在新的制度安排下，外汇市场引入了做市商制度，同时增加了外汇做市商的头寸额度，中国人民银行不再直接参与外汇市场的日常交易，而是通过外汇交易商进行间接调控。可见，商业银行在市场供求方面的影响力加大，市场因素对人民币汇率的影响力也不断增强。2021年1—6月，中国外汇市场累计成交112.64万亿元人民币，等值17.41万亿美元。

（四）黄金市场

黄金市场是集中进行黄金买卖和金币兑换的交易中心。历史上，黄金曾经作为货币在市场上流通，现在虽然普遍实行信用货币制度，但是各国仍然保留一定的黄金储备。当本国货币汇率大幅波动时，政府仍然会利用增减黄金储备、吸纳或投放本币的方法来稳定汇率。20世纪70年代以来，黄金市场发生了巨大变化，不但市场规模扩大，交易量猛增，而且投机活动日益频繁，黄金期货市场不断壮大。

黄金市场上的供给者主要是各国中央银行、黄金生产企业、预测金价下跌做空头的投机商，另外还有一些拥有黄金需要出售的企业或个人；需求者则包括各国中央银行、预测金价上涨而做多头的投机商以及以保值、投资或生产为目的的企业或个人。一些国际金融组织，如国际货币基金组织，也是黄金市场的参与者。

黄金的价格经常发生波动，除了受供求关系影响之外，受经济周期的影响也很大。在经济复苏和繁荣时期，由于人们投资的欲望强烈，纷纷抛出黄金，换取纸币以追求利润，导致金价下跌；反之，在萧条或衰退期，金价则会上涨。此外，通货膨胀与利率的对比关系也影响黄金价格。当利息收入无法抵补通货膨胀造成的纸币贬值的损失时，人们对纸币失去信心，就会转而买入黄金以保值，金价上涨；反之，当利息收入高于纸币贬值的损失时，金价就会受到抑制。与此同时，外汇价格变动也会影响黄金价格，一种外汇下跌，人们就有可能抛出该种外汇而买入黄金，刺激金价上涨。政治局势与突发事件也会影响金价，如果政局动荡引起人们对资产贬值的恐惧，他们就会大量抢购黄金，导致金价上涨。

1999 年以前，我国一直对黄金实行严格的“统收统配”制度，取缔了黄金的市场交易，金、银收购均由中国人民银行统一审批。1999 年，我国放开了白银市场。2001 年 6 月，取消黄金定价制，对黄金收售价格实行周报价制度；同年 8 月，取消黄金制品零售业务许可证管理制度，实行核销制。2002 年 10 月，上海黄金交易所（简称上金所）正式运营。2020 年，上金所总交易金额 43. 32 万亿元。其中，黄金成交量 5. 87 万吨，成交额 22. 55 万亿元；上金所国际业务板块成交金额 8. 26 万亿元，同比增长 125. 24% 。

（五）保险市场

1. 保险市场的概念

保险市场是以保险单为交易对象的场所。传统的保险市场大多是有形的市场，如保险交易所。随着社会的进步和科学技术的发展，尤其是信息产业的高速发展、现代通信设备和计算机网络技术的广泛运用，无固定场所的无形保险市场已经成为现代保险市场的主要形式。

世界上最早的保险市场是 1568 年伦敦开设的专门提供保险交易的皇家交易所。1771 年成立的英国劳埃德保险社很快发展成英国保险交易的中心，如今已经成为世界上最大的保险市场。2016 年开业的上海保险交易所为保险、再保险、保险资产管理及相关产品的交易提供场所、设施和服务。

2. 保险市场的种类

依据不同标准，可对保险市场进行不同分类。

根据保险交易对象，可以将保险市场划分为财产保险市场和人身保险市场。财产保险市场为各类有形的物质财产和与有形物质财产相联系的经济利益及损害赔偿责任提供保险交易场所，而人身保险市场则为健康、安全、养老等保险提供交易场所。

根据保险交易主体，可以将保险市场划分为原保险市场和再保险市场。原保险市场是保险人与投保人进行保险交易的市场，是再保险市场存在的基础，可以视为保险市场的一级市场。再保险市场是保险人之间进行保险交易的市场，在这个市场上，保险人将自己承保的部分风险责任向其他保险人进行保险，分出保险业务的保险人称为原保险人，接受分保业务的保险人为再保险人。再保险市场可以视为保险市场的二级市场。

根据保险交易地域，可以将保险市场划分为国内保险市场和国际保险市场。国内保险市场是保险人在本国范围之内从事国内保险业务所形成的保险市场，市场上的保险交易双方均为本国居民，保险交易活动受本国法律法规的约束；国际保险市场是保险人经营国外保险业务而形成的保险市场，市场上的保险交易双方分属不同的国家，交易活动受多国法律法规的约束。国际保险市场活动会引起资本的国际流动，从而影响相关国家的国际收支。英国伦敦、美国纽约、法国巴黎、瑞士苏黎世以及德国慕尼黑是具有代表性的国际保险市场。

3. 保险市场的功能

首先，保险市场能提供有效的保险供给。保险市场提供的竞争机制能使保险经营者不断开发新险种，提高保险服务质量，满足人们的保险需要。其次，保险市场能提高保险交易的效率。保险市场有如保险产品的集散地，保险交易双方在市场上可以自由选择，公平竞争，促使保险经营者尽可能地降低交易成本，提供交易便利，从而在客观上提高了保险交易的效率。再次，保险市场上由于交易双方的相互作用以及保险人之间的相互竞争，市场上可以形成较合理的交易价格。

最后，保险市场的保险和再保险业务可以为投保人、保险人提供最广泛的风险分散机制。

4. 中国的保险市场

中国保险市场近年来得到了快速发展，保险业务品种日益丰富，保险业务范围逐步扩大，保费收入较快增长。商业保险已成为中国社会保障体系的一个重要组成部分。保险市场的发展在保障经济、稳定社会、造福人民等方面发挥了重要作用。1989 年，全国保费收入仅为 142.4 亿元。2020 年，全国原保险保费收入约 45 257 亿元，其中，寿险占比达 52.99%，财产险为 26.36%，健康险以及意外险占比 20.65%；赔付支出 13 907 亿元，同比增长 14.84%；年底时保险业资产总量达 23.3 万亿元，较年初增长 14.84%。

（六）衍生工具市场

衍生工具市场是指在原生工具基础上以各种金融期货、期权、货币互换合约、碳衍生品合约等衍生工具为交易对象的场所。鉴于其功能和定价原理的复杂性和产生发展及其影响力的特殊性，本书在第 10 章中专门进行讨论。

（七）金融资产交易市场

金融资产是指金融体系里的一切金融工具或金融合约。金融资产交易市场是以金融资产为交易标的而形成的市场，属于场外交易市场。在我国主要以金融资产交易所（中心）形式出现，主要指地方政府批准设立的综合性金融资产交易服务平台。

我国金融资产交易市场的发展起步较晚。脱胎于产权交易所原有的金融资产交易业务，2010 年 5 月开业的北京金融资产交易所是国内第一家正式揭牌运营的金融资产交易平台。目前，北京、上海、广州、重庆等建立了在全国具有较大影响力的金融资产交易平台，其他主要省份也都设立了区域性金融资产交易平台。从市场影响力来看，我国金融资产交易市场不仅为应收账款、存单、非上市股权、信托凭证等低流动性金融资产提供了交易场所，而且也有发现金融资产价格、分散金融资产风险的功能。

随着 2017 年后《关于做好清理整顿各类交易场所“回头看”前期阶段有关工作的通知》《关于对互联网平台与各类交易场所合作从事违法违规业务开展清理整顿的通知》等文件的下发，金交所进入清理整顿和严监管时期，新增数量出现明显下降。截至 2020 年 6 月 29 日，全国共有金交所 12 家、金交中心 50 家、互联网金交中心 8 家。

目前，我国金融资产交易市场上的交易品种十分丰富，主要包括三个方面：一是金融资产公开交易业务，包括金融企业国有产权转让、不良金融资产转让以及其他金融产权转让交易；二是金融产品非公开交易业务，包括信贷资产、银行理财产品、股权投资基金权益、信托产品、资产权益份额等金融产品的交易；三是其他标准化金融创新产品的咨询、开发、设计、交易和服务。在实际经营中，各金融资产交易平台偏向于不同的业务侧重点，并致力于开发创新性金融产品和交易模式。

第三节　金融市场的功能与效率

一、金融市场的功能

金融市场在市场体系中具有特殊的地位，加上该市场的运作规律和特点明显不同于其他市场，使得这个要素市场具有多方面的功能，其中最基本的功能是满足社会再生产过程中的投融资需求，促进资本的集中与转换等。具体来看，主要有以下四个方面的功能。

（一）资源配置与转化功能

金融市场上多种形式的金融交易形成纵横交错的融资活动，可以不受行业、部门、地区或国家的限制，灵活地调度资金，充分运用不同性质、不同期限、不同额度的资金，同时还能转化资金的性质和期限。例如，股票、债券的发行能将储蓄资金转化为投资资金，将流动的短期资金转化为相对固定的长期资金；证券的转让出售能将投资者的长期投资即刻转变为现金；远期票据的贴现能使将来的收入转变成现实收入。

金融市场通过收益率的差异和上下波动，通过市场上优胜劣汰的竞争以及对有价证券价格的影响，能够引导资金流向最需要的地方，流向那些经营管理好、产品畅销、有发展前途的经济单位，从而有利于提高投资效益，实现资金在各地区、各部门、各单位间的合理流动，完成社会资源的优化配置。

（二）价格发现功能

金融市场金融产品的价格是所有参与市场交易的经济主体对这些产品未来收益的期望的体现。买卖双方都会根据自身立场和所掌握的市场信息，并对过去的价格表现加以研究后，做出买卖决定。柜台交易中的议价、路演中的询价都反映了当事人的判断，特别是交易所通过计算机撮合公开竞价出来的价格即为在此瞬间市场对金融产品未来价格的平均看法。可以说，市场交易具有价格发现功能。同时，金融市场上发达的通信设施能够及时反映全国各地乃至世界各地市场的价格走势。随着金融市场国际化水平的日益提高，不同市场同类产品的套利行为也使金融产品的价格日益国际化。

（三）风险分散和规避功能

由于市场行情变化多端，资金供给者在为闲置资金寻求出路时，首先要保证资金的安全。金融市场上有多种融资形式可供选择，各种金融工具的自由买卖和灵活多样的金融交易活动，增强了金融工具的流动性，使资金供应者能够灵活地调整其闲置资金的保存形式，还可以通过交易顺利地分散或规避风险，实现风险收益相匹配的投资组合。虽然金融市场并不能最终消除金融风险，但却为金融风险的分散和规避提供了丰富的手段和平台。

（四）宏观调控传导功能

现代金融市场是中央银行实施宏观金融调控的场所。首先，金融市场为货币政策提供了传导路径。中央银行通过货币市场进行公开市场业务操作，买卖有价证券以调节货币供应量；实施再贴现政策，调整再贴现率以影响信用规模，两者的实施都可以通过影响利率水平来调节资金供求，而金融市场利率的变化又是货币政策的中介指标和决策的重要参考依据。其次，财政政策的实施离不开金融市场，在金融市场上发行国债，成为当代各国政府筹集资金的重要方式，是财政政策发挥积极作用的前提条件。而国债的发行又为中央银行提供了公开市场操作的工具，从而为货币政策创造手段。最后，金融市场的培育和成长可以为政府产业政策的实施创造条件。例如，政府可以通过设立创业板市场鼓励高新技术企业和中小企业的发展。

二、金融市场功能发挥的条件

金融市场仅仅具备基本要素并不意味着一定能发挥其应有的功能。金融市场功能的发挥程度，首先取决于市场的建立基础与发展方向。各国金融市场发展的历史和现实表明，金融市场只有建立在真实信用和现实社会再生产基础之上，坚持与生产流通紧密相关并为之服务的发展方向，才能在健康发展中充分发挥其功能。如果金融市场的活动脱离了上述基础与方向，不仅难以发挥其基本功能，而且会出现诈骗、投机、泡沫和操纵市场等不良现象，加大金融风险，破坏金融市场的正常运作和经济的稳定，甚至引发经济危机并在国际迅速传播。2007 年美国次贷危机又一次证实了这个道理。

金融市场功能的发挥，需要具备基本的外部和内部条件。

（一）外部条件

1. 法制健全

从某种程度上说，市场经济就是法治经济。完备的法律和规章制度，不仅是金融市场参与主体的行为规范，而且是行政及执法部门的行动指南。金融市场是一个风险与收益并存的市场，可能的高收益诱使投机者想方设法逃避监管当局监督、管理与控制，妨碍甚至侵害他人的利益。全面、系统、完善的法律法规是规范市场秩序、充分发挥市场功能的基础。

2. 信息披露充分

金融市场是一个信息不对称的市场。如在借贷市场上，借款人总是比银行拥有更多的有关借款人的信息；在证券市场上，上市公司比投资者拥有绝对多的有关公司的信息，它们往往会将最有利于公司形象、最能吸引投资者的信息公之于众，将那些对公司可能产生负面影响的信息尽可能加以隐瞒、粉饰，对投资者进行误导，损害投资者尤其是中小投资者的利益。因此，金融市场比较完善的国家都将监管的重点放在证券发行人的信息充分披露上。所有规定必须披露的信息都要充分、及时、真实地披露，否则就要受到处罚。

3. 市场进退有序

能正常发挥功能的金融市场应该是一个充分竞争的市场。从市场准入看，在准入条件面前人人平等，谁满足条件谁进入市场，谁先满足条件谁先进入市场，不存在超市场力量（如行政权力）决定的准入标准；在市场运作过程中，各主体能够平等展开竞争，由市场评判孰优孰劣，优者胜，劣者汰；从退出市场的角度看，在竞争中淘汰者已经丧失生存能力，应该依法退出市场，不存在“僵尸企业”，也不存在政府或其他组织以补贴等形式延缓甚至阻拦淘汰者退市的做法。

（二）内部条件

1. 国内外统一的市场

金融市场要正常发挥功能，不能是地区分割或者行业分割的市场；否则，金融资源就难以合理配置到最需要和最能发挥效益的地方。随着经济全球化和金融国际化的推进，国内外金融资源的流入与流出日益频繁，国内市场还应该与国际市场连接成更大范围的统一市场。

2. 丰富的市场交易品种

交易品种的丰富程度是衡量金融市场发达程度的重要标志，也是市场功能能否发挥的重要基础。交易品种越丰富，市场参与主体的目标越容易实现，市场效率也越高；如果交易品种匮乏，有限的金融工具不但不能促进市场功能的实现，反而容易使这些工具成为金融投机的对象，阻碍市场的正常运行。

3. 健全的价格机制

健全的价格机制主要体现在两个方面：一是合理的定价机制，包括交易定价的制度安排，如询价、议价、竞价机制等；二是灵活的价格机制，即价格能够及时、真实地反映供求关系，从而能够调节资金供求双方的行为，并因此使金融资源在价格的引导下流向能支付较高价格的行业、企业，即最能够有效使用资金、最能产生效益的行业、企业。价格机制灵活还意味着政府可以通过价格的作用，增加或减少市场参与者的融资成本或投资收益，增加或减少市场上的货币供应量，实现宏观经济政策目标。

4. 技术支撑有力

在国内和国外市场一体化程度不断提高的背景下，瞬息万变的市场走势往往在很短的时间内决定参与主体的盈亏状况以及金融资源的运用效率，也决定政府进行宏观调控的效果，而这需要强有力的技术条件支撑，不仅包括各种计算机硬件和软件，也包括金融工程技术、互联网、大数据、云计算、人工智能技术等。金融市场应该是现代科学技术运用最充分的领域之一。

三、金融市场的波动

金融市场的波动主要体现在金融资产价格和相关指数的变动上。尽管各国内外部条件不同，金融市场发达程度不同，金融产品种类可能有差异，但是金融市场波动普遍存在。金融市场波动是金融市场实现其功能的必然体现。只有通过价格变动，市场才能发现资金在不同交易主体间的不同价值，才能引导资金向更合理的地方配置，才能更好地发现风险并提供规避，才能使宏观调控等措施通过改变资金的成本和收益改变投资者行为，进而影响实体经济。因此，承认、理解和接受金融市场的波动，理解金融市场参与者的定价行为，是所有市场参与者投融资、政策制定者正确决策的前提。根据金融资产定价的基本原理，金融资产的当前价格取决于（预期的）未来现金流，以及投资者的（主观）折现率。因此，金融资产价格波动可以分解为三个来源：未来现金流贴现值的不确定性导致的估值困难；投资者预期的偏差；投资者主观判断的谬误。

（一）估值与定价的相对准确性

资产价格本质上是投资者对其未来现金流的当期估值，未来现金流是投资者购买金融资产的最终目标，但是未来现金流本身可能是不确定的，用以收益资本化的利率也可能是不确定的，这些都会带来资产价格波动。以股票为例，其未来现金流包括每期分红和卖出时的资本利得，分红取决于企业未来的经济能力和盈利状况，涉及竞争、创新、经营、违约等微观因素，以及经济周期、产业周期、通货膨胀、税收、汇率等宏观因素，具有不确定性；资本利得既取决于之后的现金流，也取决于未来交易日的供求关系、利率波动、宏观因素等，具有很大的不确定性。因此，股票的未来现金流是不确定的，这必然导致资产价格随着有关现金流的信息变化而产生波动。再以债券为例，虽然未来现金流的面值是确定的，但是因为通货膨胀、名义利率等随着时间发生变化，贴现到当期的价值也在不断变化。因此，资产价格只是相对准确的估价，随着时间的推进，投资者获取更多的信息，价格必然发生变化。另外，金融市场整体虽然可以通过多样化组合规避一定的风险，减少波动，但是资产间仍然存在关联，系统性风险仍然存在，宏观政策也会出现变化，因此，整个金融市场仍然会出现波动。

（二）预期的理性化程度

预期是投资者对于可能影响未来现金流的因素（包括其他投资者行为）的判断。在经济学原理中，无论是蛛网模型中的简单预期，或是凯恩斯有关投资的心理预期，还是弗里德曼强调的适应性预期，特别是卢卡斯等人提出的理性预期，等等，各种预期变化都会改变市场参与者的行为进而对金融市场价格波动产生影响。即使未来现金流确定，因为预期的理性化程度不同，投资者对同一资产的价格也会有不同的判断，从而导致价格波动。例如，理性预期假设投资者的预期是对未来变量的最好的猜测，这种猜测不会出现系统性失误，资产价格平均来讲等于贴现的未来现金流。但这并不意味着资产价格任何时候都是准确的，资产价格仍然会出现波动。理性预期可能因为获取有用信息的成本太高而失败，投资者此时的理性选择是不予关注此类信息；也可能因为投资者根本没有意识到这类信息，如适应性预期假设预期仅仅基于对过往信息的机械性纠正，忽略有关未来的任何信息；当新的信息出现时，资产价格必然出现波动。一般而言，预期的理性化程度越高，投资者对于未来现金流和其他投资者行为的判断越准确，资产价格和金融市场的波动应该越小。

（三）经济主体的行为与情绪

投资的最终目的是满足投资者的期望效用，因此投资者受行为与情绪影响对于资产价值的主观评判在很大程度上会影响资产价格，行为金融学将之定义为经济主体在面对未来不确定性进行决策时的认知偏差。由于市场各参与主体在利用信息进行决策时存在认知偏差，比如人们总是过分相信自己的判断，人们往往是根据自己对决策结果的盈亏状况的主观判断进行决策，等等，所以他们对市场的未来不可能做出无偏差估计。由于市场各参与主体有回避损失和心理会计的偏差，还有减少后悔、推卸责任的心理，所以在进行决策时不可能总以实现期望效用最大化为准则，尤其是这种对理性决策的偏差是系统性的，并不能因为统计的平均而削减。具体到资产定价中，即使有关未来现金流和市场收益率的信息没有发生任何变化，经济主体可能由于认知偏差，对于投资的未来现金流、折现后的效用满足判断发生变化而改变自己的交易行为，从而导致资产价格变化，引起金融市场波动。

四、金融市场效率

（一）金融市场效率的含义

金融市场功能发挥的有效性程度通常用金融市场效率来衡量。1970 年法玛提出了**有效市场假说**（Effective Market Hypothesis，EMH），认为如果在一个证券市场中，价格完全反映了所有可以获得的信息，那么就称这样的市场为有效市场。有效市场有内部和外部之分。内部有效市场主要反映投资者买卖证券时所支付交易费用是否合理，外部有效市场主要考量证券的价格是否迅速地反映出所有与价格有关的信息。假设有三种形态：一是弱式有效市场，即市场价格已充分反映出所有过去历史的证券价格信息，在弱式有效市场下，股价的技术分析失去作用，基本面分析可能帮助投资者获得超额利润；二是半强式有效市场，即价格已充分反映出所有已公开的有关公司营运前景的信息，在半强式有效市场中，基本面分析失去作用，内幕消息可能使投资者获得超额利润；三是强式有效市场，即价格已充分地反映了所有关于公司营运已公开的或内部未公开的信息，在强式有效市场中，没有任何方法能帮助投资者获得超额利润，即使基金和有内幕消息者也一样。因此，衡量证券市场是否具有外在效率有两个标志：一是价格是否能自由地根据有关信息而变动；二是证券的有关信息能否充分披露和均匀分布，投资者能否在同一时间内得到等量等质的信息。本书在第 9 章将从投资分析的视角进一步讨论有效市场假说。

一般而言，金融市场的有效性或金融市场效率的高低主要反映在以下三个方面：

第一，金融市场活动的有效性。即交易成本较低，金融市场秩序和市场交易制度足够完善，能够吸引众多的交易者。

第二，金融市场定价的有效性。即金融市场的信息公开透明且充分，价格弹性较高，能够较快形成新的均衡价格，防止价格与价值的脱离。此外，市场上的价格不仅反应迅速，同时还要能够反映所有已经公开的信息。

第三，金融市场配置的有效性。即金融市场的流动性很高，供需方的资金能够根据公开信息和价格信号迅速并合理地流动，从而能够快速地实现资源的优化配置，进一步促进金融市场的效率提升。

（二）我国金融市场的效率及其提升

改革开放以来我国金融市场发展很快，无论是货币市场还是资本市场都已经有了一定的规模。但是由于一直在改革中发展，许多制度建设都不够完善，市场管理的行政化程度较高而市场化程度较低，存在交易成本较高、信息不够充分透明、市场交易主体理性程度低且行为不规范、市场投机氛围较浓、优胜劣汰机制缺失等诸多问题，导致了金融市场运作效率不高。

我国在未来的金融市场发展中应该更加致力于提升市场效率。第一，需要完善制度建设，让一切市场活动都有法可依。第二，要提高市场化程度，核心是要减少对金融市场运作的行政干预，优化金融市场化运作模式，深化利率市场化改革，提高金融市场价格形成的有效性，提高资源配置的合理性。第三，应规范市场参与者行为，整治金融市场乱象，对各种违法违规活动进行严肃处理，引导投资者重长期投资，上市公司重成长、重分红，监管机构重规则，中介机构重信誉。第四，推动金融产品的创新，丰富产品种类以满足不同需求，降低交易成本。监管机构要积极鼓励金融创新，同时要对各种产品的风险进行穿透性监管，科学设计以保证金融产品风险和收益的匹配性，真正保护长期投资者和金融消费者权益，提高金融市场的有效性。

本章小结

1. 金融市场是资金供求双方实现货币借贷和资金融通、办理各种票据和有价证券交易活动的市场，也可以看作交易金融资产并确定金融资产价格的一种机制。投融资需求是金融市场产生的基础，金融市场的发展又促进了投融资的活跃。

2. 在社会化大生产和市场经济运作中，资金融通的需求是货币市场发展的基础。

3. 金融投资包括股票投资、债券投资、外汇投资、黄金投资以及衍生金融工具投资。跨国性的金融投资活动又促进了国际资本市场的发展。

4. 金融市场按照不同的标准可以进行不同的分类，其中最重要的是根据交易工具的期限将金融市场划分为货币市场和资本市场。

5. 金融市场的构成要素有市场参与者、金融工具、金融工具的价格以及金融交易的组织形式。市场板块不同，具体的构成要素也有差异。

6. 在市场体系当中，金融市场属于要素市场，是统一市场体系当中居于十分重要地位的一个市场。完整的金融市场体系应包括多层次的资本市场、货币市场、外汇市场、黄金市场、保险市场以及衍生工具市场和金融资产交易市场在内。

7. 金融市场具有资源配置与转化、价格发现、风险分散和规避以及宏观调控传导等功能，但充分发挥这些功能的外部条件包括法制健全、信息披露充分、市场进退有序等，内部条件包括国内外统一市场、交易品种丰富、价格机制健全、技术支撑有力等。

8. 金融市场的波动主要体现在金融资产价格和相关指数的变动上。金融市场波动是普遍存在的，也是金融市场实现其功能的必然体现。金融市场波动的主要原因：一是未来现金流贴现值的不确定性所导致的估值与定价的相对准确性；二是预期的理性化程度差异所带来的投资者预期的偏差；三是经济主体的行为与情绪变化产生的投资者主观判断谬误。

9. 金融市场功能发挥的有效性程度通常用金融市场效率来衡量。内部有效市场主要反映投资者买卖证券时所支付交易费用是否合理，外部有效市场主要考量证券的价格是否迅速地反映出所有与价格有关的信息。从功能的视角看，金融市场的有效性主要体现在金融市场活动的有效性、定价的有效性和资源配置的有效性等方面。我国金融市场未来发展的重点应该是提高市场效率。

重要术语

金融市场	国际资本流动	货币市场	资本市场	外汇市场
衍生工具市场	现货市场	期货市场	黄金市场	保险市场
金融资产交易市场	有效市场假说	理性预期	金融市场效率	

☞ 术语解释请扫描封底增值服务码→名词术语。

思考题

1. 根据你的了解，最早的金融市场是哪个？产生的背景什么？
2. 如果你有 100 万元资金，你会如何在多种金融市场中进行配置？
3. 你认为在金融全球化的背景下，一个国家应该如何把握并顺应国际资本流动的趋势？
4. 当前，国际资本流动的势头异常迅猛，你认为出现这一现象的主要原因是什么？从这些原因中你能得到什么启示？
5. 从我国的具体情况出发，你认为国际资本流动会对我国产生怎样的冲击效应？人民币资本项目放开后，冲击效应又如何？我们应该怎样应对？
6. 在按不同标准划分出来的金融市场中，你最熟悉的是哪一种市场？这种市场给你印象最深的是什么？
7. 金融市场有哪些子市场？你认为最重要的金融市场是哪种？它应该并且能够发挥什么样的作用？
8. 你和你周围的人是否参加过金融市场活动？你们买卖过什么样的金融工具？在什么场所买卖的？在其价格波动中，是盈利了还是亏损了？有什么样的感受？
9. 如何理解金融市场的基本功能和发挥作用的条件？
10. 金融市场价格有波动是否正常？运用相关理论进行分析。
11. 你认为应该如何提高我国金融市场的效率？

☞ 更多思考练习请扫描封底增值服务码→习题作业、例题及综合测试。

讨论题

讨论主题：金融中心的建设

讨论素材：《东京金融中心的崛起与衰退》

思考讨论：

1. 东京金融中心衰退的原因何在？
2. 在建设我国的金融中心时应当吸取哪些经验教训？

相关讨论素材请扫描封底拓展资源码→教学案例。

延伸阅读

1. 张亦春，郑振龙，林海. 金融市场学. 6 版. 北京：高等教育出版社，2020.
2. 王兆星，吴国祥，张颖. 金融市场学. 4 版. 北京：中国金融出版社，2006.
3. 王军生. 金融市场结构研究：国际经验和中国选择. 北京：经济科学出版社，2007.
4. 夏斌. 创新金融体制：30 年金融市场发展回顾. 北京：中国发展出版社，2008.
5. 门克霍夫，托克斯多尔夫. 金融市场的变迁：金融部门与实体经济分离了吗. 北京：中国人民大学出版社，2005.
6. 齐佩金，李翔. 金融市场学. 大连：东北财经大学出版社，2012.
7. FAMA E F. Efficient capital markets：a review of theory and empirical work. Journal of Finance，1970（5）：383-417.
8. 中国人民银行. 2010—2018 年中国金融市场发展报告，中国人民银行网站。

更多资源请扫描封底拓展资源码→文献目录。

即测即评

请扫码答题，检测本章学习效果。

第 8 章 货币市场

本章导读

货币市场的称谓来源于该市场中交易的金融工具的特点：交易期限短、流动性强、安全性高，类似于货币。在日常的电视、报纸和网络新闻中经常可以看到或听到同业拆借、回购、票据交易和货币市场利率等词语。2013 年 6 月 20 日，上海银行间同业拆放利率（Shibor）罕见“爆表”，中国银行业的“钱荒”同时引发了货币市场的震荡和社会的广泛关注。为什么会形成货币市场？货币市场利率为什么那么重要？金融机构和企业的财务人员为什么格外关注货币市场？本章将通过系统介绍货币市场的特点、功能和货币市场的几个重要子市场（同业拆借市场、回购协议市场、国库券市场、票据市场、大额可转让定期存单与同业存单市场）的运作等来解读这些问题。

第一节　货币市场的特点与功能

一、货币市场的特点

货币市场是指以期限在 1 年以内的金融工具为媒介进行短期资金融通的市场。总体来看，货币市场有以下几个特点。

（一）交易期限短

这是由金融工具的特点决定的。货币市场中的金融工具一般期限较短，最短的期限只有 2 小时，最长的不超过 1 年，这就决定了货币市场是短期资金融通市场，即筹资者只能在此市场中筹集短期临时性周转资金。之所以如此，又是因为货币市场上的资金主要来源于居民、企业和金融机构等暂时闲置的资金，调剂资金头寸是货币市场主要的功能之一。

（二）流动性强

此特点与货币市场的上一个特点紧密相连。从第 7 章的内容可以知道，金融工具的流动性与其偿还期限成反比，偿还期越短，流动性越强。货币市场金融工具的短期性决定了其较强的流动性。此外，货币市场的二级市场交易相当活跃，这意味着金融工具首次发行后可以很容易地找到下一个购买者，从而进一步增强了货币市场的流动性。

（三）安全性高

货币市场是安全性较高的市场，除了交易期限短、流动性强的原因外，更主要的原因在于货币市场金融工具发行主体的信用等级较高，只有具有高资信等级的企业或机构才有资格进入货币市场来筹集短期资金，也只有这样的企业或机构发行的短期金融工具才会被主要追求安全性和流动性的投资者接受。

（四）交易额大

货币市场是一个批发市场，大多数交易的交易额都比较大，个人投资者难以直接参与市场交易，因此，货币市场是一个典型的以机构投资者为主体的市场。

二、货币市场的功能

一般认为，货币市场作为短期资金市场，其特有的功能主要体现在以下几个方面。

（一）货币市场是政府和企业调剂资金余缺、满足短期融资需要的市场

政府的国库收支经常面临先支后收的矛盾，解决这个矛盾的一个较好的方法就是政府在货币市场上发行短期政府债券——国库券，因而，国库券市场是货币市场的一个非常重要的子市场。流动资金快速周转的特征决定了短期融资是企业生产经营过程中最经常的融资需求，通过签发合格的商业票据，企业可以从货币市场及时、低成本地筹集大规模的短期资金满足这种需求。与此同时，流动资金暂时闲置的企业也可以通过购买国库券、商业票据、大额可转让定期存单等货币市场工具，实现合理的收益回报，达到安全性、流动性和收益性相统一的财务管理目的。

（二）货币市场是商业银行等金融机构进行流动性管理的市场

商业银行等金融机构的流动性是指其能够随时应付客户提取存款或满足必要的借款及对外支付要求的能力。流动性管理是商业银行等金融机构资产负债管理的核心，流动性的缺乏意味着偿付能力的不足，有可能引发挤兑危机。商业银行等金融机构通过参与货币市场的交易活动可以保

持业务经营所需的流动性。比如，遇到客户的大额提现需求，商业银行既可以通过在货币市场中从其他同业机构处及时借入资金来满足资金周转，也可以通过出售自己所持有的货币市场工具收回资金来应对头寸不足的困难。

（三）货币市场是一国中央银行进行宏观金融调控的场所

中央银行是货币市场交易的重要参与主体和监管主体。在市场经济国家，中央银行为调控宏观经济运行所进行的货币政策操作主要是在货币市场中进行的。例如，公开市场业务作为各国中央银行经常采用的一种货币政策操作，是指中央银行在货币市场上向商业银行等金融机构买卖政府债券、进行回购交易等活动，改变基础货币投放状况，用以影响商业银行等金融机构的可用资金额和货币市场利率水平，进而影响商业银行等金融机构的信贷规模和其他利率水平，最终引起全社会投资和消费的变动，实现中央银行货币政策目的。

（四）货币市场是市场基准利率生成的场所

市场基准利率是一种市场化的无风险利率，被广泛用作各种利率型金融工具的定价标准，是名副其实的市场利率的风向标，在货币政策的传导过程中发挥重要的作用。货币市场交易的高安全性决定了其利率水平作为市场基准利率的地位，发挥基准利率特有的功能。利率是联系宏观经济运行与微观经济活动的关键因素，基准利率不仅是中央银行重要的货币政策中介指标，也是决定和影响其他利率的基础变量。货币市场生成市场基准利率，决定了其在一国微观金融运行与宏观经济调控中的重要性。

原理8-1

货币市场利率是一国利率体系中的基准指标，是影响其他金融和经济指标的基础性变量。

第二节　同业拆借市场

一、同业拆借市场的含义

同业拆借市场（Interbank Market）是金融机构同业间进行短期资金融通的市场。其参与主体仅限于金融机构。金融机构以其信誉参与资金拆借活动，即同业拆借通常是在无担保的条件下进行的，是信用拆借，因此市场准入条件往往比较严格。在美国，只有在联邦储备银行开立准备金账户的商业银行才能参加联邦基金市场（美国的同业拆借市场）的交易活动。我国同业拆借市场的主体目前包括大多数类型的金融机构，但金融机构进入同业拆借市场必须经中国人民银行批准。

二、同业拆借市场的形成与功能

同业拆借市场的形成源于中央银行对商业银行法定存款准备金的要求。商业银行吸收来的存款必须按照一定的比率缴存到其在中央银行开立的准备金账户上，用以保证商业银行的清偿能力

(流动性)。如果商业银行缴存的准备金达不到中央银行规定的比率，则商业银行将受到中央银行的处罚；反之，如果商业银行缴存的准备金超过了中央银行规定的比率，对于超过部分的超额存款准备金，中央银行不付利息或仅按照极低的利率支付利息。于是，经过双方信息交换，准备金不足的银行从准备金盈余的银行拆入资金，以达到中央银行对法定存款准备金的要求，准备金盈余的银行也因资金的拆出而获得收益。拆出拆入银行间资金的划转通过它们在中央银行开设的准备金账户进行，拆借期限很短，最常见的是隔夜拆借，即拆入资金在交易后的第二天偿还。由此可见，同业拆借市场上交易的主要是商业银行等存款类金融机构存放在中央银行存款账户上的超额准备金，其主要功能在于为商业银行提供准备金管理的场所，提高其资金使用效率。

在同业拆借市场的不断发展中，由于其交易期限的短期性、市场的高流动性和资金的快速周转性，该市场又成为商业银行等金融机构进行短期资产组合管理的场所。例如，如果一家银行预期紧缩性货币政策的实施会引起市场利率的上升，则该银行持有的短期货币市场工具的市场价格将会随着利率的上升而下降，为了规避风险，该银行可以选择暂时卖出其持有的短期货币市场证券，在利率上升之后再以更低的价格将证券买回来。卖出证券获得的资金可以投放到同业拆借市场上以获得相应的利息收益。

三、同业拆借的期限与利率①

(一) 同业拆借的期限

同业拆借市场的拆借期限有隔夜、7 天、14 天、21 天、1 个月、2 个月、3 个月、4 个月、6 个月、9 个月、1 年等，其中最普遍的是隔夜拆借。在 2019 年、2020 年我国的同业拆借市场交易中，隔夜拆借占到了 90%以上，其次是 7 天拆借，交易额占比在 7%左右（见表 8-1）。

表 8-1　2019 年、2020 年中国同业拆借市场交易情况

期限	2019 年		2020 年	
	交易量（亿元）	占比	交易量（亿元）	占比
1 天	1 386 203	91.4%	1 327 283	90.2%
7 天	100 603	6.6%	113 094	7.7%
14 天	11 898	0.8%	12 191	0.8%
21 天	2 628	0.2%	1 789	0.1%
1 个月	4 562	0.3%	7 108	0.5%
2 个月	3 614	0.2%	3 077	0.2%
3 个月	5 011	0.3%	4 931	0.3%
4 个月	664	0	318	0
6 个月	473	0	842	0
9 个月	180	0	295	0
1 年	538	0	498	0

资料来源：中国人民银行网站调查统计栏 2019 年、2020 年金融市场统计。

☞ 更多数据请扫描封底增值服务码→数据库。

① 更多内容请访问爱课程网→资源共享课→金融学/李健→第 3 章→3.1→媒体素材。

在中国人民银行颁布的《同业拆借管理办法》中，不同类型金融机构可拆入资金的最长期限有很大的不同。政策性银行、各类商业银行等存款性金融机构拆入资金的最长期限为 1 年；金融资产管理公司、金融租赁公司、汽车金融公司、保险公司拆入资金的最长期限为 3 个月；企业集团财务公司、信托公司、证券公司、保险资产管理公司拆入资金的最长期限为 7 天。

（二）同业拆借利率

同业拆借利率是一个竞争性的市场利率，市场上资金供给与需求力量的对比决定了同业拆借利率的变动。同业拆借利率是货币市场基准利率之一，在整个利率体系中曾经处于非常重要的地位，对货币市场上其他金融工具的利率具有重要的导向和牵动作用。因此，它被视为观察市场利率变化趋势的风向标，也是中央银行观测市场流动性状况的重要指标。2008 年国际金融危机之后，市场交易主体的风险偏好降低，无担保品、以信用交易为主要特征的同业拆借在美国、英国等国家市场交易规模大幅下降，同业拆借利率作为市场基准利率的作用逐渐降低。尤其是伦敦银行间同业拆借市场的交易规模持续萎缩，报价行缺乏实际交易数据作为 LIBOR 的报价参考，甚至主要依据专家判断来提交报价。与此同时，市场陆续爆出部分报价行操纵 LIBOR 报价的案件，国际社会开始着手改革以 LIBOR 为代表的货币市场基准利率体系。2017 年英国金融行为监管局（FCA）宣布，2021 年年底后将不再强制要求报价行报出 LIBOR，意味着届时 LIBOR 或将退出市场。

中央银行对同业拆借利率具有重要的影响，影响机制是同业拆借市场上的资金供给，影响工具是货币政策工具，如法定存款准备金率和公开市场业务。如上所述，同业拆借市场上交易的主要是商业银行等存款类金融机构存放在中央银行存款账户上的超额准备金，如果中央银行提高了法定存款准备金率，则商业银行等金融机构持有的超额准备金减少，同业拆借市场上的资金供给相应降低，同业拆借利率随之上升。

四、我国的同业拆借市场及其利率

（一）我国同业拆借市场的发展

1984 年，中国人民银行专门行使中央银行职能后，确立了新的“统一计划、划分资金、实贷实存、相互融通”信贷资金管理体制，鼓励金融机构利用资金的行际差、地区差和时间差进行同业拆借。于是，一些地区的金融机构开始出现同业拆借活动，但拆借量很小，没有形成规模市场。

1986 年是我国同业拆借市场真正启动的一年。1 月，国务院颁布《中华人民共和国银行管理暂行条例》，对银行间资金的拆借做出了具体规定。从此，同业拆借在全国各地迅速开展起来。1988 年，部分地区金融机构违反资金拆借的有关规定，超过自己承受能力大量拆入资金，致使拆借资金到期无法清偿，拆借市场秩序混乱，国务院决定对同业拆借市场秩序进行整顿。1990 年，中国人民银行颁布了《同业拆借管理试行办法》，第一次用法规形式对同业拆借市场管理做了比较系统的规定。1992—1993 年，受当时经济金融环境的影响，同业拆借市场又出现了严重的违规现象，影响了银行的正常运营，扰乱了金融秩序。1993 年 7 月，中国人民银行根据国务院整顿拆借市场的要求，把规范拆借市场作为整顿金融秩序的一个突破口，出台了一系列措施，再次对拆借市场进行整顿，撤销了各商业银行及其他金融机构办理同业拆借业务的代理中介机构，规定了同业拆借的最高利率，拆借秩序开始好转。

1995 年，中国人民银行决定建立一个全国联网的拆借网络系统，以形成全国统一的同业拆借市场。1996 年 1 月，全国统一的同业拆借市场网络开始运行，标志着我国同业拆借市场进入一个新的规范发展时期。1996 年 6 月，中国人民银行放开了对同业拆借利率的管制，拆借利率由拆借双方根据市场资金供求状况自行决定，由此形成了全国统一的同业拆借市场利率——CHIBOR。1998 年之后，中国人民银行不断增加全国银行间同业拆借市场的交易成员，保险公司、证券公司、财务公司等非银行金融机构陆续被允许进入银行间同业拆借市场进行交易，市场交易量不断扩大（见图 8-1），拆借期限不断缩短，同业拆借市场成为金融机构管理流动性的重要场所。

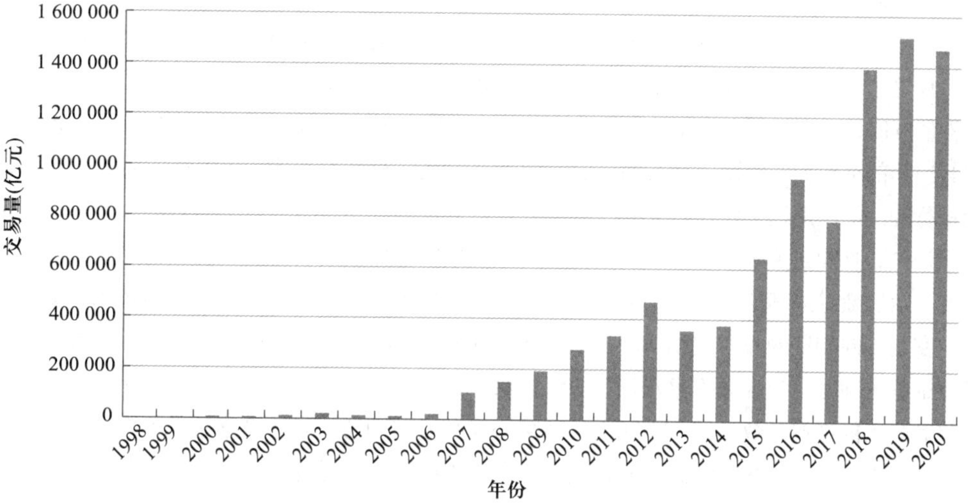

图 8-1　1998—2020 年中国银行间同业拆借市场交易量的变动图

数据来源：历年《中国金融年鉴》和《货币政策执行报告》。

（二）上海银行间同业拆放利率

上海银行间同业拆放利率（Shanghai Interbank Offered Rate，SHIBOR）是由信用等级较高的银行组成报价团自主报出的人民币同业拆出利率计算确定的算术平均利率，属于单利、无担保、批发性利率。目前，对社会公布的 SHIBOR 品种包括隔夜、1 周、2 周、1 个月、3 个月、6 个月、9 个月及 1 年等 8 个。

SHIBOR 于 2007 年由中国人民银行推出，在生成方法和报价行选择等方面沿用了 LIBOR 等国际主要货币市场基准利率的通行做法。一是基准利率的计算采用报价行每个交易日按时报价、剔除若干最高和最低报价、剩余报价算术平均生成最终利率的做法，并由作为第三方机构的全国银行间同业拆借中心对外发布。二是基准利率报价团由信用等级较高、货币市场交易活跃以及具有较强利率定价能力的优质银行组成。目前，SHIBOR 有 18 家报价行，全部具有公开市场一级交易商或外汇市场做市商资格，涵盖国有商业银行、股份制商业银行、城市商业银行和外资银行等类型。SHIBOR 运行十余年来，已经成为中国货币市场上重要的指标性利率，隔夜、1 周的短期 SHIBOR 可以较好地反映货币市场资金的松紧程度和银行体系的流动性状况，与回购协议市场上的相关利率也具有紧密的联动性。目前，SHIBOR 被应用于部分同业存单、债券、金融衍生品等的定价，部分商业银行也依托 SHIBOR 建立了较完善的内部转移定价机制。同时，通过与 SHIBOR 挂钩理财产品、SHIBOR 浮息债、非金融企业参与的 SHIBOR 利率互换交易等渠道，较好地将货币政策信号传导至实体经济。

2008 年之后，受以 LIBOR 为代表的同业拆借利率作为市场基准利率作用降低的影响，近几年，同样基于报价行报价方法生成、而非依据实际交易形成的 SHIBOR 作为货币市场基准利率的作用也有所降低。

第三节　回购协议市场

一、回购协议与回购协议市场

回购协议市场（Repurchase Agreement Market）是指通过回购协议进行短期资金融通的市场。回购协议这个词非常形象地描绘了这样一种资金交易行为：证券持有人在卖出（或质押）一定数量证券的同时，与证券买入方签订协议，双方约定在将来某一日期由证券的出售方按约定的价格再将其出售的证券如数赎回。从表面上看，回购协议是一种证券买卖，但实际上是以证券为质押品而进行的一笔短期资金融通。证券的卖方以一定数量的证券进行质押借款，条件是一定时期内再购回证券，且购回价格高于卖出价格，两者的差额即为借款的利息。作为质押品的证券主要是国库券、政府债券或其他有担保债券，也可以是商业票据、同业存单等其他货币市场工具。与上述证券交易方向相反的操作被称为逆回购协议（Reverse Repurchase Agreement），即证券的买入方在获得证券的同时，与证券的卖方签订协议，双方约定在将来某一日期由证券的买方按约定的价格再将其购入的证券如数卖回。实际上，回购协议和逆回购协议是一个事物的两个方面。同一项交易，从证券提供者的角度看是回购，从资金提供者的角度看是逆回购，一项交易究竟被称为回购或是逆回购主要取决于站在哪一方的立场上。

按证券的所有权在回购交易中是否发生了实质性的转移，回购协议分为买断式回购与质押式回购。买断式回购（Buying Out Type Repurchase）指证券持有人（正回购方）将证券卖给证券购买方（逆回购方）的同时，交易双方约定在未来某一日期，正回购方再以约定价格从逆回购方买回相等数量同种证券的交易行为。交易中，相应证券从正回购方账户过户至逆回购方账户，逆回购方在回购期间拥有相应证券的所有权和使用权。回购期间债券利息归债券持有人所有。质押式回购（Hypothecating Type Repurchase）指资金融入方（正回购方）在将证券出质给资金融出方（逆回购方）融入资金的同时，双方约定在未来某一日期由正回购方按约定回购利率计算的资金额向逆回购方返还资金，逆回购方解除出质证券上质权的融资行为。回购期内正回购方出质的证券，回购双方均不得动用，质押冻结期间证券利息归出质方所有。我国的回购协议市场包括银行间债券市场的回购交易与交易所的回购交易。2020 年，交易所与银行间债券市场回购交易额的结构如图 8-2 所示。另外，在银行间债券市场，2020 年质押式回购累计成交 952.7 万亿元，与上年同比增长 17.6%；买断式回购累计成交 7 万亿元，与上年同比下降 26.3%。① 由此可见，银行间债券回购市场是我国回购协议市场的主体，而质押式回购是银行间债券回购市场的主体。

① 数据来源：中国人民银行网站金融市场栏“2020 年金融市场运行情况”。

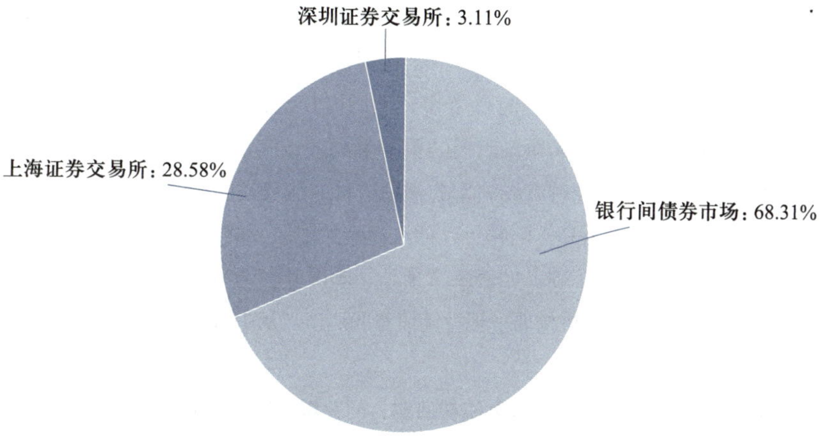

图 8-2　2020 年交易所与银行间债券市场回购交易额的比例结构

资料来源：Wind 数据库。

二、回购协议市场的参与者及其目的

回购协议市场的参与者十分广泛，中央银行、商业银行等金融机构、非金融性企业都是这个市场的重要参与者，在美国等一些国家，甚至地方政府也参与这个市场的交易活动。

专栏看板8-1

中国人民银行利用回购协议市场进行货币政策操作

2017 年，中国人民银行继续实施稳健中性的货币政策，货币政策和宏观审慎政策双支柱调控框架初见成效，为供给侧结构性改革和高质量发展营造了中性适度的货币金融环境。密切关注流动性形势和市场预期变化，加强预调微调和与市场沟通，综合运用逆回购、中期借贷便利、抵押补充贷款、临时流动性便利等工具灵活提供不同期限流动性，维护银行体系流动性合理稳定，公开市场操作利率“随行就市”小幅上行。宣布对普惠金融实施定向降准政策，运用支农支小再贷款、再贴现、扶贫再贷款和抵押补充贷款等工具并发挥信贷政策的结构引导作用，支持经济结构调整和转型升级，将更多金融资源配置到经济社会发展的重点领域和薄弱环节。

2017 年，中国人民银行累计开展逆回购操作 21.2 万亿元，其中 7 天期操作 10.8 万亿元，14 天期操作 6.1 万亿元，28 天期操作 3.7 万亿元，63 天期操作 6 300 亿元。年末，公开市场逆回购操作余额为 12 500 亿元。

资料来源：中国人民银行发布的《2017 年第 4 季度货币政策执行报告》。

中央银行参与回购协议市场的目的是进行货币政策操作。回购协议是中央银行进行公开市场操作的重要形式。例如，为了刺激经济，中央银行通常要向市场投放更多的货币，而要达到这样的目的，中央银行可以通过直接买入政府债券来实现，也可以通过使用回购协议暂时性地买入政府债券来实现。后一种方式优于前一种方式的原因在于，其对债券市场的冲击要小于直接买卖债券对市场产生的冲击，而且由于回购协议是自动清偿的，因此当经济形势出现新的变动时可以使中央银行具有更强的灵活性。

商业银行等金融机构参与回购协议市场的目的是在保持良好流动性的基础上获得更高的收益。从上一节的内容可知，同业拆借通常是信用拆借，无担保的特性使得一些不知名的中小银行很难从同业拆借市场上及时拆入自己所需的临时性资金，而回购协议的证券质押特征则解决了这个问题。证券公司等非银行类金融机构是回购协议市场的重要参与者，它们既可以用所持有的证券作为担保来获得低成本的融资，也可以通过对市场利率的预期进行回购与逆回购的投资组合来获利。例如，如果某一证券公司预期未来利率会上升，则它可以通过持有期限较短的逆回购协议（融出资金）和期限较长的回购协议（融入资金）来获利。如表 8-2 所示，2019 年、2020 年中资小型银行、证券业机构、保险业机构、外资银行、其他金融机构通过银行间债券回购市场从中资大中型银行融入了巨额资金。

表 8-2　2019 年、2020 年金融机构回购、同业拆借资金净融出、净融入情况

单位：亿元

机构类型	回购市场		同业拆借	
	2020 年	2019 年	2020 年	2019 年
中资大型银行	-2 711 676	-1 918 715	-405 206	-280 598
中资中型银行	-950 665	-744 800	-58 995	-148 506
中资小型银行	-49 334	132 798	127 947	111 408
证券业机构	1 100 130	861 901	261 702	258 387
保险业机构	122 001	84 960	819	175
外资银行	74 489	89 211	-27 072	-21 598
其他金融机构及产品	2 415 055	1 494 646	100 806	80 733

资料来源：中国人民银行发布的《2020 年第 4 季度货币政策执行报告》。

注：1. 中资大型银行包括中国工商银行、中国农业银行、中国银行、中国建设银行、国家开发银行、交通银行、中国邮政储蓄银行。

2. 中资中型银行包括政策性银行、招商银行等 9 家股份制商业银行、北京银行、上海银行、江苏银行。

3. 中资小型银行包括恒丰银行、浙商银行、渤海银行、其他城市商业银行、农村商业银行和合作银行、民营银行、村镇银行。

4. 证券业机构包括证券公司、基金公司和期货公司。

5. 保险业机构包括保险公司和企业年金。

6. 其他金融机构及产品包括城市信用社、农村信用社、财务公司、信托投资公司、金融租赁公司、资产管理公司、社保基金、证券投资基金、理财产品、信托计划、其他投资产品等，其中部分金融机构和产品未参与同业拆借市场。

7. 负号表示净融出，正号表示净融入。

非金融性企业参与回购协议市场的积极性很高，因为逆回购协议可以使它们暂时闲置的资金在保证安全的前提下获得高于银行存款利率的收益，而回购协议则可以使它们以持有的证券组合为担保获得急需的资金来源。

广泛的市场参与者使回购协议市场的交易量迅速扩大。以我国为例，1997 年 6 月银行间债券回购市场设立，当月市场交易额达 64.1 亿元，全年交易额达 307 亿元。此后，市场交易额呈几何级数增长，2020 年银行间市场债券回购累计成交 959.8 万亿元，同业拆借累计成交 147.1 万亿元

（见图 8-3）。回购协议市场是我国货币市场的主体。

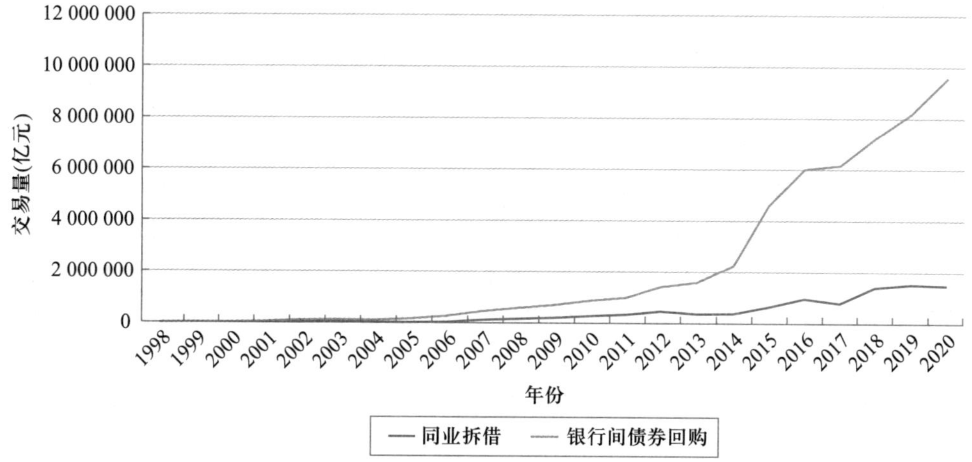

图 8-3　我国银行间同业拆借市场和债券回购市场交易额变动图

资料来源：历年《中国金融年鉴》和《货币政策执行报告》。

三、回购协议的期限与利率

回购协议的期限从 1 天到数月不等，期限只有 1 天的称为隔夜回购，1 天以上的称为期限回购协议。最常见的回购协议期限在 14 天之内，例如 2020 年，我国银行间债券回购市场隔夜回购的成交量占总成交量的 84.7%。

在回购协议的交易中，回购利率是交易双方最关注的因素。约定的回购价格与售出价格之间的差额反映了借出资金者的利息收益，它取决于回购利率的水平。回购利率是市场利率，由交易双方自主确定，以回购定盘利率（Fixing Repo Rate，FR）为基准。基于银行间质押式回购是我国回购市场的主体，2006 年，由全国银行间同业拆借中心借鉴国际经验，以银行间市场每天上午 9：00—11：30 间的质押式回购交易利率为基础编制回购定盘利率。目前发布的隔夜回购定盘利率（FR001）、7 天回购定盘利率（FR007）、14 天回购定盘利率（FR0014）的编制方法是：以银行间市场隔夜回购（R001）、7 天回购（R007）、14 天回购（R014）交易在每个交易日上午 9：00—11：30（包括 9：00 和 11：30）的全部成交利率为计算基础，分别对隔夜回购、7 天回购、14 天回购利率进行排序，记从小到大排序之后的最大序号为 N，则 $N/2$（向下取整）+1 位置上的那个利率即为当日的定盘利率。定盘利率每天上午 11：30 起对外发布。

与 SHIBOR 相比，FR 的生成是基于真实的市场交易，而不是银行报价，不易被操纵，且 FR 采用实际交易利率的中位数，而不是成交利率按成交额加权的平均值，相当于赋予中小金融机构在定盘利率中更大的权重，较好地反映了中小机构真实的融资成本。图 8-3 显示，在我国的银行间市场中，回购协议的交易额远高于同业拆借市场，这为 FR 的有效性和基准性提供了重要保障，也逐渐得到了广泛的市场参与主体的认可，FR 作为货币市场基准利率的作用逐渐增强。2020 年，人民币利率互换交易的浮动端参考利率主要包括 7 天回购定盘利率和 SHIBOR，与之挂钩的利率互换交易名义本金占比分别为 82.7%和 14.9%。①

2014 年以后，我国的同业业务和资管业务蓬勃发展，银行间市场的参与主体不断增加，逐渐

① 资料来源：中国人民银行发布的《2020 年第四季度中国货币政策执行报告》。

形成了“中央银行→大型银行→中小银行→非银行性金融机构”的流动性传导层级。特别是非银行性金融机构的交易增加，使得回购协议利率波动受交易对手和质押物的影响有所加大。为更真实、精确地反映银行体系流动性松紧变化，降低交易参与者信用风险和抵押品质量对利率定价的扰动，全国银行间同业拆借中心自 2014 年 12 月开始编制银行业存款类金融机构①间以利率债②为质押形成的回购利率（DR），涵盖隔夜（DR001）到 1 年（DR1Y）等 11 个品种。2017 年，全国银行间同业拆借中心推出了银银间回购定盘利率（Fixing Deposit Repo Rate，FDR），其编制方法与 FR 相同。2020 年，生成 DR 的交易基础日均超过 1.8 万亿元，在银行间回购市场中的占比约 48%。DR 与 FDR 进一步突出了其市场无风险利率特性，已经成为反映银行体系流动性松紧变化的“晴雨表”，是观测市场利率中枢最为重要的指标，为货币市场交易精细化定价创造了有利条件。未来，基于市场实际交易形成的 DR 与 FDR 将进一步发挥市场基准利率的作用，在各类金融产品定价和价格型货币政策的传导中发挥越来越重要的作用。2020 年 7 天 SHIBOR 与 7 天 FR、FDR 变动情况如图 8-4 所示。

原理8-2

培育和健全基准利率体系，是中国利率市场化改革和金融市场建设的重要内容，也是疏通从中央银行政策利率到市场基准利率再到市场利率传导机制的关键环节。基于市场实际交易形成的回购利率作为货币市场的基准利率，在其中发挥重要作用。

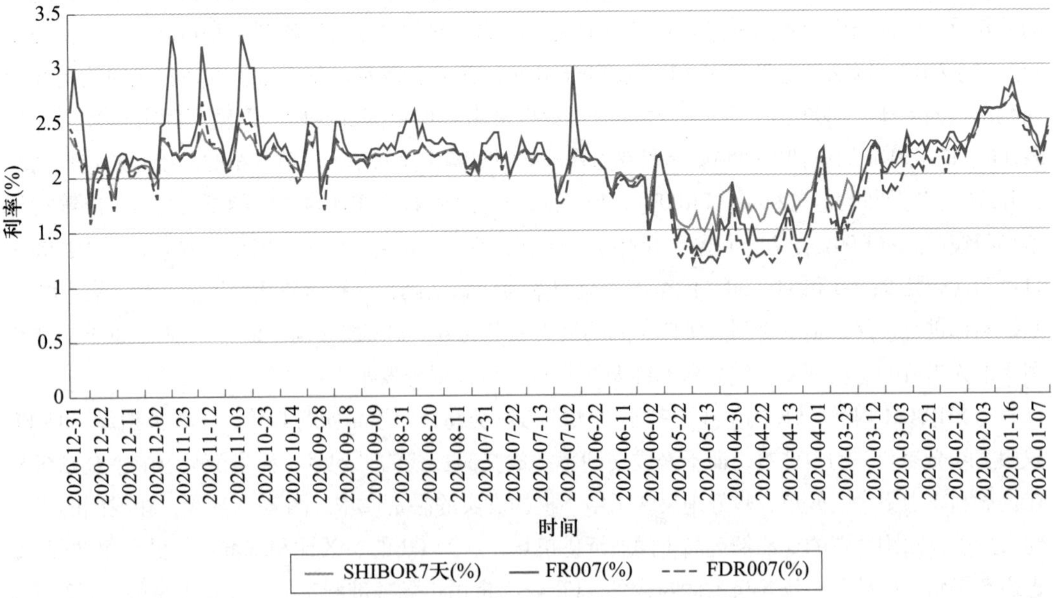

图 8-4 2020 年 7 天 SHIBOR 与 7 天 FR、FDR 变动图

资料来源：中国人民银行网站。

① 存款类金融机构包括政策性银行、大型商业银行、股份制银行、城市商业银行、农村商业银行及合作银行、农村信用联社、外资银行、民营银行、村镇银行等。

② 利率债包括国债、央行票据和政策性金融债。

第四节 国库券市场

1877 年，英国财政大臣诺司考特（Stafford Northcote）求教于《经济学家》杂志主编巴佐特（Walter Bagehot）：政府筹措款项困难怎么办？巴佐特认为，政府拥有最佳信用，不妨仿照商业的习惯发行短期政府债券来筹资。于是，在英国出现了世界上最早的、以贴现方式发行的国库券。国库券是国家政府发行的期限在 1 年以内的短期债券。高安全性、高流动性是国库券的典型特征。由于有国家信用作支撑，二级市场发达，流通转让十分容易，投资者通常将国库券看作无风险债券。国库券市场（Treasury Market）是发行和流通转让国库券的市场。

一、国库券的发行市场

（一）国库券的发行人

国库券的发行人是政府及政府的授权部门，尤以财政部为主。在大多数发达国家，所有由政府（无论是中央政府还是地方政府）发行的债券统称为公债，以区别于非政府部门发行的“私债”，只有中央政府发行的 1 年期以内的债券才称为国库券。在我国改革开放初期，曾将所有由政府财政部门发行的政府债券都称为国库券，而不管其期限是在 1 年以内还是在 1 年以上。目前，这种称呼已很少见到，更多的是将中央政府发行的所有期限的债券统称为国债，对国库券的界定也与国际社会相一致。

政府财政部门发行国库券的主要目的有两个：一是融通短期资金，调节财政年度收支的暂时不平衡，弥补年度财政赤字。在一个财政年度内，政府财政状况经常出现上半年支大于收、下半年收大于支的情况，通过发行国库券可以很好地解决这个问题。此外，通过滚动发行国库券，政府可以获得低息、长期的资金来源用以弥补年度的财政赤字。二是调节经济。20 世纪 30 年代之后，经济学家们逐步认识到政府干预经济的重要性，美国经济学家阿巴·勒纳（Abba Lerner）提出“功能财政论”：政府的财政政策，政府的开支与税收，政府的债务收入与债务清偿，政府的新货币发行与货币收缩等政策运用，都应该着眼于这些举动对经济所产生的结果。① 于是，作为一项重要的财政政策工具，国库券的发行又被赋予了调控宏观经济的功能。

（二）国库券的发行方式

作为短期债券，国库券通常采取贴现发行方式，即政府以低于国库券面值的价格向投资者发售国库券，到期后按面值偿付，面值与购买价之间的差额即为投资者的利息收益。收益率的计算公式为：

$$i=\frac{F-P}{P}\times\frac{360}{n}\times100\% \tag{8-1}$$

其中，i 表示国库券投资的年收益率；F 表示国库券面值；P 表示国库券购买价格；n 表示距到期日的天数。

举例：假设你以 99 元的价格购买了一张 91 天期的面额为 100 元的国库券，那么，当你持有此张国库券到期时，你能获得的年收益率是多少？

---

① 王传纶，高培勇. 当代西方财政理论：下册. 北京：商务印书馆，1998：455。

解答：

$$i=\frac{F-P}{P}\times\frac{360}{n}\times100\%=\frac{100-99}{99}\times\frac{360}{91}\times100\%=4\%$$

这项投资给你带来的年收益率是 4%。

国库券通常采取拍卖方式定期发行。以美国为例，3 个月和 6 个月的国库券每周发行一次，发行数量通常在前一个星期二的下午公布；12 个月的国库券在每个月的第三个星期发行，公布日是在前一个星期五。财政部接受出价最高的订单，出价最高的购买者首先被满足，然后按照出价的高低顺序，购买者依次购得国库券，直到所有的国库券售完为止。在这个过程中，每个购买者支付的价格都不相同，这便是国库券发行市场中典型的美国式招标。如果国库券的最终发行价格按所有中标者申报的最低价格确定，不同的购买人支付相同的价格，则称为荷兰式招标。

当政府财政出现临时性资金短缺时，财政部也可以不定期地发行一定数量的国库券，在美国，这被称为“现金管理券”（Cash Management Bills），期限与财政部预计资金短缺的时间一致。

我国的国库券市场处于发展中。1996 年，为配合公开市场业务的启动，财政部曾发行两期国库券，金额 348.7 亿元。此后国库券迟迟没有再现，直到 2002 年，财政部又象征性地发行 355 亿元国库券。国库券发行频次低、市场规模小，导致短端国债收益率曲线不完善。党的十八届三中全会后，为了健全反映市场供求关系的国债收益率曲线，财政部按照国债余额管理制度的相关规定，从 2015 年第二季度起每月滚动发行一次 6 个月记账式贴现国债，第四季度起按周滚动发行 3 个月记账式贴现国债。2020 年为应对新冠肺炎疫情对财政支出产生的大量需求，美国等西方国家的国债发行额大幅增加，我国的国库券发行额也超过了 2 万亿元（见图 8-5）。

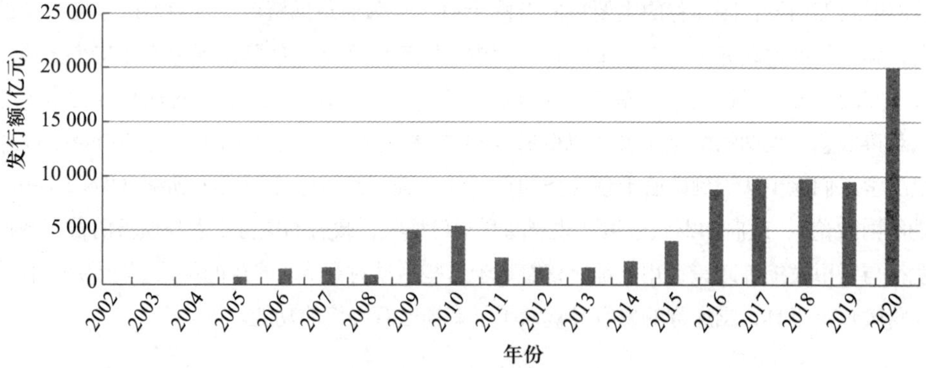

图 8-5　2002—2020 年我国国库券发行额

资料来源：Wind 数据库。

专栏看板8-2

关于 2021 年记账式贴现（二十九期）国债发行工作有关事宜的通知

2021—2023 年记账式国债承销团成员，中央国债登记结算有限责任公司、中国证券登记结算有限责任公司、中国外汇交易中心、上海证券交易所、深圳证券交易所：

为筹集财政资金，支持国民经济和社会事业发展，财政部决定发行 2021 年记账式贴现（二十九期）国债。现就本次发行工作有关事宜通知如下：

一、发行条件

（一）品种和数量。本期国债期限 91 天，以低于票面金额的价格贴现发行，竞争性招标面值总额 150 亿元，进行甲类成员追加投标。

（二）日期安排。2021 年 6 月 25 日招标，6 月 28 日开始计息，招标结束至 6 月 28 日进行分销，6 月 30 日起上市交易。

（三）兑付安排。本期国债于 2021 年 9 月 27 日（节假日顺延）按面值偿还。

（四）竞争性招标时间。2021 年 6 月 25 日上午 10：35 至 11：35。

二、竞争性招标

（一）招标方式。采用修正的多重价格招标方式①，标的为价格。

（二）标位限定。投标标位变动幅度为 0.002 元，投标剔除、中标剔除和每一承销团成员投标标位差分别为 60 个、50 个和 50 个标位。

三、发行款缴纳

中标承销团成员于 2021 年 6 月 28 日前（含 6 月 28 日），将发行款缴入财政部指定账户。缴款日期以财政部指定账户收到款项日期为准。

收款人名称：中华人民共和国财政部

开户银行：国家金库总库

账号：270—21229—1

汇入行行号：011100099992

四、其他

除上述规定外，本期国债招标工作按《2021 年记账式国债招标发行规则》执行。

财政部办公厅

2021 年 6 月 23 日

（三）国库券发行市场中的一级交易商

国库券的拍卖发行通常需要专门的中介机构进行，其中最重要的中介机构是**一级交易商**（Primary Dealers）。一级交易商是指具备一定资格、可以直接向国库券发行部门承销和投标国库券的交易商团体，一般包括资金实力雄厚的商业银行和证券公司。一级交易商通过批发购买，然后分销、零售，使国库券顺利地发售到最终的投资者手中，形成批发零售一体化的分工型发售环节，有利于降低发行费用、减少发行时间，明显地提高了发行效率。

二、国库券的流通市场

国库券流通市场的参与主体十分广泛，中央银行、商业银行、非银行金融机构、企业、个人及国外投资者等都广泛地参与到国库券市场的交易活动中。在这个市场中，还有一级交易商发挥做市商的职能，通过不断买入和卖出国库券活跃市场，保持市场交易的连续性、及时性和平稳性，提高市场的流动性。

---

① 修正的多重价格招标方式，即全场加权平均中标价格四舍五入后为当期国债发行价格。高于或等于发行价格的中标标位，按发行价格承销；低于发行价格的中标标位，按各中标标位的价格承销。标位限定中的相关术语请参见《2018 年记账式国债招标发行规则》中的解释。

各国法律大多规定，中央银行不能直接在发行市场上购买国库券，因此，中央银行参与国库券的买卖只能在流通市场上。中央银行买卖国库券的市场被专业化地称为“公开市场”。在这个市场上，中央银行仅与市场的一级交易商进行国库券的现券买卖和回购交易，以影响金融机构的可用资金数量，可见，国库券的流通市场是中央银行进行货币政策操作的场所。

商业银行等金融机构积极地参与国库券市场的交易活动。它们投资国库券的主要目的在于实现安全性、收益性与流动性相统一的投资组合管理。国库券的高安全性、高流动性和税收优惠（各国通常规定来自国库券的收入免交所得税），使各类金融机构都将其作为投资组合中的一项重要的无风险资产。

非金融企业和居民个人大多通过金融中介机构参与国库券市场的交易活动。20 世纪 70 年代之后，货币市场基金成为居民个人参与国库券交易的主要渠道。

第五节 票据市场

票据市场（Paper Market）是指各类票据发行、流通和转让的市场。由此定义出发，则票据的外延界定了票据市场的边界。在大多数西方发达国家，票据市场通常分为商业票据市场和银行承兑汇票市场，两个市场有着不同的运作机制。在我国目前的票据市场统计中，由于西方典型的融资性商业票据的缺失，则仅包括商业汇票的承兑市场、贴现市场和再贴现市场。此外，2003—2011 年，由于每年都有数额较大的中央银行票据发行，本书将该票据也列在此处，作为票据市场的一种类型，权且当作我国过渡时期的一种特色市场。据此，本节所介绍的票据市场便是一个涵盖中西方票据范畴的广义的票据市场，包括商业票据市场、银行承兑汇票市场、票据贴现市场以及中央银行票据市场。

一、商业票据市场

中西方对商业票据的界定存在一定的差异。第 4 章从信用的角度出发，将商业票据定义为“在商业信用中被广泛使用的表明买卖双方债权债务关系的凭证”。这种界定强调商业票据的签发以真实的商品交易为基础，将商业票据视为商品交易支付和结算的工具。目前《中华人民共和国票据法》（简称《票据法》）采用的正是这种界定。相关的票据行为，如汇票承兑、贴现等形成银行承兑汇票市场、票据贴现市场等。在以美国为代表的大多数西方发达国家，商业票据市场中的商业票据被界定为一种由企业开具，无担保、可流通、期限短的债务性融资本票。这种纯粹的融资性本票类似于我国非金融企业在银行间债券市场发行的短期融资券，也是本书在此处介绍商业票据市场时使用的商业票据概念。由于无担保，所以只有信誉卓越的大公司才有资格发行商业票据。商业票据的期限较短，在世界最发达的美国商业票据市场上，商业票据的期限不超过 270 天，通常在 20 天至 45 天之间。

（一）商业票据的发行市场

1. 发行人与投资人

商业票据的发行主体并不仅仅局限于工商企业，事实上，各类金融公司更是这个市场的重要筹资主体。金融公司是一种金融中介机构，它常常附属于一个制造业公司，其主要业务是为购买该企业产品的消费者提供贷款支持。大型制造业公司（如通用汽车公司）的显赫声誉与实力使得其所属的金融公司可以直接通过发行商业票据来获得低于银行贷款成本的资金来源。低成本的融资特征使商业票据成为银行贷款的重要替代品。20 世纪 80 年代以后，商业票据市场的快速发展也引起美国、日本等国的银行承兑汇票市场逐渐停滞与衰落，商业票据市场成为各国票据市场最主要的市场。

商业票据的投资人极其广泛，商业银行、保险公司、证券公司、非金融企业、信托机构、养老基金、货币市场基金等都是商业票据的购买者。

2. 发行方式

商业票据的发行分为**直接募集**（Direct Placement）和**交易商募集**（Dealer Placement）两种方式。前者是指不经过交易商或中介机构，商业票据的发行人直接将票据出售给投资人，好处在于节约了付给交易商的佣金。大多数金融公司和一些大型工业公司在发行数额巨大的商业票据时都采用这种方式。交易商募集则是指发行人通过交易商来销售自己的商业票据，市场中的交易商既有证券机构，也有商业银行。无论是直接募集还是交易商募集，商业票据大都以贴现方式发行。

3. 商业票据的发行与贷款承诺

随着越来越多的信用优良的大企业通过发行商业票据来筹集低成本的运营资金，商业银行的短期贷款业务逐渐萎缩，银行的经营面临巨大挑战。为了应对挑战，商业银行创新出一种新产品——**贷款承诺**（Loan Commitment），也叫**信用额度**（Line of Credit），即银行承诺在未来一定时期内，以确定的条件向商业票据的发行人提供一定数额的贷款，商业票据的发行人要向商业银行支付一定的承诺费。贷款承诺降低了商业票据发行人的流动性风险。因为通常情况下，商业票据的发行人会滚动发行票据，即用发行新票据的收入来偿还到期的票据，而这种票据的滚动发行风险很大，一旦由于某种原因使票据的发行人无法出售新票据，则其将面临严重的流动性问题，这有可能导致一个原本有着充足清偿能力的公司破产。商业银行提供的贷款承诺使商业票据的发行人可以及时地从银行获得贷款资金，从而避免上述情况的发生。因此，大多数的商业票据发行人都尽量利用商业银行的贷款承诺来为其商业票据提供支持，这也降低了票据购买者的风险，降低了票据的利率水平。

（二）商业票据的流通市场

商业票据的流通市场不发达。商业票据的持有者一般都将票据持有到期。如果票据的持有者有迫切的现金需要，他可以把票据回售给交易商或发行人。

我国目前还不允许各类企业发行这种没有交易背景、纯粹为了融资的典型商业票据。我国 1995 年颁布、2004 年修订的《中华人民共和国票据法》（简称《票据法》）第 10 条明确规定："票据的签发、取得和转让，应当遵循诚实信用的原则，具有真实的交易关系和债权债务关系。"这表明《票据法》将票据仅仅作为商品交易支付和结算的工具，并不希望票据当事人利用票据进行纯粹的融资活动。但在 2005 年，中国人民银行为了进一步发展货币市场、拓宽企业融资渠道，颁布了《短期融资券管理办法》，允许符合规定条件的非金融企业在银行间债券市场发行、交易类似于西方融资性商业票据的短期融资券。短期融资券采用信用发行，企业可自主确定每期融资券的期限，但最长不超过 365 天；发行人主要是大型优质企业；发行利率或发行价格由企业和承销机构协商确定；投资者为银行间债券市场的所有机构投资者；企业发行短期融资券须报中国人民银行备案，中国人民银行依法对短期融资券的发行和交易进行监督管理。2010 年 10 月，发行程序更加简便、期限在 270 天以内的超短期融资券获准在银行间债券市场发行和流通。2020 年，在银行间债券市场发行的企业短期融资券（包括超短期融资券）已达 4.99 万亿元。① 各类票据发行额、贴现额如图 8-6 所示。

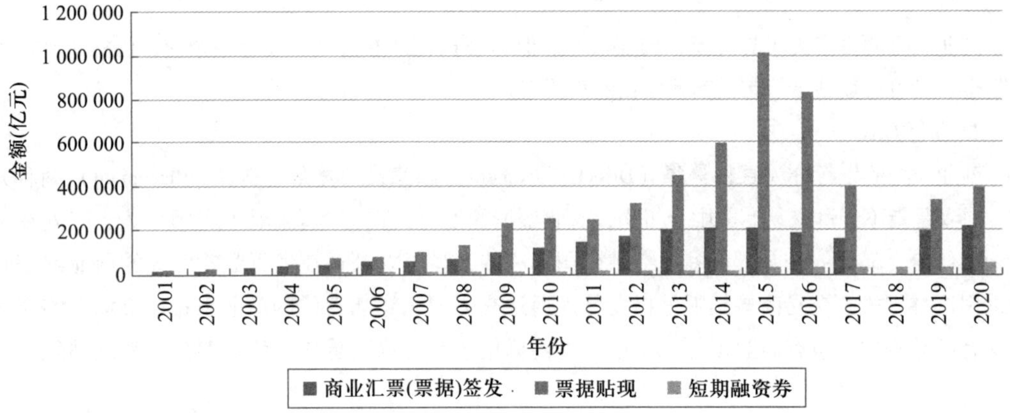

图 8-6 2001—2020 年我国商业汇票签发额、票据贴现金额、短期融资券发行额

数据来源：Wind 数据库。

二、银行承兑汇票市场

谈及银行承兑汇票（Bankers Acceptance），还要从承兑这一票据行为谈起。所谓**承兑**（Acceptance），是指商业汇票到期前，汇票付款人或指定银行确认票据记明事项，承诺在汇票到期日支付汇票金额给汇票持有人并在汇票上签名盖章的票据行为。如果是银行在汇票上签名盖章，承诺在汇票到期日承担最后付款责任，则此汇票为银行承兑汇票。银行承兑汇票曾广泛应用于国际与国内贸易。以国内贸易为例，A 公司与 B 公司达成了商品交易合同，约定 3 个月后 A 公司向 B 公司支付 100 万元货款。在此项商业信用中，为了规避风险，B 公司要求 A 公司开具银行承兑汇票，则 A 公司向其开户银行 C 银行申请开立以 A 公司为出票人、B 公司为收款人、C 银行为承兑人、票面金额为 100 万元人民币、期限为 3 个月的汇票。C 银行审查同意后，对汇票进行承兑。A 公司将此张经 C 银行承兑的汇票交付给 B 公司，B 公司向 A 公司发货。汇票到期前，A 公司应将 100 万元的货款交存 C 银行。汇票到期后，B 公司向 C 银行提示付款，则 C 银行向 B 公司支付货款。如果汇票到期时 A 公司在 C 银行存款账户上的存款不足 100 万元，C 银行也必须向 B 公司无条件地履行支付责任，并对其垫付的部分款项视同逾期贷款向 A 公司记收罚息，直至 A 公司还清为止。

由上面的例子可以看出，银行承兑汇票将购货商的企业信用转化为银行信用，从而降低了商品销售方所承担的信用风险，有利于商品交易的达成。

20 世纪 80 年代以后，美国、日本等发达国家的银行承兑汇票市场呈现衰落趋势，市场余额持续下降，美联储 2012 年起已不再统计银行承兑汇票余额。造成这种现象的原因，一是因为更具成本优势的融资性商业票据市场的发展对银行承兑汇票市场融资功能的替代；二是因为信息技术的发展使得电子化支付在国内、国际贸易结算中广泛采用，银行承兑汇票的结算功能亦被弱化。

---

① 数据来源：中央结算公司研究报告《中国债券市场概览（2020 年）》。

三、票据贴现市场

票据贴现市场是指将未到期票据进行贴现，为客户提供短期资金融通的市场。**贴现**（Discount）是指持有人在票据尚未到期前在贴现市场上寻求变现，受让人扣除贴现利息后将票款付给出让人的行为。票据贴现是商业银行重要的资产业务之一。沿用上面的例子，如果 B 公司在持有此张银行承兑汇票期间有融资的需要，它可以将还没有到期的银行承兑汇票转让给银行，银行按票面金额扣除贴现利息后将余额支付给 B 公司，此种票据行为称为贴现。贴现利息的计算公式为：

$$贴现利息 = 汇票面额 \times 实际贴现天数 \times 月贴现利率/30 \qquad (8-2)$$

则 B 公司实际获得的贴现金额为汇票面额-贴现利息。

如果在此张银行承兑汇票到期前贴现银行也出现了融资需求，则贴现银行可以将这张银行承兑汇票向其他金融机构进行转让。转让给其他商业银行，叫转贴现；转让给中央银行，叫再贴现。

票据的贴现直接为企业提供了融资服务；转贴现满足了商业银行等金融机构间相互融资的需要；再贴现则成为中央银行调节市场利率和货币供给量、实施货币政策的重要手段。

目前我国的票据市场依然主要体现为银行承兑汇票市场和票据贴现市场。1985 年，中国人民银行颁布了《商业汇票承兑贴现暂行办法》。1986 年，商业汇票的承兑、贴现、转贴现、再贴现业务全部开办起来。1995 年，《票据法》颁布并执行，汇票、本票的使用范围扩大，票据市场进入一个新的发展时期，银行承兑汇票发生额、贴现额不断增加。2001 年，银行承兑汇票金额和贴现额都超过了 1 万亿元，之后更是呈现出快速增长态势。

2016 年 12 月，上海票据交易所正式挂牌成立，全国统一的票据交易平台建立，进一步促进了票据市场的电子化和规范化发展。在票据交易所成立前，票据市场以纸质票据为主，电子票据占比仅 30%左右。截至 2020 年年末，全国票据承兑、贴现等业务中，电子票据占比均在 99%以上。此外，通过市场参与者资质审核、电子平台交易、直通式处理、票款对付结算、市场信息披露等措施，票据交易所有效提高了票据交易的透明度和交易后处理的安全性，推进了票据市场的规范发展。2017—2020 年，我国票据市场业务总量年均增长 15.4%，2020 年业务总量达 148.24 万亿元。其中，票据承兑量和背书量年均增长 23.6%，贴现量年均增长 23.3%。从余额看，2020 年年末票据承兑余额 14.09 万亿元，占同期社会融资规模存量的比重为 4.95%；票据贴现余额 8.78 万亿元，占同期企业人民币贷款余额的比重为 8.1%。与此同时，票据贴现加权平均利率与一般贷款加权平均利率保持显著利差（见图 8-7），一定程度上降低了企业融资成本。①

☞ 更多数据请扫描封底增值服务码→数据库。

四、中央银行票据市场

中央银行票据（Central Bank Notes）是中央银行向商业银行发行的短期债务凭证，其实质是中央银行债券。之所以叫“中央银行票据”，是为了突出其短期性特点。大多数中央银行票据的期限在 1 年以内。中央银行发行票据的目的不是筹集资金，而是将其作为货币政策操作的一项重要手段。例如，如果中央银行想紧缩货币供给，它可以在公开市场上向商业银行等一级交易商出售其持有的政府债券，从而减少商业银行可以贷放的资金额，进而减少市场中的货币量。但是，如果由于各种原因中央银行手中持有的政府债券不足，它将无法通过售出政府债券的操作达到紧缩货

① 数据来源：上海票据交易所网站分析研究栏《图说“十三五”时期票据市场发展成就》。

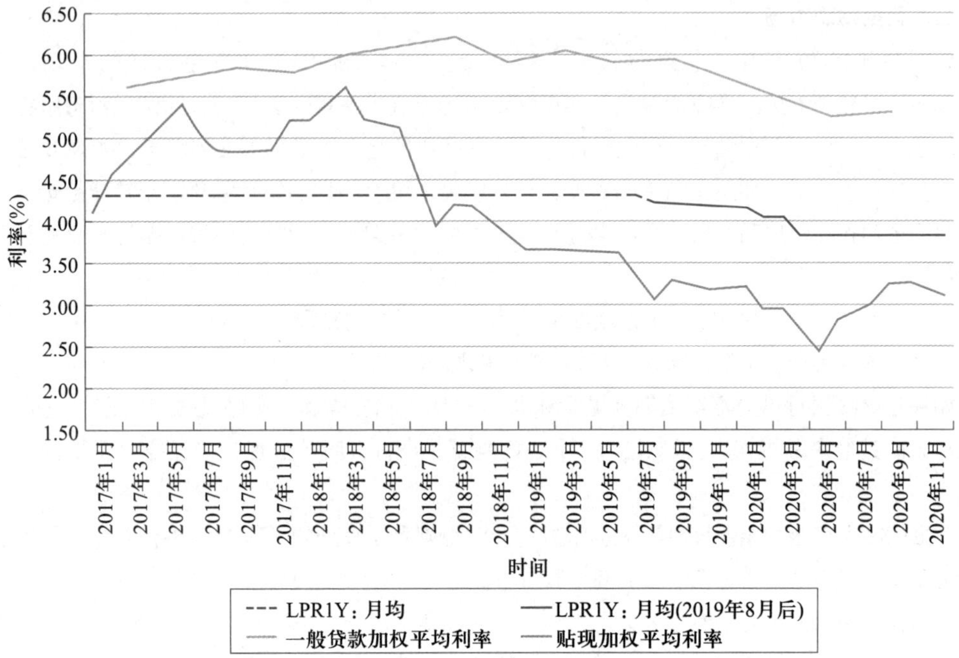

图 8-7　2017 年以来票据贴现与一般贷款利率走势对比图

币的目的，此时，发行中央银行票据可使中央银行实现货币紧缩目标。因此，中央银行票据的发行是公开市场业务操作的一种形式。

从其他国家来看，中央银行通过发行票据进行公开市场操作是在一国国债市场不发达的情况下所采取的权宜之计，印度尼西亚、韩国、菲律宾、泰国等国的中央银行都曾在一定时期内发行过中央银行票据，对中央银行利用经济手段进行间接金融调控起到了一定的支持作用。但大规模的票据的发行会使中央银行背上沉重的利息负担，1986 年与 1987 年，韩国中央银行因为支付大量的中央银行票据利息而形成 570 亿与 870 亿韩元的亏损。① 因此，中央银行票据不应无限发行下去，在国债市场发展起来后，应该逐渐减少中央银行票据的发行，直至取消。

我国中央银行票据的发行始于 2002 年。为了增加公开市场业务操作的工具，增强中央银行公开市场操作的能力，2002 年 9 月 24 日，中国人民银行将公开市场业务未到期的回购转换为中央银行票据，发行中央银行票据 1 937.5 亿元，期限为 3 个月、6 个月和 1 年期。此后的几年中，为了控制商业银行的信贷投放速度，回笼因外汇储备迅速增长造成的货币的过多投放，中国人民银行逐渐加大中央银行票据的发行。2011 年，随着外汇净流入的减少，外汇占款增速的下降，中国人民银行相应减少了中央银行票据的发行，全年累计发行 1.4 万亿元。2014—2018 年，中国人民银行未在境内发行央行票据。具体如图 8-8 所示。

① EMERY R F. The money markets of developing east Asia. New York：Praeger，1991：117.

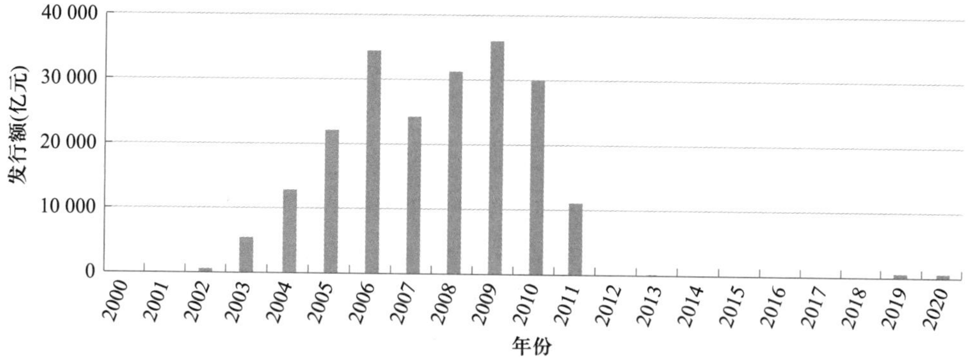

图 8-8　我国 1 年期以内中央银行票据历年境内发行额

资料来源：Wind 数据库。

2015 年和 2018 年，中国人民银行分别在伦敦和香港试点发行以人民币计价的央行票据，用以探索和丰富离岸市场高信用等级的人民币金融产品，并逐渐在香港建立起以相对稳定的频率发行 3 个月、6 个月、1 年等期限品种的人民币央行票据的常态机制。香港人民币央行票据的稳定、持续发行，在促进离岸人民币货币市场发展的同时，也增加了中国人民银行调节离岸人民币流动性的工具，有利于引导、稳定市场预期，保持人民币汇率在合理均衡水平上的基本稳定。

2019 年，为提高银行永续债的流动性，支持银行发行永续债补充资本，增强金融支持实体经济的能力，中国人民银行创设了央行票据互换工具（Central Bank Bills Swap，CBS），即公开市场业务一级交易商可以使用持有的合格银行发行的永续债从中国人民银行换入央行票据。同时，将主体评级不低于 AA 级的银行永续债纳入中国人民银行中期借贷便利（MLF）、定向中期借贷便利（TMLF）、常备借贷便利（SLF）和再贷款的合格担保品范围。永续债是银行补充一级资本的重要渠道，央行票据互换工具的创新，在增强市场认购银行永续债的意愿、保障金融支持实体经济可持续性的同时，增加了持有银行永续债金融机构的优质抵押品，也有利于疏通货币政策的传导机制。

专栏看板8-3

中国银行首单永续债顺利发行

近日，中国银行在银行间债券市场成功发行 400 亿元无固定期限资本债券（俗称永续债），可提高中国银行一级资本充足率约 0.3 个百分点，全场认购倍数超过 2 倍，票面利率为 4.50%，较本期债券基准利率（前 5 日五年期国债收益率均值）高出 157bp。

在此之前，在借鉴国际市场成熟经验的基础上，央行会同银保监会，就无固定期限资本债券的期限、赎回条件、减记条款、受偿顺序等核心条款和有关政策进行了明确，投资者范围进一步拓宽到保险机构。

中国银行本次债券吸引了境内外的 140 余家投资者参与认购，涵盖商业银行、保险公司、证券公司、财务公司、证券投资基金、理财产品等境内债券市场主要投资人，以及央行、保险公司和资产管理公司等境外机构。

资料来源：左永刚. 中行首单永续债顺利发行　四大行迈向 TLAC 监管达标之路. 证券日报，2019-1-28。

第六节　大额可转让定期存单与同业存单市场

大额可转让定期存单（Negotiable Certificate of Deposit，CD），是由银行业存款类金融机构面向非金融机构投资人发行的具有固定面额、固定期限，可以流通转让的大额存款凭证。**同业存单**（Interbank Negotiable Certificates of Deposit，NCD），是由银行业存款类金融机构在全国银行间市场上面向同业拆借市场成员、基金管理公司及基金类产品发行的记账式定期存款凭证。顾名思义，大额可转让定期存单与同业存单市场就是发行与流通转让大额可转让定期存单、同业存单的市场。

一、大额可转让定期存单、同业存单市场的产生与发展

大额可转让定期存单市场首创于美国。1961 年 2 月，为了规避“Q 条例”对银行存款利率的限制，抑制银行活期存款数量因通货膨胀的发生而持续下降的局面，花旗银行开始向大公司和其他客户发行大额可转让定期存单。这种存单与普通定期存款的区别在于：存单面额大，通常在 10 万美元与 1 000 万美元之间；存单不记名，便于存单持有人在存单到期前在二级市场上将存单转让出去；存单的二级市场非常发达，交易活跃。由此可以看出，大额可转让定期存单将活期存款的流动性和定期存款的收益性合为一体，从而吸引了大批客户。1970 年，伴随着美国通货膨胀率的持续上涨，美国国会取消了对大额可转让定期存单的利率限制，进而使这种存单成为美国商业银行筹集信贷资金的重要工具。资料显示，至 1972 年，大额可转让定期存单占到全部银行存款的大约 40%①。此后，许多国家纷纷效仿美国建立大额可转让定期存单市场，促进了此市场在全世界范围内的发展。

小贴士8-1

Q　条　例

在 1929—1933 年的经济大危机中，美国的银行大量倒闭。许多经济学家认为造成这一现象的主要原因是：银行以高利率吸收存款，然后将之投资于高风险的贷款和证券以谋求高额利润，当经济发生衰退后，贷款收不回来，证券无法出售，银行则破产倒闭。面对经济大危机以后的金融萧条，美国国会通过了《1933 年银行法》。该法中的第 Q 项条例对商业银行的存款利率进行了规定：银行对于活期存款不得公开支付利息，对储蓄存款和定期存款支付的利率不能超过国家设定的最高限度。这项对于存款利率进行管制的规定被称为“Q 条例”。

20 世纪 60 年代后，美国发生了日益严重的通货膨胀，“Q 条例”的规定使银行的存款类资金来源受到很大影响，发生“金融脱媒”现象。为了应对这种不利局面，商业银行开始进行金融创新，大额可转让定期存单就是其中的一种。1980 年，美国国会为顺应现实通过了《放松存款机构管制与货币管理法案》，提出逐步取消对存款利率的最高限制。此后的 6 年中，美国分阶段废除了“Q 条例”，于 1986 年 3 月实现了利率市场化。

① MISHKIN F S，EAKINS S G. Financial markets and institutions. 4th ed. Boston：Addison-Wesley，2003.

我国的大额可转让定期存单市场产生于 1986 年。1986 年下半年，中国银行和交通银行开始发行大额可转让定期存单，之后逐渐扩展到所有的商业银行。1989 年 5 月和 11 月，中国人民银行发布《大额可转让定期存单管理办法》和《关于大额可转让定期存单转让问题的通知》，分别对大额可转让定期存单的期限、面值、利率、计息办法和转让问题做出了统一规定。1990—1993 年，每年各商业银行发行大额可转让定期存单总量约 500 亿元，均由中国人民银行实行指标管理，其利率可以比同期限的定期存款利率高 5%～10%。此时我国的大额可转让定期存单市场有着不同于国外典型存单市场的独特特征：① 面额小。个人购买的最低面额仅为 500 元，企业购买的最低面额为 1 万元。② 存单的购买者绝大部分是城乡居民个人，少数为企业和事业单位。③ 由于存单的利率比同期限的定期存款利率高 5%～10%，投资者购入存单后通常都持有到期，流动性很差，始终未能形成二级市场。可见，我国的大额可转让定期存单恰恰缺失了该类存单面额大且流动性强的典型特征。大额可转让定期存单成为我国商业银行变相高息揽存的手段。于是，1998 年中国人民银行下文停止了大额可转让定期存单的发行。

2015 年 6 月，为进一步推进存款利率市场化改革，中国人民银行发布《大额存单管理暂行办法》，允许银行业存款类金融机构面向非金融机构投资人发行记账式大额存单，其中个人投资人认购的大额存单起点金额不低于 30 万元（2016 年修改为 20 万元），机构投资人不低于 1 000 万元。大额存单可以转让、提前支取、赎回和办理质押。大额存单的恢复发行，既增加了商业银行等存款类金融机构主动负债型产品，也为市场投资人提供了安全、具有一定流动性、与市场收益率相关的金融产品，市场发展迅速，2020 年，金融机构发行大额存单 5.2 万期，发行总量为 9.7 万亿元，① 占当年人民币各类存款余额的 4.6%。

国际经验表明，同业存单是存款利率市场化的重要突破口。为了推进存款利率市场化，为进一步推出面向企业和个人的大额可转让定期存单提供经验借鉴，逐步扩大存款类产品的市场化定价范围，促进货币市场发展，2013 年 12 月，中国人民银行发布《同业存单管理暂行办法》，允许银行业存款类金融机构在银行间市场发行大额可转让同业存单。同业存单发行采取电子化的方式，在全国银行间市场公开发行或定向发行；公开发行的同业存单可以通过同业拆借中心的电子交易系统转让流通，也可作为回购交易的标的物；同业存单市场实行做市商制度。同业存单一经推出，立刻得到市场认可，存单的发行主体、投资机构持续扩大，市场规模快速增长。如图 8-9 所示，

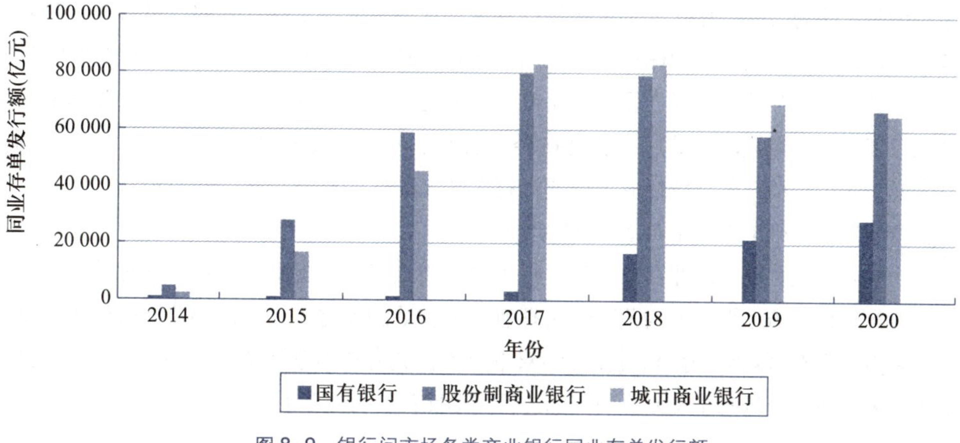

图 8-9　银行间市场各类商业银行同业存单发行额

资料来源：Wind 数据库。

① 数据来源：中国人民银行发布的《2020 年第四季度中国货币政策执行报告》。

股份制商业银行和城市商业银行是同业存单的主要发行主体，2019 年包商银行经营风险被披露后，国有控股商业银行发行的同业存单日益受到市场投资主体的欢迎。

目前我国存单的发行期限有长期化趋势（见图 8-10）。2020 年，银行间市场发行同业存单 2.9 万期，发行总量 19 万亿元，超过各类债券发行额；二级市场交易总量为 167.3 万亿元，超过同业拆借市场交易量；年末同业存单余额为 11.2 万亿元。① 同业存单已成为商业银行最主要的同业负债来源之一，为商业银行提供了有效的流动性管理手段。

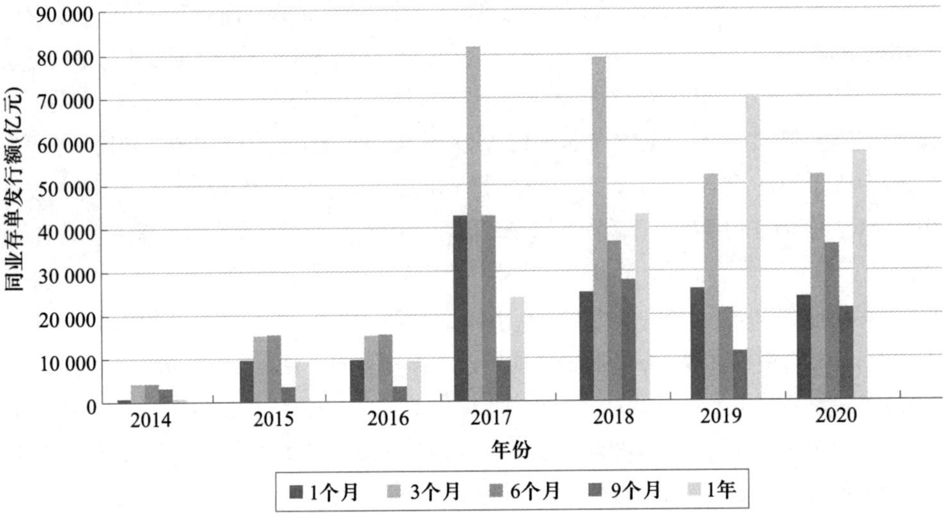

图 8-10 银行间市场各期限同业存单发行额

资料来源：Wind 数据库。

二、大额可转让定期存单、同业存单市场的功能

商业银行等存款类金融机构是大额可转让定期存单、同业存单市场的主要筹资者。商业银行通过发行大额可转让定期存单、同业存单可以主动、灵活地以较低成本吸收数额庞大、期限稳定的资金，甚而改变了其经营管理理念。在大额可转让定期存单市场出现以前，商业银行通常认为其对于负债是无能为力的，存款人是否到银行存款、存多少取决于存款人的经济行为，商业银行处于被动地位，因而其流动性的保持主要依赖于持有数额巨大的流动性资产，但这会影响其盈利性。大额可转让定期存单市场诞生后，商业银行发现通过主动发行大额可转让定期存单增加负债也是其获取资金、满足流动性的一个良好途径，而不必再持有大量的、收益较低的流动性资产。于是，大额可转让定期存单市场便成为商业银行调整流动性的重要场所，商业银行的经营管理策略也在资产管理的基础上引入了负债管理的理念。

大额可转让定期存单、同业存单市场的投资者种类众多，存单到期前可以随时转让流通，具有与活期存款近似的流动性，但与此同时又拥有定期存款的收益水平，这种特性极好地满足了大额短期闲置资金拥有者对流动性和收益性的双重要求，成为其闲置资金的重要运用渠道，也成为各类金融机构、货币市场基金等基金类产品进行流动性管理的重要手段。

① 数据来源：中国人民银行发布的《2020 年第四季度中国货币政策执行报告》。

三、大额可转让定期存单、同业存单的期限与利率

目前我国大额可转让定期存单的期限有 1 个月、3 个月、6 个月、9 个月、1 年、18 个月、2 年、3 年和 5 年共 9 个品种，存单发行利率以市场化方式确定；固定利率存单采用票面年化收益率的形式计息，浮动利率存单以 SHIBOR 为浮动利率基准计息；存单自认购之日起计息，付息方式分为到期一次还本付息和定期付息、到期还本。

同业存单的期限有 1 个月、3 个月、6 个月、9 个月和 1 年，存单利率以 SHIBOR 为基准，按市场化方式定价。图 8-11 显示，同业存单利率围绕 SHIBOR 在较小的范围内波动，在货币市场资金紧张的 2016 年 11 月中旬至 2017 年 1 月中旬，同业存单与 SHIBOR 的利差扩大。

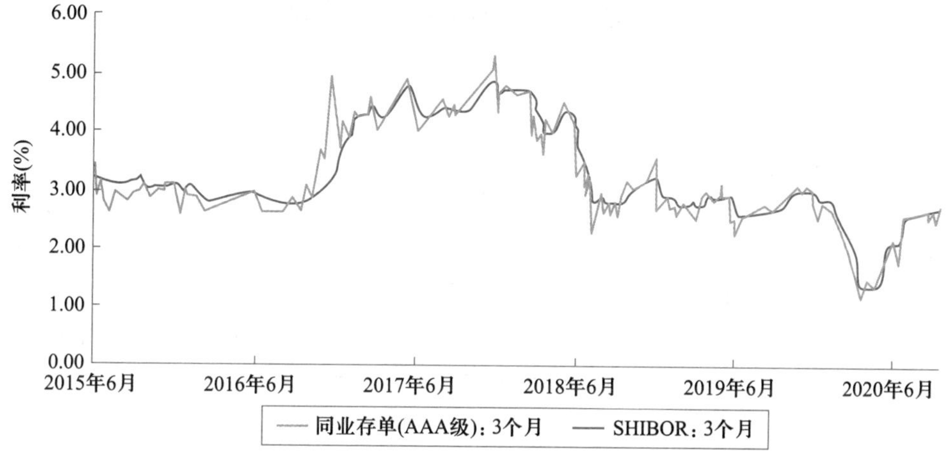

图 8-11　同业存单与 SHIBOR 走势图

资料来源：Wind 数据库。

由于同业存单发行期限涵盖了 1 个月至 1 年的各类期限，弥补了同业拆借和回购协议 14 天以上期限交易规模少的情况，同时各期限同业存单交易活跃，市场化同业存单收益率曲线的形成既对 1 个月以上的 SHIBOR 报价具有导向作用，也相对完善了利率期限结构曲线，为 MLF 等中长期利率锚的市场化定价作用提供了有效的反馈和参考。

发行银行的信用评级、存单的期限和货币市场资金的供求量是决定大额可转让定期存单、同业存单利率水平的主要因素。不同评级的同业存单票面利率如图 8-12 所示。

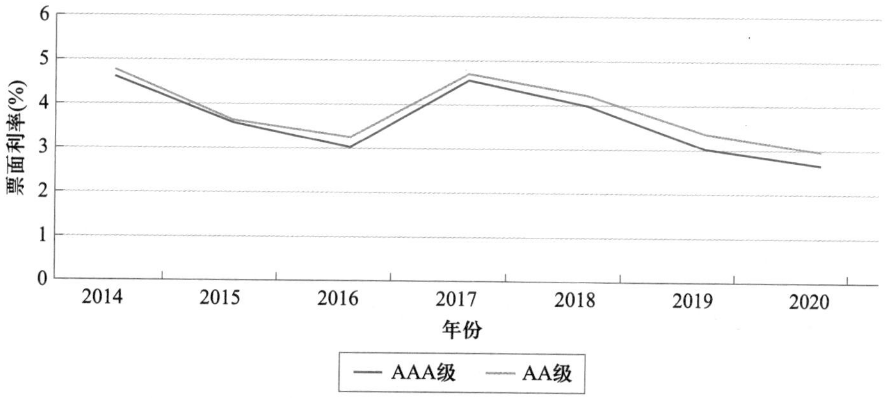

图 8-12　AAA 级与 AA 级同业存单票面利率

资料来源：Wind 数据库。

原理8-3

发行银行的信用等级越高、存单的期限越短、银行借助于存单筹集资金的需求越低，则存单的利率越低；反之则越高。

第七节 国际货币市场

一、国际货币市场的概念

国际货币市场的概念相对宽泛与模糊。按照对货币市场的界定，国际货币市场应该是指以期限在1年以内的金融工具为媒介进行国际短期资金融通的市场。国际短期资金的融通一般有两种方式：一种是在一国原有的国内货币市场中允许外国交易者参与市场交易活动，这在许多国家的货币市场中是十分普遍的现象。比如，在美国的货币市场上，**扬基商业票据**（Yankee Commercial Paper）是外国公司可以发行的以美元为标值的商业票据；**扬基存单**（Yankee CDs）是外国银行在美国的分支机构也可以发行的以美元标值的存单。由此可以看出，这种方式的国际短期资金融通就是我们通常所说的一国货币市场的国际化，也是比较宽泛意义上的国际货币市场概念。在这类货币市场中，本国和外国交易者都要按照本国的交易规则和政策法规参与交易，交易使用本国货币，市场运作机制与上面几节介绍的国内货币市场相同。

国际短期资金融通的另一种方式是：独立于各国国内的货币市场专门设立一个国际市场，在这个市场中，世界各国的参与者可以不受任何一国国内政策法令的约束，自由地参与市场交易活动，交易使用的货币可以是任何一种可自由兑换的但非市场所在国家的货币。这类市场被称为**欧洲货币市场**（European Currency Market）。欧洲货币市场是一种超越国界的市场，是国际货币市场的核心，甚至在许多情况下，国际货币市场就特指欧洲货币市场。超越国界的特点使欧洲货币市场在利率、业务惯例上具有自己的特征。本节将主要介绍欧洲货币市场。

二、欧洲货币市场的产生与发展

（一）政治因素导致欧洲货币市场的诞生

欧洲货币市场的前身是欧洲美元市场，产生于20世纪50年代。有趣的是，欧洲美元市场的诞生纯粹是由于政治原因。在布雷顿森林体系下，美元国际储备货币的地位让许多国家愿意持有美元，但第二次世界大战后日益严重的冷战局势使苏联及东欧社会主义国家越来越担心其在美国银行的大量美元存款会被美国政府冻结，于是，在20世纪50年代初冷战最紧张的时期，这些国家将其美元存款转存到欧洲各国尤其是英国的银行，而此时英国政府正需要大量资金以恢复英镑的地位和支持国内经济的发展，因此准许伦敦的各大商业银行接受境外美元存款和办理美元借贷业务，于是欧洲美元——存在美国领土之外的美元——诞生了，借贷欧洲美元的市场随之产生。

事后看来，苏联政府的举措很明智，因为在1956的苏伊士战争期间，美国冻结了所有交战国家（包括英国、法国、以色列和埃及）在美国的资产，之后，阿拉伯国家也加入在美国境外存放美元的行列中。

到了 20 世纪 60 年代，欧洲美元市场上交易的货币不再局限于美元，德国马克、瑞士法郎等货币也开始出现在这一市场上。同时，这个市场的地理位置不断扩大，在亚洲的新加坡、中国香港等地也出现了对美元、德国马克等货币进行融通借贷的市场，这样原来的欧洲美元市场便演变为欧洲货币市场。在这里，“欧洲”一词不再表示地理位置，而是“境外”的意思，欧洲货币市场也逐渐被视为离岸金融市场的一种存在形式。所谓“欧洲货币”，是指在货币发行国境外流通的货币，如欧洲美元、欧洲日元等。而流通转让欧洲货币的市场，就被称为欧洲货币市场。

（二）欧洲货币市场迅速发展的主要原因

欧洲货币市场自 20 世纪 60 年代后期发展迅速，交易额快速增加，金融管制和欧洲货币市场自身的利率优势等都是导致这一现象的重要因素。

1. 美国的金融管制政策为欧洲货币市场的发展提供了客观条件

金融管制与欧洲货币市场的发展十分明显地体现出管制与创新的辩证规律：管制诱发创新，创新是为了规避管制。在 20 世纪 80 年代以前，美国金融监管部门的一系列监管措施为欧洲货币市场的发展提供了客观条件。这些管制措施包括：银行对活期存款不付息，定期存款的利率存在最高限制，银行所有的存款需要交纳一定比例的法定存款准备金，并要加入联邦存款保险，按规定比例缴纳保险费，等等。除此之外，为了缓解日益严重的国际收支赤字，美国国会在 1963 年和 1965 年分别通过了利息平衡税和“自愿对外信贷限制计划”，规定美国居民购买外国在美发行的证券所得利息一律要按 15%的比率付税，限制美国银行和其他金融机构对国外借款人的贷款数额。利率管制限制了美国银行支付的存款利率水平，使其不能随着物价的上升而同比例地上升，准备金和存款保险的强制性要求则提高了美国银行持有存款的成本。这些要求与限制突出了欧洲货币市场这个新兴市场的竞争优势，在这个自由、超越国家、充分竞争的市场中，没有利率管制，没有准备金和存款保险要求，为存款提供更高的利率使美元的存款人更倾向于在欧洲货币市场存放美元，欧洲货币市场获得了充足的资金来源。利息平衡税和“自愿对外信贷限制计划”则使外国借款者很难在美国发行美元债券或获得美元贷款，他们开始转向欧洲货币市场融资。供需的增长促进了欧洲货币市场的快速发展。

2. 利率优势始终是推动欧洲货币市场持续发展的重要动力

作为一个不受任何国家管制和完全竞争的金融市场，与各国国内市场相比，欧洲货币市场的存款利率总是处于较高的水平，而贷款利率总是处于较低的水平。下面以美国为例来说明这个问题。

假设美国的一家银行同时在欧洲货币市场和美国国内市场通过发行大额可转让定期存单来筹集资金。该银行在欧洲货币市场发行的 3 个月期、面值为 100 万美元的大额存单给出的利率报价是年率 6. 5%，同样的存单在美国国内的报价是年率 6. 1%，但在国内发行的存单需要按面值缴纳 3%的法定存款准备金和 0. 23%的存款保险费，而在欧洲货币市场上发行的存单没有缴纳存款准备金和保险费的要求。这样，考虑法定存款准备金和保险费因素，在国内发行存单的实际成本是：

$$c=\frac{i+x}{1-r} \tag{8-3}$$

其中，i 为存单的票面利率；x 为存款保险的费率；r 为法定存款准备金率；c 为存单的实际成本。

根据公式（8-3），在美国国内发行的大额可转让定期存单的实际成本是：

$$c=\frac{6.1\%+0.23\%}{1-3\%}=6.53\%$$

由上例可知，虽然该银行在国内发行大额可转让定期存单比在欧洲货币市场上发行同样的存单承担了较低的利率水平，但由于准备金和存款保险的要求，它实际支付的成本要高于其从欧洲货币市场筹集资金的成本。从存单购买者的角度看，显然他更愿意在欧洲货币市场上买入存单，因为他可以获得更高的利息收益。由此可见，欧洲货币市场无论是对于筹资者还是对于投资者都更有吸引力。

20 世纪 60—70 年代，整个资本主义社会处于普遍的通货膨胀时期，欧洲货币市场利率的自由性不仅为欧洲货币的供给者支付了较高的利率用以弥补通货膨胀损失，还通过浮动利率贷款的方式使出借欧洲货币的金融机构免受利率波动风险。欧洲货币市场的充分竞争性和交易的大额性也使各类贷款利率相对较低，信誉优良的大型跨国公司更愿意到欧洲货币市场进行融资。

三、欧洲货币市场中的重要子市场

在有些文献中，欧洲货币市场包含的业务种类十分宽泛，所有流通转让欧洲货币的交易都被划入欧洲货币市场中，而不仅仅局限于本章所介绍的几种货币市场交易活动。非常明显的是，欧洲银行存贷款市场、欧洲债券市场的交易活动都被统计到欧洲货币市场交易中，这与我们对货币市场的界定有较大的出入。为了保持一致性，这里我们仅仅介绍欧洲货币市场中的伦敦银行同业拆借市场、欧洲商业票据市场和欧洲大额可转让定期存单市场，而将欧洲银行存贷款市场放在商业银行一章，将欧洲债券市场放在资本市场一章。

（一）伦敦银行同业拆借市场

伦敦银行同业拆借市场曾是欧洲货币市场上业务规模最大的市场，世界各地的银行在这一市场上拆出拆入隔夜资金，极富竞争性。LIBOR 曾是欧洲货币市场乃至全球金融市场的基准利率，众多金融工具的定价以 LIBOR 为基准，LIBOR 的变动对全世界的金融活动都有着重要的影响。

受国际金融危机的影响，伦敦银行同业拆借市场的规模不断萎缩，部分期限品种每年交易笔数甚至不足 20 笔，报价行严重缺乏实际交易数据作为 LIBOR 的报价参考。与此同时，市场陆续爆出部分报价行操纵 LIBOR 报价的案件，严重削弱了 LIBOR 的市场公信力。此后 LIBOR 管理机构推出了一系列改革举措，但仍未获得市场广泛认可。国际社会开始着手改革以 LIBOR 为代表的金融市场基准利率体系。2017 年 7 月，英国金融行为监管局（FCA）宣布，2021 年年底后将不再强制要求 LIBOR 报价行开展报价，这意味着届时 LIBOR 或将退出市场。

为应对 LIBOR 退出，各主要发达经济体积极推进基准利率改革，目前已基本完成替代基准利率的遴选工作。各经济体选定的新基准利率多为无风险基准利率（RFRs），由各经济体独立发布，均为实际成交利率，仅有单一的隔夜期限，且绝大多数由中央银行管理。例如，美国、英国、欧元区和日本分别选择了有担保隔夜融资利率（SOFR）、英镑隔夜平均指数（SONIA）、欧元短期利率（€ STR）和日元无担保隔夜拆借利率（TONA）。

专栏看板8-4

世界主要发达经济体推进基准利率改革模式

世界主要发达经济体推进基准利率改革主要有两种模式：

1. 完全替代模式：美国和英国

美国以有担保隔夜融资利率（SOFR）替代美元 LIBOR。SOFR 是纽约联邦储备银行（Federal Reserve Bank of New York，FRBNY）和美国财政部金融研究办公室（Office of Financial Research，OFR）共同编制的新基准利率，于 2018 年 4 月正式推出，由纽约联邦储备银行担任管理人。SOFR 基于隔夜国债回购交易生成，对应的市场日均交易基础超过 1 万亿美元。英国采用完善后的英镑隔夜平均指数（SONIA）替代英镑 LIBOR。SONIA 基于英镑隔夜无担保拆借交易生成，1997 年就已推出。英格兰银行进一步改良了 SONIA 计算规则，扩大了 SONIA 的交易基础，日均交易量提升了 4 至 5 倍，目前已达到约 500 亿英镑。2017 年英格兰银行宣布将 SONIA 作为英镑 LIBOR 的替代基准利率。

2. 多基准并存模式：欧元区和日本

欧元区推出了欧元短期利率（€ STR）。€ STR 基于欧元隔夜无担保拆借市场，代表大型银行融入资金的利率，于 2019 年 10 月开始正式运行。同时，欧元区仍保留了欧元银行间同业拆借利率（EURIBOR），并引入“瀑布法则”①，对 EURIBOR 进行改革，提升报价的可靠性。日本与欧元区类似，既培育了日元无担保隔夜拆借利率（TONA）作为新的基准利率，又保留东京银行间同业拆借利率（TIBOR），并引入“瀑布法则”改进 TIBOR 的报价形成机制。

资料来源：中国人民银行发布的《参与国际基准利率改革和健全中国基准利率体系》白皮书。

（二）欧洲商业票据市场

欧洲商业票据（Euro-commercial Paper）是由信用等级高的国际公司在欧洲货币市场上发行的无担保、短期、不记名票据。大多数欧洲商业票据的期限为 7 天至 365 天，一般采用贴现发行方式，有发达的二级流通市场。最高信用等级的国际公司通常自己直接发行欧洲商业票据进行筹资，而信用等级较低的公司则在银行的帮助下通过该市场进行筹资。银行向信用等级较低的公司提供票据发行便利（Note Issuance Facility），即银行承诺在确定的时间内（通常是 5 年）买入票据发行公司连续发行的无法出售给其他投资者的商业票据。票据发行便利使信用等级较低的公司可以在欧洲商业票据市场上筹集到利息成本低于银行贷款利率的资金。

发行人的信用等级是决定欧洲商业票据利率水平的重要因素。在所有的欧洲商业票据的发行人中，具有最高信用评级的发行人占 50%以上。跨国公司和银行是欧洲商业票据最主要的发行人。欧洲美元在欧洲商业票据发行的货币中占有支配地位。2012 年，渣打银行在伦敦发行了价值 10 亿元、以人民币标值的商业票据。

（三）欧洲大额可转让定期存单市场

欧洲大额可转让定期存单市场发达，国际性商业银行在此市场上筹集资金。存单的期限通常为 3 个月和 6 个月，面额一般不低于 100 万美元。欧洲大额可转让定期存单没有法定存款准备金和

① “瀑布法则”是指主要基于实际交易利率报价，但当实际交易量无法满足特定要求时，可参考专家意见进行报价。

存款保险的要求，因而资金筹集成本往往低于国内市场。

本章小结

1. 货币市场是以期限在1年以内的金融工具为媒介进行短期资金融通的市场。市场中交易的短期金融工具主要有银行同业拆借资金、回购协议、商业票据、银行承兑汇票、国库券、大额可转让定期存单、同业存单等。对不同金融工具的交易行为形成了不同的货币市场子市场。

2. 交易期限短、流动性强、安全性高、交易额大是货币市场的基本特征。

3. 货币市场的重要性体现在它可以满足政府、企业短期融资的需要，为商业银行等金融机构的流动性管理、中央银行的宏观金融调控提供场所，同时，货币市场利率还通常被视为市场基准利率，广泛用作各种利率型金融工具的定价标准。

4. 同业拆借市场的参与主体仅限于金融机构。市场上交易的主要是商业银行等存款类金融机构存放在中央银行存款账户上的超额准备金，功能在于提高其资金使用效率。在许多国家，同业拆借利率是货币市场基准利率之一，2007年1月4日正式运行的上海银行间同业拆放利率（SHIBOR）已逐渐确立了我国货币市场基准利率的地位。

5. 从表面上看，回购协议是一种证券买卖，但实际上是以一笔证券为质押品而进行的短期资金融通。一般而言，证券流动性越高，回购利率越低；回购期限越长，回购利率越高。近几年，银行业存款类金融机构间以利率债为质押形成的银行间回购利率（DR）和银银间回购定盘利率（FDR）作为我国货币市场基准利率地位的作用日益显现。

6. 国库券是国家政府发行的期限在1年以内的短期债券。高安全性、高流动性是国库券的典型特征。投资者通常将国库券看作无风险债券。国库券流通市场是中央银行进行货币政策操作的场所。我国的国库券市场尚不发达，意味着这一市场的发展空间较大。

7. 商业票据的融资成本低于银行贷款的成本，只有信誉卓越的大公司才有资格发行商业票据。银行承兑汇票将购货商的企业信用转化为银行信用，降低了商品销售方所承担的信用风险。票据的贴现直接为企业提供了融资服务；转贴现满足了商业银行等金融机构间相互融资的需要；再贴现则成为中央银行调节市场利率和货币供给量、实施货币政策的重要手段。中央银行票据的发行丰富了公开市场业务的操作工具。

8. 面额大、不记名、二级市场发达是大额可转让定期存单的典型特征。通过主动发行大额可转让定期存单、同业存单增加负债是商业银行获取资金、满足流动性的一个良好途径。

9. 欧洲货币市场是国际货币市场的核心，是一个超越国界、不受任何国家管制、完全竞争的金融市场。利率优势始终是推动欧洲货币市场持续快速发展的重要动力。

重要术语

货币市场　同业拆借市场　上海银行间同业拆放利率（SHIBOR）　回购协议
逆回购协议　回购定盘利率（FR）　银银间回购利率（DR）
银银间回购定盘利率（FDR）　国库券　贴现　转贴现

再贴现	美国式招标	荷兰式招标	一级交易商
商业票据	银行承兑汇票	中央银行票据	大额可转让定期存单
同业存单	欧洲货币市场	伦敦银行同业拆放利率	票据发行便利

术语解释请扫描封底增值服务码→名词术语。

思考题

1. 如果你是一位中央银行的决策者，你该如何考察货币市场的功能？又该如何考虑充分发挥货币市场的功能？
2. 企业为何参与货币市场的交易活动？
3. 作为居民个人，你能通过怎样的方式参与货币市场的交易活动？
4. 中央银行怎样影响同业拆借市场利率？SHIBOR 的市场基准利率功能体现在哪里？
5. 查一查 2021 年我国货币市场利率的波动情况，并给出你的解释。
6. 什么是回购协议？什么是逆回购协议？说明两者之间的关系。
7. 中央银行是如何利用回购市场调节货币供应量的？
8. 如何进一步加强银银间回购利率（DR）与银银间回购定盘利率（FDR）市场基准利率的作用？
9. 什么原因导致我国国库券市场发展滞后？
10. 在 2007 年美国次贷危机中，货币市场发挥了怎样的作用？
11. 为什么商业票据的融资成本低于银行贷款的成本？
12. 从中国国情出发，你认为中国发展商业票据市场最主要的障碍有哪些？
13. 商业票据市场的发展将会对商业银行的经营产生怎样的影响？商业银行应如何应对不良影响？
14. 你觉得我国现在的同业存单市场存在哪些问题？
15. 推动欧洲货币市场持续发展的动力是什么？
16. 寻找资料，了解第二次世界大战后的政治与经济环境，这些政治与经济环境是如何促进欧洲货币市场形成并不断发展的？欧洲货币市场未来的发展前景如何？

更多思考练习请扫描封底增值服务码→习题作业、例题及综合测试。

讨论题

讨论主题：伦敦银行间同业拆借利率（LIBOR）的退出及替代利率

讨论素材：伦敦银行间同业拆借利率（LIBOR）

思考讨论：

1. LIBOR 和我国的 SHIBOR 相比有何不同？
2. 如果 LIBOR 退出市场，我国应如何参与国际基准利率改革？

相关讨论素材请扫描封底拓展资源码→教学案例。

延伸阅读

1. 贾玉革. 货币市场结构变迁的效应分析. 北京：中国人民大学出版社，2006.
2. 海外货币市场研究课题组. 海外货币市场研究. 北京：经济科学出版社，2001.
3. 成思危. 培育与监管：设计中国的货币市场. 北京：经济科学出版社，2002.
4. Emery R F. The Money Markets of Developing East Asia. New York：Praeger，1991.
5. 中国人民银行. 参与国际基准利率改革和健全中国基准利率体系，2020-8-31.

☞ 更多资源请扫描封底拓展资源码→文献目录。

即测即评

☞ 请扫码答题，检测本章学习效果。

第 9 章 资本市场

本章导读

现代资本市场被人们认为是具有“魔力”的市场，各种资产的价格频繁变动，难以预测。20 世纪 90 年代初，中国组建了上海和深圳两个证券交易所，2021 年成立了北京证券交易所，股票、债券、基金等金融投资品交易规模逐年增加，已经成为我国企业、居民、政府、金融机构等经济主体金融活动的重要场所，资本市场在国民经济中作用越来越重要，资本市场的波动也越来越引人关注。党的二十大报告提出了“健全资本市场功能，提高直接融资比重”的要求。资本市场究竟是干什么的？资本市场通过什么机制来运行？有价证券是如何发行和流通的？在资本市场如何进行投资？本章将阐释资本市场的特点、运作机制、原则和主要功能，介绍股票债券的发行与交易及其原理、资本市场的投资分析、资本市场国际化等内容。通过本章学习，可以更好地了解和掌握资本市场的相关知识。

第一节　资本市场概述

一、资本市场的含义

资本市场是指以期限在 1 年以上的金融工具为媒介进行长期性资金融通交易活动的场所，又称长期资金市场。广义的资本市场包括两大部分：一是银行中长期信贷市场；另一个是有价证券市场，包括中长期债券市场和股票市场。狭义的资本市场专指发行和流通股票、债券、基金等有价证券的市场，也称证券市场。中长期信贷市场以银行借贷为主，此类市场本书将在 12 章中做介绍，本章重点介绍狭义资本市场。

二、资本市场的特点

与其他市场相比，资本市场有以下四个特点：第一，交易工具的期限长。例如，中长期债券的期限都在 1 年以上；股票没有到期日，属于永久性证券；封闭式基金的存续期限一般都在 15～30 年。第二，筹资目的是满足投资性资金需要。在资本市场筹措的长期资金主要是用于补充固定资本，扩大生产能力，如开办新企业、更新改造或扩充厂房设备、长期建设性项目的投资等，具有很强的投资性。第三，筹资和交易的规模大。企业在资本市场首次发行或增资发行的规模一般都比较大，由于资金用于中长期投资，比起通过银行借贷筹措流动资金的规模明显要大。第四，证券投资的收益具有不确定性。作为资本市场交易工具的有价证券与短期金融工具相比，价格变动幅度大，收益较高但不确定，本金损失的风险较大。

三、资本市场的运作机制和运行原则

经过几百年的发展，现代市场经济中的资本市场已经形成了相对完善的运行机制和原则，既是所有市场参与者交易活动的行为规范，也是市场监管的主要依据，对资本市场的正常运转和功能发挥起到了保障作用。

（一）资本市场的主要运作机制

1. 资本定价机制

资本市场上述的四个特点，决定了资本的定价机制不同于一般市场。尽管供需均衡仍然是定价最基础的因素，但资本市场的定价机制至少还包括：一是估值定价，即利用市场力量和各种方法对交易标的进行价值评估进而确定价格。不仅可以对企业内在价值和市场价值进行相对准确的评估，而且反映了市场对金融资产未来收入的预期，成为价格发现的基础。二是均衡定价。一方面取决于所有的投资者对未来收益的预期，另一方面取决于投资者的风险偏好，二者的关系决定了均衡价格，资本资产定价模型（CAPM）对此进行了刻画。三是套利定价。基本的理论依据是一价定律，在给定资产收益率计算公式的条件下，根据套利原理可以推导出资产的价格和均衡关系式。上述三个定价因子的具体内容在本教材的第 6 章中进行了较为详细的表述。

2. 优胜劣汰机制

优胜劣汰是市场经济运作中适应性较为普遍的机制，但资本市场的优胜劣汰机制有其特定的内涵和规则，核心是资本竞争。一方面通过资本市场的游戏规则，使之在利益博弈中形成竞争压力和动力，在价格引导下通过由差向好的资本流动，完成资本、技术、人才的有效配置，实现优胜劣汰；另一方面通过自由、平等和公平的竞争，胜出那些能够实现增值、活力增强和不断进步的优质资本，使它们可以得到更高的估值、更多的资金和更好的预期。资本市场严格的准入和退出机制充分体现了优胜劣汰机制；通过议价、询价或竞价等各种方式形成的成交价格也充分反映了当事人所掌握相关信息以及预期的优胜劣汰。

（二）资本市场的运行原则

1. 风险收益相匹配原则

风险与收益相匹配是资本市场参与者从事金融活动的基本原则。该原则的理论依据是对资本提供者承担的风险应该予以补偿①。通常意义上，资本市场金融工具及其交易活动中的高风险对应高收益，低风险对应低收益，资本提供者承担的风险大小与获得的收益之间存在着正相关的关系，这是风险与收益匹配的基本含义。资产组合理论阐明了投资者的收益目标应该与风险承受能力相适应，并以此作为风险收益匹配合理性的判断依据。CAPM 进一步对风险收益匹配中的定价和度量进行了深度刻画，确认了期望收益与风险之间的关系。风险收益匹配原则不仅使投资者懂得在追求收益时应该根据自己对风险的承受能力和偏好来承担相应的风险，而且能够使投资者的行为趋于理性化，进而抑制过度投机或冒险，有利于维护资本市场的稳定。

2. “三公”原则

“三公”原则是指在证券发行和交易中必须做到信息公开、交易公平和规则公正。“三公”原则是各国证券法律法规的核心和精髓所在。

（1）公开原则，又称信息公开原则，即与证券有关的信息必须及时、真实和充分地进行公开披露，防止信息不对称所导致的一切不良后果。

（2）公平原则，是指在证券发行和证券交易中双方当事人的法律地位平等、法律待遇平等、法律保护平等，以及所有市场参与者的机会平等，各自的合法权益能够得到公平的保护。

（3）公正原则，主要是针对证券监管而言的，它要求证券监督管理机构和司法机关应公正地制定和适用法律法规，在公开、公平原则基础上，对证券发行和交易的一切活动制定并遵循公正的规则，对一切被监管对象给予公正平等的待遇，不偏袒任何一方。

3. 合法与“三禁”原则

合法原则是指证券的发行、交易活动，必须遵守法律、行政法规，监管机构依法实施监管。《中华人民共和国证券法》（简称《证券法》）是我国资本市场的基本法律②，合法原则要求资本市场上所有当事人及其行为、所有证券的发行与交易活动、所有与市场活动相关的机构都必须严格遵守法律条文的规定；证券监管机构的各种行政法规是对《证券法》的细化和落实，所有市场参与者必须严格遵循，不允许存在任何非法证券和非法发行或交易活动。

“三禁”原则是指资本市场上的证券发行和交易活动中，禁止采取欺诈、内幕交易和操纵证券市场的行为。各国在与资本市场相关的法律和行政法规中都会对此做出的明确规定，所有市场参与者必须遵守，目的是规范证券发行和交易行为，保护投资者合法权益，保持资本市场运行的良好秩序，维护市场诚信和“三公”原则，以利于竞争机制正常发挥作用。

---

① 风险补偿理论最早由坎梯隆（R. Cantillon）和亚当·斯密（Adam Smith）提出，后经凯恩斯和希克斯（J. Hicks）发展为风险收益匹配理论，成为现代投资学的基础理论。

② 《证券法》自 1998 年颁布实施以来，已经根据市场的发展进行了三次修正、两次修订，目前有效的是 2019 年 12 月修订、2020 年 3 月 1 日起施行的《证券法》，该法共 14 章。

4. 自愿、有偿与诚信原则

自愿原则是指证券发行、交易活动的当事人具有平等的法律地位，任何人不得强迫他人购买、交易有价证券或进行投资，一切交易都必须是参与者自愿进行的，在此基础上参与者风险自担。有偿原则是指资本市场上筹集的资金都应该有偿使用，债权融资的前提是还本付息，股权融资的前提是分享利润，以此实现资本权益。诚信原则即诚实守信原则，一是指资本市场所有当事人必须信守承诺，不折不扣地履行契约或执行合同；二是指当事人应善意真诚地向对方充分而准确地告知有关发行和交易的所有重要信息与事实，不允许存在任何虚假、欺骗、隐瞒行为，以此维护资本市场的运行秩序。

原理9–1

资本市场运作机制中最重要的是资产定价和优胜劣汰机制。资本市场运行的主要原则包括但不限于风险收益相匹配；信息公开、交易公平和规则公正；合法和禁止采取欺诈、内幕交易和操纵证券市场的行为；自愿、有偿与诚信原则等。

四、资本市场的功能

资本市场在特定机制和原则规范下运行，可以发挥出多种功能，其中最核心的功能是优化资源配置。它一方面通过买卖有价证券吸引和集聚巨量社会资金满足各种投融资需求；另一方面通过对投资对象的估值、定价和优胜劣汰机制使社会资本在规模、期限、收益、风险等在各个维度进行匹配，引导资金配置到优质企业，提高资金的使用效率，推动经济发展。这一核心功能主要是通过以下五个方面的具体功能来实现的。

（一）资金集聚功能

在社会化大生产下，经济中资金的直接供给方和直接需求方通常存在规模不匹配的现象，即单个供给者资金供给有限，单个资金需求者资金需求量大。资本市场具有规模的转换能力，能将小规模的闲散资金汇集起来满足大规模资金需求。如企业公开发行股票和债券，它可以面向所有的潜在资金供给方筹集资金，每一位投资者可以认购规模不等的股票或债券的份额，从而实现积少成多，满足企业的融资需求。

资本市场对于资金供给者的吸引力在于，资本市场能够提供多种灵活的资金储蓄的方式。从风险收益角度来说，资本市场既能提供高收益高风险的资产，也有低风险低收益的资产，从而能够满足不同收益和风险偏好的投资者。从资金的流动性来说，资本市场创造了一个投资者之间进行二手交易资产的市场，尽管资本市场的金融工具对应的实物资产流动性差，但是可转手交易的金融工具或金融资产本身的流动性很高，从而满足了投资者的流动性偏好。

资本市场对于资金需求者的吸引力在于，资本市场能够提供灵活多样的融资方式。从规模上说，资本市场的金融工具和交易方式众多，资金集聚能力强，可以满足大规模的资金需求。从期限上说，资本市场能够提供各类期限的融资工具，比如可以发行各种期限的债券进行融资，也可以发行没有到期日的股票进行融资，从而满足企业资产和负债期限结构的有效管理。从风险上说，资本市场还可以给不同风险水平的投资活动提供资金支持，除了能够给低风险投资活动提供资金外，对于较高风险的投资活动也能够提供非常有效的资金。以债券融资为例，企业可以根据自身的信用状况发行不同信用等级的债券，在风险收益匹配原则下信用等级很低的垃圾债券也是一种投融资方式，这是银行信贷无法比拟的优势。

（二）价格发现功能

金融资产的内在价值由其未来现金流的贴现决定。随着市场环境的变化，金融资产的未来现金流也会发生变化，从而内在价值也相应地发生改变。在有效的资本市场中，资产的价格能够有效地反映内在价值，并随着内在价值的变化而波动。这就是资本市场的价格发现功能。

资本市场具有价格发现功能的根本原因在于，资本市场的交易机制能够收集汇聚各种影响资产价值变化的信息。在资本市场上，投资者通过持续不断的交易使每个投资者所拥有的信息体现到价格中，从而使得价格可以反映内在价值。例如，交易所的股票价格是所有参与买卖的投资者根据自己对股票价值的研究做出买或卖的决策通过竞价交易而形成的。不同投资者所掌握的反映股票价值的信息不同，所以对股价的判断不同，所有投资者买卖股票的决策汇总形成的价格就反映了所有影响股价信息因素的综合。因此，从理论上来说，这个均衡价格就是股票的内在价值。当然，在实际中，由于受各种原因的影响，价格对信息的反映可能不全面、不及时，但是，总体来说，市场价格会围绕内在价格波动。资本市场的价格发现功能发挥的程度受到市场有效程度的影响，本书第 7 章对有效市场假说已有讨论。

（三）风险管理功能

资本市场同时也是提供风险管理的场所。资金需求者在资本市场融资后，将资金用于特定用途，如开办新的企业、建设新的生产项目等，能否产生预期的现金流具有不确定性；同时金融资产在资本市场上交易价格也随时会发生变化，因此，资本市场的投资者无论是长期持有还是短期交易都将面临风险。投资者持有单一金融资产通常会面临个别风险，但是通过资产组合能够减弱甚至消除个别风险。资本市场能够提供分散、转移、减小、控制风险的多种手段，投资者按照风险收益相匹配的原则，可以通过市场交易在众多金融资产中选择适合自己的资产组合；也可以通过基金投资，借助基金特有的集合投资者小额资金形成大的资金池、通过多样化投资减弱个别风险影响的机制实现风险管理目标。

对于资金需求者来说，参与资本市场投融资可以重新组合自己的资产负债结构，从而将风险控制在自身能够承担的范围内。比如企业通过发行股票和债券来调整股权和债券的合适比例，以及短期债券和长期债券的比例，从而使得资产负债在规模和期限上达到一个合适的匹配，降低经营风险。通过风险管理功能还可以帮助企业获得融资，比如采用资产证券化方式进行融资时，以基础资产作抵押，发行不同风险等级的债券，从而吸引不同风险和收益偏好的投资者来认购债券，实现融资目标。另外，资本市场中还有各种各样的结构化融资，通过跨市场的组合来满足不同风险偏好的融资和投资需求。

（四）并购重组功能

资本市场建立和发展以后，企业介入资本市场，从各方筹集资金，必须要触及企业的产权关系，企业可以通过发行股票组建股份有限公司，也可以通过股份交易实现公司的重组，以调整公司的经营结构和治理结构。现代企业的兼并重组离不开资本市场。从我国来看，可以利用资本市场实现企业改制和产权结构的调整。例如，对国有企业进行股份制改造，由于投资人不同，形成国家、法人、个人共同持股的结构，从而形成对企业多层次的约束。这种多层次的约束机制，是建立在各投资主体对企业行为和利益的关联性基础之上的，因为各投资主体直接代表了各方的利益，各层次的相互约束能形成一个有机统一的制衡整体，有助于提高公司的经营效率和发展能力。

小贴士9-1

促进并购与重组是货币市场所不具备的一个功能。现代企业结构调整中的兼并重组离不开资本市场。国内外的资本市场经常出现并购重组案例。

专栏看板9-1

中国平安并购深发展加速混业经营布局

2012年，中国平安集团旗下的平安银行与深圳发展银行（简称深发展）成功合并，使平安集团成功实现了混业经营之路。这是中国史上最大的金融并购案。此次并购分三步实现。第一步：中国平安集团向深发展的大股东新桥投资定向增发3.0亿股H股，对价取得深发展5.2亿股股份，成为深发展第一大股东。第二步：平安寿险以现金69.3亿元认购深发展定向增发的3.8亿股股份，扩大了中国平安集团持有的深发展股份。第三步：中国平安集团以所持平安银行股份和26.9亿元现金认购深发展16.4亿股股份，成为深发展的控股股东。平安银行并入深发展，合并后改名为“平安银行股份有限公司”。

通过此次并购，一向以保险为主要业务的中国平安集团实现了综合经营发展之路，搭建起了大零售协同经营平台，有效地实施“一个客户、一个账户、多个产品”的综合经营策略。合并后的平安银行借力中国平安集团旗下的约7 000万个人客户、200余万公司客户以及50万销售队伍，最终实现平安银行的“最佳银行战略”。

资料来源：平安银行网站。

（五）促进产业升级功能

产业结构能否从低级向高级转化，是决定一个国家经济能否获得充分的增长后劲和强大的国际竞争力的关键因素。产业结构的优化升级有两个层次的含义：一是既定的产业结构发挥最优的产出效果；二是产业结构根据客观条件和环境的变化适时调整，实现产业的升级换代。资本市场能够促进一国的产业结构优化升级。

一方面，资本市场是一个竞争性的市场，筹资者之间存在直接或间接的竞争关系，只有那些发展有前途且经营状况良好的企业才能在资本市场上立足。通过优胜劣汰机制，资本市场就能筛选出效率较高的企业，同时也能激励所有的上市公司更加有效地改善经营管理。正是通过这种机制的作用，促成了资源的有效配置和有效利用，从而使产业结构得以优化。另一方面，在产业、行业周期性的发展、更迭过程中，高成长性的企业和行业通过资本市场上的外部直接融资，进行扩张改造或兼并重组，得到充分迅速的发展，率先实现并推动其他产业的升级换代。

从现实情况看，资本市场能为我国产业结构的高级化提供最佳的运作场所。我国的经济增长从劳动和资源密集型向技术和资本密集型转化意味着对资本的依赖性增强，资本市场在为产业结构的调整和优化提供资金支持的同时，还能提供资产重组所需的运作方式及制度安排方面的帮助。

原理9-2

资本市场通过集聚资金、发现价格、管理风险、并购重组和促进产业升级，能够促进资源的有效配置。

五、资本市场运作的制度保障

资本市场的运作要有效发挥上述功能，需要制度上的一些保障。这些制度保障包括信息的公开披露、合理的监管和投资者保护等。

（一）信息的公开披露

资本市场中融资者和投资者本身存在严重的信息不对称，作为融资者一方，他们掌握资金使用的所有信息；作为投资者一方，他们对资金使用的信息非常匮乏。在这种信息不对称下，极易产生道德风险，从而损害投资者的利益。为了尽可能降低道德风险的危害，资本市场运作过程中，就要求融资者充分公开关于资金运作的信息。信息的公开除了能够更好地监督资金需求者的行为，还能更好地发挥资本市场价格发现的功能。信息及时充分的披露，能够让证券价格更快地反映内在价值，从而促进资金的合理配置。因此，各国的证券法中对信息充分、及时和公开披露都有详细的规定。

（二）合理的监管

合理的监管是保障资本市场运作的重要措施。资本市场中的参与者以追逐利益为核心目标，很容易产生损人利己的动机来最大化自身利益。比如大股东侵害小股东利益、操控证券价格牟利等现象在资本市场上时有发生，发达的美国证券市场上也曾发生类似安然事件这样的造假行为。为了尽可能地降低这类事件的发生，除了需要制定相应完备的法律法规之外，还需要有多种监管力量的共同作用加以约束并纠正。目前各国对资本市场的监管都建立了四位一体的大监管框架，即政府监管机构依法实施的法律、市场参与者的自律、金融机构之间的同业互律和社会相关力量的公律，本书第 19 章将对此进行详细讨论。

（三）投资者保护

在资本市场中，投资者通常是信息匮乏一方，因此容易受到侵害。要使资本市场公平运作，就需要加强对投资者的保护。投资者保护需要从多方面来实现。首先，需要有较为完善的投资者保护的法律法规，保护投资者的正当利益。其次，要通过加强投资者教育来提高其自我保护的能力。最后，还需要实行有效的监管，填补法律未尽事宜。

第二节　股票市场

股票市场是企业发行股票筹集资本和已发行股票买卖流通的场所。通常分为交易所场内和场外市场两种不同的交易组织方式，同时还有发行市场（一级市场）和流通市场（二级市场）两个不同功能的交易市场组成。

一、股票的概念和种类

（一）股票的概念

股票是投资者持有的股份公司所有权凭证，股票一经认购，持有者不能退股，但可以转让、买卖或作价抵押，是资本市场的主要信用工具。持有股票的投资者称为股东，是公司的所有者，每股股票都代表股东对企业拥有一个基本单位的所有权。股东大会是最高权力机构，股东选举产生的董事会、监事会负责经营决策和监督管理，公司的日常经营管理由聘请的职业经理人来运作。股票使得公司所有权和经营权相分离，从而用股票作为所有权的凭证与公司实际资产相分离。这使公司所有权的交易和公司实际资产的交易分割开来，股票交易不会直接影响到公司经营活动。依据股东权益和风险的不同，股票主要分为普通股和优先股。

（二）普通股

普通股是股份公司最基本的标准股份。普通股的股东根据出资份额享有参与公司重大决策的表决权、分享公司利润的剩余索取权、股份增资或转让权、新股优先认购或受让权、公司依法终止后剩余资产的分配权等。普通股的收益分配排在优先股之后并且是不确定的，公司经营良好的情况下，收益上不封顶；但公司破产时，普通股的清偿顺序排在最后，通常难以收回投资。但是当代股票基本上都是有限责任，股东最多损失投入公司的本金，不会因为公司亏损严重、资不抵债而要求股东额外支付损失。

普通股的价格受到公司经营状况、宏观经济情况、经济政策、市场情绪等等因素的影响，价格具有很大的波动性。不同股票的风险和收益情况也千差万别。通常根据投资股票风险的大小分成不同类别，如那些公司规模大、业绩优良、成交活跃、分红可观的蓝筹股；净资产收益率连续三年显著超过 10%的绩优股；业务发展快、产业处于上升期、当前业绩虽不高但预期前景好的成长股；符合当前潮流，对行业和公司的未来有乐观畅想的概念股；经营活动随着经济周期波动而发生巨大波动的周期股；等等。

（三）优先股

优先股是具有某种优先权的股份。尽管各国根据股利支付方式、是否参与分红、是否可转换等对优先股有不同的组合设计，但相对于普通股而言，优先股一般具有以下特点：一是分享公司利润顺序优先；二是清算剩余财产时顺序优先；三是优先股的股息率相对固定，不参与公司利润分红；四是没有参与公司决策的投票权。因此，优先股的价格与公司经营情况的关系不如普通股密切，而主要受市场利率的影响，风险和期望收益都低于普通股。

二、股票发行市场

股票发行市场，也称一级市场，是股票发行人首次将股票出售给投资者的市场。进入证券交易所发行和交易叫做上市。并不是所有的公司股票都可以上市，不同的证券交易所对于上市公司具有诸多条件。通常只有那些规模较大、盈利能力强、前景好、在行业中具有代表性的企业才能满足上市的条件。我国证监会制定的《首次公开发行股票并上市管理办法》对公司提出了上市的基本条件。不能上市的股票可以在场外市场发行和交易。

（一）股票发行类型与市场参与者

发行新股票通常有两种类型，一种是公司首次发行股票，称为首次发行；另一种是公司再次发行股票，称为增资发行。如果公司首次发行股票并在交易所交易，称为**首次公开发行**（Initial Public Offering，IPO）。增资发行包括配股和增发两种类型。配股是指向原股东配售股份，增发是指向不特定对象公开募集股份。上市公司增资发行股票也需要满足一系列条件。我国证监会制定的《上市公司证券发行管理办法》对增资发行规定了具体的条件。

发行市场上的参与者主要由股票发行人、承销商、一级市场投资者等构成。股票发行人通常就是需要募集资金的股份公司。承销商是帮助发行人募资的中介服务机构，在我国由证券公司承担承销商的角色，在国外通常是投资银行承担承销商角色，它们是专门在资本市场上为证券发行和交易提供服务的机构，本书第13章有专门的介绍。一级市场投资者主要由机构投资者构成，也有少量的自然人投资者。一级市场投资者通常要求资金实力雄厚。各国对以上三类参与者的市场准入都有具体的要求，只有满足要求才能进入股票的发行市场。

（二）股票发行方式

股票发行方式主要有公募发行和私募发行、直接发行和间接发行之分。股份公司依据自身条件、法律规定等因素可以选择不同的股票发行方式。

1. 公募发行和私募发行

按发行对象可分为私募发行和公募发行。**私募发行**（Private Placements）是指仅向少数特定投资者发行股票的一种方式，又称内部发行，我国也称非公开发行或定向增发。发行对象一般是与发行者有特定关系的投资者，如发行公司的职工或与发行人有密切关系的金融机构、企业等。由于发行者的资信情况为投资者所了解，既不必向社会公开内部信息，也不用提交资信等级评定证明。

公募发行（Public Offering）是指向广泛的非特定投资者发行股票的一种方式。公募发行涉及众多的投资者，其社会责任和影响很大。为了保证投资者的合法权益，政府对公募发行控制很严，要求条件高，如募集公司必须向社会提供各种财务报表及其他有关资料等。公募发行的股票可以上市流通，具有较强的流动性，因而易被广大投资者接受。前面描述的首次公开发行就属于公募发行方式。

2. 直接发行和间接发行

按是否有承销商协助发行可分为直接发行和间接发行。**直接发行**（Direct Issue）是指发行人不通过证券承销机构而自己发行股票的一种方式。如果公司采用发起设立方式筹集股份，由于首次发行股票须由发起人认购，这种股票发行就属于直接发行。另外，一些公司为了调整资本结构或积累资本，在公司内部以转化方式无偿地发行新股，包括公积金转增股本、股票分红、股份分割以及债券股票化等，这也属于直接发行。发行人自己直接发行股票，多是私募发行。但有些国家的公司从节约发行费用的角度出发，对公募发行的股票也采用直接发行的办法。直接发行股票有利亦有弊，一般而言，以直接筹资为目的的股票发行都不轻易采用直接发行方式。

间接发行（Indirect Distribution）亦称承销发行，是指发行人不直接参与股票的发行过程，而是委托给一家或几家证券承销机构承销的一种方式。证券承销机构一般为投资银行、证券公司、信托投资公司等。一般情况下，股票发行大都采用间接发行方式。前面介绍的首次公开发行就是属于间接发行。根据《中华人民共和国公司法》（简称《公司法》）的规定，募集设立股份有限公司而发行股票，只允许采用间接发行的方式。

知识链接9-1

发行方式的比较与选择

1. 发行方式的比较

不同的股票发行方式具有不同的特点，股票发行者可以根据自身的需要选择不同的发行方式。

私募发行手续比较简单，可节省发行费用，也不必公开内部信息或取得资信等级，但私募发行必须提供较优厚的报酬，并易受认购人的干预，且私募股票一般不允许上市流通，因而股票的流动性较差；公募发行则能提高发行者在股票市场的知名度，扩大其社会影响，并在较短的时间内筹集到大量资金，但公募发行必须公布一系列的报表和有关文件，取得资信等级，因而手续比较复杂，发行成本较高。

直接发行简便易行，发行费用低廉，筹资速度快捷，但这种发行方式在许多国家要受到法律法规的诸多限制；间接发行对于发行人来说，有利于提高发行人的知名度，筹资时间不长，风险也比较小，但发行费用较高。

2. 发行方式的选择

发行人在发行股票时需要做出两种选择：一是选择认购人，以决定是私募还是公募；二是选择销售人，以决定是直接发行还是间接发行。若选定间接发行，除选择中介机构外，还要选择以何种间接发行方式发行。

选择何种发行方式，发行人主要考虑自己在市场上的信誉、用款时间和发售成本，中介机构则主要考虑承担的风险和发行收入的多少。在股票发行过程中，发行人和认购人（包括中介人）作为卖者和买者群体，所考虑的因素和各自的要求各不相同，因而双方展开激烈的竞争，其结果是促使股票的筹资成本和投资收益趋于公平和合理化，顺利地完成社会闲散资金向社会生产资金的转化，扩大社会投资量。

（三）股票发行流程

发行股票是一个复杂的过程，通常由发行前准备阶段和发行阶段两个主要阶段组成。下面以交易所上市的首次公开发行为例分析发行的整个流程。

1. 发行前准备阶段

股票发行前的准备阶段由选择承销商、尽职调查、上市辅导、起草招股说明书、发行定价五个环节组成。

（1）选择承销商。公开发行股票时。发行人通常需要在诸多参与竞争承销商中选择一家信誉好、实力强的机构担任自己的承销商，主要考虑承销商的资信状况及融资能力、专业资格和发行小组的工作能力、承销能力、研究能力、上市辅导和上市后的服务能力、费用等因素。

（2）尽职调查。尽职调查由承销商开展，主要就公司的设立情况、治理结构、运作情况、财务情况、拟进行的股权融资情况、融资对公司股权结构的影响等方面进行调查，目的是依据上市要求对公司情况进行梳理，厘清尚不满足上市要求的具体情况，为后续上市作基础准备。

（3）上市辅导。上市辅导是指承销商对拟发行股票的公司进行规范化培训、辅导和监督，以达到上市各项要求。一般公司在上市前很难在所有方面都满足上市的要求和条件，因此上市辅导对于公司作用重大。上市辅导的主要内容包括帮助公司建立完善独立的人事、财务、运营系统，建立健全股东大会、董事会、监事会等治理结构，健全公司财务会计制度，健全公司决策制度和内控制度，健全符合上市公司的信息披露制度，规范公司与控股股东和关联方的关系，等等。上市辅导对于上市公司的质量提升具有重要作用。

（4）起草招股说明书。招股说明书是公司公开发行股票时就募股事宜发布的书面公告，是公司上市过程中最关键的一份文件，目的是通过全面展示公司情况，吸引投资者购买公司股票。编制招股说明书的基本原则是要求发行人将一切对投资者进行判断有重大影响的信息予以充分披露，以利于投资者更好地做出决策。招股说明书主要包括募集资金的运用、股利分配政策、承销、发行人情况、公司管理层情况、经营业绩、股本、财务会计资料、资产评估、盈利预测、公司发展规划等内容。上市需要准备的材料除了招股说明书外，还包括资产评估报告、审计报告、法律意见书等，这些通常需要第三方机构出具。

（5）发行定价。发行定价是确定股票发行价格的过程，对于股票能否成功发行非常关键。定价过高可能会导致发行失败，定价过低会使发行人受损。对于首次公开发行通常要进行三次定价：第一次是在发行人选择承销商的时候，发行人会根据相互竞争的潜在承销商给出的发行价格估计进行选择，在相同条件下，选择估价较高的作为承销商；第二次定价是在编制招股说明书过程中，发行人与承销商商定确定一个合理的发行价格区间：第三次定价是在证券管理机构批准注册之后，发行人与承销商根据市场情况确定发行价格，一旦确定就有法律效力，股票需按照此价格进行销售。

股票发行定价方式主要有三类。一是**累积订单询价机制**（Book-building），指在承销商主导下，通过邀请机构投资者就其愿意支付的股份数量和价格提交标书来建立订单账簿，依据订单情况确定发行价格。其特点是能够先揭示市场需求，然后定价并发行。二是**固定价格机制**（Fixed Price Offer），指采用市盈率法、资产净值法等方法事前确定发行价格。三是**拍卖机制**（Auctions），指直接根据投资者拍卖报价，根据一定规则来确定价格并同时出售股票。目前在发展中国家中，发行定价多采用固定价格机制；在发达国家中，多采用累积订单询价机制；而拍卖机制用得很少。我国的首次公开发行定价制度历经了多次改革，如表 9-1 所示，以上三种方法在不同时期都采用过。目前，我国采用的是累计投标询价机制。

表 9-1　中国股票市场首次公开发行定价制度的演变

阶段	时间	定价方式	类型
行政定价发行阶段	1994 年以前	上网竞价发行	拍卖
	1994—1999 年	固定价格公开发售	固定价格
	1999—2000 年	法人配售和上网定价结合	询价发行
初次市场化改革	2001 年	上网定价发行	询价发行
定价发行阶段	2001—2002 年	在询价区间内投标询价	拍卖
	2002—2004 年	固定市盈率发行	固定价格
累计投标询价发行阶段	2005 年至今	累计投标询价发行	累计投标询价

数据来源：中国证监会网站。

2. 发行阶段

（1）确定承销方式。承销商帮助发行人销售股票的方式主要有包销和代销两类。**包销**（Firm-commitment Underwriting）指在股票发行时，承销商先以自有资金购买计划发行的全部或部分证券，然后再将所购买的股票向投资者转售。若承销期满之后仍存在未售出的股票，则由承销商自己持有。**代销**（Best-efforts Underwriting）是指承销商许诺尽可能推销股票，但不保证完成预定销售额，没有出售的股票可以退给发行人。由于两种承销方式承销商承担的风险不同，发行人需要支付的包销费要高于代销费。在上述两种承销方式上还演化出新的承销方式，如余额包销和拍卖承销。**余额包销**（Standby Underwriting）是指承销商先代销，若代销后还有剩余，剩余部分由承销商打包买走。**拍卖承销**（Dutch Auction Underwriting）是指新股发行受到热捧，多家承销商争抢承销份额，那么发行人就进行拍卖，价高者得。发行人选择哪种承销方式主要考虑以尽可能低的成本把股票销售出去。

在销售股票之前，很难预料到市场需求状况，若需求旺盛，按原计划发行就可能使得发行人错失有利的融资机会，并且上市后股价可能出现大幅波动。为有效利用可能的有利条件，在选择承销方式时又衍生出超额配售选择权机制。超额配售选择权机制又称**绿鞋机制**（Greenshoe），是发行人授予承销商的一种选择权，获得该选择权的承销商按发行价格可以销售超过计划规模的股票。一般超额的比例是有限定的，我国目前规定的是不超过计划股份的15%。超额配售选择权使得融资活动可以根据市场情况进行调整，起到平衡供求和稳定股价的作用。

（2）路演。**路演**（Roadshow）是指发行人在承销商的帮助下，在发行股票前针对潜在投资者进行的一系列推介活动。路演是促进股票成功发行的重要宣传手段，能促进投资者与发行人之间的沟通和交流，烘托市场情绪，甚至能够起到提高发行价格的作用。路演一词的起源与其字面意义一样。在美国早期的股票市场中，股票就是通过发行人在大马路上一路叫卖的方式来销售，当今的路演通常是发行人邀请潜在投资者参加在固定的场所举办的推介活动。随着网络的发展，发行人邀请潜在投资者通过网络平台在约定时间进行股票推介的网上路演也随之兴起，成为重要的低成本路演方式。

（3）股票销售。路演之后就到了销售股票的实施阶段。采用固定价格定价的股票就按照发行价格销售股票；而采用累计订单询价机制定价的股票，在股票销售阶段还有一个确定最终股价的过程。根据投资者询价结果，即投资者的报价和购买数量，依据一定规则确定最终的发行价格，然后依据确定的价格销售股票。

（4）股权登记。股票销售结束后，投资者需要缴纳股款并交收股份，相关机构进行股东登记。承销商根据承销情况进行总结，并撰写承销报告书。至此，股票的首次公开发行就完成了。

三、股票流通市场

股票交易的流通市场也叫二级市场，是投资者买卖已发行股票的场所。按场所划分，主要分为场内交易和场外交易两种。场内交易是指在证券交易所内进行的有组织的交易；场外交易是指在证券交易所以外进行的交易，目前主要有柜台交易、场外股权交易市场等几种方式。

（一）流通市场的组织方式

1. 证券交易所

证券交易所（Stock Exchange）① 是二级市场的组织方式之一，是专门的、有组织的证券买卖集中交易的场所，一般是由经纪人、证券商组成的会员制组织。但随着金融市场的发展，一些公司制的交易所也逐渐出现，并成为证券交易所的发展趋势。交易所须经政府监管部门批准才能设

① 更多内容请扫描封底拓展资源码→媒体素材→第9章。

立，并有一套具有法律效力的、完备的组织章程和管理细则。交易所必须在指定地点公开营业，一切交易必须在场内公开作价成交，并向顾客公布每天交易的证券种类、证券行市、数量、金额等情况。会员制的证券交易所吸收会员有严格的条件限制，须经交易所权力机构审查和批准。只有交易所会员才有权在交易所内进行交易活动，一般顾客买卖证券必须通过经纪人代为办理。经纪人接受客户的买（卖）委托后，通过电话与交易大厅的场内代表人联系，他们代表买方（或卖方）在交易厅内公开竞价，经过出价、还价的程序决定成交价格，完成交易后再告知客户何时交割（即付款或交货）。

证券交易所在二级市场上处于核心地位，它的存在与发展需要以规范化的信用活动和股份制的普及为前提，以发达的一级市场提供的大量可供交易的证券为基本条件，以大规模的场外交易为基础，从中不断筛选出内在质量高、代表性强的证券集中上市交易。通过严密的组织与管理规范交易行为，形成合理的价格，发挥市场的示范效应、“晴雨表”功能和资源配置的作用。

2. 柜台交易

柜台交易市场（Over The Counter，OTC）是通过各家证券商（证券公司）所设的专门柜台进行证券买卖的市场，故又称店头市场。柜台交易市场属于场外交易市场，一般以多家证券公司为中介进行，投资者可以直接通过柜台进行买卖，也可以委托经纪人代理买卖。到这里进行交易的证券主要是不具备在交易所上市条件的股票，或不愿意上市交易的股票。该市场没有固定的交易场所和固定的交易时间，也没有限制交易对象。与证券交易所高度组织化、制度化不同，柜台交易在各证券公司分散进行，是一种松散的、无组织的市场。与交易所的单一价格不同，柜台交易采用买入价、卖出价的双价形式，并由交易双方协商议定价格。因此，同一时间的同类股票在不同的证券公司柜台上成交，其价格也会不同。

由于二级市场主要是解决股票的流动性问题，在较发达的金融市场中，无论是参与者、交易品种还是交易数量，场外交易均占主导地位。因为大量不能和不愿在证券交易所上市的证券同样有流通转让的要求，遍布各地、灵活便利的场外交易为大量非上市的股票交易提供了理想的场所，所以场外交易是二级市场的基础与主体。

（二）流通市场的中介人

股票流通市场的参与人除了买卖双方的投资者外，中介人也非常活跃。这些中介人主要有经纪人、证券商等，他们各有不同的使命，在二级市场的交易中起着十分重要的作用。

1. 经纪人

经纪人（Broker）是在证券交易所充当交易中介而收取佣金的商人。经纪人必须是交易所会员。他们受投资者的委托，进入交易所为其委托者进行股票交易。作为客户的代理人，他们只代客户买卖股票，不承担任何风险，并以佣金的形式向顾客索取报酬。不同国家的法律对经纪人的条件、职责有不同的规定。

2. 证券商

证券商（Dealer）是指买卖证券的商人。他们自己从事股票的买卖，从贱买贵卖中赚取差价。证券商分为两类：一类是场外证券商，他们不参加交易所内的股票买卖，而是在自己开设的店堂或柜台进行交易，买卖的对象主要是未上市或不足成交批量的股票，由此形成了店头市场或柜台交易市场；另一类是场内证券商，即在交易所内买卖股票的商人，他们在交易所内经营一定数量和种类的股票，或与经纪人进行交易。证券商买卖股票的目的并非从事长期股票投资，他们买入股票的主要目的是以更高的价格卖出，从买卖价差中获得收益，因此他们也是股票交易的中介人。

与经纪人的差别在于他们自营股票，自负盈亏，风险较大。

（三）股票的交易程序

不同市场的股票，其交易程序也不一致。下面以我国交易所场内交易的 A 股买卖交易为例来介绍股票交易程序。

1. 开设股东账户及资金账户

按照现行法律的规定，每个投资者从事股票交易，须先向证券登记公司申请开设股东账户，办理股东代码卡（实质上为证券交易账户）。根据有关规定，禁止多头开户，个人和法人在同一证券交易所只能开立一个证券账户。此外，投资者委托买卖股票，还必须向具体的证券公司申请开设资金账户，存入交易所需的资金。目前，开立资金账户有两种类型：一是在经纪商处开户，二是直接在指定银行开户。

2. 委托买卖

投资者开立了股票账户和资金账户后就可以在证券营业部办理委托买卖。其整个过程为：① 投资人报单给证券商；② 证券商通过其在场内交易员将委托人的指令输入计算机终端；③ 各证券商的场内交易员发出的指令一并输入交易所计算机主机，由主机撮合成交，成交后由证券商代理投资人办理清单、交割和过户等手续。

在股票委托交易中，委托的方式有现价委托、市价委托和限价委托等，发出委托指令的形式则有当面委托、电话委托、函电委托和自主委托等。委托交易中委托单是委托人与受托人之间的委托合同，是保护双方权益的法律依据，因此，投资者必须认真填写委托单，经纪商必须按规定提供交易所认可的空白委托单。一份委托单必须包括日期、时间、品种、数量、价格、有效期、签名和其他基本要素。

3. 竞价成交

证券商在接到投资者的买卖委托后，应立即通知其场内交易员申报竞价。证券交易所的竞价方式有两种，即集合竞价和连续竞价，这两种方式是在不同的交易时段上采用的。集合竞价在每个交易日开始前一段时间进行，用于产生第一笔交易，这笔交易的价格称为开盘价。产生开盘价之后的正常交易就采用连续竞价方式进行。股票交易按价格优先、时间优先的原则竞价成交，其结果可能出现全部成交、部分成交和不成交三种情况。

4. 清算、交割与过户

清算（Settlement）是指股票买卖双方在证券交易所进行的买卖成交以后，通过证券交易所将各证券商之间买卖的数量和金额分别予以抵消，计算应收应付股票和应收应付金额的一种程序。清算包括资金清算与股票清算两个方面。

交割（Delivery）是指股票卖方将卖出证券交付买方，买方将买进股票的价款交付卖方的行为。由于股票买卖都是通过证券商进行的，买卖双方并不直接见面，股票成交和交割等均由证券商代为完成。股票交割分为证券商与委托人之间的交付和证券商与证券商之间的交付两个阶段。

过户（Transfer）是指在记名的股票交易中，成交后办理股东变更登记的手续，即原所有者向新所有者转移有关证券全部权利的记录手续。

（四）股票的交易成本

交易是经济学中最古老的概念之一，但对交易成本的认识与理解却始于 1937 年科斯发表的《企业的性质》。

交易过程有狭义和广义之分。狭义的交易过程是指交易对象（可以是有形的实体或无形的服务）转移的过程，它是通过市场的价格机制来发生作用的；而广义的交易过程则在狭义的交易过程的基础上，还包括交易的事前准备过程和事后执行监督过程。交易的过程，也是交易成本的形成过程，是伴随交易行为出现的。因为任何一项交易都需要搜寻信息、谈判、签约、监督合约的履行，所有这些活动都需要支付成本。交易成本的存在具有两方面的作用，它既会减少收益、影响市场的活跃程度，也可能降低市场的投机程度。股票交易成本可以分为显性成本和隐性成本两种。

1. 显性成本

显性成本主要有手续费、税费、通信费等。显性成本的高低主要取决于交易市场之间的竞争、市场繁荣程度、政府管制、技术进步等因素。在市场间竞争较激烈、市场升温、政府对市场持鼓励支持态度、技术进步等情况下，显性交易成本会下降；反之则会上升。

2. 隐性成本

隐性成本主要是价差和信息成本。在隐性成本中，决定价差成本的因素主要是影响股票流动性的因素，如股票质量、市场交易机制等；而信息成本则相对复杂。资本市场上的信息主要有企业经营状况、产品销售状况、未来的投资计划等与资产实际价值有关的信息，以及包括当前行情、过去的交易价格和交易量记录的交易信息。对投资者来说，无论是收集和分析信息还是购买专业的中介机构提供的信息，都要付出代价。决定信息成本的因素主要是信息透明度。信息透明度越高，信息成本就越低。而政府监管效率、公司治理结构、社会的法治化程度、经济的市场化程度、中介服务机构的服务质量和相互之间的竞争程度等则是影响信息透明度的主要因素。

四、中国股票市场的发展

改革开放以来，经过 40 多年的快速发展，中国已经形成了种类齐全、规模巨大、交易活跃的多层次股票市场。

在成熟金融市场中，股权交易市场具有金字塔形的层次结构。金字塔的上半部分通常由场内交易构成，门槛较高，上市企业的数量较少；金字塔的下半部分通常由场外交易构成，门槛较低，可交易的企业数量较多。两大层级中再根据企业的成熟度与交易门槛的高低，进一步细分为多个子层级。这种金字塔结构的多层次股权交易市场通常是从金字塔底端逐步向上发展自发形成的。自改革开放以来，我国由于采取了渐进式的改革方式，资本市场发展遵循着一套相反的路径，即从金字塔顶端向下发展，先形成主板市场，再相继形成二板、三板、四板市场等，如图 9-1 所示。目前，我国的股权交易市场主要包括证券交易所股票市场、全国中小企业股份转让系统（简称新三板）、区域性场外交易市场和股权众筹市场，以及天使投资、VC/PE 投资市场等，下面分别加以介绍。

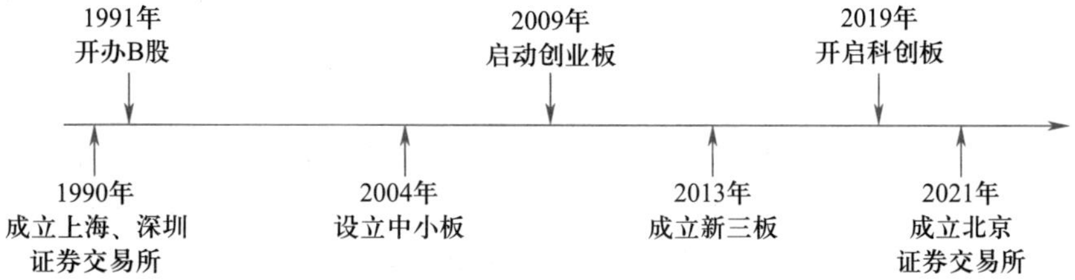

图 9-1　中国交易所内股权市场发展历程

（一）上海、深圳证券交易所市场

1990 年 12 月，上海证券交易所和深圳证券交易所开始营业，我国交易所内的股票市场正式形成，当时沪、深两个交易所市场都属于主板市场。1991 年，为了帮助企业获取外汇和吸引国际资本，在上海和深圳两个主板市场开办了人民币特种股票（又称境内上市外资股，即 B 股），以人民币标明面值，以美元或港元认购和交易。2004 年 5 月，为了解决中小企业筹集资本困难的问题，深圳证券交易所在主板市场内设立中小企业板块。2009 年 6 月，深圳证券交易所创立的创业板（简称二板）正式启动，由此使得深圳证券交易所涵盖了主板、中小板和创业板三个市场。为服务于符合国家战略、突破关键核心技术、市场认可度高的科技创新企业的发展，2019 年，上海证券交易所在主板市场之外设立了科创板市场，并且在科创板实行了市场期盼已久的注册制股票上市制度。截至 2020 年年底，沪、深两市上市股票 4 233 只，其中主板 A 股 2 039 只，B 股 93 只，中小板 994 只，创业板 892 只，科创板 215 只；沪、深两市股票总市值 79.7 万亿元（见图 9-2），流通市值 64.4 万亿元。沪、深两市的证券化比率（即沪、深两市股票总市值与 GDP 的比例）达到 78.5%，而在 1992 年这个比率只有 4%。我国沪、深股市在全球交易所中也名列前茅，2020 年分别位列第 3 和第 7 位；我国股票总市值位列全球第二。

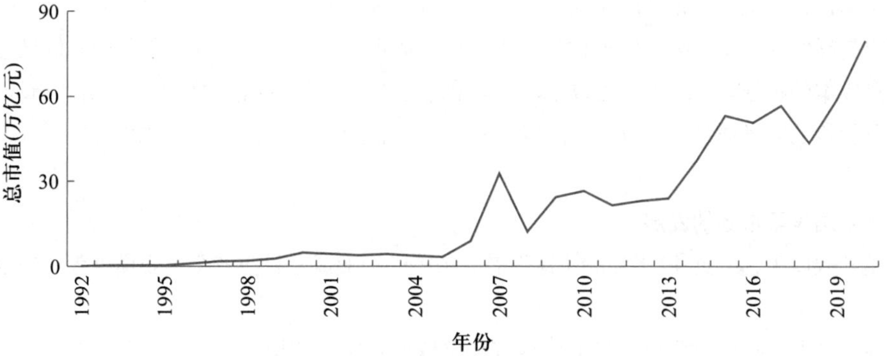

图 9-2　1992—2020 年沪、深交易所股票总市值变化

资料来源：国家统计局网站。

（二）全国中小企业股份转让系统

全国中小企业股份转让系统（简称新三板）是于 2013 年 1 月 16 日成立的全国性证券交易场所，主要为非上市的创新型、创业型、成长型中小微企业发展服务。境内符合条件的股份公司均可申请在新三板挂牌，公开转让股份，进行股权融资、债权融资、资产重组等。达到股票上市条件的，可以直接向证券交易所申请上市交易。截至 2020 年年末，新三板挂牌公司 8 187 家，其中基础层企业 7 008 家，创新层企业 1 138 家，精选层企业 41 家。挂牌企业总股本近 5 335 亿股，总市值达 2.7 万亿元，股票平均市盈率为 20.1 倍。2021 年 9 月，在新三板基础上，我国成立了北京证券交易所，新三板中的优质企业将在北京证券交易所挂牌上市。

（三）区域性场外交易市场

区域性场外交易市场由区域性股权交易市场（简称四板市场）和证券公司主导的柜台交易组成，主要是为所在省级行政区域内的初创前期和种子期的中小微企业提供股权或产权交易服务，是我国多层次资本市场体系的基层组成部分。截至 2020 年年底，我国共设立了 34 家区域性股权市场，共有挂牌企业 3.47 万家，累积融资额 1.42 万亿元，2020 年为企业融资 2 884 亿元。

（四）股权众筹市场以及天使投资、VC/PE 投资市场

股权众筹市场以及天使投资、VC/PE 投资市场又称五板市场。近年来兴起的股权众筹主要是指通过互联网进行公开小额股权买卖交易的筹资方式，也是与资本运作相关的交易，故可以看成我国股权市场的一个构成部分。各种天使投资、VC/PE 等私募投资主要面向种子期、萌芽期、初创期小微企业服务，风险最大，交易标的标准化程度较低，参与者专业性较强，也是为企业筹集资本服务的基础层资本市场。

资本市场的上述分层通过不同的风险收益匹配，满足不同的投融资需求。党的十九大报告提出："深化金融体制改革，增强金融服务实体经济能力，提高直接融资比重，促进多层次资本市场健康发展。"我国多层次资本市场的发展任重道远。

第三节　债券市场

目前，中国债券市场主要由银行间债券市场和交易所债券市场两个部分构成，其中银行间债券市场规模远远大于交易所债券市场规模，已成为我国债券市场的主体部分。2020 年，我国债券市场共发行各类债券 56.9 万亿元，存量 116.7 万亿元，其中公司信用类债券发行 14.2 万亿元，存量 28.9 万亿元，占比 24.8%；金融债券 29.2 万亿元，存量 41.5 万亿元，占比 35.6%；政府债券 13.5 万亿元，存量 46.1 万亿元，占比 39.5%。2020 年新发行的债券中，1 年期以上的中长期债券占比 86.04%。按照中国债券登记公司的债券托管数据，2020 年年底其债券托管总量 77.1 万亿元，其中 95.9%的债券在银行间市场交易。2014—2020 年我国债券存量及其与 GDP 的比例如图 9-3 所示。

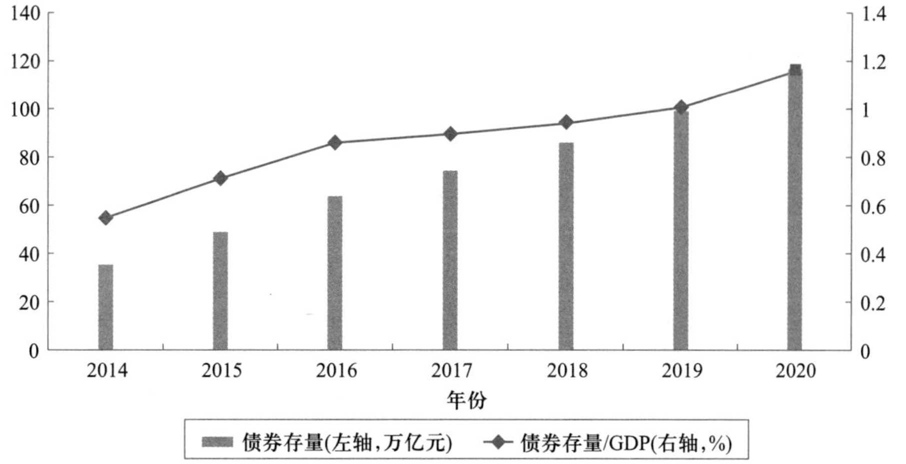

图 9-3　中国 2014—2020 年债券存量和债券存量与 GDP 比例的变化

资料来源：中国人民银行和国家统计局网站。

一、债券的概念和种类

（一）债券的概念

债券是政府、金融中介和企业等机构直接向社会筹集资金时发行的一种承诺按一定利率支付

利息并按约定条件偿还本金的债务凭证。债券的基本要素包括面值、利率、期限、求偿等级、限制性条款、抵押与担保、赎回与转换条款等。

同样作为资本市场上的融资工具，与股票相比，债券具有非常不同的特点。一是期限上，债券通常有明确的固定到期日，而股票一般是永久性的。二是收益上，债券通常在票面约定了支付利息的多少，收益的不确定性小，而股票的收益不固定，不确定性大。三是偿付顺序上，债券优先于股票进行本金和利息的偿付，公司破产时，也是债权人优先于股东进行清偿。四是控制权上，股东可以通过投票行使剩余控制权决定公司的重大经营决策，债权人通常不具有这种权力，只在某些特定条件下才有影响和决定公司决策的权力，如公司进行重大资产调整时需要征求大债权人的意见；公司破产时，剩余控制权通常从股东转移到债权人手中，由债权人决定公司清算或重组的方式等。

（二）债券的种类

债券的种类繁多，按照发行主体可分为政府债券和公司债券两大类，两类债券根据其要素组合又可细分为不同的种类。

1. 政府债券

政府债券是指由各级政府发行的债券。按发行主体可以分为中央政府发行的国债、地方政府发行的地方政府债券和政府机构债券，其中有关国债和地方政府债券的相关概念在第4章已经进行介绍，这里不再赘述。政府机构债券是指由政府所属机构、公共团体或与政府有直接关系的企业发行的债券。这些与政府有关的机构或企业具有某些社会功能，它们通过发行债券增加资金以及降低融资成本，其债务最终由中央政府做后盾，因而信誉也很高，但风险高于国债。

我国在20个世纪50年代曾发行过多次国债，之后暂停了发行工作，直至改革开放后的1981年又恢复了发行。地方政府债直到2009年才开始发行，目前只有省、自治区、直辖市政府（含经省级政府批准自办债券发行的计划单列市政府）才可以发行，省级以下的政府暂不能发行。地方政府债先后经历了2009至2011年的“中央代发代还”、2011年至2014年的“地方自发、中央代还”、2015年后的“地方自发自还”三个阶段。2015年后，地方政府债券发行量出现迅速增长，据财政部统计，2020年债务余额为25.66万亿元，超过中央政府20.89万亿元的规模，成为我国债券市场中一个重要金融工具。我国政府机构债券包括中央汇金公司发行的债券、2013年以来中国铁路总公司（2019年改制为中国国家铁路集团有限公司）发行的债券以及原铁道部发行的所有债券。

2. 公司债券

公司债券是指由公司发行的债券。按发行主体可分为金融债券和非金融企业债券。

（1）金融债券。金融债券是指由金融机构发行的债券。按金融机构从事的业务范围与监管限制，我国金融债券又分为三类：一是由国家开发银行、中国进出口银行和中国农业发展银行发行的政策性银行债券，其债券评级与我国国家主权信用评级一致；二是商业银行债券，按筹资目的可分为为补充资本金而发行的资本补充债券和为其他目的发行的商业银行普通债券；三是非银行金融债券，发行人主要是保险公司、证券公司、信托公司、金融租赁公司、财务公司等非银行金融机构，发行目的包括补充资本金、为投资和贷出资金筹集资金等。

（2）非金融企业债券。非金融企业债券是由非金融企业发行的债券。这类债券要求不管企业业绩如何都应优先偿还其固定收益，否则将在相应破产法的裁决下寻求解决，因此风险小于股票。按发行人是否赋予持有人选择权，可分为普通债券和附有选择权的债券。普通债券是企业发行的、载明债权债务关系和相应条件而没有其他选择权的债券。附有选择权的债券是企业发行的、发行人赋予持有人一定的选择权的债券，如可转换公司债券、可交换债券、分离交易可转债等附认股权证的债券。

可转换公司债券又称可转债，是公司债券附加可转换条款，赋予债券持有人按事先约定的条件和比例，在一定的时间内将债券转换成该公司普通股的选择权。

可交换债券又称可交换债，是指债券发行人将其持有的其他上市公司的股票抵押给托管机构而发行的债券，同时赋予债券持有人在一定期限内依据约定的条件可以交换成该发行人所持有的其他上市公司股票的权利。可见，可转债和可交换债的发行主体不同，前者是上市公司本身，后者是上市公司的股东。

分离交易可转债全称是认股权和债券分离交易的可转换公司债券，是指债券发行人赋予债券持有人在未来约定的期限内以约定的价格购买其一定数量股权的权利（即认股权证），且认股权证与公司债券相分离，单独在市场上自由流通。换言之，分离交易可转债发行后变成了两种独立的金融工具：普通债券和认股权证。分离交易可转债有三个特点：一是捆绑发行、分离交易，作为一种复合产品，其公司债券和认股权证分别在债券市场和权证市场进行交易；二是分期融资和序贯融资，赋予债券发行人一次发行、两次融资的机会，先是发行属于债权融资的附认股权证的公司债券，后是一旦认股权证到期被行权，发行人相当于进行了一次股权融资；三是债务性特征强，债券价格不受其公司股票价格的影响，附送的认股权证存续期通常比债券短，因此分离交易可转债到期时，无论投资人是否行权，发行人都要履行还本付息的义务。上述三类附认股权证债券的对比见表 9-2。

表 9-2　三类附认股权证债券的对比

对比项目	可转债	可交换债	分离交易可转债
融资功能	只有一次融资	只有一次融资	先后两次融资
认股期权	内嵌于债券之中	内嵌于债券之中	独立于债券之外
认股标的	债券发行人自己的股票	债券发行人持有的第三方发行的股票	债券发行人自己的股票
债券还本	若债券按约定价格转为公司股票，则不用还	即使权证持有人全部行权，债券到期时仍要全额偿还本金	若债券按约定价格转为公司股票，则不用还

二、债券的发行市场

（一）债券发行方式

债券的发行市场与股票市场类似。债券发行方式同样有公募发行和私募发行、直接发行和间接发行等方式，还可以根据承销商的确定方式分为承销发行和招标发行两种。

1. 承销发行

承销发行是指债券发行人与承销商就债券的发行价格、承销方式等要素进行充分的协商后，再向投资者发行的方式。

2. 招标发行

招标发行是指债券发行人先向各承销商进行招标，再由中标的承销商向投资者发行的方式。常见的招标方式有美国式招标和荷兰式招标两种，相关概念在第 8 章已介绍，这里不再赘述。招标发行的主要具体方式有：

（1）数量招标。发行人明确将要发行债券的发行数量、债券期限、票面利率或价格等要素，承销商再根据确定的利率或价格等要素投标自己愿意认购的数量。若发行利率高于（或发行价格低于）投资者期望水平，则可能导致投标总量超过债券发行量，最终的成交数量按比例进行分配；反之，则可能导致部分甚至全部流标。

（2）价格招标。价格招标是指先明确债券发行的总量、债券期限和票面利率等要素，承销商再根据自己意愿的发行价格和相应数量进行投标。相比数量招标，价格招标通常可以避免出现流标的现象，但发行人面临利息成本可能较高的风险。

（3）利差招标。此方式主要用于浮动利率债券的招标，是由发行人明确债券发行数量、期限、基准利率确定方式等要素，承销商再对其浮动的利差和相应的数量进行投标，通过招标确定的利差加上基准利率成为债券的执行利率。

（二）债券的信用评级

债券违约风险的大小与投资者的利益密切相关，也直接影响发行人的筹资能力和筹资成本。为了较客观地估计不同债券的违约风险，在公募发行时通常需要中介机构对债券进行信用评级。不过由于评级行业存在评级虚高、事前预警功能弱等突出问题，近年来各国监管层面有减少外部信用评级要求的趋势。我国 2021 年修订的《公司债券发行与交易管理办法》取消了公开发行公司债券的强制评级要求，发行公司债券是否评级由发行人自主决定。但目前我国金融债券（不包括政策性银行债券）、地方政府债在发行时仍需要提交信用评级报告，并且信用评级机构需要在债券存续期内每年开展一次跟踪评级，如果存续期内发生可能影响发行人偿债能力和偿债意愿的重大事项时，信用评级机构还应及时调整该债券的信用评级，并向投资者公布。

三、债券的流通市场

债券的流通市场与股票市场类似，同样可以分为场内交易和场外交易，运作方式与股票类似，这里不再赘述。

我国交易所债券市场，是在上海证券交易所和深圳证券交易所以非银行金融机构和个人为主体的场内债券市场。尽管交易所债券市场是流通市场的重要组成部分，但由于上市债券的规模远小于非上市债券，所以大多数债券是在场外市场进行的。

我国债券场外市场是债券二级市场的主要形态，分为银行间债券市场和银行柜台债券市场。银行间债券市场是指依托于中国外汇交易中心暨全国银行间同业拆借中心和中央国债登记结算公司、银行间市场清算所股份有限公司，商业银行、保险公司、证券公司等金融机构进行债券交易的市场。银行柜台债券市场是指银行通过营业网点（含电子银行系统）与投资人进行债券买卖，并办理托管与结算等业务的市场。银行柜台债券市场本质上是银行间债券市场的一个延伸，属于零售市场，目前可交易债券主要为国债、地方政府债和国家开发银行金融债券，总体规模较小。银行间债券市场是我国债券市场的主体部分，在该市场上发行和流通的债券品种繁多，涵盖政府债券、金融债券和非金融企业债券，交易十分活跃。

银行间市场与交易所市场的分割不利于债券市场发挥有效的资源配置功能。为打通两个交易市场，2020 年，中国人民银行、证监会联合发布《中国人民银行、中国证券监督管理委员会公告（〔2020〕第 7 号）》，同意银行间债券市场与交易所债券市场相关基础设施机构开展互联互通合作。互联互通是指银行间债券市场与交易所债券市场的合格投资者通过两个市场相关基础设施机构连接，买卖两个市场交易流通债券的机制安排。这有利于便利债券跨市场发行与交易，促进资金等要素自由流动，形成统一市场和统一价格，提升我国债券市场服务水平和效率，促进债券市场发展。

第四节 资本市场的投资分析

资本市场的投资者为规避风险、获取最大收益，需要对证券投资进行全面分析。投资分析的方法包括基本面分析、技术分析、投资组合分析、行为金融分析、演化分析和量化分析等。因篇幅所限，本节扼要介绍以下三种。

一、证券投资的基本面分析

证券投资的基本面分析是根据经济学、金融学、投资学及会计学等基本原理，对影响证券市场供求关系的宏观经济指标、经济运行周期态势、宏观经济政策、行业和产业生命周期以及上市公司本身的状况进行分析，评估其对证券投资价值和证券行市的影响，为投资决策提供依据。

（一）宏观经济周期性运行与证券行市

宏观经济周期一般经历萧条、复苏、繁荣和衰退四个阶段，可以用各种宏观经济指标来表示。与之相应，证券价格的变动大体上与经济周期是一致的，一般表现为经济繁荣，证券价格上涨，经济衰退，证券价格下跌。

需要注意的是，证券市场价格的变动走势虽然大体上与经济周期相一致，但二者在时间上并不完全同步。从实践看，证券市场走势比经济周期的提前量约为 1 个月到半年，表明证券市场走势对宏观经济运行具有预警作用。这是通常所说“证券市场是经济晴雨表”的原因所在，也是证券价格指数作为经济分析先行指标的理由。

（二）宏观经济政策与证券行市

市场经济国家对经济的干预主要通过货币政策和财政政策进行，政策工具的使用及政策传导过程的反映均会反映到作为国民经济晴雨表的证券市场上。

1. 货币政策的调整会直接、迅速地影响证券市场

首先，当增加货币供应量时，一方面证券市场的资金增多；另一方面通货膨胀也使人们为了保值而购买证券，从而推动证券价格上扬。其次，利率的调整通过决定证券投资的机会成本和影响上市公司的业绩来影响证券市场价格。最后，中央银行在公开市场上买进证券时，对证券的有效需求增加，促进证券价格上涨；反之则引起证券价格下跌。

2. 财政政策的调整对证券市场具有持久但较缓慢的影响

首先，实行扩张性财政政策，可增加总需求，使公司业绩上升，经营风险下降，居民收入增加，从而使证券市场价格上涨。其次，扩大政府购买水平，增加政府在道路、桥梁、港口等非竞争性领域的公共投资，可直接增加公司利润，居民收入水平也得到提高，从而可促使证券价格上涨。再次，提高政府转移支付水平，会使一部分人的收入水平得到提高，也间接地促进了公司利润的增长，因此有助于证券价格的上涨。最后，税率的提高将抑制证券价格的上涨，而税率的降

低或税收的减免将有助于证券价格的上涨。

3. 汇率政策的调整从结构上影响证券市场价格

汇率通过贸易和资本流动两个渠道对证券价格产生影响。影响主要体现在：本币汇率贬值，本国产品的竞争力增强，出口型企业将受益，此类公司的证券价格就可能上涨；本币汇率贬值，将导致短期投机套利性资本流出本国，使本国的证券市场资金供给减少，证券需求下降，价格下跌。反之，本币汇率升值，不利于企业出口，出口型企业与产业效益下滑，相应上市公司的股票价格可能下跌；本币汇率升值，如果市场预期汇率还有进一步升值的空间，则国际短期套利资本会大量流入本国，增加本国的证券市场资金供给，推动证券价格上涨。

（三）产业生命周期与证券行市

一个产业经历的由产生到成长再到衰落的发展演变过程称为产业的生命周期。产业的生命周期可分为四个阶段，即初创阶段、成长阶段、成熟阶段和衰退阶段。由于产业生命周期各阶段的风险和收益状况不同，处于产业生命周期不同阶段的行业在证券市场上的表现就会有较大的差异。

处于初创期的产业，如信息科技、人工智能等产业的风险较大，因而其证券价格的大幅波动不可避免；处于成长期的产业由于利润快速成长，其证券价格也呈现快速上扬之势；处于成熟期的产业是蓝筹股的集中地，其证券价格一般呈现稳步攀升之势，大涨和大跌的可能性都不大，颇具长线投资的价值；处于衰退期的产业由于已丧失发展空间，所以在证券市场上全无优势，其股票容易变成绩差债或垃圾股，投资价值大幅下滑，债券发行流通受阻或常常价格较低。

（四）公司状况与证券行市

1. 公司经营分析

公司基本面分析主要包括公司获利能力分析和公司竞争地位分析。一个公司的价值取决于它的获利能力同资本成本的比较。获利能力越强，资本成本越低，公司的净值就增长得越快，这个公司的投资价值就越大，投资者愿意为其证券支付的价格就越高。现代经济社会中，正确的竞争定位是确保公司在行业中生存并得以发展的战略基础。无论是采用成本主导型还是差异营销型竞争定位战略，拥有优势地位的企业都有良好的价格表现。

2. 公司会计数据分析

会计数据分析的目的是评估一个企业的会计记录是否真实地反映了上市公司的经济活动。通过对企业的会计政策和会计预测进行评估，证券分析人员可发现公司财务报表在多大程度上存在扭曲或不实，或通过对历年的会计数据进行分析，从中发现问题。

3. 公司财务分析

财务分析的目的是用财务数据评估上市公司在何种程度上执行了既定战略，是否达到了既定目标。公司财务分析的基本工具有两种：比率分析和现金流量分析。

（1）比率分析。比率分析中使用的主要指标有净资产收益率、主营业务利润率、总资产周转率、财务杠杆率以及可持续成长率。重点在于评价公司财务报表中各会计科目之间的相互关系，可以单独或综合运用三种分析方法：一是纵向比较法，也称时间序列法，是将公司连续几年的财务数据比率加以比较，用来检验公司在经营中执行既定战略的效率；二是横向比较法，就是与行业内其他结构相似的企业进行比较，用来检验公司经营的相对成绩；三是定值比较法，一般只用于收益率的比较，用来检验公司经营的成果是否超过某一固定比率，比如净资产收益率是否超过同期银行存款利息率等。

（2）现金流量分析。现金流量分析使证券分析人员能正确地估测公司资产的流动性，并了解公司如何管理企业经营、投资和筹资活动所产生的现金流。

二、证券投资的技术分析

（一）技术分析的理论基础

技术分析是通过分析证券市场的市场行为，对市场未来的价格变化趋势进行预测的研究活动。技术分析是一系列研究活动，它的目的就是预测市场价格未来的趋势。技术分析的理论基础主要有三大假设：市场行为包含一切信息；价格沿趋势波动，并保持趋势；历史会重复。

（二）技术分析的方法

从不同的角度对市场行为进行分析，寻找和发现其中不直接显露的实质内容，是进行技术分析最基本的出发点。由于侧重点和观测角度不同，技术分析的研究方法也就不同。

目前市场流行的技术分析方法大致可以分为以下六种。

1. 技术指标法

该法主要考虑市场行为的各个方面，建立一个数学模型，给出数学上的计算公式，得到一个反映证券市场某个方面实质内容的数字，这个数字叫作技术指标值。数值间的相互关系直接反映证券市场所处的状态。技术指标反映的内容大多数是从行情报表中不能直接得到的。目前，世界上用在证券市场上的技术指标至少有上千种，如相对强弱指标（RSI）、随机指标（KD）、平滑异同移动平均线（MACD）、心理线（PSY）以及乖离率（BIAS）等。随着市场的变化和创新，还将涌现出新的技术指标。

2. 切线法

该法是指按照一定的方式和原则在根据价格数据绘制的图表中画出一些直线，然后根据这些直线的情况推测证券价格的未来走势，这些直线就叫切线。切线主要起到分析价格支撑和压力位置的作用，因而被称为支撑线或压力线。一般说来，价格从下向上抬升的过程中触及压力线，甚至远未触及，就会掉头向下；如果压力线被突破，则是价格继续上涨的标志。目前，画切线的方法有很多种，著名的有趋势线、通道线、黄金分割线、甘氏线和速度线等。

3. 形态法

该法是根据价格在一段时间内走过的轨迹形态来预测证券价格未来趋势的方法。用证券过去的价格形态可以在一定程度上推测将来的证券价格。著名的形态有双顶（M 头）、双底（W 底）、头肩顶底等多种。

4. K 线法

该法把证券每日或某一周期的开盘价、最高价、最低价、收盘价在图上绘成一条 K 线，形成日、周或月 K 线图，从 K 线形态的变化中分析证券价格的波动和走势。K 线图形态可分为反转形态、整理形态及缺口和趋向线等，不同的形态有不同的含义。K 线图是进行各种技术分析最重要的图表。

5. 波浪法

该法把证券价格的上下波动和波动的持续视作与波浪的上下起伏一样，遵循波浪起伏的规律。简单地说，一个波浪周期大约由 5 个上升浪、3 个下降浪组成。数清楚了每个浪就能预见到市场价格的涨跌趋势。

6. 周期法

周期法理论认为，价格高点和低点的出现在时间上存在一定的规律性。正如事物有发展周期一样，价格的上升和下降也存在某些周期性特征。如果能够分析出价格高低出现的时间规律，就有利于证券投资的决策。

三、证券投资的量化分析

无论是基本面分析还是技术分析都属于定性分析方法，投资行为具有较强的主观性。随着数学和统计学方法在证券投资领域应用的不断扩展，投资领域逐渐出现了一种基于客观规则进行证券投资分析和交易的方法，被称为“量化投资”。量化投资是一种采用严密的数量方法并遵循严格的程序进行分析和交易，来获取超额收益的投资方法。

（一）量化分析的理论基础是行为金融学

该理论认为人的行为是非理性的，因此市场不是有效的。类似于基本面分析和技术分析，量化分析认为股价的走势有一定的规律可循。但与基本面分析和技术分析显著不同的是，量化分析或量化投资在定性的理论基础上进行数量建模，通过计算机强大的数据处理能力，在更广的范围内选择符合“标准”的证券，能够无遗漏地捕捉“标准”的投资对象。由于借助计算机根据量化模型进行程序化的操作，能够避免基金经理人的情绪、偏好等心理因素对投资组合的干扰，精确反映基金管理人的投资思想，实现最大限度的“理性”投资。

（二）量化投资的过程

量化投资的过程通常包含如下几步：第一步，确定要进行投资的证券。第二步，寻找能够预测证券收益率的信息，并将信息数量化，即用相关的数据指标来刻画。第三步，建立该信息与收益率之间的关系，并构建投资策略，即依据反映该信息的指标数值设计买入卖出证券的交易策略。第四步，优化投资策略的参数，构建最优投资头寸。第五步，借助程序化的方式（如用计算机根据交易策略自动下单）进行交易。第六步，验证交易策略的效果，并持续优化交易策略。

（三）与其他投资分析方法的关系

量化分析并不是与基本面分析和技术分析完全不同的投资分析，而是基本面分析和技术分析进一步发展的产物。市场上绝大部分量化投资策略都是通过基本面因素进行构建的，同时也考虑技术因素。

量化投资策略千差万别，种类繁多。为了更直观地理解量化投资，下面介绍一个简单的、假想的量化策略。我们把它取名为现金流量化策略。该策略的设计方法如下：假设投资标的是 A 股市场上某 2 000 只股票，找出这些公司 2000—2020 年的股票价格和财务数据，计算每年年初各股票的每股现金流与股价之比，即现金流股价比率。然后，根据现金流股价比率从高到低进行排序，并按照排序平均分成五个分位数。在投资的第一年年初，将资金平均购买现金流股价比率最高的第一分位数的 400 只股票。在以后的每一年年初进行头寸调整，调整为该年年初现金流股价比率最高的第一分位数的 400 只股票。以后，每一年都如此调整。以上就构建了一种量化投资策略。

为了检验策略的有效性，可以通过历史数据进行验证，即用 2000—2020 年数据对以上投资策略进行历史测算，通常叫作回测。如果历史数据中发现该策略确实能够带来显著的超额收益，那么这就是一个好策略。进一步，还可以优化该策略。比如说，可以回测只投资于其中一种分位数的股票，如果发现第二分位数的收益率要显著高于其他分位数的收益率，则可以选择第二分位数进行投资，获得更高的收益。还可以优化投资时间的长度，每种股票的投资比例，等等。

上面假想的量化策略只是基于一个因素构建的。在现实中，投资者通常采用大量的因子来构建量化策略。应该包括哪些因子有时是完全随机的。目前，由于大数据、人工智能等技术快速发展并渗透到金融领域，有些量化策略开始采用机器学习等算法来构建和优化。

量化投资方法在美国华尔街已经成为一种主流的投资方法。以名声显赫的对冲基金为例，量化投资对冲基金规模占美国对冲基金规模的 1/3。在我国量化投资还处于起步阶段，但是发展十分迅速。

四、资本市场的投资分析与有效市场假说

人们之所以期待资本市场的投资分析能够规避风险，并增加收益，是因为投资者相信通过投资分析能够获得有关证券价格走势的信息，从而指导投资决策。根据收益资本化规律，证券价格是由其未来的预期现金流贴现决定的。而决定投资者对某种证券未来现金流的预期则完全来自影响该证券未来现金流的所有历史的和当前的信息。因此，证券价格实际上反映的是会影响该证券未来现金流的所有信息，是信息决定了证券的价格。正如第 7 章的介绍，有效市场假说关注的正是信息与证券价格之间的关系。

有效市场假说将信息分成历史信息、公开信息和内部信息三类，并以证券价格包含信息的多少将市场分成三种：强有效市场、中度有效市场和弱有效市场。

（一）资本市场的投资分析与强有效市场

在强有效市场中，证券价格已经包含了所有与公司有关的信息，包括所有历史信息、公开信息和内部信息。那么，无论采用证券投资的基本面分析、技术分析，还是量化分析，都无法获取影响证券价格的新信息。因此，在强有效市场中，证券投资的基本面分析、技术分析和量化分析基本是无用的。所谓无用，是指它不能使得投资者获得超过平均报酬以上的收益。

（二）资本市场的投资分析与中度有效市场

在中度有效市场中，证券价格里已经包含了所有历史信息和当前公开的信息。如果投资分析只能获得这两种信息也无助于投资决策。只有能够获得一些没有反映在股价里的未公开的公司内部信息，才能使投资分析有效。因此，在这类市场中，技术分析无效，因为技术分析只是在找已经反映在价格里的当前信息和历史信息。在中度有效市场中，基本面分析和量化分析可能有所帮助，特别是对公司状况的基本面分析和用公司状况数据进行构建的量化策略。依据公司的财务报告，精明的分析师可能能够真实地还原公司的运营状况，从而获得比其他投资者更多的公司信息。如果隐含在财务报告中的部分真实信息没有在证券价格里及时反映出来，那么这种分析有助于投资者正确判断证券价格走势，获得更高的收益。然而，如果财务报告中的数据能够被所有投资者理解，那么这种信息也全部成为公开信息，则基本面分析和量化分析也会变得无效。

（三）资本市场的投资分析与弱有效市场

在弱有效市场中，证券价格只包括所有历史信息和部分公开信息。因此，基本面分析和量化分析如果能发掘未反映在价格里的其他公开信息和内部信息，将有助于提高投资效率。但技术分析在弱有效市场中仍然是无效的，因为技术分析实质上就是在通过挖掘包含在历史价格里的信息来预测未来价格，然而历史信息全部已经反映在当前价格中，对未来价格走势没有任何预测功能。

有效市场假说的大量研究发现，绝大部分证券市场都是弱有效的，部分是中度有效的，强有效市场假设通常很难得到证实。这一结论对于证券投资分析意味着，所有的技术分析几乎都是无

效的，而基本面分析和量化分析的有效性依赖于市场有效程度的高低及分析者的专业程度。然而，现实中仍然有很多分析师和投资者相信技术分析，各种技术分析方法仍在不断涌现。

第五节 资本市场国际化

一、资本市场国际化的含义与衡量

（一）资本市场国际化的含义

资本市场国际化，是指资本市场活动在全球范围内进行，资本可以在市场上自由流入或者流出。发达国家的资本市场如美国的纽约证券交易所、英国的伦敦证券交易所等就是高度国际化的资本市场，世界各地的公司都可以到这些市场融资，各国的投资者也可以在这些市场投资。

（二）资本市场国际化的衡量

衡量一个市场国际化程度的高低，主要可从以下各方面进行：

（1）市场进入的限制。一般来说，市场准入限制越多，市场的国际化程度越低。

（2）市场机构与品种的丰富程度。市场机构与品种越丰富的市场，其国际化程度往往越高。

（3）市场价格与国际市场价格的联动程度。开放度高的资本市场之间有着很强的联动关系，信息传递速度也很快，往往是齐涨齐跌，先开市的涨跌后，之后开盘的市场也跟着补涨或补跌。

二、主要国际资本市场

（一）国际债券市场

国际债券是指一国发行人在国外债券市场上发行，以所在国货币或第三国货币为面值货币并由外国金融机构承销的债券。

17 世纪以前，各国债券尤其是国际债券的发行市场和流通市场都不发达。17 世纪下半叶，荷兰公开发行了一批政府债券，并在阿姆斯特丹交易所上市。后来，欧洲其他国家也纷纷将本国政府债券投放到阿姆斯特丹交易所上市，阿姆斯特丹很快成为欧洲最主要的国际债券市场。18 世纪中后期，英国和法国凭借其资本主义生产和对外贸易的迅速发展，取代荷兰成为新的世界经济和金融中心。欧洲公债市场的中心向伦敦和巴黎转移，英国和法国的国际债券市场逐渐发展起来。

第二次世界大战以后，国际债券市场发展迅猛。这些市场除了交易本国的中央政府债券、政府保证债券、国库券、普通公司债券、可转换公司债券、抵押债券、金融债券等之外，还有越来越多的外国债券、欧洲债券等在市场上交易。这些债券的发行和流通分别形成了三类市场：

（1）外国债券市场，即外国债券发行和流通的市场。外国债券是指外国借款人在本国市场发行的，以本国货币为面值的债券。外国债券主要在美国、瑞士、日本、德国和卢森堡这几个国家的债券市场上发行。

（2）欧洲债券市场，即欧洲债券发行和流通的市场，是欧洲货币市场的重要组成部分。欧洲债券是外国借款人在本国发行的、不以本国货币为面值的债券。欧洲债券出现于 20 世纪 60 年代。

（3）全球债券市场，即全球债券发行和流通的市场。全球债券是在全球各主要金融市场发行的，并在全球多个交易所上市的债券。全球债券市场可以同时跨洲运作，其发行人的信用等级更高、投资者更为广泛，单笔发行额更大。

（二）国际股票市场

国际股票是发行人在国际资本市场上筹措长期资金的工具。国际股票发行人是那些为筹集长期国际资金而发行国际股票的公司。这些发行公司几乎遍布全球的各个角落，但主要以发达国家的大公司为主。发行国际股票要遵循发行地的股票市场规则和惯例，接受当地证券管理部门的监管。国际股票市场的投资者大部分是机构投资者，它们持有国际股票总额的70%~80%，此外是众多的个人投资者。

国际股票市场是指市场参与者从事国际股票发行和流通的场所。狭义的国际股票市场是交易市场所在地非居民公司股票所形成的市场；广义的国际股票市场还包括国际化的各国股票市场，如我国的B股市场就属于广义的国际股票市场。

国际股票市场也分为一级市场和二级市场。一级市场是国际股票发行人发行新股票、投资者购买新股票的市场。它是以承销商和销售商的营业网点为依托，借助发达的通信手段进行交易而形成的庞大市场。二级市场是已发行的国际股票在投资者之间转让买卖的场所。它可以是有形市场，也可以是无形市场，随着金融科技的应用，无形市场成为未来的发展趋势。

随着全球股票发行的增加和资本流动国际化程度的提高，国际性股票市场也相应产生，形成了纽约、伦敦、巴黎等著名的股票市场。随着经济全球化的发展，世界各国经济金融国际化倾向加强，突出的表现之一就是各国股票市场的国际化。不仅非居民参与的跨境股票交易迅速增长，而且越来越多的公司到海外发行股票，国际股票市场的全球化进程加快。

三、中国资本市场的国际化发展

（一）中国资本市场国际化发展的背景与要求

改革开放是我国长期的政策，我国资本市场的国际化既是我国经济发展的结果，也是我国深化改革开放的必然要求。

1. 经济的快速发展是资本市场国际化的经济基础

改革开放以来，我国经济一直保持了快速增长。2010年我国国内生产总值首次超过日本，成为世界第二大经济体，此后至今，我国GDP总量一直仅次于美国。经济总量的提高使得居民的可支配收入显著增加，从而产生了对金融资产的内在需求，也有能力对外进行金融投资。

2. 国际贸易和国际资本流动格局的变化要求我国资本市场国际化

2006年以来，亚洲成为世界贸易增长最快的地区。在亚洲国家中，对外贸易增长最快的国家是中国。2012年我国贸易总量首次超过美国，成为世界第一；2020年，我国出口占全球贸易的15%，遥遥领先第二位的美国。与此同时，我国跨境资本流动的规模不断上升，2020年全年直接投资和证券投资资金流出2 773亿美元，流入4 671亿美元；截至2020年底，我国直接投资和证券投资资产达3.3万亿美元，负债达5.1万亿美元。中国对外贸易的崛起和外资的持续流入，已经深刻地改变了世界贸易和国际资本流动的格局，从而增强了中国经济与世界经济的联系，强化了中国金融市场与国际金融市场的联系，增强了中国在世界金融市场的话语权，也将推动中国资本市场的国际化。

3. 我国资本市场的快速发展能够满足市场国际化的要求

2006年以来，随着中国股市的急剧扩张，世界股市的格局已经发生了显著的变化。目前中国交易所股票市场已经发展成为仅次于美国的世界第二大市场，中国资本市场正在发展成为世界最重要的资本市场之一。各种外资通过不同渠道进入我国市场，不少国外著名金融机构要求与我国证券交易所、金融机构及相关上市公司展开多层次的合作，QFII（合格境外机构投资者）纷纷要求增加投资额度，2019 年我国政府取消了 QFII 额度限制。我国资本市场容量的扩大是对外合作的重要前提，也是我国市场国际化的必要条件。

（二）中国资本市场国际化的进程与现状

我国资本市场经历了几十年的发展，国际化程度在逐渐提高，已经取得显著的成就，尤其是股权分置改革以来，资本市场在投资者和中介组织国际化方面加快了脚步。通过资本市场进行国际并购的上市公司越来越多，中国资本市场与全球资本市场的联动性也在逐步增强。尽管目前由于资本项目尚未完全开放，我国股票市场的对外开放尚有不少限制，但近年来在推进资本市场的国际化方面进展很快。2004 年年底，我国在国际资本市场的证券投资余额仅为 922 亿美元，到 2020 年年底达到了 8 999 亿美元。近年来我国不少企业在国际股票市场挂牌上市，融资规模屡创新高，截至 2020 年，共有 250 家企业在美上市。同时我国也在国际债券市场发行债券融资，截至 2019 年年底，我国在境外发行的人民币债券余额为 4 572 亿元，发行离岸人民币债券 3 968 亿元。2020 年，境外投资者在中国债券市场净买入 15 800 亿元，买卖交易量达到 9.15 万亿元。

我国资本市场国际化具体体现在以下几个方面。

1. 投资者的国际化

早在 1991 年设立的 B 股市场，就允许境外投资者直接投资我国资本市场，这是我国资本市场国际化的开端。在债券市场方面，中国人民银行于 1998 年 5 月批准 8 家在上海经营人民币业务的外资银行进入全国同业拆借市场，进行人民币同业拆借、债券买卖和债券回购，从此外国金融机构开始了对中国债券市场的有限参与。2006 年年底“入世”过渡期结束之后，银行间债券市场已经全面对境内外资银行开放。2010 年 8 月，境外央行或货币当局、港澳人民币清算行、跨境贸易人民币结算境外参加银行三类境外机构获准进入银行间债券市场，标志着中国债券市场正式开放，由此开启了境外机构直接入市的债券“全球通”模式，目前已成为境外投资者进入人民币债券市场的绝对主渠道。截至 2020 年年底，境外机构通过“全球通”模式持有人民币国债规模逾 1.48 万亿元，结构占比约 83%。截至 2020 年年底，银行间市场各类参与主体共计 23 930 家，其中境外机构投资者 905 家，较上年同期增加 136 家。2002 年 11 月 5 日，证监会和中国人民银行联合发布《合格境外机构投资者境内证券投资管理暂行办法》，宣布建立 QFII 制度。2003 年 5 月，瑞士银行被批准为第一家 QFII，额度为 8 亿美元，至此外国投资者正式进入中国 A 股市场，标志中国 A 股市场投资者国际化进程迈出了第一步。2020 年，证监会共批准 45 家合格境外机构投资者和人民币合格境外机构投资者（RQFII）。截至 2020 年年底，QFII 达到 558 家。QFII、RQFII 已成为 A 股不容忽视的专业机构投资者。

2. 金融中介的国际化

金融中介的国际化进程始于中国加入世界贸易组织。证监会于 2002 年 6 月发布《外资参股证券公司设立规则》和《外资参股基金管理公司设立规则》，允许外国证券机构驻华代表处成为所有中国证券交易所的特别会员，允许外国机构设立合营公司，从事国内证券投资基金管理业务等。2002 年 10 月，证监会批准国泰君安证券股份有限公司和德国安联集团发起设立中外合资基金管理公司——国安基金管理公司，该公司成为我国第一家获准组建的中外合资基金管理公司。此后陆续组建了多家中外合资基金管理公司和证券公司。党的十九大提出“大幅度放宽市场准入，扩大服务业对外开放”的决策部署，我国将进一步扩大证券业对外开放，促进高质量资本市场建设，包括允许外资控股合资证券公司，逐步放开合资证券公司业务范围，等等。

3. 资本市场的对外互联互通

香港是主要的国际金融中心，拥有发达的国际资本市场。实现内地资本市场与香港资本市场的互联互通有利于巩固和提高香港国际金融中心的地位，同时也是内地资本市场国际化的重要步骤。2014 年、2016 年、2017 年和 2018 年我国相继推出了“沪港通”“深港通”“债券通”和“沪伦通”。

沪港通，即沪港股票市场的互联互通机制，指两地投资者可以委托上海证券交易所（简称上交所）会员或者香港联合交易所有限公司（简称联交所）的会员，买卖规定范围内的对方交易所上市股票。沪港通包括沪股通和港股通。沪股通是指香港投资者委托联交所会员，向上交所进行申报，买卖规定范围内的上交所上市股票。港股通是指内地投资者委托上交所会员，向联交所进行申报，买卖规定范围内的联交所上市股票。2014 年 4 月 10 日，监管机构批准上交所和联交所开展沪港股票市场交易互联互通试点。在沪港通试点成功运行 2 年的基础上，2016 年 12 月 5 日，深港通正式启动。2020 年全年，通过沪港通和深港通从香港流入沪、深股市资金共计 2 089 亿元，从沪、深股市流入港股的资金共计 5 600 亿元。2019 年 6 月 17 日，上交所又与伦敦证券交易所建立了互联互通机制，称为沪伦通，符合条件的两地上市公司可以发行存托凭证并在对方市场上市交易。

债券通是内地债券市场与香港债券市场之间的互联互通。其中的“北向通”已于 2017 年 7 月 3 日开通。“北向通”即通过内地与香港债券市场基础设施的互联互通，香港及其他国家和地区的境外投资者投资于内地银行间债券市场的机制安排。境外投资者可以通过“北向通”投资内地银行间债券市场发行交易的所有证券，既可以参与一级市场的债券发行认购，也可以参与二级市场的债券买卖。内地投资者经由两地基础设施机构之间的互联互通机制安排，投资香港债券市场的“南向通”也在 2021 年 9 月 24 日推出。2020 年，北向通累计成交 58 518 笔，成交金额 4. 81 万亿元，通过债券通入市的境外投资者（含产品）共计 2 352 家。

随着内地资本市场与香港资本市场的互联互通机制取得积极进展，内地资本市场的国际影响力不断提高。国际著名的指数编制公司摩根士丹利资本国际公司（MSCI）决定从 2018 年 6 月开始将中国 A 股纳入全球最具影响力的指数：MSCI 新兴市场指数和全球基准指数（ACWI）。A 股纳入 MSCI 新兴市场指数表明国际资本市场认可中国股票可以作为全球可配置资产，也是 A 股迈向国际化的一个重要表现。中国国债和政策性银行债于 2019 年 4 月 1 日起纳入彭博巴克莱全球综合指数（BBGA），9 只中国国债于 2020 年 2 月 28 日起纳入摩根大通全球新兴市场多元化指数（GBI-EM），中国国债于 2021 年 10 月起纳入富时世界国债指数（WGBI）。中国资本市场的国际化程度在日益提高。

专栏看板9–2

金融市场对外开放取得新进展：中国国债正式纳入富时世界国债指数

2021 年 10 月 29 日，富时罗素公司正式将中国国债纳入富时世界国债指数（WGBI），这充分反映了国际投资者对于中国经济长期健康发展、金融持续扩大开放的信心。

截至2021年9月末，国际投资者持有中国债券规模达3.9万亿元人民币。金融市场开放有利于中国实现高质量的经济增长，也有利于全球投资者分享中国经济的发展成果。

下一步，中国人民银行将继续与各方共同努力，积极完善各项政策与制度，巩固和扩大双向跨境投融资渠道，为境内外投资者提供更加友好、便利的投资环境。

资料来源：中国人民银行网站。

（三）国际化风险的应对策略

金融安全是现代产业安全和经济安全的核心。随着我国资本市场国际化水平的不断提高，国内金融市场将以前所未有的程度与国际市场连为一体。这一方面扩展了国内投资者的投资渠道，增加了国内企业的融资来源，促进我国金融资源的配置效率；另一方面，国内金融市场的风险程度将显著增加，必须应对在封闭市场情况下不可能发生的大规模国际资本的冲击以及国际金融危机的传染。为此，我们要未雨绸缪，应对我国资本市场国际化进程中可能产生的风险。

1. 改革金融监管体制

目前，我国采用的监管模式是一线多头监管模式，即金融监管权集中在中央政府一级，由中国人民银行、银保监会、证监会等多个中央级的金融监管机构及派出机构负责监管。但是随着信用风险加大和衍生金融工具市场的加速发展，金融市场的一体化进程不断加快，分业监管模式的缺陷逐渐显露，它不仅花费了很大的成本，各个监管主体之间的协调难度也在增大。因此，这一模式应该加以改变，只有建立一个信息共享和沟通协调的监管体制，才有可能对跨市场的风险交易行为进行有效的监管，防止风险跨市场传递和蔓延。

2. 建立分级风险管理体系

有效的风险管理是金融稳定发展的重要保障，也是社会经济和谐安定的重要因素。在我国资本市场国际化进程中，我们可以构建一个分级分层次的全面的风险管理体系，通过各个层次的监督和控制，将风险降到最低程度。第一是产品市场的风险管理，即企业层次的风险管理技术，从产品市场就开始防范风险，遏制住风险发展的源头；第二是金融中介机构的风险管理，促使金融企业结合自身经营特点，把握和控制好自身企业的经营风险；第三是国家层次的风险管理，主要是从国家宏观和微观监管的角度来考虑风险管理问题。

本章小结

1. 政府、金融机构和企业参与资本市场的主要目的是获取长期性资金来源，居民则可以利用这一市场进行灵活多样的投资，实现财富的增值。资本市场对于社会生产、扩大内需，甚至对于国家经济政策的实施都有重要意义。

2. 资本市场的主要运作机制是资本定价机制和优胜劣汰机制。

3. 资本市场的运行原则主要包括：风险收益相匹配原则，信息公开、交易公平和规则公正原则，合法与禁止采取欺诈、内幕交易和操纵证券市场行为原则，自愿、有偿与诚信原则。

4. 资本市场的核心功能是优化资源配置，具体通过资金集聚、价格发现、风险管理、并购重组以及促进产业升级的功能来实现。

5. 资本市场有效发挥作用需要一些制度保障，包括信息的公开披露、合理的监管和投资者保护。

6. 股票是投资者持有公司所有权的凭证。股票市场的诞生使得股权交易和公司经营相分离，实现了股权的流动性和经营的完整性兼得，促进了资金的集聚，从而推动经济发展。

7. 债券是发行人发行的一种承诺到期还本付息的债务凭证。债券市场根据发行人的风险大小对债券进行有效的定价，实现了风险和收益多样化的匹配，扩大了融资者的范围。

8. 股票市场和债券市场由发行市场和流通市场组成。交易方式有场内交易和场外交易，不同的交易市场对融资者和投资者具有不同的准入门槛。

9. 股票的交易成本可以分为显性成本和隐性成本两种。显性成本主要有手续费、税费、通信费等，隐性成本主要是价差和信息成本。

10. 对于证券投资者来说，证券投资分析是必不可少的一环。证券投资分析包括基本面分析、技术分析和量化分析。其中最重要的是基本面分析。基本面是证券市场运行的基础，也是投资获益的基础。量化分析融合了传统分析方法、数量化方法和计算机技术，逐渐成为一种市场影响力巨大的投资方法。

11. 随着我国对外开放的扩大，我国资本市场国际化的趋势日益明显，同时也需要面对并防范由此产生的风险。

重要术语

资本市场	多层次资本市场	股票	债券	三公原则
三禁原则	发行市场	流通市场	主板市场	创业板
IPO	公募发行	私募发行	直接发行	间接发行
证券交易所	证券上市	柜台交易	信用交易	显性成本
隐性成本	基本面分析	技术分析	K线	量化分析

☞ 术语解释请扫描封底增值服务码→名词术语。

思考题

1. 比较资本市场与货币市场的功能与特点。
2. 你如何理解资本市场运作的机制和原则？
3. 资本市场运作需要哪些制度保障？
4. 查一查我国20世纪90年代初有关组建沪、深两市的背景资料，在你看来，当时我国建立证券交易所的目的是什么？这些年的运作是否达到了目的？
5. 如果你想收购外地的国有企业，也拥有足够多的资金，在没有资本市场的时候，你能否做到？为什么？
6. 如果你的公司想首次公开发行股票，需要经过哪些流程？
7. 有效市场包括哪几种形式？在不同市场中技术分析、基本面分析、内幕消息等是否能为投资者带来超额收益？
8. 你选择证券进行投资时，主要考虑什么因素？

9. 如果你想到上海证券交易所买卖股票，要经过哪些交易程序？
10. 我国目前资本市场有哪几个层次？为什么要发展多层次资本市场？
11. 资本市场的交易需要哪些成本？试举例说明。
12. 在决定购买股票前，你怎样进行上市公司的基本面分析？
13. 为了更好地把握股价走势，你更喜欢哪种技术分析理论？更喜欢哪种技术分析指标？
14. 你认为基于自动化程序实现的量化投资策略具有哪些优势和不足？
15. 我国资本市场国际化具体体现在哪几方面？我们应该怎样应对国际化可能带来的冲击？

☞ 更多思考练习请扫描封底增值服务码→习题作业、例题及综合测试。

讨论题

讨论主题：科创板市场

讨论素材：我国正式启动科创板市场

思考讨论：

1. 谈谈你对科创板市场功能的理解。
2. 我国是否具有成熟的发展科创板市场的条件？

☞ 相关讨论素材请扫描封底拓展资源码→教学案例。

延伸阅读

1. 刘鸿儒. 突破：中国资本市场发展之路. 北京：中国金融出版社，2009.
2. 肖钢. 中国资本市场变革. 北京：中信出版社，2020.
3. 吴晓求. 中国资本市场分析要义. 北京：中国人民大学出版社，2005.
4. 王国刚. 中国资本市场的深层问题. 北京：社会科学文献出版社，2004.
5. 刘红忠. 投资学. 4 版. 北京：高等教育出版社，2019.
6. 中国证券监督管理委员会. 中国资本市场发展报告. 北京：中国金融出版社，2008.
7. 格雷厄姆，多德. 证券分析：原理与技巧. 上海：上海财经大学出版社，2009.

☞ 更多资源请扫描封底拓展资源码→文献目录。

即测即评

☞ 请扫码答题，检测本章学习效果。

第 10 章 衍生工具市场

本章导读

伴随着价格与商品流通体制改革，中国在 20 世纪 90 年代初出现了衍生工具市场，粮食、建材、能源等大宗商品期货得到快速发展；以股指期货、国债期货、ETF 期权等为代表的金融衍生品在 2010 年后得到一定的发展，近年来市场交易规模也稳步扩大。衍生工具市场是多层次资本市场的有机组成部分，发挥着投资、保值和避险的重要作用。不过，衍生工具交易的风险及其影响也是深远的，出于规避风险目的创新出来的衍生工具，有时会带来比原生金融工具更大的风险，这也是为什么在历次金融危机中，国际大型金融机构因涉及衍生工具交易而破产的案例屡见不鲜。只有正确掌握衍生工具的属性、功能和市场规律才能控制其风险，真正使衍生工具为投资者发挥风险规避作用。本章将重点介绍衍生工具的类型、交易和定价模型，并延续第 6 章中的投资组合理论，继续探讨加入衍生工具后的投资组合与复制技术等金融工程专题。通过本章的学习，可以全面认识衍生工具的产生与发展过程，理解衍生工具的功能和定价原理，把握现代金融资本市场定价理论发展的脉络。

第一节 衍生工具概述

一、衍生工具的概念、特征及功能

19世纪中叶商品类衍生工具的出现为农民、商人、企业等经济主体规避价格风险提供了可选择的机制。20世纪70年代初，布雷顿森林体系解体，金融自由化浪潮下的利率、汇率浮动化推动了金融创新，金融衍生工具出现并得到迅速发展。当前，在全球金融交易中，期货、期权等衍生工具的交易规模大大超过了股票、债券等原生金融工具的交易规模。衍生工具市场已经成为国际资本投资的重要场所。中国的衍生工具市场发展时间还不长，其间经历着曲折和反复，但衍生工具市场向前发展并与国际市场接轨的大趋势不可逆转。

（一）衍生工具的概念

衍生工具（Derivatives），顾名思义，是指在一定的**原生工具**（Underlying Instrument，也称为基础性工具）之上派生出来的金融工具，其形式是载明买卖双方交易品种、价格、数量、交割时间和地点等内容的规范化或标准化合约（Contract）与证券。

一般衍生工具是指远期合约以及期货、期权、互换等以标准化合约存在的金融工具，交易双方买入或卖出的只是一张标准化的合同，交易受有关法律和交易所制度规则的保护。衍生工具的本质是合约，其基本要素包括合约标的物、约定的执行价格、标的物数量和单位、交割方式、交割时间和地点、交易双方的权利和义务等。期货合约在有组织的交易所交易，期货的原始形态是远期合约，一般在场外柜台市场交易，合约标准化程度比较低，交易双方可以协商价格、标的物的数量、交割时间等内容。期权可以在有组织交易所交易，也可以在柜台市场交易。

（二）主要的衍生工具

1. 期货与远期合约

期货（Futures），也称期货合约，交易的买卖对象或标的物由有组织的期货交易所统一制定，规定了在某一特定的时间和地点交割一定数量和质量的商品、金融产品或其他标的物的标准化合约。期货价格则是通过公开竞价而达成的。期货一般分为商品期货、金融期货和其他品种期货。期货合约是标准化的远期合约，比远期合约更规范。

远期合约（Forward Contract）指合约双方承诺以当前约定的条件在未来规定的日期交易商品或金融工具的合约，它规定了明确的交易商品或金融工具类型、价格及交割结算的日期。远期合约是必须履行的协议，其合约条件是为买卖双方量身订制的，合约条款因合约双方需求的不同而不同，通过场外交易达成。远期合约主要有远期利率合约、远期外汇合约、远期股票合约等。

2. 期权与权证

期权（Option），也称选择权，是指在未来一定时期可以买卖某种商品或资产的权利。作为衍生工具，期权是一种标准化合约，合约的持有人向签发人支付一定数额的权利金（Premium）后拥有在未来某一段时间内（美式期权）或未来某一特定日期（欧式期权），以事先约定的执行价格（Strike Price）向签发人购买或出售一定数量的标的物的权利，同时也可以选择放弃执行这种权利。合约的签发人是合约的卖方，获得期权费收入，但在合约的执行日只能被动卖出或买入合约标的物，承受比较大的价格波动风险。期权合约赋予持有人的是履约或不履约的选择权利，而不负有必须履约的义务。期权合约的持有人是合约的购买者，拥有的权利可能是**买权**（Call Option），称为看涨期权；也可能是拥有**卖权**（Put Option），称为看跌期权。**双重期权**（Dual Option）是指期权买方在一定时期内有权选择以预先确定的价格买进，也有权选择以该价格卖出约定数量标的物的期权合约。期权一般在有组织的交易所或银行柜台交易。

权证（Warrant）是由上市公司发行，赋予持有人能够按照特定的价格在特定的时间内购买或出售一定数量该上市公司普通股票的选择权凭证。它赋予持有人的是一种权利而不是义务。上市公司常常把权证作为新股配售的一部分，用权证来吸引投资者认购新股。如果权证标的股票的价值能随时间增加，那么权证也能增强股东的信心。权证按照持有人的买卖权利分为**认购权证**（Call Warrant）和**认沽权证**（Put Warrant）。权证持有人拥有在特定的时间内以特定的价格从发行人处购买一定数量标的证券的权证为认购权证，也称看涨权证；相反，权证持有人拥有在特定的时间内以特定的价格向发行人出售一定数量标的证券的权证为认沽权证，或称看跌权证。权证按行权时间分为**美式权证**（American Style Warrant）、**欧式权证**（European Style Warrant）和**百慕大式权证**（Bermuda Style Warrant）。美式权证持有人在权证到期日以前的任何时间内均可对权证进行行权；欧式权证持有人只有在权证到期日当天才可对权证进行行权；百慕大式权证的行权时间介于二者之间，一般是到期前的某几天可以行权。

3. 互换

互换（Swaps）是交易双方通过签订合约形式在规定的时间调换货币或利率，或者货币与利率同时交换，达到规避管制、降低融资成本的目的。互换交易，主要指对相同货币的债务和不同货币的债务通过金融中介进行调换的行为。互换交易是 20 世纪 80 年代初出现的重要的金融创新业务。目前，互换交易已经从量增向质增的方面发展，比如，出现了互换同业交易市场。在这个市场上，互换交易的一方当事人提出一定的互换条件，另一方就能立即以相应的条件承接下来。利用互换交易，融资者就可依据不同时期的不同利率，以及外汇或资本市场的限制动向等进行交易，筹措到理想的资金。互换最初只在融资领域进行，后来拓展到商品互换、股权互换、信用互换、天气互换、互换期权等。

（三）衍生工具的特征与功能

1. 衍生工具的特征

衍生工具一般具有以下四个基本特征：

（1）跨期或掉期交易。衍生工具是为规避或防范未来价格、利率、汇率等变化风险而创设的合约，合约标的物的实际交割、交收或清算都是在未来约定的时间进行，因此，衍生工具所载明标的物的交易是跨期交易。跨期交易也称为掉期交易，可以是即期与远期的跨期，也可以是远期与远期的跨期。

（2）杠杆效应。衍生金融工具具有以小博大的能量，借助合约标的物市场价值 5%~10%的**保证金**（Margin），或者支付一定比例的**权益费**（Premium），而获得一定数量合约标的物在未来时间交易的权利。无论是保证金还是权益费，与合约标的物价值相比都是很小的数目，衍生工具交易相当于以 0.5~1 折买到商品或金融资产，具有 10~20 倍的交易放大效应。

（3）高风险性。衍生工具价格变化具有显著的不确定性，由此给衍生工具的交易者带来的风险是很高的。无论是买方和卖方，都要承受未来价格、利率、汇率等波动造成的风险。由于杠杆效应的存在，衍生工具的价格变化有可能给交易的一方造成重大损失，而另一方获得收益。通常情况下，期货、期权交易的风险要比互换交易大，复杂衍生工具的风险比一般衍生工具的风险大。

（4）合约存续的短期性。衍生工具的合约都有期限，从签署生效到失效的这段时间为存续期。

与股票、有价证券的期限不同，衍生工具的存续期限都是短期性的，一般不超过1年，因为预测未来是很困难的事情，预测长期更难。大部分衍生工具合约期限按照月份周期来设定，或者按照季度周期来设定。场外交易的衍生工具期限则可由交易双方的协商确定。

2. 衍生工具的功能

（1）套期保值。套期保值是衍生工具为交易者提供的最主要功能，也是衍生工具产生的原动力。最早出现的远期合约，就是为适应农产品的交易双方出于规避未来价格波动风险的需要而创设的。现货供应商和采购商通过远期合约将未来的价格事先确定下来，这一合约对交易的货物发挥了套期保值的功能。其他衍生工具也是通过事先约定价格实现标的物保值之目的。

（2）价格发现。预测未来往往是一件比较困难的事情，尤其是对千变万化的市场价格进行预测。但是，衍生工具具有预测价格的功能。衍生工具交易价格是对合约标的物未来价格的事先确定，如果市场竞争是充分的和有效的，衍生工具价格就是对标的物未来价格的事先发现。现货市场价格发现只是一个即时的价格，而衍生工具交易所发现的价格是未来的价格，由于大部分衍生工具交易集中在有组织的交易所内进行，市场参与主体比较多，通过竞价方式形成市场价格，能够相对准确地反映交易者对标的物未来价格的预期。

（3）投机套利。只要商品或资产存在价格的波动就有投机与套利的空间。衍生工具交易采用现金清算，而不强制实行实物交割，这就使衍生工具成了事实上的一类投资品。衍生工具将大宗商品细化为标准化的可交易合约，使交易双方买卖更加便利。衍生工具都是跨期交易，存在一个期限，相同期限的不同衍生工具、同一衍生工具的不同期限之间往往存在套利的可能。单向交易衍生工具者往往是市场的投机者，投机者目的就是获得价差收益（资本利得），预测价格上涨时做多，价格下跌时做空。

二、衍生工具的产生

（一）商品期货的产生

19世纪上半叶，随着铁路、水运、仓储、贸易的发展，农业发达的美国五大湖流域逐步形成了以芝加哥为中心的重要粮食集散地。由于农产品生产受气候等因素影响比较大，商人和农民经常会遇到价格风险，丰收年会出现粮价过低，歉收年又出现价格飞涨。为改变这种状况，有人设计了远期合约，事先将交易农产品的价格、数量、交割方式约定下来。1848年，82位商人发起组建了芝加哥谷物交易所，交易商品除了粮食以外，还有猪肉、牛肉、盐、酒、皮革、煤炭、木材、石头和砖等。不久，粮食远期合约交易成为最大的交易品种。远期合约也逐步规范化、标准化，并在有组织的交易所内挂牌交易，演变为期货合约，芝加哥谷物交易所也发展为芝加哥期货交易所（CBOT）。目前，世界主要的商品期货品种有粮食、咖啡和可可等农产品，煤炭、石油等能源产品，铜、铝等有色金属产品，以及建筑材料等。

（二）金融期货的出现

1971年布雷顿森林体系崩溃，美元大幅度贬值，第一次石油危机出现，全球经济逐步陷入“滞胀”，汇率体系进入浮动汇率时代；金融自由化浪潮推动各国放松管制，利率市场化改革不断在新兴工业国家推进。正是通货膨胀、汇率和利率波动的风险，促使人们通过金融创新来规避风险。1972年5月，美国芝加哥商业交易所（CME）率先创办了国际货币市场（International Money Market，IMM），推出了英镑、加拿大元、联邦德国马克、日元、瑞士法郎、法国法郎、墨西哥比索7种货币期货合约。同年12月，著名经济学家、美国货币学派的代表人物米尔顿·弗里德曼

（Milton Friedman）发表了论文《货币需要期货市场》，为货币期货的发展奠定了理论基础。1975 年芝加哥期货交易所陆续推出了联邦抵押协会存单和财政部短期债券（T-Bills）期货，标志着利率期货诞生。1982 年，美国堪萨斯农产品交易所（KCBT）率先推出股票指数期货，并将欧洲美元期货采用现金交割方式加以推广。现金交割消除了期货发展中的羁绊，打开了期货发展的空间。

（三）其他衍生工具的产生与发展

在实践需要和理论发展的推动下，金融衍生工具不断推陈出新。1973 年 4 月，芝加哥期权交易所（CBOE）成立，正式推出了股票期权合约交易，标志着金融期权的诞生。1981 年，美国所罗门兄弟公司为美国商用机器公司（IBM）和世界银行进行了美元和联邦德国马克、瑞士法郎之间的互换设计并成功交易。此后不久，利率互换交易也出现了。20 世纪 80 年代是衍生工具创新发展最快的阶段，1981 年出现了欧洲美元期货、长期政府债券期货；1983 年出现利率上限和下限期权，货币期货期权、股票指数期货期权；1985 年出现欧洲美元期权、互换期权、美元及市政债券期货；1987 年出现商品互换、长期债券期货和期权、复合期权；1989 年出现 3 个月期欧洲马克期货、上限期权、欧洲货币单位期货、利率互换期货等；20 世纪 90 年代以后，主要出现了股票指数互换、证券组合互换和特种互换等衍生工具。

（四）中国衍生工具的发展

中国商品类衍生工具出现在 20 世纪 90 年代初。1990 年郑州粮食批发市场成立，逐步试行远期交易，1993 年推出小麦等粮食期货合约交易。1992—1995 年，上海、大连等期货交易所推出了金属、石油、农资、粮油、建材、化工等期货品种。1995—1999 年国内商品期货品种随着治理整顿而减少。进入 21 世纪以后，国内期货市场平稳发展，又先后推出燃料油、天然橡胶、线型低密度聚乙烯、黄金等期货合约品种。

金融期货试点方面，1992 年开始试点国债期货，在上海、深圳证券交易所，武汉证券交易中心，广东联合交易所等挂牌交易。1995 年“327 国债期货事件”后，国债期货于当年 5 月暂停交易。1993 年 3 月，海南证券交易报价中心在全国首次推出股票指数期货，可交易品种包括深圳综合指数和深圳综合 A 股指数各 4 个到期月份的期货合约。1993 年 9 月，证监会下发通知，券商未经批准不得开办指数期货交易业务。海南证券交易报价中心的前述期货业务在同年 10 月停止交易。2006 年 9 月 8 日，中国金融期货交易所（简称中金所）在上海成立，2010 年 4 月正式推出沪深 300 指数期货；2013 年 9 月，5 年期国债期货合约在中金所挂牌上市；2015 年 2 月，上证 50ETF 期权在上海证券交易所正式上市。2015 年 4 月，上证 50、中证 500 股指期货在中金所上市。2016 年 12 月，证监会批准郑州商品交易所推出白糖期权，大连商品交易所推出豆粕期权。之后，商品期权陆续上市，如上海期货交易所推出铜、橡胶期权等，上海国际能源交易中心推出天然气期权等。

三、衍生工具的分类

同一种衍生工具按照不同的分类标准可以归入不同的集合。一般来讲，衍生工具可以有以下几种分类法。

（一）按照衍生工具的法律形式划分

衍生工具的本质是合约，依据相关的法律和法规创设。按照衍生工具的法律形式可以将其划分为契约型衍生工具和证券型衍生工具。

契约型衍生工具是以标准的合约方式存在，交易双方约定了合约标的物的执行价格、交割方式、交割时间与地点等，远期、期货、期权、互换等都属于此类。

证券型衍生工具是以证券的形式存在，如权证、以抵押贷款为基础发行的证券（ABS）等。从形式上看，这些衍生工具是标准的有价证券，但同时它们也都隐含着一定的权利。

（二）按合约基础工具划分

衍生工具合约标的物（原生工具或者基础工具）多种多样，有商品、金融工具、虚拟工具，甚至是衍生工具，按照原生工具种类可以将衍生工具划分为商品类衍生工具、金融类衍生工具以及其他衍生工具。

1. 商品类衍生工具

商品类衍生工具一般将农产品、能源产品、有色金属产品、建筑材料产品等作为标的物，期货、期权、互换所占比重大。

2. 金融类衍生工具

金融类衍生工具的合约标的物是金融工具或股票价格指数，可以细分为股权式衍生工具、货币衍生工具、利率衍生工具。股权式衍生工具是指以股票或股票指数为基本工具的衍生金融工具，如权证、股票期货与期权、股票指数期货与期权等。货币衍生工具是以各种货币为基础工具的金融衍生工具，主要包括远期外汇合约、货币期权、货币期货、货币互换等。利率衍生工具是以利率或利率载体为基础工具，包括远期利率协议、利率期货、利率期权、利率互换等。

3. 其他衍生工具

其他衍生工具的合约标的物既不是商品，也不是金融工具，更不是衍生工具，而是一些特殊的事物，如天气、空气污染物、工业排污权、节能指标等。这些标的物可以被合约化、标准化，以衍生工具的形式进行交易。

（三）按风险-收益的对称性划分

衍生工具从签发生效到期末失效期间带给不同交易主体的风险和收益结果是不同的，按照风险和收益是否对称可以将衍生工具划分为风险-收益对称型衍生工具和风险-收益不对称型衍生工具。

1. 风险-收益对称型衍生工具

风险-收益对称型衍生工具交易是“零和游戏”，不考虑交易手续费成本，交易双方一方的收益等于另一方的损失。远期、期货、互换等属于此类衍生工具。

2. 风险-收益不对称型衍生工具

风险-收益不对称型衍生工具交易带给合约双方的收益和损失不对称。期权、权证类工具等属于此类衍生工具。期权的签发人一般要承受比较大的风险，而持有人只承受损失期权费的风险。

（四）按照衍生工具是否赋予持有人选择权划分

1. 期货型衍生工具

期货型衍生工具对于持有人而言没有履约与不履约的选择权，无论是买方还是卖方，都需要在合约到期前对冲平仓、现金结算，或者交割履约。

2. 期权型衍生工具

期权型衍生工具对于持有人来说是有执行或放弃的选择权利。期权型衍生工具对于签发人来说是没有选择权的，只能被动接受。持有人则依据标的物价格是否对自己有利而做出执行或放弃期权的选择。

知识链接10-1

衍生工具风险素描

1. 巴林银行（Barings Bank）倒闭案

1995 年因新加坡分行交易员尼克·里森（Nick Leeson）隐瞒交易日经指数期货多头仓位造成 8.5 亿英镑（约 14 亿美元）的损失，导致这家具有 233 年历史的英国银行被荷兰国际集团以 1 英镑的象征价格收购。

2. 法国兴业银行（Societe Generale）亏损案

2008 年 1 月，法国兴业银行交易员热罗姆·盖维耶尔（Jerome Kerviel）在未经授权的情况下大量购买欧洲股指期货，最终给银行造成 49 亿欧元（约合 71.4 亿美元）的损失。

3. 美国三大投资银行危机案

2008 年 3—9 月，因为次贷危机的影响，持有大量次级按揭债券的美国前五大投资银行中的三、四、五名先后出现巨亏。拥有 85 年历史的第五大投资银行贝尔斯登（Bear Stearns Co.）被摩根大通公司收购，拥有 94 年历史的第三大投资银行美林公司（Merrill Lynch & Co.）被美国银行收购，拥有 158 年历史的第四大投资银行雷曼兄弟（Lehman Brothers Holdings Inc.）破产清算。

第二节　衍生工具市场与交易

一、远期合约、期货交易与期货市场

（一）远期合约

远期合约交易对象除了农产品外，还有货币，本节主要介绍远期外汇交易和利率远期交易品种当中的远期利率协议。

1. 远期外汇交易

远期外汇交易（Forward Exchange Transaction）又称期汇交易，是指交易双方在成交后并不立即办理交割，而是约定币种、金额、汇率、交割时间等交易条件，到期进行实际交割的外汇交易。远期外汇交易规模较大，交易的目的主要是保值，避免汇率波动的风险，外汇银行与客户签订的合同须经外汇经纪人担保。此外，客户还应缴存一定数量的押金或抵押品。当汇率变化不大时，银行可把押金或抵押品抵补客户应负担的损失。当汇率变化使客户的损失超过押金或抵押品时，银行就应通知客户加存押金或抵押品，否则合同无效。客户所存的押金，银行视其为存款予以计息。

小贴士10-1

如何规避国际贸易中收付款提前或延迟面临的汇率风险

日本出口商向美国进口商出口价值 10 万美元的商品，共花成本 1 200 万日元，约定 3 个月后付款。

双方签订买卖合同时的汇率为 USD 1=JPY 130。按此汇率，出口该批商品可换 1 300 万日元，扣除成本，出口商可获得 100 万日元利润。但 3 个月后，若美元汇价跌至 USD 1=JPY 120 以下，则出口商利润消失。因此日本出口商在订立买卖合同时，就按 USD 1=JPY 130 的汇率，将 3 个月的 10 万美元期汇卖出，即把双方约定远期交割的 10 万美元外汇售给日本的银行，届时就可收取 1 300 万日元的货款，从而避免了汇率变动的风险。

远期外汇持有额就是外汇头寸（Foreign Exchange Position）。进出口商为避免外汇风险而进行期汇交易，实质上是把汇率变动的风险转嫁给外汇银行。外汇银行持有的外汇头寸就处于汇率变动的风险之中。为此，外汇银行就设法把它的外汇头寸予以平衡，对不同期限不同货币头寸的余缺进行抛售或补进，从而求得期汇头寸的平衡。具体买卖时还需要考虑现汇汇率的变动，以及现汇汇率与远期汇率差额的大小。

远期外汇交易市场还是国际套利交易的平台。在没有外汇管制的情况下，如果一国的利率低于他国，该国的资金就会流出以谋求高利息。假设在汇率不变的情况下纽约市场国债利率为 5.8%，伦敦市场国债利率为 4.2%，存在套利空间。英国的投机者就会用英镑购买美元，然后购买美国国债，期满后，将美元本利兑换成英镑汇回国内，获得 1.6%的利差。但如果到期后，美元汇率下跌，投机者就得花更多的美元去换回英镑，也存在不能换回原始英镑数量而损失的可能。为此，投机者可以在买进美元现汇的同时，卖出 3 个月的美元期汇，这样，只要美元远期汇率贴水不超过两地的利差（1.6%）就有利可图。

2. 远期利率协议

远期利率协议（Forward Rate Agreement，FRA）是一种远期合约，合约的买卖双方约定将未来某一时间点作为利息起算日，约定某期限的协议利率、市场参照利率和计息名义本金数额，在利息起算日，双方按规定的协议利率、期限和名义本金额，由一方向另一方支付协议利率与参照利率之间的利息差额的贴现值。

假定采用 R_s 表示协议利率，R_m 表示参照利率，t 为计息天数，P 为协议规定计算利差的名义本金额，A 表示利差。远期利率协议交易双方结算时采用的利差计算公式为：

$$A=\frac{P\times(R_m-R_s)\times\frac{t}{360}}{1+R_m\times\frac{t}{360}} \tag{10-1}$$

远期利率协议的价格是指从利息起算日开始的一定期限的协议利率，远期利率的报价方式和货币市场拆借利率报价方式类似，但远期利率协议的报价多了合约指定的协议利率期限。报价一般由银行来决定（见表 10-1），具体 FRA 行情可通过路透终端机的显示屏幕看到。

表 10-1 美元远期利率协议报价（某年 8 月 29 日）

期限	FRA
1×7	6.06‰~6.12‰
2×5	5.85‰~5.94‰
3×12	7.23‰~7.47‰

表 10-1 报价为某年 8 月 29 日的美元远期利率行情，第一列中的“1×7”读作“1 个月对 7 个月”，英语表述为“one against seven”，表示从交易日 8 月 29 日开始后 1 个月为起息日（即 9 月 29 日），交易日后 7 个月为计息到期日（次年 3 月 29 日），也就是说，该协议利率的期限为 6 个月。以此类推，2×5 表示 2 个月后起息，协议利率期限为 3 个月。以 3×12 期限为例，它们之间的时间关系如图 10-1 所示。第二列为不同期限对应的利率报价，前一个数字为银行买入协议利率，后一个数字为银行卖出协议利率。“7. 23‰~7. 47‰”为报价方报出的 FRA 买卖价：前者是报价银行的买价，若与询价方成交，则意味着报价银行（买方）在结算日支付 7. 23‰的利率给询价方（卖方），并从询价方处收取参照利率。后者是报价银行的卖价，若与询价方成交，则意味着报价银行（卖方）在结算日从询价方（买方）处收取 7. 47‰的利率，并支付参照利率给询价方。

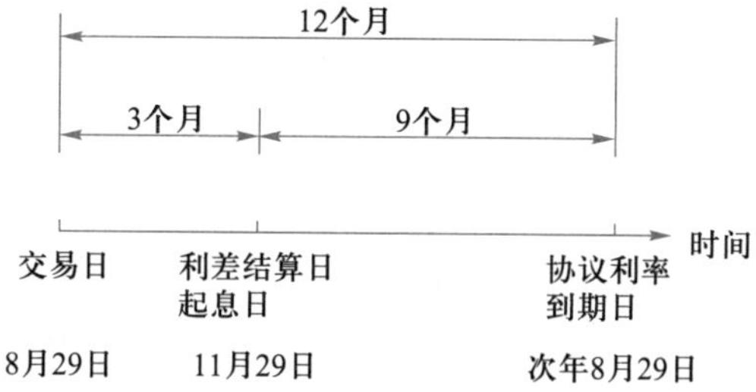

图 10-1　远期利率协议报价中的期限结构

案例10-1

利用远期利率协议防范利率风险

某借款人计划 2 个月后向花旗银行借一笔 100 万美元的 6 个月期的贷款，市场利率处于上升的趋势。为了规避 2 个月后利率可能上升造成的借款成本上涨风险，他决定向银行买入一份 2 个月计息的期限为 6 个月的远期利率协议，该协议名义本金为 100 万美元，协议利率为 5%，参照利率为 6 个月期的 LIBOR。2 个月后，6 个月期的 LIBOR 上升到 5. 5%，借款人与银行结算远期利率协议，银行要向借款人支付利差：

$$A=\frac{1\ 000\ 000\times(5.5\%-5\%)\times\frac{6}{12}}{1+5.5\%\times\frac{6}{12}}=2\ 433.09$$

=2 433. 09（美元）。借款人的借贷成本上升了 0. 5%，但远期利率协议获利 2 433. 09 美元，正好抵消掉利率上升增加的成本。如果市场利率没有上升，反而下降到 4. 5%，在远期利率协议结算日，借款人需要向银行支付 2 444. 99 美元。计算过程为：

$$A=\frac{1\ 000\ 000\times(4.5\%-5\%)\times\frac{6}{12}}{1+4.5\%\times\frac{6}{12}}=-2\ 444.99$$

=-2 444. 99（美元）对于借款人而言，尽管支付 2 444. 99 美元，但实际借贷利率下降了 0. 5%，他的借款成本仍然是 5%。

（二）期货交易

期货交易（Futures Trading）是在现货交易和远期合约交易的基础上发展起来的，是交易双方通过在期货交易所买卖标准化的期货合约而进行的一种有组织的交易。期货市场交易主体大部分是公司、机构，买卖期货合约的目的是规避现货价格波动的风险，他们属于套期保值者；而个人参与者、投资基金等一般是为了博取价格波动的差额，属于市场投机者。无论是套期保值者，还是投机者，很少有人愿意参与商品的最终实物交割，在合约到期前都以对冲的形式了结，结算差价。对冲是指买进期货合约的人，在合约到期前会将合约卖掉；而卖出期货合约的人，在合约到期前会买进合约来平仓。

1. 期货交易的特点

首先，期货交易是一种双向交易，市场的参与者在交易过程中既可以先买入后卖出，也可以先卖出再买入，双向交易都可以获利。只要价格有波动，涨跌都有交易获利的空间。在期货交易中实行的是 T+0 的交易制度，即买入的合约可以在当日平仓，交易者可以在当日利润大的时候先落袋为安，也可在短线风险大的时候及时撤出。其次，期货交易一般需要缴纳交易保证金，交易保证金占合约价值的比重通常在 5%~20%，交易杠杆比率为 5~20 倍，“以小博大”的特征非常明显。最后，期货交易实施每日无负债结算制度，对交易者持有的未平仓合约，结算所会以每日的结算价（合约的当日均价或收盘价）计算客户的持仓合约盈亏和权益状况，当客户权益低于最低保证金水平时，期货经纪公司会向客户下达追加保证金通知，如果客户在规定的时间（一般为下一交易日开盘前）未能将保证金存入账户，经纪公司有权将客户持有的合约部分或全部强制平仓，以控制风险。

2. 期货合约规格与期货报价

期货合约规格是指对交易品种的质量、数量、最小单位、合约月份、交易时间、交易结算日、交割方式、保证金等内容做出的详细规定。下面以上海期货交易所黄金期货为例说明合约的规格。表 10-2 是上海期货交易所黄金期货合约规格。

表 10-2 上海期货交易所黄金期货标准合约

交易品种	黄金
交易单位	1 000 克/手
报价单位	元（人民币）/克
最小变动价位	0.01 元/克
每日价格最大波动限制	不超过上一交易日结算价±5%
合约交割月份	1—12 月
交易时间	上午 9：00—11：30 下午 1：30—3：00
最后交易日	合约交割月份的 15 日（遇法定假日顺延）
交割日期	最后交易日后连续 5 个工作日
交割品级	金含量不小于 99.95%的国产金锭及经交易所认可的伦敦金银市场协会（LBMA）认定的合格供货商或精炼厂生产的标准金锭
交割地点	交易所指定交割金库
最低交易保证金	合约价值的 7%
交易手续费	不高于成交金额的万分之二（含风险准备金）
交割方式	实物交割
交易代码	AU
上市交易所	上海期货交易所

资料来源：上海期货交易所网站。

期货合约报价方式与外汇报价基本相同，分为买入价和卖出价。交易过程还会产生一个结算价，一般为当日成交合约的加权平均价，或者直接采用收盘价作为结算价。表 10-3 是上海期货交易所黄金期货合约报价统计。从成交量和持仓量看，2021 年 12 月合约是主流品种，超过 12 月的品种因时间比较远，价格难以预测，所以参与的人比较少。

表 10-3　上海期货交易所黄金期货合约报价统计（周）

2021 年 5 月 28 日

交割月份	周开盘价	最高价	最低价	周收盘价	涨跌	持仓量	持仓变化	周末结算价	成交量	成交金额
au2106	393.52	394.88	387.82	388.32	-2.08	8 850	-37 001	389.64	462 668	18 095 941.95
au2108	393.16	395.92	388.62	389.32	-1.20	62 176	7 769	390.80	206 632	8 101 838.72
au2110	393.88	396.82	389.42	390.32	-1.36	41 505	4 095	391.64	79 643	3 129 529.19
au2112	395.22	397.78	390.26	391.38	-0.98	137 711	29 436	392.68	492 293	19 384 808.37

资料来源：上海期货交易所网站。

注：报价单位为元/克；成交量、持仓量、持仓变化单位为手，单边计算；成交金额单位为万元，单边计算。

更多数据请扫描封底增值服务码→数据库。

3. 期货交易的过程

第一，客户或交易者在一家经纪公司开户。在经纪公司，客户需要签署风险揭示声明书、交易账户协议书、授权经纪公司代为买卖合同及缴付手续费的授权书，交存初始保证金。经纪公司获得授权，保证金到账后，就可根据合同的条款，按照客户的指令进行期货交易。

第二，在传统人工交易模式下，客户交易要在经纪人的建议下进行，当经纪人接到客户的订单后，立即用电话或其他方法迅速通知经纪公司交易下单员。下单员将收到的订单打上时间图章，传递给本公司派到交易所场内的出市代表，场内出市代表将客户的指令输入计算机进行交易。在大部分交易所依托现代电子交易系统的背景下，交易下单员环节已经被客户交易终端指令输入系统所取代。

第三，交易指令成交以后，场内出市代表须将交易记录通知场外经纪人，并由经纪人通知客户。在电子交易系统中，成交后的信息直接反馈到交易客户的终端上。

第四，在每天或每周按当天交易所结算价格结算一次。如账面出现亏损，客户需要暂时补交亏损差额；如有账面盈余，即由经纪公司补交盈利差额给客户。直到客户平仓时，再结算实际盈亏额。

第五，当客户要求将期货合约平仓时，由经纪公司将该笔期货合约进行对冲，同时通过交易计算机进行清算，并将对冲后的盈利或亏损信息传达给客户。

（三）期货市场

1. 国际期货市场

世界主要金融期货市场集中在北美、欧洲和亚太地区。北美地区代表性的交易所有美国的芝加哥商业交易所、纽约商品交易所，加拿大的多伦多期货交易所和蒙特利尔交易所。欧洲地区的交易所有英国的伦敦国际金融期货期权交易所、法国国际期货交易所、德国期货交易所、瑞士期权与金融期货交易所等。亚太地区主要有东京国际金融期货交易所、新加坡国际金融交易所、香港交易所、澳大利亚悉尼期货交易所、新西兰期货交易所等。

芝加哥商业交易所集团（CME Group）是 2007 年 7 月 12 日由原芝加哥期货交易所和芝加哥商

业交易所合并而成的，是全球第一大期货与期权交易所。合并前的两个交易所在国际期货市场上占有比较大的份额，是世界上历史最悠久的期货市场，拥有强大的实力。芝加哥期货交易所成立于1848年，芝加哥商业交易所成立于1898年。合并后的芝加哥商业交易所集团市场交易品种包括农产品、建材、货币、利率、股票指数、天气等商品与金融期货、期权，是目前衍生工具门类最齐全的交易所，另外还有农产品的现货交易。

纽约商品交易所（NYMEX）地处纽约曼哈顿金融中心，于1994年由原纽约商业交易所与商品交易所合并而成，主要交易能源和稀有金属两大类期货商品，能源产品交易量占绝对比重。交易以期货为主，期权为辅。期货交易分为纽约商业交易所和商品交易所两大分部。纽约商业交易所负责能源、铂及钯的交易，通过公开竞价来进行交易的期货和期权合约有原油、汽油、燃油、天然气、电力、煤、丙烷、钯的期货合约。纽约商品交易所负责金、银、铜、铝的期货和期权合约。纽约商品交易所为全球最大的黄金期货交易市场，它的黄金交易往往可以主导全球金价的走向，品种以期货及期权为主。每个交易日，在交易场地关闭的18个小时里，纽约商业交易所分部和商品交易所分部的能源和金属合约可以通过建立在互联网上的NYMEX ACCESS电子交易系统来进行交易。2008年3月17日，芝加哥商业交易所集团与纽约商品交易所达成协议，芝加哥商业交易所集团以股票加现金的方式实现对后者的收购，涉及资金约94亿美元。

伦敦国际金融期货期权交易所是世界第三大期货与期权交易所，成立于1982年。20世纪90年代，它先后合并了伦敦期权交易市场（1992年），收购了伦敦商品交易所（1996年）。伦敦国际金融期货期权交易所位于伦敦金融区皇家交易所建筑物内，与英格兰银行相毗邻。经营品种主要以本地金融期货为主，如长期政府债券、英镑利率期货等。2010年以来，伦敦国际金融期货期权交易所逐步和美国、日本等市场建立了联系，开设了美国财政部债券和日本政府债券等业务。

2. 国内期货市场

1990年10月，经国务院批准，郑州商品交易所以现货市场为基础，引入了远期交易机制，作为中国第一个商品交易市场正式开业。1993年5月28日，郑州商品交易所开始推出标准化期货合约，形成场内交易市场。1991年6月10日，深圳有色金属交易所成立。之后，全国各地掀起了期货热，纷纷设立交易所，到1993年年底，长春、沈阳、大连、北京、天津、苏州、上海、成都、重庆、广州、海口等城市都设立了商品交易所，数量超过40家。1995年，证监会对期货市场进行了整顿，将40多家撤并为15家，很快又将长春商品交易所并入大连商品交易所，保留了14家交易所。又经过3年多时间的试点运行，1998年，证监会将14家期货交易所合并调整为3家，即大连商品交易所、郑州商品交易所和上海期货交易所。

中国金融期货交易所是经国务院同意，证监会批准，由上海期货交易所、郑州商品交易所、大连商品交易所、上海证券交易所和深圳证券交易所共同发起设立的金融期货交易所。中国金融期货交易所于2006年9月8日在上海成立，注册资本为5亿元人民币。中国金融期货交易所的成立，对于深化金融市场改革，完善金融市场体系，发挥金融市场功能，具有重要的战略意义。2021年1月，经国务院同意，证监会正式批准设立广州期货交易所，这是中国第五家期货交易所。广州期货交易所立足服务实体经济、服务绿色发展，秉持创新型、市场化、国际化的发展定位，对完善我国资本市场体系，助力粤港澳大湾区和国家“一带一路”建设，服务经济高质量发展具有重要意义。

知识链接10-2

CME 和 CBOT 宣布合并成全球最大衍生品交易所

2006 年 10 月 17 日，美国芝加哥商业交易所（CME）和芝加哥期货交易所（CBOT）宣布已经就合并事宜达成最终协议，两家交易所将合并成全球最大的衍生品交易所。按照协议条款，CBOT 的股票持有者每股将获得 0.300 6 股 CME 的 A 级普通股票，或者与之等额的现金。合并后的公司被称为 CME 公司，总部将设在芝加哥。合并后公司的资产总额据估计将达到 250 亿美元，CME 的占其中的 180 亿美元，CBOT 约占其中的 70 亿美元。原 CME 主席 A. Duffy 将成为合并后公司的主席，原 CBOT 主席 Charles P. Carey 被任命为副主席，原 CME 首席执行官 Craig S. Donohue 成为合并后交易所的首席执行官，原 CBOT 的首席执行官 Bernard W. Dan 被委派负责监管 CBOT 的业务直到合并完成。合并后公司的董事会将由 29 名董事组成，CME 委派其中的 20 名，CBOT 委派其中的 9 名。

资料来源：第一财经日报，2006-10-18。

二、期权交易与期权市场

（一）期权交易

期权交易是从期货交易中发展来的，也是出于规避价格、利率、汇率等风险的需要而开发设计的衍生工具，比期货更灵活、方便。

1. 期权交易的要素

期权交易过程要涉及买卖双方、价格、行权规定等要素。期权的买方（Taker）是指购买期权的一方，拥有期权载明的权利；卖方（Grantor）是指出售权利的一方，或者是期权的签发人；价格称为期权费或权价，是指买方向卖方支付的费用，相当于保险费；合约价格或执行价格是交易双方约定的未来执行期权时合约标的物的价格；通知日（Declaration Date）指期权买方要求执行合约时必须在预先确定的交割日前通知卖方的某一天，也称“声明日”；到期日（Expiration Date），是指预先确定的合约执行日，它是期权合同有效期的终点。

2. 期权合约

期权合约按照标的物不同，有商品期权，如石油期权、天然气期权等；有金融期权，如外汇期权、利率期权、股票期权等。这里以外汇期权合约为例，说明期权合约的规格和报价。

（1）期权合约的规格。外汇期权合约一般规定交易外汇的协议价格、到期月份、到期日、合约单位、卖方保证金、期权费等。协议价格是未来双方买卖外汇的交割价，国际市场上日元以外的货币采用百分之一美元标示，日元则采用万分之一美元标示。到期月份多为 3 月、6 月、9 月、12 月，也有按月交割的期权合约。合约单位是一份合约规定的交易外汇数量。

（2）期权报价。期权交易报价涉及两个性质的价格：一是合约标的物的执行价格，另一个是期权费。期权费又分为看涨期权费和看跌期权费。在期权报价盘上，经常能看到期权费对应报价为 r 和 s，r 表示没有交易，s 表示没有该品种期权，如表 10-4 所示。

表 10-4 美国芝加哥商业交易所（CME）的外汇期权报价

外币及合约规模 (Underlying)	执行价格 (Strike Price)	看涨（Call-last）			看跌（Put-last）		
		Jul	Aug	Sep	Jul	Aug	Sep
CAD（加元）100 000	Canadian	Dollars-cents per unit					
81.04（现汇）	79	r	r	r	r	0.11	0.24
81.04（现汇）	81	0.27	0.63	0.86	0.26	0.62	0.85
81.04（现汇）	83	r	0.08	0.19	1.99	r	2.18
GBP（英镑）62 500	British	Pounds-cents per unit					
138.54（现汇）	137	1.19	1.72	r	0.12	0.65	1.01
138.54（现汇）	139	0.13	0.66	1.03	1.06	r	r
138.54（现汇）	141	r	0.19	r	2.93	r	r
EUR（欧元）125 000	European	Dollars-cents per unit					
118.89（现汇）	117	r	0.019	r	0.00015	0.003	0.004
118.89（现汇）	119	0.002	0.006	0.009	0.006	0.01	0.013
118.89（现汇）	121	r	0.001	0.003	r	r	r
AUD（澳元）100 000	Australian	Dollars-cents per unit					
75.35（现汇）	73	r	r	r	0.01	0.19	0.39
75.35（现汇）	75	0.34	0.78	1.07	0.31	0.75	1.04
75.35（现汇）	77	r	0.14	0.32	1.98	2.11	r
JPY（日元）12 500 000	Japan	Yen 100ths of a cent per unit					
90.23（现汇）	88	r	r	r	0.005	0.07	0.19
90.23（现汇）	90	0.2	0.54	0.8	0.24	0.58	0.84
90.23（现汇）	92	r	0.07	0.2	r	r	2.24

资料来源：Bloomberg 咨询网站。

注：表中数据为 2021 年 7 月 5 日交易数据。加元汇率为每 100 加元兑换多少美元；英镑汇率为每 100 英镑兑换多少美元；欧元汇率为每 100 欧元兑换多少美元；澳元汇率为每 100 澳元兑换多少美元；日元汇率为 1 美元兑换多少日元。加元、英镑、欧元、澳元、日元等的外汇期权合约规模（每份合约）分别为：100 000 加元、62 500 英镑、125 000 欧元、100 000 澳元、12 500 000 日元。

3. 期权保值交易

以外汇期权为例，外汇期权交易是客户对未来外汇资金进行保值的有效手段。在到期日之前，期权的买方有权利决定是否按照合同约定价格买入或卖出约定数量的外汇。为了获得这一权利，期权的买方需要在交易之初付出一笔费用，如果合同期满期权的买方不行使权利，则权利失效，费用并不退还。

（二）期权市场

从世界范围看，标准化的期权合约交易是在期货交易之后出现的。1973 年芝加哥期权交易所（CBOE）正式成立，进行统一化和标准化的期权合约买卖。之后，芝加哥商业交易所、芝加哥期货交易所、纽约商品交易所等纷纷推出期权交易。1987 年 5 月，伦敦金属交易所正式开办期权交易。20 世纪 90 年代以来，世界范围内的期权交易实现了规范化，交易规模迅速扩大，期权标的物从商品、金融资产、股票价格指数等扩大到天气、衍生工具等，如芝加哥商业交易所的天气期权、期货期权等。期权交易方式也出现多样化趋势，欧式期权、美式期权，场内期权、场外期权、双重期权、循环期权等不断推陈出新。全球期权交易量比较大的交易所有芝加哥商品交易所、纽约商品交易所、阿姆斯特丹交易所、蒙特利尔交易所、伦敦国际金融期货期权交易所和香港联合交易所等。期权交易已成为现代国际金融市场上颇为流行的一种交易方式，是重要的规避风险和投机的工具。

三、互换交易

互换交易主要出现在国际借贷领域，由于债务人的资信等级、风险偏好、融资地域优势存在差异，经常出现融资成本、融资货币种类等与融资者期望背离的情况，于是产生了互换债务货币、债务利率等的需求。

（一）互换交易的功能

1. 保值

互换交易的保值功能体现在应对汇率与利率风险方面。由于国际性企业的资产和负债以多种货币计价，货币互换可使与计价货币相关的汇率风险最小化。在防范利率风险方面，对于一种货币来说，无论是固定利率还是浮动利率债权债务的持有者，都面临着利率变化的风险。利率互换可以实现降低利率风险的目标。

2. 降低融资成本

有些投资者或融资者，由于其信用等级比较低，难以获得低利率成本的融资，通过货币互换和利率互换可以得到比直接融资成本更低的资金，节约了费用。

3. 财务结构调整

互换交易可以使国际性公司的资产与负债货币实现匹配，减少货币暴露，降低汇率波动造成的资产与负债不对称的风险。

4. 规避管制

许多国家都实行外汇管制，在外汇管制比较严格的国家获得贷款、发行债券融资是比较困难的。资金汇出汇入成本比较高。通过货币互换，可以避开部分外汇管制，降低交易成本。

（二）货币互换交易和利率互换交易

1. 货币互换交易

货币互换是指两笔金额相同、期限相同，但货币不同的债务资金之间的调换，同时也进行不同利息额的货币调换。货币互换双方交换的是货币，它们之间各自的债权债务关系并没有改变。

（1）货币互换交易报价。货币互换报价的一般做法是：在期初本金交换时，通常使用即期汇率，而在期末交换本金时，则使用远期汇率。远期汇率是根据利率平价理论，计算出两种货币的利差，用升水或贴水表示，与即期汇率相加减，得出远期汇率。

（2）货币互换交易案例。1981年，美元兑瑞士法郎、联邦德国马克急剧升值，货币之间出现了一定的汇兑差额，所罗门兄弟公司利用外汇市场中的汇差以及世界银行与IBM公司的不同需求，通过协商，撮合双方达成互换协议。当时，世界银行希望筹集固定利率的德国马克和瑞士法郎低利率资金，但无法通过直接发行债券来筹集，只能从市场上筹措到利率优惠的美元借款。IBM公司则需要筹集一笔数额较大的美元资金，但集中于一个资本市场筹集有困难，只能采用在不同市场筹措多种货币的办法解决，包括筹措联邦德国马克和瑞士法郎债务资金。世界银行将它的2.9亿美元的固定利率债务与IBM公司已有的瑞士法郎和德国马克的债务互换，双方各自取得了所需要的货币资金。

2. 利率互换交易

利率互换是指交易双方约定在未来期限内，根据约定数量的同种货币名义本金交换利息额的合约。利率互换通常是在相同货币债务间的调换，货币互换则是不同货币债务间的调换。不过，货币互换当中经常涉及利率互换问题。

在标准化的互换市场上，固定利率往往以一定年限的国库券收益率加上一个利差作为报价。例如，10年期的国库券收益率为6.2%，利差是68个基点（1个基点等于万分之一），那么一个10年期利率互换的价格就是6.88%。如果这是利率互换的卖价，那么按此价格报价人愿意按6.88%收取固定利息，同时支付浮动利率。如果是利率互换的买价，按此价格报价人愿意支付一个固定利率，而不愿意承担浮动利率的风险。利差的大小主要取决于互换市场的供需状况和竞争程度，它是支付浮动利率的交易方用来抵补风险的一种费用。在互换市场上，银行充当了做市商，所有的交易都是在客户与银行之间进行，银行会给出一个支付利率和一个收取利率，差价就是银行的收益。利率互换报价如表10-5所示。

表10-5 利率互换的报价

到期期限	银行支付固定利率	银行收取固定利率	当前国债利率（%）
2	2-yr. T+30点	2-yr. T+38点	7.52
5	5-yr. T+44点	5-yr. T+54点	7.90
10	10-yr. T+60点	10-yr. T+75点	7.99
15	15-yr. T+90点	15-yr. T+98点	6.08

注：表中的“T”是指国债利率；“2-yr. T”代表2年期国债利率；“点”是指基本点，一个基点为0.01%。

第三节 衍生工具的定价

一、远期合约与期货定价

（一）远期合约与期货定价基本分析

在商品市场上，影响远期合约价格与期货价格的因素是一致的，其定价原理也相同。商品价格对供求波动较为敏感。农产品收成会受到天气和自然灾害的影响，商品消费会受到技术进步、生产加工过程以及政治事件的影响。但从理论讲，远期价格主要是受持有成本的影响。计算远期合约价格是用交易时的即期价格加上持有成本。根据商品的情况，持有成本要考虑的因素包括仓储、保险和运输等。

$$远期合约价格=即期或现金价格+持有成本 \tag{10-2}$$

期货合约比起远期合约更具有金融工具的特征，因为期货合约是一个对应未来现货资产交易的临时替代物。期货合约不是真实的资产而是买卖双方之间的协议，双方同意在未来的某个时间进行现货交易，因此该协议开始的时候没有资金的易手。期货合约的卖方要等到未来才能交付对应现货得到现金。因此必须得到补偿来弥补因持有对应现货而放弃马上到手资金的机会成本；相反，期货合约的买方要未来才付出现金交收现货，必须支付使用资金头寸推迟现货支付的费用，因此期货价格必然高于现货价格以反映这些融资或持仓成本，这个融资成本一般用这段时间的无风险利率表示。那么，期货定价的基本模型是：

$$期货价格=现货价格+融资成本（或利息成本） \tag{10-3}$$

远期合约、期货合约的标的资产按照合约存续期间是否产生现金流可以分为无收益资产远期合约、已知现金收益资产的远期合约、支付已知现金收益率资产的远期合约。后两种合约都能产生现金流，称之为标的资产在合约期限内提供的收益，因此远期合约价格要向下调整相当于未来收益的幅度，商品期货、金融期货的情况也类似。因此，远期合约与期货的基本定价模型为：

$$远期合约与期货价格=现货价格+持有成本+融资成本-标的资产在合约期限内的收益 \tag{10-4}$$

原理10-1

资产远期与期货合约的价格是在即期价格的基础上加上持有成本、融资成本，并扣除资产在到期前产生的收益后确定的。

（二）远期合约与期货定价模型

1. 基本假设

远期合约（期货）定价模型不考虑交易费用和税收，且市场参与者能以相同的无风险利率借入和贷出资金；远期合约没有违约风险，允许现货卖空，交易市场为均衡市场，期货合约的保证金账户支付同样的无风险利率。

定价模型的基本变量包括：

T 为远期合约（期货）的到期时间，单位为年。

t 是现在的时间，单位为年。变量 T 和 t 是从合约生效日开始计算的，$T-t$ 代表远期合约（期货）中距离到期日的剩余时间。

$S(t)$ 为远期合约（期货）标的资产在时间 t 时的价格。

$S(T)$ 为远期合约（期货）标的资产在时间 T 时的价格（在 t 时刻这个值是个未知变量）。

K 为远期合约中的交割价格。

$f(t)$ 为远期合约多头在 t 时刻的价值，即 t 时刻的远期合约价值。

$F(t)$ 为 t 时刻的远期合约和期货合约中的理论远期价格和理论期货价格，即远期合约价格和期货价格。

r 为 T 时刻到期的以连续复利计算的 t 时刻的无风险利率，用年利率表示。

2. 无收益资产远期合约与期货的定价

无收益资产远期合约与期货定价模型建立在无套利定价原理的基础之上，即构建两种投资组合，令其终值相等，则其现值一定相等，否则就可进行套利。即卖出现值较高的投资组合，买入现值较低的投资组合，并持有到期末，套利者就可赚取无风险收益。

远期合约到期时，两种组合都等于一单位标的资产，因此现值必须相等。

$$f(t)+Ke^{-r(T-t)}=S(t) \tag{10-5}$$

可以推出：

$$f(t)=S(t)-Ke^{-r(T-t)} \tag{10-6}$$

无收益资产远期合约多头的价值等于标的资产现货价格与交割价格现值的差额。一单位无收益资产远期合约多头可由一单位标的资产多头和 $Ke^{-r(T-t)}$ 单位无风险负债组成，合约价值应该是两者的差价。

原理10-2

无收益资产的现货-远期平价定理：远期合约价格等于其标的资产现货价格的终值，$F(t)=S(t)e^{r(T-t)}$，$F(t)$ 就是使合约价值 $f(t)$ 为零的交割价格 K。

小贴士10-2

原理 10-2 说明了无收益资产的远期价格应该是按照无风险利率折算的现货价格的未来终值。假如市场无风险利率为 5%，一只不分红股票的价格为 10 元，1 年后的该股票价格应该为 10.51 元。如果该股票 1 年远期合约价格高于或低于 10.51 元，就存在套利空间，合约价值就不为零。

3. 已知现金收益资产的远期合约定价

已知现金收益资产是在到期前会产生完全可预测的现金流的资产，如附息债券和支付已知现金红利的股票。这里以付现金收益的资产为例说明远期合约定价。

组合 A：一份远期合约多头加上一笔数额为 $Ke^{-r(T-t)}$ 的现金。

组合 B：一单位标的证券加上利率为无风险利率、期限为从现在到现金收益派发日、本金为未来现金收益现值 I 的负债。

远期合约到期时，两种组合都等于一单位标的资产，因此，二者在 t 时刻的价值应该相等。

$$f(t)+Ke^{-r(T-t)}=S(t)-I \tag{10-7}$$

可以推出：

$$f(t)=S(t)-I-Ke^{-r(T-t)} \tag{10-8}$$

支付已知现金收益资产的远期合约多头价值等于标的证券现货价格扣除现金收益现值后的余额与交割价格现值之差。

一单位支付已知现金收益资产的远期合约多头可由一单位标的资产和 $I+Ke^{-r(T-t)}$ 单位无风险负

债构成。

由于使用的 I 是现值，所以支付一次和多次现金收益的处理方法相同。

原理10-3

支付已知现金收益资产的现货-远期平价定理：支付已知现金收益资产的远期合约价格等于标的证券现货价格与已知现金收益现值差额的终值，$F(t)=[S(t)-I]e^{r(T-t)}$，即令合约价值 $f(t)=0$ 的交割价格 K。

4. 支付已知现金收益率资产的远期合约定价

支付已知现金收益率资产是指在到期前将产生与该资产现货价格成一定比率收益的资产。定价模型中无风险利率的选择不能采用统一的标准，应区别对待。比如，货币期货合约则应选择货币发行国的无风险利率；股指期货合约应该选择市场所在地同期限的无风险利率，且市场整体水平的股利率可以预测。

支付已知收益率资产的远期合约价值，同样采用两种组合。

组合 A：一份远期合约多头加上一笔数额为 $Ke^{-r(T-t)}$ 的现金。

组合 B：$e^{-q(T-t)}$ 单位证券并且所有收入都再投资于该证券，其中 q 为该资产按连续复利计算的已知收益率。合约价值为：

$$f(t)=S(t)e^{-q(T-t)}-Ke^{-r(T-t)} \tag{10-9}$$

原理10-4

支付已知收益率资产现货-远期合约平价定理：支付已知现金收益率资产的远期价格等于标的证券现货价格按照扣除已知收益率（q）后的无风险利率（$r-q$）计算的终值，$F(t)=S(t)e^{(r-q)(T-t)}$，即令 $f(t)=0$ 的交割价格 K。

二、期权定价

（一）期权定价理论与方法的发展

金融创新发展中的衍生工具定价是核心问题。其中，期权定价更为复杂，也是 20 世纪 70 年代初困扰应用数学领域的最复杂的问题之一。1973 年，经济学家布莱克和经济学家斯科尔斯研究出一个期权定价公式，创立了期权定价理论与方法，成为金融学发展中标志性的事件。经济学家默顿也发现了同样的公式及许多其他有关期权的结论。结果，两篇论文几乎同时在不同刊物上发表。所以，布莱克-斯科尔斯（Black-Scholes）期权定价模型亦可称为布莱克-斯科尔斯-默顿期权定价模型。

Black-Scholes 期权定价模型有其局限性，如只适用欧式期权定价、推导过程复杂等，许多经济学者试图在这方面有所突破。1976 年考克斯（Cox）和罗斯（Ross）提出了风险中性定价理论；1979 年，考克斯、罗斯和鲁宾斯坦（Rubinsetein）在《金融经济学杂志》上发表了“期权定价：一种简化方法”一文，提出了二项式期权定价模型，也称二叉树定价法，解决了美式期权定价的问题。同年，哈里森（Harrison）及克雷普斯（Kreos）提出了鞅定价法（Martingale Pricing Technique)。期权定价模型基于对冲证券组合的思想，投资者可建立期权与其标的股票的组合来保证获得确定的报酬。在无套利均衡时，此确定报酬就是无风险利率。期权定价的这一思想与无套利定价的思想是一致的。

（二）Black-Scholes 期权定价模型

Black-Scholes 期权定价模型建立在五个假设前提之上，分别是：① 金融资产收益率服从对数正态分布；② 在期权有效期内，无风险利率和金融资产收益变量是恒定的；③ 市场无摩擦，即不存在税收和交易成本；④ 金融资产在期权有效期内无红利及其他所得（该假设后被放弃）；⑤ 期权是欧式期权，即在期权到期前不可实施。该定价模型表达式为：

$$c(t)=SN(d_1)-Xe^{-r(T-t)}N(d_2) \tag{10-10}$$

其中：

$$d_1=\frac{\ln\frac{S}{X}+\left(r+\frac{\sigma^2}{2}\right)(T-t)}{\sigma\sqrt{T-t}} \tag{10-11}$$

$$d_2=d_1-\sigma\sqrt{T-t} \tag{10-12}$$

式中，$c(t)$ 为看涨期权初始合理价格；S 为期权合约中资产的当前价格；X 为看涨期权的执行价格；r 为无风险利率的连续复利形式；T 为期权有效期；σ 为资产收益率年度化方差；$N(d)$ 为正态分布变量的累积概率分布函数。

该模型中无风险利率必须是连续复利形式。两者换算关系为：$r=\ln(1+r_0)$。例如，$r_0=0.06$，则 $r=\ln(1+0.06)=0.0583$，即 100 元以 5.83%的连续复利投资第二年将获得 106 元，该结果与直接用 $r_0=0.06$ 计算的答案一致。期权有效期 T 采用相对数表示，即期权有效天数与一年 365 天的比值。如果期权有效期为 100 天，则 $T=100/365=0.274$。

（三）二叉树期权定价模型

Black-Scholes 模型是针对欧式期权的定价模型，无法对美式期权进行精确定价，同时其数学推导和求解过程也比较复杂。1979 年，二项式期权定价模型由考克斯、罗斯和鲁宾斯坦等人提出，主要用于计算美式期权的价值。其优点在于比较直观简单，不需要太多数学推导，被称为考克斯-罗斯-鲁宾斯坦定价模型或二项式期权定价模型（Binomial Option Price Model，BOPM）。

二项式期权定价模型建立在一个基本假设基础上，即在给定的时间间隔内，证券的价格运动有两个可能的方向：上涨或者下跌，并假设在整个考察期内，股价每次向上（或向下）波动的概率和幅度不变。模型将考察的存续期分为若干阶段，根据股价的历史波动率模拟出股价在整个存续期内所有可能的发展路径，并对每一路径上的每一节点计算期权行权收益并用贴现法计算出期权价格。对于美式期权，由于可以提前行权，每一节点上期权的理论价格应为期权行权收益和贴现计算出的期权价格两者较大者。

随着要考虑的价格变动数目的增加，二项式期权定价模型的分布函数就越来越趋向于正态分布，这一点与布莱克-斯科尔斯期权定价模型相一致。二项式期权定价模型建立过程为：

到期日 T 前资产有涨跌两种可能，T 分为很多小的时间间隔 Δt，在每一个 Δt，股票价格变化由 S 到 Su 或 Sd。u 为上涨幅度且大于 1，d 为下跌幅度且小于 1 大于 0。如果价格上涨概率为 p，那么下跌的概率为 $1-p$。

Cu 为资产价格上涨时看涨期权的内在价值，Cd 为资产价格下跌时的看涨期权的内在价值，H 为期权执行比率。由于资产组合是无风险组合，那么存在：

$$uHS-Cu=dHS-Cd \tag{10-13}$$

可推出：

$$H=\frac{Cu-Cd}{(u-d)S} \tag{10-14}$$

标的资产价格上涨时，期权的内在价值 C 会发生变化：

$$(1+r)(HS-C)=uHS-Cu \tag{10-15}$$

r 为无风险利率，将 H 计算式代入公式（10-15），整理后得到：

$$C=\left(\frac{1+r-d}{u-d}\right)\frac{Cu}{1+r}+\left(\frac{u-1-r}{u-d}\right)\frac{Cd}{1+r} \tag{10-16}$$

其中，u、d、p 的计算方法为：

$$u=e^{\sigma\sqrt{\Delta t}} \tag{10-17}$$

$$d=e^{-\sigma\sqrt{\Delta t}} \tag{10-18}$$

$$p=\frac{e^{r\Delta t}-d}{u-d} \tag{10-19}$$

期权价格与标的资产价格变化的对应关系可以用图 10-2 说明，这也是称之为二叉树期权定价模型的原因。

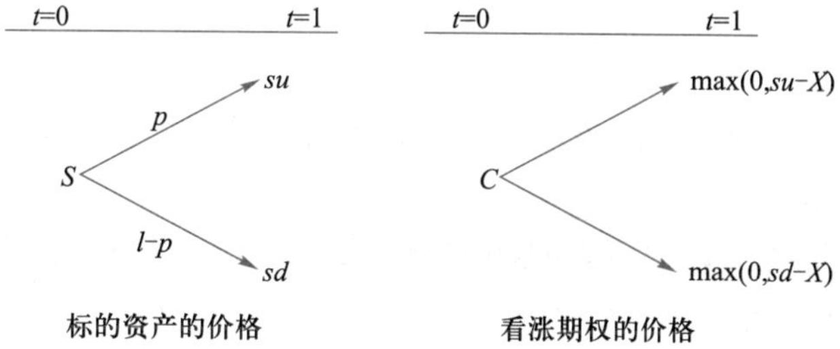

图 10-2 一期期权定价模型

（四）风险中性定价理论

Black-Scholes 期权定价模型主要针对标的资产的价格服从正态分布的期权进行定价，有关价格服从非正态分布的标的资产期权定价很快就成为理论研究的对象。1976 年，罗斯和考克斯在《金融经济学杂志》上发表论文《基于另类随机过程的期权定价》，提出了风险中性定价理论（Risk Neutral Pricing Theory），成为期权和其他衍生工具定价的重要理论基础。

风险中性理论表达了资本市场中的这样一个结论：在市场不存在任何套利可能性的条件下，如果衍生证券的价格依然依赖于可交易的基础证券，那么这个衍生证券的价格是与投资者的风险态度无关的。这个结论在数学上表现为衍生证券定价的微分方程中并不包含受投资者风险态度影响的变量，尤其是期望收益率。

原理10-5

风险中性的市场环境中，不存在套利的可能，基础证券与衍生证券的期望收益率都恰好等于无风险利率，基础证券或衍生证券的任何盈亏经无风险利率的贴现就是它们的现值。

$$PV=\sum_{t=1}^{T}\frac{C_t}{(1+\mu)^t} \tag{10-20}$$

其中：PV 是某金融资产的现值；C_t 为该金融资产带来的现金流；μ 为折现率（期望收益率）。

而在一个理想化的风险中性市场中，某一金融资产的现值公式为：

$$PV=\sum_{t=1}^{T}\frac{E^*(C_t)}{(1+r_t)} \tag{10-21}$$

其中：$E^*(C_t)$ 为预期 t 时间段的现金流平均值；r_t 为各时间段的无风险利率。

风险中性定价技术原理可以归结为：所有证券的预期收益率均为无风险利率，无风险利率是任何预期未来现金流最合理的折现率。

对风险中性定价理论存在不同的解释，进而更清晰地展示了衍生证券定价的分析过程。首先，在风险中性的经济环境中，投资者并不要求任何的风险补偿或风险报酬，所以基础证券与衍生证券的期望收益率都恰好等于无风险利率。其次，正由于不存在任何的风险补偿或风险报酬，市场的贴现率也恰好等于无风险利率，所以基础证券或衍生证券的任何盈亏经无风险利率的贴现就是它们的现值。最后，利用无风险利率贴现的风险中性定价过程是鞅（Martingale），现值的风险中性定价方法是鞅定价方法。

三、互换价格的确定

（一）货币互换定价

货币互换定价采用债券组合法。在没有违约风险的条件下，货币互换可以分解成一份外币债券和一份本币债券的组合。

用 V_M 表示互换的价值，B_F 表示从互换中分解出来的外币债券的价值，B_D 表示从互换中分解出来的本币债券的价值，S_0 表示直接标价法的即期汇率。那么对收入外币、付出本币的一方的互换价值为：

$$V_M=S_0B_F-B_D \tag{10-22}$$

收入本币、付出外币的一方互换价值为：

$$V_M=B_D-S_0B_F \tag{10-23}$$

（二）利率互换价格的确定

利率互换通常是浮动利率和固定利率之间的调换，如果互换的浮动利率确定方式决定以后，互换的定价问题就是计算出使互换价值为零的互换固定利率。利率互换协议可以看作固定利率债券与浮动利率债券的组合，互换合约中分解出的固定利率债券的价值与分解出浮动利率债券价值之间的差就是利率互换价值。利率互换定价就是要确定使互换价值为零时的固定债券利率。

用 V_I 表示利率互换的价值，B_G 表示互换合约中分解出的固定利率债券的价值，B_F 表示互换合约中分解出的浮动利率债券的价值。那么，对于收取固定利率，支付浮动利率的一方来说，利率互换的价值是：

$$V_I=B_G-B_F \tag{10-24}$$

对于收取浮动利率，支付固定利率的一方而言，利率互换的价值是：

$$V_I=B_F-B_G \tag{10-25}$$

用 L 表示利率互换中的名义本金，t_i 为距第 i 次支付利息的时间，r_i 为到期日的 LIBOR 零息票利率（互换和其他柜台交易市场上的金融工具定价的时候，现金流通常用 LIBOR 零息票利率贴现），K 为支付日支付的固定利息额。那么，固定利率债券的价值为：

$$B_{\mathrm{G}}=\sum_{i}^{n} K\mathrm{e}^{-r_i t_n}+L\mathrm{e}^{r_n t_n} \tag{10-26}$$

根据浮动利率债券的性质，在紧接浮动利率债券支付利息的那一刻，浮动利率债券的价值为其本金 L。假设利息下一支付日应支付的浮动利息额为 K^*（这是已知的），那么在下一次利息支付时间 t_1 前的一刻，浮动利率债券的价值为：

$$B_{\mathrm{F}}=L+K^* \tag{10-27}$$

折现的浮动利率债券的价值应该为：

$$B_{\mathrm{F}}=(L+K^*)\mathrm{e}^{-r_i t_i} \tag{10-28}$$

四、复制与无套利市场均衡

（一）复制与复制技术

1. 复制

在金融市场上，无论是原生投资品还是衍生工具，两个单个金融资产产生相同未来现金流的可能性很小，但是，不同的资产或金融工具组合所产生的未来现金流则完全可能与单个金融资产未来现金流相同。通过其他金融资产或工具组合实现与单个金融资产相同的未来现金流，那么这样的资产组合与对应单个金融资产就是完全等价的，该资产组合就是所对应金融资产的复制品，原单个金融资产就是这一组合的被复制品。寻找、确定资产或工具组合的过程就是对单一金融资产的复制过程。

2. 复制技术

复制过程要依赖一定的理论和技术手段。单个金融资产与复制金融资产组合是完全等价的，复制组合是对单个金融资产的分解，分解过程的原理和技术方法就是复制技术。复制过程基于风险中性原理，风险中性就是不存在任何风险的市场套利应该获得无风险回报。

例如，投资者甲以 5 元的价格买入某公司股票 1 000 股，1 年后的价格为 S（不定）。采用复制技术构建一个等价的资产组合，可选资产有国债和股票期权。假定交易的手续费完全相同，在计算中不考虑。当前市场无风险利率为 5%，1 年期国债的面值 100 元，票面利率为 5%，1 年期某公司股票期权的约定价格为 5. 25 元，数量为 1 000 股。可以买入国债和股票看涨期权，复制投资者的股票现货投资。表 10-6 为复制与被复制资产的现金流比较。

表 10-6　复制与被复制投资现金流比较

单位：元

现金流状况	被复制的股票	复制股票的投资组合	
当前的现金流	−5 000（买入 1 000 股）	−5 000	−5 000（买入国债） + 0（买入看涨期权）
1 年后的现金流	1 000S（卖出 1 000 股）	1 000S	5 250（兑付国债本息） + 1 000S−5 250（对冲期权）

(二) 无套利市场均衡

金融衍生品市场可以看作对原生品市场的复制，复制与被复制品任何一方市场价格或两个市场价格处于失衡状态时，市场就会产生套利空间，套利力量最终会使价格复位，套利空间消失。不存在套利机会的金融市场是均衡市场，这种市场均衡就是无套利市场均衡。

原理10-6

复制组合与被复制品完全等价，如果复制品与被复制品市场价格出现失衡，就会引起套利交易，结果使两者价格复位，形成无套利均衡。

例如，某只股票的市价为20元。未来3个月内可能上涨到25元，也可能下跌到15元。一份该股票的欧式看涨期权，执行价格是22.5元。若3个月后股票价格为25元，该期权的价值为2.5元；若股票价格是15元，该期权的价值为0。

构建一个由一单位看涨期权空头和N个单位的该股票多头组合，3个月后出现上述两种情况后该组合的价值分别为：$25N-2.5$和$15N-0$。为了使该组合处于无风险状态，需要确定适当的N值，使3个月后该组合的价值不变，则有：$25N-2.5=15N$，$N=0.25$。该组合应是包含一个单位的看涨期权空头和0.25个单位的股票多头组合。3个月后无论股票价格如何变化，复制组合的资产价值始终为3.75元，组合资产的现值为：$3.75e^{-0.1\times3/12}=3.66$（元）。

该组合中期权价值为C，则：

$$20\times0.25-C=3.66$$

$$C=1.34\text{（元）}$$

该例便是复制技术与无套利市场均衡原理在期权定价中的应用。

本章小结

1. 衍生工具是在基础性商品与原生金融工具的基础上派生出来的金融工具，其形式是载明买卖双方交易品种、价格、数量、交割时间和地点等内容的规范化或标准化合约与证券。主要的衍生工具有权证、远期、期货、期权和互换等。

2. 衍生工具的基本特征是跨期交易、杠杆效应、高风险性和存续时间的短期性；衍生工具的基本功能是为交易双方提供规避价格、利率、汇率等波动风险的套期保值机制，对交易标的物未来价格的预先发现和为市场投机者提供投机套利工具。

3. 衍生工具分类有不同标准。按照衍生工具法律形式，可分为契约型衍生工具和证券型衍生工具；按照衍生工具标的物属性，可分为商品类衍生工具、金融类衍生工具和其他衍生工具；按照衍生工具交易双方风险-收益是否对称，可分为风险-收益对称型衍生工具和风险-收益不对称型衍生工具；按照衍生工具持有人是否有选择权，可分为期货型衍生工具和期权型衍生工具。

4. 远期合约交易是在场外市场（OTC）开展的交易，外汇远期、远期利率协议等提供了相对灵活的规避汇率、利率风险的机制。期货交易是在有组织的交易所进行交易，合约标准化，风险控制非常严格，交易品种被细化，适合中小投资者参与。农产品期货、能源期货、金融期货、天气期货等是主要的交易品种。芝加哥商业交易所集团是世界最大的期货市场，中国主要有上海、大连和郑州三家商品期货交易所和中国金融期货交易所、广州期货交易所。

5. 期权交易是在期货交易的基础上产生的更灵活的远期性质的交易，期权费或权利金是获得选择权的条件。期权可以在场内和场外两个市场交易，合约规格比较详细。芝加哥商业交易所集团、芝加哥期权交易所等是世界上最具影响力的期权市场。

6. 互换交易是出于降低融资成本、规避金融管制和调整财务结构等目的进行的货币、利率调换的交易，一般在银行同业市场和柜台市场交易。互换交易成立的基本原则是交易双方在互换中都获得了比互换前更好的财务效益。

7. 远期与期货定价以现货为基础，综合考虑持有成本、融资成本和标的物收益因素，定价模型建立在无套利定价原理基础之上：构建两种投资组合，令其终值相等，则其现值一定相等。分为无收益资产、已知现金收益资产和支付已知收益率资产三种远期定价模型。

8. 期权定价建立在风险中性和无套利市场均衡原理基础之上，通过数学工具描述市场特征，构建即期、远期之间无套利的均衡模型，确定期权的内在价值。Black-Scholes 期权定价模型针对欧式期权定价，二项式期权定价模型比 Black-Scholes 定价模型更直观、简单，解决了美式期权定价问题；风险中性定价理论进一步清晰地展示了衍生工具的定价过程。

9. 货币互换和利率互换定价建立在资产组合未来现金流现值均衡原理基础之上，将互换协议看作债权与债务的组合，采用无风险利率贴现未来现金流，决定互换协议的价值。

10. 复制和无套利市场均衡是衍生工具定价的技术理论基础，任何一个原生资产投资带来的现金流都可以被两种以上的资产组合复制出等同的现金流。

重要术语

衍生工具	可转换债券	权证	认购权证	认沽权证	百慕大式权证
远期合约	远期利率协议	期货	期权	看涨期权	看跌期权
欧式期权	美式期权	双重期权	互换	套期保值	价格发现
对冲	期权费	风险中性	复制	无套利均衡	

术语解释请扫描封底增值服务码→名词术语。

思考题

1. 简述衍生工具的产生与发展过程。
2. 衍生工具的特征与基本功能有哪些？
3. 分析期权与期货交易的共同点和差异，并说明各自的优势。
4. 互换交易有哪些功能？互换的基本原则是什么？
5. 当本币汇率处于贬值阶段时，进口商可利用哪些衍生工具规避汇率风险？试举例说明。
6. 债务人规避利率风险有哪些选择？试举例说明。

7. 简述远期合约和期货定价的基本原理。
8. 期权定价的基本原理是什么？
9. 简述无套利均衡的基本思想。你认为无套利均衡市场是否是理想的状态？

更多思考练习请扫描封底增值服务码→习题作业、例题及综合测试。

讨论题

讨论主题：国债期货

讨论素材：《国债期货，何去何从》

思考讨论：

1. 总结“327 国债期货事件”发生的根本原因。
2. 2013 年 9 月 6 日，国债期货重新上市，分析当时的背景条件与 1995 年“327 国债期货事件”发生时的情况有何不同？为何能在这个时点重新推出国债期货？

相关讨论素材可扫描封底拓展资源码→教学案例。

延伸阅读

1. Baz J，Chacko G. 金融衍生工具定价、应用与数学：英文影印版. 北京：北京大学出版社，2005.
2. 赫尔. 期权、期货及其他衍生产品. 10 版. 王勇，索吾林，译. 北京：机械工业出版社，2018.
3. 钱斯. 金融衍生工具与风险管理. 10 版. 路蒙佳，译. 北京：中国人民大学出版社，2020.
4. 莫菲. 场外衍生品：双边交易与集中清算：监管政策、市场影响及系统性风险导论. 北京：中国金融出版社，2019.
5. 张光平. 巴林倒闭与金融衍生工具. 上海：上海人民出版社，1996.

更多资源请扫描封底拓展资源码→文献目录。

即测即评

请扫码答题，检测本章学习效果。

第11章 金融机构体系

本章导读

金融机构是人们在大街上看到最多的机构之一。现代市场经济中的货币、信用和金融活动都与金融机构有关，功能特点各异的金融机构之间分工协作、相互联系，形成了整体功能健全、作用强大的金融机构体系。通过本章的学习，可以知道金融机构的含义以及国内外金融机构的主要类型；了解金融机构产生、发展和变迁的过程；基本掌握金融机构的主要功能及其在经济发展中的作用；了解金融机构体系的一般构成与经营体制的发展变化；把握目前中国金融机构体系的构成；了解国际金融机构体系的构成及变迁。

第一节 金融机构与国家金融机构体系

一、金融机构的产生及其分类

金融机构（Financial Institutions）是从事金融活动的组织，它通常以一定量的自有资金为运营资本，通过吸收存款、发行各种证券、接受他人的财产委托等形式形成资金来源，而后通过贷款、投资等形式运营资金，并且在向社会提供各种金融产品和金融服务的过程中取得收益。

（一）金融机构的产生

历史的考察表明，早期金融机构是在商品经济和货币信用的发展过程中自发产生的，如中世纪的货币兑换商。分析显示，金融机构产生的原因在于满足经济社会发展的客观需要，主要有商品生产和交换发展中的支付需求、社会经济活动中的融资需求和投资需求、经济社会生活中的风险转移与管理需求、经济和金融活动扩大过程中对信息服务的需求等。随着商品经济发展，内生的金融需求逐渐增加，金融活动的专业化发展使从事金融活动的机构逐渐从兼业经营转向专业经营，金融机构由此产生。

原理11–1

金融机构的产生与发展内生于实体经济活动的需要。

（二）金融机构的分类

1. 按照业务活动的主权范围分类

按照业务活动的主权范围，金融机构可分为国家金融机构和国际金融机构。前者指业务活动在一国主权范围内进行的所有金融机构；后者指业务活动跨越不同国家和地区的金融机构，包括全球性和区域性两种类型。而国际金融机构依据业务性质可以分为商业性和政策性两种，前者是指跨国银行、多国银行，后者是指政府间的国际金融机构。本章主要按此分类进行讨论。

2. 按照能否吸收存款分类

按照能否吸收存款，金融机构可以分为存款性公司和其他金融性公司。**存款性公司**（Depository Corporations，DC）是以吸收存款作为资金主要来源，以发放贷款为主要的资金运用方式，以办理转账结算为主要中间业务，参与存款货币创造的金融机构，可以分为**中央银行**（Central Bank，CB）和**其他存款性公司**（Other Depository Corporations，ODC）两大类机构。后者主要包括商业银行、储蓄银行、信用合作社、农村和农业银行以及主要从事金融性公司业务的旅行支票公司等。① 这类机构共同的特征是以存款为主要负债，以贷款为主要资产，以办理转账结算为

① 依据IMF的分类方法，机构组织分为金融公司和非金融公司。金融公司分为存款公司和其他金融公司。存款公司包括中央银行和其他存款公司。其他存款公司包括主要从事金融中介业务和发行包含在该国广义货币概念中的负债的所有居民金融性公司（中央银行除外）和准公司，其机构单位名称主要包括商业银行、储蓄银行、信用合作社、农村和农业银行以及主要从事金融性公司业务的旅行支票公司等。IMF申明以上机构清单既不完全也不具规范性。

主要中间业务，直接参与存款货币的创造过程。我国的政策性银行①、财务公司也属于此类机构。**其他金融性公司**（Other Financial Corporation）是以发行金融工具或签订契约等方式获得资金，通过特定的方式运营这些资金的金融机构，主要包括保险公司和社会保障基金、证券公司、投资基金管理公司、信托投资公司、贷款公司、金融租赁公司、金融资产管理公司等非存款类金融机构。国外的财务公司也属于其他金融性公司，但由于国外的财务公司也可以办理存款业务，主要是定期存款，所以是其他金融性公司中最具存款类金融机构特点的机构。

3. 按照职能作用分类

按照职能作用，金融机构可分为营业性金融机构和管理性金融机构。前者是从事商业性或政策性金融业务、不具有管理职能的金融机构，包括其他存款性公司和其他金融性公司；后者是从事特定金融业务、具有金融管理和调节职能的金融机构。

管理性金融机构与金融管理机构不尽相同。二者的共同点在于它们都是具有金融管理职能的政府机构；不同点是前者还属于金融机构，从事特定的金融业务来履行其职能，如中央银行，而后者只是纯粹的政府管理机构，不从事特定的金融业务，如银行、保险、证券等金融行业的监管当局。

4. 按照业务性质分类

按照业务性质，金融机构可分为商业性金融机构和政策性金融机构。前者以追求利润为经营目标，是自主经营、自负盈亏、自求平衡、自我发展的金融企业，后者大多是政府出资或以政府资本为主设立的，由政府依法赋予其特殊的职能，不以盈利为目的，其业务经营的目标主要是贯彻落实政府经济政策的金融机构。

此外，金融机构还有其他的分类。例如，依据资本和业务规模等可以分为大、中、小型金融机构，依据组织方式可以分为公司制、合作制、股份合作制和其他组织制度（如独资形式）的金融机构，等等。应当注意的是，经济生活中的某一金融机构往往同时具备上述几类金融机构的性质，如中国工商银行可以同时属于存款性、营业性、商业性、公司制的大型金融机构。可见，金融机构的分类都是相对的。

二、金融机构与一般经济组织的共性及区别

金融机构与一般经济组织之间既有共性又有区别。其共性是同样作为经济组织，二者都有特定经济目的和使命，具备企业的基本要素，如有一定的自有资本，向社会提供特定的商品（金融工具）和服务，必须依法经营、独立核算、自负盈亏、照章纳税等。其区别主要表现在以下几方面。

（一）经营对象与经营内容不同

一般经济组织的经营对象是具有一定使用价值的商品或普通劳务，经营内容主要是从事商品

---

① 各国国情不同，因而各国政策性银行的具体业务也不尽相同。政策性银行列入其他存款性公司也只是一种相对笼统的分类方法。我国的两家政策性银行即中国农业发展银行和中国进出口银行可以有限制地定向吸收存款并发放贷款，国家开发银行已经从传统的政策性金融机构演变为开发性金融机构，虽然还有一定的政策性业务，但统计上已不归入政策性银行之列；该银行不吸收存款，不参与存款货币创造，严格说来不属于其他存款性公司。不过，现在国内相关监管部门是按照“政策性银行和国家开发银行”或“政策性银行与开发性金融机构”的归类办法来并列统计的，因此，本书也是按照“政策性银行和国家开发银行”或“政策性银行与开发性金融机构”的提法将三家机构归入其他存款性公司来阐述，这只是一种较简便但不太精确的分类方法。

生产与流通活动；金融机构的经营对象是货币资金这种特殊的商品，经营内容主要是货币收付、借贷及各种与货币资金运动有关的金融活动。

（二）经营关系与活动原则不同

一般经济组织与客户之间是商品或劳务的买卖关系，其经营活动遵循等价交换的原则；金融机构与客户之间主要是货币资金的借贷或投融资关系，其经济活动遵循信用原则，必须要处理好安全性、流动性和盈利性之间的关系。

（三）经营风险及影响程度不同

一般经济组织的经营风险主要来自商品生产与流通过程，集中表现为商品是否产销对路，风险主要是商品滞销、亏损或资不抵债而破产，单个普通企业风险造成的损失对整体经济的影响较小。而金融机构因其业务大多是以还本付息为条件的货币信用业务，所以，风险主要表现为信用风险、挤兑风险、利率风险、汇率风险等，这一系列风险所带来的后果往往不局限于某个金融机构自身。由于金融机构具有较高的脆弱性和外部性，所以其自身经营不善而导致的风险有可能对整个金融体系的运行构成威胁。而一旦金融体系运转失灵，必然会危及整个社会再生产过程，引发社会经济秩序的混乱，甚至会爆发严重的社会或政治危机。1921 年中国爆发的“信交风潮”、1997 年东南亚爆发的金融危机、2008 年源自美国次贷危机的国际金融危机都是典型的历史佐证。

三、金融机构在经济发展中的地位与功能

（一）金融机构在经济发展中的地位

第一，金融机构是一国资金活动的总枢纽。它通过筹集和融通资金，引导资金流向并优化资源配置，提高生产要素的利用效率，促进经济发展。从第 1 章的资金流量表中可见，现代经济活动中各部门始终存在资金供求矛盾，金融机构利用自身分布广泛的分支机构，一方面通过开展资产负债业务来调节社会资金的余缺，将零散、短期、闲置的资金筹集起来并转换为大额、长期、稳定的资金供给，另一方面，按照本国的经济、金融政策，在政策导向和市场机制的作用下将资金投入效益好而又急需资金的部门，最大限度地促使各部门之间储蓄向投资的转化，保证资金的合理流向和使用，支持经济的可持续均衡发展。

第二，金融机构是金融产业的载体。它们以自有资本为基础，充分运用社会资本，吸纳各种人才就业，在为社会创造金融工具、提供金融服务的过程中创造价值，获取利润。它们不仅是第三产业最重要的部分，也成为各国经济发展中的支柱产业。

第三，金融机构是一国政府调节、管理经济活动的主要对象，是一国经济健康、有序、稳定运行的保证。金融机构尤其是银行通过其业务活动成为联系国民经济各部门的纽带，金融机构的经营状况也成为反映国民经济活动的“寒暑表”。政府各部门通过引导、利用金融机构的业务活动，可以对国民经济各部门施加直接或间接的影响，从而实现政府的意图。一国政府通过促进金融机构的合理设置、科学管理、高效运作，可以达到金融与经济社会稳定发展的目标。

（二）金融机构的功能

金融机构是适应商品经济发展内生的多样化金融需求而产生的，具有多种功能。

1. 便利支付结算

金融机构提供有效的支付结算服务是其适应经济发展需求而较早产生的功能。银行业的前身——货币兑换商（如旧中国的钱庄、票号），最初提供的主要业务就是货币兑换与汇兑。

金融机构尤其是商业银行为社会提供的支付结算服务，对商品交易的顺利实现、货币支付与

清算和社会交易成本的节约具有重要的意义。金融机构提供支付结算功能的强弱主要通过其效率来体现，一般可以从办理支付结算的安全性、便利度、时效性和成本等方面来评价。除了提供支付结算服务，金融机构还具有向社会提供其他金融服务便利的功能。这些金融服务便利功能是指金融机构为各部门提供专业性的辅助和支持性服务，如为企业和居民提供理财、代理、咨询、管理等金融服务。

知识链接11-1

中国早期传统银行——钱庄的支付结算系统

我国早期的私人银行——钱庄是由明朝中后期的“钱铺”这类货币兑换商演化而来的。到了清朝前期，较大的汇划钱庄都设立分号并经营商业汇兑业务。19 世纪 40—90 年代，宁波、杭州、天津、汉口、上海等地的钱庄业都相继建立了“过账制度”、“划账制度”、“川换”、汇划所、汇划总会等贸易结算制度或组织。

资料来源：中国人民银行金融研究所历史研究室. 近代中国金融业管理. 北京：人民出版社，1990。

2. 促进资金融通

促进资金融通是指金融机构充当专业的资金融通媒介，促进各种社会闲置资金的有效利用。

融通资金是所有金融机构都具有的基本功能。不同的金融机构会利用不同的方式来融通资金。例如，存款类机构一方面作为债务人发行存款类金融工具和债券等动员和集中社会闲置的货币资金，另一方面作为债权人向企业、居民等经济主体发放贷款；保险类金融机构通过提供保险服务来吸收保费，而后在支付必要的出险赔款和留足必要的理赔准备金外，将吸收到的大部分保险资金直接投资于金融资产；基金类金融机构则作为受托人接受投资者委托的资金，将其投入资本市场或特定产业，以取得各类收益性资产；信托类金融机构在接受客户委托管理和运用财产的过程中，将受托人的闲散资金融通给需求者。可见，借助特定的资金融通方式，各类金融机构可以在全社会范围内集中闲置的货币资金，并将其运用到社会再生产过程中去，促进了储蓄向投资转化，从而提高了社会资本的利用效率，推动经济发展。

原理11-2

融资和提供金融服务是金融机构最基本的功能。

3. 降低交易成本

降低交易成本是指金融机构通过规模经营和专业化运作，适度竞争，可以合理控制利率、费用、时间等成本，取得规模经济和范围经济的效果，并使得投融资活动最终以适应社会经济发展需要的交易成本来进行，从而满足迅速增长的投融资需求。

4. 改善信息不对称

金融机构利用自身的优势能够及时搜集、获取比较真实、完整的信息，通过专业分析判断，据此选择合适的借款人和投资项目，对所投资的项目进行专业化的监控，不仅可以节约信息处理成本，而且可以提供专业化的信息服务。

5. 转移与管理风险

转移与管理风险是指金融机构通过各种业务、技术和管理，分散、转移、控制或减轻金融、经济和社会活动中的各种风险。金融机构转移与管理风险的功能主要体现为它在充当金融中介的过程中，为投资者分散风险并提供风险管理服务。如商业银行的理财业务及信贷资产证券化活动、信托投资公司的信托投资、投资基金的组合投资、金融资产管理公司的资产运营活动都具有该功能。此外，通过保险和社会保障机制对经济与社会生活中的各种风险进行的补偿、防范或管理，也体现了这一功能。

6. 创造信用与存款货币

金融机构在其业务活动中可以创造各种信用工具，如早期的银行支票、汇票和银行券，现代的信用卡等。在部分准备金制度下，银行通过其资产负债业务不仅可以扩张或收缩信用，还可以创造存款货币。中央银行的资产业务可以直接授信给金融机构，负债业务可以直接发行信用货币。因此，金融机构的业务活动对于整个社会的信用和货币具有决定性作用。

随着商品经济发展、内生金融需求的扩大及其多样化，种类各异的金融机构逐渐产生并发展起来，金融业内部的竞争以及分工和协作关系不断深化，由此形成了作用巨大的金融机构体系。现代金融机构体系分为国家金融机构体系和国际金融机构体系两大类。

四、国家金融机构体系的一般构成

国家金融机构体系是指在一个主权国家或独立经济体里存在的各类主业不同但相互关联的金融机构。各国的金融机构体系因国情和经济金融发展水平的差异而各有特点，但在机构种类和构成上大致相同，主要分为存款性公司（也叫存款类金融机构）和其他金融性公司（也叫非存款类金融机构）两大类。

（一）存款性公司

存款性公司是能够吸收存款并以存款作为其营运资金主要来源的金融机构，包括以下几种。

1. 中央银行

中央银行是货币金融管理机关，在发挥国家的银行和银行的银行职能时保管政府、公共机构以及金融机构的存款，故属于存款性公司。因其特殊性本书第 14 章再作专门讨论。

2. 商业银行

商业银行是以经营企业和居民的存、贷款为主要业务，为客户提供多种金融服务的金融机构。由于商业银行以吸收存款为其主要负债，具有派生存款货币的功能，所以又被称为存款货币银行。

3. 专业银行

专业银行是指专门从事指定范围内的业务或提供专门服务的金融机构，主要有以下几类：

（1）储蓄银行。储蓄银行是专门经办居民储蓄并为居民个人提供金融服务的金融机构。这类银行以居民储蓄存款为主要资金来源，资金运用主要是提供消费信贷和住宅贷款，此外也进行公债投资等活动。各国的储蓄银行名称不一，有互助储蓄银行、国民储蓄银行、信贷协会、信托储蓄银行等名称。

（2）开发银行。开发银行是专为满足长期建设项目投融资需要并提供相关服务的金融机构。开发银行多属于政府出资设立的政策性银行，不以盈利为经营目标，其宗旨是通过融通长期性资金进行开发性项目来促进本国或本地区的经济发展。例如政策性的南非土地和农业开发银行办理对公司客户的存贷款业务。

（3）产业银行和土地银行。产业银行是为特定产业发展提供金融服务的专业银行，多为政策性金融机构。农业银行是专为支持农业发展而设立的金融机构，是产业银行的一种。农业银行多为政策性的，如泰国农业和农业合作社银行、摩洛哥农业信贷银行、法国农业信贷银行和中国农业发展银行等。农业银行的资金来源于吸收存款、发行债券、政府借款、同业拆借等，资金运用于农业贷款、农业投资、担保和补贴等。土地银行是主要经营土地存贷及与土地有关的长期信用业务的金融机构。菲律宾土地银行也属于政策性金融，办理存贷款业务。① 中国台湾土地银行办理活期、定期、综合性存款，个人消费贷款，政策性和一般性的房地产、农业、灾害、企业贷款。

（4）进出口银行。进出口银行是专门为对外贸易提供信用支持的金融机构。政府投资设立的进出口银行具有政策性，旨在支持本国的对外贸易和经济发展。

4. 信用合作社

信用合作社是以社员认缴的股金和存款为主要负债、以向社员发放的贷款为主要资产并为社员提供结算等中间业务服务的合作性金融机构，但实际上部分信用合作社的业务对象不局限于社员。

（二）其他金融性公司

其他金融性公司是指不以吸收存款为主要资金来源的金融机构，主要有以下几种。

1. 保险公司

保险公司是根据合同约定向投保人收取保险费并承担投保人出险后的风险补偿责任，拥有专业化风险管理技术的经济组织。保险公司按其从事的业务险种或业务层级可以划分为人寿保险公司、财产保险公司、存款保险公司、再保险公司等类型。

2. 信托投资公司

信托投资公司是以收取报酬为目的，接受他人委托以受托人身份专门从事信托或信托投资业务的金融机构。

3. 证券机构

证券机构是专门从事证券业务的金融机构，包括证券公司、证券交易所、基金管理公司、证券登记结算公司、证券评估公司、证券投资咨询公司、证券投资者保护基金等组织。按能否从事证券自营业务还可以将证券公司分为综合类证券公司和经纪类证券公司。

4. 金融资产管理公司

金融资产管理公司是管理资产的金融机构，有政策性和商业性两类。我国的全国性金融资产管理公司具有政策性，是经国务院批准设立的收购、管理和处置国有银行不良贷款等资产的非存款类金融机构。

5. 金融租赁公司

金融租赁公司也叫融资租赁公司，是以融资租赁业务为其主要业务的非存款类金融机构。我国金融租赁公司虽然可以吸收（非银行）股东 1 年期（含）以上定期存款，但是吸收存款并非其资金主要来源。因此，我国的金融租赁公司也归入其他金融性公司之列。

6. 财务公司

国外财务公司以发售长期债券为主要资金来源，以短期借款和发放消费信贷为主要资产业务，

---

① 白钦先. 各国农业政策性金融体制比较. 北京：中国金融出版社，2006.

属于非存款类金融机构；而我国的财务公司大多是由大型企业集团成员单位出资组建，主要为成员单位提供存款、放款、投资、结算、票据贴现、融资租赁服务，属于存款类金融机构。

7. 期货类机构

期货类机构是从事商品期货合约、金融期货合约、期权合约交易及其他相关活动的商业组织，包括期货交易所、期货公司及其他期货经营机构、非期货公司结算会员、期货保证金安全存管监控机构、期货保证金存管银行、交割仓库等市场相关参与者。

8. 黄金投融资机构

黄金投融资机构是主要从事黄金投融资交易，提供交易场所、设施和相关服务的金融机构，包括黄金交易所、黄金结算所（公司）、黄金经纪公司、从事自营业务的会员和非会员黄金投资机构等，如黄金交易所交易基金（黄金 ETF）、黄金对冲基金（公司）等。

9. 专业融资公司

专业融资公司指为特定用途提供融资业务的机构。它们以自有资金为资本，从市场上融入资金，多以动产、不动产为抵押发放贷款或提供资金，主要有不动产抵押公司、汽车金融公司、消费金融公司、贷款公司、典当行等。

10. 货币经纪公司

货币经纪公司是金融市场的交易中介，可以从事的业务包括：境内外的外汇市场交易、境内外货币市场交易、境内外债券市场交易、境内外衍生产品交易。其服务对象仅限于境内外的金融机构。中国银行业监督管理委员会在 2005 年 8 月 8 日公布《货币经纪公司试点管理办法》，在国内进行货币经纪公司试点。中国的货币经纪公司是指经批准在中国境内设立的，通过电子技术或其他手段，专门从事促进金融机构间资金融通和外汇交易等经纪服务，并从中收取佣金的非存款类金融机构。

11. 信用服务机构

信用服务机构是指为接受信用而提供服务的机构，主要包括信息咨询公司、投资咨询公司、金融担保公司、征信公司、信用评估机构等。此外，律师事务所、会计师事务所等机构也属于广义的信用服务机构。

五、金融机构的经营体制及其演变

20 世纪 30 年代以来，随着政府对金融机构监督和管理的增强，各国以立法的形式对金融机构经营的业务范围做出规定，由此形成了现代金融机构的两种不同体制：分业经营和混业经营。

（一）分业经营与分离银行制度

分业经营是指对金融机构业务范围进行某种程度的分离管制。按照分业管制的程度不同，分业经营有三个层次：一是指金融业与非金融业的分离，金融机构不能经营非金融业务。二是金融业中分离银行、证券、保险等子行业，如商业银行、证券公司和保险公司只能经营各自的银行业务、证券业务和保险业务，某一子行业中的金融机构不能经营其他子行业的业务。三是进一步分离银行、证券和保险等各子行业的内部业务。比如在银行业内部，经营长、短期银行存贷款业务的金融机构相分离，经营政策性业务和商业性业务的金融机构相分离；在证券业内部，经营证券承销、交易、经纪业务和证券做市商业务的金融机构相分离；在保险业内部，经营财产保险、人身保险、再保险业务的金融机构相分离。一般分业经营是指第二个层次的分离。由于银行的特殊重要性，实行分业经营的金融制度被称作**分离银行制度**（Fragmented Banking）。

（二）混业经营与全能银行制度

混业经营是指允许各类金融机构业务范围有交叉，可以进行综合经营的金融制度。混业经营也有三个层次，即金融业与非金融业之间的混业经营，银行、证券和保险等金融子行业之间的混业经营，以及银行业、证券业和保险业等金融子行业内部的混业经营。历史上由于银行业是金融业的核心，故混业经营又被称作**全能银行制度**（Universal Banking）。

（三）经营体制对金融机构的影响及其争论

实行分业经营还是混业经营对金融机构具有重要影响。

在严格的分业经营体制下，银行、证券和保险等各类金融机构之间泾渭分明，界限清楚，一种金融机构不能擅自经营其他金融机构的业务。分业经营的优点在于有利于提高业务的专业技术和专业管理水平，有利于避免竞争摩擦和混业经营可能出现的内部协调困难问题，有利于保证金融机构自身及客户的安全，有利于控制金融机构的业务风险，等等。其不足之处一是以法律形式造成两种业务相分离的运行系统，难以开展必要的业务竞争，具有明显的竞争抑制性。二是分业经营使各行业之间无法优势互补，如证券业难以利用、依托商业银行的资金优势和网络优势，商业银行也不能借助证券公司的业务来推动其业务的发展。三是分业经营不利于本国金融机构进行公平的国际竞争。例如面对规模宏大、业务齐全的大型全能银行时，单纯的商业银行在国际竞争中相对不利。混业经营对金融机构的影响与分业经营的利弊正好相反。因此，在选择分业经营还是混业经营的问题上一直存在激烈的争论。

争论主要集中在这两种经营体制对金融机构稳健经营的影响究竟是有利还是不利？混业经营是否会产生利益冲突？哪种体制有利于加强竞争和提高效率？哪种体制更具有规模经济和范围经济优势？关于分业经营与混业经营的理论争论目前尚未取得共识，因此，各国在法律和制度安排上也各不相同。本书第 19 章将从金融监管的角度再作讨论。

（四）金融机构经营体制的演变

1929—1933 年世界经济危机爆发以及美国政府在 1933 年颁行《格拉斯-斯蒂格尔法案》后，以美国为首的西方国家金融机构形成了分业经营的体制。为适应业务创新和市场竞争的要求，从 20 世纪 80 年代初开始，实行分业经营的日本、英国、美国等国家的金融机构又逐渐突破了职能分工的界限；尤其是在 1999 年美国颁布《金融服务现代化法案》后，混业经营在欧美重新成为趋势。

中国金融业在 1980—1993 年事实上形成了混业经营的格局，但也出现了诸多问题。经过整顿，在 1994 年后形成了分业经营的模式。为提升金融机构的竞争力，我国从 1999 年开始逐渐放宽金融业分业经营的监管制度，金融机构混业经营的趋势日趋显著。

六、现代各国金融机构体系的发展趋势

20 世纪 70 年代以来，以西方发达国家为代表，各国金融业出现了大规模、全方位的金融创新，极大地提高了金融机构的运作效率，金融机构的盈利能力大为增强。与此相应，金融机构的发展也出现了许多新的变化，比较明显的有以下几方面。

（一）业务、组织、技术和管理不断创新的发展趋势

1. 业务创新趋势

20 世纪 70 年代以来，西方主要发达国家在金融创新过程中，各类金融机构不断调整业务结构，开发出许多新业务、新金融工具和新服务项目以满足顾客的需要。如商业银行在存款业务中出现了大额可转让定期存单、自动转账服务、可转让支付命令账户等创新，在资产业务中出现了

贷款证券化等创新；而支付业务的电子化创新则加快了资金周转速度，一笔国际结算甚至在几秒钟之内就可完成，相关信息及分析也可通过计算机及时显示出来。近些年来金融机构的绿色金融业务（如碳金融业务）不断创新发展。碳金融是指服务于限制温室气体排放的相关金融活动，如低碳项目开发的投融资、碳交易中介服务、碳指标交易、碳金融衍生品交易和银行贷款等。在中国，碳金融更多是指依托清洁发展机制（Clean Development Mechanism，CDM）而派生的金融活动。截至 2020 年年末，国内 21 家主要银行绿色信贷余额超过 11 万亿元，绿色信贷资产质量整体良好，不良率远低于同期各项贷款整体不良水平。截至 2021 年 7 月，国内绿色债券概念板块未到期债券也已达到 1 211 只。

知识链接11-2

落地多项业内“首单”，浦发银行创新碳金融市场融资工具

浦发银行致力于将自身打造为金融业的低碳银行，为此主动创新，落地了多项业内“首单”。

浦发银行自 2008 年在业内推出首个针对低碳经济的《绿色信贷综合服务方案》以来，先后落地了国内银行业首单 CDM 财务顾问、首次采用 CDM 应收账款质押的创新担保模式、国内首单债券收益率同碳交易试点市场交易价格挂钩的直接融资产品，以及国家碳交易注册登记簿系统上线后的国内首单 CCER 质押融资业务等。2016 年浦发银行发行境内首单绿色金融债，规模共 500 亿元，截至 2020 年年末，绿债资金循环使用已超过 700 亿元，有效支持了 167 个绿色项目。

2021 年，浦发银行独家主承销国内首单金融控股类企业绿色债务融资工具成都交子金控 2021 年第一期绿色中票，引流金控类企业向绿色实体产业投资；牵头主承销国电电力 2021 年第一期绿色中票，为国内市场首单非金融企业发行的境内外双标认证的碳中和债。近日，浦发银行还联合上海环境能源交易所，落地全国首单碳排放配额（SHEA）、国家核证自愿减排量（CCER）组合质押融资。将两种碳资产组合运用，既充分挖掘了企业 SHEA 的资产价值，又有效释放了 CCER 对于节能减排的社会价值，有效地帮助企业盘活了碳资。

资料来源：中国财富网，2021-5-13。

2. 组织形式创新

金融电子化在引起金融服务和金融业务处理方式产生全新变化的同时，还带来了金融机构组织形式的创新，出现了虚拟化和科技化发展的现象，如屏幕式的证券交易所及各类电子银行、网上银行、手机银行、智能银行等，使得客户可以利用高科技即可办理各种金融业务。

专栏看板11-1

中国第一家无人银行诞生

近日，坐落于上海黄浦区九江路 303 号的中国建设银行上海市无人银行举行了隆重的开业仪式，正式对外开放服务，这标志着中国第一家无人银行在上海正式开业。

在无人银行里，没有一个柜员，没有一个保安，也没有一个大堂经理，取而代之的是更高效率，懂你所要的智能柜员机。用户不用取号，不用排队，进门后直接在机器人那里一点就行。刷脸验证身份只要有了第一次，今后来无人银行办业务直接刷脸就能搞定，且 90% 以上现金及非现金业务都能办理，既不用带银行卡，也不用输银行密码，直接刷脸就行。

甚至，这家无人银行已经超出了“银行”的概念，因为它同时还是一个拥有 5 万册书的“图书馆”。手机一扫，就能把书保存带走。无人银行完全摆脱了传统服务的窠臼，呈现了现代金融科技服务的新气象。相比之前的无人驾驶、无人商场等人工智能，无人银行更胜一筹，但这远不是重点，人工智能的社会才刚刚拉开帷幕。

资料来源：央视网，2018-4-14。

3. 金融创新的专业化程度和技术含量日益提高

随着金融市场的不断发展，现代金融市场的交易种类和交易方式越来越复杂，金融机构的风险管理和投资银行业务越来越依赖于数理方法和工程技术分析。金融机构更趋向于引进先进的金融科技来开展金融业务的经营和管理。所谓“金融科技”（Fintech）是指金融机构可用以创新传统金融行业所提供的产品、服务及业务模式，对金融市场以及金融服务的供给产生重大影响，能更有效地进行风险控制和平台管理，进而提升金融服务业的效率并有效降低运营成本的各类科技手段，包括大数据、区块链、云计算、人工智能等新兴前沿技术。金融科技日益广泛的运用和金融服务的电子化，使得当今金融创新的专业化、科技化程度及技术含量越来越高，成倍提高了金融业从事各种经营活动的能力和效率。

4. 经营管理频繁创新

从 20 世纪中后期开始，金融机构在业务程序、机构设置、管理方法等方面都进行了创新。例如，金融机构的业务制度、操作程序不断改进；金融机构的内部机构设置也在不断变化，撤并旧部门，设立新部门，各部门之间的权限与关系被重新配置。此外，经营管理理论研究与金融发展相适应，不断推出新的管理方法，如 20 世纪 60 年代的负债管理、70 年代的资产管理和资产组合管理、80 年代的资产负债综合管理、90 年代的全面质量管理和全方位客户满意管理等。经营管理的频繁创新增强了金融机构的经营能力和市场适应能力，提升了金融机构的产业发展能力。

（二）业务综合化发展趋势

在业务创新的基础上，一些实行分业经营的国家的金融机构逐渐打破了职能分工的界限。例如，日本 1981 年的新银行法允许商业银行、长期信贷银行、信托银行经办证券业务；英国 1986 年允许所有金融机构参加证券交易所交易；美国 1999 年《金融服务现代化法案》的颁布，使金融机构之间的业务交叉最终得到法律上的认可。特别是商业银行与投资银行业务的结合，为客户提供了更全面的服务，使银行最终发展成为全能型商业银行。同时，非银行金融机构通过业务创新开始涉足银行业务，使金融机构的业务发展更趋综合化。

（三）注重兼并重组的发展趋势

进入 20 世纪 90 年代后，金融创新使金融机构之间的竞争越发激烈，各国金融机构在激烈的竞争中通过兼并重组将各自的优势结合起来，走强强联合的发展之路，以期适应形势的变化及新要求。

金融机构的兼并重组，有的在银行与银行之间进行，有的在投资机构之间进行，有的在银行与投资机构之间进行，有的在银行与保险机构之间进行。以美国为例，1998 年 4 月 6 日，花旗银行与经营保险、证券业务的旅行者集团合并成为美国最大的金融机构——花旗集团；接着第一银行与第一芝加哥银行合并为新的第一银行，成为全美第五大银行；稍后，国民银行与美洲银行宣布合并为新的美洲银行，一跃成为全美第二大银行集团。在其他发达国家，如日本、德国，甚至在拉丁美洲许多发展中国家也都出现了金融机构合并的案例。

进入21世纪后，银行合并的浪潮仍在各国延续。2006年1月4日，日本东京三菱银行与日本联合银行合并，成为当时世界第一大银行集团——三菱东京联合银行。2007年美国次贷危机后，新一轮的金融并购活动已经展开。据最新的标普全球市场情报银行并购跟踪报告，2021年1月至6月初，全球已宣布的银行并购交易总数已达到53宗，交易总值为248.3亿美元，远超2020年同期的43宗和65.3亿美元的交易总值。

（四）经营全球化的发展趋势

国际贸易的迅猛发展推动了国际投资和国际金融的发展，特别是生产一体化和经济全球化的发展，使得金融全球化的发展势头更加强劲。金融全球化趋势的表现之一就是金融机构及其业务活动的国际化，各国的金融机构纷纷在其他国家或地区设立分支机构，从事国际金融业务，成为跨国金融机构。同时国际资本流动规模和国际金融风险也随之增大。2008年国际金融危机爆发后，西方国家出现了明显的逆经济全球化倾向。随着民粹主义和贸易保护主义的泛起，经济全球化的发展走向再次成为国际社会关注的焦点。虽然逆经济全球化趋势反映了全球化的负面效应不断外溢，也意味着经济全球化的演进近期面临新的挑战，但是经济全球化及相关的金融机构经营全球化发展的长期趋势是难以逆转的。

第二节　中国的金融机构体系

一、旧中国金融机构体系的变迁

我国金融机构的发展历史源远流长。西周有专司政府信用的机构“泉府”；西汉有私营高利贷机构“子钱家”；王莽新朝时期，各地设有负责政府赊贷的“钱府”；唐代不仅有“公廨”和“质库”等公私放贷机构，还有经营存款、保管业务的组织“柜坊”和“寄附铺”，有从事货币兑换和金银买卖的金银店，还有办理汇兑业务的政府机构“进奏院”和商人组织。宋代有僧俗两众分别经营的典当业“长生库”和“质肆”，有经营存款的“柜坊”和经营兑换业务的金银铺，有“交引铺”这类买卖盐引、茶引的证券交易机构，有“便钱务”这类官办的汇兑机构。元代有官民分别经营的高利贷组织“解典库”，有从事兑换业务的银铺。明代有名称不一的私营高利贷机构，出现了经营货币兑换和消费性高利贷业务的“钱铺（庄）”以及“印局”这类小额高利贷机构，有经营汇兑业务的“官肆”等组织。清代前期产生了账局、银号、票号等传统银行。但数千年的封建社会和小生产方式，使我国的商品经济发展十分缓慢，内生的金融需求少，金融机构长期处于分散、落后的状态。当西方资本主义国家先后建立起现代金融体系的时候，我国的典当行、钱庄、票号等仍停留在高利贷性质的旧式金融机构。

19世纪中叶以后，随着外国资本的入侵和民族工业的崛起，为适应中外贸易发展的需要，1845年英商东方银行（即丽如银行）在香港设分行，成为中国第一家外商新式银行，而中国第一家现代民族资本银行即中国通商银行直至1897年才在上海开业。1805年英商开始在广东设立谏当保险行，1835 年设立保安保险公司并向华人发售股票，最早的外商新式保险企业及其股票在中国出现，30 年后中国首家民族保险企业义和公司保险行在 1865 年设立。为适应中外股份经济发展需要，1869 年英商在上海设立了中国首家证券公司——长利公司；1882 年华商设立上海平准股票公司，为首家民族证券公司；1890 年英商即在华设立非专业的信托机构——中国、日本与海峡信托放款公司（即英商大东惠通公司）；1905 年港英政府批准英商设立上海众业公所，此为中国出现的首家证券交易所。这一阶段中国金融机构的发展带有明显的半殖民地半封建的二元结构性质。

知识链接11-3

中国人最早设立的新式银行

1897 年 5 月 27 日开业的中国通商银行是中国人最早设立的银行。这是由盛宣怀提议并创办的，总行设在上海。初创时采取官商合办的形式，管理大权完全掌握在盛宣怀的手中。中国通商银行的成立，标志着中国现代银行信用事业的创始。1935 年，中国通商银行因滥发银行券曾发生挤兑风潮，后来为四大家族所控制。解放后，其“官股”为人民政府所接管。1952 年 12 月与其他行庄合并组成公私合营银行，后并入中国人民银行。

摘自：赵赴越，陆如川．金融之最．北京：中国财政经济出版社，1988：87-88。

北洋政府时期，日商在 1913 年设立大连取引所信托株式会社，1914 年美商在上海设立普益信托公司，这是外商在中国最早设立的专业信托公司。最早出现的华商专业信托机构是 1914 年设立的滨江农产信托交易所和滨江货币信托交易所。为支持民族股份经济发展和刺激公债交易，1916 年汉口成立了首家民族证券交易所。1918 年后北洋政府又批准设立了北京证券交易所、上海证券物品交易所和上海华商证券交易所。1921 年，上海金业交易所成立。为满足平民经济发展的需要，1919 年上海创办了中国最早的合作银行国民合作储蓄银行。1923 年，河北省香河县第一信用合作社成立，成为中国最早的信用合作社。

国民党统治时期，国民政府和四大家族运用手中的权力建立了以“四行二局一库”为核心的官僚资本金融机构体系。“四行”指中央银行、中国银行、交通银行、中国农民银行；“二局”指中央信托局和邮政储金汇业局；“一库”指中央合作金库。“四行二局一库”成为国民党政府实行金融垄断的重要工具。而中国民营资本金融机构则与民营工商业一样，处于帝国主义、官僚资本主义的双重压力之下，规模小，发展缓慢。

与之并行，中国共产党在领导全国人民夺取政权的革命斗争中，在各个革命根据地也建立了自己的金融机构。其中影响较大的有：第二次国内革命战争时期在瑞金成立的中华苏维埃共和国国家银行；抗日战争时期在各抗日根据地成立的银行，如陕甘宁边区银行、华北银行等。这些银行为人民战争的胜利和新中国的成立做出了重大贡献。

二、新中国成立后金融机构体系的建立与发展①

新中国成立之初，我国经济和金融发展基础相当薄弱，现行的金融机构体系是在新中国成立

① 不含香港、澳门、台湾地区，后同。

后逐步形成和发展起来的，大致可分为以下几个阶段。

（一）新型金融机构体系初步形成阶段（1948—1953 年）

1948 年 12 月 1 日，中国人民银行在原华北银行、北海银行、西北农民银行的基础上成立了，它标志着新中国金融体系的开始。新中国成立之初，中国人民银行接管和没收了官僚资本银行，将革命根据地和解放区的银行分别改造为中国人民银行的分支机构，并对民族资本银行、私人钱庄进行了社会主义改造。通过这些措施，中国人民银行逐渐成为全国唯一的国家银行，奠定了国有金融机构居于支配地位的新中国金融机构体系的基础。

（二）“大一统”金融机构体系确立阶段（1953—1978 年）

1953 年，我国开始大规模、有计划地进行经济建设，在经济体制上实行高度集中统一的计划经济体制。与之相应，金融机构体系也实行了高度集中的“大一统”模式，其基本特征为：中国人民银行是全国唯一一家办理各项银行业务的金融机构，集中央银行和商业银行功能于一身，内部实行高度集中管理，资金统一计划调度，利润分配实行统收统支。这种模式对当时的经济发展起到了一定的促进作用，但统得过死，不利于有效地组织资金融通，也不利于调动各级银行的积极性。

（三）改革和突破“大一统”金融机构体系的初期（1979—1983 年）

1979 年开始的经济体制改革客观上要求改变“大一统”的金融体系。1979 年，中国银行从中国人民银行中分列出来，作为外汇专业银行，负责管理外汇资金并经营对外金融业务；同年，恢复中国农业银行，负责管理和经营农业资金。1980 年，我国试行基建投资“拨改贷”后，中国建设银行从财政部分设出来，最初专门负责管理基本建设资金，1983 年开始经营一般银行业务。这些金融机构各有明确的分工，打破了人民银行一家包揽的格局。但中国人民银行仍然集货币发行和信贷于一身，不能有效地对专业银行和金融全局进行领导、调控与管理。因此，我国有必要建立真正的中央银行和商业银行相分离的二级银行体制。1983 年 9 月，国务院决定中国人民银行专门行使中央银行职能；1984 年 1 月，单独成立中国工商银行，承担原来由人民银行办理的工商信贷和储蓄业务。

（四）多样化的金融机构体系初具规模的阶段（1984—1993 年）

1984 年中国人民银行独立行使中央银行职能和工、农、中、建四大国有专业银行组成的二级银行体制建立以后，金融机构的多元化改革拉开序幕。1986 年以后，增设了交通银行等全国性综合银行，还设立了广东发展银行、深圳发展银行等区域性银行；同时批准成立了中国人民保险公司、中国国际信托投资公司、中国投资银行以及证券公司、财务公司、金融公司、城市信用合作社、金融租赁公司等多种类金融机构。在对内加大改革力度的同时，金融业进一步实行对外开放，允许国外金融机构在我国设立代表处，允许部分合格的营业性外资金融机构在我国开业，使我国金融机构体系从封闭走向开放。上述改革使我国在 20 世纪 90 年代初期形成了以中国人民银行为核心，以工、农、中、建四大专业银行为主体，其他多种类金融机构并存和分工协作的金融机构体系。

（五）建设和完善社会主义市场金融机构体系的时期（1994 年至今）

1994 年，为适应建立社会主义市场经济体制的需要，国务院决定进一步改革金融体制，建立在中央银行宏观调控下的政策性金融与商业性金融分离、以国有商业银行为主体的多种金融机构并存的金融机构体系。此次改革的主要措施有：分离政策性金融与商业性金融，成立三大政策性银行；国有四大专业银行向国有商业银行转化。1995 年，我国组建了第一家民营商业银行——中国民生银行；同年在清理、整顿和规范已有的城市信用社基础上，在各大中城市开始组建城市合作银行，1998 年起陆续更名为城市商业银行；大力发展证券投资基金等非银行金融机构；为加强对金融机构的监管，1992 年成立了中国证券监督管理委员会（简称证监会），1998 年成立了中国保险监督管理委员会，2003 年成立了中国银行业监督管理委员会，形成了“分业经营、分业监管”的框架。为了提高监管效率，国务院决定将中国银行业监督管理委员会和中国保险监督管理委员会的职责整合，组建中国银行保险监督管理委员会（简称银保监会）。2018 年 4 月 8 日，银保监会正式挂牌，标志着我国的金融机构体系仍处在完善过程之中。

三、中国现行的金融机构体系

经过 40 多年的改革开放，中国的金融机构体系已由过去长期实行的“大一统”银行体制逐步发展成为多元化的金融机构体系。目前中国金融机构体系由存款性公司和其他金融公司两大部分组成，并以存款性公司（包括中央银行和其他存款性公司）为主体。截至 2021 年 6 月，中国的金融机构体系构成如图 11-1 所示。

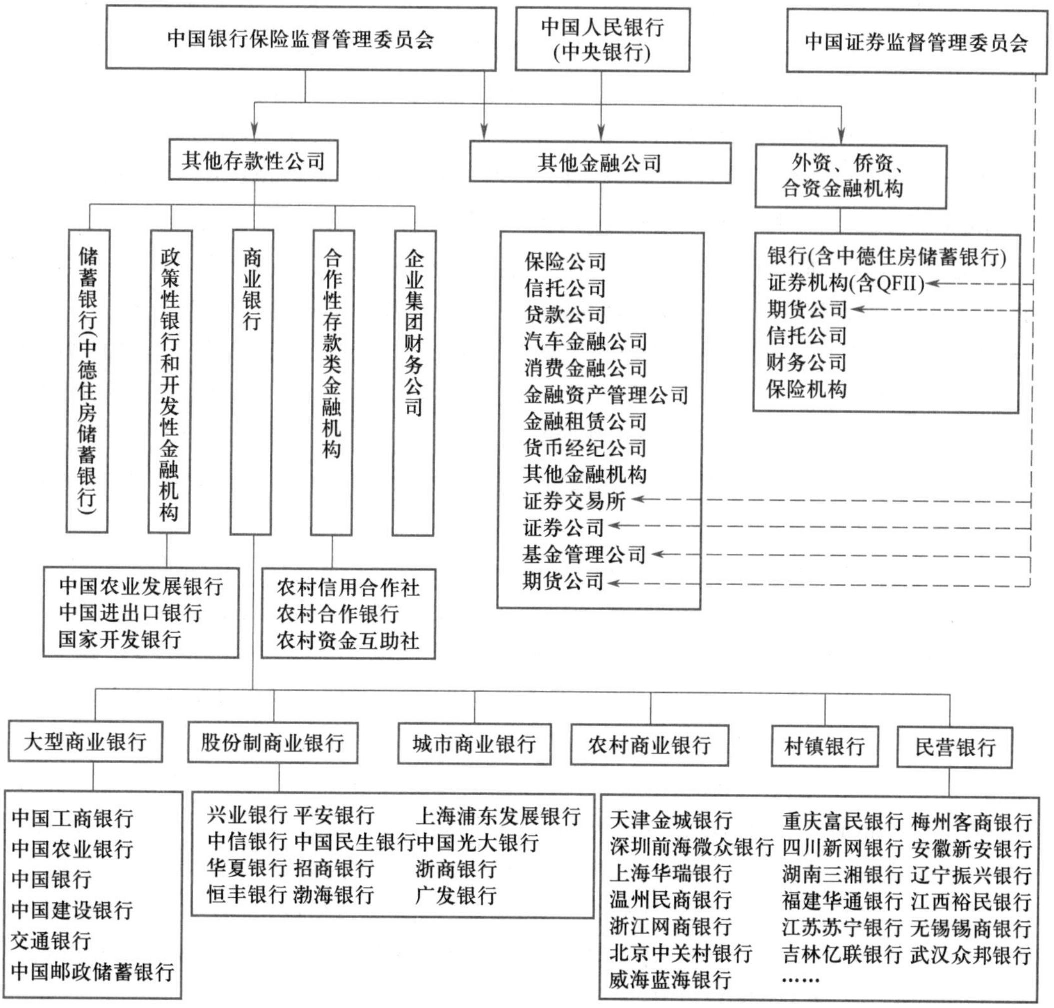

图 11-1　中国的金融机构体系图示

（一）以银行为主体的存款性公司

中国的存款性公司分为货币当局（中央银行）和其他存款性公司两部分，后者受银保监会监管。

1. 中央银行

我国的中央银行是1948年成立的中国人民银行。从1984年1月1日起，中国人民银行开始专门行使中央银行的职能。截至2021年5月，中国人民银行的总资产为386 916.77亿元人民币，自有资金为219.75亿元人民币。

2. 其他存款性公司

（1）商业银行。

① 大型商业银行。这类银行包括中国工商银行、中国农业银行、中国银行、中国建设银行、交通银行、中国邮政储蓄银行。其中前四家银行是由原来的国家专业银行转化而来的，1995年《中华人民共和国商业银行法》（简称《商业银行法》）颁布实施后称为国有独资商业银行，2003年起陆续进行了股份制改造，借助资本市场的力量，通过财务重组和增资扩股改善财务状况，建立并陆续完善了公司治理结构。交通银行始建于1908年。1958年，除香港分行仍继续营业外，交通银行国内业务分别并入当地中国人民银行和中国人民建设银行。1986年7月24日，国务院批准重新组建交通银行。1987年4月1日，重组后的交通银行正式对外营业，成为中国第一家全国性的国有股份制商业银行，总行设在上海。中国邮政储蓄银行是由原邮政储蓄系统分立出来的，于2007年3月20日正式挂牌成立，2016年在香港联交所主板成功上市，正式登陆资本市场。目前六家大型商业银行均经营全面的银行业务，均进入世界500家大银行的前100位。在"2021年全球银行1 000强排名"中，按一级资本排名，中国工商银行、中国建设银行、中国农业银行、中国银行、交通银行、中国邮政储蓄银行分列世界前20家大银行的第1、2、3、4、11、15位。2021年5月，大型商业银行总资产规模为1 278 198亿元，当年第一季度的不良贷款率为1.47%。

② 股份制商业银行。这类银行自1987年以后陆续组建，从地域上大致可分为全国性和区域性两类。截至2020年12月31日，我国的全国性股份制商业银行有中信银行、光大银行、招商银行、上海浦东发展银行、中国民生银行、华夏银行、平安银行、兴业银行、广发银行、渤海银行、浙商银行、恒丰银行等12家。2021年5月，股份制商业银行的资产总额为585 813亿元，当年第一季度不良贷款比率为1.45%。

③ 城市商业银行。城市商业银行是1995年在原城市信用社的基础上，由城市企业、居民和地方财政投资入股组成的地方性股份制商业银行。城市商业银行最初称为城市合作银行，1998年起逐步改用现名。这类银行均实行一级法人、多级核算经营体制，主要功能是为地方经济和中小企业服务。截至2020年12月31日，我国有北京银行等133家城市商业银行。2021年5月，我国城市商业银行的资产总额达到了430 204亿元，当年第一季度不良贷款比率为1.94%。

④ 其他商业银行。一是农村商业银行，是由辖区内农民、农村工商户、企业法人和其他经济组织共同入股组成的股份制的地方性金融机构。2020年全国有1 539家农村商业银行。二是村镇银行，是指在农村地区设立的主要为当地农民、农业和农村经济发展提供金融服务的银行业金融机构。三是民营银行，是指由民间资本控股并主要为民营企业提供资金支持和服务的银行。截至2020年12月31日，我国有天津金城银行等19家民营银行。四是外资银行业法人金融机构。1981年，中国引进了第一家外资银行。截至2020年12月31日，我国有外资法人银行41家，外国及港澳台银行分行116家。

（2）政策性银行及开发性金融机构。

1994年金融体制改革的目标之一是建立在中央银行宏观调控之下的政策性金融与商业性金融

分离的金融机构体系。为此建立了国家开发银行、中国农业发展银行、中国进出口银行三家政策性银行，将各专业银行原有政策性业务与经营性业务分离。政策性银行成立后，在改革与发展过程中发挥了重要作用。随着社会主义市场经济和市场金融体制的完善，政策性银行的发展面临着新的问题，正在进行转制与深化改革。2008 年 12 月 16 日，国家开发银行股份有限公司挂牌成立，标志着该行的改革发展进入了从政策性金融向开发性金融演变的新阶段。虽然该行还具有一定的政策性业务，但统计上已不属于政策性银行，而是我国唯一一家开发性金融机构。中国农业发展银行可以办理业务范围内客户、财政、同业、没有中国农业银行网点的县城地区公众存款业务。中国进出口银行也可以吸收同业存款，但存款业务较为微弱。国家开发银行不办理存款业务。

（3）储蓄银行。

2019 年，中国邮政储蓄银行纳入“大型商业银行”统计口径后，我国截至 2021 年年底只有 1 家储蓄银行——中德住房储蓄银行。该行是由中国建设银行与德国施威比豪尔住房储蓄银行合资建立的国内唯一一家专业银行，2004 年 2 月开业，总行设在天津。

（4）合作性存款类金融机构。

此类机构主要包括城市和农村信用合作社、农村合作银行、农村资金互助社。农村合作银行是由辖内农民、农村工商户、企业法人和其他经济组织入股组成的股份合作制社区性地方金融机构，主要任务是为农民、农业和农村经济发展提供金融服务。农村资金互助社是经监管机构批准，由公民自愿入股组成的新型社区互助性银行业金融机构，实行社员民主管理，以服务社员为宗旨，谋求社员共同利益。农村资金互助社与上述的村镇银行等机构又统称为新型农村金融机构。2020 年全国有 27 家农村合作银行、641 家农村信用合作社和 1 691 家新型农村金融机构。2012 年 3 月 29 日，我国最后一家城市信用社——宁波象山县绿叶城市信用社，改制为城市商业银行，即宁波东海银行，城市信用社正式退出了历史舞台。为规范经营管理并提高风险控制水平，银保监会鼓励符合条件的农村信用社改制并且与农村合作银行逐渐改制为农村商业银行。

（5）企业集团财务公司。

截至 2020 年 12 月 31 日，我国共有 256 家企业集团财务公司。

（二）其他金融公司

其他金融公司大体可以划分为保险类、投资类、非保险类和非投资类的其他金融性公司三种。

1. 保险类机构

我国的保险类机构主要包括保险集团和控股公司、财产险公司、人身险公司、专业再保险公司、保险资产管理公司、外资保险公司及其代表处、全国性和区域性保险专业代理机构、保险经纪机构、保险公估机构。截至 2020 年 12 月 31 日，我国共有 238 家保险机构法人，其中包括 1 家出口信用保险公司、14 家保险集团（控股）公司、87 家财险公司、75 家寿险公司、14 家再保险公司、9 家养老保险公司、7 家健康险公司、28 家保险资产管理公司、3 家农村保险互助社；保险专业中介机构法人包括保险专业代理、保险经纪、保险公估等，共有 2 640 家。

2. 投资类机构

① 证券、期货、黄金、外汇投资机构。我国的证券、期货、黄金投资机构主要包括投资银行或综合类证券公司，基金管理公司及其旗下的证券、期货、黄金、货币、混合类投资基金。截至 2021 年 5 月，我国有 138 家证券公司，135 家公募基金管理机构，7 742 只公募基金。另外，我国还有经国家外汇管理局批准、可参与境内证券市场投资的合格境外机构投资者（Qualified Foreign Institutional Investors，QFII）与可参与境外证券投资的合格境内机构投资者（Qualified Domestic

Institutional Investors，QDII），除了涉及境内外的基金管理公司和投资基金、商业银行、投资银行外，还涉及资产管理公司、投资管理公司、投资顾问公司、退休金管理委员会、年金计划投资委员会、养老金信托公司、教会养老基金、保险公司、投资证券公司、资金管理公司国库控股公司、家族基金会、基金顾问公司、机构信托公司、政府投资局、金融管理局等众多机构。截至2021年5月，我国有合格境外机构投资者（QFII）601家；截至2020年10月，人民币合格境外机构投资者（RQFII）有259家；截至2021年6月2日，合格境内机构投资者（QDII）有173家，投资审批额度为1 473.19亿美元。

② 信托公司。信托公司是一种以受托人的身份，代人理财的非存款类金融机构。我国信托公司的业务范围主要限于信托、投资和其他代理业务。信托公司受托投资的领域较广，不局限于金融业。2020年12月31日，我国有68家信托公司。

③ 投资服务类机构。投资服务类机构是为投融资交易提供场地、设施和辅助性服务的机构，主要包括期货交易所、证券交易所、经纪类证券公司、期货（经纪）公司、货币经纪公司、征信公司、信用评级机构、信用担保机构、证券与基金销售机构、基金与证券买卖支付结算机构，以及具有证券从业资格的会计师事务所、律师事务所、资产评估机构等。截至2019年12月，从事证券期货业务的会计师事务所有40家，资产评估机构有70家。2020年12月完成首次备案的证券评级机构有12家，货币经纪公司有5家。截至2021年5月，我国有40家为公开募集基金销售机构提供支付结算服务的第三方支付机构，55家证券投资基金托管人，83家证券投资咨询机构。截至2021年6月，期货公司有150家。

3. 非保险和非投资类的其他金融性公司

① 金融资产管理公司。我国的金融资产管理公司有政策性和商业性两类。全国性、政策性的金融资产管理公司主要是指经国务院决定设立的收购国有银行不良贷款，管理和处置因收购国有银行不良贷款形成的资产的非存款类金融机构，带有典型政策性金融机构的特征。1999年4月20日，中国首家经营商业银行不良资产的全国性金融资产管理公司——中国信达资产管理公司成立，随后华融、长城、东方三家全国性金融资产管理公司相继成立。2020年挂牌的中国银河资产管理公司是经国务院和银保监会批准成立的第五家全国性金融资产管理公司，其前身是2005年9月经国务院批准由华夏证券改组设立的建投中信资产管理公司，该公司主要承担华夏证券非证券类资产的政策性处置任务。

金融资产管理公司通过技术操作，处置商业银行剥离出来的不良资产，有利于国有商业银行进行资产重组，提高竞争力。除了上述5家全国性、政策性的金融资产管理公司以外，我国还有许多银行、证券和保险公司发起设立的商业性金融资产管理公司，如中国人寿资产管理公司、兴业资产管理公司等。目前在中国内地活动的QFII和RQFII中还有很多港资、外资和合资的金融资产管理公司。

② 金融租赁公司。金融租赁公司是指经银保监会批准，以经营融资租赁业务为主的非存款类金融机构。截至2020年12月31日，全国共有71家金融租赁公司。

③ 贷款公司。贷款公司是经银保监会批准，由境内商业银行或农村合作银行在农村地区全资设立的专门为县域农民、农业和农村经济发展提供贷款服务的非存款类金融机构。截至2021年3月，全国共有小额贷款公司6 841家，贷款余额8 653.15亿元。

④ 其他非存款类金融机构。非保险、投资类的其他金融性公司还有不少，主要包括汽车金融公司、消费金融公司、其他金融机构、典当行等非存款类金融机构。2019年，我国有8 397家典

当企业，注册资金为 1 722.6 亿元，资产总额为 1 602.7 亿元。2020 年 12 月 31 日，我国有 25 家汽车金融公司，27 家消费金融公司。其他金融机构包括 5 家金融资产投资公司、21 家银行理财公司、中国信托业保障基金有限责任公司、中国信托登记有限责任公司、汇达资产托管有限责任公司、中国外汇交易中心、上海黄金交易所、山东省城市商业银行合作联盟有限公司、建信养老金管理有限责任公司等。

四、我国香港特别行政区的金融机构体系

1997 年香港回归祖国后，在“一国两制”的方针和《中华人民共和国香港特别行政区基本法》的倡导下，继续维持原有的货币金融体制。香港特区的金融机构体系颇具特色，以国际金融资本为主体，银行、外汇、黄金、证券、保险、期货、共同基金等多种金融机构并存。

香港金融监管机构主要是金融管理局、证券及期货事务监察委员会（证监会）与保险业监管局（保监局），它们分别负责监管银行、证券与期货以及保险与退休计划等行业。

金融管理局是香港特区政府架构中负责维持货币及银行体系稳定的机构。金融管理局的职能虽与中央银行大致相符，但由于它不发行钞票，不是政府的银行，故而被称为准中央银行。香港保险业监管局作为主要的监理机构对保险业实行审慎监管。香港证券及期货事务监察委员会是香港证券、金融投资及商品期货买卖活动的最高管理机构。香港存款保障委员会负责管理存款保险计划。此外，香港特区政府还充分发挥金融同业公会的作用，在金融行业中实行以政府部门为主、同业公会自律为辅的金融监管体制。

知识链接11–4

香港银行公会

香港银行公会是根据香港法例第 364 章《香港银行公会条例》于 1981 年成立的法定团体，用以取代香港外汇银行公会。按上述条例的规定，所有持牌银行必须成为该公会的会员。公会的最高权力机构为公会委员会，由 12 位成员组成，包括 3 家发钞银行（永久会员）及 9 位选任委员，9 位选任会员是通过每 3 年一次的选举产生的，本地及海外银行分别占 4 席和 5 席。1996 年后，公会主席职位由 3 家永久会员银行每年轮流担任。

香港银行公会的宗旨是：增进持牌银行的利益；随时制定银行业务管理的规章；审议、调查、询问与银行业务相关联或有联系的所有事情和问题；促成、审议、支持、反对、提出建议和经常处理影响或可能影响银行业务的任何法律；收集、发布、传播有关银行业务或者在其他方面很可能对会员和其他人员有利害关系的事项；代表会员出席任何社会团体、委员会，或者在任何法院或法庭出庭或质询；作为会员的咨询团体，在与银行业务有牵涉或联系的所有事务，与其他团体、组织进行合作和保持联系；提供会议场所或会员认为适宜的场所，以便供会员宣传或展示其有关银行业务的活动、资料和意见；通过管理上的协议或其他途径，为会员提供或获得交换支票和其他凭证以及进行银行现场交易的便利；设立赞助、支持、合作或其他方面帮助任何人从事艺术、赈济、慈善、福利或类似活动，捐助或参与委员会认为合适的任何类似活动；从事或做出有助于全体会员发展、成功和进步的其他活动和事项。

资料来源：《香港银行公会条例》（1991 年修订）。

香港有其独特的货币发行安排。港元是由香港特区政府通过法律授权某些信誉卓著、实力雄厚的大商业银行发行的。目前发行港元的三家银行是汇丰银行、中国银行（香港）、渣打银行。

香港有各类金融机构。目前香港银行机构实行三级管理制度，其银行分为持牌银行、有限制牌照银行、接受存款公司三类机构，这三类机构均可吸收公众存款，其中持牌银行占有优势地位。

香港的保险机构包括保险公司、保险代理商、作为香港保险顾问联会及香港专业保险经纪协会成员的保险经纪，经营一般保险和长期保险两类业务。

香港的证券机构主要有香港联合交易所集团、参与香港联合交易所与期货交易所交易的持牌法团、未参与交易所交易的持牌法团、未参与交易所交易的注册机构、香港认可集体投资（基金）计划。

除了上述金融机构，香港还设有外汇基金投资有限公司、香港按揭证券有限公司、香港银行同业结算有限公司、香港交易及结算所有限公司等多种金融机构。

五、我国澳门特别行政区的金融机构体系

澳门金融业主要由银行和保险机构构成。20世纪80年代以后，以银行为主体的澳门金融业已成为澳门经济的四大支柱产业之一。澳门回归祖国之后，在“一国两制”方针指导下，仍维持原有的金融体制和金融机构体系。

澳门特区不设中央银行，其主管金融事务的机构是经济财政司下辖的金融管理局，主要职责是：协助行政长官制定与实施货币、金融、外汇、保险等政策，规划和监督本地区的货币、金融、外汇、保险等市场活动，确保本地区货币的内部均衡和对外的可兑换性，执行管理中央储备库以及外汇、其他对外支付工具的职能，维持本地区金融体系的稳定。

澳门货币为澳门元，其代理发钞机构是大西洋银行和中国银行澳门分行。目前澳门元与港元实行联系汇率制度。

澳门的银行机构包括在澳门注册成立的银行（含1家邮政储金局）、外地注册银行的分行、可从事有限银行业务活动的金融公司、从事发行及管理电子货币储值卡业务的其他信用机构。除了2家离岸银行，澳门的其他银行都是零售银行，持有全能牌照。澳门的邮政储金局是邮电司属下的一个信用机构，主要吸收邮政储蓄，大部分资金用于公务员的福利贷款，小部分运用于房屋优惠基金，帮助市民购买经济房屋。

澳门银行业的同业组织是澳门银行公会，它是自律性的民间组织，旨在加强银行之间的联系、协调与自律。澳门银行公会也制定利率协议，与香港不同的是，该利率协议不具有法律效力，各银行可以自行做出调整，但一般不会偏离协议利率。

澳门的保险机构有人寿保险公司、非人寿保险公司、获许可的保险中介人。

澳门还有一些在金融管理局监管下的其他类型金融机构，包括兑换店、兑换柜台、现金速递公司、金融中介业务公司、其他金融机构的代表办事处（信用卡公司）、开放式退休基金、获准在澳门宣传及销售的外地投资基金。

六、我国台湾地区的金融机构体系

台湾地区的金融体系包括正式的金融体系与民间借贷两部分。正式的金融体系分为金融中介机构与金融市场机构，其中金融中介机构依据能否创造货币又可分为货币机构和其他金融机构。

台湾地区的货币金融体系由“金融监督管理委员会”及“中央银行”共同管理。为控制和稳

定金融体系，台湾地区设有“中央存款保险公司”。

台湾地区的货币机构包括“中央银行”与存款货币机构，其中存款货币机构包括台湾地区的一般商业银行、中小企业银行、外国银行在台分行、信用合作社、农会信用部及渔会信用部等。一般商业银行是台湾地区主要的存款机构，包括商业银行、储蓄银行、开发银行、农业银行、不动产信用银行、输出入银行；中小企业银行主要为中小企业提供金融服务；信用合作社、农会信用部、渔会信用部等基层合作金融机构的职能主要是调剂会员资金，促进农、渔业发展。

台湾地区的金融市场机构包括证券投资基金、办理有价证券融资融券的证券商、证券经纪商、证券自营商、证券承销商、证券投资信托公司、证券投资顾问公司、证券金融公司、证券金融相关单位、票据交换所、期货商等期货业机构。

此外，台湾地区还有信用卡公司、产物保险公司、再保险公司、保险合作社、人寿保险机构、邮政公司储汇处、票券金融公司等多种金融机构。

第三节　国际金融机构体系

国际金融机构主要指各国政府或联合国建立的国际金融机构组织，分为全球性国际金融机构和区域性国际金融机构。国际金融机构是在第二次世界大战以后逐渐建立起来的。1944 年 7 月，44 个国家在美国新罕布什尔州布雷顿森林市召开国际金融会议，商讨重建国际货币制度。这次会议确立了战后的国际货币制度，即布雷顿森林货币体系，并根据会议协议及相关条款成立了国际货币基金组织，此后又建立起了一系列新的国际金融机构。这些组织和机构在国际经济和国际金融活动中发挥了重要的作用。

一、全球性国际金融机构

目前，全球性的国际金融机构主要有国际货币基金组织、世界银行集团、国际清算银行等。

（一）国际货币基金组织

国际货币基金组织（International Monetary Fund，IMF）是为协调国际货币政策和金融关系，加强货币合作而建立的国际性金融机构，是联合国的一个专门机构，于 1945 年 12 月成立，总部设在美国华盛顿。我国是该组织的创始国之一，新中国成立以后一直被排斥在外，1980 年才正式恢复席位。国际货币基金组织的宗旨是通过会员国共同研讨和协商国际货币问题，促进国际货币合作；促进国际贸易的扩大和平衡发展，开发会员国的生产资源；促进汇率稳定和会员国有条件的汇率安排，避免竞争性的货币贬值；协助会员国建立多边支付制度，消除妨碍世界贸易增长的外汇管制，协助会员国克服国际收支困难。

国际货币基金组织的最高权力机构是理事会，由成员国选派理事和副理事各一人组成。其资金主要来自会员国认缴的份额。份额大小的重要性表现在两个方面：一是份额多少决定一国的地位和投票权，认缴的份额占总份额的比例越大，投票权就越多，进而一国在决定重大国际金融事务中就具有重要的影响作用。

国际货币基金组织的贷款对象只限于成员国财政金融当局，而不与任何私营企业进行业务往来。贷款用途只限于弥补成员国国际收支逆差或用于经常项目的国际支付。国际货币基金组织的贷款都是短期贷款，1 至 5 年不等，贷款利率按贷款期限和额度的累进递增收取；贷款额度有限制，与借款国份额的大小成正比；贷款种类目前主要有普通贷款、出口波动补偿贷款、缓冲库存贷款、中期贷款、补充贷款、信托基金贷款等。

（二）世界银行集团

世界银行集团由世界银行、国际金融公司、国际开发协会、国际投资争端处理中心、多边投资担保机构五个机构构成。

1. 世界银行

世界银行（World Bank）又称国际复兴开发银行（IBRD）。这是 1945 年与国际货币基金组织同时成立的联合国专属金融机构，于 1946 年 6 月正式营业，总部设在美国华盛顿。世界银行的资金来源中最主要的是认缴份额。另外，世界银行还从各种渠道筹集资金，来自各国官方的占 30%，向国际市场借款占 70%，这些资金均以固定利率借入。除信贷外，世界银行还采用在国际资本市场发行中长期债券和将贷出款项的债权转让给商业银行等方式进行业务活动。同时，世界银行还从事向会员国提供技术援助、担任国际银团贷款的组织工作、协调与其他金融机构的关系等活动。世界银行的贷款用途较广，包括工业、农业、能源、运输、教育等，一般都是项目贷款。贷款期限为 20 年左右，并有 5 年宽限期，利率比较优惠。贷款额度要考虑借款国人均国民生产总值、还债信用程度、借款国发展目标和需要、投资项目的可行性及在世界经济发展中的次序等。中国是世界银行的创始国之一，1980 年 5 月恢复在世界银行的合法席位，目前是世界银行最大的借款国，也是执行世界银行项目最好的国家之一。

2. 国际金融公司

国际金融公司（International Finance Corporation，IFC）是专门向经济不发达会员国的私有企业提供贷款和投资的国际性金融组织，于 1956 年建立，总部设在美国华盛顿。国际金融公司是世界上为发展中国家提供贷款最多的多边金融机构。资金来源主要是会员国认缴的股本、借入资本和营业收入，资金运用主要是提供长期的商业融资。其业务宗旨是促进发展中国家私营部门投资，从而减少贫困，改善人民生活。国际金融公司利用自有资源和在国际金融市场上筹集的资金为项目融资，同时向政府和企业提供技术援助和咨询。

3. 国际开发协会

国际开发协会（International Development Association，IDA）是专门向较贫穷的发展中国家发放条件较宽的长期贷款的国际金融机构，于 1960 年建立，总部设在美国华盛顿。其宗旨主要是向最贫穷的成员国提供无息贷款，促进它们的经济发展，这种贷款具有援助性质。国际开发协会的资金来源中最主要的是认缴份额，同时依靠发达国家会员国增资、世界银行拨款和营业收入来扩大资本。国际开发协会的贷款对象按规定是官方和公私营企业，但实际上都是较贫穷成员国的政府。贷款多用于农业、乡村发展项目、交通运输、能源等领域。贷款条件优惠，还款年限为 50 年，宽限期为 10 年，且不收利息，每笔贷款只需支付 0.75%的手续费。

4. 国际投资争端解决中心

国际投资争端解决中心（International Center for Settlement of Investment Disputes，ICSID）是根据 1966 年 10 月正式生效的《关于解决国家和其他国家国民投资争端公约》（即 1965 年《华盛顿公约》）成立的世界上第一个专门解决国际投资争议的仲裁机构，总部设在美国华盛顿。该中心的组织机构有：理事会，为最高权力机构，由各成员国派 1 名代表组成，每年举行一次会议，世界银行行长为理事会主席；秘书处，处理日常事务，由秘书长负责。该中心的宗旨是通过调解和仲裁的方式，在国家和投资者之间培育一种相互信任的氛围，从而促进国外投资不断增加。除了对特定投资争端案件进行调解和仲裁之外，该中心还积极参与和促进多边投资公约的谈判。该中心规定要求其调解和仲裁的争议双方须为公约的成员国，中国于 1993 年正式成为该公约的缔约国；该中心调停和仲裁的争议必须是直接由投资引起的法律争议，而且这种调解和仲裁完全是出于双方自愿。

5. 多边投资担保机构

多边投资担保机构（Multilateral Investment Guarantee Agency，MIGA）成立于 1988 年，其宗旨是通过向私人投资者提供包括征收风险、货币转移限制、违约、战争和内乱风险在内的政治风险担保，并通过向成员国政府提供投资促进服务，加强其吸引外资的能力，从而促使外国直接投资流入发展中国家。多边投资担保机构积极支持中国吸引外国直接投资，曾为中国的制造业及基础设施建设等方面提供了多项担保。

（三）国际清算银行

国际清算银行（Bank for International Settlements，BIS）是西方主要发达国家中央银行和若干大商业银行合办的国际金融机构，成立于 1930 年 5 月 17 日，总部设在瑞士巴塞尔，是现行历史最悠久的国际金融机构。该行初建的目的是处理第一次世界大战后德国赔款的支付和解决协约国之间的债务清算问题。国际货币基金组织成立后，国际清算银行主要办理国际清算，接受各国中央银行存款并代理买卖黄金、外汇和有价证券，办理国库券和其他债券的贴现、再贴现等，此外还负责协调各成员国中央银行的关系，故有“央行的央行”之称。该银行不办理个人或企业的存放款业务。国际清算银行领导下的常设监督机构为巴塞尔银行监管委员会（简称巴塞尔委员会），其致力于跨国性银行的监管工作。该委员会制定的《巴塞尔协议》《巴塞尔协议Ⅱ》和《巴塞尔协议Ⅲ》成为国际统一的银行监督管理原则，对完善各国银行的经营管理模式和稳健发展发挥了重要的作用。

二、区域性国际金融机构

区域性国际金融机构是由区域内国家或区域内、外国家共同出资设立并主要为本区域经济和社会发展提供金融服务的金融机构，主要分为以下三种。

（一）完全由地理区域内国家组成的区域性国际金融机构

这类区域性国际金融机构主要是欧洲投资银行。

欧洲投资银行（European Investment Bank，EIB）是在 1957 年 3 月 25 日根据《欧洲共同体条约》（即《罗马条约》）的有关条款组成的欧洲金融机构，行址设在卢森堡。该行的股东是 27 个欧洲联盟的成员国。欧洲投资银行的宗旨是：为了欧洲联盟的利益，利用国际资本市场和欧盟本身的资金，促进欧盟平衡而稳定地发展。该行的主要业务活动是：在非营利基础上，提供贷款和担保，以资助欠发达地区的发展项目，改造和使原有企业现代化以及开展新的活动。欧洲投资银行的资金来源主要是向欧洲货币市场借款，其主要贷款对象是成员国不发达地区的经济开发项目。目前，该行的贷款对象已扩大到与欧盟有较密切联系或有合作协定的非欧盟国家。

（二）由地理区域内、外国家组建的区域性国际金融机构

1. 亚洲开发银行

亚洲开发银行（Asian Development Bank，ADB）是西方国家与亚洲太平洋地区发展中国家和

地区合办的政府间的金融机构，1966年在东京成立，总行在菲律宾的马尼拉。最初有会员31个，2021年年初增加到68个，其中49个来自亚太地区，19个来自其他地区。我国于1986年3月正式恢复在亚洲开发银行的合法席位。亚洲开发银行的宗旨是通过发放贷款、投资和提供技术援助，促进本地区的经济发展与合作。

亚洲开发银行的组织和管理机构与世界银行相似。其资金来源主要是会员国和地区认缴的股本，其次是借款、发行债券以及某些国家的捐赠款和由营业收入积累的资本。截至2021年年初，中国持有亚洲开发银行6.429%的总股份，在该行拥有的投票权为723 114票，占总成员资格的5.437%，占总地区成员资格的8.349%。亚洲开发银行的主要业务是向亚太地区的成员政府及其所属机构、境内公私企业以及与发展本地区有关的国际性或地区性组织提供长期贷款。其贷款分为普通贷款和特别基金贷款两种。普通贷款期限为12~25年，年利率为7.5%；特别基金贷款期限为25~30年，有的长达40年，年利率为1%~3%。

2. 亚洲基础设施投资银行

2015年12月25日正式成立的**亚洲基础设施投资银行**（Asian Infrastructure Investment Bank，AIIB），简称亚投行，是一个政府间性质的亚洲区域多边开发机构，重点支持基础设施建设，宗旨是促进亚洲区域的建设互联互通化和经济一体化的进程，并且加强中国及其他亚洲国家和地区的合作。亚投行总部设在北京，法定资本1 000亿美元，被国际主要信用评级机构评为aaa级。2015年4月15日，亚投行意向创始成员国确定为57个，其中域内国家37个、域外国家20个。2021年年初，亚投行的全球认可成员已经扩展至103个。中国的金立群先生是首任行长并在2020年获选连任，2021年1月16日开始其第二个5年任期。亚投行是中国主导建立的首个区域性国际金融机构。

专栏看板11-2

亚投行发展的里程碑：首次挺进非洲投资

总部在北京的亚洲基础设施投资银行（简称亚投行）于2021年7月15日批准了其在撒哈拉以南非洲的第一个项目。它表示将向东非的卢旺达提供1亿美元的贷款，作为其去年设立的更广泛的新冠肺炎疫情（COVID-19）危机恢复基金的一部分。这是亚投行与世界银行合作、共同出资的一个项目，展示了亚投行走出亚洲、走进非洲的计划，扩大了亚投行的世界影响力。

亚投行现在进入非洲的时机非常好。非洲正面临新冠肺炎疫情导致的严重公共卫生和经济危机，是需要外界帮助的时期。

亚投行拥有103个成员国政府作为股东。于2016年开始运营以来，亚投行正在实施的项目价值已经超过210亿美元。现在，亚投行与多个多边机构合作。这次与世界银行合作，扩展其项目到撒哈拉以南非洲。

资料来源：新浪网-新浪看点，2021-7-16。

3. 非洲开发银行

非洲开发银行（African Development Bank，ADB）是非洲国家政府合办的互助性国际金融机构，成立于1963年9月，1966年7月正式开业，行址设在科特迪瓦首都阿比让。最初只有除南非以外的非洲国家才能加入该行。为了广泛吸收资金和扩大该行的贷款能力，该行理事会在 1980 年 5 月第 15 届年会上通过决议欢迎非洲以外的国家入股。1985 年 5 月，中国正式参加了非洲开发银行。截至 2021 年年初，非洲开发银行的成员中包括 54 个非洲国家以及中国等数十个域外成员。

非洲开发银行的宗旨是为成员国经济和社会发展提供资金，促进成员国的经济发展和社会进步，帮助非洲大陆制定发展的总体规划，协调各国的发展计划。资金来源主要是成员国认缴的股本，主要任务是向成员国提供普通贷款和特别贷款。特别贷款条件优惠，期限很长，最长可达 50 年，贷款不计利息，主要用于大型工程项目建设，贷款对象仅限于成员国。

4. 泛美开发银行

泛美开发银行（Inter-American Development Bank，IDB）是由美洲及美洲以外的国家联合建立的、主要向拉丁美洲国家提供贷款的金融机构，成立于 1959 年，1960 年 10 月正式营业，行址设在美国华盛顿。该银行法定资本原定为 10 亿美元，后来逐渐增加。该银行最初的成员国有美国为首的 20 个美洲国家，到 2020 年年底，其成员扩充至拉丁美洲、加勒比、北美洲、欧洲、亚洲地区的 48 个国家。美国是泛美开发银行的最大股东，持有 30%的股份。1991 年中国成为泛美开发银行的观察员，1993 年正式提出加入该行的申请，2009 年 1 月 12 日，中国正式加入泛美开发银行。

泛美开发银行的宗旨是集中美洲各国财力，对经济和社会发展提供资金和技术援助，以发展成员国的经济。该银行的资金来源有成员国认缴的股本和银行借款两大部分。该银行的主要业务是向会员国提供贷款，包括普通贷款和特别业务基金贷款。普通贷款向政府、公私团体的特定经济项目提供，贷款期限为 10~25 年，用发放贷款时所使用的货币偿还，贷款利率为 8%。特别业务基金贷款对象为以公共工程为主的特别经济项目，贷款期限为 10~30 年，利率低于普通贷款利率，并可部分或全部用本国货币偿还。

5. 加勒比开发银行

加勒比开发银行（Caribbean Development Bank，CDB）是地区性、多边开发银行。1969 年 10 月 18 日，16 个加勒比国家和 2 个非本地区成员在牙买加金斯敦签署协议，成立加勒比开发银行，该行总部设在西印度群岛的巴巴多斯首都布里奇顿。截至 2021 年年初，该行有 28 个成员国，包括 19 个区域借款成员、4 个区域非借款成员和 5 个非区域非借款成员，中国是该银行的非区域非借款成员。该行的宗旨是促进加勒比地区成员国经济的协调增长和发展，推进经济合作及本地区的经济一体化，为本地区发展中国家提供贷款援助。该行的资金来源有两个渠道：一是成员认缴股本和借款，称为“普通资金来源”；二是成员和非成员的捐款，称为“特别资金来源”。该行还设有一个技术援助基金，负责融资咨询、项目实施等工作。

（三）概念型的区域性国际金融机构

1. 伊斯兰发展银行

伊斯兰开发银行（Islamic Development Bank，IDB）是伊斯兰会议组织下的政府间金融合作机构，是伊斯兰国家为加强区域经济合作而在 1974 年 8 月 12 日成立的国际金融机构。同联合国系统建立了合作关系。该行法定资本为 20 亿伊斯兰第纳尔，采取认股分配投票权的办法，主要认股国是阿拉伯国家，行址设在沙特阿拉伯的吉达。根据《古兰经》禁止重利的教义，银行不办理有息借款和存款，而是通过参股方式资助发展项目，或提供只收取管理费用的无息贷款。这类贷款多用于对成员国经济社会有长远影响的基础设施项目。伊斯兰开发银行目前共有 56 个成员国，主要集中在中东、西亚（内亚）、南亚以及北非和西非等区域。

2. 金砖国家新开发银行

2014 年 7 月 15 日在南非德班成立的金砖国家新开发银行又名金砖银行，是 2008 年国际金融危机爆发以后，巴西、俄罗斯、印度、中国、南非五个金砖国家为避免在下一轮金融危机中受到货币不稳定的影响，减少对美元和欧元的依赖，打造共同的金融安全网而联合构筑的一个国际金融机构。启动资金是 500 亿美元，由 5 个金砖国家均摊，将来会逐渐增加到 1 000 亿美元。该行总部设在上海，首任行长是印度人瓦曼 · 卡马特。

三、国际金融机构的作用与局限性

在现行的国际货币制度和国际金融活动中，国际金融机构具有六个方面的重要作用：一是维持汇率稳定；二是对金融业的国际业务活动进行规范、监督与协调；三是提供贷款以调节国际收支的不平衡和促进经济发展；四是积极防范并解救国际金融危机；五是就国际经济、金融领域中的重大事件进行磋商；六是提供多种技术援助、人员培训、信息咨询等服务，借此加强各国经济与金融的往来，推动全球经济共同发展。

但目前国际金融机构体系的作用也有局限性。例如，一些机构的领导权被主要的发达国家控制，发展中国家的呼声和建议往往得不到重视；向受援国提供贷款往往附加限制性的条件，要求受援国满足某些前提性的要求之后才能使用贷款，而这些要求大多是对一国经济体系甚至政治体系的不恰当干预，不对症的干预方案常常会削弱或抵消优惠贷款所能带来的积极作用。

本章小结

1. 金融机构是专业化的融资中介组织，作为借款人的集中和贷款人的集中，以发行融资证券的方式汇集各种期限和数量的资金，并对资金进行集中运作，投向需要资金的社会各部门，使融资双方的融资交易活动得以顺利进行，促进资金从盈余者向短缺者流动。

2. 金融机构的基本功能是：便利支付结算，促进资金融通，降低交易成本，改善信息不对称，转移与管理风险，创造信用与存款货币。

3. 金融机构体系可以分为国家金融机构体系和国际金融机构体系。国家金融机构体系主要包括存款性公司和其他金融性公司两类，国际金融机构可分为全球性金融机构和区域性金融机构两类。

4. 不同国家、同一国家不同时期金融机构的经营体制有异而且不断演变。

5. 中国现行的金融机构体系由中国人民银行、中国银行保险监督管理委员会、中国证券监督管理委员会作为金融业监督管理机构，对银行、证券、保险、信托、租赁等各类金融机构实行分业监管。

6. 中国香港特别行政区、澳门特别行政区和台湾地区分别有不同的金融机构体系，特点各异。

7. 全球性国际金融机构主要有国际货币基金组织、世界银行集团、国际清算银行等。

8. 区域性国际金融机构是由区域内国家或区域内外国家共同出资设立并主要为本区域经济和社会发展提供金融服务的金融机构。分为三种：一种是完全由地理区域内国家组成，如欧洲投资银行等；第二种是成员国主要在地理区域内，但也有区域外的国家参与，如欧洲复兴开发银行、泛美开发银行、加勒比开发银行、非洲开发银行、西非发展银行、亚洲开发银行、亚洲基础设施投资银行等；第三种是概念型的区域性国际金融机构，如阿拉伯货币基金组织、阿拉伯发展基金、伊斯兰发展银行、金砖国家开发银行等。

重要术语

金融机构	存款性公司	其他存款性公司	政策性金融机构	商业性金融机构
“四行二局一库”	管理性金融机构	国际金融机构	区域性金融机构	资金融通

☞ 术语解释请扫描封底增值服务码→名词术语。

思考题

1. 为什么现代经济社会中需要存在金融机构？
2. 请列举出金融机构的几个基本功能。
3. 试比较金融机构与一般企业在经营上的异同点。
4. 各国金融机构体系一般由哪几类构成？
5. 如果有人问你中国现行金融机构体系概况，你如何向别人介绍？
6. 简述中国香港特别行政区、澳门特别行政区和台湾地区金融机构体系的构成。
7. 目前世界上有哪些主要国际性金融机构？请举例说明国际金融机构的作用。
8. 中国主导设立的新的国际金融机构有哪些？你关注到有什么新闻？

☞ 更多思考练习请扫描封底增值服务码→习题作业、例题及综合测试。

讨论题

讨论主题：中国银行的改革与发展

讨论素材：《中国银行的改革与发展》

思考讨论：

1. 如何认识中国银行发展的历史背景？
2. 谈谈中国银行的未来发展前景。

☞ 相关讨论素材请扫描封底拓展资源码→教学案例。

延伸阅读

1. 王广谦. 金融中介学. 4 版. 北京：高等教育出版社，2021.
2. 唐旭，等. 中国金融机构改革：理论、路径与构想. 北京：中国金融出版社，2008.
3. 李飞，赵海宽，许树信，等. 中国金融通史：第 1—3 卷. 北京：中国金融出版社，2002，2003.

4. 张杰. 金融中介理论发展述评. 中国社会科学，2001（6）.

5. 金德尔伯格. 西欧金融史. 北京：中国金融出版社，1991.

6. 米什金，爱金斯. 金融市场与金融机构. 北京：北京大学出版社，2006.

更多资源请扫描封底拓展资源码→文献目录。

即测即评

请扫码答题，检测本章学习效果。

第12章 存款性公司

本章导读

当你拥有一个银行账户时，你是否意识到已经与存款性公司打交道了？当你听到加息的新闻时，你是否会想到你的一笔存款会有更多的利息收入？或者你的贷款可能有更多的利息支出？在上一章我们已了解到，存款性公司是金融机构体系中历史最久远、规模最大、与我们接触最密切的一类机构，特别是其中的商业银行。但是，你知道商业银行等这类金融机构是如何形成的吗？是否操作存款贷款业务为何成为判断这类机构的基本依据？为什么商业银行为我们保存存款还要付息？为什么商业银行愿意为我们提供贷款？为什么不兑现的信用货币制度如此依赖此类机构的业务运作？这类机构与一般企业和其他非存款性机构有何不同？其业务运作与日常管理究竟有何特点？这类机构在金融科技日渐应用的进程中又将何去何从？通过本章对存款性公司的基本知识与运作原理的学习，可以对上述问题的理解提供有力的支持。

第一节　存款性公司的种类与运作原理

存款性公司①（Depository Corporations，DC）包括中央银行和其他存款性公司。其中，中央银行在本书第 14 章做专门的介绍，本章主要说明的是其他存款性公司。依据国际货币基金组织的机构组织分类，其他存款性公司包括主要从事金融中介业务和发行包含在该国广义货币概念中的负债的所有居民金融性公司（中央银行除外）和准公司，主要包括商业银行、储蓄银行、信用合作社、农村和农业银行以及主要从事金融性公司业务的旅行支票公司等。这类机构共同的特征是以存款为主要负债，以贷款为主要资产，以办理转账结算为主要中间业务，直接参与存款货币的创造过程。因为商业银行是最早产生的、最具存款性公司特点的机构，所以此类机构也可称为存款类金融机构或银行类金融机构。

理解存款性公司需要注意把握两条线索：一是从广义货币口径的设定中确认该类机构的归属。在现代不兑现信用货币制度下广义货币的主要构成是存款货币，而存款货币的创造就是此类机构通过其存、贷款业务在现代转账结算制度下所完成的。二是从现实经济运行中市场利率的变化把握存款性公司职能与作用的发挥以及可能的风险。存款性公司的存、贷款利率在期限、规模和币种的变化上都会影响投融资活动的相应选择和组合，从而对整体经济金融活动产生不同程度的作用。特别是利率政策的转折性调整与市场利率波动剧烈时，存款性公司往往容易陷入流动性困境，一旦资不抵债，就会面临不可逆转的危机局面。也正因如此，大多数国家都把存款性公司作为金融监管中被重点严格监管的对象。

一、存款性公司的种类与相互关系

（一）存款性公司的种类

1. 按照业务活动的目标分类

按照业务活动的目标不同，可以将存款性公司分为管理性、商业性和专业性（政策性）三类。管理性存款性公司是指中央银行。中央银行通过对金融机构和政府部门的存贷业务展开对经济、金融运行的调控与管理，其业务活动的目标不是盈利而是宏观调控和金融稳定。商业性存款性公司主要指商业银行、信用社、财务公司等。这些机构主要通过对个人和企业的存贷业务实现盈利，其业务活动的目标是企业价值的实现。专业性存款性公司主要指专业银行或政策银行。专业银行或政策银行有自己专门的业务范围，与其涉及的专业领域或政府政策意图密切相关。但并不是所有的专业银行和政策性银行都属于存款性公司，只有办理存贷业务，其负债纳入该国广义货币口径的此类机构才有资格。

2. 按照业务活动的范围分类

按照业务范围的地理属性，可以将存款性公司分为国际性、全国性和地方性三类。国际性存款性公司主要是指跨国银行，此外，国际货币基金组织、世界银行以及区域性的开发银行也可归为此类。跨国银行的业务范围跨越国境。随着经济全球化的不断推进，跨国银行已成为存款性公

① 本书第 11、12 和 13 章都是依据货币金融统计对机构部门的分类来说明金融机构的主要类型。货币概览统计的金融机构包括货币当局（中央银行）、其他存款性公司和其他金融性公司。其中货币当局和其他存款性公司合计存款性公司，存款性公司和其他金融性公司合计金融性公司。

司的一个发展方向，在全球范围内吸收存款并开展贷款业务以获得更大的市场和更强的竞争力，如花旗银行、汇丰银行、德意志银行等都属于这类机构。全国性存款性公司是指其主要投资者和业务范围属于本国的存款性公司，比如我国的工、农、中、建、交五大银行。这类银行在一国银行体系中一般是中坚力量，其网点遍布、分支广泛，在一国银行业具有较高的市场占比。地方性存款性公司主要指社区银行，城市、农村信用社和小额信贷机构等。它们一般服务于地方经济，客户相对固定，规模较小。

需要指出的是：在存款性公司的发展中，以存、贷为主体的传统商业银行历史久远。20 世纪以来，随着金融市场的发展、金融业竞争的加剧以及信息技术的迅速发展与普及，传统意义上的商业银行无论在机构设置还是业务发展上都在不断创新。比如，控股公司制已成为商业银行组织形式发展的一种选择，投资银行业务、大资管业务与交易银行业务逐渐成为商业银行业务创新的方向，金融科技正赋能商业银行实现数字化转型。

（二）存款性公司间的相互关系

各种存款性公司之间既有区别也有交叉。它们之间的关系主要体现在三个方面：

第一，通过提供不同的金融服务，形成在功能上相互补充的有机体系。各种存款性公司有各自特定的业务，在功能上不可替代。比如中央银行履行发行的银行、银行的银行、政府的银行职能，具有调控和管理宏观经济、金融运行的作用，其集中存款准备、最后贷款人以及支付清算的功能都是其他存款性公司无法替代的。而商业银行的业务运作则立足市场，利用商业化手段吸收存款、发放贷款或创造金融产品，发挥信用中介、创造信用、提供金融服务、管理风险等功能，具有服务实体经济、促进社会进步的作用。相比之下，政策性银行的主要功能旨在支持产业政策，纠正市场失灵。因为政策性银行不追求盈利，有政府的支持，可以对一国经济的均衡发展发挥积极的作用。由此看来，不同的存款性公司具有各自不同的功能，其相互配合，才能发挥存款性公司的整体作用。

第二，通过服务不同的对象、产业和区域，形成对全社会信贷需求的间接融资体系。比如各种规模的商业银行、城市信用社、农村信用社以及财务公司，都有各自业务运作特点及专长，因而有不同的市场和客户，需要各自提供差异化的产品和服务才能满足各种客户的不同需求，也正是这样的组合才能满足整个市场需求。

第三，通过相互竞争，在优胜劣汰中推进存款性公司的创新与发展。商业性存款性公司之间业务竞争激烈，机构的兼并重组不断涌现，为了求得生存，各类机构在产品、管理、制度等方面积极创新，从而大大促进了存款性公司的整体发展。从微观角度而言，有效竞争可以提升存款性公司的运作效率；从宏观角度而言，在一国金融体系中存款性公司对经济运行的融资支持、资源配置、支付便利以及风险管理方面的功能都成为不可或缺的存在。

二、存款性公司的运作原理

（一）存款性公司的业务运作特点

虽然不同的存款性公司在业务对象、业务类型等方面存在一些差异，但它们在业务运作上的共性是主要的。

原理12-1

存款性公司通过吸收存款和借入资金形成资金来源，再通过各类贷款与证券投资运用资金，成为资金供求者之间的信用中介。

概括存款性公司的业务运作特点，主要体现为以下几方面。

1. 信用性

存款性公司无论负债业务还是资产业务都遵循信用原则，所构建的是以还本付息为条件的借贷关系，强调契约精神。因此，获得存款者的信任与挑选资信良好的贷款者是存款性公司正常运营的基础。此外，信用性的特点决定了存款性公司的大量业务都具有一定的期限，表现为该类机构对存款者的延期支付或贷款者对此类机构的延期支付。这也直接导致了此类机构特别讲求信用与期限的匹配，在其业务的定价中对信用与期限的匹配十分关注。

2. 风险性

风险性一是体现为其高杠杆经营方式，存款性公司的自有资本比例很低，资金来源主要通过负债获得，负债往往又多是短期的、被动的，波动性大。这样条件下的资产运营具有较大的风险压力。一方面只有获得抵补负债成本的资产收益，才能维持机构的正常运营；另一方面要保证资产的安全，而规避风险往往会影响收益。二是基于业务开展的信用性和高杠杆经营，对市场利率的变化十分敏感，所以容易在激烈的竞争中累积市场风险并叠加信用风险、流动性风险等诸多风险。因此，风险管理成为存款性公司经营管理的重中之重。

3. 服务性

提供金融服务便利是存款性公司的业务宗旨，不仅表现在资产负债业务中的中介服务，还通过开展大量表外业务提供各种服务便利。从历史视角看，货币鉴定、保管、汇兑等服务性业务是早期银行的业务；从未来视角看，提供更具个性化与多元化的金融服务是经济发展的必然，服务性业务也最能体现其第三产业的特征。存款性公司只有提供更多便利、满足更复杂的金融服务需求，才可能有更大的生存与发展空间。

（二）存款性公司的职能与作用

1. 充当信用中介，实现对全社会的资源配置

信用中介是存款性公司最基本、最能反映其经营活动特征的职能。存款性公司通过负债业务把社会上的各种闲散货币资金集中起来，再通过资产业务投向需要资金的各部门，充当资金供求者之间的中介人，实现资金融通。信用中介职能的实现与有效的定价机制紧密相关，在利率和汇率市场化条件下，通过信用中介职能，存款性公司将社会闲置资金积少成多、续短成长，并使其流向具有发展潜力和资质良好的行业与公众，实现全社会储蓄向投资的有效转化，对社会资源配置效率的提升具有决定性作用。

2. 充当支付中介，对经济稳定和增长发挥重要作用

货币的支付手段职能是通过存款性公司实现的。在现代信用经济社会，支付是各种交易完成的方式，存款性公司通过存款在不同客户账户上的转移、代理支付和兑现等，成为经济运行过程中支付链条的中心。通过支付中介职能的发挥，大大减少了现金的使用，节约了社会流通费用，尤其是电子支付系统和银行卡的使用，进一步加速了结算和货币资金周转的效率，有效降低了经

济运行中的交易成本对经济稳定和增长具有重要的意义。

3. 创造信用与存款货币，在宏观经济调控中扮演重要角色

存款性公司在信用中介职能和支付中介职能的基础上，又形成了信用创造职能。从中央银行的货币发行，到商业银行等机构通过借贷活动扩展信用和创造存款货币，存款性公司承担着货币供给和向社会提供流动性的重要任务，在货币供求均衡和社会总供求均衡过程中具有重大影响，成为宏观经济调控的主要对象。

4. 转移与管理风险，实现金融、经济的安全运行

在货币信用经济中，风险是客观存在的。存款性公司可以利用其特有的专业优势，通过创造和选择各种金融工具和融资方式，为自身和其他各部门转移与管理风险。它们在经营管理中，通过各种金融工具的组合或业务创新，运用专业技术与管理方法分散、转移、控制与降低风险，有利于金融、经济的安全运行。

5. 提供各种服务便利，满足经济发展的各种金融服务需求

在各种金融机构中，存款性公司所提供的金融服务种类最多，受益面最宽，服务群体最大，在提高社会经济的便利度和人民生活的质量方面起到了积极的作用。

当然，存款性公司的业务运作可能存在的负面作用亦不可忽视。首先，其发挥信用中介的积极作用建立在市场化条件的基础上，倘若其对资金运用缺乏有效的甄别与选择，则不仅其自身会出现不良资产，而且会导致社会资源配置失当。其次，因其自有资本比例低，负债经营，业务的开展遵循信用原则，在转移与管理风险的同时其自身也存在较大的风险。而一旦银行业危机成为现实，往往会对金融体系和经济社会造成极大的损害。

综上所述，存款性公司的业务运作具有其他金融机构无法替代的作用。也正因如此，存款性公司历来是各国金融体系中最重要的构成部分。

（三）存款性公司业务运作的内在要求

存款性公司能够开展业务并发挥作用基于三个必要的前提。

1. 具有公信力

公信力是指获得公众信任的能力。只有公众对存款性公司有信心，存款性公司才能正常开展业务。存款性公司是负债经营的企业，其自有资本比例低，资金来源主要依靠吸收存款和借款，而公众选择是否存款主要取决于对此类机构的信任；同样，公众委托银行办理转账结算也是基于信任。但这种信任相对脆弱，因为公众为了存款的安全会根据各种信息调整对存款机构的信任程度。其他存款者的挤提、相关运营指标的变动等都会影响公众的判断。一旦此种信任动摇，公众就会倾向提取存款；当信任丧失时就会发生挤提，存款性公司将陷入危机。

2. 具有流动性

存款性公司需要具有保持或筹集足够的可用资金的能力，以便随时应对客户提存以及支付的需要。存款性公司的流动性要求既是其业务运作的基本保证，也是其存在的重要意义。一方面存款性公司通过变现资产或增加资本或负债获得流动性；另一方面通过合理安排资产负债的期限结构和价格结构，尽量避免借短贷长，以降低流动性风险。

3. 具有收集、辨识、筛选信息的能力

存款性公司通过收集、筛选潜在借款人的信息来确定他们偿还贷款的能力。但相对于机构，借款人更清楚他们的现状与前景，这就使得机构与借款人之间存在信息不对称，由此导致逆向选择和道德风险等问题，从而带来风险或造成损失。因此，对于存款性公司，避免由信息不对称产

生的问题需要尽可能地收集、辨识、筛选信息，只有拥有越多的信息，越强的辨识、筛选信息的能力，才越有可能减少信息不对称的风险，才能提高资产质量。

知识链接12-1

存款类机构与信息不对称

银行能够从它生产的信息获利的一个重要因素在于它主要通过发放私人贷款而不是在公开市场购买证券，因此避免了免费搭车问题。因为私人贷款不能交易，所以其他的投资者不能观察银行在做什么，也不能跟银行竞价使得贷款的价格低到银行不能获得它生产信息费用补偿的地步。作为金融中介，银行主要发放不可交易贷款的地位，是其成功减少金融市场的信息不对称问题的关键所在。

我们对于逆向选择的理论分析显示，对于将资金转移到公司而言，一般的金融中介特别是银行——因为它们大部分是做不可交易的贷款，应该起一个比证券市场更大的作用。因此我们的分析解释了为什么间接融资比直接融资重要那么多，为什么银行是融通企业的外部资金的最重要来源。

这里的分析能够解释的另一个重要的事实就是银行在发展中国家中的更为重要的地位。正如我们已经看到的那样，当关于企业的信息质量更好的时候，信息不对称问题就更不严重，企业发行证券就更容易。相比发达国家，发展中国家的私人公司的信息更难收集，因此，证券市场所起的作用更小，留给金融中介例如银行的作用就更大。这个分析的一个必然结果就是当企业信息更容易获得的时候，银行的作用会下降。美国过去20年的主要发展就是信息技术的巨大改进。因此这里的分析暗示着美国的金融机构例如银行的领导作用会下降，而这正是现实中发生的情况。

资料来源：米什金，埃金斯. 金融市场与金融机构. 北京：北京大学出版社，2006：374.

第二节　商 业 银 行

商业银行（Commercial Bank）是存款性公司中最具代表性和占比最大的机构。传统意义上的商业银行专门指以存款为主要负债、以贷款为主要资产、以支付结算为主要中间业务，并直接参与存款货币创造的金融机构。随着经济社会的发展和金融业的创新，现代商业银行已成为全面经营货币信用商品和提供金融服务的特殊企业。

一、商业银行的演进

早期银行业的产生与国际贸易的发展有密切的联系。14—15世纪的欧洲，由于优越的地理环境和社会生产力的发展，各国与各地区之间商业往来日渐密切，尤其是位于地中海沿岸的意大利的威尼斯、热那亚等地是当时的贸易中心，商贾往来、交易频繁。然而由于不同国家、地区所使用的货币在名称、成色上存在很大的差异，十分不利于交易的便利，必然会出现专门进行货币鉴定和兑换的需求，货币兑换商由此而生。随着异地交易和国际贸易的进一步发展，来自各地的商人为避免长途携带货币而产生的麻烦和风险，开始将自己的货币交存在货币兑换商那里，后来又发展为委托货币兑换商办理支付和汇兑。当货币兑换商同时办理货币的兑换、保管、收付、结算、汇兑等业务时，就发展成为货币经营业。随着货币经营业务的扩大，货币经营业者集中了大量的货币资金，当他们发现大部分的货币余额相当稳定时，开始将闲置的资金贷放出去，以取得高额利息收入。为了扩大资金来源，货币经营商从过去被动为客户保管货币转变为主动吸收客户存款，并以支付存款利息吸引客户存款，当货币经营者同时开展存贷业务时，意味着货币经营业转化成为银行业。可以说，商业银行的产生大体可概括为：货币兑换业—货币保管业—货币经营业—商业银行。

追溯历史，银行业最早的发源地是意大利。早在 1272 年，意大利的佛罗伦萨就已出现一家名为巴尔迪的银行，1310 年又出现佩鲁齐银行，比较著名的银行是 1580 年设立的威尼斯银行。16 世纪末 17 世纪初，银行业由意大利发展至欧洲其他国家，如 1609 年成立的荷兰阿姆斯特丹银行、1619 年成立的德国汉堡银行等。早期银行放款带有明显的高利贷性质。随着社会化的大生产和工业革命的兴起，迫切需要能以合理的贷款利率和主要对工商企业服务的商业银行。其形成的途径大体有两条：一是从旧式的高利贷银行和机构转变而来，二是直接组建的股份制商业银行。1694 年，英国建立了第一家股份制商业银行——英格兰银行，其一成立就宣布以较低的利率向工商企业提供贷款和服务，适应了新兴资本主义生产方式的要求。

中国的银行业产生较晚。关于银钱业的记载较早的是南北朝时期的典当业。唐代出现的类似汇票的“飞钱”，是我国最早的汇兑业务。明末一些较大的经营银钱兑换业的钱铺发展为钱庄。钱庄除兑换银钱外还办理存款、汇兑业务，从事贷放，已有些银行的特征，但最终限于当时的社会条件而逐渐衰落。清末也曾出现过票号这一信用机构，但都没能实现向现代银行的转型。1845 年，英国丽如银行在中国香港设立的分行是中国的第一家现代商业银行。1897 年国人自办的中国通商银行成立之后，现代银行开始在中国发展壮大。

知识链接12-2

早期商业银行与贸易紧密结合

从商业向银行业的发展经常遇到一个持久的阶段，这个中间阶段的银行业在英格兰原先被称为商人银行业。商人银行家是一个向别人提供信贷的商人……提供信贷有多种途径：在货物出手之前向生产商预付，这些货物有的委托在国外销售，有的来自国外的托销货；出具信用证，从而商人们可在信用证条件下开具汇票；或者直接买卖由贸易产生的汇票。多数商人银行家逐渐从一般贸易转向专门贸易，然后又从专门贸易转向金融。

资料来源：金德尔伯格．西欧金融史．北京：中国金融出版社，1991：114 页。

二、商业银行的组织形式

商业银行的组织形式可分为总分行制、单一银行制、控股公司制、连锁银行制等数种。各国也有不同的选择，而不同的类型也各有利弊。

（一）总分行制

总分行制是银行在大城市设立总行，在各地普遍设立分支行并形成庞大银行网络的制度。采取总分行制的优点是：经营范围广，规模大，分工细，专业化程度较高，资金调度灵活，能够有效运用资金并分散风险；信息充分，服务种类多，具有较强的市场竞争力。但也因管理层次多而可能出现经营成本高、管理不灵活、效率不高等问题。目前，世界各国的商业银行普遍采用这种制度。

（二）单一银行制

单一银行制也叫单元制，是不设任何分支机构的银行制度。推行单一银行制与美国 19 世纪中期的自由银行运动有关，主要为限制垄断与特许权。但单一银行在业务经营与发展方面受限较多，整体实力相对薄弱，在同业竞争中常会处于不利的地位。随着经济的发展，20 世纪 70 年代以来，美国有些州对于禁止银行开设分支机构的限制逐渐有所放松。目前，大多数州在规定一些限制条款后，已允许银行设立分支机构。

（三）控股公司制

控股公司制是指由一家控股公司持有一家或多家银行的股份，或者是控股公司下设多个子公司的组织形式。控股公司控制下的各银行具有互补性，使整体经营实力增强。控股公司制是美国银行业规避管制的一种创新，通过控股公司这种安排可以解决银行业务发展中的两个问题：一是规避跨州设立分支机构的法律限制；二是通过设立子公司来实现业务多元化，有利于实现银行的综合经营。近年来，美国银行兼并大都采用这一形式，如美国花旗银行是花旗集团的全资附属机构，花旗集团以控股公司的形式出现。

（四）连锁银行制

连锁银行制是指由某一个人或某一个集团购买若干家独立银行的多数股票，从而控制这些银行的组织形式。连锁银行制与控股公司制一样，都是为弥补单一银行制的不足、规避对设立分支行的限制而实行的；与控股公司制不同的是连锁银行制无须另设股权公司。同时，连锁银行制下的大银行对其他银行的控制不如控股公司制下的大银行控制力强，因为单个银行的资金实力一般要小于一个股份公司的资金实力。

各国采取何种银行组织形式主要取决于经济社会环境、法律规定和银行自身发展的要求。

三、商业银行的业务类型

商业银行的业务按是否进入资产负债表可分为表内业务和表外业务。表内业务包括负债业务和资产业务，表外业务包括服务性的中间业务和创新性的表外业务。商业银行的业务反映出其全部的经营活动，体现出商业银行的职能作用和组织管理能力。

（一）商业银行的表内业务

从原理 12-2 和一张简化的商业银行资产负债表（见表 12-1）可以清晰地了解商业银行表内业务的主要种类和相互关系。

原理12-2

依据会计规则，商业银行的资产=商业银行负债+银行资本。

表 12-1　简化的商业银行资产负债表

资产	负债和资本
现金资产	存款
信贷资产	借款
证券投资	其他负债
其他资产	银行资本

1. 资产业务

资产业务（Assets Business）是商业银行的资金运用项目，包括现金资产、信贷资产、证券投资等业务，反映出银行资金的存在形态及其拥有的对外债权。商业银行的资产业务是其取得收入的基本途径。

（1）现金资产。现金资产主要包括库存现金、存放中央银行和同业的存款等，是商业银行资产流动性最高的项目，也被称为商业银行一级准备。其中，库存现金是为应付客户取现和日常业务开支及收付需要而存放在银行金库中的现钞和硬币。在中央银行的存款由两部分组成：一是法定准备金存款，是按照法定比率向中央银行缴存的准备金，一般不动用；二是超额准备金存款，可随时用于支付或清算。存放同业款项主要用于同业间往来及清算，具有活期存款性质，流动性强。现金资产尽管流动性强但收益低。随着货币市场的发展，现金资产已不再是银行保持流动性的唯一形式，银行可以采取只保留少量现金资产，较多地采用同业拆借、持有国库券等短期债券或票据的办法来平衡流动性和收益之间的关系。

（2）信贷资产。信贷资产主要包括贷款和票据贴现。贷款业务是商业银行资产业务中最重要的业务，其流动性比较低，相应地收益较高。按照期限长短可以分为长期贷款（3 年以上）、中期贷款（1~3 年）和短期贷款（1 年以内）；按照贷款对象可分为工商贷款、农业贷款、消费贷款等；按照贷款担保形式可分为贴现贷款、抵押贷款、担保贷款、信用贷款等。无论怎样划分，贷款的质量都是最重要的。因此，贷款风险管理是商业银行经营管理的重中之重。票据贴现在第 8 章已说明，这里不再赘述。信贷资产的收益变化受市场利率波动的直接影响。

（3）证券投资。商业银行买卖有价证券进行投资业务有以下目的：一是增加收益来源，利用闲置资金进行证券投资，充分挖掘资金利用潜力；二是实现资产多样化，分散风险，保持流动性。商业银行投资的证券主要包括政府债券和公司债券，其选择的标准是风险较低、信用度高、流动性较强。一般银行较少涉足企业股票，考虑到商业银行资本来源的公共性和安全性，有些国家更是对其投资于股票加以法律限制。商业银行所持有的短期国债又被称为商业银行的二级准备。

2. 负债业务

负债业务（Liability Business）是指商业银行的资金来源项目，包括存款、借款、发债等业务，反映的是银行资金的来源渠道及所承担的对外债务。商业银行的负债业务是其支出的主要方面。

（1）存款，即被动负债。由于存款的数量和种类主要取决于客户，故此类业务对银行而言具有相对的被动性。存款（Deposit）是商业银行最原始、最主要的负债业务，一般分为活期存款（Demand Deposit）、定期存款（Time Deposit）和储蓄存款（Saving）三类。其中：活期存款是一种随时存取并可直接开立支票账户的存款，也称为支票账户存款（Check Deposit）或往来账户存款。活期存款如同现金，其作用主要是方便支付结算。活期存款一般不付利息。定期存款是存期固定且较长、利息较高的存款。储蓄存款是指针对居民个人的计息存款，也分活期储蓄存款和定期储蓄存款，但一般不能签发支票。储蓄存款是商业银行吸收社会零散资金的一种重要方式。

（2）主动负债。主动负债指商业银行通过发行各种金融工具主动吸收资金的业务。二十世纪五六十年代以后，西方商业银行为应对激烈的市场竞争，增加筹资的主动性，开始不断创设一些金融工具，比如发行金融债券、大额可转让定期存单等进行筹资。这类工具既拓展了商业银行筹集资金的渠道，同时又因其能够在市场上流通转让，满足投资者对流动性和利息收入兼顾的要求，很受市场欢迎。但也增加了银行的利息支出，提升了业务成本，因此，此类负债的规模与期限需要有效管理。

（3）其他负债。其他负债包括借入款和临时占用资金两类。借入款主要是指商业银行向中央银行申请的再贴现或再贷款、向同业拆借的资金或向其他金融机构的借款，主要用于弥补暂时性的资金不足。临时占用资金是指商业银行在为客户提供服务的过程中临时占用的客户资金。

3. 银行资本

银行资本（Bank Capital）即自有资本，其数量的多少能够反映银行自身经营实力以及御险能力大小。任何以盈利为目的的企业，在业务发展初期都需要筹集并投入一定量的资本金，并在以后的业务经营过程中不断加以补充，商业银行也是如此。各国均以法律形式规定商业银行开业时的注册资本金最低限额，并在开业以后，在业务经营过程中还要随着规模的扩张或业务的发展通过各种方式如发行股票或债券等补充资本金。银行资本有两项基本功能：一是商业银行开展各项业务的基础；二是发生意外损失时一定的缓冲、弥补和保障。

银行资本按其来源可分两类：一是**核心资本**（Core Capital）。核心资本包括普通股、不可收回的优先股、资本盈余、留存收益、可转换的资本债券、各种补偿准备金等所有者权益，是银行真正意义上的自有资金。因此，核心资本在资本总额中所占的比重直接影响银行经营的安全性。依据《巴塞尔协议Ⅲ》的规定，商业银行的核心资本在资本总额中的比重不得少于50%。二是**附属资本**（Supplementary Capital）。附属资本包括未公开的准备金、资产重估准备金、呆账准备和长期次级债等。

知识链接12-3

你了解《巴塞尔协议》（Basel Accord）吗？

1988年7月，12个主要发达国家（美国、英国、法国、德国、意大利、日本、荷兰、比利时、加拿大、瑞典、卢森堡、瑞士）中央银行和金融监管机构组成的巴塞尔委员会通过了《关于统一国际银行资本衡量和资本标准的协议》，又称《巴塞尔协议Ⅰ》。《巴塞尔协议Ⅰ》是国际上第一个有关商业银行资本计算和标准的协议，是国际金融界在资本控制制度上的“神圣公约”。其目的归结起来主要有两个：一是制定统一的资本充足率标准，以消除国际银行间的不平等竞争；二是通过制定统一的商业银行资本与风险资产的比率以及一定的计算方法和标准，为国际银行业的监管提供一个有利的工具。

随着金融环境的变化、金融产品的创新和金融业务的拓展，旧协议的规定已经很难满足新的变化带给银行资本管理的压力。2004年6月26日，巴塞尔银行监管委员会通过《新巴塞尔协议》（《巴塞尔协议Ⅱ》），新协议保持了与《巴塞尔协议Ⅰ》的连续性、一贯性，同时又有新的发展。在内容上主要有四方面更新：一是监管框架更完善与科学。新协议提出以“最低资本要求、监管当局监管和市场约束”为现代金融监管体系的“三大支柱”，来强化商业银行的风险管理。“三大支柱”是资本监管领域的重大突破。二是风险权重的计量更准确。旧协议决定风险权重的标准以是否为经济合作与发展组织的成员国，这种划分标准有“国别歧视”。新协议则使用外部评级机构的评级结果来确定主权政府、银行和企业的风险权重。除此之外，三大主体风险权重的确定还需与若干国际标准相结合。三是风险认识更全面。旧协议主要考虑信用风险，而新协议则认为银行面临着三大风险：信用风险、市场风险和其他风险（包括操作风险、法律和声誉风险）。这几乎囊括了银行所面临的一切风险，并且对各种风险都有相应的资本标准要求。四是新协议的主要创新是内部评级法（IRB）的应用。巴塞尔委员会认为《巴塞尔协议Ⅱ》所推进的将资本金与风险紧密挂钩的体系，其带来的利益将远远超出其成本，会有利于形成一个更安全、更坚固和效率更高的银行系统。

2007 年美国次贷危机暴露出的银行监管在金融创新过度、银行资本的顺周期管理以及系统性风险等方面存在的应对不足，使得对《巴塞尔协议Ⅱ》进一步完善的必要性不断增强。2010 年巴塞尔银行监管委员会通过《巴塞尔协议 III》，再次对之前的协议内容进行了相关改进。根据这项协议，商业银行的核心资本充足率将由之前的 4%上调到 6%，同时计提 2.5%的防护缓冲资本和不高于 2.5%的反周期准备资本，这样核心资本充足率的要求可达到 8.5%~11%。总资本充足率要求仍维持 8%不变。此外，还引入了杠杆比率、流动杠杆比率和净稳定资金来源比率的要求，以降低银行系统的流动性风险，加强抵御金融风险的能力。

伴随《巴塞尔协议 III》的出台，借鉴国际监管改革的最新成果，我国于 2012 年 6 月颁布了《商业银行资本管理办法（试行）》，将银行资本划分为核心一级资本和二级资本。其中一级资本又可分为核心一级资本和其他一级资本。核心一级资本由实收资本或普通股、资本公积、盈余公积、未分配利润、一般风险准备、少数股东可计入部分构成；其他一级资本由其他一级资本工具及其溢价（优先股、永续债）、少数股东可计入部分构成。二级资本由二级资本工具及其溢价、超额贷款损失准备、少数股东可计入部分构成。计算公式如下：

$$资本充足率=\frac{总资本-对应资本扣减项}{风险加权资产\times 100\%}$$

$$一级资本充足率=\frac{一级资本-对应资本扣减项}{风险加权资产\times 100\%}$$

$$核心一级资本充足率=\frac{核心一级资本-对应资本扣减项}{风险加权资产\times 100\%}$$

我国商业银行的资本结构中，存在核心一级资本占比偏高、其他一级资本占比偏少的问题，银行核心一级资本与一级资本差异较小。这主要是因为其他一级资本的补充工具不多，在永续债发行之前，优先股是唯一的其他一级资本补充工具，而优先股要求发行人是上市银行，而我国多数银行未上市，不满足发行条件。在央行支持商业银行发行永续债补充资本后，其他一级资本有望增加。新的管理办法要求，2018 年年底，系统性重要银行资本充足率、一级资本充足率和核心一级资本充足率分别不得低于 11.5%、9.5%和 8.5%，其他银行在这个基础上分别少 1 个百分点，即分别为 10.5%、8.5%和 7.5%。

☞ 更多内容请访问爱课程网→资源共享课→金融学/李健→第 4 章→4.2→中国商业银行资本监管：制度变迁和效果评价。

（二）商业银行的表外业务

广义的**表外业务**（Off Balance Sheet Business）是指不直接进入资产负债表内的业务，主要包括传统的中间业务和创新的表外业务（也称狭义的表外业务）。

1. 传统的中间业务

中间业务（Middleman Business）是商业银行最古老的服务性业务。早期主要集中于货币的鉴定、兑换、保管、汇兑等种类，现代发展为支付结算类、代理类、银行卡类等业务。中间业务的基本特点是业务活动不需要动用资金，与客户之间不发生借贷关系，而是利用自身的技术、信誉和业务优势为客户提供金融服务，并从中获利。故这类业务的风险小、收益稳定，且有利于扩大表内业务并巩固客户关系。

2. 创新的表外业务

创新的表外业务（Innovation Off Balance Sheet Business）是指不直接列入资产负债表内，但同表内的资产业务或负债业务关系密切的业务，又可称为或有资产业务与或有负债业务。典型的创新的表外业务有投资银行类、担保类、承诺类、交易类四种类型。与传统的中间业务相比，创新的表外业务发生的变化包括：由不占用或不直接占用客户的资金向占用客户的资金转变；由不运用或不直接运用自己的资金向银行垫付资金转变；由接受客户的委托向银行出售信用转变；特别是金融衍生产品交易实现了传统中间业务的突破。值得注意的是，衍生金融工具一方面使世界范围内金融业的活力和运转效率得到空前提高，成为新的利润增长点，并使银行的经营管理技术迈向了新的高度；另一方面在交易中如运用不当或稍有不慎，就会成为片面追求盈利而进行的投机性操作，有可能造成巨额损失，进而导致银行的破产和倒闭，甚至引发区域性或全球性的金融危机。因此，商业银行应科学、慎重地运用衍生金融工具。

知识链接12-4

商业银行业务调整与发展的历史视角

从银行业发展的历史线索来看，其业务调整与发展大体经历了五个阶段。

1. 17—19世纪的基于早期银行业的简单业务的调整与发展

17—19世纪正是资本主义制度确立时期，这一时期商品经济经过较大的发展。历时近两个世纪的欧洲文艺复兴和长达一个多世纪的技术革新推动了社会生产力的巨大进步，货币与信用经济得以普及，同时股份制企业大批建立。在这样的社会经济背景下，早期银行业单一分业的业务结构无法满足经济发展的各种需要，为求得生存与发展，银行业也开始实行股份制的组织形式，并相应调整业务结构。它们不仅把存、贷、汇作为主要业务来经营，而且通过商业票据办理承兑、贴现、抵押放款等方式把商业信用转化为银行信用，使业务规模与范围大大扩展。这一时期业务的调整形成了现代商业银行业务的基本框架，在促进经济发展的同时也带动了银行业的积极成长。

2. 20世纪50年代以前战争与经济萧条引致的商业银行业务的转变

20世纪初的14年间，经济金融在资本主义国家飞快发展，商业银行也稳步向前，在业务结构上国际化特征开始显现。但好景不长，接下来的两次世界大战与1929年到1933年间的经济大危机使商业银行的经营与功能遭到极大的破坏，导致商业银行的业务规模与种类大大减少，银行业务严重扭曲。

3. 20世纪50年代至21世纪初银行业务的调整与创新

第二次世界大战结束后，各国致力于恢复本国经济，加强国际合作，重建国际金融体系以促进世界经济贸易的发展，整个世界经济进入起飞阶段。尤其自1986年英国“金融大爆炸”开始，到1999年美国《金融服务现代化法案》的颁布，金融自由化风潮席卷全球，金融混业成为主流的背景下，经济发展对金融服务的需求日益多样化，加上竞争和盈利动机的激励，银行业出现大量的兼并重组，又得益于电子技术的广泛运用和金融管制的松动，使得银行业务呈现出较强的活跃性。银行业务不断创新，有四个突出的转变：一是表外业务种类繁多，在总体业务中的比重上升，成为业务发展的新的增长点；二是零售银行业务越来越受重视，尤其是个人理财业务（包括私人银行业务）的发展形势迅猛；三是银行资产业务的期限结构、风险结构在资产证券化的带动下更趋合理；四是信息化的业务比重不断提高并有扩张的趋势。

4. 2007 年美国次贷危机以来银行业务的反思与调整

上一阶段商业银行业务创新的浪潮使得银行混业经营趋势强化，商业银行与非银行金融机构、金融市场之间的联系更为紧密，既一定程度上拓展了银行盈利的空间，也一定程度上积累了各种风险尤其是系统性风险的可能。2007 年美国次贷危机爆发后，各国开始反思商业银行业务经营与管理上存在的缺陷与漏洞，也由此展开了适应各国发展条件的银行业务调整，比如美国银行业对综合经营进行审视，对银行的证券自营业务进行限制。与之并行，商业银行业务调整的推力还有信息技术以及由之带来的新金融形态即互联网金融。在这样的背景下，商业银行业务调整遵循适度原则，即在有效的风险管理下适度创新。其主要体现为对传统商业银行业务一定程度的回归，同时着力开展以电子信息技术为载体的新业务模式和管理方法。

5. 2010 年以来金融科技带来商业银行发展的机遇与挑战

根据金融稳定理事会（FSB）的定义，金融科技主要是指由大数据、区块链、云计算、人工智能等新兴前沿技术带动，对金融市场以及金融服务业务供给产生重大影响的新兴业务模式、新技术应用、新产品服务等。在新一轮科技革命和产业变革的背景下，金融科技的发展带动移动互联、消费金融、数字货币、支付清算、云计算以及智能投顾等领域，对传统金融模式产生巨大的冲击，商业银行也不可避免地受到影响。一方面，随着一批金融科技企业不断涌入金融市场，商业银行的竞争压力与挑战强化。这些金融科技企业依托信息技术执行支付清算、投融资领域的新兴服务职能，在存贷、支付结算、转账汇款等业务领域提供便捷高效的服务，对商业银行市场份额造成挤压，商业银行在这些业务领域的垄断地位遭到动摇；另一方面，也正是这种冲击和挑战为商业银行发展带来新的机遇，倒逼与推动商业银行对自身经营模式与业务发展进行改革和创新。商业银行开始考量与落实金融科技在商业银行运营中的应用、融合与创新，并借助金融科技获得经营发展的新空间与转型。可见，金融科技的形成与发展为商业银行带来新的时代契机，商业银行的未来将与之息息相关。

（三）商业银行的业务发展趋势

1. 在以客户为中心理念下发展业务

商业银行在业务发展中，强调以客户为中心的理念，真正将客户所需作为设计产品的基础，金融服务更趋人性化，重视开发针对不同客户的特色产品，也使银行提供的此类产品具有高附加值的倾向。

2. 强调创新是业务发展的核心

20 世纪 70 年代以来，商业银行的业务创新层出不穷，大体分为三类：一是为规避金融管制，巩固并开发资金来源，实现最优的资金运用的业务创新，比如大额可转让定期存单、货币市场基金、可转让支付命令等；二是为实现银行有效的风险管理获得收益与风险匹配的业务创新，比如资产证券化、金融期货与期权、利率互换等；三是不断接受和推进金融科技的应用，充分利用新技术革命的成果实现业务的升级换代与绩效提升。在科学技术迅猛发展的背景下，商业银行都在主动推进金融科技的应用，充分利用新技术革命的成果实现业务的升级换代与绩效提升。金融科技的应用是全方位的，包括支付、渠道、零售业务、公司业务、风控与安全等业务的创新。商业银行前台交易系统和后台清算支付系统的电子化程度的日益提高，对银行提高运作速度、管理效率及成本的控制具有较强的影响力。云计算、大数据、人工智能和区块链等新兴技术与金融业务不断融合，科技对于金融的作用被不断强化，商业银行对金融科技的投入力度持续加大，数据价值持续不断地体现并释放出来，金融业务环节的应用场景变得更加丰富。手机银行、网上银行等线上业务量迅速攀升，开放银行、无人银行、数字化管理等在科技的赋能下逐步由概念变为现实。

3. 强调风险管理是业务发展的重中之重

随着经济金融环境的日趋复杂化和市场化，商业银行业务的复杂化和关联性也逐渐增加，使得其面临的风险类型不断变化，风险叠加和传染日趋增强。因此，风险管理能力的高低成为商业银行能否展开业务创新与提升竞争力的重要决定因素，全面风险管理成为商业银行业务发展过程中的重中之重。

四、商业银行的经营管理

（一）商业银行的经营原则

作为特殊的金融企业，商业银行在业务经营中遵循的基本原则是安全性、流动性和盈利性，简称“三性”原则。

原理12-3

商业银行的业务经营遵循安全性、流动性和盈利性兼顾的原则。

1. 安全性原则

安全性（Safety）是指商业银行在经营中要尽量防范和降低各种风险，保证资金的安全。因为商业银行是高负债经营，资金主要运用于贷款或投资，存在本息不能收回的风险，而其自有资本比率低，抵御资产重大损失的能力较弱。因此，安全性是商业银行生存和发展的基本要求。

2. 流动性原则

流动性（Liquidity）是指商业银行能够随时满足客户提取存款、转账支付及贷款需求的能力。流动性是商业银行所具备的一种不损失价值情况下的变现能力，一种能应付各种需求的资金可调用能力。这种能力体现在商业银行的资产流动性和负债流动性上。资产流动性是商业银行所持有的资产能随时得以偿付或者在不贬值的条件下确能变为现金资产，负债流动性是指商业银行能够轻易以市场成本随时获得所需资金。流动性能力的大小既反映了商业银行经营状况的好坏，也体现了商业银行管理能力的高低。

3. 盈利性原则

盈利性（Earnings）是指追求利润最大化，这是商业银行的经营目的。在商业银行各项收入与支出中，影响银行利润的因素主要有三方面：一是资产收益和资产损失。其中，资产收益水平取决于资产规模、盈利资产比率以及资产收益率等，资产损失主要由资产经营过程中各种风险和防范风险的能力所决定。收益与风险往往成正比，因此对收益的判断务必要考虑风险影响。二是经营成本，包括利息成本和非利息成本。为保证收益，商业银行需要严格控制成本，加强管理。三是其他营业收支，包括各种服务性收入和表外创新业务的收入。商业银行只有追求盈利，才能有效地充实资本、强化激励，获得持续发展。但若一味强调盈利而忽略风险和长期发展，不仅利润难得，还将危及生存。

商业银行经营的“三性”原则既是相互统一的，又有一定的矛盾。其中，流动性与安全性是相辅相成的，流动性强则安全性高；而盈利性与流动性、安全性存在冲突，一般而言，流动性强、安全性高的资产盈利性低，而高盈利性往往伴随高风险性。由于“三性”原则之间的矛盾，商业银行在经营中必须统筹考虑三者的关系，综合权衡利弊，不能偏废其一。一般应在保持安全性、流动性的前提下，实现盈利的最大化。

（二）商业银行经营管理理论的变迁与发展

商业银行在经营管理中如何才能实现安全性、流动性和盈利性的兼顾？在长期的实践和探讨中逐渐形成了商业银行经营管理理论。这些理论在实践中不断发展演变，经历了从最初的资产管理、负债管理到资产负债综合管理以及目前的一些新发展的过程。

1. 资产管理理论

资产管理（Asset Management）的思想可追溯到 18 世纪英国的商业银行管理。该理论注重资产运用的管理，重点关注流动性管理。该理论认为银行资金来源的规模和结构是难以主动控制的，银行主要应通过资产项目的调整与组合来实现“三性”原则和经营目标。资产管理理论主要经历了三个不同的发展阶段：一是**真实票据理论**（Real Bills Doctrine），即主张商业银行以真实票据为根据，主要应发放短期和商业性贷款以保持资产的流动性；二是**可转换理论**（Shift Ability Theory），即在金融市场发展的条件下，商业银行的资产运用范围可以扩大到投资于具有一定可转换性的资产，如兼备流动性和盈利性的有价证券，以增强银行调节流动性的能力；三是**预期收入理论**（Anticipated Yield Theory），强调借款人的预期收入是银行选择资产投向的主要标准之一，即商业银行不仅根据短期商业性需要发放贷款和投资于有价证券，而且只要借款人具有可靠的预期收入用于归还贷款，银行就可以对其发放贷款。

2. 负债管理理论

负债管理（Liability Management）理论认为，银行可以通过调整负债项目实现“三性”原则的最佳组合。该理论提出的背景是 20 世纪 60 年代初西方各国实施严格的利率管制，大量资金脱离银行进入金融市场，迫使商业银行通过负债业务创新，主动吸引客户资金，扩大资金来源，并根据资产业务的需要调整或组织负债，通过金融市场增强主动性负债的比重，让负债去适应和支持资产业务。负债管理的实施扩大了银行的资金来源，进一步拓宽了银行的业务规模和范围，给负债运营的成本与风险控制方面带来一定的压力。

3. 资产负债综合管理理论

该理论强调将资产和负债综合考虑，通过统筹安排，实现“三性”的统一。资产负债综合管理的重点是主动利用对利率变化敏感的业务，协调和控制业务配置状态，保证银行获得正的利差和资本净值。最普遍采用的方法是**缺口分析**（Gap Analysis），缺口即利率敏感性资产与利率敏感性负债之间的差额。在管理中，商业银行可采取防御型战略，注意平衡利率敏感性资产与负债之间的数量，使净利息收入免受利率波动的影响；或采取主动战略，通过预测利率变化和调整组合，增加净利息收入。比如要在预测利率上升时建立一个正缺口（利率敏感性资产大于利率敏感性负债），在预测利率下降时建立一个负缺口，在预测正确的情况下可以增加净利息收入。

4. 商业银行经营管理理论的新发展

上述商业银行经营管理理论的发展反映了人们对商业银行运作规律的认识在不断地深化，但这些理论都集中于对表内业务的经营管理方面。随着商业银行业务的创新与发展，商业银行表外业务比重不断提高。同时，商业银行提供各种金融服务的要求也不断加强，商业银行的服务性特点更加鲜明。因此，商业银行经营管理理论相应出现了一些新的理论，具有一定代表性的有资产负债表外管理理论、全方位满意管理理论、价值管理理论和全面风险管理理论等。其中：资产负债表外管理理论提倡从银行资产负债表外业务中去寻找新的经营领域，开辟新的盈利源泉；全方位满意管理理论强调银行的一切活动都要追求顾客满意的管理理念，通过塑造独特的银行文化、提供令顾客满意的金融产品和服务，保有优质稳定的长期客户群，体现了银行作为金融服务业的本质要求；价值管理理论强调不过分追求企业的短期收益最大化，将长期的股东价值最大化作为管理目标，在业务安排上兼顾成本、风险与收益的匹配；全面风险管理是对整个机构内各业务单位和各种风险进行通盘管理。这种管理模式要求将信用风险、市场风险和其他各种风险以及包含这些风险的各种金融资产，承担这些风险的各个业务单位纳入统一的体系中，对各类风险依据统一的标准进行测量并加总，对风险进行控制和管理。

（三）现代商业银行经营管理的核心内容——风险管理

在现代商业银行的经营管理中，由于风险的加大，**风险管理**（Risk Management）日益重要，有效地防范、控制和管理风险是银行经营管理的核心。

1. 商业银行面临的主要风险类型

商业银行主要面临四类风险：一是信用风险，又称**违约风险**（Credit Risk），指借款人不能按契约规定偿还本息而使债权人受损的风险。这种风险一般与贷款和投资相关，但也与衍生品和其他银行信用形式有关。二是**市场风险**（Market Risk），指由于市场价格波动而蒙受损失的可能性，主要有利率风险和汇率风险两类。利率风险是指市场利率变化给商业银行的资产和负债带来损失的可能性。利率风险成为商业银行面临的最大市场风险。汇率风险是指商业银行在国际业务中的外汇资产或负债因汇率波动而造成损失的可能性。汇率风险与国际货币制度密切相关，浮动汇率制度下的汇率风险要远大于固定汇率制度。三是**流动性风险**（Liquidity Risk），指商业银行无法提供足额资金来应对客户的提现或贷款需求时引起的风险。流动性风险主要由资产和负债的差额及期限的不匹配所引起。流动性风险具有不确定性强、冲击破坏力大的特点。一旦银行流动性不足将导致存款人的挤提或客户的流失，使银行陷入财务困境甚至破产倒闭。四是**操作风险**（Operational Risk），指由不完善或有问题的内部程序、员工和计算机系统以及外部事件所造成损失的风险。操作风险往往与银行内部控制不力、对操作人员的授权管理失误和管理失灵有关。此外，商业银行在经营管理中还要对国别风险、声誉风险、战略风险、信息科技风险、交叉性金融风险、洗钱与恐怖融资风险等进行充分的评估和管控。

2. 商业银行风险管理的主要内容

商业银行风险管理主要包括三方面内容：风险识别、风险计量与风险控制。其中，风险识别是指揭示与认清风险，分析风险的起因与可能的后果。风险识别准确与否，直接关系到能否有效地防范和控制风险损失。风险计量主要是估算损失风险发生的概率，预测风险损失程度及其相关损失的大小。风险控制是指在权衡收益与损失两种可能性的基础上，通过预防、分散、转嫁、对冲、补偿等方法将风险控制在可以承受的范围。传统风险管理的重点是信用风险，随着市场发展以及金融创新的深入，商业银行更加注重综合性的风险管理，并采用多种新方法对风险进行控制。

3. 商业银行风险管理的方法

20 世纪 70 年代出现金融创新浪潮以后，世界银行业的经营风险有增无减，风险管理日益重要。各国商业银行在实践中探索各种风险管理的方法，采用较多的有以下几种：一是**在险价值法**（Value at Risk，VaR），是指在正常的市场环境下给定一定的时间区间和置信度水平，可以预测某种资产或资产组合最大损失的方法。从技术角度讲，在险价值表明一定置信区间的最大损失，但并不能排除高于在险价值的损失发生的可能性，而且一旦发生，可能会造成灾难性的后果。所以在金融风险管理中，在险价值法并不能涵盖一切，仍需综合使用各种其他的定性、定量分析方法。二是**风险调整的资本收益法**（Risk Adjusted Return on Capital，RAROC）。该方法是信孚银行首推的银行业绩衡量与资本配置方法。RAROC 是收益与潜在亏损值之比。使用这种方法的银行在对其资金使用进行决策的时候，不以盈利的绝对水平作为评判基础，而是以该资金投资风险基础上的盈利贴现值作为依据。决定 RAROC 的关键是潜在亏损即风险值的大小，该风险值或潜在亏损越大，投资报酬贴现就越多。近二十几年出现的巴林银行倒闭、大和银行亏损和百富勤倒闭等事件中，都是由于对交易员业绩评价不合理所致，只考虑其盈利水平，没有考虑在获得盈利的同时承担的风险。三是全面风险管理模式。全面风险管理是对整个机构内各业务单位和各种风险进行通盘管理。这种管理模式要求将信用风险、市场风险和其他各种风险以及包含这些风险的各种金融资产、承担这些风险的各个业务单位纳入统一的体系中，对各类风险依据统一的标准进行测量并加总，对风险进行控制和管理。

需要指出的是，商业银行无论对风险采取何种方法进行管理，都不可能完全消除风险，因为只要从事金融活动，必然存在风险。而风险不仅仅只有损失的可能性，还包含了收益的可能性，即为银行带来风险收益。因此，商业银行风险管理的重点是将风险控制在可承受的范围之内。

五、商业银行和金融市场的关系

商业银行与金融市场很容易联想到两种融资方式，即间接融资和直接融资；也很容易联想到两种金融制度安排，即银行主导的日德模式和市场主导的英美模式。作为金融体系的重要构成，两者似乎各有立场、难分高下。那么，商业银行与金融市场之间究竟孰优孰劣？是替代还是相容？两者的关系应该如何正确看待呢？

（一）商业银行与金融市场之间的争议

争议中持“银行观”的一方不断论证商业银行存在的意义与特殊作用，而持“市场观”的一方则从事实到理论都试图说明金融市场对资源配置的意义与市场的有效性。

1. 在风险管理方面的争议

市场观认为，金融市场允许个人依据自己的风险承受能力调整自己的资产组合，可以对冲各种特定的风险，并能够进行风险互换。比如有发达的金融市场的美国，可以提供大量风险不同的金融工具，通过不同工具的组合，为投资者提供了大量分散风险的机会。而在金融市场不发达的、银行主导体系下的国家，比如德国，金融工具种类和数量较少，没有多少可供分散风险的机会，却存在大量无法对冲的银行存款。

银行观认为，商业银行可以提供金融市场无法提供的风险分散功能。比如投资者可能担心短期流动性不足而不愿意接受较高投资收益的长期投资，商业银行却可以化解这一难题。商业银行可以将大量具有短期不确定的流动性需求的投资者集中起来，聚短成长，依据大数法则来提供流动性，同时进行长期投资，并使分散的存款人分享长期投资的收益，而金融市场是不具备此种能力的。

2. 在信息处理方面的争议

市场观认为，金融市场在信息处理方面具有商业银行无法比拟的优势，这主要体现在以下两方面：一是信息的公开与专业分析方面。金融市场对信息的透明、准确、及时具有严格的要求，在市场上有大量的专业人士密切地关注信息与分析，为市场和公众提供专业的意见与建议。二是利率、股市行情、买卖交易等方面，金融市场的价格波动、供求对比，显示出市场的资源配置功能和定价功能，这是商业银行无法实现的。

银行观认为，商业银行也具有独特的信息优势。尤其在银行主导的金融体系下，商业银行与企业的长期合作中拥有大量相关企业的信息，对企业的决策，银行可以通过是否给予贷款来表示自己的支持，对企业的影响力也十分巨大。同时，依据银行对企业信息的积累，银行在解决信息不对称导致的逆向选择和道德风险问题上也具有一定的优势。

3. 在公司治理和企业监管方面的争议

市场观认为，金融市场的用脚投票和用手投票，一方面可以使得资源集中在有能力的管理团队和行业，使之得以有效利用；另一方面也能够通过价格波动惩戒经营不善的管理者和错误的决策，防止资源浪费。同时股票市场刺激很多人来研究、关注企业的管理行为，对企业而言有很好的外部监管作用。

银行观认为，商业银行对融资企业具有一定的控制权，如德国、日本这种银行和企业关系密切的国家，商业银行不仅提供融资，而且控制公司的监事会，十分有利于企业与商业银行之间建立长期稳定的联系，减少监督成本。

4. 在促进经济成长和技术进步方面的争议

市场观认为，金融市场比商业银行能发挥出更大的刺激经济成长的作用。比如股票市场可以促进创业资本的投资，从而促进技术进步，实现对新兴产业的支持，而这种高科技含量的产业发展对经济成长具有巨大的推动作用。相比之下，商业银行因顾虑风险，投资往往具有惯性、偏向保守，与市场所发挥的作用相距甚远。

银行观认为，即便在英美这样市场组织较好的国家，金融市场也没发挥出其所设想的筛选、监视和约束的功能，其在定价和接管机制方面的失误也引发了很多问题。

以上争议看出，商业银行与金融市场都是各有利弊、各有作用的。不同制度的安排更多的是一种历史的、特定环境的自然选择，并没有孰优孰劣。从金融体系整体而言，金融市场是各种经济主体进行金融交易的总和，其中商业银行作为重要的参与者，既提供各种金融工具以便交易，又参与金融工具的买卖实现利益。两者实际上是融合的、相互依存的。

（二）商业银行与金融市场相辅相成、共同成长

1. 商业银行是金融市场的主体之一

商业银行作为金融市场的主体，主要体现在三个方面：一是商业银行通过货币市场、资本市场进行融资。商业银行通过参与同业拆借市场、回购交易市场、票据市场、大额可转让定期存单市场进行短期融资，通过发行金融债券和发行股票进行资本筹集。同时商业银行的融资活动也改变金融市场的资金需求，影响市场价格的变化。二是商业银行在货币市场、资本市场进行投资。商业银行通过参与国债市场、金融债券市场、票据市场进行证券投资，可以获得证券收益，更重要的是获得流动性和安全性的保证。当然商业银行的投资活动必然对金融市场的资金供给产生影响，从而也会带来市场价格方面的波动。三是商业银行通过开展投资银行业务等表外业务，参与

金融市场交易活动的组织与协调。一方面，商业银行通过开展表外业务，提供咨询、信息处理等帮助金融市场交易顺利实现；另一方面，商业银行通过资产组合与金融创新产品的开发，成为金融市场中衍生品市场的重要参与者。

2. 金融市场为商业银行提供更为广阔的风险分散空间和收入来源

金融市场为商业银行提供更为广阔的风险分散空间的突出表现是资产证券化的发展。资产证券化是金融市场的拓展，在此过程中，传统的商业银行实现了从融资中介向服务中介的转型。证券化是使金融关系可交易的过程，它将封闭的金融合约关系开放化，使之成为可以交易的工具，使关系中的融资主体更具灵活性。在证券化的过程中，资金以发行资产证券的方式通过资本市场从广大投资者手中筹集起来，又通过商业银行的贷款分配到资金需求者手中去。商业银行进行资产证券化活动具有的好处包括：一是通过出售信贷资产，将信贷风险转移出去，从而降低了商业银行的信贷风险；二是通过出售资产，降低资产总额，使资本充足，比率得到提高；三是通过出售资产，盘活其存量资产，加快信贷资金的周转速度，并通过提供相关管理服务，收取服务费，开辟新的收益渠道。

3. 金融创新使商业银行与金融市场更为相融

20 世纪 70 年代以来，金融创新层出不穷。金融期货与期权、资产证券化、高收益债券、杠杆并购等新的金融工具、金融交易方式推进金融交易量不断增长，金融市场的作用不断放大，传统银行业渐趋衰落，而面向金融市场、服务金融市场的新型商业银行不断发展。

金融创新使商业银行业务更加丰富，功能更为广泛，与金融市场关系不断紧密。首先，金融创新促进商业银行业务多元化。商业银行不再局限于传统的资金融通，表外业务的扩展使商业银行可以介入新的领域，满足更多的市场需求。其次，金融创新增加了商业银行的风险管理能力。在传统的银行业务中，管理风险的方法主要是风险跨期平滑，而在金融创新的促进下，资金以各种形式的金融产品从商业银行进入金融市场，各种创新工具将各个金融市场紧密联系在一起。一方面，商业银行可以最大限度地在市场上获取交易信息、选择合适的交易伙伴，利用创新工具进行规避风险；另一方面，商业银行成为各类金融信息和风险的集散地，向不同风险和服务偏好的客户提供不同的金融工具。这样，商业银行开始在金融市场上充当资产交易和风险管理代理人的角色。

金融创新使商业银行与金融市场不断融合，形成一种动态的交互关系。金融创新使得商业银行的一些传统业务转向金融市场。比如，商业票据和货币市场基金的出现，使传统银行业的活期存款业务受到威胁；垃圾债券和中期票据市场的兴起，使原来主要从银行融资的企业有了新的融资渠道；而资产证券化和融资证券化之后，直接融资与间接融资的界限变得模糊不清，商业银行与金融市场越来越紧密地联系在一起。创新虽然使得金融交易活动越来越市场化，但并不排斥商业银行的发展。商业银行依据金融市场的需要创造新的金融工具，而新的金融工具又成为新市场的基础，并增加现有市场的交易量、降低交易成本，又促使商业银行创造新的金融工具。在这种动态互补的关系中，商业银行擅长提供为客户量身定做的个性化服务，而金融市场提供的标准化、成熟的金融工具更适合面向众多客户的批量交易。两者各有所长，而它们之间的融合将促进双方的共同成长。

六、中国银行业的历史演进与发展

新中国成立以来，中国银行业的发展有几个关键年份。一是 1948 年 12 月中国人民银行的建立，标志着中国银行体系的诞生；二是1984年1月中国工商银行正式成立，四大国有专业银行基本形成，中央银行—国有专业银行双层银行体系正式确立；三是1986年我国第一家股份制银行交通银行成立，代表中国银行业的类型开始出现不同；四是1995年《中华人民共和国商业银行法》的颁布及专业银行称谓的取消，中国银行业的商业化进程加快；五是2006年三家国有独资商业银行上市成功以及2006年12月11日兑现加入WTO的银行业开放承诺，银行业面向外资全面放开。这些关键年份是中国银行业发展的阶段性标志，展现了中国银行业渐进式改革和商业银行从无到有、从规模发展到结构优化的演化过程。

（一）1948年至1984年1月：从“大一统”到专业银行

1948年到1979年是中国人民银行的“大一统”时期。中国人民银行因兼营中央银行与一般性银行的双重业务，同时又隶属财政，导致银行的产业属性不明。这一状况在1979年以后有所改变。1979年2月，国务院批准恢复组建中国农业银行，作为从事农业金融业务的专业银行。1979年3月，专营外汇业务的中国银行从中国人民银行中分离出来，完全独立经营。同年8月，中国人民建设银行也从财政部分设出来，专门从事固定资产贷款和中长期投资业务，后更名为中国建设银行。这些专业银行的业务各有明确分工，打破了中国人民银行“大一统”的格局。1983年9月，国务院决定中国人民银行专门行使中央银行职责，同时设立中国工商银行，经营原中国人民银行办理的工商信贷和储蓄等商业性业务。四家专业银行在国家政策分工所限定的地域和行业范围内开展活动。它们迅速扩张网点，虽然因承担大量国家政策的任务而企业化运营和市场竞争无从谈起，但与当时的社会条件与经济制度的内在要求是契合的，也在机构设置和市场占有等方面为以后的银行商业化改革发展奠定了良好的基础。

（二）1984年至1997年：商业银行体系的初步形成

这一时期初步形成以国有商业银行为主体、其他类型银行并存的局面。国有专业银行开始向商业银行转变。

首先，在明确专业化银行身份之后，国家对银行机构施行了一系列以扩大经营自主权为主的企业化改革措施，重点是转变银行信贷资金管理体制和财务管理体制。1985年银行信贷资金管理体制由实行“差额包干”改为“实存实贷”；财务体制也由“统收统支”改为各银行单独核算、利润留成，逐步实行独立核算、自主经营、自负盈亏。1989年实行了“限额管理，以存定贷”的方针，资产负债管理体制开始逐步建立。国有银行的管理方式逐渐由机关式转向企业化，围绕企业化经营方向，建立了各种岗位责任制、目标经营制和单项承包制，同时推行劳动人事制度改革，试行中层干部聘任制、任期目标责任制等。打破专业银行的垄断格局和业务范围限制。

其次，相继成立10余家股份制商业银行，各银行之间也出现了业务交叉、相互竞争的局面，为专业银行的商业化转变创造了外部条件。1986年出现以交通银行为标志的股份制银行，其后陆续成立了中信实业银行、深圳发展银行、广东发展银行等10家股份制银行，逐渐改变了四大国有银行独占市场的格局，竞争性逐渐增强。

再次，1994年成立三家政策性银行，目的是分离国有银行原来承担的政策性业务，为其商业化运营减负。

最后，以1995年《商业银行法》的颁布为标志，从法律上确定了商业银行的性质、定位以及业务运作的范围边界，为银行的商业化运营提供制度基础保障。同时，1995年也开始了对城市信用社的改革，1995年7月第一家地方性的股份制商业银行——深圳城市商业银行正式成立，并实施了分三批组建城市商业银行的规划。1996年国务院颁布了关于农村金融体制改革的决定，当年年底全国农村信用社基本完成了与农业银行的脱钩，开始进行合作金融的改革。

这些举措使中国银行业的机构数量大增，竞争也初步显现，特别是规模扩张成为竞争的主流，各家银行的分支机构、业务和网点人员都迅速扩张。但同质性明显，组织结构、资本结构、业务结构趋同化。随着社会主义市场经济体制的确立，银行的产业化经营逐渐强化，表现为各家银行开始关注并展开市场占有率、网点、人员、规模等方面的竞争。与此同时，数量扩张下高比例的不良贷款、银行资产运用的软约束、银行业风险的积累与加剧等问题也逐渐显现。

（三）1998 年至 2003 年：银行业市场化改革的推进

这一时期改革的重点，一是建立现代金融企业制度，使商业银行成为真正的市场化主体；二是强化银行的风险管理。1997 年亚洲金融危机之后，国有企业大面积陷入经营困境，致使国有商业银行不良资产剧增，威胁到国家经济和金融体系的安全。为处置不良资产，1998 年发行 2 700 亿元特别国债，1999 年成立四家资产管理公司，剥离国有商业银行不良资产 1.4 万亿元左右，旨在提高国有独资商业银行的资本实力与抵御风险的能力。同时，全面推行资产质量五级分类制度以取代原来的“一逾两呆”贷款分类法，要求商业银行按照审慎会计原则提取贷款损失准备金。国务院向四大银行派驻监事会，强化监督制约机制完善国有商业银行的治理结构。

上述措施充实了国有商业银行的资本实力，改善了财务状况，也一定程度上减轻了四家银行的历史包袱。但现实中问题依然严重，按贷款质量五级分类统计，2002 年年底四大银行的不良贷款总额 21 350 亿元，不良贷款率 25.12%；盈利水平低下，2003 年平均总资产回报率（ROA）为 -0.2%，平均股本回报率（ROE）为 -0.5%，国有银行治理结构改革势在必行。

（四）2003 年至 2010 年：国有商业银行的股份制改革

2001 年我国加入 WTO 后，银行业承诺的开放进程带来改革的外在压力，国内金融体系改革与发展所带来的同业之间的业务竞争加剧，混业经营松动后非银行金融机构开始抢夺银行业务与客户和不良资产的潜在威胁，使进入 21 世纪的中国银行业感受到前所未有的竞争压力。

2002 年 2 月，全国金融工作会议提出要按照“产权清晰、权责明确、政企分开、管理科学”的现代金融企业制度要求，把国有商业银行改造成治理结构完善、运行机制健全、经营目标明确、财务状况良好、具有较强国际竞争力的现代金融企业。国务院成立了国有独资商业银行综合改革专题工作小组，部署中国人民银行牵头研究国有商业银行改革问题。在外汇储备充裕的条件下，中国人民银行向国务院提出了动用外汇储备向国有商业银行注资的新思路。2003 年 9 月，中央和国务院决定选择中国银行、中国建设银行作为试点银行，用 450 亿美元国家外汇储备和黄金储备补充资本金，进一步加快国有独资商业银行股份制改革进程。根据产权明晰的原则，于 2003 年 12 月 16 日依法设立了中央汇金公司，由其作为国有资本出资人代表运用国家外汇储备向试点银行注资。中央汇金公司的成立是国有商业银行业改革的一个重大创新，改变了国有商业银行长期存在的产权主体虚位的局面。中国银行、中国建设银行和中国工商银行的股份制改革的步骤大体为：第一步是财务重组，主要包括核销资产损失、处置不良资产、再注资等三个环节；第二步是在财务重组的基础上实施股份制改造，建立现代公司治理框架；第三步是引进战略投资者；第四步是境内外公开发行上市。从 2005 年 10 月起至 2007 年 9 月，三行相继启动首次公开发行工作，在融资规模、认购倍数、发行价格等方面均取得了巨大成功，全部完成 A 股和 H 股两地上市。

同时，针对中国农业银行政策性业务多、不良贷款比率高以及历史遗留的管理体制实施股份制改革，遵循面向“三农”、整体改制、商业运作、择机上市的改革方针，在全面外部审计、清产核资的基础上，稳步推进不良资产处置、国家注资等财务重组和设立股份公司工作。经过三年多的努力，中国农业银行于2010年7月15日和16日正式在上海和香港两地上市，至此，中国四大国有控股商业银行全部成功上市。在此过程中，其他股份制银行和城市商业银行也加快了股份制改革步伐并陆续上市。表12-2反映了中国商业银行业概况。

表12-2 中国商业银行概况（截至2021年年底）

类型	名称	数量	是否上市	地理范围
国有大型商业银行①	中国工商银行、中国建设银行、中国银行、中国农业银行、交通银行、中国邮政储蓄银行	6家	全部上市	全国
股份制银行	招商银行、中信银行、光大银行、中国民生银行、华夏银行、平安银行、广发银行、上海浦东发展银行、兴业银行、渤海银行、恒丰银行、浙商银行	12家	除了广发银行、恒丰银行未上市外，其余10家均已上市	全国
城市商业银行	北京银行、上海银行等	128家	30家上市②	地区性
农村商业银行、合作银行、村镇银行	北京农村商业银行等	数千家（其中农村商业银行1 596家）	13家上市③	地区性
民营银行	前海微众银行、温州民商银行、天津金城银行、浙江网商银行、上海华瑞银行等	19家④	无	地区性

资料来源：中国银行保险业监督管理委员会网站。

注：① 大型商业银行的标准：本外币资产总量大于等于2万亿元的银行（以2008年末各金融机构本外币资产总额为参考标准）。

② 上市的城市商业银行中，郑州银行、青岛银行、重庆银行为“A+H股”上市。

③ 最早上市的农村商业银行是重庆农村商业银行，2010年年底在香港主板上市。2016年9月在A股上市的江阴银行，是A股首家农村商业银行。在此之后，农村商业银行的上市节奏加快，在短短不到4个月的时间内就有4家先后在A股上市，另外还有1家（九台农商银行）在香港主板上市。

④ 民营银行是指由民营资本作为主发起人设立的银行，一般情况下前2~3名大股东的持股比例合计超过50%（且单一股东的持股比例一般不会超过30%）。发起设立民营银行的民营企业需要满足最近3个会计年度连续盈利、年终分配后净资产达到总资产30%以上、权益性投资余额不超过净资产50%等条件。民营银行的定位是地方性银行（城市商业银行），实施属地监管；成立的目的主要是普惠金融，较为符合监管鼓励方向，其经营模式主要以“大存小贷”“个存小贷”等为主。

（五）2010年至今：商业银行改革的深化

2010年以来，国际经济运行尚未完全恢复常态，金融监管趋于严格；国内经济增长放缓的同时，利率、汇率市场化改革不断推进，中国商业银行经营压力增大。银行业积极推进更广泛的业务转型创新和更深入的经营管理改革创新：在业务上积极介入直接金融，比如从传统的存贷业务延伸到新兴理财业务和投资银行业务；在管理上更加强调风险意识并主动核销不良资产加大拨备力度等，以满足国际金融危机后更为严格的监管要求。

2013年以来，伴随着经济增速趋缓和利率市场化改革提速，国内金融业态发生了深刻变化。

银行业出现了资金脱实向虚、资产质量下滑、金融乱象频发等突出问题，金融风险快速累积。我国监管机构审时度势，及时采取了一系列措施，比如将表外理财纳入宏观审慎评估体系（MPA）广义信贷规模考核，强化对同业负债的监管，开展“三违反、三套利、四不当”专项治理和综合治理①。为应对不良资产压力，先后发布了推进债转股、成立债权人委员会、重启不良资产证券化、降低拨备覆盖率监管要求等政策。这些政策措施，对防控金融风险产生了重要作用。2015 年，国家开始着力推动供给侧结构性改革，推动“金融去杠杆”，引导资金服务于实体经济。

2017 年以来，面对国内外严峻的经济金融形势，为了防范系统性风险和充分发挥金融在经济发展中的积极作用，陆续出台了一系列金融强有力的监管政策，包括控制同业负债规模，限制非标投资、消除多层资产嵌套，禁止资金池、打破刚性兑付等，引导商业银行转变粗放的经营思路，回归表内业务，业务模式也从规模导向转向创新能力和盈利能力导向。同时，银行业强调继续推进金融供给侧结构性改革，不断提升服务实体经济质效；持续加大对国家重大战略的支持力度；遵循金融发展的基本规律，强化风险与合规管理；积极推进利用金融科技、大数据等不断创新、深化转型，推进银行业的新一轮高质量可持续发展。

第三节　非银行的其他存款性公司

其负债全部或部分纳入广义货币口径的机构中，除了最为重要的商业银行体系外，还包括非银行的其他存款性公司，比如合作金融机构和政策性银行。

一、合作金融机构

合作金融机构（Community Financial Institution）是指按照国际通行的合作原则，以股金为资本、以入股者为服务对象、以基本金融业务为经营内容的金融合作组织。

（一）合作金融机构的产生

合作金融是合作经济的组成部分，具有悠久的历史。在小生产方式占主导的经济社会，民间自发存在各种合作金融活动，如我国战国时期的合会就是一种初始的信用合作形式。尽管民间自发的合作金融活动具有偶发性、散在性和不规范性等弱点，但因可以满足小生产者之间互助合作的金融需求而具有顽强的生存适应能力。随着商品经济和市场关系的发展，合作金融亦从低层次向高层次发展，主要标志便是以稳定的金融机构为载体进行运作。现代意义上的合作金融始于 19 世纪中叶，历经 100 多年已逐步形成与商业性金融、政策性金融三足鼎立的现代金融体系格局。

合作金融机构经典的代表是舒尔茨式的以社员为核心的互助式城市信用合作社和雷发巽式的以农民为本位的农村信用合作社。从合作金融 100 多年的发展历程看，合作金融是许多国家金融制度安排中不可缺少的组成部分。不仅印度等发展中国家的合作金融发展较快，而且法国、美国、日本、韩国等发达国家的合作金融机构也自成体系，在市场经济的框架下稳定发展。尽管其中有

① 所谓“三违反”是银行业“违法、违规、违章”行为；“三套利”是指监管套利、空转套利、关联套利；“四不当”是指不当展业、不当交易、不当激励、不当收费。

些国家经济发达，有先进的通信和计算机技术，有财力雄厚的商业银行和垄断金融集团，但这些都没能彻底取代合作金融组织，相反合作金融还相当发达。例如，日本、德国、法国、意大利的合作银行都是合作金融机构发展的成功范例。

知识链接12-5

德国雷发巽式农村信用合作社和舒尔茨城市信用合作社

世界上最早的农村信用合作社1848年成立于德国法郎司非特，为德国人雷发巽创办。从1750年起，德国农村遭逢严重困难，农产品价格大跌，借款利率极高，农民陷于极度困境。曾经当过市长、有宗教道德精神，并热心于农村合作事业的雷发巽为救济农村，于1848年创办信用合作社，为农民贷放资金，并兼营出售家畜。1862年，因认识到慈善性质的合作社不能持久，雷发巽毅然采取自助原则，创办以农民为本位的信用合作社，成为雷发巽式农村信用合作社的典型代表。雷发巽式农村信用合作社的原则是：社员均限于从事农业；社员信用不仅在经济方面，而且包括道德方面；社员负无限责任；盈余作公积金，不准分配；不准社员让渡其权利；社员所借资金以所得收入归还，故放款期限稍长。雷发巽式农村信用合作社的资金来源有5项：股金、公积金、储蓄、活期存款、向中央合作银行及其他银行或个人借入资金。

德国舒尔茨城市信用合作社于1850年成立于德国狄立虚，为德国人海尔曼·舒尔茨-德里奇创办。18世纪时，德国城市传统手工业者受到正在上升的机器大生产的打击，处境十分困难。曾在议会中任商工业委员长、组织各种救贫及慈善事业的舒尔茨感到，小生产者应共同协力，筹集必要的资金，方能与大工业者相竞争。于是在1850年组织了接受富者资金供给的预借合作社，这便是舒尔茨城市信用合作社的开始。

资料来源：戴相龙，黄达. 中华金融辞库：第七卷. 北京：中国金融出版社，1998：611。

（二）合作金融机构的运作特点、经营管理和作用

1. 合作金融机构的运作特点

（1）自愿性。自愿性表现为加入自愿，退出自由。当然，这种自由在承认机构章程、符合章程规定的条件下才能实现。

（2）民主性。合作金融机构的所有成员地位平等，不以出资额排序。合作金融机构内部实行民主管理，重大事项集体决策。决策投票一人一票，收益共享，风险共担。

（3）合作性。一是资本的合作。合作社资本由成员集资组成，成员以货币资本入股为合作的起点，积累部分属成员集体共有。二是金融活动的合作。合作金融机构的首要宗旨是满足成员的经济和金融需求，为成员提供低成本和优先金融服务。三是与成员或任何的相关经济组织合作，在可能的范围内为成员谋取最大利益。

原理12-4

合作金融机构以自愿、平等、互利为原则，以资本合作为基础，以成员为主要对象进行低成本、互惠性的金融活动。

2. 合作金融机构的经营管理

合作社经营管理具有经营目标的自为性，组织上的互助性，管理上的民主性，经营上的灵活性和业务上的专门性、区域性等特点。具体而言，信用合作社业务经营手续简便灵活、利率较低。其主要资金来源是合作社成员交纳的股金、公积金和吸收的存款，贷款主要用于解决其成员的资金需要。起初主要发放短期生产贷款和消费贷款，后来开始为解决生产设备更新、改造技术等提供中长期贷款。经营管理的人选是在民主基础上由社员选举指定并对社员负责。其最高权力机构是社员代表大会，负责管理具体事务和业务经营的执行机构是理事会。

3. 合作金融机构的作用

在经济社会发展中，合作金融机构所发挥的作用主要体现在两个方面：一是增强个体或弱势经济在市场竞争中的生存能力，通过必要的资金支持和金融服务来扶持农民或小生产者，保护其生产积极性，使个体经济或小规模经济在互惠互利中增强生存发展能力。二是降低个体经济获取金融服务的交易成本。合作机构在相对较小的社区和群体中提供金融服务，有较强的信息对称性，风险较小，可降低金融服务的交易成本和管理成本。

（三）合作金融机构与商业银行、政策性金融机构的关系

合作金融机构与商业银行、政策性金融机构都是从事货币信用业务的存款类金融企业，在筹措资金、运用资本、风险控制管理等方面有很多的共性，但合作金融机构的特点和作用又决定了它与商业银行、政策性银行之间存在一些差异。首先，商业银行与借款者之间是纯粹的借贷关系；而合作金融机构与其成员之间，不仅是借贷关系，更重要的还是利益同享、风险共担、互助互利的合作关系。其次，商业银行在小规模的个体经济或农村经济开展经营的交易成本过高，缺乏比较优势，过于分散的零售市场往往使商业银行无利可图甚至亏本；而合作金融机构则可以及时获得信息，并提供有效服务，充分发挥其交易成本方面的比较优势。最后，政策性金融机构是为支持国家政策而开展业务活动，难以满足零散市场小规模经济的多元化的金融服务需求；合作金融机构正好可以弥补其不足。因此，合作金融机构、商业银行以及政策性金融机构在满足金融服务需求方面存在互补的关系。

中国农村金融体制改革的方向体现了三者的关系，即在农村建立农业发展银行、农业银行和农村信用社等多种机构分工合作、功能互补的农村金融体系。在具体设计上，农业发展银行作为政策性银行，主要负责粮、棉、油等主要农产品的收购和储备资金以及农业综合开发贷款和扶贫贷款，即主要发放政策性贷款，发挥政策性的金融供给功能；农业银行主要负责农村内部工商企业规模较大及使用期限较长的生产性贷款，即主要发放商业性贷款，发挥商业性的资金融通功能；农村信用社负责为一般农户提供日常性信贷服务，主要发放小额、短期贷款，发挥合作性的资金融通功能。

（四）合作金融机构的种类

1. 城市信用社

城市信用社是在城市中按一定社区范围，由城市居民和法人集资入股建立的合作金融组织，是具有独立法人地位的经济实体。

进入 20 世纪 80 年代后，中国加快改革开放步伐，为适应大量个体、私营及小集体企业急剧增长的金融服务需求，在城市地区陆续设立了大批城市信用社。但从一开始，城市信用社的定位并没有严格遵循合作金融机构的性质，而是重在发挥对国有银行难以顾及的业务领域“拾遗补缺”作用。因此，城市信用社基本上是按股份制商业银行的模式发展组织起来的。1994 年开始的金融

体制深化改革，将城市信用社纳入了商业银行体系建设的改革轨道，将城市信用社组建成当地的股份制银行，成立的新机构仍采用合作银行的称谓，如北京城市合作银行等，但实际上并不具有合作金融的内涵，后大部分改称为城市商业银行。1996 年，国家明确了新的政策导向，对没有建立城市商业银行的城市中存在的城市信用社，逐步纳入合作金融的改革轨道，按照合作金融原则加以改造和规范。

2. 农村信用社

农村信用社是由农民或农村的其他个人集资联合组建的，以互助为主要宗旨的合作金融组织。农村信用社的主要任务是依照国家法律和金融政策的规定，组织和调节农村资金，支持农业生产和农村综合发展，支持各种形式的合作经济和社员家庭经济，限制和打击高利贷。农村信用社创办时主要办理种植业的短期贷款，随着农村结构的调整和非农业人口的增加，发展到综合办理农、林、牧、副、渔业和农村工商业及社员消费性的短期贷款。由于其以扶持农业生产发展为主要任务，各国都对其实行各种鼓励政策，有些国家的农村信用社还集中在一定领域从事业务，如渔业生产信用合作社、农牧业生产信用合作社以及土地信用合作社。

我国的农村信用社在新中国成立初期的社会主义改造过程中，随公有化程度的提高和计划经济体制的建立，其合作性质被淡化，行政上受中国人民银行的领导。但是进入 20 世纪 80 年代以后，这种“官办”的制度安排已不适应改革中的农村经济，1984 年开始推行以恢复组织上的群众性、管理上的民主性和经营上的灵活性为基本内容的改革，1996 年，农村信用社与国有商业银行（中国农业银行）脱离行政隶属关系，开始按合作性原则加以规范。2003 年 6 月，国务院印发《深化农村信用社改革试点方案》。该方案指出：“按照‘明晰产权关系、强化约束机制、增强服务功能、国家适当支持、地方政府负责’的总体要求，加快信用社管理体制和产权制度改革，把信用社逐步办成由农民、农村工商户和各类经济组织入股，为农民、农业和农村经济发展服务的社区性地方金融机构，充分发挥信用社农村金融主力军和联系农民的金融纽带作用，更好地支持农村经济结构调整，帮助农民增加收入，促进城乡经济协调发展。”

3. 农村合作银行

农村合作银行是由辖区内农民、农村工商户、企业法人和其他经济组织入股组建的股份合作制社区性地方金融机构，主要任务是为农民、农业和农村经济发展提供金融服务。股份合作制是在合作制的基础上，吸收股份制运作机制的一种企业组织形式。农村合作银行以盈利性、安全性、流动性为经营原则，实行自主经营，自担风险，自负盈亏，自我约束。

我国农村合作银行主要以农村信用社和农村信用社县（市）联社为基础组建。2003 年 4 月 8 日，我国第一家农村合作银行——鄞州农村合作银行在浙江宁波挂牌成立。2005 年 6 月 10 日，全国第一家省级农村合作银行——天津农村合作银行正式成立。2007 年 3 月 1 日，中国第一家村镇银行——四川仪陇惠民村镇银行在仪陇县金城镇正式挂牌开业，这标志着放宽农村地区银行业金融机构准入政策取得新突破。

我国农村金融机构的改革与创新对于促进农村地区投资多元、种类多样、覆盖全面、治理灵活、服务高效的新型农村金融体系的形成，进而更好地加强和改进农村金融服务，支持社会主义新农村建设，促进农村经济社会和谐发展和进步，具有十分重要的意义。

二、政策性银行

政策性银行是指由政府投资建立，按照国家宏观政策要求在限定的业务领域从事信贷融资业务的政策性金融机构，其业务经营目标是支持政府发展经济，促进社会全面进步，配合宏观经济调控。政策性银行由于其资金来源不以吸收存款为主，而主要是国家预算拨款、发债集资或中央银行再贷款。因此，不同的国家在存款性公司的统计口径上往往视其具体业务是否形成存款货币，再确认其机构属性。在中国也是如此，只有中国农业发展银行的存款负债计入广义货币的统计口径。

（一）政策性银行的特点

1. 不以盈利为经营目标

政策性银行的设立本身的经济根源在于商业性融资机制的失灵，因此，政策性银行的产生是政府干预的产物。设立政策性银行，是政府为了实现自己既定的经济政策目标，通过由政策性银行的特殊融资来弥补商业性融资机制的不足，以使那些利润低、投资期限长、投资数额大而社会需要发展的领域获得资金支持。政策性银行业务的开展是为实现社会整体效益，而不是微观效益，因此经营中不以自身盈利为发展动力。

2. 资金运用有特定的业务领域和对象

政策性银行只面对那些国家社会经济协调发展急需支持，而又不能通过商业银行等商业性金融机构获得融资的领域，或是对国民经济发展有较大现实意义，或是国民经济薄弱环节，或是对社会稳定、经济均衡协调发展有重要作用。如农业、中小企业、进出口贸易、经济开发、住房等领域。即使是进出口业，也不包括所有的项目，而是只同特定产业的产品或技术的进出口业相关。因此，政策性银行一般不同商业银行竞争，只是补充后者信贷的不足。

3. 不以吸收存款作为主要资金来源

资金来源主要是国家预算拨款、发债集资或中央银行再贷款。而资金运用以发放长期贷款为主，贷款利率较同期商业银行贷款利率要低。

（二）政策性银行的种类

1. 按业务范围可划分为全国性和地方性政策性金融机构

从政策性银行业务经营的范围看，各国全国性政策性金融机构所占比例较大，如中国、美国、日本、德国、法国等国家的政策性金融机构大多数是全国性的。地方性的政策性金融机构一般设在比较偏远的地区，如日本北海道东北开发金融公库、冲绳振兴开发金融公库等。

2. 按业务领域可划分为农业、进出口、住房等政策性金融机构

政策性金融机构按业务领域可划分为农业、进出口、住房、经济开发、环境等，其中以农业、进出口、住房和中小企业金融机构比较普遍。

（三）中国的政策性银行

1994 年以前，我国没有专门的政策性金融机构，国家的政策性金融业务分别由当时的四家国有专业银行承担。1994 年，为适应经济发展需要以及遵照把政策性金融与商业性金融相分离的原则，相继建立了国家开发银行、中国农业发展银行和中国进出口银行三家政策性银行。

1. 国家开发银行

国家开发银行是 1994 年 3 月正式成立的中国第一家政策性银行。国家开发银行对其安排投资的国家重点建设项目，如国家基础设施、基础产业和支柱产业的大中型基本建设，在资金总量和资金结构配置上负有宏观调控职责，以提高投资效益，促进国民经济持续、快速、健康地发展。国家开发银行注册资本为 4 212.48 亿元人民币，总部设在北京，同时在国内设有 42 家分行，在国外设有 10 家代表处。

2. 中国农业发展银行

中国农业发展银行是主要承担国家规定的农业政策性金融业务的政策性银行，注册资本为1 330亿元人民币。1994年11月18日，中国农业发展银行正式投入运营。除在成立之初的国拨资本及人民银行的再贷款外，中国农业发展银行还可发行金融债券、吸收办理业务范围内开户企业的存款。迄今为止，中国农业发展银行已经在全国31个省、自治区、直辖市设立了分支机构。

3. 中国进出口银行

中国进出口银行是支持中国对外经济贸易投资发展与国际经济合作的政策性银行。它于1994年5月成立，资金来源主要是向国内外发行债券，总部设在北京，并在国内设有32家分行和香港代表处，在国外设有西北非等5个代表处和巴黎分行。注册资本金总额为1 500亿元人民币。

与1994年政策性银行成立之初相比，当前我国宏观经济环境、产业结构、市场需求以及文化基础都发生了许多变化，带有补贴性、政府指令的政策业务逐渐减少，而自营开发性业务逐渐增多，政策性银行的业务不断市场化，面临继续发挥政策性银行作用和向市场转轨的任务。2006年，国务院明确提出深化并推进政策性银行改革的战略，由中国人民银行和财政部具体负责，三家政策性银行研究设计符合各自特点的改革方案。经过改革，三家政策性银行将凸显三个作用：大力支持农业、进出口贸易和基础建设；促进区域协调和产业结构调整；加强对中小企业及教育、医疗的资金支持。2015年国务院明确国家开发银行定位为开发性金融机构，主要开展长期信贷业务和投资等金融业务。

需要说明的是，在我国只有中国农业发展银行的存款负债计入广义货币的统计口径，即以上具有不同程度政策性业务的三家银行中只有中国农业发展银行才属于其他存款性公司。由于我国金融监管部门是将国家开发银行与两家政策性银行并列统计的，所以国内一般做法是将政策性银行与国家开发银行笼统地归入其他存款性公司之列。

本章小结

1. 存款性公司是接受个人和机构存款并发放贷款的金融机构。其共同的特征是以存款为主要负债，以贷款为主要资产，以办理转账结算为主要中间业务，直接参与存款货币的创造过程。按照业务活动的目标不同可以将存款性公司分为管理性、商业性和政策性三类，按照投资者的国别或业务的地理范围不同可分为国际性、全国性和地方性三类。存款性公司之间通过提供不同的金融服务，在功能上相互补充，形成有机的存款性公司体系；通过相互竞争、优胜劣汰，形成充满生机的存款性公司体系。

2. 存款性公司是一种高杠杆企业，其自有资本低，所需的资金来源主要依靠负债获得，而负债业务的主要形式是各类存款和借入资金。存款性公司的资金运用主要表现为各类贷款和证券投资。存款性公司的业务运作特点体现为信用性、风险性、服务性。

3. 存款性公司的职能与作用主要有：充当信用中介，实现对全社会的资源配置；充当支付中介，对经济稳定和增长发挥重要作用；创造信用与存款货币，在宏观经济调控中扮演重要角色；转移与管理风险，实现金融、经济的安全运行；提供各种服务便利，满足经济发展的各种金融服务需求。存款性公司的业务运作可能存在的负面作用亦不可忽视。存款性公司能够开展业务并发挥作用基于三个必要的前提：具有公信力，具有流动性，具有收集、辨识、筛选信息的能力。

4. 传统意义上的商业银行专指以存款为主要负债、以贷款为主要资产、以支付结算为主要中间业务，并直接参与存款货币创造的金融机构。随着经济社会的发展和金融业的创新，现代商业银行已成为全面经营货币信用商品和提供金融服务的特殊企业。早期银行业的产生与国际贸易密切相关，伴随贸易的频繁与经济的发展，经历货币兑换业、货币保管业和货币经营业的演进而形成了银行业。现代商业银行形成的途径大体有两条：一是从旧式的高利贷银行和机构转变而来，二是直接组建的股份制商业银行。

5. 商业银行组织形式主要有总分行制、单一银行制、控股公司制、连锁银行制等。

6. 商业银行的业务按是否进入资产负债表可分为表内业务和广义的表外业务。表内业务包括负债业务和资产业务，广义的表外业务包括传统的中间业务和创新性的表外业务。商业银行的业务反映出其全部的经营活动，体现出商业银行的职能作用和组织管理能力。依据会计规则，商业银行的资产=商业银行负债+银行资本。

7. 商业银行的资产业务是商业银行的资金运用项目，包括现金资产、信贷资产和证券投资。商业银行的资产业务是其取得收入的基本途径。商业银行的负债业务是指形成商业银行资金来源的业务。商业银行的负债业务主要包括被动负债和主动负债。被动负债中最重要的是吸收存款，一般分为活期存款、定期存款和储蓄存款三类；主动负债是商业银行通过发行各种金融工具主动吸收资金的业务。

8. 银行资本即自有资本，其数量的多少能够反映银行自身经营实力以及御险能力大小。银行资本包括核心资本和附属资本两类。核心资本在资本总额中所占的比重直接影响银行的经营风险，在银行资本中，核心资本所占比例不能低于 50%。

9. 商业银行业务发展的主要趋势是以客户为中心的创新化和电子化。商业银行的业务经营遵循安全性、流动性、盈利性的“三性”原则。商业银行经营的三个原则既是相互统一的，又有一定的矛盾。一般应在保持安全性、流动性的前提下，实现盈利的最大化。

10. 商业银行的经营管理理论经历了从最初的资产管理、负债管理到资产负债综合管理以及目前的一些新发展的演变过程。商业银行经营管理理论的新发展包括资产负债表外管理、全方位满意管理、价值管理和全面风险管理等。

11. 商业银行风险管理的主要内容包括三方面：风险识别、风险计量、风险控制。其中风险识别是商业银行风险管理的基础。商业银行经营中面临许多风险，主要包括信用风险、流动性风险、市场风险和操作风险。

12. 商业银行和金融市场之间的关系十分复杂。一方面在风险管理、信息处理、公司治理和企业监管以及促进成长和技术进步等方面存在争议；另一方面又相辅相成，首先商业银行是金融市场主体之一，其次金融市场为商业银行提供了更为广阔的风险分散空间和收入来源，最后金融创新使得两者更为相容。

13. 非银行的其他存款性公司是指其负债可以纳入广义货币统计口径的金融机构，一般包括合作金融机构和政策性银行。合作金融机构是指按照国际通行的合作原则，以股金为资本、以入股者为服务对象、以基本金融业务为经营内容的金融合作组织。政策性银行是指由政府发起或出资建立，按照国家宏观政策要求在限定的业务领域从事银行业务的政策性金融机构。

14. 合作金融机构的特点是自愿性、民主性和合作性。合作金融机构所发挥的作用主要体现在两个方面：一是增强个体或弱势经济在市场竞争中的生存能力，二是降低个体经济获取金融服务的交易成本。合作金融机构以金融业务的地域范围为标准划分，主要包括农村信用社和城市信用社。信用社经营管理具有经营目标的自为性，组织上的互助性，管理上的民主性，经营上的灵活性和业务上的专门性、区域性等特点。

15. 政策性银行其业务经营目标是配合并服务于政府的产业政策和经济社会发展规划，推动经济的可持续与协调发展，促进社会和谐。在经营活动中表现出如下特点：不以盈利为经营目标，资金运用有特定的业务领域和对象，不以吸收存款作为主要资金来源。

16. 新中国成立以来，中国银行业的发展有几个关键年份：一是 1948 年 12 月中国人民银行的建立标志着新中国银行体系的诞生；二是 1984 年 1 月中国工商银行正式成立，四大国有专业银行基本形成，中国的中央银行—国有银行双层银行体系正式确立；三是 1986 年我国第一家股份制银行交通银行成立，代表中国银行业银行类型开始多元化发展；四是 1995 年《中华人民共和国商业银行法》的颁布及专业银行称谓的取消，中国银行业的商业化进程加快；五是四家国有控股商业银行上市成功以及 2006 年 12 月 11 日兑现加入 WTO 的银行业开放承诺，银行业面向外资全面放开并向现代金融企业迈进。

重要术语

存款性公司	其他存款性公司	商业银行	总分行制	银行控股公司制
全能型商业银行	银行资本	表外业务	资产管理	负债管理
资产负债综合管理	缺口分析	风险管理	信用风险	流动性风险
市场风险	操作风险	政策性银行	合作金融机构	城市信用社
农村信用社				

术语解释请扫描封底增值服务码→名词术语。

思考题

1. 存款性公司有哪些种类？其共同的业务特点是什么？
2. 在一国金融机构体系中，为什么存款性公司的作用十分重要？在金融混业经营的趋势下，存款性公司的作用发生了什么变化吗？
3. 如果你能够开设一家存款性公司，你认为这家机构正常运行和长远发展的基本要求是什么？你最关注的问题是什么？
4. 商业银行的组织形式有哪些？各自的利弊在哪里？
5. 简述商业银行主要业务类型，并说明商业银行发展表外业务应注意哪些方面。
6. 简述商业银行经营原则。如何准确把握其内在的关系？
7. 简述商业银行经营管理理论的历史变迁。这种变迁说明商业银行发生了怎样的变化？
8. 商业银行在经营管理中面临哪些风险？其各自产生的原因是什么？
9. 如何理解商业银行与金融市场的关系？
10. 合作金融机构的特点与作用是什么？其主要类型有哪些？
11. 结合我国政策性银行的产生与变革，分析政策性银行的特殊性。

12. 简述新中国成立以来中国商业银行发展的历史演进。
13. 结合所学的存款性公司知识，联系金融科技在我国的应用，试分析我国存款性公司面临的机遇与挑战。

更多思考练习请扫描封底增值服务码→习题作业、例题及综合测试。

讨论题

讨论主题：商业银行的业务创新和风险管理

讨论素材：《巴林银行的破产》

思考讨论：

1. 结合案例，谈谈你对银行风险控制的看法。
2. 如何理解商业银行创新的“双刃剑”作用？

相关讨论素材请扫描封底拓展资源码→教学案例。

延伸阅读

1. 麦克唐纳. 银行管理. 北京：北京大学出版社，2009.
2. 罗斯，赫金斯. 商业银行管理：原书第 9 版. 北京：机械工业出版社，2013.
3. 杜金富. 货币与金融统计学. 3 版. 北京：中国金融出版社，2013.
4. 米什金，爱金斯. 金融市场与金融机构. 北京：北京大学出版社，2006.
5. 白钦先，曲绍光. 各国政策性金融机构比较. 北京：中国金融出版社，1993.
6. 李健，李建军. 国有商业银行改革：宏观视角分析. 北京：经济科学出版社，2004.
7. 艾伦，盖尔. 比较金融系统. 北京：中国人民大学出版社，2002.
8. 戈兹曼. 千年金融史：金融如何塑造文明，从 5000 年前到 21 世纪. 北京：中信出版社，2017.
9. 中华人民共和国银行业监督管理法. 北京：法律出版社，2003.
10. 中华人民共和国商业银行法. 北京：法律出版社，2003.

更多资源请扫描封底拓展资源码→文献目录。

即测即评

请扫码答题，检测本章学习效果。

第13章 其他金融性公司

本章导读

在经济市场化、信息化、国际化的当代，人们之间的经济关系越来越复杂，各种形式的经济往来不断增加，对金融服务的需求也愈加多元化、专业化。通过第12章的学习，你已了解了存款性公司，但在金融性公司中除了存款性公司外，还存在更为多元的其他金融性公司，比如证券公司、投资银行、基金公司、保险公司、信托公司、金融租赁公司、金融资产管理公司、金融担保公司以及资信评估公司等。究竟它们之间有何区别？其各自的业务特色有哪些？金融与经济的发展为何需要这些种类多样的机构？本章将介绍其他金融性公司的主要种类，通过本章学习，可以了解和理解它们的主要特点和运作原理，并以积极的态度看待它们的存在与发展。

第一节　其他金融性公司概述

经济的深入发展对金融服务的多元化、专业化需求越来越高，与之相应，各种类型的金融机构也不断涌现。它们或是在证券市场提供投融资服务，或是提供各种保险保障服务，或是提供信息咨询、资信评估服务，这些金融机构的共同特点是不以吸收存款为主要资金来源，不直接参与存款货币的创造，但提供各种专业化的金融服务，故统称为其他金融性公司①（Other Fianancail Corporation，OFC）。它们与存款性公司共同构成金融机构体系，促进经济社会的成长与发展。

理解其他金融性公司可以把握以下三条线索：一是从金融统计视角理解其他金融性公司在全社会货币供应及融资总量形成中承担的作用，与存款性公司区别开来；二是从市场利率和汇率的变化来把握此类机构与金融市场的关系，简单地说，此类机构需要尤其关注利率的期限结构与风险结构变化，其业务运作应基本具备对流动性与收益的同等重视；三是从业务特色与创新空间上理解此类机构的发展与挑战。

一、其他金融性公司的种类

依据其他金融性公司所从事的主要业务活动和所发挥的作用，可以划分为投资类、保险保障类、非投资类和非保险保障类的其他金融性公司三类。

（一）投资类金融机构

投资类金融机构（Investment Financial Institution）指为企业和个人在证券市场上提供投融资服务的金融机构，主要包括投资银行或证券公司、基金管理公司等。投资类金融机构多作为直接融资中介人，开拓资金流动渠道，通过各种证券、票据等债权、产权凭证，将资金供求双方直接联系起来，有利于全社会资金的有效配置与运转。

（二）保险保障类金融机构

保险保障类金融机构（Insurance Financial Institution）指运用专业化风险管理技术为投保人或投保人指定的受益人提供某类风险保障的金融机构。这类机构是金融机构体系中十分重要的一类，主要包括各类保险公司和社会保障基金等。保险保障类金融机构一方面能够积聚资金、抵御风险、降低个体损失、提供经济保障，另一方面可以融通长期资金、促进资本形成。

（三）非投资类和非保险保障类其他金融性公司

此类其他金融性公司种类多样，业务差异较大，很难进行类别归纳，主要包括信托公司、金融租赁公司、金融资产管理公司、金融担保公司、资信评估机构以及金融信息咨询机构等。随着经济、金融发展的深化和金融创新的推动，此类金融机构的发展空间还很大。

二、其他金融性公司的业务运作及其特点

（一）不直接参与存款货币的创造过程

其他金融性公司的共同特点是在负债上不以吸收存款为主要资金来源，在资产上不以发放贷

---

① 这是一种粗略的划分，旨在教学中帮助学生了解与存款性公司相对的其他金融性公司的主要业务特点。现实的混业经营中，业务的多元化使得判断某一金融机构属于何种类型的意义已经不大，而更为重要的是判断其所具有何种金融功能。比如，商业银行可能具有投资银行的功能，或投资银行可能具有商业银行的功能，等等。

款为主要运用方式，在服务性业务上不提供支付结算业务。因此，它们的经营活动不直接参与存款货币的创造过程，对货币供求及其均衡的影响相对较小。

（二）资金来源与运用方式各异

与业务共性较多的存款类金融机构不同，各种其他金融性公司的业务各异，导致其资产负债项目差异很大。如保险公司以吸收保费作为主要资金来源，资金主要运用于理赔和投资获益；基金公司的资金主要来源于发行基金证券，主要通过投资组合来运用资金；证券公司的资金主要来源于自有资本和发行债券，主要通过自营证券投资运用资金；信托投资公司的资金主要来源于信托资产，主要依据委托人的要求运用资金；金融租赁公司的资金主要来源于租金，资金主要运用于购买出租物。

（三）专业化程度高，业务之间存在较大的区别

其他金融性公司业务的专业化程度高，比如投资银行的证券承销和经纪业务、保险公司对保险产品的设计与管理、基金公司的投资组合等，都需要专门的金融人才进行操作。同时，这些机构具有特定的服务对象和市场，各自业务的运作大不相同，即便在可归为一类的机构中，比如保险保障类机构中的保险公司与养老基金，其各自的业务也存在较大的差异。

（四）业务承担的风险不同，相互的传染性较其他存款性公司之间弱

其他金融性公司的业务差异较大，其所承担的金融风险也不相同。相比之下证券公司、基金公司风险较高，而保险公司和社会保障基金的风险较低，服务类的机构风险最小。因承担风险的差异性，在分业经营体制下，相互的传染性也较其他存款性公司小得多。但在监管放松和混业经营的背景下并不尽然，比如2007年美国次贷危机中投资银行、对冲基金、保险公司之间的业务往来导致风险加剧，最终酿成恶果。

知识链接13-1

美国次贷危机引发金融机构倒闭的多米诺骨牌效应

2007年美国次贷风暴不仅席卷华尔街，也将整个世界笼罩在金融危机的阴霾之下。截至2008年8月6日，美国金融企业宣布的损失已达2 500亿美元。美国第五大证券交易商贝尔斯登轰然垮台，英国百年老字号北岩银行被迫收归国有，“两房”被美国政府接管，拥有158年辉煌历史的国际投行“大腕”雷曼兄弟控股公司宣布申请破产保护，美林集团“卖身”美国银行，全球最大保险集团美国国际集团（AIG）遭美国政府注资并接管，美国最大存款机构华盛顿互惠银行也陷入财政危机，华尔街第二大投行摩根士丹利也不得不与全球各大金融机构进行合并、收购谈判……全球金融巨擘一夜之间仿佛都难逃分崩离析的“次贷诅咒”。然而，次贷“多米诺骨牌”还在继续倒下，全球金融市场风声鹤唳。

多米诺骨牌具有“一倒都倒”“越倒越快”的特点。此次次贷危机从次级贷款出现大量违约开始，贷款机构的坏账影响到次级抵押贷款支持债券的价格，进而使大量金融机构受到巨大损失而演变为金融危机，金融机构的损失与倒闭浪潮通过信贷收缩和对消费与投资信心的打击再传导到实体经济，从而引发了全球性的经济金融危机，这一过程正体现了“多米诺骨牌”效应的特点。

资料来源：孙飞．华尔街风暴大解析．搜狐网，2008-9-24；王国海，张笑尘．次贷危机的“多米诺骨牌”效应研究．湖南社会主义学院学报，2008（6）。

（五）业务的开展与金融市场密切相关，对金融资产价格变动非常敏感

其他金融性公司的业务与金融市场的发达程度相辅相成。一个国家或地区其他金融性公司种类的多少，往往代表着金融结构的复杂程度和金融市场的发达程度；而没有发达的证券市场，证券公司、基金公司就失去了存在的意义，没有健全的货币市场、保险市场，保障基金、保险公司也很难发展，相应的资信评估与信息咨询等机构也就没有用武之地了。由于其他金融性公司业务的开展依托于金融市场，市场动态对其业务运作影响极大，因此，它们对利率、汇率和证券价格等金融资产价格变动非常敏感。

三、其他金融性公司的发展

在经济全球化、金融混业化的发展趋势下，大规模全能化经营已成为主要的发展方向，但专业细化、提供特定服务的金融机构仍将存在，许多专业特色突出的其他金融性公司在自己的细分市场上大有作为。从总体上看，其他金融性公司的发展有赖于所属经济体系的市场化程度与信息技术的发达程度、金融创新能力以及相关法律规范的完善程度等。①

（一）其他金融性公司发展的经济与技术条件

1. 经济发展对其他金融性公司的发展起决定作用

随着经济市场化程度的提高，商品生产和流通不断扩大，交换关系日益复杂，不断产生多样化的金融需求。除了基本的货币流通、资金融通和支付清算等需要，利用投融资活动实现保值增值、规避风险、专家理财等要求越来越成为主流需求，这些复杂的新金融需求决定了金融机构的专业化分工与合作，促使其他金融性公司的迅速发展。比如随着经济的发展，股份公司成为经济组织的普遍形式后，以债券、股票等有价证券为工具的投资性金融活动日益活跃，出现了许多与证券相关的投资性需求和技术服务需求，由此产生了投资类金融机构和金融信息咨询服务机构等。

2. 技术进步与普及增加了其他金融性公司的业务能力和运作范围，大大提高了经营效率

与存款性公司相比，其他金融性公司往往因为网点单一、信息成本高而受到业务能力和运作范围的限制。随着信息技术的进步与普及，电子网络可以将触角伸入经济生活的方方面面，大量的金融、经济信息都可以借助电子技术进行传递、储存、显示、分析，各种金融交易可以利用计算机报价、撮合以及支付清算。这些好处显然为其他金融性公司的发展带来更为广阔的市场与空间，同时也节约了信息成本、交易成本，提高了运营效率。

（二）其他金融性公司的发展与金融创新

金融创新使得其他金融性公司与金融市场的融合更为密切，大大拓展了其业务范围，提升了市场竞争力。比如货币市场基金的出现，对商业银行的负债业务提出了挑战；而债券与票据市场的工具创新又使得那些原来依赖银行贷款的公司获得新的融资渠道，进而削弱了存款类公司的资

---

① 其他金融性公司在 2007 年美国次贷危机中以影子银行系统引起人们从功能观对金融机构的重新认识与思考。影子银行系统（The Shadow Banking System）的概念由美国太平洋投资管理公司执行董事麦卡利首次提出并被广泛采用，又称为平行银行系统（The Parallel Banking System），它包括投资银行、对冲基金、货币市场基金、债券保险公司、结构性投资工具（SIV）等其他金融性公司。影子银行虽然是非存款类机构，但是又确实在发挥着事实上的银行功能。它们为次级贷款者和市场盈余资金搭建桥梁，成为次级贷款者融资的主要中间媒介。影子银行通过在金融市场发行各种复杂的金融衍生产品，大规模地扩张其负债和资产业务。所有影子银行相互作用，便形成了彼此之间具有信用和派生关系的影子银行系统。因为不受银行监管的制约，影子银行系统不仅累积了大量风险而且也在一定程度上削弱了金融宏观调控与管理的影响。因此，对其他金融性公司的深入学习需要考量混业经营条件并关注金融功能观的视角。

产业务。特别是融资证券化的创新对于投资银行等投资类金融机构而言，不仅在业务上得以扩展，而且也获得了丰厚的利润。总之，各种金融市场的创新为其他金融性公司提供了更大的业务范围和更强的业务发展能力。

（三）其他金融性公司的发展与法律规范及监管

其他金融性公司的发展与完善的法律规范及监管密切相关。没有科学的法律规范要求和有效的金融监管，其他金融性公司的发展就缺乏正确的方向与行为约束，其业务的可信度和持续性往往难以为继。比如在金融法律规范中提出的诚信原则、保密原则、禁止行为原则、资格认定原则、有效监管原则以及自律机制等，对其他金融性公司而言都是必须遵守的。鉴于其他金融性公司各自业务的相对独立性，与其他金融性公司相关的立法与监管应注意各类机构的特点，使其有法可依、合法经营、违法必究，从而促进其健康持续地发展。

第二节　投资类其他金融性公司

一、投资类其他金融性公司概述

（一）投资类其他金融性公司的种类

投资类其他金融性公司主要包括证券公司或投资银行、投资基金公司和其他投资类金融机构。

1. 证券公司或投资银行

证券公司（Securities Company）是指由政府主管机关依法批准设立的在证券市场上经营证券业务的金融机构。其业务主要包括代理证券发行、代理证券买卖或自营证券买卖、兼并与收购业务、研究及咨询服务、资产管理以及其他服务，如代理证券还本付息和支付红利，经批准还可以经营有价证券的代保管及鉴证、接受委托办理证券的登记和过户等。

在美国和欧洲大陆所称的投资银行与证券公司业务重合度很大，比较起来，欧美投资银行在资本市场的资本运营和金融创新特别是金融衍生品的发行与交易已成为其业务重点。**投资银行**（Investment Banking）是在资本市场上为企业发行债券、股票，筹集长期资金提供中介服务的金融机构，其基本特征是综合经营资本市场业务，既包括证券发行与承销、证券交易经纪、证券私募发行等传统业务框架，也包括企业并购、项目融资、风险投资、公司理财、投资咨询、资产及基金管理、资产证券化、金融创新等，而后者已成为投资银行的核心业务组成。

2. 投资基金公司

投资基金（Investment Fund）公司是指以金融资产为专门经营对象，以资产的保值增值为根本目的，把具有相同投资目标的众多投资者的资金集中起来，实行专家理财，通过投资组合将资金分散投资于各种有价证券等金融工具的金融机构。投资者按出资比例分享收益、承担风险。

3. 其他投资类金融机构

此类机构主要指按揭证券公司、金融期货公司、黄金投资公司、投资咨询公司和证券结算公司等。按揭证券公司指专门从事购买商业银行房地产按揭贷款，并通过发行按揭证券募集资金的金融机构。它是按揭市场的资金提供者，主要作用是增加按揭贷款的资金、降低按揭贷款利率、分散银行风险、促进债券市场发展等。金融期货公司是专门从事标准化金融期货合约交易的机构，它们在指定的期货交易所进行交易。黄金投资公司是专门在黄金市场从事黄金买卖交易的机构。投资咨询公司指为适应证券市场专业化发展要求，向客户提供参考性的证券市场统计分析资料，对证券买卖提出建议，帮助投资者建立投资策略、确定投资方向的专业指导者。证券结算公司指专门办理证券存管与交易、资金结算交收以及证券过户业务的服务机构。

（二）投资类其他金融性公司的业务特点

1. 主要以有价证券为业务活动的载体

投资类金融机构的业务活动以金融市场为中心，围绕着各种金融工具的发行和流通进行。这些金融工具主要包括票据、股票、债券以及各种金融衍生工具。

2. 业务专业性要求高，风险较大

由于投资类金融机构主要为证券市场提供投资性服务，其所开展的业务或是促进证券发行与承销、促成证券交易的经纪、自营买卖，或是提供资本运营服务，或是基金管理、资产证券化和风险投资等，这些业务的开展都需要专门的金融知识、熟练的交易技能和金融创新能力，专业性要求很高。同时，这些业务以各种有价证券为载体，有价证券本身具有一定的风险，加之又都是围绕证券市场进行，一旦出现风险，投资类金融机构的安全就受到影响，也不利于证券市场的稳定。

3. 业务活动必须遵循公开、公平和公正的原则

投资类金融机构所提供的各种投资服务具有信息密度高的特点，定期对外公布与传递信息是投资类金融机构的重要工作。因此，遵循公开、公平和公正的原则，依据法律法规发布准确信息，帮助投资者正确进行投资决策，是投资类金融机构业务活动的基本原则。

（三）投资类其他金融性公司的作用

1. 促进证券投资活动的顺利进行

投资类其他金融性公司参与证券发行和与证券经营相关的业务，开展各种投资业务服务，进行与投资活动相关的资本运营与公司理财等，以专业的素质和服务从诸多方面促使证券投资活动顺利进行。

2. 降低投资者的交易成本和信息搜寻成本

投资类其他金融性公司通过各种专业化的服务与规模经营为投资者降低投资成本。同时，通过广泛收集信息并利用其对信息的分析、加工能力为投资者提供所需的各种信息，大大降低了信息搜寻、处理成本。

3. 通过专业技术与知识为投资者规避、分散和转移风险提供可能

投资类其他金融性公司依据对各种信息的专业化处理，通过提供灵活多样的金融工具、投资组合以及信息披露，为投资者获得有效的风险管理提供可能。

二、证券公司

证券公司是专门从事证券业务的金融机构，各国的称谓有所不同，业务却相差无几。美国和欧洲大陆称为投资银行，英国称为商人银行，日本和我国则称为证券公司。现代意义的证券公司产生于欧美，主要是由 18 世纪众多销售政府债券和贴现企业票据的金融机构演变而来。随着 20 世纪以来金融创新的推进，证券行业成为变化最快、最富挑战性的行业之一。在我国，证券公司作为独立的其他金融性公司，在内涵上与欧美的投资银行无异，既经营零售业务也经营批发业务，但在实际运作中对比投资银行差别还是较大的。我国证券公司的主营业务是二级市场证券经纪业

务，客户以散户为主，而投资银行更侧重自营业务和交易，且客户以机构为主。我国证券公司虽也提供一级市场融资服务，但与国际公认的投资银行标准仍有差距。

专栏看板13–1

中国证券行业高质量发展新进展

证券公司是资本市场最重要的中介机构。30年来，证券行业与资本市场共同发展壮大，已成为我国金融体系的重要组成部分，发挥着越来越重要的作用。在新的发展阶段，行业必须切实肩负起新责任新使命，以自身的高质量发展助力资本市场高质量发展，为经济社会发展积极贡献力量。自2016年以来，证券行业高质量发展取得良好进展。

一是服务实体经济和投资者能力不断增强。四年来，证券行业牢记服务实体经济的天职，帮助各类企业完成股权融资超过5万亿元、债权融资超15万亿元、并购重组交易超3万亿元；积极参与设立科创板并试点注册制，在创业板改革、新三板改革、投资端改革、提高上市公司质量、保护投资者权益等资本市场重大改革任务中发挥了积极作用。始终坚持守正创新，围绕科技自立自强、民企纾困、绿色发展、“一带一路”等主题积极创新产品服务；聚焦满足居民日益增长的财富管理需求，丰富投资产品，改善账户服务体验，受托管理规模超过10万亿元。2020年年底，证券从业人员近35万人，专业素质持续提升，呈现高学历、年轻化、专业化特征。

二是合规和风险管理体系逐步健全。四年来，证券行业坚持稳中求进，经营风险总体可控，经受住了新冠肺炎疫情和复杂外部环境等多重冲击考验，对通道业务、股票质押、债券违约等重点领域风险做到了早谋划、早行动，取得了较好效果，为打好防范化解重大金融风险攻坚战作出了积极贡献。同时，行业机构全面风险管理体系初步建立，合规理念逐步贯穿各业务环节，整体呈现稳健发展势头。2020年年末行业总资产达8.9万亿元，净资本1.82万亿元，年均增长率分别为11.35%和5.48%；风险覆盖率、流动性风险覆盖率、净稳定资金率等风控指标均优于监管标准。

三是行业履行社会责任成效显著。近年来，证券行业依靠人才优势、专业优势，加强对宏观经济、产业经济、区域经济的研究，发挥行业首席经济学家为宏观政策建言献策和预期引导的积极作用。2020年面对新冠肺炎疫情严重冲击，行业配合监管部门，在股票质押展期、融资融券“柔性”处理等方面主动作为，第一时间捐赠各类物资支持疫区抗疫，服务发行“疫情防控债”，支持企业复工复产。发起证券行业支持民营企业发展资产管理计划，创设信用保护工具，助力民营企业纾困。2016年开始，行业通过“一司一县”等方式积极参与扶贫工作，102家证券公司结对帮扶307个国家级贫困县，为我国脱贫攻坚战取得全面胜利作出了行业应有的贡献。

四是行业文化建设付诸实践。2019年11月，行业召开文化建设动员大会，提出“合规、诚信、专业、稳健”的文化理念，在全行业逐步形成共识并付诸积极行动。2021年年初，在总结证券公司文化建设经验的基础上，借鉴国际金融监管机构的最佳实践，证券业协会发布推广《证券行业文化建设十要素》，从观念、组织、行为三个层次，提出落实行业文化理念的具体行动指引，得到了全行业的积极响应。这项工作是资本市场长期健康发展的支柱，要从小事抓起，常抓不懈，久久为功，在行业倡导新风气、树立新形象，为行业高质量发展注入新动能、提供新支撑。

资料来源：易会满. 坚持稳中求进优化发展生态　推动证券行业高质量发展新进步. 金融时报，2021-5-22。

（一）证券公司的特点与作用

现代证券公司是直接融资市场上重要的组织者和中介人，它们提供与资本市场有关的智力服务，为客户量身定做可供选择的证券投资、资产组合、公司购并等各种投融资方案；具有较强的金融创新意识和金融研发能力；主要依靠信用、经验、客户网络等占领市场；收入的主要来源是各种服务的手续费或佣金。

证券公司在现代社会经济发展中发挥着沟通资金供求、构造证券市场、推动企业购并、促进产业集中和规模经济形成、优化资源配置等作用。作为资金需求和资金供给者相互结合的中介，证券公司以最低成本实现资金所有权和经营权的分离，为经济增长注入资本，为经济结构调整配置或转移资本。

（二）证券公司的类型

各国证券公司的类型主要有四种：一是独立的专业性证券公司，这种形式的证券公司广为存在，一般有各自专长的专业方向；二是商业银行拥有的证券公司，主要是商业银行通过兼并、收购、参股现存的证券公司来从事投资银行业务；三是全能型银行直接经营证券公司业务；四是一些大型跨国公司的财务公司也从事证券业务。

在我国，证券公司主要分为两种：一是经纪类证券公司。这类公司是指接受客户的委托，以自己的名义从事证券买卖，收取一定佣金的经济组织。公司通常提供交易的基本条件和服务。二是综合类证券公司，这类公司既可从事经纪业务，又可开展自营、承销及其他业务。

（三）证券公司的主要业务

1. 证券承销业务

证券公司借助自己在证券市场上的信誉和营业网点，在规定的发行有效期限内将证券销售出去，这一过程称为承销。承销是证券公司的基础业务之一，其作用是受发行人的委托，寻找潜在的投资公众，并通过广泛的公关活动，将潜在的投资人引导成为真正的投资者，从而使发行人募集到所需要的资金。证券公司在办理承销业务时可以为发行人提供证券市场准入的相关法规咨询，建议发行证券的种类、价格和时机，提供相关财务和管理的咨询等服务。在包销的情况下，发行人可以避免证券不能完全销售的风险。证券公司利用其在证券市场的广泛网络，通过分销商将证券售予投资者，可协助企业通过发行市场筹募资金，扮演资金供给者与需求者间之桥梁。在证券发行过程中，承销商在法律法规的限制下，还可以进行稳定价格的操作，保护证券市场的稳定。

2. 证券经纪业务

证券经纪业务是指证券公司通过其设立的营业场所（即证券营业部和服务部）和在证券交易所的席位，接受客户委托，按照客户的要求，代理客户买卖证券的业务。在证券经纪业务中，证券公司不向客户垫付资金，不分享客户买卖证券的差价，不承担客户的价格风险，只收取一定比例的佣金作为业务收入。证券经纪业务是随着集中交易制度的实行而产生和发展起来的。证券经纪业务的特点主要体现在业务对象的广泛性、证券经纪商的中介性、客户指令的权威性和客户资料的保密性等方面。

3. 证券自营业务

证券自营业务是指证券公司用自己可以自主支配的资金或证券，以盈利为目的，通过证券市场从事买卖证券的经营行为。证券自营业务按业务场所一般分为两类：场外（如柜台）自营买卖和场内（交易所）自营买卖。在我国，证券自营业务一般是指场内自营买卖业务。

4. 其他业务

以上三类是证券公司的基本业务和传统业务。随着市场需求的变化和金融市场的发展，证券公司越来越积极地参与企业并购、项目融资、风险投资、公司理财、资产管理、基金管理、资产证券化等市场活动，充当客户的投资顾问、财务顾问、金融顾问等，为客户的融资、财务管理、投资选择、公司购并等提供服务，并不断研究和开发新业务，争取市场份额。可以说，证券公司的业务发展体现了资本市场和金融体系发展的新要求。

三、投资基金管理公司

投资基金管理公司（简称基金管理公司或基金公司）是专门为中小投资者服务的投资机构，它通过发售基金份额，将众多分散的投资者的资金集中起来，形成独立财产，通过专家理财，按照科学的投资组合原理进行投资，与投资者利益共享、风险共担。证券投资基金最早产生在英国，20 世纪 20 年代出现在美国的波士顿，并在其后得以充分发展。投资基金在不同国家或地区有不同叫法，美国称为“投资公司”或“共同基金”，英国和我国香港特区称为“单位信托基金”，日本和我国台湾地区称为“证券投资信托基金”等。为了保护投资者的利益，各国法律都规定，基金管理公司在成立时须配备高素质的有丰富证券从业经验的基金管理人才，要有明确可行的基金管理计划，科学分工的组织机构，同时，还要求建立健全的内部管理制度，配备先进的技术设施，为对基金资产进行有效的管理和运用奠定基础。

（一）投资基金的种类

依据不同的标准，投资基金可以划分为不同的种类（见表 13-1）。

表 13-1 投资基金的种类

依据的标准	投资基金的类型
依据组织形态的不同	公司型投资基金和契约型投资基金
依据基金发行的单位数是否可增加或赎回	开放式投资基金和封闭式投资基金
依据投资风险与收益	成长型投资基金、收益型投资基金、平衡型投资基金
依据投资对象	股票基金、债券基金、货币市场基金、期货基金、期权基金、指数基金和认股权证基金等
依据投资货币种类	美元市场基金、日元市场基金和欧元市场基金等
依据基金发行方式是否公开	公募基金和私募基金

下面介绍几种常见的投资基金类型。

1. 按组织形态分类

按组织形态划分，投资基金可分为公司型投资基金和契约型投资基金。

公司型投资基金（Company Type Investment Funds），是具有共同投资目标的投资者依据法律组成的以盈利为目的、投资于特定对象（如各种有价证券、货币）的股份制投资公司。这种基金公司通过发行股份的方式筹集资金，是具有法人资格的经济实体。基金持有人既是基金投资者又是公司股东，按照公司章程的规定，享受权利，履行义务。公司型基金成立后，通常委托特定的基金管理公司运用基金资产进行投资并管理基金资产。基金资产的保管则委托另一金融机构，该机构的主要职责是托管基金资产并执行基金管理人指令，二者权责分明。基金资产独立于基金管理人和托管人的资产之外，即使受托的金融托管机构破产，被托管的基金资产也不在清算之列。

契约型投资基金（Contract Type Investment Funds）又称信托型投资基金，是根据一定的信托契约原理，由基金发起人和基金管理人、基金托管人订立基金契约而组建的投资基金。基金管理公司依据法律、法规和基金契约负责基金的经营和管理操作。基金托管人负责保管基金资产，执行管理人的有关指令，办理基金名下的资金往来。投资者通过购买基金单位享有基金投资收益。英国、日本和我国的投资基金多是契约型基金。

2. 按是否可赎回分类

按是否可赎回，投资基金分为封闭式投资基金（Closed End Investment Funds）和开放式投资基金（Open End Investment Funds）。

封闭式投资基金发行在外的份额数（规模）是固定的。一旦完成发行计划，就封闭起来不再追加发行，若需要扩大规模，只有等封闭期满，重新申请创设新的基金。而开放式投资基金发行在外的份额数（规模）可以变动，投资人可以依基金的净值情况随时向基金公司申购或要求赎回基金份额。可见，封闭式投资基金管理公司经营时的压力小。因为投资者在二级市场的交易不会影响基金规模，单位数量不会变。开放式投资基金公司压力大，一旦投资者失去信心就会要求赎回，基金管理公司就要卖出证券换取现金，所以要注意保持基金的流动性。封闭式投资基金常常存在于不完善金融市场中，开放式投资基金存在于发达金融市场中。

3. 按是否公开发行分类

按是否公开发行，投资基金分为公募基金（Public Offering of Fund）和私募基金（Private Offering of Fund）。

公募基金是向不特定投资者公开发行受益凭证的证券投资基金，这些基金在法律的严格监管下，有着信息披露、利润分配、运行限制等行业规范。私募基金则是向特定投资者发行。在流动性方面，公募基金的流动性非常好，而私募基金的流动性则相对较差，且有部分私募基金在购买后有一定期限内不得赎回的限制。监管机构对于公募基金的信息披露要求非常严格，公募基金每个季度都要详细地披露其投资组合、持仓比例等信息。而私募基金的信息披露要求较低，在投资过程中有着较强的保密性。在投向方面，公募基金只能投资股票或债券，不能投资非上市公司股权，不能投资房地产，不能投资有风险企业，而私募基金可以。依据私募基金的投资标的，私募基金可以进一步划分为：私募证券投资基金，经阳光化后又叫做阳光私募（投资于股票）；私募房地产投资基金；私募股权投资基金（即 PE，Private Equity Fund，投资于非上市公司股权，以股权上市为目的）；私募风险投资基金（即 VC，Venture Capital Fund），风险较大。

中国自 1998 年成立了第一批封闭式投资基金，2001 年成立第一只开放式投资基金以来，公募基金规模一直持续扩大中。若对 2016 年至今历年年末公募基金持股在市场中占比进行统计，可发现除了 2017 年出现过下滑外，公募基金持股占 A 股流通市值的比重一直在持续提升中，尤其是 2019 年和 2020 年，在大量居民资金通过基金入市的热潮下，公募基金规模出现了爆发式增长。据中国证券投资基金业协会数据显示，截至 2021 年 5 月底，最新公募基金产品数量为 8 061 只，公募基金规模为 22.91 万亿元，见表 13-2。

表 13-2 中国基金类别与规模（截至 2021 年 5 月底）

类别	基金数量（只）	份额（亿份）	净值（亿元）
封闭式投资基金	1 089	24 760. 35	26 747. 49
开放式投资基金	6 972	171 294. 62	202 343. 16
其中：股票基金	1 445	13 197. 42	22 255. 84
混合基金	3 379	35 594. 56	53 926. 99
货币基金	332	96 279. 19	95 994. 41
债券基金	1 642	25 095. 19	28 470. 83
QDII 基金	174	1 128. 26	1 695. 09
合计	8 061	196 054. 97	229 090. 66

资料来源：中国证券投资基金业协会网站。

同时，我国的私募基金发展也非常迅速。自 2004 年 2 月深圳国际信托投资公司推出了我国首个证券类信托计划——“深国投・赤子之心（中国）集合资金信托计划”以来，私募基金在政策扶持下得到了快速发展。2010 年，行业规模就已突破千亿。截至 2021 年 5 月底，存续私募基金产品数量达到 10. 63 万只，总规模达 17. 82 万亿元。

（二）投资基金的运作

投资基金的运作主要是通过发行基金单位的受益证券（即基金份额），集中投资者的资金，由基金托管机构（通常是银行、信托公司等金融机构）托管，并由基金管理人负责基金的操作，即下达买卖指令，管理和运用资金，从事股票、债券、外汇等金融工具投资，以获得投资收益和资本增值。同时基金资产在托管人处拥有独立账户，即使基金管理公司或托管机构因经营不善倒闭，债权人也不能清算基金的财产。此外，资金的操作情况必须在季报中或年报中披露，并接受相应的监督，所以除行情波动或经理人操作优劣会有盈亏外，投资人的资金是安全有保障的。

（三）投资基金管理公司的特点

基金管理公司是基金产品的募集者和管理者，其最主要的职责就是按照基金合同的约定，负责基金资产的投资运作，在有效控制风险的基础上为基金投资者争取最大的投资收益。基金管理公司在基金运作中具有核心作用，基金产品的设计、基金份额的销售与注册登记、基金资产的管理等重要职能多半由基金管理公司承担。投资基金管理公司的特点主要有：

1. 集合理财，专业管理

众多投资者的资金集中起来形成投资基金以后，委托基金管理公司进行共同投资，表现出一种集合理财的特点，有利于发挥资金的规模优势，降低投资成本。基金管理公司一般拥有大量的专业投资研究人员和强大的信息网络，能够更好地对证券市场进行全方位的动态跟踪与深入分析，使中小投资者也能享受到专业化的投资管理服务。

2. 组合投资，分散风险

中小投资者由于资金量小，一般无法通过购买数量众多、品种各异的有价证券来分散投资风险，而基金管理公司由于集中了大量资金，通常会购买几十种甚至上百种股票，对于个别投资者来说，购买基金就相当于用很少的资金购买了一揽子股票，在多数情况下，某些股票下跌造成的损失可以用其他股票上涨的盈利来弥补，因此可以充分享受到组合投资、分散风险的好处。

3. 利益共享，风险共担

由于基金投资者是基金份额的所有者，基金投资收益在扣除由基金承担的费用后的盈余全部归基金投资者所有，并依据各投资者所持有的基金份额比例进行分配。基金管理公司和基金托管机构只能按规定收取一定比例的管理费、托管费，并不参与基金收益的分配。

4. 严格监管，信息透明

为切实保护投资者的利益，增强投资者信心，各国监管机构都对基金业实行严格的监管，对各种有损投资者利益的行为进行严厉的打击，并强制基金管理公司进行及时、准确、充分的信息披露。

5. 独立托管，保障安全

基金管理公司负责基金的投资操作，本身并不参与基金财产的保管，基金财产的保管由独立于基金管理公司的基金托管机构负责，这种相互制约、相互监督的制衡机制为投资者的利益提供了重要的保障。

原理13-1

投资基金管理公司通过集中零散资金形成规模，依托专业化管理进行组合投资，分散投资风险，获得相对稳定的收益。

专栏看板13-2

发挥机构投资者功能　基金行业助力资本市场深化改革与实体经济发展

基金行业从无到有，从小到大，已发展成为资本市场重要的机构投资者和直接融资体系的重要组成部分。作为直接融资体系的重要组成部分，基金行业在促进创新资本形成、发挥资产定价和稳定市场功能、助力资本市场深化改革与实体经济发展方面发挥了重要作用。

在一级市场，私募股权基金积极投早、投小、投新、投长，一方面，有效改善企业融资结构，缓解民营企业和小微企业融资难、融资贵问题，进一步提高资本形成和配置效率，同时也有效降低企业杠杆率，促进稳定社会宏观杠杆率和优化金融结构；另一方面，积极推动高新技术企业和战略新兴产业的创新发展，为科创板培育、输送了大量优质上市主体，为我国产业升级和创新驱动发展战略的顺利实施发挥积极作用。自 2018 年至 2020 年年中，私募股权创投基金新增投资 3.27 万家企业，投资本金 3.08 万亿元。其中，投资中小企业 2.31 万家，占比 70.8%，投资本金 9 050 亿元；投资高新技术企业 9 695 家，占比 29.7%，投资本金 6 576 亿元；新增投资规模前十行业中，半导体、信息技术服务、建筑与工程、交通基础设施、机械制造、电子设备等 6 个行业被投企业数量 1.14 万家，新增投资本金 8 592 亿元。

在二级市场，基金汇集公众资金，通过专业化组合投资分散风险、获取收益，完成资金到资本的转换，为实体经济发展注入稳定的长期资金来源。截至 2020 年第三季度末，基金业持有境内股票市场总市值的 11.9%，创下十年来新高，在市场中发挥“压舱石”“稳定器”作用。同时，基金积极参与股票市场和债券市场发行定价，发挥专业机构投资者功能作用，优化资本市场资源配置效率。

公募基金自发展之初，就以信义义务为基础，确立了专业管理、组合投资、逐日估值、资产托管、信息披露等系列制度，并通过产品设计、销售规范促使“卖者尽责、买者自负”理念深入人心。完善的制度体系、先进的行业文化、严格的监管执法、持之以恒的投资者教育，令公募基金行业成为信托关系落实充分、产品运作透明、投资者权益保护完善的行业，从未出现隐性担保、刚性兑付等情况，契合资产管理行业发展的趋势与方向。

近年来，随着资本市场改革向纵深推进，公募基金的发展环境不断完善，基础制度更为扎实，业务空间更为广阔。在产品端，监管层优化产品注册机制、推动权益类基金发展、发布基础设施公募REITs试点系列规则、规范指数基金运作、推出内地与香港ETF互通产品等措施拓展了基金产品服务功能，丰富了资产配置标的；在机构与业务端，取消基金管理公司外资股比限制，修订基金托管办法、销售办法、公募基金管理人管理办法，试行基金“侧袋”机制等举措，在防风险的基础上，激发基金管理公司更多活力。

在制度支持、环境培育及行业共同努力下，公募基金行业发展稳健、结构优化、活力迸发，稳定发挥普惠金融功能，服务大众理财的价值充分显现。

截至2020年11月，公募基金管理机构发展到146家，运作公募基金7 783只，管理规模合计18.75万亿元。2005年以来，偏股型基金历史年化收益率平均为16.5%，为投资者带来长期稳健的投资收益。基金产品结构进一步优化，权益类公募基金规模达到5.88万亿元，占比为31.37%。截至2020年第三季度末，公募基金投资A股3.87万亿元，占两市流通总市值的6.75%，创七年以来新高，为改善市场结构、稳定市场运行、服务实体经济做出积极贡献。

资料来源：何艳春. 基金业要积极融入新发展格局. 中国基金报，2020-12-26。

（四）投资基金管理公司的作用

1. 提供高效的投资途径

在投资活动中，个人投资者要面对时间和投资专业知识方面不足的问题，并直接影响投资效果。而投资基金的经理人学有专长，在投资领域有丰富经验，对国内外的经济形势以及各公司营运和潜力有深入了解，因此由专业经理人所做出的投资决策以及投资绩效一般都会优于投资者个人。

2. 能够更有效地分散投资风险

分散风险是证券投资的重要原则，即不要把所有的钱全部投资于某个特定的股票上。但是分散投资需要有足够的资金，由于一般的个人投资者财力有限，因而投资者自身无法有效地实现风险分散。而投资基金管理公司可以集中巨额资金投资多个品种，能够较充分地分散投资风险。不但如此，投资基金对资金的运作还能够获得规模经济效益，降低单位资金交易成本。

需要指出的是，在基金类机构中还有一类也称为基金但又与一般互惠性的投资基金有很大区别的对冲基金。**对冲基金**（Hedge Fund）也称避险基金或套利基金，意为“风险对冲过的基金”，是指由金融期货和金融期权等金融衍生工具与金融组织结合后以高风险投机为手段并以盈利为目的的基金，是投资基金的一种形式。对冲基金名为基金，实际与投资基金安全、收益、增值的投资理念有本质区别。

对冲基金起源于20世纪50年代初的美国。当时的操作宗旨在于利用期货、期权等金融衍生产品以及对相关联的不同股票进行买空卖空、风险对冲的操作技巧，在一定程度上可规避和化解投资风险。1949年世界上诞生了第一个有限合作制的琼斯对冲基金，到80年代，随着金融自由化的发展，对冲基金有了更广阔的投资机会，从此进入了快速发展的阶段。90 年代，伴随金融工具日趋成熟和多样化，对冲基金进入了蓬勃发展的阶段。经过几十年的演变，对冲基金已失去其初始的风险对冲的内涵，成为一种新的投资模式，即基于最新的投资理论和极其复杂的金融市场操作技巧，充分利用各种金融衍生产品的杠杆效用，承担高风险、追求高收益的投资模式。其经营特点也逐渐明晰，即投资效应的高杠杆性、投资活动的复杂性、筹资方式的私募性、操作的隐蔽性和灵活性。

第三节　保险保障类其他金融性公司

保险保障类其他金融性公司主要指各类保险公司、保险中介机构以及社会保障机构。保险公司与商品经济发展水平相适应，而社会保障机构的产生与国家政治有关。作为保险保障类金融机构，它们的运作原理是相同的，都是集中投保人的部分资金和特定范围的风险，为投保人提供风险损失的补偿。同时，在对保险资金运作的过程中，促进储蓄资金向投资的转化，充当金融中介。

一、保险保障类其他金融性公司概述

（一）保险保障类金融机构的产生

保险公司具有久远的历史。早在公元前 5 世纪至公元前 4 世纪就存在为个体和群体利益而采用的救灾和损失补偿方法，属于人寿保险和意外保险的原始形态。到公元 14 世纪前后，有关损失保证的保险经营逐渐开展起来。15 世纪以来，贸易与海运促进了英国海上保险的发展，同时由于海上贸易中商人的生命安全与货物运输联系在一起，因此人身保险业务也随之发展起来。到 18—19 世纪，英国的工业革命使社会分工更为深入，在新兴工业发展的同时，风险种类也不断增加，除各种海险、人身险以外，火险及其他意外险种相继出现，形成了以多种保险标的为内容的现代保险业。而社会保险和社会保障机构是在商业保险的基础上出现的，伴随社会经济的发展，除了对意外的不幸事件进行防范的保险需求外，预防失业、退休和生病等事项的保险需求也不断强化，相应产生了养老保险、失业保险和医疗保险等社会保险种类。20 世纪 50 年代，社会保险迅速发展，最终形成了向劳动者群体提供基本生活保障为核心的社会保障制度。

（二）保险保障类其他金融性公司的运作特点

1. 业务经营符合大数定律

保险公司之所以愿意集中并承保某种风险，是因为从全社会看，天灾人祸等风险是客观存在的，但却只有少数投保人才会出险，专业精算人员可以按科学计算的出险概率设计保险产品。基于这种特殊的经营规律，保险公司先将个体的风险集中，再运用自己特有的风险管理技术进行分散和转移，使少数人的风险损失由具有同种风险的众人共同分担。

2. 业务具有独特的风险管理技术和要求

保险公司在运用专业的风险管理技术对承保的风险进行集中和分散管理时，需要对承保过程中所面临的风险进行概率计算，掌握出险概率（也称出险或然率，是在一定时间内一定数量的保险标的可能出险的概率），采用合理的保险分摊补偿方法。同时，保险保障类机构业务的投资范围

也与其他金融机构不同，其运作的基本原则更强调保险基金的增值要建立在流动性和安全性的基础上。

3. 业务汇聚资金形成保险基金

通过收取保费，集合大量分散的储蓄资金，通过对资金进行充分、安全的投资运作，既可增强偿付能力，又能获得收益。保险费、保险公司的资本以及保险盈余构成了保险公司的**保险基金**（Insurance Fund），即补偿投保人损失及给付要求的后备基金。保险公司对于所形成的保险基金除了用于对约定范围的事故所造成的损失补偿外，还要对这部分资金进行积极的投资运作，提高保费的盈利水平，一方面用于加强自身的偿付能力，另一方面使保险公司获得收益，得以扩大保险经营，提高在市场中的生存发展实力。

原理13-2

保险保障类其他金融性公司集合具有同类风险的众人，依据概率分布合理计算分担金，以收取保费的方式集中并运用巨额的保险基金，对少数出险者的经济损失进行补偿。

（三）保险保障类其他金融性公司的作用

1. 分散风险，补偿损失

保险保障类金融机构的基本作用，是把个体风险所致的经济损失分摊给其他投保人，用集中起来的保险基金补偿个体损失。这种作用使保险保障类金融机构与其他金融机构之间形成明确的产业分工。保险保障类金融机构作为风险的管理者，降低了每个投保人在经济运行中所承担的风险，也降低了经济运行的整体风险。

2. 积蓄保险基金，促进资本形成，重新配置资源

保险公司和社保基金在运作过程中预提而尚未赔付出去的保费形成了巨额的保险基金，不仅具备抵御风险的实力，而且可以利用这笔资金在资本市场上进行投资运作，在使保险基金保值增值的同时，参与社会资源的配置，为市场提供了大量资金，成为金融市场中举足轻重的机构投资者，而且对资本市场的稳健发展产生重要影响。

3. 提供经济保障，稳定社会生活

保险保障类金融机构充当了社会经济与个人生活的稳定器，具体表现在为企业、居民家庭和个人提供预期的生产和生活保障，解决企业或居民家庭的后顾之忧，有利于受灾企业及时恢复生产经营，有助于遭难家庭维持正常生活，亦有利于履行民事赔偿责任，在社会经济的安定和谐方面发挥保障作用。

二、保险机构

保险机构包括各类保险公司和保险中介机构。其中，保险公司是收取保费并承担风险补偿责任，拥有专业化风险管理技术的机构组织。保险中介机构是介于保险人与被保险人之间，专门从事保险业务咨询与推销、风险管理与安排、保险价值评估、损失鉴定与理算等中间服务活动，并获取佣金或手续费的组织。各类保险公司构成了保险保障类金融机构的主体。

（一）保险公司的种类

依据不同的划分标准，保险公司可以划分为不同的类型。

1. 根据保险的基本业务分类

根据保险的基本业务，保险公司可以划分为**人身保险公司**（Personal Insurance Company）、**财产保险公司**（Property Insurance Company）、**再保险公司**（Reinsurance Company）。其中，人身保险公司的保险产品是基于对被保险人寿命或健康状况预期而提供的健康保险、伤残保险。此外，人身保险公司还提供年金、养老基金、退休金等产品。财产保险公司主要针对一定范围的财产损失提供保障。再保险是保险公司将其承担的保险业务向其他保险人投保，有“保险的保险”之称。除少数公司在人身保险和财产保险、再保险领域都很活跃外，多数保险公司都专注于某一类保险业务，每类公司都有自己的一套产品。

2. 根据经营目的分类

依据经营目的，保险公司可以划分为商业性保险公司和政策性保险公司。商业性保险公司是经营保险业务的主要组织形式，多是股份制公司，如各种人寿保险公司、财产保险公司、海事保险公司、再保险公司等，任何有保险意愿并符合保险条款要求的法人、自然人都可投保。政策性保险公司则是指依据国家政策法令专门组建的保险机构。这种保险公司不以盈利为经营目的，且风险内容关系到国民经济发展与社会安定，如出口信用保险公司、投资保险公司、存款保险公司等。政策性保险是保险市场中特殊的发展形式，往往是出于国家对某个领域保护意图而发展的。

3. 根据保险经营方式分类

依据保险经营方式，保险公司可以划分为互助保险、行业自保、机构承保等。互助保险是由一些对某种危险有相同保障要求的人或单位，合股集资积聚保险基金，组织起互助保险合作社经营保险业务。行业自保是指某一行业为本系统企业提供保险保障，其组织形式一般是成立自营保险公司。自保公司主要承保本系统企业的风险业务，并通过积累一定的保险基金作为损失补偿的后备。机构承保是以企业法人机构来承做保险业务，各类商业性保险公司均属此类。

（二）保险公司的主要业务与管理

从保险公司的经营活动看，其基本业务运作包括筹集资本金、出售保单、给付赔偿款、经营资产等。

1. 筹集资本金

各类保险公司根据国家保险管理机构的规定，在申请营业时必须拥有一定数量的开业资本，作为保险公司的经营基础。各国对保险公司的资本金要求有相当大的差别。英国最低需要 200 万英镑，美国最低需要 300 万美元，日本是 10 亿日元。根据《中华人民共和国保险法》（简称《保险法》）的规定，设立保险公司注册资本的最低限额为人民币 2 亿元。

2. 出售保单

保险公司根据市场需求精心制作保单，包括设计险种和保险条款，合理规定保险责任，科学厘定保险费率。通过出售保单获得保费收入，是保险公司的主营业务。依据保险业务不同，保单可具体分为多种类型，如人寿保险、财产保险、海上保险、农业保险、责任保险、保证保险、再保险等。在业务管理上，各国一般都实行寿险与财险分业经营，同时在经营保险业务以外不能过多兼营其他业务。

3. 给付赔偿款

保险公司在售出保单的同时就相应承担了保险责任。与其他金融机构按一定利率支付利息或红利的负债不同，保险责任是根据用户需要定制的，保险公司向那些遭受火灾、伤残、疾病或死亡等意外事故的投保人或受益人直接支付赔偿。值得注意的是，所有保险公司在经营业务时都面临逆向选择和道德风险问题，因而保险公司要积极收集信息、筛选投保人，确定以风险为依据的保险费率和限制条款，努力降低经营风险。

4. 经营资产

保险公司的资产主要来自从保费中提取的各种准备金。证券投资是资产经营的主要方式。在对保险资产的投资运作上，监管部门要求保险公司必须加强投资组合管理，防止投机性投资危及保险公司自身清偿能力，损害投保人权利。各国为防止保险公司从事高风险投资，往往对保险公司的投资类型、质量、比例加以规定。如美国法律对寿险公司的投资规定了类型和各类投资占总资产或总盈余的最大比例，还规定了投资对象的质量标准；在财产保险方面，各州一般都要求财险公司的投资重点放在短期证券和政府债券之上，要在确保足够流动性的基础上安排投资结构。各国保险公司在其资产投向上更多的是持有各种债券。我国保险公司的投资渠道主要是国债和证券投资基金。2000 年，证监会批准保险资金进入股市，允许保险资金由试点的保险基金管理公司运作，直接进入证券市场从事投资活动。

就不同的国家而言，保险公司管理运作的客观环境，诸如经济环境、人文历史、法律法规等方面存在差异，公司管理运作的水平也不尽相同，因此，保险公司业务发展的能力、经营发展的状况、发挥作用的程度就会有很大区别。由于保险公司在经济运行中具有非常重要的作用，其业务运作效果好坏直接关系保险市场以及宏观经济运行的稳定与否，所以各国政府一般均成立专门的监管机构，依据本国的保险法对保险公司进行必要的监管，具体内容参见本书第 19 章。

（三）保险公司的发展

历史上，银行与保险公司的业务各有侧重，但是进入 20 世纪 60 年代以后，银行和保险公司之间的界限开始被打破，出现金融业务一体化的趋势。与此同时，大保险公司为获得更大的市场，开始从事各种跨国保险业务，业务的国界限制也日益被突破。在具体业务领域，寿险公司在养老金领域非常活跃，并与商业银行、信托公司展开竞争。在激烈的市场竞争中，保险公司针对寿险业务不断开拓许多具有投资特征的产品，扩大了发展空间。保险公司的业务创新一方面为其带来更为宽阔的收益渠道、拓展了市场，而另一方面也加剧了自身的风险，某种程度上有悖于保险公司的经营宗旨。因此，强调保险公司的业务运作特点、审慎开展金融创新是必要的和重要的。

目前中国保险机构的构成大体遵循两个原则：一是从机构类型而言包括保险集团控股公司、保险公司、保险资产管理公司、外资保险公司代表处以及保险专业中介机构等；二是从业务类型而言包括综合性业务经营机构、专司人身保险、财产保险以及再保险的保险机构和保险专业中介机构。

三、社会保障机构

社会保障（Social Insurance）是一种为丧失劳动能力和机会的人提供年费或补偿的制度，是保证社会安定的重要机制。社会保障体系主要由社会保险、社会福利、社会救助、社会优抚等部分组成。社会保障制度是一种具有政策性、强制性的制度安排，旨在保障生存有困难的社会成员的基本生活需要，包括为劳动者提供基本生活保障、最低生活保障和一些特殊保障等。

社会保障通常被认为有三个最重要的功能：一是保障的功能。社会保障为遭遇到与劳动及收入相关风险的公民提供最基本的生活保障，通过国家和社会的帮助，使他们不至于被社会发展抛弃。二是互济的功能。特别是社会保险这种形式，通过按照同一比例缴纳保险费建立基金，使个别社会成员遭遇或可能遭遇的严重风险由全体社会成员分担，从而降低了风险程度。三是调节收入分配关系的功能。无论是社会保险计划，还是社会援助计划，都是一种社会再分配形式，实际存在高收入者向低收入者的转移支付，从而达到社会公正和稳定的目标。

社会保险是社会保障制度的核心内容，针对满足基本需求和基本生活保障可以设置养老保险、医疗保险、失业保险、生育保险等项目，一般均由政府出面干预实施。投保时有些险种的费用需要个人和企业缴纳，有些险种由政府给予财政支持。目前世界各国都通过政府参与来解决失业、退休养老等社会问题。在我国，与用人单位建立劳动关系的企事业单位的员工，只要按规定缴纳各项社会保险费，就可以享受相应的保障。

专栏看板13-3

养老三支柱是什么意思

养老是每个人都避不开的话题，目前国际上普遍采用的养老金制度模式为养老三支柱模式，中国也在积极地探索我国的多支柱养老金模式，但很多人对此还不太了解，那么养老三支柱是什么意思呢？

养老三支柱是指一个国家的老年保障，必须同时提供储蓄、再分配以及保险三个功能。为此，应建立三个支柱体系：第一支柱是公共支柱，采用现收现付制，由当期工作人口缴费融资支付给当期的退休人口作为养老金；第二支柱则是由企业和个人共同缴费的职业养老金计划；第三支柱基于个人意愿和完全积累制的个人养老储蓄计划，可为需要更多支付的人提供追加性保障。按照这个模式来看，中国养老三支柱的第一支柱是由政府主导建立的公共养老金，主要包括职工养老保险和居民养老保险。职工养老保险的参保人员为与用人单位形成劳动关系的职工，城乡居民养老保险的参保人群为年满 16 周岁（不含在校学生），非国家机关和事业单位工作人员及不属于职工基本养老保险制度覆盖范围的城乡居民。

第二支柱是由企事业单位发起、由商业机构运作的职业养老金，包括企业年金和职业年金。

第三支柱则为居民个人自愿购买的、由商业机构提供的个人养老金，可能由银行提供银行理财产品，证券类机构提供基金产品，保险公司提供商业养老保险产品。由于中国养老保险的第二支柱和第三支柱发展尚未成熟，具体的制度设计以及政策体系尚不明晰。

资料来源：养老三支柱是什么意思. 社保网，2020-11-24。

一般情况下，各国都会设立专门的社会保障机构来负责各种社会保险的管理事务，而社会保险资金的日常运作则由专业投资机构负责以实现保值增值。从社会保险资金运作机构的形式看，许多国家是由政府社会保障机构委托保险公司或基金管理公司运作。我国唯一一家统筹管理运作全国社保基金的机构是全国社会保障基金理事会（简称全国社保基金），其主要职责是管理运营全国社会保障基金，受国务院委托集中持有管理划转的中央企业国有股权，受托管理基本养老保险基金。作为基金投资运营机构，根据国务院批准的范围和比例，全国社保基金直接投资运营或选择并委托专业机构运营基金资产，履行基金安全和保值增值主体责任。该基金按照“规范、稳健、专业化、市场化”的运作要求，在《全国社会保障基金投资管理暂行办法》的规定范围内管理和运营全国社会保障基金，2019 年年末，其基金资产总额为 26 285. 66 亿元。

第四节　非投资类和非保险类的其他金融性公司

金融服务需求的多样化促生了其他金融性公司的多元化和专业化发展，除投资类和保险保障类，其他金融性公司还包括一些满足特定服务需求和特定行业发展的金融机构，虽然它们在金融机构体系中的比重不大，但却发挥着不可或缺的作用。

一、信托公司

（一）信托与信托公司

从经济范畴考察信托，需要从委托人和受托人两方面来理解。从委托人角度讲，信托就是委托人为收受、保存、处置自己的财产，在信任他人的基础上委托他人按自己的要求管理和处置归己所有的财产；从受托人角度讲，信托就是受托人受委托人委托，并根据委托人的要求，替其本人或由其指定的第三者谋利益。在西方国家，信托制度是遍及社会各个领域的一种重要的财产管理制度，而且信托关系作为法律关系建立并普遍存在，几乎人人都与信托业务有某种联系。

“受人之托，代人理财”是信托的基本特征，其实质是一种财产转移与管理或安排。信托以信任为基础，信托成立的前提是委托人将自己的物权、债权、知识产权或其他无形财产权转移给受托人，受托人在管理信托财产时要履行谨慎义务。信托一经成立，信托财产即从委托人、受托人、受益人的自有财产中分离出来，而成为一种独立运作的财产，仅服务于信托目的，并具有独特的破产隔离功能和存续的连贯性。正是由于信托具有这些特征，使其在财产管理、资金融通、投资理财和社会公益等方面能够发挥独特的作用。

从事信托业务的机构包括各种信托公司、各种银行或非银行金融机构的信托部。**信托公司**（Trust Company）是指以受托人身份专门从事信托业务的其他金融性公司，其职能是接受客户委托，代客户管理、经营、处置财产。信托公司的运作特点是受人之托，为人管业和代人理财，具有财产管理和运用、融通资金、提供信息与咨询以及社会投资等功能。

各国信托历史发展的情况不同。如英国是信托最早发展的国家，以个人受托为主；美国的信托是在独立战争之后由英国引入的，但从一开始就以公司法人受托的形式发展起来；日本的信托是在明治维新后从美国引入的，也从法人受托起步；中国的信托是1920年从日本引入的，也从法人受托开始发展。

（二）信托公司的经营特点

信托公司在其经营中表现出以下特征。

1. 服务特征明显

信托业在经营中以“受托人”或“中间人”的身份出现，为委托人或受益人利益着想并为他们提供各种投资服务，收益来源为手续费。基于此经营特点，有关法律严格限制信托公司利用信托财产为自己谋利，而且必须把信托财产与信托机构本身的财产加以区分管理。

2. 与资本市场关系非常密切

信托公司一方面通过为委托人提供再投资方面的专业性经验和技术，将社会闲置资金导向正确的投资方向；另一方面对受托资金的管理主要通过与资本市场相关的特定信托业务来实现，因而成为社会闲置资金与企业对投资资金需求之间的金融中介，有利于充分实现储蓄向投资的转化，促进国民经济的健康发展。目前，国际上信托机构的投资业务大多分为两类：一是以某公司的股票和债券为经营对象，通过证券投资获取收益；二是以投资者身份直接参与对企业的投资。

3. 服务对象范围相对广泛

具备法律行为能力的法人或个人都可成为委托人，委托人在信用方面没有特殊要求。

4. 在经营中不需要提取准备金

信托公司是作为受托人（而非债务人），在一定信托目的的前提下，从容运用资金，不存在支付到期债务的问题，故不需要提取准备金。

知识链接13-2

历史回眸：改革以来信托投资公司的发展

1979 年 10 月，经国务院批准，中国国际信托投资公司在北京成立。其任务是引导、吸收和运用外国的资金，引进先进技术和先进设备，对国内进行建设投资。1982 年，国务院决定整顿信托投资业，清理非银行金融信托投资机构，集中统一金融信托。1983 年年初，中国人民银行制定了《关于办理信托业务的若干规定》，1985 年对信托业进行第二次整顿，规范化管理其运作，1986 年发布了《金融信托投资机构管理暂行规定》，对信托投资公司的机构设置、业务范围、审批程序等都做出了具体规定。1988 年对信托投资公司进行了第三次整顿，主要解决违规、违法经营问题，1993 年针对资本金严重不实和不良资产数额大、比例高等问题开展第四次整顿。1999 年，中国人民银行开始对 239 家信托投资公司进行第五次清理整顿，目标是实现信托业与银行业、证券业的严格分业经营、分业管理，保留少量规模大、效益好、管理严格、真正从事受托理财业务的信托投资公司，规范运作，健全监管，切实化解信托业风险，进一步完善金融服务体系。2001 年，《中华人民共和国信托法》颁布，中国的信托业开始依法运行和发展。2002 年以后，中国人民银行制定出台了多项信托公司业务制度和监管规章。2007 年 1 月，银监会公布了《信托公司管理办法》，中国的信托机构开始了新的发展，成为名副其实的“受人之托，代人理财”的金融机构。

资料来源：王广谦. 中国经济改革 30 年：金融改革卷. 重庆：重庆大学出版社，2008：43-45。

知识链接13-3

新起点、新征程、新目标，夯实受托人定位根基

自“一法两规”颁布以来，我国信托业的制度定位逐渐明确，即办成“主营信托业务的金融机构”，做专业的受托人。近年来，信托业按照这个定位要求，淡化固有投资机构色彩，努力拓展信托业务，积极按照信托业务规律完善公司治理、内控机制、业务流程和激励约束机制，取得了初步成效。但当前全行业仍然存在受托人文化不成熟、受托人职责不清晰、受托人定位有偏离等问题，制约行业高质量发展目标的实现。信托文化是一个总括性概念，信托法律关系所包含的各利益主体以及各环节流程，都具有各自的子文化，其中最基础、最核心、最重要的是委托人文化、受托人文化和合规文化。受托人文化不是舶来品，良好的受托人文化具有守正、忠实、专业三大特征。当前信托公司处于转型发展的关键时期，要实现高质量发展，关键是要围绕受托人的中心地位建设良好受托人文化。信托公司今后要进一步牢固树立受托人意识，牢记支持实体经济高质量发展、满足人民群众对美好生活向往的使命，养成遵规守纪、埋头实干、勤勉尽责的习惯，提升全面风险管理能力、专业化资产管理能力、综合化管理服务能力和信息科技支撑引领能力。

资料来源：中国信托业协会．新起点、新征程、新目标，夯实受托人定位根基：2020年中国信托业年会在北京召开．中国信托业协会网站，2020-12-9。

二、金融租赁公司

（一）租赁与金融租赁公司

租赁（Lease）作为一个复合词，表达着一种特定的双方关系："租"含有"以己之物借给他人使用"之意，而"赁"含有"借他人之物供自己使用"之意。租赁是由财产所有者（出租人）按契约规定，将财产租让给承租人使用，承租人根据契约按期支付租金给出租人的经济行为，属于对物品使用权的借贷活动。

金融租赁又叫资本租赁，是一种通过融资租赁形式获得资金支持的金融业务。通常由使用设备的机构或个人提出要求，租赁公司或其他金融机构作为出租人，出资购买设备并将其交给承租人使用。租期内由承租人向出租人以租金的方式支付资金使用成本。承租人对租赁的资产只有使用权，没有处置权。租期结束时租赁资产经残值处理后归承租人。

金融租赁公司（Financial Leasing Company）是指专门为承租人提供资金融通的长期租赁公司，它以商品交易为基础将融资与融物相结合，既有别于传统租赁，又不同于银行贷款。其所提供的融资租赁服务是所有权和经营权相分离的一种新的经济活动方式，具有投资、融资、促销和管理的功能。

原理13-3

金融租赁公司的业务运作以出租商品为基础，将融资与融物相结合，为承租人融通资金。

（二）金融租赁公司的业务种类与主要作用

金融租赁公司具有融物和融资的双重功能，按照承担的风险可分为以下几种业务。

1. 公司自担风险的融资租赁业务

（1）直接融资租赁。直接融资租赁指金融租赁公司以收取租金为条件，按照用户企业确认的具体要求、向该用户企业指定的出卖人购买固定资产并出租给该用户企业使用的业务，分直接购买式和委托购买式两类。

（2）经营租赁。经营租赁是指由出租人或承租人选择设备，出租人购买设备出租给承租人使用，设备所有权归出租人所有，使用权归承租人所有。设备反映在出租人固定资产账上，由出租人计提折旧。

（3）回租。回租是指承租人将自有设备出卖给出租人，同时与出租人签订租赁合同，再将该设备从出租人处租回的租赁形式。

2. 公司同其他机构分担风险的融资租赁业务

此类业务主要有联合租赁和杠杆租赁两类：

（1）联合租赁。联合租赁是指多家租赁公司对同一个项目提供融资租赁，由其中一家租赁公司作为牵头人，各家租赁公司同牵头租赁公司订立体现资金信托关系的联合租赁协议。由牵头人出面与承租人订立买卖合同和融资租赁合同，各家租赁公司按照所提供的租赁融资额的比例承担该融资租赁项目的风险和享有该融资租赁项目的收益。

（2）杠杆租赁。杠杆租赁指某融资租赁项目中大部分资金由其他金融机构以银团贷款的形式提供，但这些金融机构对承办该融资租赁项目的租赁公司无追索权，只按所提供的资金在该项目的租赁融资额中的比例直接享有租赁收益。

3. 公司不承担风险的融资租赁业务

此类业务主要是委托租赁，指融资租赁项目中的租赁物或用于购买租赁物的资金是一个或多个法人机构提供的信托财产，租赁公司以受托人的身份同委托人订立信托合同，该融资租赁项目的风险和收益全部归委托人，租赁公司则依据该信托合同的约定收取由委托人支付的报酬。

从微观看，融资租赁有利于解决企业更新设备与资金不足的矛盾，满足企业设备更新和技术改造的要求，从而提高企业的市场竞争力和技术进步能力，还有利于厂家促进销售，对于盘活固定资产、优化资源配置，促进中小企业发展，引导消费与投资等方面发挥积极作用。从宏观看，融资租赁则有利于调整产业结构。融资租赁的介入能使企业解决设备投入以及更新所需资金的问题，强化了某类行业或企业在经济发展中的地位，进而推动产业结构的调整及合理构建。此外，融资租赁还有利于引进更多的外资，可以在不增加债务总量的同时引进国外的技术。因此，在发达国家金融租赁已经成为设备投资中仅次于银行信贷的第二大融资方式。

（三）金融租赁公司的业务运作特点

1. 面对单一客户，客户管理很重要

金融租赁公司向承租人提供的是相当于设备全额资金信贷的等价物，实际是一种以向承租人提供设备的方式来替代提供资金，将融物与融资有机结合起来。由于融资租赁的租期很长，期限接近设备的经济寿命，当租期至期末时，设备仅剩一些残值，此时承租人可以以象征性价格购进设备并取得所有权。因此，融资租赁经常是对单一客户的租赁过程，客户管理极为重要。

2. 提供的租赁物通常是专用设备，经营风险较小

在融资租赁中，承租人有权选择所需设备及其生产厂家和供货商，出租方只是根据承租方的要求出资购进设备，然后租给承租方使用，对于设备的质量、规格、技术性能的鉴定验收等，都由承租方负责。因此，经营风险相对较小。

3. 长期占用资金，负债管理任务重

金融租赁公司向承租人长期租出设备，主要依靠租金回收资金，导致资金占用期限很长，需要通过多种方式筹集资金，包括吸收股东的定期存款、收取承租人的租赁保证金、向商业银行转让应收租赁款、发行金融债券、向同业拆入资金或向金融机构借款等。负债管理的任务较为繁重。

三、资产管理公司

资产管理（Asset Management）通常是指管理人根据资产管理合同约定的方式、条件、要求及限制，对客户资产进行经营运作并收取费用的业务。主要从事此类业务的机构或组织都可以称为资产管理公司（Asset Management Companies）。各国的资产管理公司主要有两类：一类是专门处置

金融机构不良资产的金融资产管理公司，持有监管部门颁发的金融机构许可证，是国际上化解金融风险的通行做法，也被称为金融资产管理公司；另一类是从事一般资产管理业务的公司，通常商业银行、投资银行、证券公司、公募基金等金融机构都通过设立资产管理业务部或成立资产管理子公司来开展正常的资产管理业务。以中国当前资产管理行业为例，可以大体了解此类机构的归属类别与主要业务，见表13-3。本章这里主要介绍金融资产管理公司。

表13-3 中国资产管理行业框架

机构类型	资产管理业务
基金管理公司及其子公司	公募基金和各类非公募资产管理计划
商业银行及理财子公司	非保本银行理财产品
证券公司及其子公司	集合计划、单一计划、专项计划、私募股权及创投类基金
保险及保险资管公司	万能险、投连险、管理企业年金、养老保障及其他委托管理
期货及其子公司	期货资产管理业务
信托公司	单一资金信托、集合资金信托
私募机构	私募证券投资基金、私募股权投资基金、创业投资基金

（一）金融资产管理公司的目标与合理性

金融资产管理公司（Assets Management Company，AMC）指管理人根据资产管理合同约定的方式、条件、要求及限制，对客户资产进行经营运作并收取费用的专业机构。国际上主要有两类：

（1）专门处置不良资产的政策性金融资产管理公司。这类公司通常是在银行出现危机或存在大量不良债权时由政府设立的，其主要目标是：通过剥离银行不良债权向银行系统注入资金，重建公众对银行的信心；通过有效的资产管理和资产变现，尽可能多地从所接受的不良资产中回收价值；尽量减少对有问题银行或破产倒闭银行重组所带来的负面影响。其存在的合理性在于，银行产生的大量不良贷款如果由自己处置，不仅资金实力不足，而且在法规限制和信息来源方面都有困难，而由政府出面组建金融资产管理公司来专门处置，有利于降低清理成本、盘活资产。同时，如果银行一旦出现危机，其传染的速度和力度都十分惊人，威胁到整个金融体系和社会的稳定，而通过金融资产管理公司及时处置与施救，无疑有利于恢复公众信心、减少负面影响。

（2）从事商业性资产管理业务的金融资产管理公司，诸如商业银行、投资银行以及证券公司设立的资产管理部或资产管理方面的子公司。这类机构业务范围较广，主要面向个人、企业和机构等，提供投资管理、受托资产管理、股权投资、企业债务的重组或债转股、并购及项目融资、财务顾问、委托管理等金融服务。

（二）金融资产管理公司的运作

1. 政策性金融资产管理公司的运作

首先审慎地收购资产，然后采取各种方式有效管理和变现资产，包括清收、拍卖、经营等。这是一项涉及面广、技术性强、专业化程度高的工作，除了对参与人员具有较高的专业素质要求以外，更需要政府部门的大力支持。这种支持不仅体现在资金的供应上，还需要政府给予相关法律、法规和行政规章的配合。

例如，我国的金融资产管理公司在其收购的国有银行不良贷款范围内，管理和处置因收购国有银行不良贷款形成的资产时，可以从事下列业务活动：一是追偿债务；二是对所收购的不良贷款形成的资产进行租赁或者以其他形式转让、重组；三是债权转股权，并对企业阶段性持股；四是资产管理范围内公司的上市推荐及债券、股票承销；五是发行金融债券，向金融机构借款；六是提供财务及法律咨询、资产及项目评估等服务。金融资产管理公司管理、处置因收购国有银行不良贷款形成的资产，应当按照公开、竞争、择优的原则运作。金融资产管理公司转让资产，主要采取招标、拍卖等方式。金融资产管理公司终止时，由财政部组织清算组进行清算。金融资产管理公司处置不良贷款形成的最终损失，由财政部提出解决方案，报国务院批准执行。

2. 商业性金融资产管理公司的运作

商业性金融资产管理公司的运作与政策性不同，主要以盈利性为目标，经营聚焦于资产管理及其相关业务，故被称为资管行业。这类公司除了运用少量自有资本进行投资管理以外，主要依靠接受受托资产进行投资管理，从中收取管理费并承担相应的管理责任。这些受托资产有的是通过机构之间的协议进行委托管理，有的是通过发行理财产品集合资产进行管理。此外，也为企业债务的重组或债转股、并购及项目融资、财务顾问、委托管理等提供金融服务，从中收取服务费。

专栏看板13-4

中国资管行业步入大资管时代

2013 年以来，中国资管行业跨界竞合态势加速形成，步入具有竞争、创新、混业等特征的大资管时代。近年来，在严监管和转型发展的新形势下，资管行业逐步回归本源，出现了一些新现象与新趋势。

银行理财业务稳步发展，净值化转型或将提速。2013 年第一季度至 2020 年第一季度，银行资管业务发展指数从 100 增加到 541.29，整体先增后减。2019 年以来，银行理财净值化转型逐步推进，多家理财子公司先后设立；未来要充分利用理财子公司平台，提升“固收+”、权益类产品收益率，为客户提供丰富的产品，满足市场需求。

券商资管规模收缩、竞争加剧，业务加速改革创新。2013 年第一季度至 2020 年第一季度，证券资管业务发展指数同样先增后减。2019 年以来，在资管新规降杠杆、去通道的要求下，资金端通道业务、资产端被动管理模式受到冲击。证券资管行业要充分利用过渡期延长的重要时间窗口，发挥自身比较优势进行主动管理，从客户拓展、产品创新等方面予以突破。

保险资管新规落地带来新机遇，提升实力应对金融加速开放。2013 年第一季度至 2020 年第一季度，保险资管业务发展指数不断增长，指数在 7 年间持续稳定增长了 4 倍多。2019 年以来，保险资管新规赋予保险资管市场化的定位，有利于行业长期健康发展。保险资管业未来要加大品牌建设，扩大第三方资管业务；还要通过金融科技赋能，进一步提升竞争力。

金融供给侧结构性改革持续推进，信托行业将加速转型。2013 年以来，信托资管业务发展指数呈现波动上升态势，7 年间增长近 3 倍。未来证券投资服务信托、资产证券化信托、年金信托与家族信托这四类服务信托业务具备较大的业务发展空间，要搭建线上线下一体化服务平台，不断推动行业转型发展。

基金资管稳步发展，投顾业务或成为行业新优势。截至 2020 年第一季度，基金资管业务发展指数为 1 032.38，同比增长 5.73%。2019 年以来，公募基金行业制度体系趋于完善，利好资管业务发展；私募基金加快推进行业自律，在统一监管要求的基础上考虑一定的灵活性，向更加精专的方向发展。

摘自：中国人民大学国家发展与战略研究院，福建省金司南金融研究院. 2020 中国资产管理行业发展报告，2020。

（三）中国政策性金融资产管理公司的建立与发展

我国的政策性金融资产管理公司，是指经国务院决定设立的收购国有银行不良贷款，管理和处置因收购国有银行不良贷款形成的资产的国有独资非银行金融机构。1999 年，为处理国有商业银行的不良资产，成立了华融、东方、信达、长城 4 家金融资产管理公司，注册资本均为 100 亿元人民币，由财政部核拨，分别处理中国工商银行、中国银行、中国建设银行、中国农业银行的不良资产。实行经营目标责任制，以最大限度保全资产、减少损失为主要经营目标，依法独立承担民事责任。2020 年 12 月，中国银河资产获批并取得金融许可证，这意味着，自 1999 年四大金融资产管理公司成立以来，时隔 20 年，第五家全国性金融资产管理公司成立。2020 年 2 月，资产管理巨头橡树资本的全资子公司橡树（北京）投资管理有限公司在北京注册，成为首家外资控股的金融资产管理公司。

此外，值得一提的还有政策性的地方资产管理公司成立与发展，使得不良资产市场主体队伍不断扩大。近年来，随着银行不良贷款规模攀升、地方债务逐渐增加，地方资产管理公司快速发展，在处置不良资产、盘活存量资产、防范和化解金融风险、支持实体经济发展等方面发挥了积极作用。地方资产管理公司的优势主要表现在对当地资产情况的了解和把控上。它们还凭借其灵敏的市场嗅觉以及操作多样性介入不良资产领域，比如从四大金融资产管理公司手中进行买断债权、合作处置债权等。截至 2021 年 5 月，银保监会公布的地方资产管理公司已达到 58 家，行业总注册资本约 2 200 亿元，总资产超过 6 000 亿元，近一半的机构总资产规模超过 100 亿元，机构数量与经营规模逐年稳步增长。

根据最初的设计方案，我国的金融资产管理公司存续期原则上不超过 10 年。因此随着不良资产处置工作的不断推进，资产管理公司的未来发展成为业界十分关注的问题。从世界各国的实践来看，对政策性金融资产管理公司最终发展方向的设计因国情差异各不相同，概括起来大致有三种模式：一是随着资产管理公司对不良资产处置的不断推进，逐步收缩机构和人员，待不良资产及外部债务全部处置完毕后，资产管理公司即解散清算，如美国的 RTC。二是由政府注资成立一家持续经营的金融资产管理公司，除接受政府委托处置银行不良资产外，还承担政府委托的其他不良资产处置任务，如韩国的 KAMCO。三是银行不良资产处置完毕后资产管理公司转型为商业性资产管理公司或投资银行，如瑞典的 Securum。我国政策性的金融资产管理公司如何发展尚需根据国情研究探索。

四、汽车金融公司

汽车金融服务主要是指在汽车的生产、流通、购买与消费环节中提供的金融服务，包括资金筹集、信贷运用、抵押贴现、证券发行和交易以及相关保险、投资活动等，具有资金量大、周转期长、资金运动相对稳定等特点。汽车金融服务在国外已有近百年历史。

汽车金融公司（Automobile Financial Company）是从事汽车消费信贷业务并提供相关汽车金融服务的专业机构。其设置与运作对于汽车工业的发展具有极为重要的作用。

首先，汽车金融公司在专业产品服务方面有经验和良好的条件。汽车信贷只是汽车金融服务的一部分，实际上汽车金融服务对发展汽车制造、流通、消费等都具有重要意义。国外大部分汽车金融公司从事服务的第一任务并不是赚钱，而是促进母公司汽车产品的销售。汽车产品服务的专业性很强，如产品咨询、签订购车合同、办理登记手续、零部件供应、维修保养、保修、理赔、新车抵押、旧车处理等，银行由于不熟悉这些业务，做起来有很大的困难。

其次，汽车金融公司通常隶属于较大的汽车工业集团，不仅向消费者提供汽车消费服务，而且向企业提供优惠贷款，在企业的人事和经营方面有很大的发言权，这是银行无法相比的。

根据银保监会制定的《汽车金融公司管理办法》规定，我国的汽车金融公司是指经银保监会批准设立的，为中国境内的汽车购买者及销售者提供金融服务的非银行金融机构。

五、金融担保公司

（一）金融担保的发展

金融担保（Financial Guarantee）是一种以金融债权为对象的担保，包括直接融资担保和间接融资担保两部分，涉及的担保业务主要有借贷市场担保、履约担保和金融创新产品或衍生产品担保三类。借贷市场担保有企业借款、个人消费借款等项目的担保，履约担保有工程建设完工、项目融资、房地产借款、设备租赁、信用证和商业票据等项目的担保，金融创新或衍生产品担保有企业债券担保、信托产品担保、保本基金等。

进入 21 世纪，金融担保的发展空间越来越大。一方面，现代经济中的金融份额越来越大；另一方面，与此相伴而生的新型担保品种也越来越多。而且现代的新型担保虽然仍以债权为基础，但更侧重交易的促成，提供偿债保障是手段而非最终目的。它所起的作用就是分摊和弱化风险，实质上是风险管理和风险交易，体现了担保的金融本质。担保业务与金融业务特别是金融创新业务的紧密结合，是担保业务的未来发展方向，是担保成熟化、技术化和价值化的标志。

（二）金融担保公司和中小企业发展

在中小企业发展中，金融担保需求很大，导致各国从不同路径成立金融担保公司以促进经济发展。**金融担保公司**（Financial Guarantee Company）是专业从事信用担保的金融中介组织，为受信者提供信用保证，是具有独特的信用增强作用和风险管理特征的其他金融性公司。金融担保公司在中小企业与银行之间起着桥梁与纽带作用，能解决中小企业融资难与银行放贷难的两难处境，对于增强中小企业的信用，防范和化解银行信贷风险，通畅融资渠道，引导资金流向具有重要作用。因此，建立金融担保机构，缓解中小企业融资难的问题，是各国扶持中小企业发展的通行做法。

六、财务公司

财务公司（Finace Company）又称金融公司，是为企业技术改造、新产品开发及产品销售提供金融服务，以中长期金融业务为主的其他金融性公司。财务公司兴起于 20 世纪初，主要有美国模式和英国模式两种类型。美国模式财务公司以推动商品流通、促进商品销售为特色，依附于制造厂商，是一些大型耐用消费品制造商为了推销其产品而设立的子公司。这类财务公司主要是为零售商提供融资服务的，主要分布在美国、加拿大和德国。目前，美国财务公司在流通领域的金融服务几乎涉及从汽车、家电、住房到各种工业设备的所有商品，对促进商品流通起到了非常重要的作用。英国模式财务公司基本上都依附于商业银行，其组建的目的在于规避政府对商业银行不得从事证券投资的监管。这种类型的财务公司主要分布在英国、日本和中国香港。因为财务公司可以接受存款业务（大多是定期存款），所以也被称为其他金融性公司中最具存款性公司特点的机构。在有些国家的存款性公司的统计口径中亦包括此类机构。

中国的财务公司不是商业银行的附属机构，是隶属于大型集团的其他金融性公司，统计上划入存款性公司。它们都是由企业集团内部集资组建的，其宗旨和任务是为本企业集团内部各企业筹资和融资，促进其技术改造和技术进步。请参见第 11 章中的介绍。

七、消费金融公司

消费金融公司（Consumer Finance Corporation）是面向个人客户，为满足其消费需求提供贷款和金融服务的非银行金融机构。设立专业的消费金融公司，为商业银行无法惠及的个人客户提供贷款和金融服务，可以满足不同群体消费者不同层次的需求，在提高消费者生活水平、支持经济增长等方面能够发挥积极的推动作用，这一金融服务方式目前在成熟市场和新兴市场均已得到广泛使用。

我国目前从事消费信贷服务的金融机构类型不多，商业银行和汽车金融公司主要以住房按揭贷款、信用卡业务和汽车贷款为主。消费金融公司提供的消费贷款主要包括个人耐用消费品贷款和一般用途个人消费贷款，其中：个人耐用消费品贷款可用于购买家用电器、电子产品等耐用消费品；一般用途个人消费贷款可用于个人及家庭旅游、婚庆、教育、装修等。消费者申请消费贷款后，使用方式一般包括两种：一种是通过经销商使用贷款；另一种是借款人自由使用贷款。消费金融公司可根据资金成本、风险成本等因素，在法律法规允许的范围内，制定消费贷款利率水平。与传统的金融机构相比，消费金融公司提供的信贷服务更便捷。一般来说，消费贷款是纯信用贷款，无须担保、抵押，大多数产品可以随借随还，单笔授信额度小，服务方式灵活，期限为 1 至 3 年。目前，贷款线上申请和放贷趋势明显，业务流程大多可以在线操作完成，覆盖面和服务效率大幅提升。但由于消费金融公司发放的贷款是无担保、无抵押贷款，风险相对较高，监管机构会制定严格的监管标准①。

八、金融信息咨询服务类机构

金融信息咨询服务公司（Financial Information Service Company）是指集合各种必要的财务收支和经营活动信息，专业化地从事对特定对象进行财务分析、信用调查等经济活动，出具必要的分析报告或文件，为客户提供有关债务人清偿能力信息的专业信息服务机构。这类机构虽未直接参与投融资活动，但却为投融资的顺利进行提供必要的信息服务，既是投融资活动的促进者，也是保障金融活动健康发展的重要力量。

金融信息咨询服务类机构的特点体现为其所提供的信息产品的专业化、机构的独立性和中立性。其中，向全社会投融资者提供专业化信息服务有赖于其专业化的经营资格和所具备的专业人才与技术条件。其专业化的经营资格能够使其拥有获得广泛经济金融信息的能力和向公众提供具有社会公信力的信息产品，而专业人才和技术条件则使其能够及时有效地收集、甄别和处理信息并提供特定的信息产品。金融信息咨询服务机构的独立性和中立性表现为金融信息咨询服务机构不直接经营资金，不参与投融资活动，较之存款类金融机构、投资类金融机构和保险保障类金融机构具有一定的信息优势，这种机构的独立性和专业性更易使其获得公众的认可和信任。

金融信息咨询服务类机构主要有三种类型：一是与直接融资活动和保险保障类金融机构业务

---

① 根据银保监会相关规定，消费金融公司向个人发放消费贷款额度最高不超过 20 万元，在试点阶段的业务不涉及房地产贷款和汽车贷款等高风险产品。且消费金融公司资本充足率不得低于 10%，同业拆入资金比例不高于资本总额的 100%，资产损失准备充足率不低于 100%。2021 年 1 月，银保监会发布消费金融公司五级分类监管规定，随后发布通知明确小额贷款公司不得向大学生发放互联网消费贷款；3 月，中国人民银行发布公告，要求包括消费金融公司在内的所有贷款产品均应明示年化利率。

活动密切相关的机构，如投资咨询公司、投资与保险代理机构等；二是专门从事信用评级和债券评级的机构，如资信评估公司、征信所等；三是专门从事企业财务信息服务和资格认证的机构，如会计师事务所、律师事务所等。金融信息咨询服务类机构的建立与发展能够反映出一个国家的基本信用环境和金融市场投融资的发达程度。

我国金融信息咨询服务机构的建设和发展从 20 世纪 80 年代中后期逐渐开始，起步晚、发展缓慢，尤其是服务对象主要是政府主管部门和监管机构，尚未形成广泛的社会效应和经济效应。21 世纪以来，随着我国金融发展市场化程度的提高，对金融信息咨询的市场需求不断增加，这一类机构的发展也会具有广阔的市场空间和良好的前景。

本章小结

1. 经济的深入发展对金融服务的多元化、专业化需求越来越高，其他金融性公司应运而生。它们或是在证券市场提供投融资服务，或是提供各种保险保障服务，或是提供资信评估、信息咨询服务，与存款性公司共同推进金融的成长与发展。依据其他金融性公司所从事的主要业务活动和所发挥的作用，可以划分为投资类、保险保障类和非投资类、非保险保障类其他金融性公司三大类别。

2. 其他金融性公司的业务运作特点有：不直接参与存款货币的创造过程；资金来源与运用方式各异；专业化程度高，业务之间存在较大的区别；业务承担的风险不同，相互的传染性较弱；业务的开展与金融市场密切相关，对金融资产价格变动极为敏感。其他金融性公司的发展有赖于所属经济体系的市场化程度、信息技术的发达程度、金融创新能力以及相关法律监管的完善程度。

3. 投资类金融机构是指以提供投资服务为主要业务的金融机构，包括证券公司（投资银行）、投资基金管理公司等机构。它们主要服务资本市场，业务活动具有如下特点：以有价证券为业务活动的载体；业务的专业性要求高，风险较大；业务活动必须遵循公开、公平和公正的原则。

4. 投资类金融机构的作用主要表现在三个方面：一是促进证券投资活动的顺利进行；二是降低投资者的交易成本和信息搜寻成本；三是通过专业技术与知识为投资者规避、分散和转移风险提供可能。

5. 现代证券公司的特点在于：充当直接融资市场的重要的组织者和中介人；提供与资本市场有关的智力服务，为客户量身定做证券投资、资产组合、公司购并等方面的融资方案；具有较强的金融创新意识和金融研发能力；依靠信用、经验、客户网络等占领市场；主要收入来源是各种服务的手续费（或佣金）。其业务主要包括证券承销业务、经纪业务、自营业务以及其他业务。

6. 投资基金管理公司是一种专门为中小投资者服务的投资机构，它汇集众多分散的个人或企业的闲置资金，并通过多元化的资产组合进行投资，以实现高效的投资和更有效地分散风险。投资基金管理公司的主要特点是资本要求较低、专业化水平高、收益相对稳定。

7. 保险保障类金融机构主要指各类保险公司和社会保障机构。作为保险保障类金融机构，它们的运作原理是相同的，都是集合具有同类风险的投保人，依据概率分布合理计算保费，以收取保费的方式集中并运用巨额的社会保险基金，对少数出险者的经济损失进行补偿。其业务经营符合大数定律，具有独特的风险管理技术和要求。

8. 保险公司是收取保费并承担风险补偿责任，拥有专业化风险管理技术的机构组织。从保险公司的经营活动看，基本业务包括筹集资本金、出售保单、给付赔偿款、经营资产等。保险公司与商品经济的发展相关，而社会保障制度是一种具有政策性、强制性的计划安排，旨在保障生存有困难的社会成员的基本生活需要，具有保障、互济以及调节收入分配关系的功能。

9. 信托公司是指从事信托业务、充当受托人的其他金融性公司，其职能是财产事务管理，即接受客户委托，代客户管理、经营、处置财产。信托公司具有财产管理和运用、融通资金、提供信息与咨询以及社会投资等功能。

10. 金融租赁公司是指专门为承租人提供资金融通的长期租赁公司，它以商品交易为基础，将融资与融物相结合。其所提供的融资租赁服务是所有权和经营权相分离的一种新的经济活动方式，具有投资、融资、促销和管理的功能。按照承担的风险可分为自担风险的直接融资租赁、经营租赁和回租业务，与其他机构分担风险的联合租赁和杠杆租赁业务，不承担风险的委托租赁业务。

11. 资产管理公司通常是指管理人根据资产管理合同约定的方式、条件、要求及限制，对客户资产进行经营运作并收取费用的专业机构。各国的资产管理公司主要有两类：一类是专门处置金融机构不良资产的政策性金融资产管理公司，主要目标是通过剥离银行不良债权向银行系统注入资金，以重建公众对银行的信心；通过有效的资产管理和资产变现，尽可能多地从所接受的不良资产中回收资金；尽量减少对有问题银行或破产倒闭银行重组所带来的负面影响。另一类是商业性资产管理业务的公司，通常商业银行、投资银行、证券公司、公募基金等金融机构都通过设立资产管理业务部或成立资产管理子公司来开展正常的资产管理业务。

12. 汽车金融公司是从事汽车消费信贷业务并提供相关汽车金融服务的专业机构。汽车金融公司对于汽车工业的发展具有极为重要的作用。首先，汽车金融公司在专业产品服务方面有经验和良好的条件。其次，它们对企业提供优惠贷款，对企业的人事介入、经营方针的干预有很大的发言权，这是其他银行无法相比的。

13. 设立专业的消费金融公司，可以满足不同群体消费者的需求，在提高消费者生活水平、支持经济增长等方面能够发挥积极的推动作用。消费金融公司由于具有单笔授信额度小、审批速度快、无需抵押担保、服务方式灵活、贷款期限短等独特优势，广受不同消费群体欢迎。

14. 金融担保公司是专业从事信用担保的金融中介组织，在经济生活中提供信用保证，是具有独特的信用增强作用和风险管理特征的特殊的其他金融性公司。金融担保公司在中小企业与银行之间的融资活动中起着桥梁与纽带作用，有利于增强中小企业的信用，防范和化解银行信贷风险，畅通融资渠道，引导资金流向。

15. 财务公司是为企业技术改造、新产品开发及产品销售提供金融服务，以中长期金融业务为主的其他金融性公司。中国的财务公司都是由企业集团内部集资组建的，其宗旨和任务是为本企业集团内部各企业筹资和融通资金，促进其技术改造和技术进步。

16. 金融信息咨询服务类机构是指集合各种必要的财务收支和经营活动信息，专业化地进行财务分析和信用调查，出具必要的分析报告或文件，为客户提供有关债务人清偿能力的专业信息服务机构。这类机构虽未直接参与投融资活动，但却为投融资的顺利进行提供必要的信息服务，其特点体现为所提供的信息产品的专业化以及机构的独立性和中立性。

重要术语

其他金融性公司	投资类金融机构	证券公司	投资基金管理公司
保险保障类金融机构	保险公司	保险基金	社会保障制度
信托	信托公司	租赁	金融租赁公司
金融资产管理公司	消费金融公司	汽车金融公司	金融担保公司
财务公司			

☞ 术语解释请扫描封底增值服务码→名词术语。

思考题

1. 其他金融性公司大体可分为哪些种类？它们共同的业务特点是什么？在经济全球化、金融高度发展的背景下，如何理解其他金融性公司的发展？
2. 简述投资类金融机构的种类与业务特点。联系 2007 年美国次贷危机中的“华尔街金融风暴”，试分析投资类金融机构在金融市场上发挥的作用。
3. 如果要开始证券投资活动，你可能会和哪些机构打交道？主要参与的业务将有哪些？选择的理由是什么？
4. 从保险保障类金融机构的种类与业务特点出发，说明这类机构的作用。
5. 信托公司的业务特点有哪些？它适应了哪些需求？
6. 金融租赁公司的业务与一般银行贷款的区别在哪里？在经济发展中的作用是什么？
7. 联系我国中小企业的发展，谈谈你对金融担保公司的理解。
8. 联系实际分析金融资产管理公司在处理有问题银行及银行危机中的作用。
9. 简述消费金融公司存在的作用及其优势与问题。
10. 如何理解金融信息咨询服务类机构在经济、金融发展中的作用？
11. 运用你所学的其他金融性公司的相关知识，结合中国资本市场发展、利率市场化条件的基本形成和对外开放程度的提高，试分析我国其他金融性公司面临的机遇与挑战。

☞ 更多思考练习请扫描封底增值服务码→习题作业、例题及综合测试。

讨论题

讨论主题：证券公司或投资银行的发展

讨论素材：《华尔街五大投行轰然倒下》

思考讨论：

1. 谈一谈你对证券公司或投资银行的认识和理解。
2. 讨论美国五大投资银行在 2007 年次贷危机中失败的原因并在此基础上分析此类机构的发展。

☞ 相关讨论素材请扫描封底拓展资源码→教学案例。

延伸阅读

1. 法伯兹 F J，莫迪利亚尼 F，费里 M G. 金融市场与机构通论. 大连：东北财经大学出版社，2000.
2. 斯托厄尔. 投资银行、对冲基金和私募股权投资. 北京：机械工业出版社，2013.
3. 瑞达，麦克纳马拉. 风险管理与保险原理：第十二版. 北京：中国人民大学出版社，2015.
4. 陈伟忠. 组合投资与投资基金管理. 北京：中国金融出版社，2004.
5. 布林德. 当音乐停止之后：金融危机、应对策略与未来的世界. 北京：中国人民大学出版社，2014.
6. 左毓秀，史建平. 信托与租赁. 北京：中国经济出版社，2001.
7. 胡海峰，曲和磊. 中国不良资产处置与金融资产管理公司发展研究. 北京：中国市场出版社，2009.
8. 廖岷. 金融科技发展的国际经验和中国政策取向. 北京：中国金融出版社，2017.

☞ 更多资源请扫描封底拓展资源码→文献目录。

即测即评

☞ 请扫码答题，检测本章学习效果。

第 14 章 中央银行

本章导读

生活在现代社会的人几乎没有不知道中央银行的。你每天使用的钞票是中央银行发行的，每天阅读的报纸、观看的电视、浏览的网页里的大量新闻都可能与中央银行有关。特别是 2007 年美国次贷危机爆发以来，各国中央银行的行为成为万众瞩目的焦点，中央银行在经济活动中的地位与作用日益凸显。党的二十大报告中明确提出“建设现代中央银行制度”，但人们似乎并不清楚与一般金融机构相比中央银行有何特征与职能，中央银行是如何运作的，其与政府部门和各种金融机构之间是何关系。本章主要对中央银行的产生发展、性质职能、业务运作与原则要求等展开讨论。

第一节 中央银行的演进与类型

中央银行是经济金融发展到一定阶段的产物，是现代经济社会中极为重要的经济管理和调控部门。在现代金融体系中，中央银行处于核心地位，通过特定业务活动和法律授权的管理方式履行自己的职责。除少数情况外，世界各国或地区普遍建立了中央银行制度，由于不同国家或地区的政治体制、经济体制和历史发展背景的差异，中央银行的制度形式有所不同。

一、中央银行的产生与发展

中央银行（Central Bank）是专门制定和实施货币政策、统一管理金融活动并代表政府协调对外金融关系的金融管理性机构。在现代金融体系中，中央银行处于核心地位，是一国最重要的金融管理当局和宏观经济调控部门。中央银行享有国家的特殊授权，承担着特殊的社会责任。中央银行通过特定业务活动和法律授权的管理方式履行自己的职责，是一国或地区制定和实施货币政策，监督管理金融业，防范金融风险，规范金融秩序及维护金融稳定的主管机构，也是一国最重要的宏观经济调控部门之一。

（一）中央银行产生的客观要求

中央银行是在商业银行的基础上，经过长期发展逐步形成的。从 17 世纪初到 19 世纪末，随着工业革命的推进和经济的高速发展，货币信用关系广泛交织于经济社会之中，银行业在欧洲获得了空前的发展，与此同时产生的矛盾与问题也日益凸显出来，集中体现在以下五个方面。

1. 银行券的发行问题

银行券是早期银行发行的一种信用货币，持有人可以凭此到发行银行兑换金属货币，故它的流通支付能力取决于其兑换金属货币的能力。中央银行形成以前，没有专门的发行银行，各商业银行都有发行银行券的权力。在银行业发展的早期，这种状况尚不足以形成危机，随着资本主义经济和银行业的快速发展，分散发行制度的缺陷便逐渐暴露。大量资金实力薄弱的小银行发行的银行券往往不能兑现，加剧了货币流通的混乱与危机。与此同时，小银行的活动范围由于受到地区限制，其发行的银行券只能在狭小的范围内流通，给生产和流通造成很多困难。客观上要求在全国范围内由享有较高信誉的大银行来集中发行货币，以克服分散发行造成的混乱局面。

2. 票据交换和清算问题

随着银行业务的不断扩展，债权债务关系错综复杂，银行每天收受票据的数量也日益增多，由各家银行自行轧差进行当日结清便发生困难，不仅异地如此，同城亦然。虽然当时欧洲的一些大中城市已经建立了票据交换所，但还不能为所有的银行服务，也不能从根本上解决全国性票据交换和清算问题。这就在客观上要求建立一个全社会统一而有权威的、公正的清算机构为之服务。

3. 银行的支付保证能力问题

银行的大量发展，一方面要防止一些银行为了逐利而无限制扩大贷款，产生流动性不足甚至导致挤兑；另一方面要保证整个银行体系的支付能力，防止个别银行支付风险的传递与扩散，产生金融危机。事实上，随着银行业务规模的扩大和业务活动的复杂化，银行的经营风险也是不断增加的，单个银行由于资金实力的局限难以独立保证自身的安全。而个别银行的支付风险又常常引发整个银行体系的信用危机，形成银行业的系统性风险。因此，客观上要求有一家具有权威性的银行机构，能够在商业银行发生资金困难时，给予必要的贷款支付，即发挥出“最后贷款人”功能。

4. 维护金融业稳健的问题

同其他行业一样，以盈利为目的的金融企业之间也存在着激烈竞争。金融企业在竞争中的破产、倒闭给经济造成的震荡要比普通企业大得多，因此，客观上需要有一个代表政府意志的超然于所有金融企业之上的机构专事对金融机构和市场活动进行调控和监管，以维护金融业的安全、规范与稳健运作。

5. 政府融资问题

在人类的发展过程中，政府的职责不断扩大。特别是在资本主义制度确立与发展过程中，政府的作用越来越突出。政府职责的强化增加了开支，政府融资便成为一个重要问题。为保证和方便政府融资，发展或建立一个与政府有密切联系、能够直接或变相为政府筹资或融资的银行机构，也是中央银行产生的客观要求之一。

（二）中央银行制度的建立与发展

商品经济和金融业自身的发展为中央银行的产生提出了客观的内在要求，而国家对经济、金融管理的加强又为中央银行的产生提供了外在动力，中央银行的产生便是这两种力量共同作用的结果。当国家通过法律或特殊规定对某家银行或新建一家银行赋予某些特权并要求其他所有银行和金融机构以及整个经济、社会体系接受该银行的这些特权时，中央银行制度便形成了。

中央银行的产生基本上有两条渠道：一是信誉好、实力强的大银行由政府不断赋予一定的特权并最终发展为中央银行；二是由政府出面直接组建中央银行。从 17 世纪中后期中央银行萌芽阶段开始，迄今为止的 300 多年历史中，中央银行制度经历了初步形成、普及、完善与健全三个阶段。

1. 中央银行制度的初步形成

早期的中央银行在开始时也是普通的商业银行，在银行业的发展过程中，有些银行经营有方，不断扩充自己的实力，逐步发展壮大而成为实力雄厚、信誉卓著的大银行。于是，一些国家的政府为社会经济发展的客观需要，就以法律形式规定由一家或几家大银行集中发行银行券，同时禁止其他银行擅自发行。这些独享银行券发行特权的银行成为与众不同的“发行银行”，因而独享货币发行垄断权，这是中央银行区别于商业银行的最初标志。

当某家大银行获得了发行银行券的特权后，由于资金实力增强，就能够在其他普通中小商业银行资金不足时，向它们发放贷款或办理票据再贴现。许多商业银行也逐渐把现金准备的一部分存入发行银行。它们彼此之间的清算也通过发行银行来办理，发行银行逐渐成为全国统一的、有权威的清算中心。另外，由于发行银行资金雄厚，常常在国家遇到财政困难时为政府融通资金，政府也从需要出发，利用发行银行分支机构较多的优势，委托其代理国库，办理政府的国库收支、财务代理和财政性存款等业务，成为“银行的银行”和“国家的银行”，最终转化为中央银行。

成立于 1694 年的英格兰银行被公认为第一家中央银行，它最早在 1844 年通过《英格兰银行条例》获得发行货币的特权；1854 年，英格兰银行成为英国银行业的票据交换中心，取得清算银行的地位。在 19 世纪出现的多次金融危机中，英格兰银行通过提供贷款有力地支持了其他银行，肩负起“最后贷款者”的责任，同时也具有了金融管理机构的特征。英格兰银行的发展与运行模式也被西方国家视为中央银行的典范而纷起仿效，至 1900 年，主要西方国家都设立了中央银行。

2. 中央银行制度的普及

第一次世界大战前，许多国家为了应付军备竞赛的庞大开支，纷纷通过设立中央银行或强化对中央银行的控制来筹集资金。一战期间，参战各国纷纷开动印钞机来弥补因庞大军费开支所带来的财政赤字，造成严重的通货膨胀。战后为了尽快恢复经济和金融秩序，于1920年和1922年分别在比利时首都布鲁塞尔和瑞士日内瓦召开的国际会议上，呼吁尚未设立中央银行的国家应尽快建立中央银行，以共同维持国际货币体系和经济稳定；提出中央银行应有更大的独立性，按照稳定币值的要求掌握货币发行，不受政府干预；明确了稳定货币是中央银行的重要职能，确认了中央银行的重要地位。至第二次世界大战结束前，中央银行制度在世界各国进入普及阶段，其间约有40多个国家或地区新设或改组中央银行，这些国家或地区大都从法律上确认中央银行具有超然地位。

3. 中央银行制度的完善与健全

第二次世界大战后，随着国家垄断资本主义的发展和国家干预主义经济思潮的兴盛，西方国家对经济的干预日益加强，货币政策成为许多国家调节宏观经济的最重要政策工具。中央银行作为货币政策的制定者和执行者，其地位和作用也得到了进一步加强。首先，许多国家的中央银行在组织结构上，逐步实行了国有化，如法兰西银行于1945年、英格兰银行于1946年都实行了国有化。有些国家的中央银行虽然在股权上仍保留部分私股，但大部分股权则保持在国家手中，中央银行的国有性质并未因此受到影响。其次，许多国家纷纷制定新的银行法，明确中央银行调控宏观经济的任务。这些法律规定不仅与保持中央银行的相对独立性有关，而且为中央银行发挥调控作用提供了保障。另外，中央银行自身不断完善组织结构，健全调控机制，货币政策成为现代经济运行中最主要的调控政策之一。

（三）中央银行在中国的发展

中央银行在中国的萌芽是20世纪初清政府建立的户部银行。光绪三十年（1904年），清政府决定建立户部银行，主要目的是整顿币制，统一流通。1905年，户部银行正式开业，为清政府的官办银行。1908年，户部银行改称大清银行，享有清政府授予的铸造货币、代理国库和发行纸币等特权，部分地起到中央银行的作用。

最早以立法形式成立的中央银行是国民政府于1928年在上海设立的中央银行。根据规定，中央银行为国家银行，享有经理国库、发行兑换券、铸发货币、经理国债等特权，但尚未独占货币发行权。当时能同时充当清偿货币的，还有中国银行、交通银行和中国农民银行发行的银行券。1935年，颁布了《中央银行法》，重申中央银行的国家银行性质。1942年7月，根据“钞票统一发行办法”，将中国银行、交通银行和中国农民银行三家发行的钞票及准备金全部移交给中央银行，中央银行独享货币发行权。1945年3月，国民党政府财政部授权中央银行，统一检查和管理全国的金融机构，使其管理职能得到强化。

中国人民银行作为新中国的中央银行，是在1948年12月1日合并原华北银行、北海银行和西北农民银行的基础上组建的，同时开始发行统一的人民币。1949年2月总行迁至北京。从建立之日到1983年9月，它既是行使货币发行和金融管理职能的国家机关，又是从事信贷、结算、现金出纳和外汇业务的金融企业。这种一身二任、高度集中统一的“大一统”金融体系模式，既适合于新中国成立初期制止恶性通货膨胀的需要，也同高度集中的计划经济管理体制相适应。国务院决定从1984年起中国人民银行专门行使中央银行的职能，不再对企业和个人直接办理存贷业务，标志着我国确立了现代中央银行制度，中国人民银行制定和执行货币政策的独立性逐渐增强，在中国经济运作中发挥的作用也越来越重要。

二、中央银行的类型与组织形式

虽然目前世界各个国家和地区基本上都实行中央银行制度，但其类型与组织形式却存在差异。归纳来看，大致有以下四种。

（一）单一中央银行制

单一中央银行制（Unitary Central Bank System）指一个国家或地区建立单独的中央银行机构，使之全面行使中央银行职能的中央银行制度。单一中央银行制又可分为一元式和二元式两种中央银行制度。

一元式中央银行制度是指在国内只设一家统一的中央银行，机构设置一般采取总分行制。一元式中央银行制度的特点是权力集中统一、职能完善，统一调控与协调能力强。目前世界上绝大多数的中央银行都实行这种体制。

二元式中央银行制度是指在国内设立中央和地方两级相对独立的中央银行机构，地方机构有较大独立性的制度形式。中央级中央银行是金融决策机构，统一制定宏观金融政策；地方级中央银行接受中央级中央银行的监督与指导，但在本区域范围内较独立地实施货币政策和金融监管。二元式中央银行制度与联邦制的国家体制相适应，目前美国、德国等联邦制国家实行此类中央银行制度。

（二）跨国中央银行制

跨国中央银行制（Multinational Central Bank System）是指由若干国家联合组建一家中央银行，并由该中央银行在其成员国范围内行使全部或部分中央银行职能的中央银行制度。跨国中央银行为成员国发行共同使用的货币和制定统一的货币金融政策，监督各成员国的金融机构和金融市场，对成员国政府进行融资，办理成员国共同商定并授权的金融事项等。跨国中央银行制度的典型代表有欧洲中央银行、西非货币联盟所设的“西非国家中央银行”、中非货币联盟所设的“中非国家银行”和东加勒比中央银行等。

知识链接14–1

欧洲中央银行

欧洲中央银行（European Central Bank，ECB）是欧洲经济金融一体化发展的产物，它于 1998 年 7 月 1 日正式成立，总部设在德国法兰克福。它不接受欧盟领导机构的指令，不受欧元区各国政府的监督，是唯一有资格在欧元区发行欧元的机构。欧洲中央银行是根据 1992 年《马斯特里赫特条约》的规定成立的，其职能是“维护货币的稳定”，负责管理主导利率、货币的储备和发行，制定欧洲货币政策。欧洲中央银行的前身是设在法兰克福的欧洲货币局。欧洲中央银行委员会的决策采取简单多数表决制，每个委员只有一票。货币政策的权力虽然集中了，但是具体执行仍由欧元区各国央行负责。欧元区各国央行仍保留自己的外汇储备。欧洲央行拥有 500 亿欧元的储备金，由各成员国央行根据本国在欧元区内的人口比例和国内生产总值的比例提供。1999 年 1 月 1 日，欧元正式启动；2002 年 7 月 1 日，欧元正式成为欧元区各国统一的法定货币。

资料来源：根据欧洲中央银行网站相关内容整理而成。

（三）复合中央银行制

复合中央银行制（Composite Central Bank System）是指国家不单独设立专司中央银行职能的机构，而是由一家集中央银行职能与商业银行职能于一身的国家大银行兼行中央银行职能的中央银行制度。复合中央银行制度往往与中央银行初级发展阶段和国家实行计划经济体制相对应，苏联和东欧多数国家曾实行复合中央银行制度，我国在 1983 年以前也一直实行这种中央银行制度。

（四）准中央银行制

准中央银行制（Quasi-central Bank System）是指没有通常完整意义上的中央银行，只是由政府授权某个或某几个商业银行，或设置类似中央银行的机构，部分行使中央银行职能的体制。新加坡和我国香港特别行政区是其典型代表。新加坡不设中央银行，而由货币局发行货币，金融管理局负责银行管理、收缴存款准备金等业务。我国香港特区则设金融管理局，下设货币管理部、外汇管理部、银行监管部和银行政策部。前两个部门负责港币和外汇基金的管理，后两个部门对金融机构进行监管。港币由汇丰银行、渣打银行和中国银行（香港）三家分别发行。实行这种准中央银行体制的国家和地区还有斐济、马尔代夫、莱索托、利比里亚等。

第二节　中央银行的性质和职能

中央银行是特殊的银行。作为当代各国最高货币金融管理机构，它代表国家垄断货币发行，维持币值稳定，监督管理金融业，维护金融秩序，调控国民经济，促进经济平稳发展，在经济和金融运行中发挥着“发行的银行”“银行的银行”和“政府的银行”职能。

一、中央银行的性质

中央银行的性质是指中央银行自身所具有的特有属性，取决于其业务活动的特点和发挥的作用。就世界各国的中央银行而论，都毫无例外地成为一国最高的货币金融管理机构，在各国金融体系中居于主导地位。它负责制定和执行国家的货币金融政策，调节货币流通与信用活动，在对外交往中代表国家参与国际金融活动，并对国内整个金融活动和金融体系实行管理与监督。中央银行虽然也称银行，却与商业银行的业务迥然不同。它只与商业银行和其他金融机构发生业务往来，并不与工商企业和个人发生直接的信用关系；它虽然也从事货币信用业务，但不是为了盈利，而是为了实现特定的社会经济目标，如防止通货膨胀和金融危机、促进经济发展、保障充分就业、平衡国际收支等。

现代中央银行一般都享有国家赋予的各种特权，如垄断货币发行、代理国库并发行政府债券、集中保管各商业银行的存款准备金、制定利率、管理金融市场、保管黄金与外汇、代表政府履行国际货币金融协定等，这些特权显然为一般商业银行所不具有，从而也就奠定了中央银行的超然地位。中央银行的活动范围仅限于宏观金融领域，除个别国家外，中央银行的信用业务一般不面对企业和个人，只面对政府部门、商业银行和其他金融机构。

当前，随着各国政府加强对经济运行的干预，中央银行更是国家管理经济的重要部门，其主要任务是代表国家制定并实施货币政策，维护经济秩序，管理全国的金融机构，调节社会经济生活，保障国民经济正常稳定发展。这些任务促使中央银行的管理职能大为增强，演变成一国最高的金融行政管理当局。然而中央银行的宏观经济管理与政府其他部门的管理却大有不同，它不是凭借政治或行政权力，而主要是依靠自己的业务活动调节所能控制的经济变量，如货币供应量、利率、信贷、汇率等，来发挥宏观经济管理职能。中央银行如果离开了它的业务管理活动，是难以履行国家赋予它的宏观经济管理职能的。

可见，中央银行是适应统一货币发行、政府融资、集中银行准备金并充当最后贷款人、代表政府管理金融业等需要而产生的，是一国的金融和经济调控机构，也是最高的金融管理机构。

二、中央银行的职能

中央银行职能是由其性质所决定的。若从不同角度观察，中央银行职能可有多种分法。如有人将中央银行的职能依其性质分为五大类：政策职能、银行职能、监督职能、开发职能和研究职能。而英美的一些经济学家则将其分为最重要的职能和一般职能：前者包括控制货币量和利率水平，防止商业银行大量倒闭，充当最后贷款者；后者包括向商业银行和政府提供服务以及发行货币和充当政府的财务顾问等。最常见的分类法是将中央银行的职能概括为“发行的银行”“银行的银行”和“政府的银行”。

（一）中央银行是“发行的银行”

中央银行是**发行的银行**（Bank of Issue），是指中央银行通过国家授权，集中与垄断货币发行，向社会提供经济活动所需要的货币，并保证货币流通的正常运行，维护币值稳定。从中央银行产生和发展的历史看，独占货币发行权是其最先具有的职能，也是它区别于普通商业银行的根本标志。

从理论上讲，在当前信用货币制度下，中央银行可以无限制地向社会提供货币。因此，中央银行在赋予货币发行权的同时，也承担了维护货币流通秩序和币值稳定的责任。币值稳定既体现为货币对内价值的稳定，表现为物价的稳定和防止通货膨胀；又体现为货币对外价值的稳定，即汇率的稳定。另外，中央银行作为宏观调控机构，又需要通过增加或压缩货币发行量，最终实现促进经济增长或保持物价稳定等宏观经济政策目标。

（二）中央银行是“银行的银行”

中央银行是**银行的银行**（Bank of Bank），是指中央银行充当一国（地区）金融体系的核心，为银行及其他金融机构提供金融服务、支付保证，并监督管理各金融机构与金融市场业务活动的职能。这一职能主要体现在中央银行的业务活动中，中央银行只与商业银行和其他金融机构发生业务往来，组织资金清算、集中保管准备金、发放贷款并充当“最后贷款人”。这一职能体现在以下几个方面。

1. 集中存款准备金

如第 12 章所述，商业银行及其他存款类金融机构吸收来的存款，绝不能全部用来发放贷款和进行其他投资，而必须保留一部分现金以备客户提取。但金融机构追逐利润的经营目标，使其往往只保留极少的存款准备金，一旦遇到客户集中提取，许多金融机构便会产生破产的风险。为了防止危机的发生，各国都以法律形式规定存款准备金的提取率并交存中央银行；同时，金融机构为了用于清算，也要在中央银行保留超额准备金存款。由此，使中央银行集中了金融机构的存款准备金，当个别金融机构出现支付困难时，中央银行可用来发放再贷款或再贴现。中央银行通过改变存款准备金比率，可进行社会信用规模和货币供应量的调节。

2. 充当最后贷款人

当工商企业缺乏资金时，可以向商业银行取得借款。但如果商业银行资金周转不灵，而其他同业也头寸过紧而无法帮助，商业银行只能求助于中央银行，向中央银行申请再贴现或再贷款，中央银行成为商业银行的最终贷款人，保证了存款人和银行营运的安全。

3. 组织、参与和管理全国清算业务

与集中准备金制度相联系，由于各家银行都在中央银行开有存款账户，则各银行间的票据交换和资金清算业务就可以通过这些账户转账和划拨，整个过程经济而简便。

4. 监督管理金融业

监督管理金融业既是中央银行“银行的银行”职能的延伸，是中央银行对金融业服务与管理的统一，又是中央银行作为“政府的银行”的基本职能。

（三）中央银行是“政府的银行”

中央银行是**政府的银行**（Government’s Bank），是指中央银行作为政府宏观经济管理的一个部门，由政府授权对金融业实施监督管理，对宏观经济进行调控，代表政府参与国际金融事务，并为政府提供融资、国库收支等服务。其具体职能体现如下：

（1）代理国库。中央银行收受国库存款，代理国库办理各种收付和清算业务，因而成为国家的总出纳。

（2）代理发行政府债券。政府为了弥补赤字或暂时性收支不平衡，经常需要发行债券，而中央银行通常代理政府债券的发行以及还本付息等事项。

（3）向政府融通资金，提供特定信贷支持。在法律许可的情况下，中央银行通常还采取直接向政府提供短期贷款或购买政府债券等方式，以解决政府的临时性资金需要。

（4）管理、经营国际储备。一国或地区会有外汇、黄金、特别提款权等国际储备，一般都由中央银行持有并进行经营管理。

（5）代表政府参加国际金融组织和各种国际金融活动，进行政府间的金融事务往来，与外国中央银行进行交往，代表政府签订国际金融协定等。

（6）制定和执行货币政策。中央银行作为政府的银行，不以盈利为目的，不受某个经济利益集团的控制，而是一切从国家利益出发，独立地制定和执行货币政策，调控社会信用总量，指导、管理、检查、监督各金融机构和金融市场活动，为国家经济发展的长远目标服务。

（7）实施金融监管，维护金融稳定。政府一般赋予中央银行监督管理金融业的职责，监管内容包括制定并监督执行有关金融制度、法规和业务活动准则等，管理金融机构的设立和撤并，监督管理金融机构业务活动，管理、规范金融市场等。

（8）提供经济信息服务。中央银行作为一国金融活动的中心，能够及时掌握经济金融活动的基本信息，有义务为政府及社会公众提供或发布经济金融信息。

原理14-1

发行的银行、银行的银行和政府的银行是中央银行的基本职能。

知识链接14-2

中国人民银行职能

中国人民银行主要职责为：

（一）拟订金融业改革、开放和发展规划，承担综合研究并协调解决金融运行中的重大问题、促进金融业协调健康发展的责任。牵头国家金融安全工作协调机制，维护国家金融安全。

（二）牵头建立宏观审慎管理框架，拟订金融业重大法律法规和其他有关法律法规草案，制定审慎监管基本制度，建立健全金融消费者保护基本制度。

（三）制定和执行货币政策、信贷政策，完善货币政策调控体系，负责宏观审慎管理。

（四）牵头负责系统性金融风险防范和应急处置，负责金融控股公司等金融集团和系统重要性金融机构基本规则制定、监测分析和并表监管，视情责成有关监管部门采取相应监管措施，并在必要时经国务院批准对金融机构进行检查监督，牵头组织制定实施系统重要性金融机构恢复和处置计划。

（五）承担最后贷款人责任，负责对因化解金融风险而使用中央银行资金机构的行为进行检查监督。

（六）监督管理银行间债券市场、货币市场、外汇市场、票据市场、黄金市场及上述市场有关场外衍生产品；牵头负责跨市场跨业态跨区域金融风险识别、预警和处置，负责交叉性金融业务的监测评估，会同有关部门制定统一的资产管理产品和公司信用类债券市场及其衍生产品市场基本规则。

（七）负责制定和实施人民币汇率政策，推动人民币跨境使用和国际使用，维护国际收支平衡，实施外汇管理，负责国际国内金融市场跟踪监测和风险预警，监测和管理跨境资本流动，持有、管理和经营国家外汇储备和黄金储备。

（八）牵头负责重要金融基础设施建设规划并统筹实施监管，推进金融基础设施改革与互联互通，统筹互联网金融监管工作。

（九）统筹金融业综合统计，牵头制定统一的金融业综合统计基础标准和工作机制，建设国家金融基础数据库，履行金融统计调查相关工作职责。

（十）组织制定金融业信息化发展规划，负责金融标准化组织管理协调和金融科技相关工作，指导金融业网络安全和信息化工作。

（十一）发行人民币，管理人民币流通。

（十二）统筹国家支付体系建设并实施监督管理。会同有关部门制定支付结算业务规则，负责全国支付、清算系统的安全稳定高效运行。

（十三）经理国库。

（十四）承担全国反洗钱和反恐怖融资工作的组织协调和监督管理责任，负责涉嫌洗钱及恐怖活动的资金监测。

（十五）管理征信业，推动建立社会信用体系。

（十六）参与和中国人民银行业务有关的全球经济金融治理，开展国际金融合作。

（十七）按照有关规定从事金融业务活动。

（十八）管理国家外汇管理局。

（十九）完成党中央、国务院交办的其他任务。

（二十）职能转变。完善宏观调控体系，创新调控方式，构建发展规划、财政、金融等政策协调和工作协同机制，强化经济监测预测预警能力，建立健全重大问题研究和政策储备工作机制，增强宏观调控的前瞻性、针对性、协同性。围绕党和国家金融工作的指导方针和任务，加强和优化金融管理职能，增强货币政策、宏观审慎政策、金融监管政策的协调性，强化宏观审慎管理和系统性金融风险防范职责，守住不发生系统性金融风险的底线。按照简政放权、放管结合、优化服务、职能转变的工作要求，进一步深化行政审批制度改革和金融市场改革，着力规范和改进行政审批行为，提高行政审批效率。加快推进“互联网+政务服务”，加强事中事后监管，切实提高政府服务质量和效果。继续完善金融法律制度体系，做好“放管服”改革的制度保障，为稳增长、促改革、调结构、惠民生提供有力支撑，促进经济社会持续平稳健康发展。

资料来源：中国人民银行网站，2022 年 5 月。

☞ 更多内容请访问爱课程网→资源共享课→金融学/李健→第 4 章→4. 3→中央银行的独立性。

三、中央银行在现代经济体系中的地位

中央银行在现代经济体系中处于一个非常重要的特殊地位，它既为现代经济稳健运行提供基本条件，又是现代经济稳定运行的基本保障，还是现代国际经济联系与合作的纽带。

（一）从经济体系的运转看，中央银行为经济发展创造货币和信用条件，为经济稳健运行提供保障

在现代经济发展的要素投入中，货币已成为一个先决条件，经济的发展对货币的需求也在不断增长。在不兑现信用货币流通条件下，中央银行是货币供应的源头。中央银行的货币供应在为经济体系提供必要条件的同时，还提供了新的货币推动力，从而使中央银行成为推动经济发展的重要力量。同时，还为经济运行提供稳定的货币环境和为经济体系的信用活动提供支付保障。

（二）从国家对经济的宏观管理来看，中央银行是最重要的宏观调控部门之一

在现代经济中，金融成为经济的核心，所有的经济活动均伴随着货币的流通和资金的运动，中央银行则处于货币流通的起点和信用活动的中心。中央银行通过货币政策工具，可以改变货币供应和信用量，通过利率的调整还可以改变金融资产的价格和结构，通过金融市场机制影响经济的结构。中央银行作为金融的管理者与调节者，通过调控金融可以实现对经济的调节，从而实现经济的稳定发展。

（三）从对外经济金融关系来看，中央银行是现代国际经济联系与合作的纽带

现代国际经济体系是一个相互依存的开放经济体，频繁的国际贸易、国际经济技术合作、国际资本流动和跨国公司活动等，把各国经济连成一个整体。中央银行一方面作为政府的银行，能代表政府进行国际经济金融合作与谈判；另一方面，大量的国际经济活动如国际结算、国际资本流动、汇率变动等都与中央银行有着极强的相关性，同时中央银行又对这些国际经济活动具有较强的控制能力或调节能力。因此，中央银行在国际经济交往中，有能力也应当成为国际经济联系与合作的纽带。中央银行在国际经济关系中所发挥的纽带作用包括国际货币体系的参与与维护、国际金融业务合作、国际金融监管合作与国际经济金融政策协调等。

总之，在现代经济体系中，中央银行具有极为重要而关键的地位，它已成为经济体系中最为重要的组成部分，成为经济运行的轴心。

第三节　中央银行的业务运作

中央银行首先是银行机构，有其业务活动，主要体现在其资产负债表上。但中央银行又是特殊的管理性机构，其职责的履行主要也是通过各种业务来完成的。中央银行的业务主要包括负债业务、资产业务、清算业务、调查统计业务等，不同类型的业务各有其特点与作用。

一、中央银行的资产负债表

中央银行的资产负债表是中央银行与货币资金相关业务活动的综合会计记录，它可以反映中央银行的资产负债情况。因此要了解中央银行的业务活动和研究宏观调控问题，首先需要了解中央银行的资产负债表及其构成。中央银行资产是指其在某一时点所拥有的各种债权，中央银行负债则是指其在某一时点对社会各经济主体的负债。资产负债表是其全部业务活动的综合会计记录，它可以反映中央银行在任何时点上的资产负债情况。

由于各国在金融体制和信用方式方面存在差异，中央银行资产负债表项目的多寡及包括的内容、各项目在总资产或总负债中所占比重等颇不一致。为促进国际金融信息交流，国际货币基金组织定期编制《货币与金融统计手册》，以相对统一的口径提供各成员国有关货币金融和经济发展的主要统计数据。以国际货币基金组织编制的"货币当局资产负债表"为基础简化的中央银行资产负债表如表 14-1 所示。

表 14-1　简化的中央银行资产负债表

资产	负债
国外资产	储备货币
对政府的债权	发行债券
对存款机构的债权	对外负债
对非货币金融机构的债权	政府存款
对非金融企业的债权	资本项目
其他资产	其他项目
总资产	总负债

中国人民银行从 1994 年起根据国际货币基金组织《货币与金融统计手册》规定的基本格式，编制中国货币当局资产负债表并定期向社会公布。中国人民银行所提供的信息非常及时，登录中国人民银行网站，在"调查统计"栏目中查找"调查统计"—"统计数据"—"货币统计概览"—"货币当局资产负债表"即可获得。

下面给出中国人民银行 2008—2020 年的资产负债表数据（见表 14-2）和美国联邦储备委员会 2019 年的资产负债表数据（见表 14-3），供分析时比较。

表 14-2 2008—2020 年中国人民银行资产负债表

单位：亿元人民币

报表项目	2008 年	2012 年	2015 年	2020 年
国外资产（Foreign Assets）	162 543. 52	241 416. 90	253 830. 67	218 039. 98
外汇（Foreign Exchange）	149 624. 26	236 669. 93	248 537. 59	211 308. 10
货币黄金（Monetary Gold）	337. 24	669. 84	2 329. 54	2 855. 63
其他国外资产（Other Foreign Assets）	12 582. 02	4 077. 13	2 963. 55	3 876. 25
对政府债权（Claims on Government）	16 195. 99	15 313. 69	15 312. 73	15 250. 24
对其他存款性公司债权（Claims on Other Depository Corporations）	8 432. 50	16 701. 08	26 626. 36	133 355. 47
对其他金融性公司债权（Claims on Other Financial Corporations）	11 852. 66	10 038. 62	6 656. 59	4 447. 14
对非金融性部门债权（Claims on Non-financial Corporations）	44. 12	24. 99	71. 74	0
其他资产（Other Assets）	8 027. 20	11 041. 91	15 338. 87	16 582. 70
总资产（Total Assets）	**207 095. 99**	**294 537. 19**	**317 836. 97**	**387 675. 54**
储备货币（Reserve Money）	129 222. 33	252 345. 17	276 377. 49	330 428. 14
货币发行（Currency Issue）	37 115. 76	60 645. 97	69 885. 95	89 823. 29
金融性公司存款（Deposits of Oinancial Corporations）	92 106. 57	191 699. 20	20 649. 55	222 906. 08
其他存款性公司存款（Deposits of Other Depository Corporations）	92 106. 57	191 699. 20	206 491. 55	222 906. 08
其他金融性公司存款（Deposits of Other Financial Corporations）	—	—	—	0
非金融机构存款（Deposits of Non-financial Institutions）	—	—	—	17 698. 77
不计入储备货币的金融性公司存款（Deposits of Financial Corporations Excluded from Reserve Money）	591. 20	1 348. 85	2 826. 42	4 881. 82
发行债券（Bond Issue）	45 779. 83	13 880. 00	6 572. 00	900. 00
国外负债（Foreign Liabilities）	732. 59	1 464. 24	1 807. 28	929. 67
政府存款（Deposits of Government）	16 963. 84	20 753. 27	27 179. 03	38 681. 53
自有资金（Own Capital）	219. 75	219. 75	219. 75	219. 75
其他负债（Other Liabilities）	13 586. 45	4 525. 91	2 855. 00	11 634. 63
总负债（Total Liabilities）	207 095. 99	294 537. 19	317 836. 97	387 675. 54

资料来源：根据中国人民银行网站公布的“货币当局资产负债表”数据整理而成。

注：1. 自 2017 年起，对国际金融组织相关本币账户以净头寸反映。

2. 自 2017 年 6 月起增加“非金融机构存款”栏目，为支付机构交存人民银行的客户备付金存款。

表 14-3　2021 年年末美国联邦储备银行资产负债表

单位：百万美元

资产项目	总额	比重（%）	负债项目	总额	比重（%）
黄金及其等价物	11 037	0.13	流通中的现金	2 186 877	24.97
特别提款权	5 200	0.06	逆回购	1 920 789	21.93
硬币	1 212	0.01	国外机构存款	9 672	0.11
持有证券、回购及贷款等	8 639 983	98.66	存款性机构存款	4 039 860	46.13
银行不动产	1 402	0.02	财政部存款	283 995	3.24
央行流动性互换	3 341	0.04	其他存款	245 980	2.81
外币计价投资	20 353	0.23	待付托收现金项目	599	0.01
应收在途资金	59	0.00	应计国库汇款	21 258	0.24
特殊目的实体的净组合持仓	39 897	0.46	其他负债	7 769	0.09
其他资产	34 976	0.40	**负债总计**	8 716 799	99.54
			总资本	40 661	0.46
资产总计	8 757 460	100.00	**负债加资本总计**	8 757 460	100.00

资料来源：美联储网站。

更多数据信息可扫描封底增值服务码 → 数据库。

二、中央银行的负债业务

中央银行的负债是指政府、金融机构、其他经济部门的存款及社会公众持有现金形成的对中央银行债权，中央银行的负债业务主要有以下几类。

（一）货币发行业务

社会上流通的现金都是通过货币发行业务流出中央银行的，货币发行形成中央银行对社会的负债。

货币发行（Currency Issue）是中央银行最初和最重要的负债业务。货币发行有两重含义：一是指货币从中央银行的发行库通过各家商业银行的业务库流入社会，二是指货币从中央银行流出的数量大于从流通中回笼的数量。这二者通常都被称为货币发行。中央银行货币发行的渠道主要是通过再贴现、再贷款、收购黄金外汇、在公开市场上购买有价证券等业务活动来完成。从中央银行流出的货币数量大于从流通中回笼的数量，形成净投放；反之，则为净回笼。中央银行的货币发行是其提供基础货币的主要构成部分。

中国人民银行对人民币发行的管理，在技术上主要是通过货币发行基金和业务库的管理来实现的。发行基金是人民银行为国家保管的待发行的货币。发行基金有两个来源：一是人民银行总行所属印制企业按计划印制解缴发行库的新人民币；二是开户的各个金融机构和人民银行业务库缴存人民银行发行库的回笼款。保管发行基金的金库成为发行库。发行基金由设置发行库的各级人民银行保管，并由总行统一掌握。各分库、中心支库、支库所保管的发行基金，都只是总库的一部分。业务库是商业银行为了办理日常现金收付业务而建立的金库，它保留的现金是商业银行业务活动中现金收付的周转金，是营运资金的组成部分，经常处于有收有付的状态。

具体的操作程序是：当商业银行基层业务库的现金不足以支付时，可到当地中国人民银行分支机构在其存款账户余额内提取现金，于是人民币从发行库转移到业务库，意味着这部分人民币进入流通领域；而当业务库的现金收入大于其库存限额时，超出部分则由业务库送交发行库，这意味着该部分人民币退出流通。这个过程可用图 14-1 表示。

图 14-1 人民币发行程序简图

中国人民银行对人民币发行与流通的管理，主要体现在发行基金计划的编制、发行基金的运送管理、反假币及票样管理和人民币出入境管理等方面。

中央银行通过货币发行业务，满足了社会经济活动和公众生活对货币的需求。同时，中央银行通过对货币发行的控制，可以调节社会货币流通量，进而调节社会经济活动，从而实现宏观调控的目的。

（二）存款业务

1. 中央银行存款业务的构成与目的

中央银行的存款业务主要包括商业银行等存款性金融机构的准备金存款、非存款性金融机构的存款、政府存款、外国存款、非金融部门存款、特种存款等。这些存款成为中央银行重要的资金来源。

与商业银行等存款机构不同，中央银行吸收存款、组织资金来源的主要目的有：一是有利于调控信贷规模与货币供应量；二是有利于维护金融业的安全；三是有利于国内的资金清算；四是有利于政府融通资金。

2. 中央银行存款业务的特点

（1）存款原则的特殊性。中央银行遵循一国的金融法规制度开展存款业务，具有一定的强制性。存款准备金制度便是典型的例证，大多数国家的中央银行都依法规定存款准备金比率，强制要求商业银行按规定比率缴存存款准备金，而且在法定比率之内不能动用。

（2）存款动机的特殊性。中央银行吸收存款不以盈利为目的，是为了便于调控社会信贷规模，监督管理金融机构的运作，从而达到执行中央银行职能的目的。

（3）存款对象的特殊性。中央银行的存款对象是商业银行、非银行金融机构、政府部门等机构。中央银行吸收的这些存款，一般不易脱离中央银行的控制，有利于实施货币政策操作。

小贴士14-1

与商业银行被动地接受社会各界存款不同，中央银行存款业务既有被动性的，如政府存款、金融机构的超额准备金存款等；也有主动性的，如法定准备金存款，中央银行主动调节法定存款准备金比例或实现差别准备金制度，可起到调节社会资金供给数量与结构的效果。

（三）其他负债业务

中央银行负债业务除了货币发行和存款业务外，还包括发行中央银行债券或票据、对外负债。

1. 发行中央银行债券或票据

各国法律一般都赋予中央银行发行债券或票据的权利，中央银行通过发行债券或票据，可从社会回笼货币资金，实现调控货币供应量或流动性的目的。因此，当中央银行认为社会流动性过于充足，或为了压缩社会货币资金时，通常增加债券或票据的发行；相反，则通过回收债券或票据来向社会增加货币供给。

2. 对外负债

对外负债主要包括从国外银行借款、对外国中央银行的负债、国际金融机构的贷款、在国外发行的中央银行债券等。中央银行对外负债主要是为了平衡国际收支，维持本币汇率的基本稳定和应付货币危机或金融危机。

（四）资本业务

中央银行的资本业务是中央银行筹集、维持和补充自有资本的业务。中央银行资本主要由法定资本、留存收益、损失准备、重估储备构成。中央银行资本形成的途径主要有政府出资、国有机构出资、私人银行或部门出资、成员国中央银行出资等。中央银行由国家赋予相应的特权，以国家信用作保证，因此中央银行实力的高低与其资本金多少无关。当然，中央银行业也需要有一定的资本金来抵消其政策实施所带来的某些经济损失，保证货币政策实施的独立性与主动性。

三、中央银行的资产业务

中央银行的资产业务即其资金运用，主要包括贴现与放款业务、证券业务、黄金和外汇储备业务和其他资产业务。

（一）贴现与放款业务

中央银行的贴现与放款业务主要包括中央银行对商业银行的再贴现和再贷款，对政府的各种贷款和对国外政府、金融机构的贷款等业务。其中，中央银行以再贴现、再贷款方式对商业银行等金融机构提供资金融通和支付保证，既是履行“最后贷款人”职能的具体手段，也是其提供基础货币的重要渠道。

在票据市场发达的国家，中央银行办理票据再贴现成为向商业银行融通资金的重要方式。**再贴现**（Rediscount）又叫重贴现，是指商业银行将其对工商企业已经贴现的票据向中央银行再办理贴现的资金融通行为；再贴现的利率就叫再贴现率，是中央银行货币政策操作的重要工具。在票据市场不发达的国家，再贴现规模小，中央银行主要靠**再贷款**（Re-lending）业务向商业银行融通资金。再贷款可以采取信用放款的授信方式，也可以采取证券抵押或质押方式。为了保持银行体系流动性总体平稳适度，支持货币信贷合理增长，近年来各国中央银行都纷纷采取各种抵押贷款业务。比如中国人民银行创设了以高信用评级的债券类资产及优质信贷资产等为抵押发放的常备借贷便利（SLF）、中期借贷便利（MLF）、抵押补充贷款（PSL）、定向中期借贷便利（TMLF）等。

（二）证券业务

中央银行的证券业务是指其在公开市场上进行证券买卖的业务，是中央银行货币政策操作三大基本工具之一。此项业务操作在调控货币供应量的同时，也为中央银行调整资产结构提供了手段。中央银行买卖证券最重要的意义在于影响金融体系的流动性，调控基础货币，从而调节货币供应量，实现货币政策目标。中央银行买卖的证券一般都是优质证券，如政府债券、央行票据、回购协议等。中央银行买进证券就是投放了基础货币，卖出证券就是回笼了基础货币。相关内容第 8 章已经涉及，第 18 章货币政策中还有详细介绍。

（三）黄金和外汇储备业务

自不兑现信用货币制度建立以来，黄金和外汇始终是稳定币值的重要手段，也是用于国际支付的重要储备。为了稳定一国货币的币值，稳定本国货币对外汇率，灵活调节国际收支，防止出现国际支付困难或危机，中央银行担负着为国家管理外汇和黄金储备的责任，而黄金和外汇储备要占用中央银行资金，因而属于中央银行的重要资金运用。

（四）其他资产业务

除以上三项外，未列入的所有项目之和都可列入其他资产，主要包括待收款项和固定资产等。

四、中央银行资产负债表的基本关系

从中央银行资产负债表的构成中可见，资产方的主要项目有国外资产、对金融机构债权、对政府债权等，负债方的主要项目有流通中货币、对金融机构负债、政府存款及其他存款和自有资本等。根据会计原理，资产负债必然相等，这样，对资产负债表主要项目关系的分析可以从以下两个方面进行。

（一）资产和负债的基本关系

在中央银行的资产负债表中，由于自有资本也是其资金运用的来源之一，所以将其列入负债方。但实际上自有资本不是真正的负债，其作用也不同于一般负债，因此，如果把自有资本从负债中分列出来，资产与负债的基本关系可以用下式表示：

$$\text{资产}=\text{负债}+\text{自有资本} \quad (14-1)$$

这个公式表示的是中央银行未清偿的负债总额、资本总额、资产总额之间基本的等式关系。式（14-1）表明，在自有资本一定的情况下，中央银行资产持有额的增减，必然导致其负债的相应增减。这个公式的政策意义主要有三点：一是中央银行的资产业务对负债业务有决定作用；二是由中央银行自有资本增加而相应扩大的资产业务，不会导致负债方货币发行的增加；三是资产业务过大时可以调整负债进行对冲，防止货币发行过多。

（二）资产负债各主要项目之间的对应关系

从对货币供应影响的角度分析，资产方的主要项目和负债方的主要项目之间存在一定的对应关系，大致可以概括为以下几方面。

1. 对金融机构债权和对金融机构负债的关系

对金融机构的债权包括对存款机构和其他金融机构的再贴现和各种贷款、回购等，对金融机构的负债包括存款机构和其他金融机构在中央银行的法定准备金、超额准备金等存款。这两类项目反映了中央银行对金融系统的资金来源与运用的对应关系，也是一国信贷收支的一部分。当中央银行对金融机构债权与负债总额相等时，不影响资产负债表内的其他项目；当债权总额大于负债总额时，若其他对应项目不变，其差额部分通常用货币发行来弥补；当债权总额小于负债总额时，则会相应减少货币发行量。由于中央银行对金融机构的债权比负债更具主动性和可控性，因此，中央银行对金融机构的债权业务对于货币供应有决定性作用。

2. 对政府债权和政府存款的关系

中央银行对政府的债权包括对政府的贷款和持有的政府债券，大多数国家的政府存款包括中央和地方政府的存款。这两类项目属于财政收支的范畴，反映了中央银行对政府的资金来源与运

用的对应关系。当这两类对应项目总额相等时，对货币供应影响不大。但在其他项目不变的情况下，若因财政赤字过大而增加的中央银行对政府债权大于政府存款时，会增加财政性货币发行的压力；反之，若政府存款大于对政府的债权，则将消除来自财政方面的通货膨胀压力，并为货币稳定提供支持。

3. 国外资产和其他存款及自有资本的关系

当上述两个对应关系不变时，若中央银行国外资产的增加与其他存款及自有资本的增加相对应，不会影响国内基础货币的变化；若其他存款及自有资本不变时增加国外资产业务，则需要相应减少其他项目资产，或增加其他项目负债，否则将导致国内基础货币的变化。因此，中央银行国外资产业务是有条件限制的，对基础货币有重要影响。

需要说明的是，这三种对应关系的分析也是相对而言的，在现实的资产负债业务活动中，中央银行可以在各有关项目之间通过冲销操作来减轻对货币供应的影响，也可以通过改变资产负债结构来控制货币供应。例如，为了保持基础货币投放不变，中央银行在扩大国外资产业务增加外汇储备时，可以相应减少对金融机构的债权，或者改变负债结构，如通过发行中央银行票据减少金融机构超额储备存款。

总之，把握上述这些关系，对于了解中央银行资产负债业务活动的作用与影响，理解中央银行实施金融宏观调控和货币政策操作的原理是十分重要的。

五、中央银行的其他业务

除上述中央银行的资产负债业务之外，中央银行还承担其他重要的业务活动，包括支付清算、调查统计、经理国库等。

（一）清算业务

中央银行的清算（Clearing）业务是指中央银行作为一国支付清算体系的管理者和参与者，通过一定的方式和途径，使金融机构的债权债务清偿及资金转移顺利完成，并维护支付系统的平稳运行。在现代市场经济社会里，每时每刻都在发生着无数的、错综复杂的经济交易，引起庞大而复杂的资金支付，这些支付一般都通过银行体系来完成，这就引起银行之间的资金支付与清算问题。中央银行是一国或地区金融体系的核心，各商业银行及其他金融机构都在中央银行开立账户，中央银行具有向金融机构提供支付清算服务的基础条件。另外，中央银行作为货币流通体系的管理者，具有制定支付清算的相关规则和维护支付清算体系稳定的义务。因此，中央银行就自然地承担起支付清算的角色。

我国的支付清算系统主要有两类：一是大额实时全额支付系统，主要处理银行间、证券和金融衍生工具交易、黄金和外汇交易及跨国交易等引发的债权债务清偿和资金转移。该系统实行逐笔实时处理支付指令，全额清算资金，旨在为各银行和广大企事业单位以及金融市场提供快速、安全、可靠的支付清算服务。二是小额定时批量支付系统，该系统实行批量发送支付指令，轧差净额清算资金，旨在为社会提供低成本、大业务量的支付清算服务，支持各种小额支付业务，满足社会各种经济活动的需求。小额支付系统的服务对象主要是工商企业、个人消费者以及其他小型经济交易的参与者。

知识链接14-3

中国现代化支付清算系统

中国现代化支付清算系统（CNAPS）是中国人民银行按照我国支付清算需要，利用现代计算机技术和通信网络自主开发建设的，能够高效、安全处理各银行办理的异地、同城各种支付业务及其资金清算和货币市场交易的资金清算的应用系统。它是各银行和货币市场的公共支付清算平台，是中国人民银行发挥其金融服务职能的重要的核心支持系统。中国人民银行通过建设现代化支付系统，逐步形成一个以中国现代化支付系统为核心，商业银行行内系统为基础，各地同城票据交换所并存，支撑多种支付工具的应用和满足社会各种经济活动支付需要的中国支付清算体系。

中国现代化支付清算系统建有两级处理中心，即国家处理中心（NPC）和全国省会（首府）及深圳城市处理中心（CCPC）。国家处理中心分别与各城市处理中心连接，其通信网络采用专用网络，以地面通信为主，卫星通信备份。

资料来源：中国人民银行网站。

（二）调查统计

中央银行的调查统计分析业务是中央银行获取经济金融信息的基本渠道，在中央银行的职能行使和业务活动中发挥着不可或缺的信息支撑功能，主要包括金融统计和景气调查等。按月定期发布社会融资规模、货币统计概览、金融机构信贷收支统计、金融市场统计、企业商品价格指数等金融统计数据。

（三）经理国库

中央银行经理国家金库的业务，包括：组织拟订各种国库制度；为财政部门开设国库单一账户，办理预算资金的收纳、划分、留解和支拨业务；对国库资金收支进行统计分析；定期向同级财政部门提供国库单一账户的收支和现金情况，核对库存余额；按规定承担国库现金管理有关工作；按规定履行监督管理职责，维护国库资金的安全与完整；代理国务院财政部门向金融机构发行、兑付国债和其他政府债券，等等。这是中央银行发挥“政府的银行”职能的重要内容。

第四节　中央银行的运作规范及其与各方的关系

中央银行是具有特殊权力的银行，其地位由国家法律规定，其业务活动由国家权力进行保障；同样，其业务范围也受法律的限制。中央银行作为金融管理机关和宏观经济调控主体，为保证其业务活动的正常进行，国家必须赋予中央银行较高的相对独立性。中央银行在履职中也需要正确处理好与政府部门、金融监管部门、金融机构及国际金融组织、外国中央银行的关系。

一、中央银行业务活动的法律规范与原则

（一）中央银行业务活动的法律规范

目前，各国对中央银行业务活动的法律规范大致可分为法定业务权力、法定业务范围、法定业务限制三个方面。

1. 中央银行的法定业务权力

中央银行的法定业务权力是指法律赋予中央银行在进行业务活动时可以行使的特殊权力。根据目前各国的中央银行法，这种法定业务权力一般有以下几项：发布并履行与其职责相关的业务命令和规章制度的权力；决定货币供应量和基准利率的权力；调整利率、存款准备金率和再贴现率的权力；决定对金融机构贷款数额和方式的权力；灵活运用相关货币政策工具的权力；依据法律规定对金融机构和金融市场监督管理的权力；法律规定的其他权力。

2. 中央银行的法定业务范围

中央银行作为发行的银行、银行的银行、政府的银行，其法定业务范围主要有以下几项：货币发行和货币流通管理业务；存款准备金业务；为金融机构办理再贴现及贷款业务；在公开市场从事有价证券的买卖业务；黄金外汇经营管理业务；代理国库业务，代理政府债券发行、兑付业务；组织或协助组织金融机构间的清算业务；对全国的金融活动进行统计调查与分析预测，统一编制全国金融统计数据、报表，按照国家规定定期予以公布；对金融机构和金融市场的相关监督管理；法律允许的其他业务。

3. 中央银行的法定业务限制

为了确保中央银行认真履行职责，防止中央银行为了追逐自身利益而损害金融机构和公众利益，维护中央银行的信誉和权威性，各国中央银行法都对中央银行的业务活动进行必要的限制。例如，《中国人民银行法》就规定中国人民银行不得对银行业金融机构的账户透支。

（二）中央银行业务活动的原则

1. 非盈利性

非盈利性指中央银行的一切业务活动不是以盈利为目的。只要是宏观金融管理所必需的，即使不盈利甚至亏损的业务也要去做。当然，这并不意味着不讲成本和收益。在实际业务活动中，中央银行业务开展的结果也往往能获得一定的利润，但这只是一种客观的经营结果，并不是中央银行主观追逐的业务活动目的。

2. 流动性

流动性指中央银行一般不做期限长的资产业务。因为中央银行进行货币政策操作和宏观经济调控时，所拥有的资产必须具有较强的流动性，才能及时满足其调节货币供求、稳定币值和汇率、调节经济运行的需要。

3. 主动性

主动性指中央银行在进行金融监管或货币政策操作时，要独立判断及主动采取措施。

4. 公开性

公开性指中央银行的业务状况公开化，定期向社会公布业务与财务状况，并向社会提供有关的金融统计资料。保持公开性，有利于中央银行的业务活动接受社会公众的监督；可以增强中央银行业务活动的透明度，有利于增强实施货币政策的告示效应；可以及时准确地向社会提供必要的金融信息，有利于各界分析研究金融和经济形势，也便于他们进行合理预期，调整经济决策和行为。

二、中央银行的独立性

（一）中央银行独立性的含义

中央银行的独立性是指中央银行履行自身职责时法律赋予或实际拥有的权力、决策与行动的自主程度。中央银行的独立性比较集中地反映在中央银行与政府的关系上。

总体说来，当各国经济社会处于平稳发展的时候，政府与中央银行的关系是比较协调的，中央银行能够比较自主地履行自己的职责；而在经济、金融出现困难甚至危机的时候，政府与中央银行可能出现不协调的情况，通常政府较多地考虑就业、保障等社会问题，中央银行则较多地考虑货币金融稳定等经济问题。因此，中央银行的独立性问题，既是一个理论问题，又是一个现实选择问题。各国通常是通过制度安排来解决中央银行的独立性问题。

（二）中央银行独立性的辩证关系

1. 中央银行应对政府保持一定的独立性

理由在于：一是中央银行的业务活动必须符合金融运行的客观规律和自身业务的特点，这是由经济与金融的关系和金融行业的特殊性质决定的；二是中央银行的运作具有很强的专业性和技术性；三是中央银行与政府两者所处地位、行为目标、利益需求及制约因素有所不同；四是可以与政府其他部门之间的政策形成一个互补和制约关系，增加政策的综合效力和稳定性，避免因某项决策或政策失误而造成经济与社会发展全局性的损失；五是可以使中央银行的分支机构全面、准确、及时地贯彻总行的方针政策，避免各级政府的干预，保证货币政策决策与实施的统一。

2. 中央银行对政府的独立性是相对的

在现代经济体系中，中央银行作为国家的金融管理当局，是政府实施宏观调控的重要部门。中央银行要接受政府的管理和监督，在国家总体经济社会发展目标和政策指导之下履行自己的职责。中央银行的货币政策目标和宏观调控目标要与国家经济社会发展的总体目标相一致，目标的实现也需要其他政策特别是财政政策的协调与配合，与其他部门的关系也需要由政府来协调。尤其在特殊情况下（如遇到战争、特大灾害或金融危机等），中央银行必须服从政府的安排。因此，中央银行对政府的独立性只能是相对的，不能完全独立于政府，更不能凌驾于政府之上。

原理14–2

中央银行的特殊权力和业务范围受法律限制。为保证其业务活动的正常进行，各国都赋予中央银行相对独立性。

（三）中央银行独立性的实践

目前，世界各国中央银行的独立性程度差异较大，主要有三类：一是独立性较强的，如美国联邦储备体系等；二是独立性较弱的，如中国人民银行等；三是独立性居中的，如英格兰银行、日本银行等，一些新兴的工业化国家的中央银行也大致属于这种类型。

《中国人民银行法》对独立性问题有专门的规定。法律在规定中国人民银行必须接受国务院领导的同时，也对中国人民银行的独立性给予了一定范围的授权。从总体看，中国人民银行在重要事项的决策方面对中央政府的独立性是较弱的，但对地方政府和各级政府部门等，法律赋予中央银行完全的独立性。同时在货币政策操作、业务活动等方面，中央银行的独立性就更强一些。

三、中央银行与各部门的关系

（一）中央银行与政府部门之间的关系

不论中央银行对政府的独立性是强还是弱，中央银行与政府部门之间都有一定的联系。

与中央银行联系最为密切的是财政部门。两大部门的关系主要反映在：一是中央银行资本金大都由财政部门代表国家或政府持有，是中央银行资本金的所有者；二是绝大多数国家中央银行的利润除规定的提存外全部交国家财政，如有亏损，也由国家财政弥补；三是财政部门掌管国家财政收支，而中央银行为财政代理国库；四是中央银行代理财政部门的债券发行，需要时按法律规定向政府财政融资；五是许多国家财政部门的负责人参与中央银行的决策机构；六是在货币政策和财政政策的制定与执行方面，中央银行与财政部门需要协调配合。

除财政部门之外，中央银行还与其他政府部门具有一定的联系，如经济运行、贸易、社会保障等管理调节部门，有关解决经济部门和咨询部门，统计部门，等等。中央银行与这些部门之间的关系体现在协作、信息交流、政策配合等方面。中央银行除了因代理国库与这些部门在国家预算资金拨付上有所联系之外，一般也无其他业务往来关系。

（二）中央银行与金融监管部门之间的关系

国际上金融监管体制各不相同，有些国家由中央银行负责，而有些国家则由中央银行和独立分设的监管机构共同承担。但不管采用何种体制，中央银行都是对金融业实施监督管理的核心机构，与其他金融监管机构的关系极为密切。关于这个问题本书第 19 章再作详细讨论。

（三）中央银行与商业银行等金融机构之间的关系

从中央银行与商业银行等金融机构的业务关系看，中央银行是各类金融机构从事金融业务活动的支持者和保证者。从中央银行承担监督管理金融业、维护金融稳定、规范金融运作等方面的职责看，中央银行是商业银行等金融机构的领导者和管理者。但与一般行政部门的上下级关系不同，中央银行与商业银行等金融机构不是行政意义上的隶属关系，中央银行的领导与管理主要通过制定和实施有关政策来体现，并且主要是通过具体的金融业务活动实现的。

（四）中央银行的对外金融关系

在经济与金融全球化的趋势下，大力发展一国对外金融关系，建立发展与各国中央银行间的密切联系，彼此建立政策协调与合作关系已成为必然之举。中央银行的对外金融关系主要体现在以下几方面：一是充当对外金融发展战略的制定者，充当政府对外金融活动的总顾问和全权代表；二是参与各国中央银行间的交流合作活动；三是进行资本国际流动的调节管理和对外负债的全面监测；四是充当各国黄金和外汇储备的管理者以及国际货币政策的协调者。

本章小结

1. 中央银行是专门制定和实施货币政策、统一管理金融活动并代表政府协调对外金融关系的金融管理机构。中央银行在组织形式上具有不同的类型，主要有单一型、复合型、跨国型和准中央银行型。

2. 从性质看，中央银行是通过国家授权，负责制定和实施货币政策，调控国民经济；监督管理金融业，维护金融秩序和金融稳定；同时服务于政府和整个金融体系，并代表国家开展金融交往与合作的特殊金融机构或宏观管理部门。中央银行具有“发行的银行”“银行的银行”和“政府的银行”的职能。

3. 中央银行主要有负债业务、资产业务和其他业务。中央银行的负债业务包括货币发行、存款业务和其他负债业务，中央银行的资产业务包括贴现与放款业务、证券业务、黄金和外汇储备业务和其他资产业务。

4. 各国都对中央银行业务活动作了法律性规定，包括法定业务权力、法定业务范围、法定业务限制三个方面。中央银行的业务经营活动奉行非盈利性、流动性、主动性、公开性四个原则。

5. 中央银行的独立性是指中央银行履行自身职责时法律赋予或实际拥有的权力、决策与行动的自主程度。中央银行应对政府保持一定的独立性，但这种独立性只能是相对的。

重要术语

中央银行	单一中央银行制	跨国中央银行制	复合中央银行制	准中央银行制
最后贷款人	发行的银行	银行的银行	政府的银行	存款准备金
法定存款准备金	超额准备金	再贴现	再贷款	中央银行的独立性

☞ 术语解释请扫描封底增值服务码→名词术语。

思考题

1. 简述中央银行产生的原因。
2. 请分析中央银行制度的建立与发展过程。
3. 请比较不同中央银行体制的基本特点。
4. 结合现实，谈谈你是如何认识中央银行的性质和职能的。
5. 中央银行资产负债表的基本关系是什么？基本项目有哪些？
6. 中央银行业务活动的一般原则有哪些？
7. 如何理解中央银行的独立性？如何理解中央银行与政府部门之间的关系？

☞ 更多思考练习请扫描封底增值服务码→习题作业、例题及综合测试。

讨论题

讨论主题：中央银行的支付清算业务与作用。

讨论素材：《支付体系运行总体情况》(2017—2021 年)

思考讨论：

1. 近 5 年来中国支付体系取得的主要成就有哪些？
2. 讨论中国支付体系运行的特点和主要趋势。

☞ 相关讨论素材请扫描封底拓展资源码→教学案例。

延伸阅读

1. 中国人民银行. 中国人民银行六十年. 北京：中国金融出版社，2008.
2. 王广谦. 中央银行学. 5 版. 北京：高等教育出版社，2021.
3. 阿提格，史密斯. 中央银行的演变和进程. 北京：中国金融出版社，2007.
4. 戴根有. 中央银行宏观经济分析若干理论和方法问题. 北京：中国金融出版社，1995.
5. 韩平. 中国人民银行组织行为与管理. 北京：中国金融出版社，2008.
6. 中华人民共和国中国人民银行法. 北京：中国法制出版社，2004.

更多资源请扫描封底拓展资源码→文献目录。

即测即评

请扫码答题，检测本章学习效果。

第 15 章 货币需求

本章导读

我们需要衣服，是因为衣服能为我们御寒；我们需要食物，是因为食物能为我们充饥。因此，职能产生需求，不同物品的特有职能使我们产生了对它们的需求，货币也不例外。第 2 章已讲述了货币的职能，货币那些特有的职能使我们产生了对它的需求。但与其他商品不同，货币是交换媒介，它可以与其他任何商品相交换，主观心理上我们对货币的需求可能是无限的，但客观上是这样的吗？答案是否定的。那么，哪些因素决定货币需求量的多少呢？这是货币需求理论一直探讨的问题，也是本章介绍的重点。

第一节 货币需求概述

一、货币需求的含义

第 2 章讲到，货币是交换媒介，也是人们财富的一般代表。货币的这种独特职能使人们产生了对它的需求。在充当交换媒介时，货币与商品相对应，因此，在一个时期内，一个经济体生产出多少商品，就需要相应数量的货币发挥媒介作用，用以实现这些商品的价值，这是实体经济运行对发挥交易媒介职能的货币产生的需求。同时，货币作为财富的一般代表，具有资产职能，人们愿意持有货币作为其资产组合的一个组成部分，用以实现投资效益的最大化，这是微观经济主体对发挥资产职能的货币产生的需求。货币总需求是对这两类发挥不同职能货币的需求总和。概括起来，我们可以将货币需求（Money Demand）界定为在一定的资源（如财富拥有额、收入、国内生产总值等）制约条件下，微观经济主体和宏观经济运行对执行交易媒介职能和资产职能的货币产生的总需求。①

理解货币需求的含义时，要注意把握以下两点。

（一）货币需求是一种能力与愿望的统一体

把需求看作一种有支付能力的客观意愿，而不单纯是一种心理上的主观愿望，这是经济学的通义。货币需求以收入或财富的存在为前提，即在具备获得或持有货币的能力范围之内愿意持有的货币量。因此，货币需求不是一种无限的、纯主观的或心理上的占有欲望，不是人们无条件地“想要”多少货币的问题，人们对货币的欲望可以是无限的，但对货币的需求却是有限的。换言之，只有同时满足两个基本条件才能形成货币需求：一是必须有能力获得或持有货币，二是必须愿意以货币形式保有其资产。有能力而不愿意就不会形成对“货币”的需求，愿意而无能力则只是一种不现实的幻想。

（二）现实中的货币需求不仅仅是指对现金的需求，而是包括了对存款货币的需求

第 2 章谈到，在现代经济中，货币的范畴已不再局限于现金，狭义货币概念已包括了存款货币。既然货币需求是所有商品流通以及人们对财富的贮藏对货币产生的需求，那么，除了现金能满足这种需求外，存款货币同样能满足这种需求。

二、货币需求分析的宏观与微观视角

理论界对货币需求的分析通常采用宏观和微观两种视角。

宏观视角从一个国家的社会总体出发，在分析市场供求、收入及财富指标变化的基础上，探讨一个国家在一定时期内的经济发展与商品流通所需要的货币量。从宏观视角对货币需求进行分析，关注点在于货币供求的均衡及其对市场价格的影响。

微观视角从社会经济个体出发，分析各部门（个人、企业等）的持币动机和持币行为，研究一个经济单位在既定的收入水平、利率水平和其他经济条件下，所需要持有的货币量。从微观视角对货币需求进行分析，关注点在于研究货币需求的动机与决定影响因素，分析货币需求变化的微观机理。

---

① 请访问爱课程网→资源共享课→金融学/李健→模块五→第 1 单元→视频素材。

把货币需求的分析分为宏观分析与微观分析，只是说明分析的角度和着力点有所不同，并不意味着可以厚此薄彼或相互替代。在对货币需求进行研究时，需要将二者有机地结合起来。一方面是因为宏观与微观的货币需求分析之间存在不可割裂的有机联系，宏观货币需求分析不能脱离微观货币需求，而微观货币需求分析中也包含了宏观因素的作用。另一方面，因为货币需求既属于宏观领域，又涉及微观范畴，单独从宏观或微观角度进行分析都有所缺憾。

三、名义货币需求与实际货币需求

名义货币需求（Nominal Money Demand）与**实际货币需求**（Real Money Demand）是经济学者在说明货币数量变动对经济活动的影响过程时所使用的一对概念。

名义货币需求是指个人、家庭、企业等经济单位或整个社会在一定时点所实际持有的货币单位的数量，如 1 万美元、5 万元人民币、8 000 英镑等，通常以 M_d表示。实际货币需求则是指名义货币数量在扣除了物价变动因素之后的货币余额，它等于名义货币需求除以物价水平，即 M_d/P。因此，名义货币需求与实际货币需求的根本区别，在于是否剔除了通货膨胀或通货紧缩所引起的物价变动的影响。也就是说，如果经济运行中的其他变量都不变，只是物价上涨了一倍，则名义货币需求伴随着物价的上涨也相应地增加了一倍，而实际货币需求不变。相反亦是如此。

对于货币需求者来说，重要的是货币实际购买力的高低而非货币数量的多寡；对全社会来说，重要的则是寻求最适当的货币需求量。故在物价总水平有明显波动的情况下，区分并研究名义货币需求对于研判宏观经济形势和制定并实施货币政策具有重要意义。

四、货币需求的数量与结构

货币需求有数量问题，也有结构问题。

货币需求的数量问题主要是测算一定时期内一国的微观经济主体和宏观经济运行对货币的真实需求量，这是一国中央银行确定合理货币供给量的关键性依据。如上所述，货币需求是微观经济主体和宏观经济运行对发挥交易媒介职能和资产职能的货币产生的总需求，因此，货币需求总量包括两部分：执行交易媒介职能的交易性货币需求和执行资产职能的资产性货币需求。货币需求总量是这两类货币需求的总和。

货币需求的结构问题是总量问题的延续与深化。既然货币需求总量是交易性货币需求和资产性货币需求的总和，那么，这两类不同货币需求在货币总需求中的比例就是货币需求结构的首要表现。按照国际货币基金组织的口径，通货和货币执行交易媒介职能，处于 M_1 层次上，而准货币（QM）执行资产职能，处于 M_2 层次上。基于此，上述的货币需求结构通常被称为货币需求的层次结构，用指标 QM/M_2 或 M_1/M_2 表示。分析货币需求的层次结构，可以把握一国经济发展中各类经济主体对执行不同职能货币的需求具有怎样的变化趋势。除了层次结构外，对货币需求结构的分析还可以从其他方面进行。如货币需求的主体结构用以分析政府部门、企业部门、居民部门、国外部门等不同经济部门对货币的需求，货币需求的区域结构用以分析一国不同地区对货币的需求，等等。

第二节　货币需求理论的发展

货币需求理论历来为经济学家所重视。20 世纪以前，经济学家们侧重于从宏观角度研究商品流通所产生的客观货币需求，重点探究一个国家在一定时期内的经济发展和商品流通所必需的货币量；20 世纪以来，经济学家则更多地侧重于研究个人、家庭、企业等微观主体对货币的需求，重点探究这些微观经济主体为什么持有货币，货币需求究竟由哪些因素决定和影响，货币需求函数是否稳定等问题。理论研究之所以有这样的转变，既与经济理论从注重生产函数的古典学派发展到注重市场的新古典学派有关，也与人们对货币需求认识的深化有关。事实上宏观经济与微观经济是紧密联系的，宏观经济的格局，归根到底是由微观经济主体的经济行为造成的，因此，宏观货币需求的研究如果缺乏对微观经济主体持币动机的探讨，便缺乏相应的微观基础，理论研究也难以深入。也正是基于此，现代经济学家往往会在建立微观货币需求模型之后，进一步研究该模型能否直接或经过修订后用于宏观分析，由此将货币需求理论研究推向更深的层次。在货币需求理论发展演进中，以下几种理论颇具代表性。

一、马克思的货币需求理论

马克思的货币需求理论集中反映在其货币必要量公式中。马克思的货币必要量公式是在总结古典学派对流通中货币数量研究成果的基础上，对货币需求理论从宏观角度的精练表述。

马克思的货币必要量公式以完全的金币流通为假设条件，进行了如下论证：① 商品价格取决于商品的价值和黄金的价值，而商品价值取决于生产过程，所以商品是带着价格进入流通的；② 商品数量和价格的多少，决定了需要多少货币来实现它；③ 商品与货币交换后，商品退出流通，货币却要留在流通中多次充当商品交换的媒介，从而一定数量的货币流通几次，就可相应媒介几倍于它的商品进行交换。这一论证可以用公式表示为：

$$\text{执行流通手段的货币必要量}=\frac{\text{商品价格总额}}{\text{同名货币的流通次数}} \tag{15-1}$$

若以 M 表示货币必要量（Volume of Money Needed），Q 表示待售商品数量，P 表示商品价格，V 表示货币流通速度（Velocity of Money），则有：

$$M=\frac{PQ}{V} \tag{15-2}$$

该模型强调的是商品流通决定货币流通的基本原理。

原理15–1

在一定时期内执行流通手段职能的货币必要量主要取决于商品价格总额和货币流通速度。

小贴士15-1

式（15-2）表明，在一定时期内执行流通手段职能的货币必要量与商品价格总额成正比，与货币流通速度成反比。需要注意的是，马克思从劳动价值论出发，提出商品的价值是在生产过程中决定的，商品是带着价格进入流通的，因此，商品价格是决定货币必要量的一个重要因素，而不是相反，这是马克思货币必要量公式与下面介绍的费雪交易方程式的根本不同。也正因为如此，马克思的货币必要量公式更深入地反映了商品流通对货币需求的决定性作用：货币是为了适应商品交换的需要而产生的，并随商品的交换而进入流通，因交换的需要而调整自身的数量。

二、古典学派的货币需求理论：两个著名的方程式

（一）交易方程式

美国耶鲁大学经济学家欧文·费雪（Irving Fisher）在其1911年出版的《货币购买力》一书中提出了**交易方程式**（Equation of Exchange）：

$$MV=PT \tag{15-3}$$

其含义是流通中的通货存量（M）乘以流通速度（V）等于物价水平（P）乘以交易总量（T）。

费雪给予了这个方程式古典经济学的解释：首先，货币流通速度V是由诸如银行及信用机构的组织结构、效率，工业集中程度，人们的货币支出习惯等制度因素决定的，这些因素变动缓慢，故V在短期内可视为不变的常量；在长期内，由于经济中支付机制的变化，流通速度会逐渐地以可预料的方式发生变化，但不受M变动的影响。其次，由于假定供给能够自动创造需求，因而实际产量全部进入流通，实际交易数量就是产出量或充分就业产量，因此在短期内，交易数量T也是不变的常量，长期亦不受M变动的影响。最后，货币仅是便利交易的工具，因此，所有的货币不是用于消费，就是通过储蓄自动转化为投资，全部进入流通充当交易媒介。这样，费雪交易方程式又可表达为：

$$P=\frac{MV}{T} \tag{15-4}$$

在这个表达式中，由于V、T是常量，故货币数量的变动直接引起物价水平呈正比例变动。因此，费雪交易方程式实质上表述的是一种货币数量与物价水平变动关系的理论，强调的是货币数量对价格的决定作用，是货币数量说的一种表述。

但是，费雪将此交易方程式进行一定的变形，就可得到货币需求方程式：

$$M=\frac{PT}{V}=\frac{1}{V}PT \tag{15-5}$$

公式（15-5）表明，决定一定时期名义货币需求数量的因素主要是这一时期全社会一定价格水平下的总交易量与同期的货币流通速度。从费雪的交易方程式也可以看出，它是从宏观分析的角度研究货币需求的，而且仅着眼于货币作为交易媒介的功能，关注的是流通中的货币数量。

（二）剑桥方程式

开创微观货币需求分析先河的经济学家是英国剑桥大学的经济学教授阿尔弗雷德·马歇尔（Alfred Marshall）和其学生庇古（A. C. Pigou）。20世纪20年代，他们创立了**现金余额说**（Cash Balance Theory），并用数学方程式的形式予以解释，故又被称作**剑桥方程式**（Equation of Cambridge）。

现金余额说把分析的重点放在货币的持有方面。马歇尔和庇古认为，人们的财富与收入有三种用途：① 投资以取得利润或利息；② 消费以获得享受；③ 持有货币以便利交易和预防意外，形成的现金余额即是对货币的需求。这三种用途互相排斥，人们究竟在三者之间保持一个什么样的比例，必须权衡其利弊而决定。如果感觉到保持现金余额所得的利益较大而所受的损失较小，则必然增加现金余额；否则就会减少现金余额。用数学方程式表示，便是：

$$M_d = kPY \tag{15-6}$$

其中，Y 代表总收入；P 代表价格水平；k 代表以货币形式保有的收入占名义总收入的比率；M_d 为名义货币需求。这就是著名的剑桥方程式。

（三）两个方程式的区别

比较剑桥方程式和费雪方程式，可以很容易地发现二者的区别主要体现在两点：一是以收入 Y 代替了交易量 T，二是以个人持有货币对收入的比率 k 代替了货币流通速度 V。这样的变化是自然的。因为以个人货币需求作为考虑的出发点，其影响因素当然是收入，而不是社会的交易量，相应地也就必然有一个新的系数 k 来代替 V。但如果将二者的区别仅仅局限于这样的表面现象则是远远不够的。通过这个表象可以看出两个方程式所强调的货币需求的决定因素是不同的。如前所述，费雪方程式是从宏观角度分析货币需求的，它表明要维持价格水平的稳定，在短期内将由制度因素决定的货币流通速度可视为常数的情况下，商品交易量是决定货币需求的主要因素。而剑桥方程式则是从微观角度分析货币需求的，出于种种经济考虑，人们对于持有货币有一个满足程度的问题：持有货币要付出代价，如丧失利息，这个代价是对持有货币数量的制约。微观主体要在两相比较中决定货币需求的多少。显然，剑桥方程式中的货币需求决定因素多于费雪方程式，特别是利率的作用已经成为不容忽视的因素之一，只是在方程式中没有明确地表示出来。

由此可见，剑桥方程式开创了货币需求研究的新视角。它将货币需求与微观经济主体的持币动机联系起来，从货币对其持有者效用的角度研究货币需求，从而使货币需求理论产生了质的变化。因为如果仅对货币需求进行宏观分析，应纳入视野的就只是实现商品流通的需求，关注的只是充当交易媒介的货币。而当开始注重从微观角度考察货币需求后，则显然不只是用于交易的货币需求，还有用作保存财富的货币需求，这样，所需求的就不只是发挥交易媒介职能的货币，还包括发挥资产职能的货币。于是，货币需求的影响因素中，就纳入了更加丰富的变量，货币需求理论也被推进到了更广博、更精深的层次。后来的西方经济学家正是沿着这样的逻辑思路发展货币需求理论的。

三、凯恩斯学派的货币需求理论

（一）凯恩斯的货币需求理论

知识链接15-1

约翰·梅纳德·凯恩斯（John Maynard Keynes，1883—1946）1905 年毕业于英国剑桥大学，并在该校任教多年。在第一次世界大战当中，他在英国财政部主管对外财务工作，1919 年作为财政部的首席代表出席了巴黎和会；1944 年，他又以英国代表团团长的身份出席了布雷顿森林会议。他主持过英国内阁的财政经济顾问委员会，出任过英格兰银行董事、国际货币基金组织与国际复兴开发银行的董事，还创办过投资公司，极为成功地从事过外汇和证券投机等金融实务活动。凯恩斯的政治活动和金融实践对他在理论上的建树起了重要的作用。他生平大部分时间潜心于经济学特别是货币金融理论的研究，著述众多，尤以《货币论》(1930年)、《就业、利息和货币通论》(1936年) 最为著名。

作为马歇尔、庇古的学生，凯恩斯继承了两位老师关于权衡利弊而持有货币的观点，并把它发展成一种权衡性的货币需求理论即流动性偏好说。凯恩斯对货币需求理论的突出贡献在于他对货币需求动机的剖析并在此基础上将利率引入了货币需求函数，从而论证了利率对货币需求的决定作用，揭示了利率在货币金融理论体系中的枢纽地位。

沿着剑桥学派的思路，凯恩斯的货币需求理论研究从人们持有货币的动机入手。他认为，人们之所以需要持有货币，是因为存在流动性偏好这种普遍的心理倾向，而人们偏好货币的流动性是出于交易动机、预防动机和投机动机。

1. 交易动机

凯恩斯认为，交易媒介是货币最基本的功能。因为人们为了应付日常的商品交易而必然需要持有一定数量的货币，由此产生了持币的**交易动机**（Transaction Motive）。基于交易动机而产生的货币需求，凯恩斯称为货币的交易需求。这种货币需求与过去的货币需求理论是一脉相承的。

2. 预防动机

凯恩斯对**预防动机**（Precautionary Motive）的解释是人们为了应付不测之需而持有货币的动机。凯恩斯认为，生活中经常会出现一些未曾预料的、不确定的支出或购物机会，人们无法准确预测自己在未来一段时期内所需要的货币数量，为此，人们需要持有一定量的货币在手中，具有预防意外事件的能力，这类需求可称为货币的预防需求。

凯恩斯进而谈到，预防动机引起的货币需求仍然主要作为交易的准备金，最终也要用于交易，所以，就实质来说，预防动机与交易动机可以归入同一交易性货币需求的范畴。由这两个动机所引起的货币需求与收入水平存在稳定的关系，是收入的递增函数，用公式表示即为：

$$M_1 = L_1(Y) \tag{15-7}$$

其中，M_1 代表满足交易动机和预防动机而需要的货币量；Y 代表收入；L_1 代表 Y 与 M_1 之间的函数关系。

3. 投机动机

投机动机（Speculative Motive）是凯恩斯货币需求理论中最具创新的部分。凯恩斯认为，人们持有货币除了满足交易需求和应付意外支出外，还有一个重要动机，即是为了保存价值或财富。凯恩斯把用于保存财富的资产分为货币和债券两大类。人们持有货币资产，收益为零。持有债券资产，则有两种可能：如果利率上升，债券价格就要下跌；利率下降，债券价格就会上升。如果后一种情况发生，持有者会获得收益；而当前一种情况发生时，假如债券价格下跌幅度很大，使人们在债券价格方面的损失超出了他们从债券获得的利息收入，则收入为负。如果持有债券的收益为负，此时持有货币就会优于持有债券，人们就会增大对货币的需求；相反，人们就会减少货币需求。显然，人们对现存利率水平的估价就成为人们在货币和债券两种资产间进行选择的关键。如果人们确信现行利率水平高于正常值，一般会预期利率水平将下降，从而债券价格将会上升，人们就会多持有债券；反之，则会倾向于多持有货币。

用函数式可表示为：

$$M_2 = L_2(i) \tag{15-8}$$

其中，M_2 代表投机性货币需求量，i 代表利率，L_2 代表 i 与 M_2 之间的函数关系。

由于投机性货币需求与人们对未来利率的预期紧密相关，受心理预期等主观因素的影响较大，而心理的无理性则使得投机性货币需求经常变化莫测，甚至会走向极端，流动性陷阱就是这种极端现象的表现。所谓流动性陷阱（Liquidity Trap）是指这样一种现象：当一定时期的利率水平降低到不能再低时，人们就会产生利率上升从而债券价格下跌的预期，货币需求弹性变得无限大，即无论增加多少货币供给，都会被人们以货币形式储存起来。

由于货币总需求等于货币交易需求、预防需求和投机需求之和，所以货币总需求的函数式是：

$$M = M_1 + M_2 = L_1(Y) + L_2(i) = L(Y,\ i) \tag{15-9}$$

凯恩斯把利率视为货币需求函数中与 Y 有同等意义的自变量，表明他对利率的高度重视。

（二）现代凯恩斯学派对凯恩斯货币需求理论的发展

早在 20 世纪 40 年代，美国经济学家汉森（A. Hansen）就曾对凯恩斯关于交易性货币需求主要取决于收入的多少，而同利率高低无关的观点提出质疑。50 年代以后，一些凯恩斯学派的经济学家在深入研究凯恩斯货币理论的基础上，进一步强化了利率对货币需求的决定性作用，其中最具代表性的有平方根定律、立方根定律和资产组合理论等①。

1. 平方根定律

1952 年，美国经济学家鲍莫尔（William Baumol）运用存货理论深入分析了由交易动机产生的货币需求同利率的关系。

鲍莫尔认为，任何企业或个人的经济行为都以收益的最大化为目标，因此在货币收入取得和支用之间的时间差内，没有必要让所有用于交易的货币都以现金形式存在。由于现金不会给持有者带来收益，所以应将暂时不用的现金转化为生息资产，待需要支用时再变现，只要利息收入超过变现的手续费就有利可图。一般情况下利率越高，收益越大，生息资产的吸引力也越强，人们就会把现金的持有额压到最低限度。但若利率较低，利息收入低于变现的手续费，那么人们宁愿持有全部的交易性现金。因此，在金融市场发达和生息资产容易变现的情况下，交易性货币需求与利率的关系很大。

鲍莫尔提出的平方根定律表明：人们具有适量的交易性货币需求，其量的确定原则是使现金存量的成本降到最低。一般来说，交易性货币需求的变化与交易量（Y）、变现手续费（b）和利率（r）呈平方根关系，最适度的现金存量对交易量的弹性为 0.5，对利率的弹性为-0.5。这表明交易性货币需求在很大程度上受利率变动的影响。这一结论在发达的市场经济体中具有普遍适用性，发展了凯恩斯的交易性货币需求理论。

2. 立方根定律

美国经济学家惠伦（E. Whalen）、米勒和奥尔等人采用与鲍莫尔相同的研究思路，对预防性货币需求同利率之间的关系进行了研究，提出了立方根定律。该定律表明最佳预防性货币余额的变化与货币支出分布的方差（S^2）、转换现金的手续费（C）、持有货币的机会成本（r）呈立方根关系。假定一种净支出的正态分布确定后，其最佳预防性货币需求将随着收入和支出平均额的立方

---

① 对各学派货币需求理论进一步的了解可参见：李健．当代西方货币金融学说．北京：高等教育出版社，2006。

根变化而变化，而持币的机会成本取决于市场利率。利率上升，持有预防性货币余额的机会成本上升，预防性货币需求随之下降；反之则相反。预防性货币需求与利率之间存在反向变动的关系。

3. 资产组合理论

投机动机是凯恩斯货币需求理论中最具特色的部分，但同时也受到一些批评与质疑。凯恩斯认为，在一定的利率水平下，当人们预期持有债券的收益率将高于持有货币的收益率时，他们将仅以债券形式保有自己的资产；反之，他们将仅以货币形式保有自己的资产。因此，凯恩斯的分析暗含着现实中没有人同时持有货币与债券作为财富的贮藏。但在现实生活中，大多数人往往是既持有货币，同时又持有债券，变动的只是两者的比例。面对这种状况，1958 年，美国经济学家托宾用投资者避免风险的行为动机重新解释流动性偏好理论，首次将资产选择引入货币需求分析，提出资产组合理论，发展了凯恩斯的投机性货币需求理论。

托宾认为，资产的保存形式有两种：货币与债券。货币是没有收益也没有风险的安全性资产，债券是既有收益也有风险的风险性资产。收益的正效用随着收益的增加而递减，风险的负效用随着风险的增加而递增。人们总是根据效用最大化原则在两者之间进行选择。人们为了既能得到收益的正效用，又不致使风险的负效用太大，需要同时持有货币和债券，两者在量上组合的依据是增加或减少债券的边际负效用与边际正效用的代数和等于零，因为此时总效用达到最大化。利率变动后，引起投资者预期收益率的变动，破坏了原有资产组合中风险负效用与收益正效用的均衡，人们重新调整自己资产中货币与债券的比例关系，导致投机性货币需求的变动。

资产组合理论在说明投机性货币需求与利率反方向变动的同时，解释了凯恩斯理论没能解释的货币与债券资产同时被持有的现象，因此，资产组合理论更符合经济现实，在逻辑上也更令人满意，是货币需求理论的一项重大学术进展。与此同时，资产组合理论探讨了风险与收益的匹配及其资产的定价与选择问题，为微观金融学的发展奠定了基础。

四、弗里德曼的货币需求理论

美国经济学家米尔顿·弗里德曼受马歇尔、庇古现金余额数量说的启发，采纳了凯恩斯对公众货币需求动机和影响因素的分析方法，采用微观经济理论中的消费者选择理论，更加深入、细致地发展了微观货币需求理论。

知识链接15-2

米尔顿·弗里德曼（Milton Friedman，1912—2006）是货币学派创始人。1912 年生于纽约，自 1948 年起长期在芝加哥大学任经济学教授，与此同时，他几乎一直在美国全国经济研究所从事研究工作。1977 年退休后任斯坦福大学胡佛研究所高级研究员。弗里德曼不仅热衷于经济和货币金融问题研究，而且积极参政议政，曾在美国财政部等政府机构任职，还担任过尼克松总统的经济顾问，1976 年获得诺贝尔经济学奖。弗里德曼的代表作主要有《消费函数理论》（1957 年）、《价格理论》（1962 年）、《货币最优量和其他论文》（1969 年）、《自由选择》（1980 年）等。

弗里德曼认为，人们在众多资产中选择货币，就像在众多的商品中进行选择一样，因此，对人们货币需求问题的分析可借助消费者选择理论来进行。一般消费者在对诸多商品进行选择时，必然要考虑以下三个因素：一是效用。人们之所以要购买某种商品，是因为它能给自己带来某种效用，如购买汽车带来方便，购买唱片得到享受，等等。由于效用是一种主观评价，所以个人偏好对效用的影响很大。二是收入或财富水平。有限的需求之所以不同于无穷的欲望，是因为受支付能力的限制。在一定的收入水平下，人们只能在众多的商品中选择购买有限的几种。三是机会成本。受收入的限制，人们要购买甲商品就要失去购买其他商品的机会，甲商品购买得越多，其他商品买得就只能越少，付出的机会成本就越大，于是人们就要在购买甲商品还是其他商品之间进行比较，最终选择购买在有限的收入水平下效用最大而机会成本最小的商品。弗里德曼认为，与消费者对商品的选择一样，人们对货币的需求同样受这三类因素的影响，进而对影响货币需求的这三类因素进行了详细的分析。

（一）收入或财富

弗里德曼认为，收入或总财富是决定货币需求量的首要因素。在现实生活中，由于总财富很难估算，所以弗里德曼用收入来代表财富总额，原因在于财富可视为收入的资本化价值。由于现期收入受年度经济波动的影响，具有明显的缺陷，故采用长期的**永恒收入**（Permanent Income）来计算。永恒收入（Y）是指一个人在比较长的一个时期内的过去、现在和今后预期会得到的收入的加权平均数，它具有稳定性的特点。弗里德曼认为，货币需求与永恒收入成正比关系，由总财富决定的永恒收入水平越高，货币需求就越大。

弗里德曼进一步把财富分为人力财富和非人力财富两大类。人力财富是指个人获得收入的能力，其大小与接受教育的程度紧密相关；非人力财富指各种物质性财富，如房屋、生产资料等。这两种财富都能带来收入，但人力财富缺乏流动性，给人们带来的收入是不稳定的，很难转化为非人力财富；而非人力财富则能够给人们带来较稳定的收入。因而，如果永恒收入主要来自人力财富，人们就需要持有更多的货币以备不时之需；反之则相反。因此，非人力财富收入在总收入中所占的比重（W）与货币需求成反比关系。

（二）持有货币的机会成本

持有货币的机会成本是指“其他资产的预期报酬率”①。弗里德曼认为，货币的名义报酬率（r_m）可能等于零（手持现金与支票存款），也可能大于零（定期存款和储蓄存款），而其他资产的名义报酬率通常大于零。这样，其他资产的名义报酬率就成为持币的机会成本。其他资产的报酬率主要包括两部分：一部分是目前的收益，如以债券为代表的预期固定收益率（r_b）、以股票为代表的预期非固定收益率（r_e）；另一部分是预期物价变动率$\left(\frac{1}{p}\frac{dp}{dt}\right)$。显然，债券的利率、股票的收益率越高，持币的机会成本就越大，货币的需求量就越小；预期的通货膨胀率越高，持币带来的通货贬值损失就越大，对货币的需求就越少。

（三）持有货币给人们带来的效用

持有货币可以给人们带来流动性效用（U），此效用的大小以及影响此效用的其他因素，如人们的嗜好、兴趣等也是影响货币需求的因素。

综合上述三类因素，可得到一个标准的货币需求函数式：

$$\frac{M}{P}=f\left(Y,\ W;\ r_m,\ r_b,\ r_e,\ \frac{1}{p}\frac{dp}{dt};\ U\right) \tag{15-10}$$

---

① 弗里德曼. 货币分析的理论架构. 台北：黎明文化事业公司，1974：14。

其中，M/P 为货币的实际需求量；其余符号如上所述。

弗里德曼货币需求函数式中的自变量明显多于凯恩斯的货币需求函数式。W 和 U 都是弗里德曼列出的独特变量；对机会成本变量展开，说明弗里德曼已经将资产的范围扩展开，不再局限于货币和债券，已经包括了股票等金融资产，尤其强调预期物价变动率对货币需求的影响，是 20 世纪中期以后通货膨胀在货币理论上的反映。其中，值得一提的是 r_m。凯恩斯把货币收益率视为零，弗里德曼将其纳入反映了货币口径的变化，因为凯恩斯分析中的货币指的是 M_1，即现钞和活期支票存款，英国当时这一口径的货币是无息的，而弗里德曼分析的货币口径，至少已经扩展到 M_2，其中的定期存款和储蓄存款则是有息的，可见，将 r_m 这个变量纳入函数式，说明弗里德曼货币需求函数中的货币，其口径大于凯恩斯所考察的货币。

此外，弗里德曼的货币需求理论还具有一个突出的特点：强调永恒收入对货币需求的重要影响作用，弱化机会成本变量利率对货币需求的影响。弗里德曼利用实证的研究方法，依据美国 1892—1960 年的资料论证了在货币需求众多的影响因素中，永恒收入对货币需求的决定具有最重要的作用，而货币需求对利率的变动不敏感。永恒收入的稳定性决定了其与货币需求量之间函数关系的稳定性，进而货币需求量也具有可测性和相对稳定性的特点。由于货币收入、价格水平等变量都是货币需求和货币供给相互作用的结果，论证了货币需求具有相对稳定的特点，就说明了货币对于总体经济的影响主要来自货币供给方面。据此，弗里德曼提出了以反对通货膨胀、稳定货币供给为主要内容的货币政策主张。

原理15-2

市场经济中决定货币需求的主要因素是收入和利率。

五、货币需求理论的继续发展

理论模型的合理性需要实证的检验。20 世纪中叶以后，西方学者对货币需求的研究主要围绕两个问题进行实证检验：一是货币需求对利率变动的敏感性问题，它是凯恩斯学派货币需求理论发展的重要内容；二是货币需求函数长期内是否稳定，这是以弗里德曼为代表的货币学派所关注的问题。

（一）利率和货币需求的关系

凯恩斯学派的货币需求理论证明，货币需求对利率变动是十分敏感的。如果这种解释是正确的，那么货币需求就变得难以确定，货币供应与总支出之间的关系也将变得不甚清晰。同时还可能出现一种货币需求对利率超敏感的情况，那就是流动性陷阱。如果存在流动性陷阱，意味着货币当局调节利率的货币政策可能是无效的。由于这关系到财政政策和货币政策谁更重要，遂成为西方经济学争论的焦点问题之一。

货币学派经济学家通过实证分析，认为货币需求主要受恒久收入的影响，而对利率变化的敏感性较差，因此，利率对货币需求影响很小，货币政策仍然是有效的。

凯恩斯学派的托宾运用美国的数据进行研究得出的结论是：货币需求对利率是敏感的。第二次世界大战后至 20 世纪 80 年代，世界各国没有发生严重的经济衰退，经济学者对流动性陷阱问题的关注较低。1991 年日本爆发金融危机并陷入经济衰退，1998 年美国经济学家克鲁格曼等人发表论文《回来了：日本的低迷与流动性陷阱的回归》①，对日本的流动性陷阱现象进行了分析。

（二）货币需求函数的稳定性

货币需求函数的稳定性也是凯恩斯学派和货币学派争论的焦点之一。如果像凯恩斯所设想的那样，货币需求不仅不稳定，而且具有不可预测性，那么，货币需求量就不可能像货币学派所说的那样与总收入有紧密的联系。因此，在货币政策机制中，就必须以利率而不是以货币供应量作为中介目标。相反，如果货币需求函数是稳定的，则证明以货币供应量作为货币政策中介目标会优于利率目标，从而证明货币学派理论的正确性。由于货币需求函数的稳定性问题事关货币政策操作目标的选择，因而具有非常重要的现实意义。

货币学派的布伦纳和梅尔茨在 20 世纪 60 年代的研究中发现，货币需求函数在长期内是稳定的；戈德菲尔德则利用第二次世界大战后至 1974 年的数据做出实证，支持了货币需求函数具有稳定性的结论。

小贴士15-2

理论界对货币需求的研究归根结底是为货币政策服务的。凯恩斯学派与货币学派之所以争论到底是规模变量（收入）还是机会成本变量（利率）对货币需求发挥决定作用，其最终目的都是解释如何才能更好地实施货币政策。凯恩斯学派强调利率对货币需求的影响，论证了货币需求由于受到人们主观预期的影响而变化莫测，中央银行调控的货币供给量无法与其保持一致，因此，中央银行货币政策的中介目标不应盯住货币供给量，而应选择利率。货币学派强调收入对货币需求的影响，则表明货币需求因恒久收入的稳定而具有稳定性，中央银行可以采取稳定的货币政策操作以保持货币供给与货币需求的一致性，因此，中央银行可以盯住货币供给量，将其作为货币政策的中介目标。有关货币政策中介目标的内容参见第 18 章。

就在货币需求函数的稳定性几乎成为一个既定事实的时候，从 1974 年起，货币需求函数却开始在预测货币需求中出现严重的偏差。戈德菲尔德将货币需求函数表现的这一不稳定现象称为“货币失踪”，即根据货币需求函数所预测的货币需求量大大超过公众持有的实际货币量。这一事实对货币政策如何运作以及如何估价其对经济的作用都提出了严峻的挑战。

为了解开“货币失踪”之谜，经济学家们从两个方面进行探索：一方面是在理论上重新考虑货币需求函数的内容与表现形式。例如，对于因变量，改用广义的甚至是重新加权的货币总量去取代狭义的和简单加总的货币总量；对于规模变量，则引进了“临界值”、缓冲存量、银行透支额度等概念来解释货币余额减少的原因；对于机会成本变量，除了增加货币自身收益率、实际工资率、汇率和国外利率等项之外，还在各项资产的相互依存关系和对多种成本的更精确计算上大做文章；对于制度和技术这种难以量化的变量，则尽可能用有关的其他数据，如企业现金的管理规模、银行对新技术的投资、银行电子转账数额等间接地加以反映。另一方面则是在计量技术上作

① KRUGMAN P R，DOMINQUEZ K M，ROGOFF K. It's back：Japan's slump and the return of the liquidity trap. Brookings Papers on Economic Activity，1998，29（2）：140-205.

改进，如构建“部分调整模型”和“纠错模型”、引入虚拟变量、采用共积分等，希望由此重新确立货币需求函数的稳定性和可预见性。但总体来说，20世纪70年代以来西方经济学家对货币需求进行的两方面探索基本上都是在旧有的理论框架内进行的。

小贴士15-3

新货币主义（New Monetarism）产生于20世纪70年代，在2008年国际金融危机发生后得到广泛关注。代表学者为清泷信宏（Nobuhiro Kiyotaki）、兰德尔·赖特（Randall Wright）、石寿永等。新货币主义强调个体交易存在摩擦，不同个体在分散市场交换中存在双向耦合的难题，在跨期支付中存在违约问题，而货币能够有效减少摩擦，从而产生货币需求。具体而言，新货币主义将广义的货币引入搜寻和匹配模型，探讨货币在均衡中的作用，突出了货币的重要性，不同数量、属性的货币能够带来不同的效率改进。但是，效率改进不一定依赖于货币。事实上，在新货币主义看来，完全承诺、有公共记录维持的信用或完善的信誉惩罚机制，都可以替代货币。新货币主义能够很好地解释货币形态从实物到信用货币、虚拟货币的演进，能够更好地理解其他非货币资产的货币属性，能够更大程度上解释危机期间货币需求的急剧变化，是货币需求理论的重要发现，对于货币政策和经济政策具有很重要的意义。

第三节　中国货币需求分析

一、计划经济体制下决定与影响中国货币需求的主要因素

新中国成立不久后便实行了高度集中的计划经济体制。企业的生产经营活动是国家经济计划的一个组成部分，企业对货币的需求仅限于持有日常经营周转的少量货币资金，没有资产性货币需求；各机关团体的货币需求完全受制于严格的预算计划，也是只有交易性货币需求；居民的货币需求在低水平的不完全工资制度下主要是日常生活所需的交易需求，没有金融市场和非货币金融资产，少量的货币储蓄也主要用于预防，而不是投资。因此，计划经济体制下，中国的货币需求基本上是交易性货币需求，商品流通几乎成为决定货币需求的唯一重要因素。在这样的现实经济背景下，我国学者对货币需求问题的研究主要侧重于宏观货币需求理论，集中在理解和应用马克思的货币必要量规律等方面。

20世纪60年代初，我国银行工作者在理论界对马克思货币必要量公式研究的基础上，对我国多年的商品流通与货币流通之间的关系进行实证分析，得出了一个经典的“1∶8”经验式。其具体含义是：每8元零售商品供应需要1元人民币实现其流通。公式可表示为：

$$\frac{\text{社会商品零售总额}}{\text{流通中货币量（现金）}}=8 \tag{15-11}$$

如果社会商品零售总额与流通中的货币量的比值为8，则说明货币流通正常；否则，说明货币供应量不符合经济运行对货币的客观需求量。直到20世纪80年代初期，这个著名的“1∶8”公式才成为马克思货币必要量原理在中国应用的具体化体现，实践效果比较理想。

应该说，“1∶8”虽是单一比例，即现金流通量与零售商品总额间的比例关系，但却反映着商品供给额与货币需求之间的本质联系。事实上，任何货币需求理论，都直接或间接地肯定这种联系。因此，对这种联系进行实证分析，并求得经验数据，在方法论上是成立的。问题在于，1∶8这个数值本身能够成为一个不变的尺度，是有条件的，那就是经济体制及与之相应的运行机制，乃至一些体现和反映经济体制及其运行机制性质和要求的重要规章法令，都必须相当稳定。例如，生产和分配等各种重要比例关系的格局稳定，整个经济货币化的水平稳定，计划价格体制保证价格水平稳定，现金管理制度保证现金使用范围稳定等，如此才能决定社会商品零售总额与流通中现金存量应该并且可以有一个稳定的对应比例。在改革开放之前的几十年里，中国恰恰具备这样的条件，于是当时的很多现象都可以用它来解释：第一个五年计划期间货币流通比较正常，这个比值在这几年间均稍高于 8；20 世纪 60 年代初生产极度紧张，这个比值一度降到 5 以下；1963 年以后，经济迅速恢复，这个比值恢复到 8；十年内乱期间，市场供应一直紧张，这个比值明显低于 8；粉碎“四人帮”后经济迅速好转，这个比值很快逼近 8。

总之，在计划经济体制下，各经济主体货币需求的决定主要受制于计划，利率和规模变量等基本不起作用，货币需求从种类上看基本上都是交易性的，货币需求主要由商品流通所决定，与商品供给之间存在一个相对合理的比例。

二、经济体制改革对中国货币需求的影响

改革开放以后，市场供求状况大为好转。1982—1983 年，社会商品零售总额与流通中货币的比值降到 6∶1 之下后，货币流通仍然保持基本正常，“1∶8”经验式已经不能再作为衡量货币流通正常与否的尺度。究其原因，主要在于计划经济体制向市场经济体制的根本性变革对货币需求产生了重要的影响。

（一）农村经济体制改革对货币需求的影响

1979 年，中国率先在农村进行体制改革。家庭联产承包责任制改变了过去在人民公社框架下以生产队为基本单位按计划组织产供销和以实物为主进行分配消费的格局，各个独立的农户作为基本生产单位通过市场开展产供销活动，农户之间的交换也迅速商品化，农村经济的货币化程度大幅度提高，农民收入水平逐年增加，由此产生了大量的交易性货币需求。此外，改革后乡镇企业蓬勃发展。乡镇企业作为完全独立的经营主体，一方面需要大量的货币在市场上以竞争性价格买进投入品，再卖出产品以获取利润；另一方面以货币形式支付工资和劳务，产生了巨大的货币需求。20 世纪 90 年代，乡镇企业向民营企业改制，市场化程度进一步深化，作为完全的市场经营主体对货币产生需求。

（二）企业改革对货币需求的影响

1983 年，以“放权让利”为核心的企业改革开始实施，企业的货币需求随之大幅增加。一方面，企业与企业之间的关系从计划经济体制下的上下游物资供销关系，转变为相互独立而平等的商品生产者或经营者，彼此间的经济活动从按计划以物资调拨为主转变为通过市场进行商品化交易。大量的产供销活动都要借助于货币才能完成交易，企业经营运作的货币化程度快速提升，使交易性货币需求大幅增加。另一方面，市场竞争对企业的压力越来越大，为了增强市场竞争力，大多数企业选择了扩大生产经营规模以增加市场占有率的粗放型经营模式，企业的投资欲望十分强烈。但在渐进式改革对企业放权让利的同时，并没有建立起相应的约束机制，企业事实上负盈不负亏，只享受投资带来的利益而不承担投资风险，导致扩张投资成为企业普遍的现实选择，

1984 年以后企业的固定资产投资增长率一直在 20%以上，1993 年曾高达 61.8%。① 这种缺乏成本与风险约束的投资规模盲目扩大，对货币产生了大量的非理性需求，成为导致改革初期数次通货膨胀最重要的原因之一。随着改革的深入，现代企业制度建设的推进，国有大中型企业的法人治理结构逐渐完善，市场化的经营机制形成，作为社会主义市场经济的重要经济主体，对货币产生交易性与资产性需求。

（三）价格体制改革对货币需求的影响

计划经济体制下，价格受到严格的管制，物价被控制在较低的水平。改革后，价格体制改革的一个重要内容就是放松价格管制，理顺价格体系并调整扭曲的价格结构，以充分发挥价格在经济活动中的调节作用。随着价格体制改革的推进，价格水平不断上升。以 1978 年为 100，到 2020 年商品零售价格定基指数提高到 478，城市居民消费价格指数提高到 722（见图 15-1）。物价的上涨使交易性货币需求大幅增加。应该说，无论从理论还是从实践看，由价格改革引起的物价上涨都具有合理性和必然性，因此货币需求的增加也是必需和必然的。

更多数据信息可扫描封底增值服务码 → 数据库。

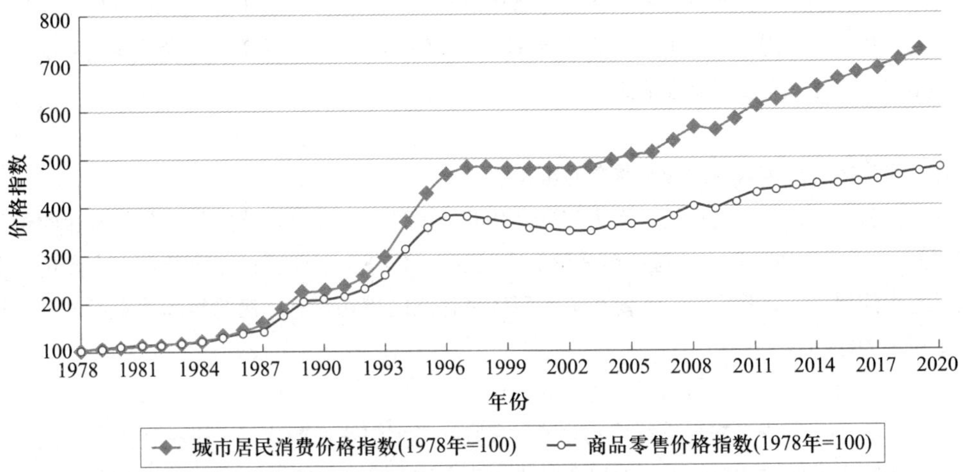

图 15-1 两种价格定基指数

资料来源：中经网统计数据库。

（四）收入分配体制改革对货币需求的影响

在计划经济体制下，由于短缺制约，国民收入分配主要向国家倾斜，国家财政集中了国民收入相当大的部分，企业和居民在收入分配中获得的份额较低，企事业单位的职工一直实行低工资、低物价与泛福利并存的政策。经济体制改革以后，在对企业放权让利的过程中，国家放松了对工资福利方面的管制，国民收入分配明显向个人倾斜，加上工资制度的货币化改革和社会保障体制的市场化改革，居民的货币收入大幅度增加，居民部门的货币需求也随之日益扩大，逐渐成为货币需求的主体。不仅交易性、预防性的货币需求与收入同方向增长，而且由于当时金融市场不发达，兼备安全性、流动性、盈利性的证券资产相对缺乏，居民最理性的资产选择仍然是持有货币性资产，致使居民的资产性货币需求也随着收入的增加而快速增长。

（五）社会保障体制改革对货币需求的影响

在计划经济体制下，城镇居民的医疗、养老、住房、教育等社会保障由国家或单位统一安排

① 李健，贾玉革，蔡如海，等．中国金融改革中的货币供求与机制转换．北京：中国金融出版社，2008：50。

和提供，农村居民的社会保障水平虽然低于城镇，但也是由人民公社提供最基本的医疗、伤残、养老等社会保障，因而都不需要使用货币。改革以来，社会保障体制也相应转向市场化，一方面通过建立社会保障基金和增加货币工资用于支付部分医疗、失业和养老等费用，另一方面引入了商业性的保险制度，居民通过购买商业性保险产品增加保险系数和安全感。社会保障体制的社会化改革在增加居民货币收入的同时，也增加了居民对未来的不确定预期，预防性货币需求不断增加。

由上可见，经济体制改革对我国的货币需求产生了极为重要的影响，体制变迁引起的经济货币化程度的提高、价格改革引起的物价水平的上升、国民收入向个人的倾斜以及社会保障体制变革引发的不确定预期，既大幅度增加了我国的货币需求总量，也改变了我国的货币需求结构，而这些都是以西方成熟市场经济为基本假设前提的货币需求理论所难以解释的。我国学者结合我国经济体制改革的实践，对货币需求理论进行了更深入的研究，代表性的观点有货币化解说①、制度性解说②、国家能力解说③等。

知识链接15-3

货币化解说

像中国这样的发展中国家的经济可分为两部分：货币化部分和非货币化部分。当我们考虑中国的货币需求时，除了正常的交易需求和预防性需求外，还需考虑由于货币化进程所引起的额外货币需求。“货币化”这一术语是指一个过程，在这个过程中由货币引导的经济活动（货币被作为交换媒介）的比例不断增长。当经济发展时，不仅总产值增加，而且货币化经济的比例也会增加。因此，货币供应不仅要随经济增长而有比例地增加，而且要容纳新兴的货币化部门。考虑到这些，我们可以把真实国民收入定义为 $y=\lambda y+(1-\lambda)y$，这里 λ 是货币化经济的比例。所以对部分货币化的经济来说合适的交换公式应为：

$$MV=\lambda yP \tag{1}$$

这里，M 是名义货币供给，V 是国民收入流通速度，P 是一般价格水平，对式（1）取自然对数并微分，我们得到：

$$\dot{M}+\dot{V}-\dot{Y}-\dot{\lambda}=\dot{P} \tag{2}$$

式（2）中的所有的点都代表对应变量的增长率。

资料来源：易纲．中国的货币化进程．北京：商务印书馆，2003：90-91。

更多内容请访问爱课程网→资源共享课→金融学/李健→第 5 章→5. 1→中国货币需求函数的模型估计及政策建议。

三、现阶段我国货币需求的主要决定与影响因素

经过 40 余年的体制改革，中国经济运行的市场化程度大幅度提升，经济货币化进程、价格改革基本完成，金融市场从无到有，规模逐渐壮大，运作日渐规范，企业的约束机制也逐渐建立起来。社会主义市场经济体制的确立，使我国现阶段货币需求的决定与影响因素逐渐接近经典的货

① 易纲. 中国的货币化进程. 北京：商务印书馆，2003：53-81。
② 秦朵. 改革以来的货币需求关系. 经济研究，1997（10）：16-25。
③ 张杰. 中国金融制度的结构与变迁. 太原：山西经济出版社，1998：158-162。

币需求理论的分析，除了收入、财富等规模变量外，利率、其他金融资产的收益率水平等机会成本变量也成为影响我国货币需求的重要因素。此外，随着我国外向型经济的发展，汇率变动对货币需求的影响也日益受到重视。

（一）收入

无论从宏观角度还是从微观角度分析货币需求，收入都是决定我国货币需求量最重要的因素。从宏观视角看，收入的替代指标是总产出。国民收入核算的基本原理告诉我们，国民总产出即为国民总收入，因此，伴随着我国产出的逐年增加，经济总量的增长，对交易性货币的需求必然不断增加。从微观角度看，国民总收入即为要素提供者与企业经营者收入之和，经济增长带来的收入增长在市场经济下主要表现为各微观经济主体的货币收入增加，伴随着生产流通的扩大和生活水平的提高，货币支出就会相应扩大，也就需要有更多的货币量来作为商品交易的媒介，交易性货币需求必然相应增加。上述分析实际上是从宏观和微观不同视角对同一问题进行的分析。更通常的说法是，伴随着一国经济的增长和收入的增加，该国经济运行对执行交易媒介职能的货币将产生更多的需求。众多学者以经济增长率作为收入增长率衡量指标，用模型测算货币需求总量的变化也实证了这个关系。

（二）物价水平

从理论上说，物价水平的变动对交易性货币需求和资产性货币需求产生的影响不同。就交易性货币需求而言，在商品和劳务量既定的条件下，价格水平越高，用于商品和劳务交易的货币需求也必然增加，因此，物价水平和交易性货币需求之间是同方向变动的关系。相反，物价水平与资产性货币需求则呈反向变动关系。这是因为在物价水平持续上升的情况下，微观经济主体作为资产持有的货币，其价值会伴随着物价水平的上升而不断下降，为了避免损失，理性的经济主体会相应减少资产性的货币需求。

就我国目前的状况来说，物价水平的上升更容易引起货币需求总量的增加，原因在于交易性货币需求对物价上升更富有弹性，而资产性货币需求对物价上升不敏感。在目前我国社会保障体制还需进一步完善，城乡居民消费升级与供给间结构矛盾依然突出的情况下，即使在物价上涨的通货膨胀时期，居民部门也缺乏将货币性资产转化为商品性资产或其他证券类资产的意愿，资产性货币需求并不随着物价的上涨而下降，甚至经常出现在通货膨胀时期资产性货币需求增加的情况。

（三）其他金融资产收益率（利率）

改革开放以来，随着金融市场从无到有、从小到大的发展历程，除了货币之外，人们还通常持有股票、债券、保险等非货币性金融资产。非货币性金融资产是货币的替代物，当债券、股票等金融资产的收益率上升时，人们往往愿意减少货币的持有数量，而相应增加非货币性金融资产的持有数量，此时，资产性货币需求下降。在上面所述的西方货币需求理论中，货币资产的收益率通常被假定为零，利率被视为债券和股票收益率的代表，因而得出利率与资产性货币需求反方向变动的关系。在现实中，存款性货币的收益率大于零，因此，人们会比较存款利率与债券利率、股票收益率之间的关系，根据自己的风险偏好进行资产组合与调整，资产性货币需求也会发生相应变动。

近几年我国的货币市场和资本市场发展较快，金融工具的种类不断增加，规模逐渐加大，非货币性金融资产对货币资产的替代效应已经逐渐显现。可以预期，随着我国金融市场的快速发展和不断规范，金融资产对货币资产的替代性将越来越强，人们的资产性货币需求将会随着金融市场的稳健发展而出现增速减缓的趋势。

知识链接15-4

随着我国经济开放度不断提高，金融账户管制逐渐放松，汇率形成机制逐步改革，汇率、外国利率等开放变量对货币需求的影响将会日益显著。这意味着货币当局在确定货币供应量目标和进行货币政策操作调控经济时，应考虑到汇率趋势和波动、预期变化以及外国利率等变量的影响，以提高货币政策的有效性，否则有可能导致误评估和误导性的结论。尽管开放变量已对我国货币需求有着显著影响，但影响相对于其他影响因素仍属较弱，货币当局对于开放程度及节奏控制得较为适当，经济具有相当的可控性，开放变量并未能改变货币需求函数的稳定性，也表明我国仍然是一个较为“内向”的经济体。货币当局仍可以预测货币需求的变动趋势，并据此合理设定货币供应量目标，进而采取相应的货币政策调控宏观经济运行。经验分析的结果也表明，收入的长期弹性系数相比此前的部分经验分析结果已有所降低。因此，M2 相对于产出不应再持续过高地增长，应着力控制 M2 过快增长，保持稳健的货币政策。

资料来源：黄昌利，黄志刚．开放经济下中国的货币需求函数．经济学季刊，2017（10）。

（四）其他因素

1. 信用的发展状况

一般来说，在一个信用形式比较齐全、信用制度比较健全的社会，经济主体所必须持有的货币量相对要少一些；反之，对现实的货币需求就大。经过 40 余年的改革与发展，我国的商业信用、国家信用、消费信用规模逐渐扩大。商业信用的发展使企业间的债权债务关系可以相互抵销，从而减少企业对交易性货币的需求。国家信用主要采取发行国债的方式。这既为微观经济主体提供了可供选择的非货币性金融资产，从而减少了资产性货币需求；也解决了政府的融资问题，避免政府在实施扩张性财政政策的同时通过向中央银行透支而产生的政策性货币需求。消费信用包括发行信用卡等方式，使消费者以刷卡信用透支消费替代了以货币支付的消费支出，减少了居民的交易性货币需求。

2. 金融机构技术手段的先进程度和服务质量的优劣

先进的金融技术手段和高质量的金融服务往往能提高货币流通速度，减少现实的货币需求；反之，则增加货币需求。近几年我国金融业对电子基础设施建设投入了大量资金，金融电子化、科技化程度迅速提高，移动支付、数字货币的快速发展正在对传统的货币需求产生越来越重要的影响。

3. 社会保障体制的健全与完善

目前我国的社会保障体制还不尽完善，对未来医疗、失业、养老、子女教育费用的担忧，对住房的需求，等等，都增加了居民对未来支出的不确定预期，从而增加了其预防性货币需求。

知识链接15-5

近年来，中国金融体系的不断演变和宏观经济形势的日益复杂已经对当前的货币政策形成了挑战。特别地，逐步迈向更加灵活的汇率制度、不断深化的利率市场化改革和迅速发展的资本市场已经显著改变了货币政策操作的环境。可替代资产的出现以及持有货币机会成本的变化可能潜在地影响着货币需求。各资产之间相对收益率的变动很可能引发“资产替代”，这种替代既包括本币与外币之间的替代，也包括货币资产和非货币资产之间的替代。

尽管近期中国的金融体系发生了较大的变化，但只要采用恰当的数理建模策略并适当考虑资产替代，我们依然可以得到一个稳定的广义货币需求函数。可以得到五个方面的结论：第一，实证证据强烈支持了在实际货币需求和实际GDP之间存在长期稳定关系的假设。我们估计的收入弹性系数小于1。第二，当前的通货膨胀对货币需求有显著的负面影响。这一方面说明了在一定程度上，通货膨胀率反映了持有实物资产的收益率，它是决定中国货币需求的重要变量。另一方面，也说明了中国金融资产品种的缺乏，实物资产过去是现在依然是居民投资组合中十分重要的组成部分。第三，人民币和美元存款利率都进入了我们最终的估计模型之中，但是其对货币需求的影响十分微弱。因此，在现阶段我们仍不能单纯从利率指标来判断货币条件的松紧程度。第四，在我们的样本区间内，无论从长期还是短期效果来看，人民币汇率的变化都还没有显著地影响货币需求。第五，股票价格并没有进入我们的短期和长期模型。这一方面说明，尽管近年来中国资本市场经历了快速的发展，但仍然处于不发达的初级阶段；另一方面，这也在一定程度上反映出在经济转型的中国，居民有强烈的预防性持币需求。

中国金融体系正在经历的重大变化将不断改变货币需求函数的结构，进而将使货币政策的传导过程更加复杂化。随着利率进一步市场化、汇率体制更加灵活、资本市场进一步发展以及资本流动日益增多，M2内部资产收益率的增加将增加对货币的需求，而除M2以外的其他可替代资产的增加（无论是国内的还是海外的）都将降低对货币的需求。总之，对于像中国这样的转型国家，我们应该根据金融自由化的进展和宏观经济形势的不断变化，时常重新考察货币需求函数的变化。只有很好地理解货币需求的内涵及其发展趋势，才能帮助决策者们在一个正确的框架下成功地实施货币政策。

资料来源：伍戈. 中国的货币需求与资产替代：1994—2008. 经济研究，2009（3）。

本章小结

1. 货币职能产生货币需求，因此，货币需求是指在一定的资源条件（如财富拥有额、收入、国内生产总值等）制约下，微观经济主体和宏观经济运行对执行交易媒介和资产职能的货币产生的总需求。

2. 货币需求的宏观分析视角通常从一个国家的社会总体出发，强调货币的交易媒介职能，在分析市场供求、收入及财富指标变化的基础上，探讨一个国家在一定时期内的经济发展与商品流通所需要的货币量。货币需求分析的微观视角通常从社会经济微观个体出发，强调货币的资产职能，研究微观个体在既定的收入水平、利率水平和其他经济条件下所需要持有的货币量。在对货币需求进行研究时，我们需要将二者有机结合起来。

3. 名义货币需求是指个人、家庭、企业等经济单位或整个社会在一定时点所持有的名义数量，实际货币需求则是指名义货币数量在扣除了物价变动因素之后的货币余额，因此，名义货币需求与实际货币需求的根本区别，在于实际货币需求剔除了物价变动的影响，而名义货币需求没有。

4. 马克思的货币需求理论认为，在一定时期内执行流通手段职能的货币必要量主要取决于商品价格总额和货币流通速度。它与商品价格总额成正比，与货币流通速度成反比。它反映了商品流通决定货币流通这一基本原理。

5. 交易方程式从宏观视角研究货币需求问题，仅着眼于货币作为交易媒介的功能，认为决定一定时期名义货币需求数量的因素主要是这一时期全社会一定价格水平下的总交易量与同期的货币流通速度。

6. 剑桥方程式开创了微观货币需求分析的先河，首次将货币需求与微观经济主体的持币动机联系起来，开始注重货币的资产职能，将利率引入货币需求影响因素的分析中。

7. 凯恩斯对货币需求理论的突出贡献在于他对货币需求动机的剖析并在此基础上把利率引入了货币需求函数。他认为，人们之所以需要持有货币，是因为存在流动性偏好这种普遍的心理倾向，而人们偏好货币的流动性是出于交易动机、预防动机和投机动机。交易动机和预防动机形成交易性货币需求，是收入的递增函数；投机动机形成投机性货币需求，是利率的递减函数。

8. 现代凯恩斯学派对凯恩斯的货币需求理论进行了修正和发展，提出了平方根定律、立方根定律和资产组合理论，这些理论认为利率对各种货币需求都有重大影响。

9. 弗里德曼采用微观经济理论中的消费者选择理论，深入分析了总财富水平、持有货币的机会成本、持有货币给人们带来的效用三类因素对货币需求的影响。弗里德曼强调永恒收入对货币需求的决定性作用，弱化机会成本变量对货币需求的影响，在此基础上论证了货币需求具有相对稳定性的特点，从而为其货币政策主张奠定了理论基础。

10. 计划经济体制下，我国的货币需求基本上是交易性货币需求，商品流通几乎成为决定货币需求的唯一重要因素。20 世纪 60 年代初，我国的银行工作者在理论界对马克思货币必要量公式研究的基础上，对我国多年的商品流通与货币流通之间的关系进行实证分析，得出了一个经典的“1∶8”经验式。其具体含义是：每 8 元零售商品供应需要 1 元人民币实现其流通。直到改革开放前，“1∶8”经验式一直作为衡量我国货币流通正常与否的尺度。

11. 改革开放后，计划经济体制向市场经济体制的根本性变革对货币需求产生了重大影响。体制变迁引起的经济货币化程度的提高、价格改革引起的物价水平的上升、国民收入向个人的倾斜以及社会保障体制变革引发的不确定预期，既大幅度增加了我国的货币需求总量，也改变了我国的货币需求结构。

12. 决定与影响我国现阶段货币需求的因素主要有收入、物价水平、其他金融资产的收益率水平等。

重要术语

货币需求	名义货币需求	实际货币需求	交易动机
预防动机	交易性货币需求	资产性货币需求	投机动机
流动性陷阱	永恒收入	交易方程式	剑桥方程式
“1∶8”经验式			

术语解释请扫描封底增值服务码→名词术语。

思考题

1. 如何理解货币需求的含义？
2. 从宏观和微观视角分析货币需求有什么不同？
3. 宏观货币需求分析与微观货币需求分析有什么联系？
4. 查一查相关资料，描述一下改革开放以来我国货币需求结构的变迁。
5. 如何看待马克思的货币需求理论？你认为该理论在今天还有指导意义吗？
6. 交易方程式与剑桥方程式的区别在哪里？
7. 依据凯恩斯对投机性货币需求的分析，如果人们突然认为利率的正常水平已经下降，则货币需求将发生怎样的变化？为什么？
8. 凯恩斯学派充分论证利率对交易性、预防性和投机性货币需求都有决定作用的政策意义何在？
9. 凯恩斯与弗里德曼的货币需求理论有什么不同？
10. 经济体制改革对我国的货币需求产生了怎样的影响？
11. 你认为目前影响我国货币需求的因素主要有哪些？

☞ 更多思考练习请扫描封底增值服务码→习题作业、例题及综合测试。

讨论题

讨论主题：数字金融的发展与货币需求的变化

讨论素材：《数字金融发展对货币需求的影响》

思考讨论：

1. 股票市场与货币需求总量之间的关系如何？
2. 股票市场如何影响货币需求结构？

☞ 相关讨论素材请扫描封底拓展资源码→教学案例。

延伸阅读

1. 陈观烈. 货币 · 金融 · 世界经济. 上海：复旦大学出版社，2000.
2. 李健，贾玉革，蔡如海，等. 中国金融改革中的货币供求与机制转换. 北京：中国金融出版社，2008.
3. 易纲. 中国的货币化进程. 北京：商务印书馆，2003.
4. 张杰. 中国金融制度的结构与变迁. 太原：山西经济出版社，1998.
5. 秦朵. 改革以来的货币需求关系. 经济研究，1997（10）.
6. 李斌，伍戈. 信用创造、货币供求与经济结构. 北京：中国金融出版社，2014.

☞ 更多资源请扫描封底拓展资源码→文献目录。

即测即评

☞ 请扫码答题，检测本章学习效果。

第16章 货币供给

本章导读

现代经济社会中一切交易都需要用货币计价和支付，一切资源配置和政策调节也都离不开货币因素，货币已经成为经济运作中最基本的要素，货币供给也因而成为最重要的金融问题。对于我们每天都在使用的货币，很多人并不知道是谁怎样提供货币的？货币供给的多少由谁说了算呢？本章主要界定货币供给与货币供给量的基本概念，阐释现代经济社会中的信用货币是如何创造出来的，中央银行和银行系统在货币供给过程中各自扮演什么角色，哪些因素影响货币供给等问题。

第一节 现代信用货币的供给

一、货币供给与货币供给量

货币供给（Money Supply）是指一定时期内一国银行系统向经济中投入或收回货币的行为过程。货币需求在这个过程中得到满足。货币供给必然会在实体经济中形成一定的货币量，这些货币量都是由银行系统供给的，都是银行的负债，因此，一国各经济主体（包括个人、企事业单位和政府部门等）持有的、由银行系统供应的债务总量就称为**货币供给量**（MoneySupply Quantity）。在纯粹的信用货币流通条件下，货币供给量主要包括现金和存款货币两个部分，其中现金是由中央银行供给的，表现为中央银行的负债；存款货币则是由商业银行供给的，体现为商业银行的存款性负债。因此，所谓货币供给量从银行系统来说是负债，而从非银行经济主体来看则为资产。

货币供给量首先是一个存量的概念，即一个国家在某一时点上实际存在的货币总量。现实中的货币供给量是分层次进行统计并定期公布，例如中国人民银行网站的调查统计栏目中每月都公布各层次货币供应量的最新数据。如果说货币需求量只是一个预测值，那么货币供给量则是一个实实在在的量值，是反映在银行（包括中央银行和商业银行）资产负债表一定时点上的负债总额，它是银行通过各项资产业务向经济社会投放出去的货币量。因此，从一定意义上说，货币供给量的多少要由银行系统资产业务规模的大小决定。但这并不是说一定时期的货币供给量可以由银行系统随意创造，恰恰相反，货币供给要受诸多因素的影响与制约，特别是由中央银行进行宏观调控。货币供给分析于是成为与货币需求分析相对应并与货币政策理论紧密联系的重要经济范畴。

二、货币供给机制与经济体制

任何货币供给都是在既定的经济体制和金融体制中进行的，不同的体制安排通过宏观经济架构和微观经济运作决定了不同的货币供给机制。

（一）市场经济和二级银行体制下的货币供给机制

在市场经济体制下，各经济主体及其行为具有相对的独立性，经济活动的理性化程度较高。居民和企业的存贷款活动自主性很强，利率具有灵敏的调节作用。货币需求不仅有交易性的，还有资产性的。在金融体制方面，采用"中央银行—存款货币银行"的二级银行体制，中央银行相对独立，主要负责提供和调节基础货币；以商业银行为代表的存款货币银行则通过吸收存款、发放贷款、转账支付等业务活动创造存款货币，由此形成了"基础货币—存款货币"的"源与流"双层货币供给机制。中央银行通过货币政策工具和操作影响存款货币机构的行为和货币创造能力，最终影响货币供应总量。

（二）计划经济和复合中央银行体制下的货币供给机制

以苏联为代表的计划经济体制，其特征是高度集中统一的计划安排，生产、流通、分配、消费等一切经济活动都受计划控制，经济运行以实物为中心来组织，资金计划从属于物资计划，货币需求基本上都是交易性的。金融体制则以"大一统"的银行体系为特征，采用复合银行体制，没有独立的中央银行，货币发行银行经办的银行业务是按计划执行的。货币的供给完全由计划决定，现金实行严格的计划管理，企业的存款货币主要通过执行贷款计划来提供，货币供给的数量变化都是计划调整的结果。货币供给的源流合一，不分基础货币和派生存款货币。

（三）中国改革开放前后中国货币供给机制的变化

1. 改革开放前中国货币供给机制与特点

20世纪50年代中期至改革开放，中国实行高度集中的计划经济和计划金融体制。在“大一统”的复合银行体制下，无论是现金还是存款货币都由中国人民银行一家提供，货币供给的主体从直观上看就是中国人民银行。货币供给的依据是各种计划，货币供给具有明显的外生性。货币供给只有银行信贷这一条渠道，货币供给的增减都反映在中国人民银行信贷收支平衡表的变化之中。现金是银行对持有者的负债，存款是银行对存款者的负债，二者形成了人民银行信贷资金的来源。与之对应的是银行的资产，由于没有金融市场，资产运用只有贷款这一种方式。因此，贷款成为货币供给增减的唯一渠道，形成了贷款、存款和现金三者之间的著名恒等式：贷款＝存款+现金发行。银行的贷款计划就是最关键的：企业必须按计划借款，银行只能按计划发放贷款。因此，货币供给机制就是单一的计划机制。

2. 改革开放以来中国货币供给机制的变化

始于1979年的中国金融体制改革起点是从“大一统”银行的单一格局向多元化金融机构体系的转变。1984年起中国人民银行专门行使中央银行职能，这一改革措施既标志着中央银行—商业银行二级银行体制的正式建立，也标志着“基础货币—存款货币”的双层货币供给机制开始形成。中国人民银行通过再贷款业务、法定存款准备金率和公开市场业务等货币政策工具的操作吞吐基础货币；存款货币机构通过存、贷、汇业务创造存款货币。近年来，随着金融体制改革的深化，双层货币供给机制逐渐完善，中国人民银行在存款准备金和再贷款并用的同时，逐步采用利率、再贴现、本外币公开市场、债券回购、央行票据和多种流动性调节工具等多种手段吞吐基础货币，调控存款机构的货币创造能力和货币乘数，双层货币供给机制的市场化程度日益提高。

本书是以市场经济和二级银行体制为条件来讨论货币供给问题的。

三、货币供给的基本模型与特点分析

（一）货币供给的基本模型

货币供给是一个十分复杂的过程，经过长期的研究，经济学家总结出了一个被广泛接受的货币供给基本模型：

$$M_s = B \cdot m \tag{16-1}$$

式中，M_s 为货币供给量；B 为基础货币；m 为货币乘数。该模型表明：

原理16-1

货币供给量是基础货币与货币乘数的乘积。

小贴士16-1

原理 16-1 表明，货币供给量与基础货币和货币乘数均成正相关关系。当其他条件不变，基础货币增加或减少时，货币供给量相应增加或减少；同理，当其他条件不变，货币乘数变动时，货币供给量也会发生同方向变动。假定某国在经济发展中需要增加货币供给量 10 亿元，已知当前的货币乘数约为 4，则该国货币当局只需投放基础货币 2.5 亿元即可。

（二）货币供给过程及其特点

高度简化的基本模型式（16-1）是我们研究货币供给的起点。

在现代信用货币制度下，企业和个人等经济单位一律不能擅自发行货币，只是在交易活动中进行货币的收支。假定现有货币总量 1 500 元，甲部门 1 000 元，乙部门 500 元；如果甲部门支付 500 元向乙部门购买商品，于是甲部门的货币减少为 500 元，乙部门的货币增加了 500 元后成为 1 000 元。可见，这个交易活动只使既定的货币量在不同的经济主体之间进行重新分配，但货币供给总量并不因此而发生任何变化。这表明，单纯的非银行经济单位之间的经济活动并不能创造货币。

在现代信用货币制度下，货币供给过程一般涉及中央银行、商业银行、存款人和借款者四个行为主体，其中在货币供给过程中起决定作用的是银行体系。流通中的货币都是通过银行系统供给的，货币供给与中央银行和商业银行的资产负债活动密切相关。在实行中央银行制度的金融体制下，货币供应量是通过中央银行提供基础货币和商业银行创造存款货币而注入流通领域的。这一供应过程具有以下三个特点：

（1）货币供给的主体是中央银行和以商业银行为主体的包括接受活期存款的其他存款性公司，即二级银行体系。

（2）两个主体各自创造相应的货币，中央银行策源并创造基础货币；商业银行扩张并创造存款货币，由此形成了“源与流”的双层货币供给机制。

（3）银行体系供给货币的过程必须具备三个基本条件：一是实行完全的信用货币制度；二是实行部分比例存款准备金制度；三是广泛采用非现金结算方式。

在这三个条件下，货币供给的过程可分为两个环节：一是由中央银行提供基础货币；二是由商业银行创造存款货币。在这两个环节中，由于银行存款是货币供给量中最大的组成部分，因此，了解存款货币如何被创造出来是研究货币供给过程的重要内容。但商业银行创造存款货币的基础是中央银行提供的基础货币，并且存款创造过程始终受制于中央银行，因此，中央银行在整个货币供给过程中始终居于核心地位。

第二节　中央银行与基础货币

一、基础货币及其构成

基础货币（Base Money）又称高能货币或储备货币，是整个银行体系内存款扩张、货币创造的基础，其数额大小对货币供应总量具有决定性的作用。

根据国际货币基金组织的定义，基础货币由库存现金，以及银行体系之外的社会公众的手持现金、存款性机构在中央银行的法定准备金、超额准备金四部分构成。

库存现金这个“库”是指商业银行的业务库，库存现金是指已经从中央银行发行库中提出来而尚未被公众提走的部分。商业银行从发行库中提现后库存现金增加，相应减少的是在中央银行的准备金存款。

准备金存款是商业银行等存款性公司在中央银行账户上的存款。实行法定存款准备金制度以后，商业银行在中央银行的准备金存款可分为两部分：一部分是根据法定存款准备金率的要求计提的法定存款准备金；另一部分是商业银行根据自身经营决策和运营需要存入中央银行的超额准备金，主要用于清算和提取现金。

由于流通中现金和库存现金是中央银行对社会公众的负债，而准备金存款是中央银行对商业银行的负债，因此，基础货币直接表现为中央银行的负债。

我国的基础货币在中国人民银行资产负债表中列在“储备货币”栏中，主要由货币发行、其他存款性公司存款等项目构成。1985—2020 年中国人民银行基础货币存量如图 16-1 所示。

更多数据请扫描封底增值服务码→数据库。

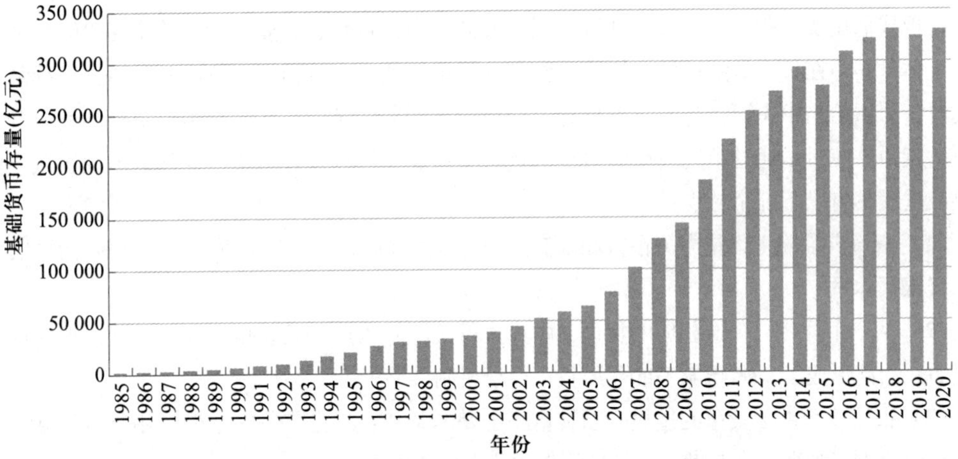

图 16-1　1985—2020 年中国人民银行基础货币存量图

资料来源：相关年份的《中国金融年鉴》《中国人民银行统计季报》。

二、基础货币的收放渠道和方式

在中央银行的资产负债表中，基础货币直接表现为负债，因此中央银行可以通过调整资产负债表规模和结构控制基础货币。但如第 14 章所述，中央银行的特点是资产业务决定负债，因此，分析中央银行怎样收放基础货币，要从中央银行的资产业务入手。

（一）国外资产业务与基础货币

中央银行的国外资产由外汇、黄金和中央银行在国际金融机构的资产构成。当中央银行用基础货币买入外汇和黄金，就是向经济体系投放了基础货币；如果卖出外汇和黄金，则等于从经济体系收回了相应的基础货币。

在一般情况下，若中央银行放弃稳定汇率的目标，则通过该项资产业务投放的基础货币有较大的主动权；若中央银行追求稳定汇率的目标，由于需要买卖外汇来调节供求关系以平抑汇率，从而使得基础货币的收放就有相当的被动性。例如，我国实行有管理的浮动汇率制，多年来面临经常账户的持续盈余，外汇市场中经常表现出外汇供大于求，人民币面临升值压力，中央银行为了减轻或消除这种压力，必须从市场买进外汇以平衡供求关系，与此同时就向市场投放了按汇率计算的相应数量的基础货币。由于我国目前的外汇市场是银行间的外汇市场，中央银行买进外汇直接增加的是资产方的外汇储备，而同时付出的人民币则直接进入商业银行的准备金存款账户，成为商业银行创造派生存款的基础。因此，当外汇储备增加时，基础货币也相应增加；当外汇储备减少时，基础货币也会相应减少。

知识链接16-1

外汇储备增加与中央银行基础货币控制

外汇储备属于中央银行的资产运用。外汇储备巨额增加，意味着中央银行通过吸收外汇资产而增加基础货币投放数额。这是我国在 1994 年外汇体制改革以后，中央银行控制货币供应方面遇到的一个新问题。中国人民银行在被动购进外汇同时，需要格外谨慎地控制好再贷款等其他途径的基础货币投放，采取所谓“对冲”的货币政策操作方式，即在收购外汇吐出基础货币的同时，相应收回或减少发放再贷款等信用放款，使基础货币得到较好的控制，并进一步使货币供应量增幅有所下降。

资料来源：于学军．外汇储备增加与中央银行基础货币控制．南方金融，2000（5）.

（二）对政府债权与基础货币

对政府债权表现为中央银行持有政府债券和向财政透支（或直接贷款）。买卖政府债券是中央银行在本国货币市场上开展公开市场业务的重要内容。由于中央银行持有政府债券的目的不是盈利，而是调控货币供应量，故中央银行一般只与商业银行等参与存款货币创造的金融机构进行政府债券的买卖。中央银行买进政府债券，就将款项存入商业银行等金融机构的准备金存款账户，基础货币就会相应增加；当中央银行卖出政府债券时，金融机构要用准备金存款来支付，基础货币就会相应减少。因此，中央银行如果增加持有对政府的债权，就意味着投放了相应的基础货币；中央银行若减少对政府债权，则意味着其收回了相应的基础货币。

在 1995 年以前，中国人民银行对政府的债权主要通过财政透支的方式形成，在财政赤字比较严重的年份，中央银行的财政透支曾经是我国数次通货膨胀的重要原因。1995 年制定的《中华人民共和国中国人民银行法》规定中央银行不再为财政透支。这样，1995 年以后中央银行增加的对政府债权都体现在持有的政府债券上，都是从事公开市场业务的结果。

（三）对金融机构债权与基础货币

中央银行对商业银行等金融机构债权的变化是通过办理再贴现、再贷款和逆回购等资产业务来操作的。当中央银行为商业银行办理再贴现、发放再贷款和逆回购操作时，直接增加了商业银行在中央银行的准备金存款，负债方的基础货币就会相应增加。相反，中央银行减少对商业银行等金融机构的债权，意味着基础货币也相应下降。

中国金融结构的突出特征是以商业银行的间接融资为主体。中国人民银行对商业银行的再贷款和再贴现曾经是我国基础货币供给的主要渠道。1993 年以前，中国人民银行通过再贷款方式提供的基础货币约占基础货币增量的 80%。随着我国金融体系日益完善，金融市场特别是货币市场的迅速发展，以及再贴现业务的发展，通过信用再贷款投放的基础货币规模越来越小。但近年来中国人民银行不断改进再贴现、再贷款和回购业务的工具及操作方式，如常备借贷便利（SLF）、中期借贷便利（MLF）、抵押补充贷款（PSL）、央行票据互换（CBS）等，对金融机构的债权已成为中央银行吞吐基础货币的重要渠道之一。

（四）负债业务与基础货币

中央银行的资产业务决定负债业务，从原理上说，中央银行增加资产业务，负债业务总量必然相应增加，因此，当中央银行开展上述三项资产业务以后，必然要相应增减负债业务中的货币发行和金融机构存款，基础货币就会相应发生变化。但如果通过改变负债业务结构，基础货币的变化可以大于或小于资产业务的变化。改变负债业务结构的主要操作手段就是发行债券或者中央银行票据。

中国人民银行发行央行票据、正回购和短期流动性调节（SLO）等都是通过负债业务调节基础货币的政策操作，目的是调节基础货币数量和商业银行的流动性。商业银行在认购央行票据或回购协议并支付款项后，直接结果就是在中央银行账户上的准备金存款减少，意味着央行收回了相应的基础货币。所以，中央银行可以利用发行央行票据或回购及其它们的组合，进行滚动操作来收放基础货币，达到调节流动性的目标，增加了公开市场操作的灵活性和针对性，增强了调节基础货币的能力。

原理16-2

中央银行通过国外资产业务、对政府债权、对金融机构债权等资产业务收放基础货币，通过发行中央银行票据、回购等负债业务调节基础货币。

第三节 商业银行与存款货币的创造

在现代各国货币供应量的构成中，存款货币是货币供给量中最大的组成部分。存款货币是指存在于存款性公司的能够发挥货币作用的银行存款，是现代信用货币的主体。如第 2 章所述，在各国的货币供给口径中，可开支票的活期存款一般被计入 M1 层次，而其他存款被计入 M2 及以上层次。存款货币可以通过商业银行的存、贷、汇等信用业务活动被创造出来。

一、商业银行创造存款货币的过程

发达的信用制度是银行扩张信用的基础，也是创造存款货币的前提条件。由于现代银行体系中非现金结算的广泛使用，使商业银行发放贷款一般不需要以现金形式支付，而是把贷款转入借款企业在银行的存款账户，而后由企业通过转账支付的方式使用贷款。故此，一家银行贷款的增加，就会引起另一家银行存款的增加，这就是银行创造存款货币的奥秘所在。

要搞清楚银行如何创造存款货币，可以先从两个概念入手：原始存款和派生存款。**原始**

存款（Primary Deposit）一般是指商业银行接受的客户以现金方式存入的存款和中央银行对商业银行的资产业务而形成的准备金存款。原始存款来自基础货币，是商业银行从事资产业务的基础，也是扩张信用的源泉。派生存款是指由商业银行发放贷款、办理贴现或投资等业务活动引申而来的存款。派生存款产生的过程，就是商业银行不断吸收存款、发放贷款、形成新的存款额，最终导致银行体系存款总量增加的过程。下面以规定 10%的法定存款准备金率举例说明。

现假定厂商 A 将 100 万元现金存入甲银行，甲银行根据法定存款准备金率的要求，将其中 10 万元缴存中央银行，将余下的 90 万元贷给另一厂商 B，如果厂商 B 并未立即使用这笔贷款，而是将它转存于其在甲银行的存款账户上，则甲银行的资产负债如表 16-1 所示。

表 16-1　甲银行的资产负债表

资产		负债	
现金	100 万元	厂商 A 存款	100 万元
向厂商 B 贷款	90 万元	厂商 B 存款	90 万元
资产合计	190 万元	负债合计	190 万元

这一过程到此不会结束，由于贷款利率高于存款利率，厂商 B 获取这笔贷款以后会立即支付出去而不是存在银行。我们假定厂商 B 以这 90 万元贷款向厂商 C 支付购货款。如果厂商 C 在乙银行开户，那么，这 90 万元购货款将存入乙银行 C 厂商的账户，这同厂商 B 在甲商业银行的存款毫无二致，都是派生存款。此时，乙银行又可以用这新增加的 90 万元存款缴存 9 万元作为法定存款准备金为，将余下的 81 万元向别的厂商发放贷款。这个简单的例子已经包含了商业银行扩张信用、创造存款货币的基本原理。

原理16-3

商业银行以原始存款为基础发放的贷款，通过转账支付又会创造出新的存款。

小贴士16-2

原理 16-3 说明，贷款对于商业银行创造存款货币具有特殊重要的意义，没有贷款的发放，就没有受信人的转账支付，也就无法形成下一轮的派生存款。因此，从理论上说，控制贷款就可以控制存款货币的创造。无论是中央银行对贷款规模的控制或提高法定准备金比率，还是监管部门对存贷比率和流动性约束的要求等都会通过约束银行贷款的而达到控制存款货币创造的结果。

上述过程如果继续下去，银行体系从甲银行接受100万元原始存款开始，经过贷款、转账支付、存款等一系列过程，就可产生越来越多的派生存款。问题在于，派生存款是否可以无限制地增加？如果不能，商业银行创造派生存款的能力受到哪些因素制约呢？

二、商业银行创造存款货币的主要制约因素

制约商业银行派生存款的因素很多，最主要的是以下三个。

（一）法定存款准备金率

中央银行制度建立后，各国在法律上都作出规定：商业银行必须从其吸收的存款中按一定比例提取法定存款准备金，上缴中央银行，商业银行不得动用。这部分资金就是**法定存款准备金**（Legal Reserve of Deposit）。法定存款准备金占全部存款的比例就是**法定存款准备金率**（Legal Reserve Ratio of Deposit）。在现代金融体制下，世界各国均实行法定存款准备金制度。它不仅是商业银行创造存款的前提条件和制约因素，也是有效防范和化解银行危机的制度性安排。

存款准备金制度是中央银行调控货币供给量的重要手段。由于法定存款准备金率越高，商业银行向中央银行缴纳的法定存款准备金越多，而法定准备金存放于中央银行，商业银行不能用来发放贷款，因而成为制约存款派生规模的一个重要因素。法定存款准备金率的高低与商业银行创造存款货币的能力是成反方向变动的。当某个国家对定期、活期存款分别规定不同的法定准备金率时，两种存款之间的转化比率也将通过影响法定准备金的提缴额进而制约存款货币的派生规模。

（二）提现率

商业银行活期存款的**提现率**（Withdrawal Rate）又称现金漏损率，是指现金提取额与银行活期存款总额的比率，这也是影响存款扩张倍数的一个重要因素。在现实生活中，存款客户经常会或多或少地从银行提取现金，从而使部分现金流出银行系统，出现所谓的现金漏损。现金漏损的多少与人们对现金的偏好和非现金支付是否发达密切相关。此外，从接受银行贷款的一方来说，也可能从贷款额提取一部分现金用于支付。不管是由何种原因引起的，这些漏损出去的现金都不再参与存款货币的创造过程。现金漏损越多，银行可用于发放贷款的资金就越少，派生的存款也会相应减少，所以提现率也是制约存款派生规模的一个因素。提现率的高低关系着商业银行收缩或扩张信用的能力。提现率与派生存款规模成反比。尽管提现率同法定存款准备金率有着异曲同工的作用，但它不像后者那样可以由中央银行直接控制，主要取决于存款人或贷款人的行为，因而具有某些内生性。

（三）超额准备金率

由于法定存款准备金商业银行不能动用，为了满足运营中的现金提取、支付清算、资产运用等需要，商业银行实际持有的准备金必须多于法定存款准备金。商业银行超过法定存款准备金而保留的准备金称为**超额准备金**（Excess Reserve），中国俗称“头寸”。超额准备金的主要存在形式，一是在中央银行账户上超过法定存款准备金的存款；二是商业银行业务库中的库存现金。超额准备金占各项存款的比率就是**超额准备金率**①。超额准备金是相对于法定准备金而言的，二者

---

① 根据我国银保监会制定的《商业银行风险监管核心指标》，人民币超额准备金率=（在中国人民银行超额准备金存款+库存现金）/人民币各项存款期末余额×100%。公式中各项存款包括人民币的活期存款、定期存款、应解汇款、保证金，不含财政性存款和委托存款。

之和即为银行的总准备。商业银行的超额准备金与商业银行可贷资金量之间具有此消彼长的关系。某银行的超额准备金越多，可贷资金就越少，存款派生的能力就越小。因此，在存款创造过程中，超额准备金率与法定准备金率起着完全相同的作用。而超额准备金率的确定是商业银行在安全性、流动性和盈利性之间权衡的结果，因为超额准备金越多，意味着商业银行可贷资金越少，等于放弃了部分盈利的机会，故在一般情况下，商业银行会力求保有较少的超额准备金；但超额准备金过少又会影响商业银行的流动性和安全性。因此，商业银行确定超额准备金率时需要进行综合权衡。各家商业银行的超额准备金率也可能不一样，取决于各自的经营特点与风险管理偏好，并非中央银行所能完全控制，因而也具有某些内生性。

以上三个因素是制约商业银行存款创造能力的决定因素。仍以前面厂商 A 的例子加以说明。当甲商业银行获得厂商 A 的 100 万元原始存款后，依次按照 10%的法定存款准备金率（R）、5%的超额准备金率（E）、5%的提现率（C）做出扣除以后，可以给厂商 B 发放 80 万元的贷款。厂商 B 获得贷款后全部转账给厂商 C 支付货款，导致厂商 C 在乙银行的存款增加了 80 万元，于是又可以进行下一轮的存款扩张……各级银行的存款扩张过程就会大致如表 16-2 所示。

表 16-2　商业银行存款货币扩张过程示意表

单位：万元

银行	原始存款	派生存款	贷款	法定存款准备金率（10%）	超额准备金率（5%）	提现率（5%）
甲银行	100		80	10	5	5
乙银行		80	64	8	4	4
丙银行		64	51.2	6.4	3.2	3.2
丁银行		51.2	40.96	5.12	2.56	2.56
……		……	……	……	……	……
合计	100	400	400	50	25	25

三、存款乘数

从表 16-2 可见，经过商业银行体系连续不断的存款、贷款、转账等业务活动，100 万元原始存款就可以创造出 400 万元的派生存款，从而使总存款增长为 500 万元（总存款=原始存款+派生存款）。按照乘数原理，总存款与原始存款之间的比率被称为**存款乘数**（Deposit Multiplier）或存款扩张倍数，此时的存款乘数就是 5 倍。若以 K 表示存款乘数，以 P 代表原始存款，以 D 代表总存款，则有：

$$K=\frac{D}{P} \tag{16-2}$$

显而易见，存款乘数的大小同原始存款之间是同方向变动的关系。但同样的原始存款能够创造出多少派生存款，则取决于法定存款准备金率、提现率和超额准备金率等因素对存款货币扩张的制约。从表 16-2 中可以看出，存款乘数为 5，正好是法定存款准备金率、提现率和超额准备金率之和的倒数。因此，存款乘数还可用下式表示：

存款乘数=1/(法定存款准备金率+提现率+超额准备金率) (16-3)

或表示为：

$$K=\frac{1}{R+C+E} \tag{16-3'}$$

这个公式说明了存款货币扩张的基本原理。

原理16-4

存款乘数的大小与法定存款准备金率、提现率和超额准备金率之间成反方向变动的关系。

小贴士16-3

需要注意以上分析有两个假定前提：一是客户始终存在对贷款的需求。而事实上，在经济停滞和利润率下降的情况下，企业的贷款需求将会减少，银行发放的贷款量也相应减少，不一定会实现存款货币扩张倍数的理论值。二是金融监管的各项要求不变。因为如果资本充足率、流动性比例、存贷比率等对银行资产业务的监管指标要求提高了，就会影响银行的贷款能力，进而对存款货币的创造产生约束性影响。

需要指出的是，上述银行派生存款倍数扩张的原理，在相反方向上也是适用的，即派生存款的紧缩也呈现倍数缩减的过程。某一商业银行减少了一笔数额的准备金或现金存款，则会通过上述过程，使银行系统的派生存款发生倍数缩减的过程，这个过程和其扩张过程是相对称的。理解这一点，对于理解中央银行实施紧缩性货币政策将产生社会货币供应总量的倍数缩减效应是十分重要的。

第四节 货币乘数与货币供应量

一、货币乘数及其决定变量

以上讨论了中央银行基础货币的提供和商业银行存款货币的创造机制，从中可知，来自基础货币的原始存款经过银行体系的存贷业务创造出数倍的存款货币。在整个货币供给过程中，中央银行的基础货币提供量与社会货币最终形成量之间存在着数倍扩张（或收缩）的效果或反应，即所谓的乘数效应。货币供给量对基础货币的倍数关系称之为**货币乘数**（Money Multiplier），即基础货币每增加或减少一个单位所引起的货币供给量增加或减少的倍数，不同口径的货币供应量有各自不同的货币乘数。分析货币乘数效应的目的，是要揭示基础货币与货币供给量之间的倍数扩张关系是如何形成的，主要受哪些因素的决定和影响。

基础货币（B）与货币供应量（M_s）之间的乘数关系可用图 16-2 表示。基础货币是由通货即处于流通中的现金（C）和存款准备金（R）构成，货币供应量由现金（C）和存款货币（D）构成。

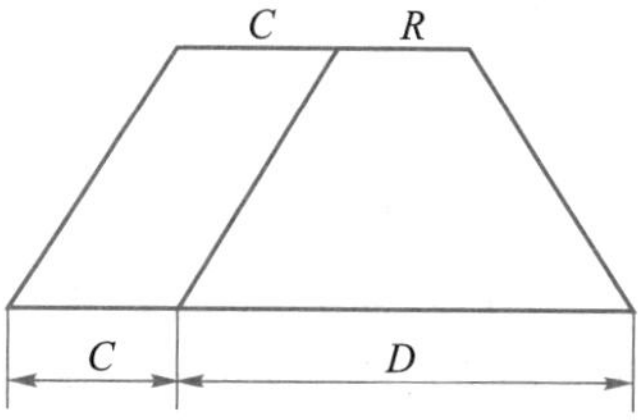

图 16-2　基础货币与货币供给量的关系

基础货币（B）与货币供给量（M_s）之间的乘数（m）可以表示为：

$$m=\frac{M_s}{B}=\frac{C+D}{C+R} \tag{16-4}$$

上式的分子分母同除以 D，可得：

$$m=\frac{\frac{C}{D}+1}{\frac{C}{D}+\frac{R}{D}} \tag{16-5}$$

式中，C/D 为通货-存款比率；R/D 为准备-存款比率。这两个比率决定了货币乘数，货币供应量则是基础货币和货币乘数的乘积。从式（16-5）可见，决定货币乘数的变量主要有两个：通货-存款比率和准备-存款比率。

通货-存款比率是指流通中的现金与商业银行存款的比率。这一比率的高低反映了居民和企业等部门的持币行为，实际上是现金漏损状况的反映，它受经济的货币化程度、居民货币收入、储蓄倾向、社会的支付习惯、持有现金的机会成本以及对通货膨胀或通货紧缩的心理预期等多种因素影响，中央银行难以有效控制这个比率。**准备-存款比率**是指商业银行法定准备金和超额准备金的总和占全部存款的比重。中央银行直接控制法定准备金率，超额准备金率由商业银行根据自身经营情况自行决定。这两个比率的影响因素与制约存款乘数的三个因素即法定存款准备金率、超额准备金率、提现率是一致的，也表明基础货币的倍数扩张是在银行体系的资产业务活动中完成的。

小贴士16-4

货币乘数和存款乘数的关系

货币乘数和存款乘数都可用来阐明现代信用货币具有扩张性的特点。二者的差别主要在于两点：一是货币乘数和存款乘数的分子分母构成不同。货币乘数是以货币供给量为分子、以基础货币为分母的比值；存款乘数是以总存款为分子、以原始存款为分母的比值。二是分析的角度和着力说明的问题不同。货币乘数是从中央银行的角度进行的分析，关注的是中央银行提供的基础货币与全社会货币供应量之间的倍数关系；而存款乘数是从商业银行的角度进行的分析，主要揭示了银行体系是如何通过吸收原始存款、发放贷款和办理转账结算等信用活动创造出数倍存款货币的。

二、影响货币乘数变动的因素分析

由于决定货币乘数的因素是不断变化的，货币乘数就不会是一个固定不变的值。为了更深入地分析问题，我们再从各个经济主体的行为来分析如何影响这两个比率，从而影响货币乘数的大小变化。

（一）居民的经济行为与货币乘数

居民对货币乘数的影响主要通过通货-存款比率发生作用。从上一章货币需求的分析中可知，居民主要根据即期的各种因素（如收支情况、物价水平、利率与资产收益率、财富效应、个人消费习惯及支付偏好等）和对未来经济运行情况的预期决定资产中持有现金的水平。从货币供给的视角看，居民的现金需求变化就会出现到银行提取或存入现金的行为，从而直接影响通货-存款比率。例如，当居民的持币量普遍增加时，通货-存款比率就会提高，在其他因素不变的情况下，货币乘数就会变小。当中央银行对定期和活期存款采取不同的法定准备金率时，居民对储蓄种类的选择将影响商业银行计提的法定存款准备金，从而影响准备-存款比率。可见，居民的资产选择行为将影响居民储蓄存款的现金提取（存入）和种类选择，并同时影响两个比率。

（二）企业的经济行为与货币乘数

企业经济行为对货币乘数的影响主要有三个方面：一是企业的持币行为影响通货-存款比率，其原理类同于居民。二是企业的理财及其资产组合将影响企业存款的增减，影响存款的种类结构，进而改变通货-存款比率和准备-存款比率。三是企业的经济活动对贷款影响很大：一方面企业的经营状况影响商业银行的贷款决策；另一方面企业的贷款需求变化是存款货币创造的前提，对货币乘数有很大影响。

（三）金融机构的经济行为与货币乘数

金融机构行为对货币乘数的影响主要有三个方面：一是商业银行变动超额准备金的行为。例如，在既定的法定存款准备金和存款总额不变时，银行保有的超额准备金越多，可用于贷款的资金就越少，准备-存款比率就越高，货币乘数就越小。二是银行的贷款意愿影响准备-存款比率。例如，当银行为了保证安全性而减少贷款时，派生存款会数倍收缩，总存款下降必然导致准备-存款比率提高，货币乘数减小。三是向中央银行借款的行为同时影响准备-存款比率和通货-存款比率。例如，商业银行增加向中央银行借款，一方面因增加了准备金存款而提高了准备-存款比率；另一方面通过资金运用扩大贷款而使总存款增加，进而改变通货-存款比率。因此，在货币乘数的变化中金融机构的作用力很大。

专栏看板16-1

存款准备金率与货币乘数

法定存款准备金政策是央行货币政策的“三大法宝”之一。上调存款准备金率的作用机制主要在于锁定商业银行的部分超额准备金，减少其可用头寸，通过提高准备-存款比率影响货币乘数，从而改变货币供给量。由式（16-5）可知，准备-存款比率（*R/D*）与货币乘数成反比。*R/D* 越高，意味着更多的货币没有参与银行体系对存款货币的多倍创造过程，所以货币乘数就越小。根据原理 16-1，货币供给是基础货币与货币乘数的乘积，假定基础货币不变，货币乘数减小，货币供给量相应收缩。

实践与理论一致，中国人民银行提高法定存款准备金率，带来了货币乘数的减小，显现出紧缩政策的效果；而降低法定存款准备金率又导致货币乘数上升。例如 2007 年 1 月—2008 年 6 月，上调法定存款准备金率 16 次，从 2007 年年初的 9%上调至 17.5%，货币乘数从 4.44 降低至 3.68；2008 年 9—12 月，下调 4 次至 13.5%，货币乘数又上升至 4.24；2010 年 1 月—2011 年 6 月，12 次上调法定存款准备金率至 19.5%，货币乘数下降至 3.79；2011 年 12 月—2020 年 5 月，下调法定存款准备金率至 9.5%，货币乘数也从 3.79 提高至 6.62。其反向变化关系如图 16-3 所示。

注：货币乘数=广义货币供给 M2/储备货币。

图 16-3　中国 2006 年以来的法定存款准备金率和货币乘数变化图

资料来源：中国人民银行网站。

（四）政府的经济行为与货币乘数

政府活动对货币乘数的影响主要是通过弥补财政赤字的三种方式体现的。如果政府采用增税的方式弥补财政赤字，短期内并不直接影响货币乘数和货币供应量，但在长期内将通过影响投资收益，使投资需求下降、贷款需求减少，导致货币乘数变小。若政府采用举债方式弥补财政赤字，在公众和商业银行购买国债时，虽然货币供给总量短期内不变，但货币结构将发生变化，各层次的货币乘数也将发生变化。如果政府采用向中央银行直接借款或透支的方式弥补财政赤字，政府现金支出将直接增加现金投放，从而影响通货-存款比率；政府的转移支付将使非政府部门的存款增加，引起银行存款的增加，导致准备-存款比率增加，进而影响货币乘数。

货币乘数效应是建立在完善的市场经济运作基础上的理论。在中国从计划经济体制向市场经济体制转轨的过程中，市场因素在不断增加，因而乘数效应逐渐明显，上述市场经济条件下影响货币乘数的因素也作用于我国。但由于转轨时期的特殊情况，我国各经济主体的行为与发达市场经济中经济主体的行为相比有些差异，比如居民的持币行为和储蓄方式的选择理性化程度比较低；企业的经营意识和金融意识还比较淡薄，在资金调度和公司理财方面存在许多问题，影响了其持币行为和贷款需求，进而对货币乘数产生影响；金融机构的贷款意愿和超额储备也经常发生不规则的变化等。这些都使我国的货币乘数不太稳定。

综上所述，货币供给的决定与影响因素如图 16-4 所示。

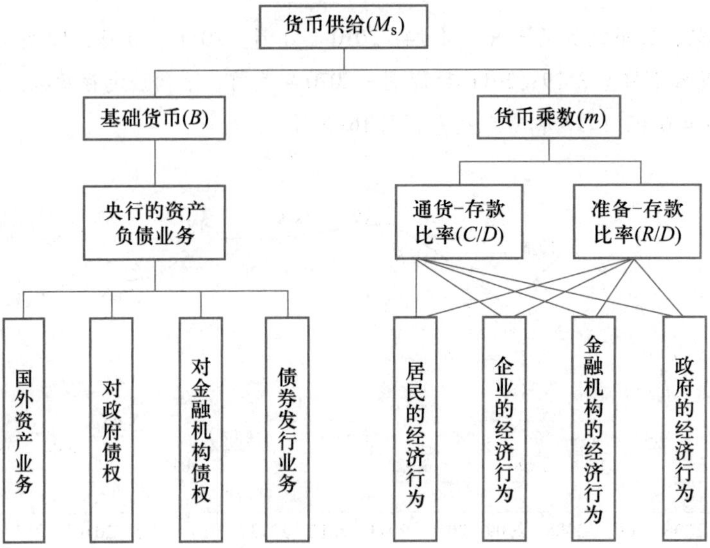

图 16-4 货币供给的决定与影响因素

第五节 货币供给的数量界限与控制

一、货币供给的数量界限

（一）货币供给数量界限的理论分析

在经济活动中多少货币数量才是适当的？对于这个问题，古往今来学者们一直存在不同的看法。上一章是从货币需求的角度讨论的，本章则从供给的角度进行分析。在现代信用货币制度下，货币供给在数量上不受币材的制约，从技术上说可以是无限的。但上述的分析表明，在现实经济中货币供给要受到各种因素的制约。那么，多少数量的货币供给才是合适的，是中央银行进行货币控制首先面临的问题。有学者认为，为了发挥货币的积极作用，货币供给应该相对超前和扩大，以刺激经济增长；有的学者认为，在市场经济中货币稳定最重要，必须严格控制货币供给数量使之相对少于经济所需，保持商品追逐货币的局面才有利于市场机制发挥作用。

大多数学者认为，从货币的产生发展来看，货币是商品生产和交换发展的必然产物。从货币的职能作用来看，货币是作为交换媒介和资产贮存的手段，发挥计价估值、流通支付、保值增值的作用。因此，从理论上说，货币供给的数量界限应该取决于经济活动中的货币需求。首先受制于商品流通和劳务交易及其由此产生的交易性货币需求，因为货币最基本的功能是作为交换媒介为商品流通和劳务交易服务。其次，受制于人们财富保值增值的金融活动及其由此产生的资产性货币需求。因此，货币供给数量适当与否的界限应该是能否满足货币需求，只有使货币供应量与实际需要量相一致才能保证币值的稳定。

（二）货币供给增长率的确定

货币供给增长率（Money Supply Increase Rate）是指本期与上期的货币供给量之比，主要反映货币供给量的变化程度。由于货币统计的口径不同，货币供给增长率通常区分为不同的层次，如

M1、M2的货币供给增长率。各国在货币统计中公布的是当期和历史的增长率以便分析货币供给的现状与变化，中央银行在控制货币供给时更需要预定增长率，以便作为货币政策操作的目标和依据。为使货币供给的变化与经济发展的需求相适应，各国在预定货币供给增长率时主要考虑以下几个因素。

1. 经济增长率

随着经济的增长，货币的交易性和资产性需求相应增加，因此，货币供给的增长首先应该考虑经济增长。有三个指标可以选择或组合：一是已实现的经济增长率，通常用上年的GDP的增长率来表示；二是当年可能的经济增长率，它受制于当年社会生产能力的可能利用程度预期，人为因素的影响较大，通常用当年预计的GDP增长率来表示；三是潜在经济增长率，是指当年应该启用的社会生产能力，考虑了资源、可持续发展等诸多社会经济等方面因素，更多的是一种规范经济意义上的选择。

2. 就业增长率

一国就业的增长在乘数效应的作用下会给各个经济主体带来货币收入的增长，由此增加交易性和资产性的货币需求，因此，货币供给量也需要相应增加。

3. 物价变动率

在现代信用货币制度下，假定其他因素不变，物价和货币数量之间具有同方向变化的关系，物价的变动会导致所需货币数量的相应增减，因此，在确定货币供应增长率时往往加上一个通货膨胀或通货紧缩率代表的物价变动率。

上述三个因素在各国的货币供给实践中取舍不同。例如，美国货币学派提出的著名“单一规则”就是以经济增长率和就业增长率之和来决定货币供给增长率；而德国的弗赖堡学派则主张以潜在经济增长率加上一个可承受的通货膨胀（或紧缩）率来决定货币供给增长率。我国在很长时期是以经济增长率和物价变动之和来确定预期的货币供给增长率，被称为“基本公式法”。

二、货币供给的控制

在商品经济和市场经济中，由于最核心的价格机制与货币数量之间紧密相关，货币供给过多或过少都会使价格波动进而影响经济的稳定和发展，因此，为了充分发挥价格机制的作用，对货币供给数量的控制尤为重要。但在不同经济和金融体制下，货币供给机制和中央银行调控基础货币的方式和工具有较大的差异，由此决定了货币控制的机制也不同。

在计划经济和金融体制下，信用高度集中于银行，银行实行的是统收统支的资金管理体制，货币供给只有银行信贷这一条渠道，现金和存款都是人民银行的负债并形成了信贷资金的来源；由于没有金融市场，资产运用只有贷款这一种方式，使得贷款成为货币供给增减的唯一渠道，所以控制贷款自然就成为调控货币供求最重要和最主要的方式。由于货币调控追求的目标是物资、财政和信贷的综合平衡，要求银行贷款必须具有高度的计划性：企业只能在计划额度之内借款，有需求没有计划不能借款；银行只能按计划发放贷款，有存款没有计划也不能发放贷款，要增减贷款必须变更或追加贷款计划，利率对贷款的增减不起任何作用，国家对货币采用直接控制的方式，运用高度集中统一的信贷计划和层层分解执行的方法来实施。这种控制方式从理论上分析是有很强约束力的，应该很容易实现控制目标，但在实践中，却常常因为计划失误或执行中的问题，导致货币失控。

在市场经济体制下，由于商业银行等存款货币机构都是独立的经济主体，货币供给的控制建立在市场运作和双层货币供给机制的基础上。中央银行运用间接调控的方式，采用本币和外汇公开市场、债券回购、再贷款和再贴现、存款准备金、央行票据、流动性工具等多种货币政策工具的操作来吞吐基础货币，调控存款性公司的放款能力和货币乘数，最终影响货币供给总量。前面的分析表明，基础货币的投放和回笼与中央银行的资产负债业务紧密相关，货币乘数的决定因素也在很大程度上受中央银行的影响，因此，从理论上分析，中央银行应该能够对货币供给进行控制。在各国的实践中，中央银行货币政策操作的重要内容就是调控货币供给量，具体内容将在本书第 18 章“货币政策”中进一步讨论。

三、货币供给的内生性与外生性

在研究货币供给控制时，人们一直在争论一个重要问题：货币供给量究竟是外生变量还是内生变量？这个问题的核心是货币供给这个变量的可控性。内生变量又称非政策性变量，是指在经济体系内部由诸多纯粹经济因素影响而自行变化的量，通常不为政策所控制，如市场经济中的价格、利率、汇率等变量。外生变量又称政策性变量，是指在经济机制中受外部因素影响，而由非经济体系内部因素所决定的变量，通常能够由政策控制，可作为政府实现其政策目标的工具，税率就是一个典型的外生变量。

（一）货币供给内生性与外生性之争

对于货币供应量是一个外生变量还是一个内生变量的问题，学者们持有两种截然不同的观点。主张货币供应量是外生变量的人认为，货币供应量是由中央银行控制的，受货币政策的支配；主张货币供应量是内生变量的人则认为，货币供应量是经济体系内诸多因素共同作用的结果，中央银行难以有效控制。因此，关于货币供应量是外生变量还是内生变量的问题，关系到货币供应量是否可控的问题，进而关系到货币政策是否有效的问题，具有很强的理论与政策意义。若视货币供给为外生变量，意味着中央银行能够通过货币政策的实施有效地调控货币供应量，政府干预经济可以奏效；反之，则意味着货币供应量主要由经济因素决定，中央银行并不能有效地控制其变动及其数量，政府并不能有效地干预经济。

学者们在争论中发现，简单地判定货币供应量是一个内生变量或外生变量都失之偏颇，因此，人们的讨论逐渐集中在货币供给的内生性或外生性上。所谓**货币供给的内生性**（Endogenesis Character of Money Supply），是指货币供给难以由中央银行绝对控制，而主要是由经济体系中的投资、收入、储蓄、消费等各因素内在地决定，货币供给量具有内生变量的性质。与此相对应的是**货币供给的外生性**（Exogenesis Character of Money Supply），是指货币供给可以由中央银行进行有效的控制，货币供给量具有外生变量的性质。

货币供给量的内生性和外生性问题迄今仍未达成共识。多数经济学家认为，在不兑现信用货币条件下，由于基础货币都是由中央银行投放的，货币乘数也在中央银行的宏观调控之下，所以，中央银行应该有能力按照既定的目标运用货币政策工具对货币供给量进行扩张或收缩，货币供给量在一定程度上可以为政策所左右。这说明货币供给量存在着较强的外生性。但这种外生性又不是绝对的，前面对货币乘数影响因素的分析表明，由于货币供给量除受中央银行控制外，还要受经济生活中其他经济主体行为的影响，因而货币供给量又具有一定的内生性质。货币供给量所具有的这种双重性质，虽然不是严格合乎计量经济学的要求，但却比较客观地反映了现实状况：从总体上看，中央银行对货币供给量具有相当的调控能力，中央银行应该承担起不可推卸的调控责任。但在现实经济运作中，随着金融创新的活跃，货币供给的内生性也在增强，中央银行的调控能力有所削弱，说明中央银行对货币供给的调控还存在一些困难，宏观金融调控还需要不断地加以完善。

（二）中国货币供给的内生性与外生性

对于这个问题，国内学者持两种不同的观点：主张内生性货币供给论的学者认为，目前我国中央银行制定和执行货币政策的独立性不强，现实经济运行中的内生因素随着市场化程度的提高作用越来越大，因此，货币供给日益表现出更多的内生性，中央银行对货币供给的控制越来越困难。主张外生性货币供给论的学者认为，从本源上讲，货币供给都是由中央银行的资产负债业务决定的，货币供给是完全可以控制的，并且我国的中央银行有足够的权威和手段控制货币供给量，近十几年来，中央银行对货币供给的成功控制表明我国的货币供给具有很强的外生性。

专栏看板16–2

2020 年年末，广义货币供应量（M2）余额为 218.7 万亿元，同比增长 10.1%，比上年年末高 1.4 个百分点。狭义货币供应量（M1）余额为 62.6 万亿元，同比增长 8.6%，比上年年末高 4.2 个百分点。流通中货币（M0）余额为 8.4 万亿元，同比增长 9.2%，比上年年末高 3.8 个百分点。2020 年现金净投放 7 125 亿元，同比多投放 3 144 亿元。

总体来看，2020 年稳健的货币政策体现了前瞻性、主动性、精准性和有效性，为我国率先控制疫情、率先复工复产、率先实现经济正增长提供了有力支撑。多措并举引导金融系统向实体经济让利 1.5 万亿元，实体部门获得感明显增强。货币政策目标顺利实现，2020 年年末，广义货币（M2）同比增长 10.1%，社会融资规模存量同比增长 13.3%。企业综合融资成本明显下降，2020 年 12 月企业贷款加权平均利率为 4.61%，较上年同期下降 0.51 个百分点，创有统计以来新低。信贷结构持续优化，2020 年年末，普惠小微贷款和制造业中长期贷款余额同比分别增长 30.3%和 35.2%。人民币汇率以市场供求为基础双向浮动，弹性增强，在合理均衡水平上保持基本稳定。2020 年年末，中国外汇交易中心（CFETS）人民币汇率指数报 94.84，较上年末升值 3.78%。

资料来源：中国人民银行发布的《2020 年第四季度货币政策执行报告》。

事实上，货币供给的内生性或外生性是一个很复杂的问题，很难简单地用非此即彼的逻辑进行判断。一般通过分析货币供给的变动与货币乘数之间的关系，可以对货币供给内生性进行验证。实证表明，中央银行虽可通过不断丰富货币政策工具来控制基础货币，却对货币乘数的控制能力有限。同时，货币供给的可控性也不是一成不变的，决定货币供给可控性的客观条件和主观认识与能力也在不断变化，问题的答案也在随着客观和主观的因素发生变化。需要关注的是，目前我国中央银行对货币仍然具有相当的控制力，因此，中央银行在货币供给中应该承担起不可推卸的调控责任。同时，随着我国改革开放的推进和经济市场化进程的加快，特别是金融市场和其他金融性公司的快速发展与金融创新的蓬勃兴起，货币供给的内生性在不断增强。因此，中央银行对货币供给的调控需要适时调整方式和手段，并不断提高调控能力和操作艺术。

本章小结

1. 货币供给是指一定时期内一国银行系统向经济中投入、创造、扩张（或收缩）货币的行为。货币供给首先是银行系统向经济中注入或抽离货币的过程。其次，必然会在实体经济中形成一定的货币量，即货币供给量。

2. 国际通用的货币供给公式是：货币供给量=基础货币×货币乘数。

3. 现代信用货币制度下，货币供给过程一般涉及中央银行、商业银行、存款人和借款者四个行为主体。其中在货币供给过程起决定作用的是银行体系。流通中的货币都是通过银行供给的，货币供给与中央银行和商业银行的资产负债活动密切相关。

4. 在实行中央银行制度的金融体制下，货币供应量是通过中央银行创造基础货币和商业银行创造存款货币而注入流通的。这一供应过程具有三个特点：① 货币供给形成的主体是中央银行和商业银行。② 两个主体各自创造相应的货币。即中央银行创造现金通货，商业银行创造存款货币。③ 银行系统供给货币的过程必须具备三个基本条件：一是实行完全的信用货币流通；二是实行存款准备金制度；三是广泛采用非现金货币结算方式。

5. 货币供给的过程可分为两个环节：① 由中央银行提供的基础货币供给；② 商业银行进行的存款货币创造。

6. 中央银行提供的基础货币通过其资产业务出去的有三条渠道：① 在外汇市场买卖外汇黄金，变动储备资产；② 在公开市场上购买政府债券，变动对政府债权；③ 对商业银行办理再贴现或发放再贷款，变动对金融机构债权。中央银行还可以通过改变负债业务结构调节基础货币，主要操作手段是发行债券或者中央银行票据、正回购和短期流动性调节（SLO）等。

7. 基础货币是指处于流通界由社会公众所持有的通货及银行体系准备金的总和。作为整个银行体系内存款扩张、货币创造的基础，其数额大小对货币供应总量具有决定性的影响。基础货币=现金+银行体系存款准备金。

8. 中央银行对商业银行债权的增加，意味着中央银行再贴现或再贷款资产的增加，说明通过商业银行注入流通的基础货币增加，并将导致货币供给量多倍扩张。相反，如果中央银行对商业银行的债权减少，意味着中央银行减少了再贴现或再贷款资产，货币供应量必将大幅收缩。

9. 商业银行以原始存款为基础发放的贷款，通过转账支付、存款、贷款又会创造出新的派生存款，导致总存款数倍于原始存款。总存款与原始存款之间的比率被称为存款乘数，其大小与法定存款准备金率、超额准备金率、提现率等因素呈反方向变动的关系。

10. 货币乘数是指货币供给量对基础货币的倍数关系。在货币供给过程中，中央银行的初始货币提供量与社会货币最终形成量之间客观存在着数倍扩张（或收缩）的效果或反应，即所谓的乘数效应。

11. 货币乘数主要由通货-存款比率和准备-存款比率决定。通货-存款比率是流通中的现金与商业银行活期存款的比率。它的变化反向作用于货币供给量的变动，通货-存款比率越高，货币乘数越小；通货-存款比率越低，货币乘数越大。准备-存款比率是商业银行持有的总准备金与存款之比，准备-存款比率也与货币乘数有反方向变动的关系。

12. 货币供给的内生性是指货币供给难以由中央银行直接控制，而是由经济体系内部各经济主体共同决定。货币供给的外生性，是指货币供给可以由经济体系以外的中央银行直接控制。

13. 我国目前的货币供给既有市场经济的共性，又具有转型经济的特点，使货币供给的外生性与内生性并存。从总体上看，目前中央银行对货币供应量仍然有着很强的控制力，但与此同时，随着改革开放的不断深入，货币供应量的内生性也在不断增强。

重要术语

货币供给	货币供给量	基础货币	法定存款准备金	原始存款
派生存款	提现率	超额准备金	存款乘数	货币乘数
通货-存款比率	准备-存款比率	货币供给增长率	货币供给的内生性	
货币供给的外生性				

术语解释请扫描封底增值服务码→名词术语。

思考题

1. 如何理解现代信用货币制度下的货币供给和货币供给量的含义？
2. 为什么说货币供给机制受制于经济和金融体制？中国改革开放以来的变化说明什么？
3. 现代货币供给的基本模型是如何表达的？货币供给的过程有哪些特点？
4. 如果中国人民银行向中国工商银行出售 100 万元国债，这对基础货币有何影响？
5. 试分析近 10 年来中国人民银行收放基础货币渠道的变化与面临的问题。
6. 你认为除商业银行以外的其他金融机构，如证券公司和保险公司，有没有货币创造功能？为什么？
7. 影响货币乘数的主要因素有哪些？
8. “货币乘数必然大于 1”，这种说法是否正确？为什么？查一查相关资料，试对近 5 年我国的货币供给状况做一分析。
9. 你认为货币供给是否可控？结合中国改革开放以来的现实，分析货币供给的外生性与内生性是否有变化？为什么？

更多思考练习请扫描封底增值服务码→习题作业、例题及综合测试。

讨论题

讨论主题：存款准备金与货币供给的关系

讨论素材：《调整存款准备金率对货币供给的影响》

思考讨论：

1. 调整存款准备金率对货币供给产生怎样的影响？
2. 中国人民银行 2021 年两次调整存款准备金率对货币供给的影响如何？

相关讨论素材请扫描封底拓展资源码→教学案例。

延伸阅读

1. 弗里德曼. 美国货币史：总论//弗里德曼文萃. 北京：首都经济贸易大学出版社，2001.
2. 黄达. 货币供给与宏观调控. 北京：中国人民大学出版社，1997.
3. 周慕冰. 经济运行中的货币供给机制. 北京：中国人民大学出版社，1990.
4. 尚明. 当代中国的货币制度与货币政策. 北京：中国金融出版社，1998.
5. 李健，贾玉阁，蔡如海. 中国金融改革中的货币供求与机制转换. 北京：中国金融出版社，2008.
6. 盛松成，翟春. 中央银行与货币供给. 北京：中国金融出版社，2015.

☞ 更多资源请扫描封底拓展资源码→文献目录。

即测即评

☞ 请扫码答题，检测本章学习效果。

第17章 货币均衡

本章导读

在之前的章节讨论了货币需求和货币供给，供求之间的大体适应就视为货币均衡状态。货币均衡其实质则是总供求均衡的一种反映。通过对货币均衡与总供求均衡的相互影响分析，探讨货币对以价格和国民收入为代表的宏观经济变量的影响，对于理解财政政策和货币政策的效应有着重要的意义。

在开放经济的环境下，讨论货币供求与市场供求均衡问题，除需要考虑国际收支的均衡外，还需要考虑国际收支与总供求均衡之间、与货币均衡的相互作用机制。任何外部的不平衡，都会反映在本国内部的不平衡上。国际收支与本国的经济增长、消费、投资、储蓄、货币供给等经济变量交织在一起，相互影响，这在我国已经比较显著。此外，汇率水平及汇率预期、国外利率、国外通胀率等多种开放变量也具有重要影响，主要体现在影响跨境资金流动的规模和收益，导致调整资产结构，进而影响货币供求，当然也会影响货币供求关系所决定的资金价格（即利率）。

经济运行中常会出现失衡的情形，例如货币供给过多，就可能会造成通胀，反之可能会导致通缩，对宏观经济以及经济主体都具有重要的影响。究其成因和发生机理，经济学家提出了不同的理论。并可采取相应的财政政策和货币政策等来加以治理。

第一节 货币供求均衡与总供求均衡

一、货币供求均衡原理

货币均衡（Currency Equilibrium）是指某一经济体在一定时期内，在货币流通的过程中，货币供给与货币需求基本相适应的货币流通状态；反之，则为货币失衡。若以 M_d 表示货币需求量，M_s 表示货币供给量，则货币均衡可表示为：

$$M_d = M_s \tag{17-1}$$

货币均衡也是一个由均衡到失衡，再调整恢复到均衡的动态调整的过程。货币均衡并不是要求货币供给量与货币需求量完全相等，而是一定程度上可以允许货币供求之间不一致，实际上通常是处于围绕均衡状态的失衡调整。货币失衡的表现形式主要有两种类型：另一种是如果 M_s 持续地、显著地多于 M_d 往往会出现通货膨胀（简称通胀）；另一种是如果 M_s 持续地、显著地少于 M_d，可能会出现通货紧缩（简称通缩）。

二、货币均衡与总供求均衡之间的关系

总需求（Aggregate Demand，AD）是某一经济体在一定的支付能力条件下，在一定时期内全社会对生产出来供最终消费和使用的货物和服务的需求总和，主要包括住户（家庭）的消费需求、政府的消费需求、企业的投资需求。**总供给**（Aggregate Supply，AS）是某一经济体在一定时期内提供的全部供最终消费的货物和服务的总和。随着工业化程度的提高，勤勉的厂商总是积极地去发现和满足市场需求，导致总体上是总需求引导总供给并对总供给有着决定性的影响，并且大多呈现总供给略过于总需求（或者说需求不足）的情形。

在讨论货币的重要职能和货币需求理论时我们知道，货币不仅是社会再生产可持续进行的条件，也是总供给实现的媒介，经济体系中的货币需求量取决于有多少实际资源需要通过货币实现流转，完成包括生产、交换、分配和消费这些相互联系的再生产流程。也就是说，总供给决定货币需求。

现代货币供给机制是双层次的货币创造结构。商业银行体系针对客户需求，提供信贷并由此创造存款货币，中央银行根据金融市场和经济运行状况投放基础货币，根据货币需求来调控货币供给。因此总体上，是货币需求引导货币供给，这也类似于在商品市场上的总需求引导总供给的情形。

货币作为一般支付手段，其数量和流通速度反映了一定时点具有支付能力的社会总需求，这里总需求指的是经济主体的有效需求，即有支付能力的需求。有效需求是要以一定的货币量作为载体，如果没有货币供给，有效需求就无从产生和表示。因此，货币供给决定并制约影响总需求，货币供给的变动通过影响利率水平，或者通过改变信贷的可获得性和股票市场价格等渠道来影响企业的投资需求，对住户的消费需求和净出口（即来自国外的对本国货物和服务的需求）也有着重要的影响，在保持国民经济持续、稳定发展和总供求均衡中起重要作用。货币供给增加将导致总需求增大，反之则减少；但如果货币供给过多就可能会造成总需求的膨胀，从而导致通胀；如果货币供给不足，则总需求就不能全部实现；在货币持有的结构上如果经济主体储蓄的货币过多，意味着推迟或未形成当期的需求，可能导致通缩。

以上分析的货币供求与总供求之间的相互关系可用图 17-1 表示，其中箭头表示主导性的作用。

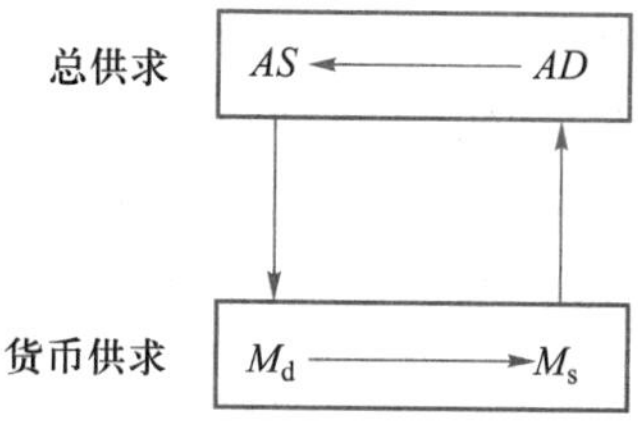

图 17-1　货币均衡与总供求均衡

图 17-1 的四边联动关系表明，社会总供求均衡与货币供求均衡密切相关：① 总需求对总供给有决定性的影响；② 总供给决定货币需求，也就是说总供给决定了需要多少货币来实现流通和再生产；③ 货币需求是货币供给调整变动的决定依据；④ 货币供给是总需求的载体，决定并制约影响总需求尤其是投资需求。

从形式上看，货币均衡是货币供求相互平衡的一种货币流通状态，但实质上也是总供求平衡的一种反映。因此，商品市场上的价格稳定和金融市场上的利率（货币价格）稳定，处于正常水平，可作为分析判断货币均衡的基本标志。货币均衡与总供求均衡有着紧密联系，实现货币均衡有助于实现总供求均衡，这也正是央行之所以可以通过货币政策操作以调控宏观经济的基础和出发点。需要指出的是，图 17-1 箭头所示的只是一种主导性的关系，货币供求与总供求四个因素之间的关系也是存在着相互作用的。

三、货币均衡的实现机制

市场经济条件下的货币均衡需要具备两个条件：首先，要有健全的利率机制，利率能够作为金融市场上货币的"价格"，既能够灵敏地反映货币供求的状况，又能够调节货币供求关系使之实现均衡。其次，要有发达的金融市场尤其是货币市场，有众多的金融工具可供发行者和投资者选择，各类金融工具之间可以便利而有效地互相转化，从而调节货币供求。

类似于一般的商品价格与供给和需求数量的相互影响机制，在内生货币供给的条件下，若不考虑货币当局的行为，当市场利率（也就是货币的"价格"）上升时，商业银行贷款的收益增加，商业银行就会通过减少超额存款准备金（率）来扩大贷款规模，结果是增加货币供应量；公众则因持有现金货币的机会成本增大而减少现金持有，这会促进存款货币的派生，也会导致增加货币供应量。因此一般来说，利率水平越高，货币供应量就越多；反之，货币供应量就越少，利率与货币供应量之间存在同方向变化的关系，这种关系可用一条货币供给曲线来表示，即图 17-2 中的 M_s 曲线。从货币需求方面看，利率水平越高，持有货币的机会成本越高，人们就会增加对其他金融资产的需求而减少对货币的需求；反之就会减少货币的需求量，利率与货币需求量之间是反方向变化的关系，这种关系可以用一条货币需求曲线表示，即图 17-2 中的 M_d 曲线。

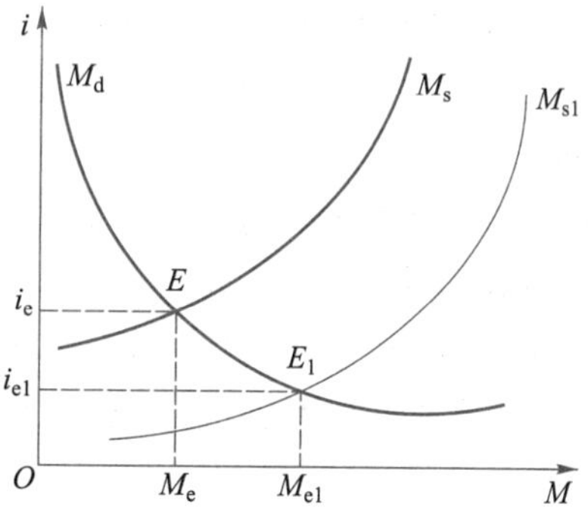

图 17-2　利率决定的货币均衡机制

在货币市场上，当货币供给与货币需求相等时，市场达到了均衡，货币供给曲线与货币需求曲线的交点（E）即为均衡点，此点决定的利率水平为均衡利率（i_e），货币量为均衡货币量（M_e）。

不过，市场总是波动多变的。货币供求也会因各自变化的时间不一致或数量不等而打破货币均衡状态，但在市场利率机制的作用下又可恢复均衡。如图 17-2 所示，若因为是央行的操作行为或市场的内生因素导致货币供给增加时，货币供给曲线从 M_s 右移至 M_{s1}；一般来说当其他因素不变，货币供给增加时，市场利率将下降（从 i_e 下降到 i_{e1}）；由于货币需求总体上与利率是反向变化关系，利率下降后导致货币需求增加（从 M_e 增加到 M_{e1}），这样，货币供给与货币需求又会在 E_1 点重新实现均衡；若因为是央行的操作行为或市场的内生因素导致货币供给减少时，也会通过利率上升和货币需求减少而重新恢复均衡。同样地，如果货币需求发生大幅度增减而导致货币供求失衡时，即使央行不是立即采取行动，也可通过利率的变动内生地影响货币供给的增减变化，在新的均衡点实现均衡；当然，央行的干预可能使得均衡恢复得更快些。

综上可见，在市场经济中，货币均衡主要是通过利率机制实现的。

四、影响货币均衡实现的因素

货币均衡的实现除了主要受利率机制影响以外，还有赖于以下因素。

（一）央行的市场干预和有效调控

货币供求均衡的实现虽然可以通过利率机制来实现，但由于货币需求的变化是众多经济主体行为的结果，例如货币需求的影响因素还包括了利率之外的其他变量。另外，利率的变化调整受制于诸多因素，加上利率机制发挥作用的条件约束等，使得利率对货币供求均衡的调节经常发生失灵或不到位，因此央行的市场干预和宏观调控是不可或缺的。央行通过货币政策的操作，调控货币供给和利率，力求有助于实现货币均衡。第 18 章等章节将继续讨论这个问题。

（二）财政收支的基本平衡

大量财政赤字的出现往往迫使政府向央行（在当今各国，一般是间接地）借款，这会使央行为弥补财政赤字而增加货币投放，进而可能引发通胀。

（三）经济结构的合理性

如果一国的经济结构不够合理，就可能会出现某些部门和货物或服务的供给不足与供给过剩并存，最终会引起货币供求失衡。

（四）国际收支的基本平衡

如果国际收支持续并显著地失衡，就容易引发本币的升值或贬值，直接影响国内价格和产出，也会影响央行的基础货币投放，使货币供求关系发生变化。这个问题将在本章的第二节、第三节继续探讨。

改革开放之后，我国货币供求均衡开始向央行调控下的机制转化。总体上看，调节货币均衡的机制和手段也在改进，直接的货币供给量调控曾占有相当重要的地位，但随着利率市场化的推进和基本完成，利率机制已逐渐发挥作用；金融市场近年来发展得较快，已经具有相当的规模、多样化的产品和活力，也为货币均衡的实现提供了重要基础。

第二节　国际收支及其均衡

在开放经济的环境下，在厘清货币供求与市场供求均衡问题时，涉及国际收支均衡，并需要进一步讨论其与总供求均衡之间、与本国的货币均衡的相互作用机制。内部失衡总是与外部失衡联系在一起，相互影响。理解国际收支均衡问题，首先需要了解关于国际收支统计的基本框架和记账原理。

国际收支统计采用的是与国民账户体系（SNA）一致的概念和方法，国际收支账户转换为平衡表的形式即为国际收支平衡表和国际投资头寸表，二者分别从流量和存量的角度反映居民与非居民之间发生的各项交易。

一、国际收支平衡表

国际收支平衡表（Statement for Balance of Payments）记录了在某一特定期间内，居民（或称为常住）机构单位与非居民机构单位之间发生的国际贸易和投资以及其他国际经济交往的全部交易，是流量交易的汇总统计表，反映了在特定期间内该经济体的国际收支状况。**国际投资头寸表**（International Investment Position，IIP）记录了在某一时点，居民对非居民的债权，或作为储备资产持有的黄金等金融资产，以及对非居民的负债。在国际投资头寸期初值的基础上，由期间内的国际收支平衡表中的金融账户（各种交易引起的流量）以及金融资产和负债的其他变化账户（也就是非交易因素引起的流量），就形成了国际投资头寸的期末值。

国际收支平衡表和国际投资头寸表提供了丰富的信息，可供微观经济主体在从事贸易投资活动，以及政策当局在制定宏观经济政策时参考。经过多年的努力，IMF 于 2013 年 11 月更新了第六版《国际收支和国际投资头寸统计手册》（BPM6），为各国收集、编制和发布相关数据提供了一般性框架和规则指导。

（一）国际收支统计的基本账户

国际收支统计由一系列账户组成，具有统一性：一是记录时采用复式记账原则；二是对两个经济体之间的每一笔交易进行记录。在国际收支平衡表中，基本账户包括以下五个。

1. 经常账户

经常账户（Current Account）记录的是居民与非居民之间发生的货物和服务、初始收入、收入再分配等经济交易，可显示出货物和服务的出口与应收的初始收入和收入再分配之和，与进口与应付收入之和这两者之间的差额。主要包括有以下几项子项目：

（1）**货物和服务账户**（Goods and Services Account）。货物既包括一般商品，也包括转手买卖货物等。服务包括制造服务、维护和修理服务，运输服务，旅行服务，建设服务，保险和养老金服务，金融服务，知识产权使用费、电信、计算机和信息服务，其他商业服务，个人、文化和娱乐服务等。伴随各国产业结构的调整和国际经济交易的发展，服务在经常账户中所占比重有不断上升的趋势。

（2）**初次收入账户**（Primary Income Account），记录一国与其他经济体之间因提供或使用人力资源、金融资产或自然资源而应收或应付的报酬，主要包括雇员报酬、投资收益、财产收入等。国际收支平衡表中经常账户中的投资收益项目与国际投资头寸表中的相关项目相结合，可以进行较为详尽的分析，例如估算针对某一国或投资某一类资产的收益率。

（3）**二次收入账户**（Secondary Income Account），记录的是发生在居民与非居民间的经常转移。这也是按照复式簿记原理所设立的平衡项目。经济交易大多是支付对价的交换（Exchange），少部分则是转移（Transfer）。当一个机构向另一个机构提供货物和服务、金融资产或其他非生产资产，回报价格为显著不经济或大大低于其价值时，可记录为转移。转移分为经常转移以及资本账户中的资本转移，经常转移影响居民的可支配收入和消费能力，导致在居民与非居民之间的收入再分配。跨境的初始收入影响国民总收入，而收入再分配与初始收入一起影响国民可支配收入。对于某些有大量的劳务输出的国家，或者某些在海外有大量的直接投资或金融投资的高收入或发达国家，初始收入的规模或比重比较可观。

2. 资本账户

资本账户（Capital Account）记录的是居民与非居民之间发生的非生产非金融资产的获得和处置（例如向使馆出售的土地、租赁和许可的出售），以及资本转移（即一方提供用于资本目的的资源，但该方没有得到任何直接经济价值回报，主要涉及固定资产所有权的变更以及债权债务的减免等）。资本转移影响资本存量，不影响可支配收入和储蓄，因此记录在资本账户中。资本转移通常数额较大，但较少发生，一般地，主要关注的是与政府部门有关的资本转移（非政府部门则往往缺乏转移的动机）。

3. 金融账户

金融账户（Financial Account）记录的是居民与非居民之间发生的金融资产和负债的交易，表明用于国际融资交易净额的职能类别、部门、金融工具和期限。金融账户根据金融工具和职能类别划分，主要包括：直接投资、证券投资、金融衍生工具（储备资产除外）和雇员认股权、其他投资、储备资产。

一般地，金融账户的数额规模要远多于资本账户，人们有时也曾经习惯地将这两个账户合称为资本和金融账户（有时也干脆简称为资本账户，当然其实主要是以金融账户为主）。BPM6 之前的版本也采用“资本账户”这一术语，在最新的 BPM6 中已作了命名区分。人们经常讨论和提及的资本账户开放，通常指的是（不包括储备资产的）金融账户开放。

4. 储备资产账户

储备资产（Reserve Assets）是指一国货币当局所控制的、实际存在的、并随时可供货币当局用来满足国际资金需求、干预外汇市场等目的的对外资产，主要包括货币黄金、特别提款权、在 IMF 的储备头寸以及其他储备资产。储备资产账户本来是属于金融账户的子项目，但由于其功能和管理方式不同于其他资产，故有时将其单列，例如在分析国际收支失衡问题或各账户间的经济关系时。

金融账户和储备资产账户出现在国际收支平衡表，且由于它们对资产和负债存量的影响，也出现在国际投资头寸表中，交易项目是一致的，也为后者提供了数据来源，但后者在核算时还要考虑由非交易因素引起的资产价值的变化。也可以看出，金融账户可提供一国的住户部门、非金融公司部门、商业银行部门等持有的外汇资产的信息，储备资产账户可提供货币当局持有的储备资产的信息。如果一国一定时期内经常账户与资本账户和（不包括储备资产的）金融账户表现为顺差，将使得该国的储备资产增加，国际投资头寸也相应发生改变；相反，则导致储备资产减少。20 世纪 90 年代中期以来的绝大多数时期，我国经常账户与（不包括储备的）金融账户出现双顺差，导致央行积累了巨额的储备资产（见图 17-3）。

5. 误差与遗漏净额

由于国际收支核算采用的是复式记账原理，在理论上国际收支平衡表贷方的合计总额与借方的合计总额应当是一致的。但实际上由于各个项目的统计数据来源不一，有的数据甚至需要进行估算，所有交易的贷方总额与借方总额之间会出现差额，被称作**误差与遗漏净额**（Net Errors and Omissions）。这是一个平衡项目，当贷方的数额多于借方时，在借方记录一笔数额相同的误差与遗漏，用“-”反映；反之，记在贷方，用“+”反映。

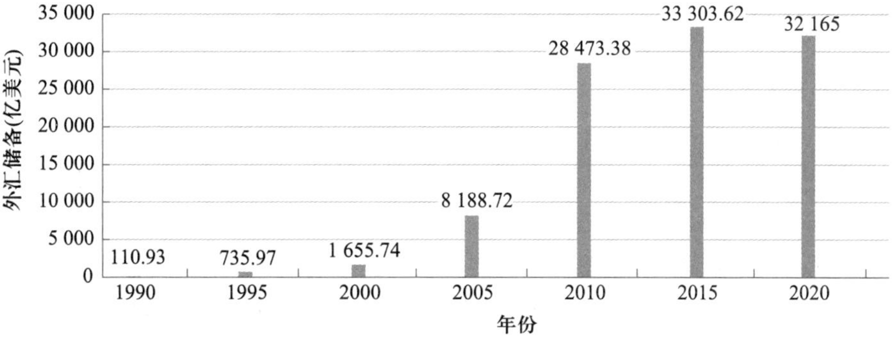

图 17-3　1990—2020 年中国外汇储备变化图

数据来源：中国人民银行网站。

（二）国际收支的记账原理

国际收支平衡表与国际投资头寸表遵循复式簿记原理。对于国际收支平衡表，将在某一特定期间发生的各笔交易，分别记录在贷方与借方。对于每一笔交易，均由两个金额相等但方向相反的分录组成，反映了每笔交易的流入和流出：贷记（Credits，“+”）——居民对非居民的货物和服务出口，应收收入，资产减少或负债增加；借记（Debits，“-”）——居民对非居民的货物和服务进口，应付收入，资产增加或负债减少。这里所讲的资产既包括物质或实际资源也包括金融资产。例如，向非居民出口 100 个货币单位的货物，意味着向非居民提供物质资源，以及从非居民收到金融资源即补偿性收入，出口项目贷记 100 货币，金融资产项目借记 100 货币。由于每笔交易都有两个分录，因此在理论上，一国国际收支中的贷方分录合计额与借方合计额之差应当为零，即整个账户是平衡的。

国际投资头寸表将在某一特定时点的金融资产和负债的余额或头寸，分别记录在资产方和负债方，期末值为期初值与期间发生的交易和其他变化之和。

此外，编制国际收支平衡表一般采用的是权责发生制，交易的记录时间以所有权的转移为标准；按照市场价格记录；所有的记账单位需要折合为同一种货币，既可以是本币，也可以是外币，例如我国的国际收支的记账货币是美元。

二、国际收支的均衡与调节

国际收支为分析一国的国际经济关系——包括其国际经济表现、汇率政策、储备管理和对外脆弱性，提供了一个综合框架。例如，对于国际投资头寸表，资产与负债的差额即为国际投资的头寸净额，通常不为零，代表对国外的净债权或债务，界定了该国是债务国还是债权国。

（一）国际收支失衡的判断

怎样判断一国的国际收支是否平衡？通行的方法是将国际收支平衡表上各个项目区分为自主性交易和调节性交易来进行考察判断。

自主性交易（Autonomous Transaction）是指企业等机构由于自身的利益需要而独立进行的交易，如货物和服务的进出口、跨境资金的流动等，这些交易出于生产经营、投资等需要，具有相对的自主性。**调节性交易**（Accommodating Transaction）是指在自主性交易产生不平衡时所进行的用以平衡收支的弥补性交易，如央行动用储备资产等。判断一国的国际收支是否失衡，主要看其自主性交易是否平衡。如果一国国际收支不必依靠调节性交易而通过自主性交易就能实现基本平衡，国际收支就可被视为平衡的；反之则为失衡。

国际收支的各个账户或项目都列有收支两方，并不会恰好相等，而是存在差额。顺差（Surplus）是指收多于支，逆差（Deficit）是指收小于支。一般可以通过以下几种具有重要经济意义的差额（其中的前三种差额被称为“局部差额”），来评估和度量国际收支是否失衡：

（1）货物和服务账户差额（或贸易差额）。如果出现逆差，必须有某种资金来源与之相抵，或是依靠经常账户中的初始收入或二次收入项目的顺差来抵补，或是依靠（不包括储备资产的）金融账户中的资金流入，甚至也可能是央行动用储备资产来解决。如果出现顺差，也必然会引起其他账户或项目发生相应变化。贸易差额是衡量一国实际资源转让、产业结构、经济发展水平、劳动生产率、国际竞争力和国际收支状况的重要依据。对于追赶中的发展中或新兴经济体来说，力求扩大出口和保持贸易顺差的重要原因在于，这将有利于在全球范围内配置资源，提升本国货物和服务的市场份额，培育能参与全球竞争的企业，增加本国就业，促进产业升级和经济更快地发展，维持对本国货币的信心。

（2）经常账户差额。经常账户包括货物和服务贸易、初始收入和二次收入（一般来说，前两项是构成主体）。经常账户收支反映了实际资源在该国与他国之间的转让额，即一国的国外财富净额的变化。如果出现逆差，表明从国外净进口了货物和服务供国内使用，这意味着国内使用或消耗了国外实物资源，需要通过增加对外负债或减少储备资产来弥补。如果出现顺差，表明向国外净出口了货物和服务，从其他国家赚取的收入大于支出，对外国债权总量增加（或对外负债减少）。与贸易差额相比，经常账户差额可以更好地反映一国对外债权债务关系的变化。经常账户差额常常被国际性银行作为评估一国向外借款能力强弱的重要参考指标之一。

贸易差额和经常账户差额综合反映了一国的进出口状况（包括服务的进出口如金融服务，近年来，服务贸易发展增长得更快）、国际竞争力和实际经济发展水平，经常被当作制定国际收支政策和产业政策的重要依据。

（3）金融账户差额。对金融账户的分析有两方面作用：第一，金融账户可反映出一国金融市场的开放和发达程度，也是制定货币政策和汇率政策的重要依据。一般来说，金融市场开放国家的金融账户的流量总额较大。第二，经常账户差额反映了本国对国外的贷出净额（Net Lending，也可称盈余，Surplus）/借入净额（Net Borrowing，也可称赤字，Deficit），或者说是度量了对非居民的净贷出/净借入是如何形成的，可以折射出一国的经常账户状况和融资能力。

（4）综合账户差额（或国际收支总差额）。前文也已经提到，在分析经济问题时，有时将储备资产账户单列出来，与金融账户并列。经常账户差额+资本账户差额+（不包括储备资产的）金融账户差额之和，称为综合账户差额（或国际收支总差额），在数额上也等于储备资产账户差额（也是等于在国际投资头寸表中的储备资产余额的变化）。例如，如果国际收支总差额出现逆差，则储备资产相应减少。

由于综合账户差额在数额上对应于储备资产账户差额，所以可用来分析一国储备资产的形成来源，或用于衡量国际收支对储备资产造成的压力，分析如何弥补经常账户的逆差等问题。综合账户差额的状况直接影响到该国的汇率是否稳定和对货币的信心，而动用储备资产弥补国际收支不平衡、维持汇率稳定的措施又会涉及干预成本和代价，例如将会影响一国的货币发行，甚至面临着外汇储备耗尽的困境。因此，综合账户差额比较综合地反映了自主性国际收支的状况，是全面衡量和分析国际收支状况的指标，具有重要的意义。IMF倡导使用综合账户差额这一概念。在没有特别说明的情况下，所说的国际收支或逆差顺差，通常指综合账户逆差或顺差。

（二）国际收支失衡的原因

出现国际收支失衡的原因因国情而异，一国在不同时期的原因也不尽相同，概括起来主要有以下几类。

1. 经济发展状况

例如，我国在改革开放之初时，需要进口大量技术、设备和原材料，而受当时经济发展水平的限制，出口一时难以相应增长，因而在多数年份出现贸易逆差，但是随着改革开放的推进，经济进入更高的发展阶段，20 世纪 90 年代中期之后开始出现持续的顺差。因此，这种国际收支失衡随一国经济发展阶段而变化。

2. 经济结构

各国由于经济地理环境、资源禀赋、技术水平、劳动生产率、发展战略等差异，形成了各自的经济布局和产业结构，进而影响其货物和服务的进出口、外来直接投资等的结构和规模。当国际市场的需求结构和总量发生变化时，如果一国不能相应地调整其经济结构，则可能会引起国际收支失衡，这种失衡在短期内往往很难调整。

3. 货币性因素

一是货币政策引起的物价和币值变化。宽松的货币政策往往引发一国通胀，由此引起的本币实际汇率升值意味着出口商品成本随之提高，在国际市场上的竞争力削弱，同时引起进口增加。二是汇率政策，是影响国际收支状况的重要因素。三是利率的变化。利率作为资金的成本可对一国的产出和物价水平以及跨境资金流动带来显著的影响，例如本国相对于国际市场降低利率或利率较低时，可能带来跨境资金流入减少，或资金流出增加。这些因素变化所导致的国际收支失衡统称为货币性失衡。

4. 跨境资金流动

浮动汇率体系下，由于汇率的频繁变动，使得跨境资金（特别是国际游资）在国际金融市场上快速地流入或流出以赚取收益，对国际收支的影响越来越大，而且这种影响的作用力有时难以估量。例如，1997 年受东南亚金融危机影响的经济体的金融账户出现显著失衡，而且也深刻地影响了经常账户的差额。

5. 经济周期

在经济周期的景气时期，由于经济运行和预期的高涨，进口可能大幅度增加，但如果出口因国外需求因素未发生较大变化，则可能出现经常账户的恶化或逆差；而在萧条时期，进口可能大幅度降低，但出口因国外需求因素未发生较大变化，或出口因国内外经济周期不一致而大幅增加，则有可能出现经常账户的改善或顺差。

6. 国际经济环境

一般地，出口主要取决于国外需求（可以国外 GDP 总量和增长率指标来衡量）、本币（实际）汇率等因素；进口则受制于本国的需求（可以本国 GDP 指标来衡量），也会受国际市场价格以及本币（实际）汇率等多重因素的影响。例如，2002—2008 年上半年，国际原材料和能源产品价格快速上升，给诸多国家的国际收支状况带来了显著影响，使得进口支出增加。再如，美国多年来的持续贸易逆差，涉及的经济因素很多，也很复杂，这其中就包括储蓄较低、需求较旺等因素支持了大量进口。

（三）国际收支平衡是重要的宏观经济目标

一般来说，一国国际收支持续地显著失衡，可能在一些方面不利于国内经济的发展。对众多发展中经济体来说，经常面临的是经常账户或国际收支出现逆差问题，并且逆差通常有可能带来危机；而出现顺差问题，虽然带来危机的可能性较小，但也会带来一些挑战。

1. 逆差对经济的影响

由于一国外汇供给短缺，将导致汇率有贬值压力，短期跨境资金就要大量流出，从而进一步恶化国际收支状况，甚至会导致货币危机。如果一国货币当局为维持汇率稳定而动用储备资产在外汇市场进行干预，这又将导致货币供给的减少，可能导致国内经济通缩，从而最终导致产出下降和失业率上升；而通缩又会导致跨境资金的大量流出，进一步加剧本国资金的稀缺性，推动利率上升、投资需求下降等问题。以储备资产来弥补持续性的、长期性的逆差，也将导致一国对外资产或债权持续减少，有损对外信用。

2. 顺差对经济的影响

一国保持持续的贸易顺差，或者通过吸引 FDI 等方式吸收资金流入，有利于在全球范围内配置资源，增加本国就业，促进产业升级和经济较快发展，这尤其是追赶中的发展中或新兴经济体力求保持国际收支顺差的重要原因。

但是持续的、显著的顺差也有一些不利影响，例如给汇率带来升值压力，而为了对冲升值压力以维持汇率稳定，货币当局就得以外汇占款的形式被动地投放基础货币，将带来货币供给的过快增长进而可能产生通胀的压力，对货币调控的自主性和有效性形成一定的制约。持续的、显著的国际收支顺差也意味着大量资源流向外向型经济部门，可能不利于产业结构和区域结构的调整；也易引发贸易摩擦和冲突，导致国际交易成本的上升。

（四）国际收支失衡的调节方式

从总体上看，持续的、显著的国际收支顺差或逆差都会产生一些不利影响，故长期上，各国应当把国际收支平衡作为宏观经济的目标，采取多种措施尽量保持基本平衡。

专栏看板17–1

中国国际收支保持基本平衡

2020 年前三个季度，我国经常项目账户顺差 1 687 亿美元。其中，货物贸易顺差 3 402 亿美元，服务贸易逆差 1 168 亿美元。资本和金融账户逆差 738 亿美元。截至 2020 年 12 月末，外汇储备余额 32 165 亿美元，较 2019 年年末增加 1 086 亿美元，增幅为 3.5%。截至 2020 年 9 月末，我国全口径（含本外币）外债余额为 22 944 亿美元。其中，短期外债余额为 12 956 亿美元，占外债余额 的 56%。

资料来源：中国人民银行发布的《2020 年第四季度中国货币政策执行报告》。

针对不同原因导致的国际收支失衡，调节的手段和方式也有所不同。由临时性因素或经济周期因素所引发的国际收支失衡能够自发性地恢复均衡，可以不采取调节措施。如果是属于货币政策或汇率政策引起的国际收支失衡，就需要采取相应的调整政策。对于结构性的国际收支失衡，消除失衡将是一个长期、复杂的过程，仅仅依靠货币政策或汇率政策往往难以解决问题（当然也会有一定效果），需要综合采取措施，主要是应当及时转变经济增长方式，加快经济结构、消费与投资结构的调整。当然也需要考虑国内经济的承受力，尤其是应优先考虑国内的经济增长和就业等目标。具体的调节手段主要有：

（1）财政、收入政策。例如，为减少国际收支逆差，可采取出口退税、免税、进口征税等方式，以鼓励出口、限制进口；采用征收“托宾税”等措施对跨境资金流动进行限制。为减少国际收支顺差，可通过加大财政对社会保障、教育和地区间转移支付等方面的投入，进一步发挥财税政策在调整结构、刺激国内消费中的重要作用。

（2）调整汇率或利率等要素价格，完善国际收支自动调节的价格机制。例如，当出现国际收支逆差时，可以动用储备资产来干预汇率，这将导致储备资产减少和供给量下降，市场利率水平随之上升，进而可引起跨境资金流入增加，使金融账户出现盈余，从而调节了国际收支失衡。

（3）完善投融资体制，提升劳工待遇、加大环境保护力度等方式（这也是实际汇率的升值途径），以调节本国产品的出口竞争力，转变外贸增长方式。

（4）实行更加有效的外汇管理政策，进一步便利企业进口用汇，大力支持海外直接投资特别是重要产业的并购，更好地满足市场主体对外金融投资的需求，加强外债借用的管理。

第三节　开放经济下的货币均衡

在对国际收支统计及均衡有了基本了解后，本节继续讨论在开放经济的环境下，国际收支与总供求均衡、与本国的货币均衡之间的相互作用机制。此外，多种开放变量也具有重要影响。

一、对外收支与总供求：分析框架

在开放经济条件下，影响总供求的变量扩大了。一方面，居民通过进口获得部分国外生产的货物和服务；另一方面，本国生产的货物和服务中的一部分出口到国外。在国民账户体系（SNA）中的货物和服务账户，说明了供给与需求（或使用）之间的关系：

$$\begin{aligned}\text{供给} &= \text{产出}+M \\ &= \text{需求} \\ &= C+G+I+X+\mathrm{IC} \qquad (17\text{-}2)\end{aligned}$$

其中，M 为货物和服务的进口，是构成扩大本国总供给的因素；C 为住户消费；G 为政府消费；I 为资本形成总额（在经济分析中通常称作投资，包括固定资本、存货等，SNA 使用“资本形成”这一术语来表示非金融资产投资，以便于明确区分金融资产投资）；X 为货物和服务的出口，是外国对本国的需求，是构成扩大本国总需求的因素；IC 为中间消费。

国内生产总值（GDP）是一国在一定时期内生产的最终货物和服务的价值，等于总产出减去中间消费，因此恒等式（17-2）可以转化为：

$$\mathrm{GDP}=C+G+I+X-M \qquad (17\text{-}3)$$

此即为支出法的 GDP，GDP 是由各居民部门实际获得的本国的最终货物和服务，加上获得的国外货物和服务并扣除向国外提供的货物和服务（也就是出口净额）。支出法是由需求面分析出发，体现私人部门（包括住户和企业部门）、政府部门等的收入去向。

由于 GDP 指标测量的是本国生产的最终产出，并不能全面反映来源于经济各个方面、对总需求有重大影响的全部收入，因此进一步地，可以用国民收入（GNI）、国民可支配收入（GNDY）等指标来描述和测度收入总量。GNI 是 GDP 加上来自国外的初始收入净额，GNDY 是 GNI 加上来自国外的再分配收入净额，因此有：

$$\text{GNDY}=C+G+I+X-M+\text{BPI}+\text{BSI} \tag{17-4}$$

其中，BPI 为来自非居民的初始收入净额，BSI 为来自非居民的收入再分配净额（也就是经常转移净额）。

而经常账户的差额（CAB）为：

$$\text{CAB}=X-M+\text{BPI}+\text{BSI} \tag{17-5}$$

出口净额是居民通过出口货物和服务（扣减进口）从非居民获得的收入净额，与居民与非居民之间的初始收入净额和二次收入净额，一并形成居民对非居民的储蓄。这个储蓄从国际收支的角度看，是经常账户差额，也是居民对非居民的投资净额，也等于资本账户差额加金融账户差额。

根据式（17-4）和式（17-5），经常账户差额也可以被视为可支配收入与需求支出之间的差额：

$$\text{CAB}=\text{GNDY}-C-G-I \tag{17-6}$$

式（17-6）表明了本国与外国交易之间的联系。这种关系意味着，当一国的国民可支配收入不足以被本国的需求全部消耗时，就要把一部分货物或服务出口到国外，就会出现经常账户顺差；若为了减少经常账户顺差，要么是减少国民可支配收入或降低经济增长率，要么是增加本国的需求。但是，当一国的需求超出国民可支配收入时，就要通过从国外进口一部分货物或服务来满足本国过多的需求，就会出现经常账户逆差；若为了减少或者改善经常账户逆差，要么增加国民可支配收入或提升经济增长率，要么减少本国的需求或支出。

储蓄是投资的来源，是一国可用于投资的全部资金，国民可支配收入减去最终消费支出后的差额为国民储蓄（S）。

$$S=\text{GNDY}-C-G \tag{17-7}$$

将式（17-6）代入式（17-7），可得：

$$S=I+\text{CAB} \tag{17-8}$$

或者是：

$$S-I=\text{CAB} \tag{17-9}$$

即经常账户差额等于储蓄与投资（也就是资本形成）的差额。因此，对于一个开放经济体，经常账户差额反映了一个经济体的储蓄和投资行为。一国的国民储蓄与投资的差额等于经常账户差额，也等于资本账户差额与金融账户差额之和。一定时期内，如果储蓄多于投资，或者是相对于投资而言的储蓄的增长，储蓄外流，形成资金净贷出或流出；反之，则形成资金净借入或流入，而经常账户差额的变化也反映出储蓄和投资的变动。这种关系意味着虽然诸如关税、汇率等政策可直接用于改变经常账户差额，但也将影响到储蓄和投资行为，因此应注意把握政策实施的程度。

这些恒等式表明了变量之间的关系，但恒等式本身无法全面分析决定经常账户变动的因素。例如，本国在货物和服务上的总支出（$C+G+I$）可能部分地受到可支配收入（GNDY）的影响。因此，在运用式（17-6）分析可支配收入的变化对于经常账户差额的影响时，应当全面地考虑该变化在消费和资本形成上引起的反应。这也说明了在分析国际收支时，有必要了解各部门的支出倾向。通过区分私人部门与政府部门，可以更为详细地阐释经常账户差额、储蓄和投资的相互关系。私人部门的储蓄和投资（Sp 和 Ip）与政府储蓄和投资（Sg 和 Ig）可被表示为：

$$S-I=Sp+Sg-Ip-Ig \tag{17-10}$$

根据表示经常账户差额与储蓄-投资差额关系的式（17-9）有：

$$CAB=(Sp-Ip)+(Sg-Ig) \tag{17-11}$$

该恒等式表明，如果一国政府部门的投资缺口无法通过私人部门的储蓄抵消，则经常账户将呈逆差状态，政府部门的预算差额（$Sg-Ig$）可能是影响经常账户差额的重要因素；而且，持续的经常账户逆差可能反映了政府支出持续地超出了收入，这意味着应当采取财政紧缩政策。但式（17-11）右边的变量之间存在联系，所以并不能孤立地从私人和政府部门的投资与储蓄角度分析国际收支变化。例如，加税看上去似乎可增加政府储蓄，有助于改善经常账户差额，但加税也可能会对私人投资产生正向或负向的影响，这种影响在一定程度上取决于是对消费征税（这可能将其“挤入”国内投资），还是对投资收益征税（可能降低投资）；此外，对消费加税将导致可支配收入减少，私人储蓄有可能下滑。类似地，加息往往会减少私人消费和投资，但也会给本币带来升值压力，从而对进出口产生影响，对本外币债务的偿债也可能产生不同影响。因此，式（17-11）只是对储蓄、投资决策和国际收支之间的相互作用进行分析的起点。

我们知道，基于国际收支编制采用的复式记账法，所有的国际交易（包括经常交易、资本交易和金融交易）的合计额原则上等于零，因此，金融账户差额表明了经常账户差额和资本账户差额是如何获得资金的。这种金融分录和其他分录之间的差额可以表述为：

$$NLB=CAB+KAB \tag{17-12}$$

其中，NLB 为净贷出/净借入；KAB 为资本账户差额。

该恒等式表明，（来自经常账户差额和资本账户差额之和的）净贷出/净借入在概念上等于来自金融账户的净贷出/净借入。也可以说成是，经常账户差额等于资本账户差额与（包括储备资产的）金融账户差额之和。当然，资本账户差额一般来说相对较小，在分析时可不用怎么考虑。

如果将储备资产账户从金融账户单列，那么有：

$$CAB=NKF+RT \tag{17-13}$$

其中，NKF 为资本账户和（不包括储备资产的）金融账户交易的净额；RT 为储备资产交易的净额。

经常账户差额的任何变动对应着相对于储蓄的投资变动。当国内的投资大于储蓄（即储蓄不足而投资过旺）时，经常账户出现逆差，这意味着本国要占用来自国外的储蓄资金用于投资，资金由国外流入，体现为债务净额或借入净额的增加，来支付国外提供的资源净额。从式（17-13）可以看出，经常账户的逆差或者是通过私人部门持有的对非居民债权净额（NKF）的减少来弥补，也就是减持或动用国外资产或者是增加对非居民的负债，这可通过吸引外来直接投资或在本国金融市场的金融投资，也就是（不包括储备资产的）金融账户的资金流入净额，或者是通过货币当局的减持或动用储备资产来弥补，或者是两者同时发生。因此，经常账户逆差所表示的使用国外提供的资源净额，是与对国外债务净额的变化相匹配。

当本国的储蓄大于投资时，经常账户出现顺差，这意味着本国要将多余的储蓄提供给国外用于投资，资金由本国流出，体现为债权净额或贷出净额的增加。从式（17-13）可以看出，经常账户顺差带来在私人部门持有的对非居民债权净额（NKF）的增加，这主要是通过对外直接投资或在国外金融市场的金融投资，也就是（不包括储备资产的）金融账户的贷出或资金流出净额，或者是货币当局增持储备资产（RT），或者是两者同时发生。

任何外部的不平衡，也都会反映在内部不平衡上。因此，如汇率、关税或出口激励等影响经常账户的政策措施，也将影响本国的储蓄和投资行为。

二、开放经济下的货币供给

对外经济交易引起的国际收支，必然影响货币供给和货币流通状况。根据存款性公司概览，有：

$$BML = NFA + NDC - OIN \tag{17-14}$$

其中，BML 为存款性公司的广义货币负债的存量；NFA 为存款性公司的国外资产净额；NDC 为存款性公司的国内债权净额；OIN 为其他负债减其他资产的净额。

存款性公司概览提供的是存量数据，则存款性公司的流量变化可概括为：

$$\Delta BML = \Delta NFA + \Delta NDC \tag{17-15}$$

其中，Δ 表示期间流量；因为 ΔOIN 数值较小，可略去不考虑。

由此，可分析国际收支交易和国内信贷投放对于本国货币供给的变动或增长率的影响。在开放经济条件下，现代信用货币供给的原理和机制虽然没有根本性的改变，但是与封闭经济相比，商业银行体系外汇资产的增减以及央行在外汇市场上的公开市场操作，对货币供给增减将产生影响，这种影响又因所实行的汇率制度的不同而有所差异。

（一）固定汇率制度下对货币供给的影响

在固定汇率制度下，国际收支对货币供给的影响表现在两个层次上：商业银行活动与央行活动。商业银行体系从企业购入外汇大于售出时，在资产负债表资产方中的持有外汇存量净增加，同时在负债方中的吸收企业存款增加，也就是货币供应量也表现为净增加；反之则相反。对于央行来说，因负有维护汇率稳定的义务，如果外汇市场中的外汇供给持续地显著增加，将会使得本币面临着升值压力，此时就要在外汇市场上购入外汇进行干预，公开市场操作的结果就是央行资产负债表资产方中的持有储备资产增加，在负债方中的商业银行存款准备金也随之增加，商业银行从而加强了存款派生能力，将扩大货币供应量。可见，在固定汇率制度下，一国外汇收支的顺差，将构成增加货币供给的压力和形成来源；反之同理。

（二）浮动汇率制度下对货币供给的影响

在浮动汇率制度下，汇率主要受市场供求关系影响，例如当出现国际收支逆差时，本币将面临贬值压力。本币汇率因此而自发性地调整变动及预期，自然会影响企业的进出口和经济行为，也会影响商业银行的外汇业务。若国际收支失衡是一种短暂的现象，对货币供给量的影响并不大，但若长期失衡仍然会对货币供给产生影响，且央行在某些情形下为实现某种政策目标也可能干预，自然也会引起货币供给量的扩张或收缩。

（三）我国有管理的浮动汇率制度下对货币供给的影响

长期以来，中国人民银行资产负债表变化受外汇占款影响很大。1994 年外汇体制改革之后我国实行有管理的浮动汇率制度，为维持汇率稳定，央行对外汇市场进行干预。在强制结售汇制下，如果出现国际收支顺差，央行必须为净购入的外汇投放本币，这会相应扩大货币供给量。国际收支顺差规模的快速增长，对我国基础货币的投放了产生重要的影响。为此，必须有相应的对冲性操作。2008 年修订后的《外汇管理条例》明确企业和个人可以按规定保留外汇或者将外汇卖给银行，表明强制结售汇政策法规均已失去效力，企业和个人是否愿意及愿意将多少外汇卖给银行，对基础货币的投放产生重要影响。

1994 年后随着外汇占款的增长，外汇占款与我国的基础货币之比也不断上升。1995 年年初，外汇占款与基础货币之比为 27.51%，至 2005 年 10 月，外汇占款已超过基础货币余额，2008 年年底则高达 115.8%，外汇占款逐渐上升成为基础货币增长的主渠道，已基本主导了基础货币的形成。在 1994 年至 2002 年期间，外汇占款与我国的基础货币之比在 50%以内，央行尚可从容地通过削减对商业银行的再贷款来冲销外汇占款导致的基础货币的增长。但随着再贷款的比重和作用在持续下降（再贷款占基础货币的比重在 2008 年年末只有 6.5%），央行难以再继续通过再贷款进行冲销操作。面对不断增长的外汇储备的压力，对冲由此引起的货币供给的过度增加，已经成为中国货币政策一个较长时期的主要任务，因此央行从 2002 年开始了大规模的公开市场操作。由于缺乏可用来实施对冲操作的金融工具，央行票据成为央行冲销外汇占款的得力工具，发行规模迅速增长，品种也不断增多。通过对冲操作，使得基础货币的增长率远远低于外汇占款的增长率。央行票据适应了在市场经济中货币政策调控效果应当追求的平缓性要求，对金融体制改革和宏观调控发挥了重大作用。从 2002 年到 2013 年，央行通过发行央行票据和开展正回购操作，与法定准备金率等其他工具相配合，有效对冲了外汇大量流入带来的过剩流动性。

2014 年下半年以来，随着国际收支更趋平衡，外汇占款总体呈现下降态势，央行"缩表"的情况也开始增多。2015 年央行资产负债表曾收缩约 2 万亿元，2016 年 3 月末较 1 月末也收缩了约 1.1 万亿元。这两次"缩表"，都是在外汇占款下降的大背景下发生的，同时也与降低准备金率有关。至 2017 年，外汇因素对银行体系流动性的影响逐步减少，央行于 2014 年 9 月创设的一种新的货币政策工具——中期借贷便利（MLF）成为央行基础货币投放的重要渠道。

三、开放经济下的货币需求

封闭经济下的货币需求主要受本国实际总收入、利率、通胀率等影响因素，但在开放经济条件下，包括国际收支、汇率水平及汇率预期、国外利率、国外通胀率等的多种开放变量也具有重要影响，开放变量的影响机制主要体现在影响跨境资金流动的规模和（在本国与外国投资的相对）收益，导致调整资产结构，进而影响货币需求，当然也会影响货币供求关系所决定的资金价格也就是利率。

国际收支对本国的货币需求产生的重要影响可体现在：

（1）对交易性和预防性货币需求的影响。一国开放程度越高，货物和服务进出口的规模就越大。对于国际储备货币的发行国来说，直接体现为交易性和预防性货币需求的增加；对于那些非储备货币的发行国，也会通过货币的兑换影响本国的货币需求。

（2）对资产性货币需求的影响。开放条件下，包括直接投资的配套资金安排、外资进入后的还本付息需求、金融投资等跨境资金流动，经济主体出于套期保值或投资的需要也越来越多地参与到外汇市场中，这些都对本国资产性的货币需求有着重要影响。

随着一国对外开放程度的提升，利率、汇率形成机制的进一步市场化，汇率和国外利率等涉外变量的变动影响着投资收益或持有资产的机会成本，也可能影响该国的货币需求。本币的贬值和预期将可能降低对本币的需求，但也可能因将降低境外投资者持有本国债券的回报而导致增加其对本国货币的需求。类似地，国外利率将影响跨境资金流动的规模和收益，也会影响货币需求。

四、开放经济下的货币均衡与总供求均衡的实现

开放经济条件下外部因素对货币供给与需求、社会总供求都有重要影响和冲击，因此，货币均衡和经济均衡要比封闭经济复杂得多，实现均衡也面临着更多的挑战。

由式（17-11）可知，储蓄与投资的相应增长不匹配，储蓄不足以满足投资时，表现出经常账

户逆差。但在此种情形下，（若无央行的干预）利率就有可能上升并引发跨境资金的流入，也就是说可以通过金融流入净额来为经常账户逆差进行融资弥补，但能否自发性地发生跨境资金流入呢？取决于很多因素，适当的政策措施应当是鼓励适合的、持续的融资来源，例如外来直接投资，大多被认为具有促进经济增长和生产率提升等正面效应。当然这也主要取决于投资者如何看待其经济前景。但若是经常账户逆差是由于政府支出或税收的过快增长等因素导致，投资者就可能认为政策是不恰当和不可持续的，自发性的跨境资金流入就不会发生，在这种情形下，根据式（17-13），必须通过减持储备资产，或者通过改善投资环境以吸引资金流入来进行融资。根据式（17-6），如果经常账户逆差是由总需求压力所致，紧缩的货币政策例如加息，将有助于抑制需求，加息也将吸引跨境资金流入，但是货币政策一般是短期的，这类跨境资金流入从长期角度来讲往往不太可靠，只会起到短期的作用。总结来看，储备资产或跨境资金流入能弥补经常账户逆差的程度是有限的，主要取决于缺口的临时性或可逆的程度；储备资产的规模总归是有限的，只可以起到有限的、临时性的缓冲作用。况且，跨境资金流入也会直接地受到储备资产持续变化的影响，尤其是在当今资金高度流动的大环境下，私人部门提供资金的意愿会受到各种复杂预期因素的影响，这些预期的变化可能会引起资产负债表的快速调整，同时还会造成金融流量的剧烈波动，对经常账户和宏观经济运行也具有重要影响。所以，通过金融流入净额和储备资产的变化，虽然可弥补经常账户逆差，但是代价可能较高，甚至可能出现国际收支危机。

如果货币当局通过增加基础货币的国内构成部分（如通过公开市场操作买入商业银行系统持有的证券）对冲储备资产下降对于基础货币的影响，则此种对冲举措会阻碍利率上扬，导致国际收支逆差持续。

在一个实行固定汇率或管理汇率的经济体中，可以考虑的一项调整措施是本币贬值，但以汇率贬值为形式的支出转换政策通常须由支出削减政策进行支持。式（17-9）表明，经常账户的任何改善都要和储蓄与投资差额的相应正向改变相匹配。在调整汇率的同时，应通过更加紧缩的货币和财政政策以降低国内支出水平，将资源投放于扩大出口型和进口替代性行业的产出中，这将从基本面上改善国际收支。

尽管经常账户顺差通常不会像逆差那样给一国造成危机，但也会带来一些值得讨论的重要问题。经常账户顺差表明部分储蓄被投资于国外资产，当然，如果这是市场力量的结果，在国外投资的效率更高，则有助于国内储蓄的有效配置；但是，如果是政策扭曲而带来的经常账户顺差，较为恰当的措施就应当是减少扭曲并最终取消之；此后，如果持续性的顺差仍然存在，就要分析是否存在私人储蓄或政府储蓄过高，还是国内投资过低等结构性问题。

经常账户顺差还会给国内经济带来其他难题。例如，可能导致储备资产增长，货币总量和信贷扩张并引发经济过热（通胀），或者金融部门的脆弱性。对储备资产的快速积累进行对冲，虽然有助于减轻这种效应，但并非是可持续的，且通常成本巨大，因此，可以采取如下的调整应对措施：通过支出扩张政策（财政和货币扩张政策），增加本国消费或资本形成；或采取支出转移政策（例如货币升值）使消费从本国商品和服务更多地转向国外商品和服务，减少出口，增加进口；或“藏汇于民”，提高私人部门的国外投资净额等。

除国际收支因素外，汇率和国外利率等涉外变量的变动也可能显著地影响该国的货币均衡时的利率。诸多小型开放经济体的利率在相当程度上受到主要国家利率的影响，使得货币当局有时难以针对本国的经济问题而相应调整货币政策。例如，2007 年美国次贷危机后美联储针对自身问题实施了多轮量化宽松的货币政策操作，但给其他国家的金融市场和货币政策造成了困扰。货币政策独立性问题与汇率制度选择争论密切相关。一般认为浮动汇率制的主要优势在于：汇率具有灵活机制可以吸收和缓冲国外利率这类外部冲击，降低本国利率受国外利率变化的影响，允许一国能够拥有货币政策独立性；汇率制度越灵活，本国利率受国外利率影响的敏感度应当是越弱的，或者说货币政策独立性也越强；在中间汇率制下，汇率吸收和缓冲外部冲击较少一些，国内利率对国外利率变动的敏感度应当处于自由浮动制和钉住汇率这两种情形之间。

从根本上说，在开放经济条件下，一国的货币均衡和经济均衡是建立在本国和国外经济运行和结构平衡的基础之上的。即使在本国基本均衡的情况下，他国的非均衡也会对本国造成影响。对于小型开放经济体来说，只能是被动地受制于主要大国的经济失衡或货币政策调整，当然更无力去消除或左右其影响。因此，仅仅依靠市场自发力量是难以实现内外均衡的，要通过货币政策、财政政策、贸易投资政策等多种政策工具和手段的配合，以及各国政策的协调和配合，力求达到内外经济的均衡。

随着我国开放程度的扩大，内外均衡的问题在相当长一段时期内曾一度较为突出，但出现的主要是经常账户和（不包括储备资产的）金融账户持续的、显著的双顺差。从国内总供求的角度看，由于投融资体制改革曾一度滞后和金融市场不够发达，利率尚未完全市场化，不能全面真实地反映资金成本，刺激了企业的投资需求，“投资热”主要集中在制造业和出口加工贸易部门，加之这些部门的生产率相对提升，由此形成的生产能力已超出国内需求，必然导致出口扩大，这是经常账户一度出现持续的、显著顺差的主要原因。同时，我国（不包括储备资产的）金融账户总体上一直保持顺差。“十五”期间，我国累计吸收 FDI 超过 2 700 亿美元；2020 年实际使用外商直接投资金额 1 444 亿美元，比上年增长 4.5%，居全球前列。这既反映了我国经济的快速发展和巨大市场规模对 FDI 的巨大吸引力，也在一定程度上与长期以来的大力吸引 FDI 的政策有关，同时在一定程度上与一些企业因国内金融市场尚难满足要求等原因而到境外融资导致的资金流入有关。

针对我国这种持续的、显著的国际收支顺差的失衡情形进行调整，不能仅仅依靠货币政策或汇率政策，更应当注重加快转变经济发展方式，推进供给侧结构性改革，实现消费、投资、出口协调发展的格局，以实现长期的内外均衡，这也对保持国民经济平稳较快发展具有重要意义。

第四节　通 货 膨 胀

一、通货膨胀及其度量

（一）通货膨胀的含义

通货膨胀（Inflation）简称通胀，是由于货币供给过多或由此导致的持续低利率环境而引起货币贬值、价格普遍上涨的货币现象。这是一个很早就被人们关注和研究的经济范畴，也是货币失衡中较为常见的情形。对于什么是通胀，经济学家一直存在分歧，多数观点是把通胀与物价总水平的持续上涨直接联系在一起，也经常与经济过热相联系。这个定义包含以下几个要点：

第一，通胀是与货币流通相关联的，由货币供求失衡引发的经济失衡现象。如第 2 章所述，由于企业可能过度投资，或者商业银行过度信贷，或者央行施行过于宽松的货币政策，在信用货币流通条件下，就会出现货币供给过多，但另一方面，对货币的需求则是有限的，这就产生了因货币供给过多导致单位货币所代表的价值降低，这就是货币贬值、价格上涨从而形成通胀的机理。因此，理论界一般把通胀与货币流通联系起来，认为货币供给相对过多是产生通胀的前提条件和特有现象。

第二，通胀是通过价格上涨表现出来的。通胀强调的是“货币价格”，即每单位商品、服务用货币数量标出的价格，主要关注的是货币与物价之间的关系，而不是各种价格相互之间的对比关系。

第三，通胀关注的通常是一般物价水平，不仅仅是地区性的或个别商品和服务价格的波动。

第四，通胀并非偶然的、临时性的或季节性的价格上涨，而是一个“持续上涨”的过程，在这个过程中价格具有上涨的基本倾向，并将持续一定的时间。一般当物价持续上涨超过 2 个季度时，即可认为出现通胀。

（二）通胀的分类

根据不同的标准，可对通货膨胀进行分类，如表 17-1 所示。

表 17-1 通胀分类表

分类标准	类别
通胀的表现	公开型通胀
	隐蔽型通胀
价格上涨程度	爬行通胀
	温和通胀
	恶性通胀
通胀预期	预期通胀
	非预期通胀
通胀的原因	需求拉动型通胀
	成本推进型通胀
	供求混合推进型通胀
	结构失调型通胀

更多资料请扫描封底增值服务码→数据库。

1. 按通胀的表现可分为公开型通胀和隐蔽型通胀

公开型通胀或称显性通胀，是指通胀完全地通过一般物价水平，以明显而直接上涨的形式反映和表现出来，通胀率就等于物价上涨率。而隐蔽型通胀是由于价格管制而使物价显著偏离于应有的水平，难以充分地反映供求关系并促使供给增加，导致出现商品供给普遍短缺、有价无货等现象，并不得不以票证制度来保证基本的供应，一旦放开价格管制，则会出现明显的通胀。隐蔽型通胀常见于实行计划经济体制的时期。

2. 按价格上涨的程度可分为爬行通胀、温和通胀和恶性通胀

这是从价格上涨程度的角度来区别通胀的严重程度和数量界限。爬行通胀是指物价指数以缓慢的趋势上升，一般年平均上涨率在 1%~3%，而且不会导致通胀预期。温和通胀是指物价水平年平均上涨率在 3%以上，但尚未达到 10%。恶性通胀是指物价上涨率在 10%以上。20 世纪 90 年代

以来在一些发生金融危机的拉美国家和一些进行激进式改革的转型国家，曾经出现过物价上涨100%以上的恶性通胀。在不同的经济体和在其不同的经济发展阶段，民众对通胀严重程度的感受也是有区别的，发达经济体的民众对其容忍度一般要相对较低一些。

3. 按通胀的原因可分为需求拉动型、成本推进型、供求混合推进型和结构失调型通胀

需求拉动型通胀是指由于社会总需求过度增加，超过了社会总供给或潜在产出，拉动物价总水平持续上涨。成本推进型通胀是指由于要素价格上涨导致的生产成本提高，引起物价总水平上涨。需求拉动和成本推进同时作用时可导致混合型的通胀。结构失调型通胀则主要是由于国民经济部门结构或比例结构失调而引起。

公众根据各种信息，会对未来通胀变动方向和幅度进行事前主观估计，形成通胀预期，并从需求和供给两方面推动通胀水平。从需求方面看，通胀预期会降低公众持有货币的意愿，增加对资产和商品的需求，从而推高资产和商品价格；从供给方面看，通胀预期会提升工资的上升预期和要求，厂商也可能因预期生产成本上升而提高出厂价格。各国央行都非常重视通胀预期的管理，包括：采取通胀目标制，以增强公众对货币当局控制通胀的信心；加强与公众沟通，以提高货币政策透明度，更好地引导公众预期；必要时要对一些价格进行限制，例如保证工资增长率不超过劳动生产率的增速，避免出现物价-工资螺旋上升式的通胀。

以上对通胀进行的分类是相对的，常常互有交叉。例如，需求拉动型通胀可以既是公开型通胀，又是温和通胀。

（三）通胀的度量

准确地反映和度量通胀程度，主要采用的指数有三种。

1. 居民消费价格指数

居民消费价格指数（CPI）是综合反映一定时期内购买并用于消费的消费品及服务价格水平的变动情况的指标。由于直接与公众的日常生活相联系，可较好地反映通胀的程度。但是，消费品只是社会最终产品的一部分，不能说明全面的情况，所以用该指数具有一定的局限性，需结合其他指标一起使用。从 2001 年起，我国采用国际通用做法，逐月编制并公布以 2000 年价格水平为基期的 CPI，2016 年 1 月开始使用 2015 年作为新一轮的对比基期，作为反映我国通胀（或通缩）程度的主要指标。我国编制价格指数的商品和服务项目，目前共包括居民在食品烟酒，衣着，居住，生活用品及服务，交通和通信，教育、文化和娱乐，医疗保健，其他用品和服务等方面的支出。央行也会关注核心 CPI，它剔除了一些临时性或季节性因素对 CPI 的扰动。

2. 批发物价指数

批发物价指数（WPI）或者工业生产者出厂价格指数（PPI）是反映大宗生产资料和消费资料批发价格变动程度和趋势的指标，反映了出厂价格或收购价格的变化，一般对零售价格有领先的、决定性影响，可以预先判断其对零售商品价格变动可能带来的影响，这对于央行应当实施前瞻性的货币政策调整可能有更高的参考价值。但由于其不包括第三产业的价格，反映面窄，有可能导致信号失真。

3. GDP 平减指数

GDP 平减指数（GDP Deflator）能综合反映物价水平变动情况。它等于以现价计算的当期 GDP 和以基期不变价格（即基期价格）计算的当期 GDP 的比率。该指标的优点是计算基础要比 CPI 更为广泛，涉及全部商品和服务，所以能够更加准确和全面地反映一般物价水平走向；但主要缺点是公布得较为滞后，难以及时反映价格的变动趋势，可能会减弱其参考价值。

需要指出的是，上述通胀的概念和度量主要关注的是物资型的，度量的指标也主要是物价。但随着2007年美国次贷危机以后各国实施相对宽松的货币政策，客观上形成了巨额的货币存量，人们的货币支出结构发生了较大变化，导致通胀的表现即影响均与以往不同。比如我国2020年年末广义货币量已超过218万亿元，其中准货币占比超过70%，人们的货币支出结构中购房和投资已成为主体，货币的资产职能空前强化；同时房地产市场和金融市场迅猛发展，包括住房、金融资产、黄金和其他增值性投资品等在内的资产规模快速增长，各种资产价格的涨幅远远超过了一般物价的涨幅。可见，近年来货币量过多的反映更多地体现在资产价格的上涨中，"资产型通胀"成为金融危机后一个亟需研究的问题。①

专栏看板17–2

在新冠肺炎疫情背景下，特别是近几年主要发达经济体的经历与实践显示，低通胀对于央行货币政策操作和理论框架提出了挑战，也动摇了通胀目标制的理论基础。通胀既是央行观察经济金融状况的终极变量，也常是一个中间变量。传统的通胀度量会面临几个方面的不足和挑战：较少包含资产价格会带来失真，特别是长周期比较的失真；以什么收入作为计算通胀的支出篮子；劳动付出的度量如何影响通胀的感知；基准、可比性（Comparability）和参照系。当前不少国家的货币政策面临着不能有效达到通胀目标的问题。

过去投资品价格和资产价格可另行考虑，现在再这样做恐怕已经不行了。未来养老金和医疗支出都很大，依赖投资回报且具有长期性。资产价格除了影响企业的扩大再生产，还涉及基础设施、环境保护等公众性消费问题，不纳入通胀考虑已经不行了，但怎么纳入还需要研究。通胀及其测度问题面临若干挑战。过去看似很成熟的通胀度量，现在看来并不理想。当前的度量显然存在着忽视投资品价格和资产价格的问题。

需要明确要达到的目标，以及如何对目标进行测度。测度对于经济社会而言是相当复杂的，可能需要更广义的通胀概念；如何对通胀进行测度，值得进一步深入的研究。

资料来源：周小川. 拓展通胀的概念与度量. 中国人民银行政策研究，2020（3）。

二、通胀的社会经济效应

一般认为在出现通胀时，会给社会经济运行带来以下影响。

（一）强制储蓄效应

强制储蓄效应（Forced Saving Effect）是指通胀减少了实际的住户消费和企业投资数额，其减少部分相当于被强制储蓄。储蓄是用于投资的货币积累，一般情形下，国民经济中的住户部门、企业部门和政府部门的储蓄均由收入扣减支出形成。住户部门的储蓄是由收入扣除消费支出之后形成。企业储蓄是由用于扩张性生产的未分配利润和折旧基金形成。对于政府部门来说，如果出于扩张性政策的目的选择向央行借债来筹资增加支出，就会强制增加全社会的需求，最终往往会引发货币增发和通胀；在名义的住户消费和企业投资不变的假定前提下，实际的住户消费和企业投资数额因为通胀却是减少的，其减少部分等于是被强制储蓄了，大体上相当于通过通胀实现的

① 参见：李健，邓瑛. 防范资产型通货膨胀的货币政策新框架. 北京：中国金融出版社，2014。

政府储蓄增加，全社会的储蓄总量并未增加。

（二）收入分配效应

收入分配效应（Income Distribution Effect）是指由通胀造成不同的经济部门、阶层和群体因为拥有不同的收入来源和支出用途而导致的收入再分配。通胀环境下名义的货币收入并不是均等增加的，当然更不意味着实际收入会均等增加，某些人的实际收入下降也是有可能的；各部门、产品和服务的价格（对应着自身的收入或他人的支出）也并不是与总体的通胀水平以同等的幅度上升，意味着不同经济集团的利益将重新调整，并导致资源的不当配置。例如，对于从利息和租金获取固定收益，或者领取退休金、抚恤金等的民众，收益或收入的调整往往是不仅在时间上滞后，调整幅度也可能不足够充分，处于弱势的工薪阶层的工资调整亦是如此。但这却有利于企业利润和资方分红的增加。政府往往可以通过通胀环境下税基的扩大和有效税率的提高，收税更多，而支出和债务负担却由于通胀而实际减轻了，这意味着政府有制造通胀的先天性动机，因此央行应保持独立性。

（三）资产结构调整效应

资产结构调整效应（Distributional Effect of Wealth）也称财富分配效应，是指人们通过调整资产结构和负债结构来避免通胀带来的损失。投资者的财富或资产由实物资产和金融资产两部分构成，可能同时还借有负债。在通胀环境下，实物资产的货币价值大体是随通胀率的变动而同方向升降，但金融资产则比较复杂。例如股票虽然一般会上涨，但由于影响股市的因素很多，也不一定能确保股票保值；持有存款和债券是否受损，取决于实际利率能否及时调整；持有现金将直接遭受货币贬值的损失。因此，投资者往往通过调整资产结构和负债结构尽量避免通胀带来的损失，例如，尽量降低货币类资产持有的比重（这也将影响货币需求），借入固定利率的资金。

（四）恶性通胀下的危机效应

恶性通胀会引发一系列严重的社会经济问题，并容易导致经济社会危机。例如上下游业务伙伴间的较长期合作关系难以建立或维系；因债权债务的实际价值下降，正常信用关系将遭到破坏；人们普遍对持有货币缺乏信心，甚至拒绝使用和接受货币，甚至突发挤提；实物交易盛行，货币流通和支付将难以正常进行；不同产业之间、不同区域之间上涨幅度极不均衡，正常的经济联系和流通秩序被彻底破坏；囤货、抢购盛行；正常的消费、储蓄、投资和生产经营难以进行；主要依靠固定收入的公众受伤害往往最甚，社会不满和矛盾尖锐。恶性通胀难以被长久忍受，并往往引发社会和政治动荡，也不可能长久持续。应对治理往往需要有壮士断腕、凤凰涅槃的决心和意志，在重症猛药的理念下出台强硬严厉的措施，但也可能要为之付出高昂的代价。第一次世界大战后在德国发生的通胀、20 世纪 40 年代末在我国发生的恶性通胀和货币崩溃都是典型。

三、通胀与经济发展

恶性通胀对经济社会的危害极大，但幸好它只在特定环境下才会偶尔出现。对于通常所面临的温和通胀，其对经济发展究竟会产生什么样的影响呢？这是一个既令人关注也是富有争议的重要问题。在温和通胀和经济增长的关系方面，经济学界大致形成了三类观点：促进论、促退论和中性论。

（一）促进论

促进论认为温和通胀的负面影响看上去并不那么严重，带来的正面影响却有足够的吸引力。通胀具有正的产出效应，当经济长期处于有效需求不足、经济增长率低于潜在增长率时，可通过实施通胀政策，用增加赤字预算、扩张投资支出、提高货币供给增长率等手段来刺激有效需求。

也有人认为，如果物价过于平稳甚至下降，容易导致经济一不小心就滑入了通缩的泥潭，一旦发生这样情形，要付出的代价就要远远高于通胀，应对治理的难度也更大，因此有必要保持温和的通胀。所以，在采取通胀目标制的国家，往往把目标设定在1%~3%。

（二）促退论

促退论认为通胀将降低经济运行效率，阻碍经济增长。认为通胀会降低借款成本，从而诱发过度的资金需求，这将迫使金融机构加强信贷配额管理，从而削弱金融体系的运营效率；会增加生产性投资的风险和经营成本，资金流向非生产性部门的比重增加；会损害业务伙伴间的长期合作关系；增加人们在储蓄、消费、投资等决策中的失误。此外，当局政府在压力之下可能采取全面价格管制的办法来治理通胀，从而削弱经济的活力。

（三）中性论

中性论认为公众基于其预期，会对物价上涨做出合理的行为调整，因此通胀的各种效应的作用就会相互抵消，在长期上通胀对产出和经济增长就没有什么影响。

四、通胀对就业的影响

就业问题对个人尊严和家庭福祉至关重要，也与经济增长密切相关，就业形势较好时期，经济增长率一般也较高。制定合适的货币政策，就需要厘清通胀对就业的影响。在通胀与就业之间关系的研究上，较有代表性的是**菲利普斯曲线**（Phillips Curve），即表明失业率与通胀率存在一种此高彼低交替关系的曲线。菲利普斯（A. W. Phillips）通过对英国1861—1957年的统计资料分析发现，货币工资的变动率与失业率之间存在一种此消彼长的反向关系：在失业率较低的时候，货币工资上涨得快；在失业率较高的时候，货币工资则上涨得较慢。他根据这种反向关系绘制出一条向右下方倾斜曲线，其中横轴 U 代表失业率，纵轴 w 代表货币工资变动率，如图17-4所示。

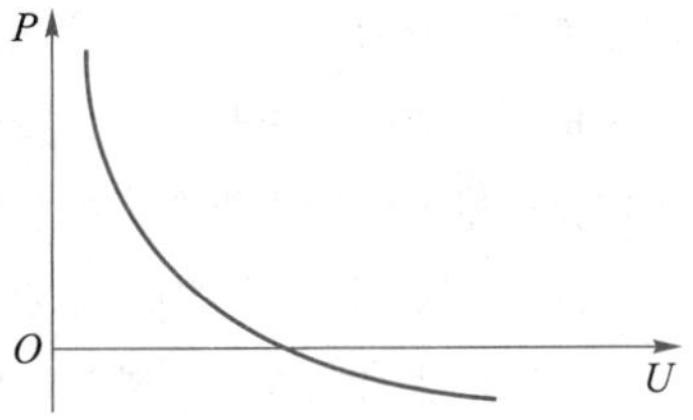

图17-4　菲利普斯曲线

由于物价上涨与工资提高之间存在紧密的相关关系，所以可将初始的菲利普斯曲线图中的纵轴用通胀率 π 代替货币工资变动率 w。转换之后的菲利普斯曲线具有更明显的货币政策含义：通胀与失业之间存在一种替代关系，难以兼得，要使失业率保持在较低的水平，就必须忍受较高的通胀率；反之则相反。这种难以兼得的替代关系也为政策决策者提供了灵活选择，即有可能通过牺牲一个目标来换取实现另一个目标，决策者可以根据自己的偏好，选择任何一个位于这一曲线上的通胀率与失业率的组合。

菲利普斯曲线提出后，成为经济学家对宏观经济政策发表见解的重要依据。但也有许多人提出质疑，如弗里德曼提出“自然失业率假说”，认为在长期内经济主体将不断调整其通胀预期，使之与实际的通胀率相一致，因此无论通胀水平有多高，与之相对应的失业率都只是自然失业率。这样，长期菲利普斯曲线是垂直的甚至会逆转，即在长期上通胀与失业率之间不存在替换关系，还有可能恶化失业。这一理论具有重要的政策含义：长期来看，通过增发货币的方式来维持高就业水平是不可取的。

一般可认为，通胀对经济或就业的促进作用只是存在于开始阶段较短时期内，并且是在面临有效需求严重不足的经济背景下，爬行或温和型通胀才能对经济发展起一定的促进作用；但长期上通胀对经济发展弊大于利，特别是在总供求基本均衡或总需求大于总供给时，因此必须着力控制通胀。

五、通胀的成因及其治理

通胀产生的原因比较复杂。因此，治理通胀必须厘清其直接原因与深层原因，从社会总供给与社会总需求等多方面着手，选取合适的政策工具，综合施治。通胀形成的直接原因是货币供应过多，因此最基本的对策就是控制货币供应量。货币学派就认为，治理通胀的唯一方法就是减少货币供给。但由于导致通胀的深层次原因有所差异，故对于不同成因的通胀，则应有针对性地采取相应的政策措施进行治理。

（一）需求拉动型通胀及其治理

需求拉动型通胀的成因是全社会的商品和服务供不应求。供给为市场上生产出的商品和服务，需求的载体是用于购买和支付的货币，所以这种通胀也通常归因为“过多的货币追求过少的商品”。在货币主义的总供求模型中，货币供给的变动被认为是引起总需求曲线移动的唯一重要的因素。因此，在总供给曲线既定的条件下，货币供给变动显然就是总需求和价格变动的唯一重要的原因。凯恩斯学派认为，总需求是由消费需求、投资需求和政府支出三项构成的。当总需求与总供给的对比处于供不应求状态时，过多的需求将拉动价格水平的上涨；特别是当经济已达到充分就业状态时，由于各种生产资源均无剩余，总供给不再增加，过多的需求就会拉动物价随着货币供应量的增加而上涨。

针对需求拉动型通胀的成因，治理对策主要是紧缩性货币政策和紧缩性财政政策。前者包括减少基础货币投放、加息和提高法定存款准备金率等，后者的主要内容则是削减政府支出和加税。另外，增加有效供给也是治理方法之一，即通过减税来刺激投资和产出的增长。

（二）成本推进型通胀及其治理

成本推进型通胀的成因是由供给方面因素引起成本上升导致的。引起成本上升的因素很多，例如农业歉收就会引起农产品和以农产品为原料的工业品成本上升，石油价格上涨引发下游产品和部门价格上涨。成本推进型通胀主要关注两方面的原因：一是工会力量对于提高工资的要求，二是垄断行业为追求利润制定的垄断价格。二者治理措施也不同。

（1）工资推进型通胀及其治理。此种类型的通胀成因是工资提高使厂商的生产成本增加而导致物价上涨。它的产生有两个前提：一是存在强大的工会组织，拥有强大的工资谈判能力，二是存在不完全竞争的劳动力市场。当工资的增长率超过劳动生产率时，厂商就会提高产品价格以维持盈利水平。这便形成了工资提高引发物价上涨、物价上涨又引起工资提高的循环，被称作“工资-价格螺旋”。可采取紧缩性的收入政策加以治理，一般包括：以物价指导线来确定控制各部门工资增长率，管制或冻结工资。20 世纪 60 年代和 70 年代初期，美国、西欧和日本都实行过类似的政策。

（2）利润推进型通胀及其治理。此种类型的通胀的成因是生产投入品或要素的价格因市场垄断力量的存在而提高，从而导致物价上涨。它的产生是以存在不完全竞争市场为前提，卖方就可能操纵价格，使价格上涨的速度超过成本支出上涨的速度，以赚取垄断利润，如果这种垄断作用大到一定程度，就会形成利润推动型通胀。典型的案例是在 1973 年和 1979 年，石油输出国组织（OPEC）两次大幅提高油价，对各国的经济和物价产生了强烈影响。再如，如果放任存在垄断经营的公用事业或基础设施部门操纵价格上涨，就可能会形成利润推进型通胀。治理对策包括制定反托拉斯法以限制垄断高价等。

很多学者认为成本推进型通胀与货币过快增长仍有密切关系。弗里德曼曾指出，在货币供给不变的条件下，由成本上升导致的总供给曲线上移只能是一次性的，而且由于上移导致的失业增加最终将对工资和价格水平产生向下的压力，使之恢复到原来的均衡水平，结果与先前相比，仅仅是相对价格发生了变化，价格总体水平并没有上升。但是上述成本因素之所以会引发严重的通胀，其原因并不在于成本因素本身，而是在于货币当局因难以承受暂时性的失业上升压力而采取增加货币供应量的措施。

（三）供求混合推进型通胀及其治理

有学者将供求两个方面的因素综合起来，认为既有来自需求方面的因素，又有来自供给方面的因素，即由需求拉动和成本推进共同起作用而引发通胀。例如，通胀可能从需求拉动开始，进而由于物价上涨促使工会要求提高工资，转化为成本（工资）推进；通胀也可能从成本方面开始，但是如果不存在需求和货币收入的增加，这种通胀过程是不可能持续下去的，因为工资上升会使失业增加或产出减少，结果将会使成本推进的通胀过程终止。在现实中，经常出现供求混合推进型通胀，在治理上也需要双管齐下。

（四）结构失调型通胀及其治理

即使在总供给和总需求相对均衡的条件下，某些结构性因素也可能导致结构失调型通胀，包括以下几类。

1. 劳动生产率增长速度的差异

如果一国不同经济部门内的货币工资与本部门的劳动生产率的增长率是一致的，则价格水平便可以大体维持在原有的水平上。但是正如巴拉萨-萨缪尔森效应假说指出的，不可贸易部门或服务业部门的劳动生产率增长较慢，低于可贸易部门或制造业部门的劳动生产率增长，但是由于工资上涨的攀比要求和劳动力的可自由流动，前者的工资水平和上涨率会向后者看齐，使得前者的生产成本上升，进而造成物价整体水平的上升。

2. “瓶颈”制约

在一些市场机制不够发达的经济体，由于缺乏有效的资源配置机制，资源在各经济部门之间配置严重失衡，有些行业生产能力过剩，另一些行业则严重滞后，形成经济发展的“瓶颈”。当这些“瓶颈”部门的价格因供不应求而上涨时，便引起了其他部门甚至是生产过剩部门的连锁反应，形成一轮又一轮的价格上涨。例如，一度供给不足的房地产价格的快速上涨，在一定程度上推高了总体价格。

3. 需求转移

社会对产品和服务的需求不是一成不变的，会不断地从一个部门向另一个部门转移，而劳动力及其他生产要素的转移则需要时日和代价，因此原先处于均衡状态的经济结构可能因需求的转移而出现新的失衡。在那些需求增加的行业，价格和工资将上升，但是在需求减少的行业由于价格和工资刚性的存在，却未必会发生价格和工资的下降，其结果是需求的转移导致物价总体水平的上升。

结构型通胀理论标志着人们对通胀成因认识的进一步深化，特别是在许多发展中经济体，经济结构的失衡和不同经济部门间劳动生产率增长的差异是形成通胀的重要原因。但是，结构型通胀的发生同样要以货币扩张为条件，因为在货币供给总量不变的条件下，这些结构性的因素也只能导致相对价格的变化，而不是整体价格的上涨。对结构型通胀的治理，应推进经济结构调整，改善资源配置。

六、中国的通胀问题

新中国成立以来，曾发生过数次通胀，较为明显的有：① 20 世纪 50 年代初期，由于战争和历史遗留下来的问题，发生了严重的通胀。② 50 年代末至 60 年代初，由于“左”倾错误思想指导，造成国民经济比例严重失调、财政虚收实支和银行信贷失控，引发了通胀。③“文化大革命”期间，生产力遭到严重破坏，国民经济总量失衡、比例失调，商品供应匮乏，出现了以上百种商品凭票证供应为特征的隐蔽型通胀。④ 1979—1980 年，提高农副产品收购价格导致财政赤字，货币投放过多，形成了明显的物价上涨。⑤ 1985—1989 年，经济持续过热，总需求膨胀，加上对物价改革不适当的预期，出现严重通胀。⑥ 1993—1995 年年底，经济生活中出现乱投资、乱集资、乱拆借等混乱现象，在投资膨胀、消费基金膨胀的情况下，加之农业歉收、外汇储备大量增加等原因，使 1994 年 CPI 上涨 24.1%，成为改革开放以来物价上涨最高的一年。⑦ 2004 年至 2008 年期间，由于投资膨胀，货币量快速增长等因素，我国也面临相当的通胀压力。2008 年国际金融危机全面爆发以来，我国经济也受到较为严重的冲击。为此，我国推出了积极的财政政策和适度宽松的货币政策，在大规模基础设施建设和地方政府信用支持下，货币信贷出现持续快速增长，这对提振信心、扩大内需发挥了关键作用，价格总水平也相应回升。本轮物价上涨，还与以下两个因素密不可分，一是受 2008 年国际金融危机全面爆发以来主要经济体货币条件持续宽松的影响，美元等主要计价货币总体贬值，也加剧了国际大宗商品价格上涨，输入型通胀压力进一步上升；二是近年来在劳动力成本趋升以及资源价格改革等因素的推动下，影响物价上升的成本推动因素逐渐增强。

在改革开放过程中，由于体制改革没有到位，地方政府和企业存在过旺的投资需求，当中央银行独立性不强和商业银行缺乏信贷控制能力时，会导致货币和信贷的失控，由此引发体制性通胀。

进入 21 世纪以来，在全球化和经济转型背景下，中国通胀形成机理更加复杂，既有需求因素也有供给因素，既有国内因素也有国际因素。例如，随着经济开放程度不断提高，国际大宗商品的价格上涨，主要国家长期维持的低利率环境等外部因素，对国内价格也可能有显著影响；伴随经济持续快速发展，我国劳动力供给约束逐步增强，劳动力成本上升逐步成为推动价格上涨的因素；房地产价格快速上涨，居高不下，也会推高劳动力价格和厂商的成本；长期看，能源和资源约束的矛盾亦日益突出，资产价格快速上涨所导致的不良影响也日益显著。因此，促进经济结构优化和增长方式转变，走高质量经济发展之路，才能从根本上缓解通胀的压力。

第五节　通 货 紧 缩

与经常出现的通胀现象相比，通货紧缩（简称通缩）虽然不怎么经常出现，但若是一旦陷入通缩的“泥潭”，经济社会就要为之付出重大代价，治理应对的难度也极大。20 世纪 20 年代末 30 年代初的大萧条是一次非常著名的通缩，也是经济学的重要研究对象。历史上，美国、英国、法国、德国都曾多次出现通缩，自第二次世界大战以后，由于较少发生通缩，通胀成为困扰世界经济的主要问题，故通缩问题受到冷落。但在 20 世纪的最后几年，一些国家发生了通缩，较近期的则是在 2008 年国际金融危机之后，所以对这一问题的研究重新得到了重视。

一、通缩的含义与衡量

经济学家对如何定义通缩有着不同意见。有人将其定义为物价总水平的持续下跌，有人认为它是一种价格下降和货币升值的过程，有人则把通缩表述为货币升值，等等。我国关于通缩的定义也有三种主要观点：一是单要素定义，即认为通缩是价格普遍持续的下降；二是双要素定义，即物价持续下跌、货币供给量持续下降；三是三要素定义，即还包括经济增长率不断降低。典型的通缩应该同时具备“两个下降”和“一个伴随”。“两个下降”是物价持续下降，信贷和货币供给量下降；“一个伴随”是指伴随着经济衰退，与经济衰退是相联系的。从对多个国家通缩的研究来看，历史数据基本都支持这一判断标准。

与通胀一样，通缩一般也使用 CPI、WPI、GDP 平减指数等价格指标来衡量。在实践中，衡量通缩还有两个重要指标，即经济增长率和失业率。需要注意的是，单纯从经济增长率和失业率的变化看并不能确定是否出现通缩，要结合其他指标进行综合评价。

二、通缩的社会经济效应

作为一种不太经常出现的经济失衡现象，通缩一旦发生，虽然在短期内会给消费者带来一定好处，有助于提高社会购买力；但从长远来看，会给国民经济带来一系列负面的重大影响。

（一）经济衰退，失业增加

通缩常常与经济衰退相伴随，因而也被称为经济衰退的加速器。

通缩虽然使得名义利率走低，但是却推高了实际利率，增加了投资的实际成本和债务负担，降低投资的预期收益，这会使得企业减少投资，使得在资本市场上股价下跌，市值缩小，企业筹资困难，这些都将迫使企业下调工资或者减少雇工；而失业率增加以及名义工资下降的压力又使得公众预期恶化，消费支出降低，这又进一步导致企业开工不足，经济进一步陷入衰退。

（二）投资和消费需求不足

由于投资的预期收益下降，加之市值缩水，筹资困难，企业的投资意愿和规模将降低。从消费需求看，通缩有两种效应：一是价格效应。对于消费者来说，物价下跌意味着可用较低的价格或者较少的货币买到同等数量和质量的商品和服务，而由于预期在未来时的价格还会下降，使得人们更多地进行储蓄，推迟和减少当期的消费。二是收入效应。通缩带来的经济衰退使人们的工资收入降低甚至是失业，而资产价格下跌又使得人们的财富缩水，因此消费者会紧缩开支。

（三）破坏信用关系

类似于通胀较为严重的情形，通缩也将破坏社会信用关系，影响正常的经济运行秩序。例如，虽然名义利率很低，但实际利率却会比通胀时期高出许多；较高的实际利率有利于债权人，不利于债务人，债权人与债务人之间的权利义务会失去平衡，信用量将萎缩，正常的信用关系也会遭到破坏；由于更多的贷款客户出现经营困难，偿债负担增加，违约风险增加，商业银行为规避风险而更加“惜贷”，同时实体经济的信贷需求减少，信贷和货币供应量的增长表现出比较明显的顺周期性。

三、通缩的治理

通缩的发生机理也是比较复杂的，是供求关系、经济周期、国际因素等多重因素作用的结果。针对其生成机制，一般主要是出台积极的财政政策和积极的货币政策，并相互配合协调，以振兴需求并拉升价格至正常水平。

（一）扩大有效需求

有效需求不足是通缩的主要原因之一。因此，努力扩张需求就成为治理通缩的一项直接而有效的措施。总需求包括投资需求、消费需求和出口需求，首先要判断分析导致有效需求不足的主要方面，然后采取具体措施，实现扩张需求的目的。

投资需求的增加有两条主要途径：一是增加政府投资需求，主要手段是发行国债、增加政府直接投资和公共支出，目的是通过政府扩大投资以弥补私人部门需求的下降，并通过乘数效应带动其需求增加；二是出台多种举措以启动企业的投资需求，主要手段是改变企业的利润预期、改善投资和金融环境、降费减税、发放补贴、增加货币投入和降低利率等。

消费支出更多地取决于公众对未来收入的预期而非货币政策的松紧程度。因此，解决问题的办法应集中于改善公众对未来收入的预期，具体包括：缩小收入差距，提高就业水平和增加失业补助标准，刺激低收入阶层的消费需求，调整政府投资结构和支出方向以改善需求结构，加快社会保障制度改革来消除公众在增加消费时的后顾之忧，利用股市上涨的财富效应来刺激消费。有时，通过对特定的民众发放购物券或现金，目的是增加民众的消费能力和支出。

如果外部经济环境较好的话，也可考虑通过汇率贬值等手段，以促使外国增加对本国商品的进口或需求。

（二）调整和改善供给

调整和改善供给侧，并与扩大有效需求双管齐下，形成增加有效供给和有效需求相互促进的良性循环。在一般情况下，政府多采取提高企业技术创新能力、反垄断、鼓励竞争和放松管制、扶持中小企业或民营企业发展、降低税负等措施。面对不同的国家和不同的经济条件，具体方法则要因时因地而异。

专栏看板17-3

从高速增长向高质量发展的转变是经济发展的内在要求。目前中国的人均收入是 8 000 美元，我们正在向 10 000 多美元的水平跃进，进而向更高的水平迈进。在这个阶段高质量发展的主要内涵就是从总量的扩大向结构的优化转变。就是从“有没有”向“好不好”的转变。这是在开放状态下探索大国发展的新模式。将为诸多新产业的发展创造巨大的空间。比如和消费升级相关的很多的制造业、服务业和推动新型城镇化相关的节能建筑、智能交通、新能源等诸多绿色低碳的产业，这些不仅为中国，而且可以为全球企业创造新机会。

中国能源资源消耗的强度在五年中下降了 23.9%。“一条主线”就是要以推进供给侧结构性改革为主线。从中国的实际出发，经济发展的主要矛盾在于供给体系难以适应需求的变化，供求之间存在结构性偏差，需要及时调整。因此，通过改革提高供给体系的质量，是我们实现高质量发展的基本路径。供给侧结构性改革的阶段性重点是“三去一降一补”，在生产过剩领域去产能，在房地产领域去掉多余的库存，降低过高的杠杆率，在全社会降低成本，在整个经济结构中补上公共服务、基础设施和一些制度性的短板，努力提升供给体系的适应力和创新性。中国推进供给侧结构性改革，已经取得了阶段性成效，2016 年以来，中国已减少钢铁产能超过 1.15 亿吨，取缔 1.4 亿吨“地条钢”产能，减少煤炭产能超过 5 亿吨。我们通过市场出清调整了供求关系，带动了部分领域的价格回升，全要素生产率增速在 2016 年出现了由降转升的拐点，这件事已经产生全球的正面外溢效应。这项工作，我们将继续坚定不移地做下去。

资料来源：刘鹤. 2018 年冬季达沃斯论坛演讲. 凤凰网，2018-1-24。

(三)调整宏观经济政策

欧文·费雪提出的债务-通缩(Debt-Deflation)理论认为,价格水平下降是形成循环的核心,而债务负担会放大通缩带来的影响,实际利率与债务之间交互影响,使得经济系统更为脆弱从而增大引发恶性循环的可能。鉴于此,该理论认为阻止和预防危机的最直接手段是让价格恢复正常水平,即通过刺激政策实现“再通胀”(Reflation)。主要手段是采取积极的财政政策和货币政策。实行积极的财政政策不仅意味着要在数量上扩大财政支出,更重要的是要优化财政支出结构,也就是既要弥补因个人消费需求不足造成的需求不足,又要拉动私人部门投资,增加总需求。

通过扩张央行资产负债表、降低法定准备金率和利率、本币的汇率贬值等积极的货币政策,货币政策能对总支出水平施加重要影响。除采取常规的货币政策操作外,为应对2008年国际金融危机之后的经济衰退,某些国家的货币当局更是先后推出了多轮量化宽松的货币政策操作,通过创新非常规的政策工具,向市场注入流动性,力求拉动需求,让价格恢复正常水平,促进经济复苏。

本章小结

1. 货币均衡的实质是总供求均衡的一种反映,与总供求均衡相互影响,存在着四边联动关系。货币供给是总需求的载体,货币供给的变动影响总不仅会通过影响利率、信贷可获得性和股票市场价格等因素来影响投资,还对消费和净出口有着重要的影响,在保持国民经济持续、稳定发展和总供求的均衡中起重要作用,也是货币政策发挥作用的前提和基础。

2. 市场经济条件下的货币均衡需要具备两个条件:健全的利率机制和发达的金融市场。货币均衡还受中央银行市场干预和调控的有效性、国家财政收支、经济结构、国际收支等因素影响。货币均衡也会体现出适当的利率水平,并相互影响。

3. 国际收支统计采用的是与国民账户体系(SNA)一致的概念和方法,国际收支账户转换为平衡表的形式即为国际收支平衡表和国际投资头寸表,分别是从流量和存量的角度,反映居民与非居民之间发生的各项交易。在国际投资头寸期初值的基础上,由期间内的国际收支平衡表中的金融账户(各种交易引起的流量)以及金融资产和负债的其他变化账户(也就是非交易因素引起的流量),就形成了国际投资头寸的期末值。国际收支统计的主要账户有:经常账户、资本账户、(不包括储备资产的)金融账户、储备资产账户、误差与遗漏净额等主要项目。判断国际收支是否失衡主要看自主性交易。可以通过四种具有重要经济意义的差额来评估和度量国际收支是否失衡。

4. 针对不同类型的国际收支失衡,调节的手段也有所不同。由于国际收支与国内经济有着密切联系,通常在对内经济政策上需采取相应政策,以间接影响国际收支。

5. 任何外部的不平衡,都会反映在内部不平衡上。在开放经济的环境下,讨论货币供求与总供求均衡问题,除需要考虑国际收支的均衡外,还需要考虑国际收支与总供求均衡以及与国内货币均衡之间的相互作用机制。诸如货物和服务的进出口、跨境资金流动等国际收支因素均可能影响总供求间的关系,汇率、外国利率等变量也会对本国经济产生影响。

6. 通胀是指总体价格水平的持续的、较为明显的上升。它可以通过各种价格指数来衡量,并可以根据不同的角度进行分类。通胀对经济具有重要的影响。对通胀的产出效应,大体有三类观点。菲利普斯曲线刻画了通胀与失业率之间的替代关系,但是这种替代关系一般只在短期内存在。

7. 在有关通胀的成因上，经济学家提出了不同的理论，即需求拉动说、成本推进说、供求混合推进说和结构失调说。尽管这些理论的着眼点不同，但货币发行过多是产生通胀的一个基本条件。治理通胀的主要政策包括抑制总需求的货币政策、收入政策等。

8. 判断经济是否陷入通缩的认定标准存在差异。典型的通缩具备“两个下降”和“一个伴随”。通缩一旦发生，将对经济造成诸多不利影响。通缩的发生机理也是比较复杂的。一般地，可采取积极的财政政策和货币政策，扩大有效需求，调整和改善供给等措施来加以治理。

重要术语

货币供求均衡	总需求曲线	总供给曲线	国际收支平衡表	经常账户
金融账户	储备资产账户	自主性交易	调节性交易	国际收支差额
通货膨胀	需求拉动型通胀	成本推进型通胀	强制储蓄	通货紧缩
菲利普斯曲线				

☞ 术语解释请扫描封底增值服务码→名词术语。

思考题

1. 如何理解货币均衡和社会总供求均衡之间的关系？它们是单方向影响的吗？
2. 货币供给可以通过哪些途径影响投资、消费和净出口？
3. 什么是国际收支失衡？如何辩证地认识失衡问题？
4. 查阅和分析改革开放以来中国国际收支的情况及变化趋势，怎样认识持续我国国际收支失衡问题及成因？为什么这种失衡状态短期内难以消除？
5. 怎么理解国际收支与总供求均衡以及与国内货币均衡之间的相互作用机制。试分析 20 世纪 90 年代中期以来，国际收支因素对于国内货币供给和人民币汇率所造成的影响及对策。
6. 怎么理解外国利率对本国利率的影响？试分析人民币新汇改以来，外国利率对于我国货币政策独立性的影响。
7. 向下倾斜的菲利普斯曲线有何政策含义？长期菲利普斯曲线解释的关系是否存在？
8. 作为人口大国再加之若干结构因素，我国面临着较大的就业压力。因此有人提出，牺牲一定程度的物价稳定来缓解就业压力是值得的。对这一观点有何评论呢？
9. 学者们对通胀与经济发展之间的关系主要有几种看法？你支持哪种理论？为什么？
10. 分析通缩有何影响。为什么物价下跌看似有利于消费者，但消费还是减少呢？通缩不利影响表现在哪些方面？
11. 查阅相关资料，提出对 2008 年国际金融危机以来我国经济出现失衡情形及成因的看法。我国今后面临的主要是通胀压力还是通缩的问题？应如何应对和治理？

☞ 更多思考练习请扫描封底增值服务码→习题作业、例题及综合测试。

讨论题

讨论主题：货币失衡及其相关问题

讨论素材：《美国的 QE 与货币失衡》

思考讨论：

1. 美国量化宽松是否会加剧货币失衡？
2. 结合我国实际情况，谈谈如何实现货币均衡。

☞ 相关讨论素材请扫描封底拓展资源码→教学案例。

延伸阅读

1. 北京大学中国经济研究中心宏观组. 预防通货紧缩和保持经济较快增长研究. 北京：北京大学出版社，2005.
2. 国家外汇管理局国际收支分析小组. 中国国际收支报告（历年）.
3. 范志勇. 开放条件下中国货币政策的选择. 北京：中国人民大学出版社，2009.
4. 李健，邓瑛. 防范资产型通货膨胀的货币政策新框架. 北京：中国金融出版社，2014.
5. 张成思. 通货膨胀动态机制与货币政策现实选择. 北京：中国人民大学出版社，2009.
6. 李建军. 金融统计学. 北京：高等教育出版社，2018：第五章.
7. 闫先东，高文博. 中央银行信息披露与通货膨胀预期管理：我国央行信息披露指数的构建与实证检验. 金融研究. 2017（8）.
8. MCCALLUM B T，NELSON E Money and inflation：some critical issues// Friedman B M，Woodford M . Handbook of monetary economics：Vol. 3. Oxford Elsevier，2011：97-154.
9. IMF. 国际收支和国际投资头寸统计手册（BPM6）. IMF 网站.

☞ 更多资源请扫描封底增值服务码→文献目录。

即测即评

☞ 请扫码答题，检测本章学习效果。

第18章 货币政策

本章导读

货币政策是当代各国政府干预和调节宏观经济运行最主要的政策之一，也是对市场经济影响力最大、影响面最广的经济政策，因而成为各个经济主体和新闻媒体最关注的焦点。尽管你几乎每天都可以从报刊、电视、广播中得到它的信息，但你是否知道货币政策的基本框架与作用原理？能否看懂货币政策的操作与变化？是否理解各国货币政策的不同选择？货币政策的涉及面很宽，通过第14章的学习，你已经知道了货币政策的制定与实施主体——中央银行；学过第15—17章后，你了解了货币政策直接作用的货币供求及其均衡机制；而对于货币政策的受体和操作场所，通过前面金融机构和金融市场部分的学习，你也有了知识准备。本章主要讨论货币政策的作用机理与目标、中介指标、政策工具、传导机制以及货币政策的相关理论等问题。通过本章学习，可以进一步理解金融学和经济学的有关原理，树立宏观金融和经济的观念，把握现实金融和经济运作的规律。

第一节 货币政策的作用机理与目标

一、货币政策的框架与作用机理

货币政策（Monetary Policy）有广义与狭义之分。广义的货币政策是指政府、中央银行以及宏观经济部门所有与货币相关的各种规定，及其采取的一系列影响货币数量和货币收支的各项措施的总和。而狭义的货币政策所涵盖的范围则限定在中央银行行为方面，即中央银行为实现既定的目标运用各种工具调节货币供求以实现货币均衡，进而影响宏观经济运行的各种方针措施。本书以后者为讨论对象。

（一）货币政策的基本框架

狭义货币政策主要包括四个方面的内容，即政策目标、中介指标、操作指标和政策工具。它们之间的关系主要表现为：中央银行运用货币政策工具，直接作用于操作指标，操作指标的变动引起中介指标的变化，通过中介指标的变化实现中央银行的最终政策目标。在这个过程中，中央银行需要及时进行监测和预警，以便观察政策工具的操作是否使操作指标和中介指标进入目标区，并根据情况变化随时调整政策工具的操作。另外，在理论分析和效果检验中，货币政策还包括传导机制、政策时滞和政策效果等内容。中央银行货币政策的基本框架大致如图 18－1 所示。

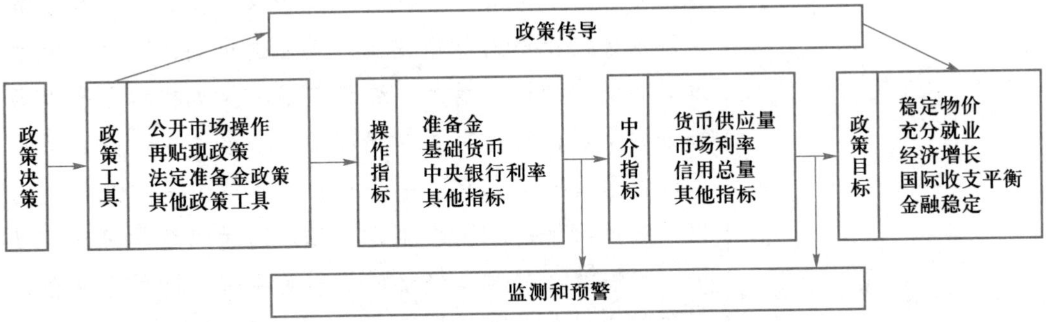

图 18－1 中央银行货币政策的基本框架

（二）货币政策调控的作用机理

以调控货币供求和信用规模为中心内容的货币政策之所以成为最重要的经济政策，是因为在现代经济社会中，经济运行始终与货币流通和资金运动紧密结合在一起，货币关系和信用关系覆盖整个社会，货币流通状况、货币供应与信用总量增长速度以及结构比例对各项经济活动和整体经济运行具有决定性影响。货币政策调控的作用机理是多角度和全方位的，主要表现在以下几方面。

1\. 通过调控货币供求追求货币均衡，保持币值稳定

从第 2 章和第 17 章的讨论中已知，现代信用货币制度下的货币价值取决于货币供求在数量和结构上的均衡，货币供求的任何失衡都会导致币值的变化。由于信用货币的价值体现在其购买力上，而货币购买力是通过价格反映出来的，故价格是货币购买力的倒数，价格指数与货币购买力成反比。币值的变化对内将引起普遍的价格涨跌，出现通货膨胀或紧缩；对外则引起本币汇率的波动，导致国际收支的失衡。因此，保持币值稳定是保证市场经济中价格机制发挥作用的前提。

从第 15 章和第 16 章中可知，货币政策对货币供求的决定和影响因素都可以产生作用，因此，中央银行可以通过货币政策工具的操作直接调控货币供给和需求，使之接近于均衡点的水平，保持币值的稳定。

2. 通过调控货币供给追求社会总供求的内外均衡，促进充分就业和经济增长

上一章中已经说明了货币供求与社会总供求之间的四边联动关系。在现代市场经济中，不管由何种复杂的原因引起，社会总需求的大小都是直接与货币供给量相联系的。没有货币供给量的增加，社会总需求的增长是不可能实现的。由于货币政策对货币供给的数量有决定性影响，故其可以调节社会总需求。当社会总需求膨胀导致市场供求失衡以致给经济运行带来困难时，中央银行可以通过控制货币供给总量的办法使经济恢复均衡。反之，当社会总需求过小、社会有效产品供给不能实现销售时，中央银行可通过增加货币供给总量的办法使经济继续发展。货币政策对社会总供给也有调节作用。货币供给的增长和贷款利率的降低可减少投资成本，刺激投资增长和生产扩大；货币供给的减少和贷款利率的提高则使投资成本上升，结果会抑制投资和缩减生产。在实际经济运行过程中，货币政策正是通过对社会总需求和社会总供给两方面的调节使经济保持内外均衡，并促进充分就业和经济增长。

3. 通过利率和汇率调节消费、储蓄与投资，影响就业、经济增长和国际收支

货币政策通过对利率和汇率的调节能够产生重要的作用。因为在市场经济中，利率和汇率是最重要的金融杠杆，能够影响各个经济主体的决策和行为。低利率刺激投资，鼓励消费；高利率则抑制投资，有利于储蓄。汇率的变化直接影响进出口贸易和国际资本流动。从第 3 章和第 5 章中可知，货币政策可以通过调节货币供求、中央银行利率和公开市场操作有效地影响市场利率和汇率。中央银行可以根据国内外的经济形势和市场供求状况，通过调节利率和汇率，影响经济主体的决策和行为，改变消费、储蓄与投资的数量结构，进而影响就业、经济增长和国际收支。

原理18–1

货币政策通过调节货币供求和利率、汇率等金融价格，作用于各经济变量，进而影响币值、就业、国际收支和经济增长。

二、货币政策目标①

上述的作用机理说明了货币政策可以发挥作用的范围和原理，中央银行只能在其可以作用的范围内选择作用的目标和路径。在实际操作中，确定货币政策目标是首要的问题，否则中央银行就难以正确地制定和有效地实施货币政策。货币政策目标（Goal of Monetary Policy）是指通过货币政策的制定和实施所期望达到的最终目的，是中央银行的最高行为准则。

（一）货币政策目标的形成与演进

从历史上看，货币政策的目标随着经济与社会的发展变化逐渐增加，在不同阶段的重要性或主次亦有变化。在 20 世纪 30 年代以前的国际金本位制时期，各国中央银行货币政策的目标主要是稳定币值，包括稳定货币的对内价值（货币购买力）和对外价值（汇率）。20 世纪 30 年代世界

① 请访问爱课程网→资源共享课→金融学/李健→第 6 章→6. 1→今年货币政策稳字当头不急转弯。

经济大危机之后，西方各国经济一片萧条，工厂倒闭，失业问题十分突出。伴随着凯恩斯主义的国家干预主义盛行，英、美等国相继以法律形式宣称，谋求充分就业是其货币政策的目标之一，试图用增加货币供给、扩大就业的方法来繁荣经济。这样，货币政策目标就由原来的稳定币值一项转化为稳定币值和实现充分就业两项。40 年代末和 50 年代初，西方国家又普遍出现了通货膨胀，物价大幅度上涨，于是各国重新强调稳定币值这一目标，但对稳定币值的解释各国稍有不同。有的解释为稳定币值是将物价上涨控制在可以接受的水平之内；有的解释为稳定币值指保卫本国货币，以使本国货币购买力不降低。50 年代后期，西方经济发展理论广泛流行，同时鉴于苏联经济的快速发展和日本经济的复兴，欧美国家又提出了发展经济的迫切性，以保持自身的经济实力和国际地位，中央银行便把经济增长确定为货币政策的目标之一。60 年代以后，美国等几个主要资本主义国家国际收支持续逆差，使维持固定汇率发生困难，也影响了国内经济的发展。伴随着 70 年代初发生的两次美元危机和布雷顿森林货币体系的解体，不少国家又先后将国际收支平衡列为货币政策的目标之一。80 年代后期以来，伴随着金融风险的增加和金融危机的频繁爆发，许多国家的中央银行将金融稳定作为重要的政策目标。

（二）货币政策目标的主要内容

当代各国的货币政策目标大致可概括为五项：币值稳定（或物价稳定）、充分就业、经济增长、国际收支平衡和金融稳定。这五项目标在宏观经济和金融运行中都是至关重要的。

1. 币值稳定

所谓币值稳定，是指中央银行通过货币政策的实施，使币值保持稳定，从而保持价格水平和利率、汇率的基本稳定，在短期内不发生显著的或剧烈的波动。这里的物价是指物价的一般水平或总体水平，而不是某种或某类商品的价格。近一个世纪以来，通货膨胀（紧缩）造成的物价波动是各国经济生活中最常见的严重问题。因此，物价稳定往往成为各国货币政策追求的首要目标，任何国家都试图将物价波动限制在最小的幅度内，以便与其他经济目标相协调。在经济全球化迅速发展的当代，由于汇率的影响越来越大，稳定汇率已成为不少国家（尤其是发展中国家）的货币政策特别关注的目标。

2. 充分就业

所谓充分就业，是指失业率降到社会可以接受的水平。即在一般情况下，符合法定年龄、具有劳动能力并自愿参加工作的人，都能在较合理的条件下随时找到适当的工作。充分就业并不意味着消除失业，因为在多数国家，即使社会提供的工作机会与劳动力完全均衡，也可能存在摩擦性或结构性失业。另外，在市场经济发达国家，失业队伍是产业的后备军，是劳工市场供给要素流动的必备条件。失业率若控制在 4%左右，即可视为充分就业。

3. 经济增长

保持经济的增长是各国政府追求的最终目标，因此，作为宏观经济政策组成部分的货币政策，自然要将它作为一项重要的调节目标。在一般情况下，货币政策可以通过增加货币供应量和降低利率保持较高的投资率，为经济运行创造良好的货币环境，达到促进经济增长的目的。

4. 国际收支平衡

国际收支平衡有利于一个国家国民经济的健康发展，保证对外经济活动的正常进行，特别是对于开放经济部门占总体经济比重较大的国家更是如此。中央银行通过货币政策措施的具体实施，如稳定币值、调节利率、汇率等，可以改善贸易收支和资本流动，解决或预防国际收支失衡问题。因此，保持国际收支平衡通常也是货币政策的目标之一。

5. 金融稳定

在现代货币信用经济中，金融稳定是经济和社会稳定的重要条件，各国都努力保持金融稳定，避免出现货币危机、银行危机和金融危机。中央银行把金融稳定作为其政策目标，就是要通过适当的货币政策决策与操作，维持利率与汇率的相对稳定，防止银行倒闭，保持本国金融的稳健运行，并与各国中央银行和国际金融机构合作，共同维护国际金融的稳定。

知识链接18-1

美联储为实现货币政策目标实施四轮量化宽松政策

量化宽松主要是指中央银行在实行零利率或近似零利率政策后，通过购买国债等中长期债券，增加基础货币供给，向市场注入大量流动性的干预方式。与利率杠杆等传统工具不同，量化宽松被视为一种非常规的工具。自 2008 年起至今，美联储共实施了四轮量化宽松政策：

1. 第一轮量化宽松

2008 年 11 月 25 日，美联储首次公布将购买机构债和抵押贷款支持债券（MBS），标志着首轮量化宽松政策的开始。2008 年 12 月，美联储将其基准利率下调至 0~0.25%的目标区间。2010 年 4 月 28 日，美联储首轮量化宽松政策正式结束。美联储在首轮量化宽松政策的执行期间共购买了 1.725 万亿美元资产，包括 1.25 万亿美元的 MBS、1 750 亿美元的机构债券以及 3 000 亿美元的美国国债。

2. 第二轮量化宽松

2010 年 11 月 4 日，美联储宣布启动第二轮定量宽松计划，总计将采购 6 000 亿美元的资产，这项计划在 2011 年 6 月结束。与此同时，美联储宣布维持 0~0.25%的基准利率区间不变。

3. 第三轮量化宽松——扭曲操作

2011 年 9 月，美联储宣布将推出价值 4 000 亿美元的扭曲操作，出售期限为 3 年或更短的国债，主要买入期限为 7~10 年的较长期国债。2012 年 6 月 21 日，美联储宣布扭曲操作将延长，额度增加 2 670 亿美元，0~0.25%的超低利率将维持到 2014 年年末不变。

4. 第四轮量化宽松

2012 年 12 月 12 日，美联储宣布了第四轮量化宽松货币政策，每月采购 450 亿美元国债，替代扭曲操作，加上第三轮量化宽松每月 400 亿美元的宽松额度，美联储每月资产采购额达到 850 亿美元。此外，美联储决定用量化数据指标来明确超低利率期限，在失业率高于 6.5%、未来 1~2 年通胀水平预计高出 2%的长期目标不超过 0.5 个百分点的情况下，美联储将继续使联邦基金利率保持在 0~0.25%的超低区间。同时，美联储将继续对到期的机构债券和机构抵押贷款支持证券的本金进行再投资。

更多内容请访问爱课程网→资源共享课→金融学/李健→第 6 章→6.1→美国量化宽松货币政策对中国经济增长的溢生效应研究。

三、货币政策诸目标的关系

货币政策诸目标之间的关系是比较复杂的，有的在一定程度上具有一致性，如充分就业与经济增长，二者成正相关关系；有的则相对独立，如充分就业与国际收支平衡。但它们之间的关系更多地表现为目标间的冲突性。货币政策诸目标的矛盾主要表现在以下几方面。

（一）物价稳定与充分就业的矛盾

通货膨胀与失业之间通常存在一种此高彼低的交替关系，理论依据就是上一章讨论的菲利普斯曲线，因此，政府可以采用较高的通货膨胀率来实现低失业率的目标或是相反。例如，政府采用10%的通货膨胀率期望能保持2%的失业水平；但若通货膨胀率为0，失业率可能增加到9%。

对于菲利普斯曲线所描绘的通货膨胀与失业之间存在稳定关系，许多数经济学家提出质疑。例如货币学派的弗里德曼等人认为，货币政策要实现充分就业的目标，只能通过扩张信用和增加货币供给量来刺激投资需求和消费需求，才能扩大生产规模，增加就业人数，但伴随而来的将是一般物价水平的上涨，中央银行只能以牺牲稳定物价的政策目标为代价。因此，物价稳定与充分就业之间是相互矛盾的，很难做到同时实现，中央银行只能根据当时的社会经济条件，寻求物价上涨率和失业率之间某一适当的组合点。

（二）物价稳定与经济增长的矛盾

物价稳定与经济增长之间的矛盾性较为突出，一个目标的实现往往要以牺牲另一个目标为条件。因为要刺激经济增长，中央银行就需要扩张信贷和货币供给，必然带来通货膨胀；而为了防止通货膨胀，中央银行则需要采取收缩货币和信用的措施，但这会抑制经济增长，使中央银行经常陷入两难选择。

对这两个目标的矛盾性，理论界也存在不同的看法。有人认为，物价稳定是经济增长的前提，经济增长则是物价稳定的物质基础，从这个角度看二者存在统一性。还有人认为，适度的物价上涨能够刺激投资和产出的增加，从而促进经济增长，经济增长又取决于新生产要素的投入和劳动生产率的提高，当劳动生产率提高时，产出的增加会伴随着单位产品生产成本的降低，因此，内涵性的经济增长，可使价格趋于下降或稳定。

（三）物价稳定与国际收支平衡的矛盾

一般来说，只有各国都维持基本相同的物价稳定水平，并且在贸易形态和进出口商品结构不变的条件下，物价稳定才能与国际收支平衡同时存在。但事实上这是不可能的。若其他国家发生通货膨胀，本国物价稳定，则会造成本国出口增加，进口减少，国际收支发生顺差；若本国发生通货膨胀，其他国家的物价稳定，表明本国货币对内贬值，在一定时期内购买外国商品便宜，则会导致本国出口减少，进口增加，使国际收支恶化。

（四）经济增长与国际收支平衡的矛盾

经济增长与国际收支平衡间之所以会出现矛盾，是因为随着经济增长，就业人数增加，收入水平提高，对进口商品的需求通常也会相应增加，从而使进口贸易增长得更快，出现贸易逆差。为了平衡国际收支，消除贸易逆差，中央银行需要紧缩信用，减少货币供给，以抑制国内的有效需求，但是生产规模也会相应缩减，从而导致经济增长速度放慢。因此，经济增长与国际收支平衡二者之间也相互矛盾，难以兼得。

正因为货币政策各目标之间既有统一性，但更多地表现为矛盾性，所以货币政策几乎不可能同时实现这些目标，于是就出现了货币政策目标的选择问题。在理论上主要有主张以稳定币值为唯一目标的“单一目标论”；主张同时追求稳定币值和经济增长的“双重目标论”；主张总体上兼顾各个目标，而不同时期确定各目标的主次地位和先后顺序的“多重目标论”。各国由于经济发展水平和经济结构的差异，在货币政策目标的选择上有差异，如发展中国家多以促进经济增长为首选目标，而开放经济型小国通常将国际收支平衡放在首要地位；同一国家在不同时期也有不同的选择。

四、中国货币政策目标的选择

自 1984 年中国人民银行专门行使中央银行职能以后至 1995 年 3 月《中国人民银行法》颁布之前，我国事实上一直奉行的是双重货币政策目标，即发展经济和稳定货币。这种做法符合中国过去的计划经济体制，特别是在把银行信贷作为资源直接分配的情况下，货币总量控制与信贷投向分配都由计划安排，发展经济和稳定货币这两个目标比较容易协调。但是随着改革开放的推进和计划性的递减，货币政策的双重目标越来越难以同时实现。货币政策在支撑经济增长的同时，伴随着较为严重的货币贬值和通货膨胀。例如，1984—1995 年的 12 年中，全国零售物价指数涨幅超过 5%的年份就有 9 年。

1995 年 3 月颁布实施的《中国人民银行法》对“双重目标”进行了修正，确定货币政策目标是“保持货币币值的稳定，并以此促进经济增长”。2003 年 12 月 27 日重新修订并生效的《中国人民银行法》再次确认了这一目标。这个目标体现了两个要求：第一，不能把稳定币值与经济增长放在等同的位置上。从主次看，稳定币值始终是主要的。从顺序来看，稳定货币为先。中央银行应该以保持币值稳定来促进经济增长。第二，即使在短期内兼顾经济增长的要求，仍必须坚持稳定货币的基本立足点。

第二节　货币政策操作指标与中介指标

一、货币政策操作指标和中介指标的含义与选取要求

由于货币政策最终目标是中央银行难以直接实现的结果，中央银行在货币政策的操作中必须选择某些与最终目标关系密切、可以直接影响并在短期内可度量的金融指标作为实现最终目标的中间性指标，通过对这些指标的控制和调节最终实现政策目标。因此，中间性指标就成了货币政策作用过程中一个十分重要的环节，对它们的选择是否正确以及选择后能否达到预期调节效果，关系到货币政策最终目标能否实现。中间性指标主要由操作指标和中介指标两个层次构成。

（一）货币政策操作指标

货币政策的操作指标（Manipulate Targeting）是中央银行通过货币政策工具操作能够有效准确实现的政策变量，如准备金、基础货币等指标。操作指标有两个特点：一是直接性，即可以通过政策工具的运用直接引起这些指标的变化；二是灵敏性，即对政策工具的运用反应极为灵敏，或者说，政策工具可以准确地作用于操作指标，使其达到目标区。一般来说，操作指标是在中央银行体系之内的可控性指标。

（二）货币政策中介指标

货币政策的中介指标（Intermediate Targeting）是处于最终目标和操作指标之间且中央银行通过货币政策操作和传导后能够以一定的精确度达到的政策变量。中介指标常用的是市场利率和货币供给量，信贷量和汇率也可充当中介指标。由于中介指标不在中央银行体系之内，而是受整个金融体系影响，因此，中央银行对中介指标的可控性较弱，但中介指标与最终目标之间的关系十分密切。中央银行主要通过政策工具直接作用于操作指标，进而控制中介指标，最终达到期望的政策目标。

（三）货币政策操作指标与中介指标的选取要求

通常认为，货币政策操作指标和中介指标的选取要兼备以下几个基本要求：

第一，可测性，指中央银行能够迅速获得这些指标准确的资料数据，并进行相应的分析判断。

第二，可控性，指这些指标能在足够短的时间内接受货币政策的影响，并按政策设定的方向和力度发生变化。

第三，相关性，指该指标与货币政策最终目标有极为密切的关系，控制住这些指标就能基本实现政策目标。

第四，抗扰性，指该指标受非政策因素的干扰程度低，能够较好地传递和反映货币政策的作用。

二、可作为操作指标的金融变量

中央银行货币政策可选择的操作指标主要是准备金和基础货币，有的国家还将中央银行自行决定的利率作为操作指标。

（一）准备金

准备金是中央银行货币政策工具影响中介指标的主要传递指标，也是中央银行可直接操作的指标。准备金主要有三种计量口径：准备金总额、法定准备金、超额准备金。法定准备金与超额准备金之和即为准备金总额。法定准备金的多少完全取决于中央银行自行决定的法定准备金率，具有很强的可测性、可控性、相关性和抗扰性。由于法定准备金率的调整震动太大，各国中央银行一般不作经常性调整，因此，中央银行可直接操作的经常性指标是超额准备金。以超额准备金为操作指标，就是通过政策工具来调节、监控商业银行及其他各类金融机构的超额准备金水平。超额准备金的高低，反映了商业银行等金融机构的资金紧缺程度。此项指标过高，说明金融机构资金宽松，已提供的货币供给量偏多。中央银行应采取紧缩措施，通过提高法定准备金率、公开市场卖出证券、收紧再贴现和再贷款等工具，使金融机构的超额准备金保持在理想的水平；反之则相反。

小贴士18-1

超额准备金对商业银行等金融机构的资产业务规模有直接决定作用，对中央银行来说也极易判断，相关性和可测性较好。但超额准备金的高低在很大程度上取决于商业银行等金融机构的意愿和财务状况，可控性和抗干扰性较差，而且需要金融监管机构予以配合。

（二）基础货币

基础货币包括流通中的现金和商业银行等金融机构在中央银行的存款准备金，可测性好。如第16章所述，在中央银行提供基础货币的过程中，多种货币政策工具如法定准备金率、公开市场业务、再贴现和再贷款、发行央行票据等都可以作用于基础货币，可控性和抗干扰性较强。但离货币政策最终目标较远，只有在经济机制充分发挥作用和货币乘数稳定的情况下，调控基础货币才能实现对货币总供求的调节，相关性较弱。

（三）其他指标

在可选择的操作指标中，除了准备金和基础货币之外，还有中央银行自行决定的利率，如再贴现率、再贷款利率、准备金存款利率、央行票据利率等。中央银行自行决定的利率的可控性、可测性、抗干扰性都很强，但与货币政策最终目标的相关性较弱。有的中央银行也以同业拆借市场利率、回购协议市场利率、票据市场贴现率等货币市场的利率作为操作指标，由于中央银行的货币政策操作主要在货币市场上进行，因此，这些指标从理论上分析基本上是可控的。而货币市场的交易相对集中，信息比较透明，可测性较好。这些指标与最终目标的相关性也较好。但是，要选用这些指标作为中央银行的操作指标，最重要的条件是有发达的货币市场。

三、可作为中介指标的金融变量

根据货币政策中介指标的基本要求，在市场经济比较发达的国家，可作为中介指标的一般有利率、货币供给量，也有的把贷款量和汇率包括在内。利率、货币供给量等金融变量作为货币政策中介指标，各有其优点和不足。

（一）利率

以利率作为中介指标，就是要通过政策工具来调节、监控市场利率水平，使其达到中央银行的期望值。具体操作是根据经济金融环境和金融市场状况提出预期理想的市场基准利率水平，若偏离这一水平，中央银行就要进行调节。如果现实利率水平低于预期理想水平，就意味着货币供给大于货币需求，货币供给过多，中央银行可用缩减货币供给的方法使利率升至预期理想水平；反之，中央银行可用增大货币供给的方法使利率降至预期理想水平。

选取利率作为中介指标，其优点是可测性和相关性都较强，能有效地作用于货币和金融变量，调节市场总供求。不足之处在于作为中介指标的必须是市场利率，其本身是由经济体系内部因素决定的内生变量，中央银行难以进行有效的控制；并且在经济周期波动中，利率的变动趋势主要受非政策因素支配，抗干扰性较差。因此，利率作为内生变量和政策变量在实践中很难区分，中央银行较难判断货币政策操作是否已经达到了预期的目标。

（二）货币供给量

以货币供给量作为中介指标，就是通过政策工具来调节、监控货币供给量增长水平，以便货币供给增长与经济增长要求相适应。具体操作是中央银行根据经济金融环境和商品市场供需状况提出货币供给量的期望值，并通过政策工具的调节实现所期望的水平。如市场货币供给量大于期望值，商品市场上可能出现社会总需求大于社会总供给的情况，商品价格上涨，通货膨胀。这时，中央银行就要采取缩减货币供给量的措施以达到期望值，实现市场均衡。反之，中央银行就要采取扩张货币供给量的措施。

选取货币供给量作为中介指标，其优点在于该项指标与经济发展状况联系密切，社会总供给与社会总需求失衡不管由何种因素引起，都会通过货币供给量的过多或过少反映出来；并且这一指标与货币政策最终目标比较接近，相关性较好，中央银行比较容易判断其政策效果。在金融发展稳定的阶段，货币供给量的可测性、可控性和抗干扰性都较强。但值得注意的是，近年来随着金融创新的活跃，货币供给量本身包含的范围或统计口径越来越难以清晰界定，可测性在减弱；由于货币供给内生性的增强，中央银行控制货币供给量的难度也在加大；同时，各经济主体的行为对货币乘数的影响很不稳定，降低了该指标的抗干扰性。

（三）其他指标

除了利率和货币供给量之外，还有一些指标可充当中介指标，主要有贷款量和汇率。贷款量通常又称贷款规模，具有较好的相关性、可测性和可控性。但贷款规模是利用行政手段而非经济手段发挥作用，不利于市场机制作用的发挥；同时，当一国金融市场和直接融资较发达时，贷款规模控制与最终目标之间的相关性就减弱了。因此，该指标通常在计划性较强或金融市场不发达的国家使用。汇率也可以充当中介指标，特别是在一些对对外经济依赖性大的小国和实行本币与某国货币挂钩的国家或地区，中央银行往往选择汇率作为中介指标。但由于汇率的决定和影响因素比较复杂，可控性和抗干扰性较弱，同时因汇率的传导机制有较大的不确定性，其与最终目标之间的相关性也较差。

在实际操作中，货币政策中介指标应具有一定弹性。对中介指标理想值的确定，各国一般都是规定一个目标值区间而不是确定一个无弹性的固定数值。所谓目标值区间是指规定一个区域值，即上下限。同时，各国对实现目标的时间要求也是一个时期，而不是一个时点，尽管这个时期可能很短。

四、我国货币政策的中介指标与操作指标

20 世纪 80 年代，我国货币政策在中介指标的选择上，沿用了改革开放前的做法，即以贷款规模与现金发行作为货币政策的中介指标。

把贷款规模作为中介指标的理论依据是建立在第 16 章中提到的计划体制及其货币供给机制之上的，因为货币都是通过贷款渠道供应的，“贷款 = 存款+现金”，只要控制住贷款，就能控制住货币供给。但随着改革开放的深入和市场化金融运行体制的确立，货币政策实施的基础和环境都发生了根本性变化，贷款规模作为货币政策中介指标逐渐失去了两个赖以生存的条件：一是资金配置由计划转向市场；二是国有银行的存款在全社会融资总量中的比重趋于下降，而其他银行和金融机构特别是金融市场的直接融资比重迅速提高。因此，指令性的贷款规模不宜再作为中介指标，中国人民银行于 1998 年取消了指令性的贷款规模管理，而将其作为一种指导性的变量进行统计监测和调节。

1993 年 12 月颁布的《国务院关于金融体制改革的决定》明确提出，我国今后货币政策中介指标主要有四个：货币供应量、信用总量、同业拆借利率和银行超额储备金率。目前在实际工作中，货币政策的操作指标主要是基础货币、银行的超额储备金率和货币市场、债券市场、信贷市场上各自的指标性利率等；中介指标主要是货币供应量和以商业银行贷款总量、货币市场交易量为代表的信用总量。2010 年 12 月中央经济工作会议和 2011 年政府工作报告提出“保持合理的社会融资规模”，社会融资规模目前已成为我国货币政策监测的重要指标之一。

知识链接18-2

社会融资规模

较长时期以来，我国货币政策监测和分析的指标是 M2 和新增人民币贷款。近年来，随着我国金融市场快速发展，金融市场和产品不断创新，金融结构多元发展，证券、保险类机构对实体经济资金支持加大，对实体经济运行产生重大影响的金融变量不仅包括传统意义上的货币与信贷，也包括信托、债券、股票等其他金融资产。宏观监测迫切需要一个更为合适的、能够全面反映金融与经济关系的中间指标，即社会融资规模。

社会融资规模是指一定时期内（每月、每季或每年）实体经济（即企业和个人）从金融体系获得的全部资金总额。这里的金融体系是整体金融的概念。具体到统计指标上，目前社会融资规模包括人民币贷款、外币贷款、委托贷款、信托贷款、银行承兑汇票、企业债券、非金融企业境内股票融资和其他金融工具融资八项指标。随着我国金融市场发展和金融创新深化，实体经济还会增加新的融资渠道，如私募股权基金、对冲基金等。未来条件成熟，可将其计入社会融资规模。

最新数据显示，2017 年年底，社会融资规模存量为 174.6 万亿元，融资结构更趋多元。人民币贷款占融资总量的 68%，企业债券占比 11%，委托贷款和信贷贷款占比 11%，其他 10%。未来在宏观调控中需要更加注重货币总量的预期引导作用，更加注重从社会融资总量的角度来衡量金融对经济的支持力度，要保持合理的社会融资规模，强化市场配置资源功能，进一步提高经济发展的内生动力。

第三节　货币政策工具

一、货币政策工具的含义

货币政策工具（Instrument of Monetary Policy）又称货币政策手段，是指中央银行为调控中介指标进而实现货币政策目标所采用的政策手段。货币政策中介指标和最终目标都是通过中央银行对货币政策工具的运用来实现的。

二、一般性货币政策工具

一般性政策工具是指西方国家中央银行多年来采用的三大政策工具，即法定存款准备金政策、再贴现政策和公开市场业务，这三大传统的政策工具有时也被称为“三大法宝”，主要用于调节货币总量。

（一）法定存款准备金政策

20 世纪 30 年代大危机后，各国普遍实行了法定存款准备金制度，法定存款准备金率便成为中央银行货币政策的主要工具之一。各国中央银行根据存款的类型或规模确定不同的缴存比率，并根据货币政策的需要进行调整。一般来说，存款期限越短，货币性就越强，所以活期存款的法定准备金率高于定期存款的法定准备金率；也有些国家只对活期存款规定准备金率要求；还有的国家对超过规定数量的存款要求缴存比率更高。大多数国家对法定准备金存款不付息。

法定存款准备金政策通常被认为是货币政策最猛烈的工具之一。因为法定存款准备金率是通过决定或改变货币乘数来影响货币供给，即使法定存款准备金率调整的幅度很小，也会引起货币供应量的巨大波动。尽管商业银行等存款机构由于种种原因持有超额准备金，而法定存款准备金的调整会增减相应的超额准备金，对商业银行创造派生存款的能力有很强的作用力。因此，这个工具的优点主要在于作用力大，主动性强，见效快。

但法定存款准备金政策也存在明显的局限性。第一，由于法定存款准备金率调整的效果较强烈，其调整对整个经济和社会心理预期都会产生显著的影响，不宜作为中央银行调控货币供给的日常性工具，这致使它有了固定化的倾向。第二，为了体现中央银行的中立性和公平性，各国的法定准备金率对各类存款机构都一样，但调整时对各类存款机构的冲击却不同，因而不易把握货币政策的操作力度与效果。第三，调整法定准备金率对商业银行的经营管理干扰较大，增加了银行流动性风险和管理的难度；当对法定准备金存款不付息时，还会降低银行的盈利，削弱其在金融领域的竞争力。正因为如此，20 世纪 90 年代以后许多国家逐步降低了法定准备金的要求，如欧元区降至 2%，有的国家如加拿大、澳大利亚、新西兰则已降至 0%。

中国人民银行自 1984 年专门行使中央银行职能后，就开始实行存款准备金制度，在我国货币政策的实施中发挥了积极的作用。在实际运用中有如下几个特点：

第一，调整频繁。1984 年规定企业存款为 20%，储蓄存款为 40%，农村存款为 25%。1985 年统一规定为 10%，1987 年提高到 12%，1988 年提高到 13%，1989 年规定另外再缴存 5%～7%的备付金，加上法定比率相当于 18%～20%，显然比率过高。1998 年改革了存款准备金制度，合并了法定准备金和备付金账户，将准备金率降至 8%。此后，存款准备金率不断调整，2007 年内调整了 10 次，2011 年内调整了 7 次，从 2012 年到 2021 年调整了 15 次，已经成为我国中央银行货币政策操作中运用频繁的政策工具之一。1985—2021 年中国法定存款准备金率的变化如图 18-2 所示。

☞ 更多数据请扫描封底增值服务码→数据库。

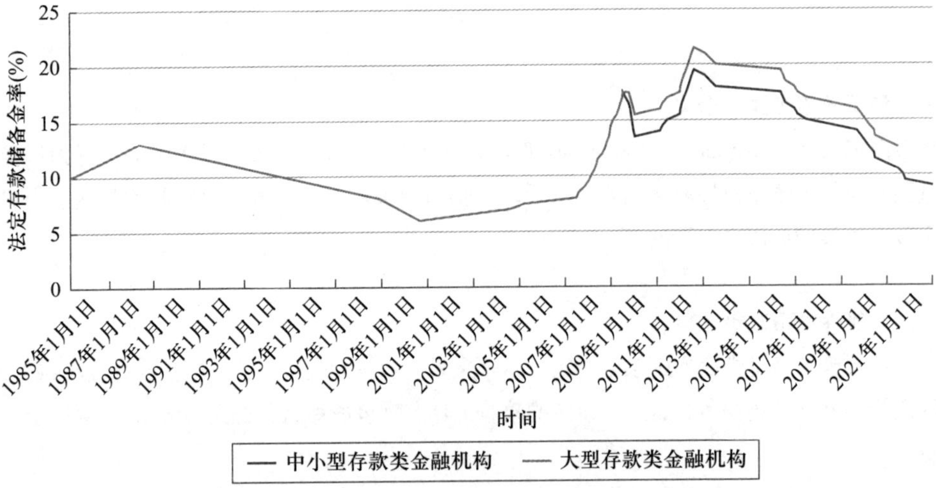

图 18-2 1985—2021 年中国法定存款准备金率变化图

资料来源：历年《中国金融年鉴》《中国人民银行统计季报》。

第二，有同有异。一方面，不区分存款种类，也没有规模差异，无论是活期或定期，不管存款数量多少，都实行统一的法定准备金率。另一方面，对不同机构或地区差别对待。例如，从 2004 年起对不同金融机构实行差别准备金制度，对资本充足率低于规定要求的存款机构提高 0.5 个百分点；又如，2008 年 9 月对一般地区的中小型存款机构下调准备金率 1 个百分点，而对汶川地震灾区则下调 2 个百分点，在某种程度上克服了其不利作用。

第三，对准备金存款付息。我国从 1984 年起就一直对法定准备金和超额准备金存款支付利息。准备金存款利率也在不断调整，总体上略低于中央银行一年期贷款利率；1998 年前和 2003 年以后法定准备金和超额准备金的存款利率不同，体现了中央银行的政策导向，成为中央银行利率体系中的一个工具。

（二）再贴现政策

再贴现政策（Rediscount Policy）是指中央银行对商业银行向中央银行申请再贴现所作的政策

性规定。再贴现政策是中央银行通过向商业银行等金融机构提供融资的方式，来进行货币政策的操作。一般包括两方面的内容：一是再贴现率的确定与调整，二是申请再贴现资格的规定与调整。再贴现率的调整主要着眼于短期的供求均衡，中央银行可根据市场资金供求状况调整再贴现率。一方面能够影响商业银行借入资金的成本，进而影响商业银行向社会提供的信用量；另一方面反映中央银行的政策意向，在金融市场上产生一种告示效应，即提高再贴现率意味着有紧缩倾向，反之则意味着有意扩张，对市场利率有重要的导向作用。从传导机制看，若中央银行调高再贴现率，商业银行需要以比较高的代价才能从中央银行获得贷款，商业银行就会提高对客户的贴现率或提高放款利率，其结果就会使信用量收缩，市场货币供给量减少，市场利率也会因资金供求和预期的变化而相应变动。中央银行对再贴现资格条件的规定（包括对贴现票据的规定和对申请机构的规定）与调整，能够改变或引导资金流向，可以发挥抑制或扶持作用，主要着眼于长期的结构调整。再贴现政策还是中央银行扮演“最后贷款人”角色的途径，在保持金融稳定方面发挥着重要的作用。

但是，再贴现政策也存在一定的局限性：第一，主动权并非只在中央银行，甚至市场的变化可能违背中央银行的政策意愿。因为商业银行是否申请再贴现或再贴现多少，取决于商业银行的行为，由商业银行自主判断和选择。如商业银行可通过其他途径筹措资金而不依赖于再贴现，则中央银行就无法运用这个工具。第二，再贴现率的调节作用是有限度的。在经济繁荣时期，提高再贴现率也不一定能够抑制商业银行的再贴现需求和资产扩张；在经济萧条时期，调低再贴现率也不一定能够刺激商业银行的再贴现需求。第三，与法定存款准备金率比较而言，再贴现率虽易于调整，但由于它是中央银行利率，随时调整会引起市场利率的大幅波动，加大利率风险，干扰市场机制。第四，中央银行通过再贴现充当最后贷款人，有可能加大金融机构的道德风险。

中国人民银行的再贴现业务自 1986 年正式开办以来，由于我国商业信用不发达，票据市场发展滞后，在一个较长时期内，票据贴现和再贴现的总量很小，加上再贴现利率与其他贷款利率一样由国家统一规定，其政策效果小到可以忽略不计。但在 1994 年以后，中国人民银行加大了开展再贴现业务的力度，出台了相应的法规，全国再贴现业务发展较快，特别是在世纪之交再贴现政策的效果比较明显。近年来随着票据贴现市场的发展，再贴现业务量逐年增加，如图 18-3 所示。

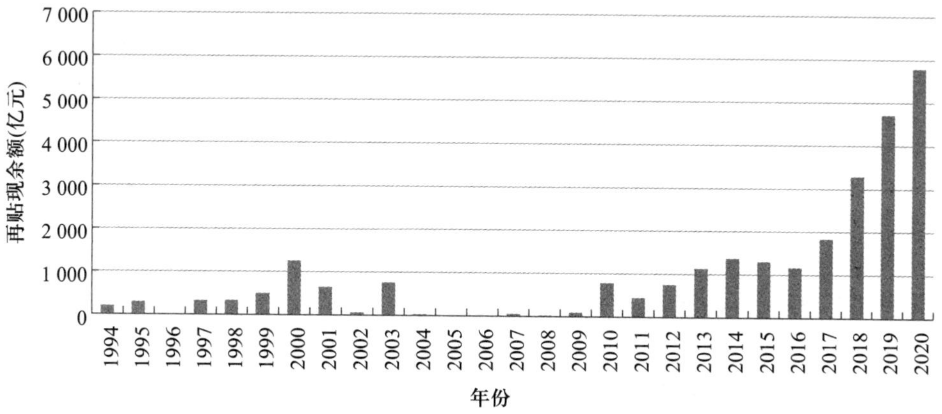

图 18-3　1994—2020 年中国再贴现余额变化图

资料来源：历年《中国金融年鉴》《中国货币政策执行报告》。

中国人民银行对商业银行的融资还有一种重要的形式——再贷款。在改革开放初期，由于金融运作的计划性程度还比较高，商业银行等金融机构还不是独立的经济主体，金融市场特别是货币市场不发达，市场化的货币政策工具难以运用，再贷款是中国人民银行最主要的货币政策工具，也是投放基础货币最主要的渠道。由于再贷款是信用放款，计划性较强，央行可以根据经济形势自主决定数量和贷款对象，通过再贷款控制信贷规模和货币供应量效果比较明显。1994 年以后，由于汇率制度改革和金融业市场化程度的迅速提高，外汇占款逐渐成为中国人民银行最主要的基础货币投放渠道，随着公开市场业务、存款准备金和再贴现等间接调控的政策工具运用越来越普遍，再贷款的比重和重要性相应下降。

2008 年国际金融危机之后，随着我国国际收支趋于平衡，外汇占款的货币投放渠道逐渐减弱，为了保证货币供给的合理增加，2013 年以来，中国人民银行推出了新型的货币政策工具——借贷便利。根据期限又分为常备借贷便利（SLF）和中期借贷便利（MLF）。2014 年 7 月还推出了抵押补充贷款（PSL）。2019 年 1 月 23 日，又创设了定向中期借贷便利（TMLF），以加大对小微企业、民营企业的金融支持力度。这些新型政策工具与传统再贴现相同的是，都是由金融机构主动向央行提出再融资需求申请，都是为了调节金融机构的流动性；不同的是，这些工具都以抵押方式发放资金，合格的抵押品包括高信用评级的债券、优质信贷资产等。

（三）公开市场业务

公开市场业务是指中央银行在金融市场上公开买卖有价证券，以此来调节金融机构的准备金和基础货币，进而影响市场利率和货币量的政策行为。当中央银行认为应该放松银根时，就在金融市场上买进有价证券（主要是政府债券、回购协议或央行票据），从而将基础货币投放出去，直接增加金融机构的准备金存款；反之则相反。

同前两种货币政策工具相比，公开市场业务有明显的优越性。第一，主动性强。中央银行的公开市场业务操作的目标是货币量或利率而非盈利，所以它可以不考虑证券交易的价格，从容实现操作目的，即可以高于市场价格买进或低于市场价格卖出，自主性很强，不像再贴现政策那样较为被动。第二，灵活性强。中央银行可根据金融市场的变化，进行经常性、连续性的操作，并且买卖数量可多可少。如发现前面操作方向有误，还可立即进行相反的操作；如发现力度不够，可随时加大买卖的数量。第三，调控效果和缓，震动性小。由于这项业务以交易行为出现，不是强制性的，加之中央银行可以灵活操作，所以其对经济社会和金融机构的影响比较平缓，不像调整法定存款准备金率那样震动很大。第四，具有告示效应，影响范围广。中央银行在金融市场上公开买卖证券，其操作的方向和力度代表了货币政策的取向，给商业银行和公众以明确的信号，可以影响他们的预期和经济行为；同时，中央银行的买卖还会影响证券市场的供求和价格，进而对整个社会投资和产业发展产生影响。

公开市场业务虽然能够有效地发挥作用，但必须具备以下三个条件才能顺利实施：第一，中央银行必须具有足以干预和控制整个金融市场的资金实力。第二，要有发达和完善的金融市场，中央银行可买卖的证券种类必须达到一定规模，经济主体的理性化程度较高，有完善的政策传导机制。第三，必须有其他政策工具的配合。

我国在 1994 年前尚不具备上述基础与条件。1994 年 4 月 1 日，我国正式开始在上海银行间外汇市场通过买卖外汇进行公开市场操作；1995 年，通过中央银行融资券的买卖在本币市场开始尝试公开市场业务；1996 年，以国债为对象进行公开市场业务操作。随着改革的深入和市场化程度的提高，公开市场业务的基础和条件日益成熟，1999 年后，公开市场业务已成为中国人民银行货币政策日常操作最重要的工具，在调控货币供应量、调节商业银行流动性水平、引导货币市场利率走势等方面发挥了积极的作用。

知识链接18-3

灵活开展公开市场操作

2020 年，中国人民银行密切监测银行体系流动性供求状况，进一步提高公开市场操作的前瞻性、精准性和时效性，在运用降准、再贷款、再贴现、MLF 等工具投放中长期流动性的基础上，以 7 天期逆回购为主灵活开展公开市场操作，始终保持流动性合理充裕、供求平衡。同时，通过在《公开市场业务交易公告》中提前公布操作计划等多种方式进一步加强市场沟通，提高货币政策透明度，有效稳定市场预期。第四季度，影响流动性供求的季节性、市场性因素较多，中国人民银行合理把握公开市场操作力度和节奏，精准对冲短期因素扰动，12 月下旬通过开展 14 天期逆回购操作投放跨年资金，满足市场需求，维护年末市场流动性平稳。

2020 年，为应对新冠肺炎疫情冲击，中国人民银行前瞻性引导政策利率下行，MLF 和逆回购操作中标利率均下行 30 个基点，并通过 LPR 传导进一步降低民营和小微企业融资成本。下半年，MLF 和逆回购操作中标利率均保持不变，展现稳健货币政策姿态。同时，中国人民银行进一步提高公开市场操作的连续性，通过每日操作持续释放央行短期政策利率信号，引导货币市场短期利率围绕公开市场 7 天期逆回购操作利率在合理区间波动。MLF 利率作为中期政策利率，对市场中长期利率的引导效果显现，12 月份同业存单利率、国债收益率均有所下行，并向 MLF 利率靠拢。

判断短期利率走势，首先要看政策利率是否发生变化，主要是央行公开市场 7 天期逆回购操作利率是否变化，而不应过度关注公开市场操作数量。公开市场操作数量会根据财政、现金等多种临时性因素以及市场需求情况灵活调整，其变化并不完全反映市场利率走势，也不代表央行政策利率变化。其次，在观察市场利率时重点看市场主要利率指标（DR007）的加权平均利率水平，以及 DR007 在一段时期的平均值，而不是个别机构的成交利率或受短期因素扰动的时点值。

2020 年第四季度，中国人民银行开展了 3 次、150 亿元央行票据互换（CBS）操作，期限均为 3 个月，费率均为 0.10%。2020 年，中国人民银行以每月一次的频率稳定开展 CBS 操作，累计操作量 610 亿元，对于提升银行永续债的二级市场流动性，支持银行特别是中小银行发行永续债补充资本发挥了积极作用，进一步增强了金融服务实体经济的能力。

2020 年第四季度，中国人民银行在香港成功发行 3 期共 350 亿元人民币央行票据。其中，1 年期 150 亿元、3 个月期和 6 个月期各 100 亿元。2020 年，中国人民银行总共在港发行 12 期、1 550 亿元人民币央行票据。在香港常态化发行人民币央行票据，不仅丰富了香港市场人民币投资产品和流动性管理工具，而且带动了境内外市场主体在离岸市场发行人民币债券及开展人民币业务，对促进离岸人民币市场持续健康发展发挥了积极作用。中银香港于 2021 年 1 月 27 日启动香港人民币央行票据回购做市机制，提高香港人民币央票二级市场流动性。据统计，2020 年，除香港人民币央行票据以外的离岸人民币债券发行量超过 1 300 亿元，比 2019 年增加 30%。同时，离岸人民币债券的发行方式和发行地点也更加多样化，人民币离岸市场活跃度进一步提升。

资料来源：中国人民银行发布的《2020 年第四季度中国货币政策执行报告》。

三、选择性货币政策工具

随着中央银行宏观调控作用重要性的增强，货币政策工具也趋向多样化。除上述调节货币总量的三大工具在操作内容和技术上更加完备之外，中央银行还增加了对某些特殊领域的信用活动加以调节和影响的一系列措施。这些措施一般都是有选择地使用，故称之为选择性货币政策工具，以便与传统的一般性政策工具相区别。选择性货币政策工具主要有以下几类。

（一）消费信用控制

消费信用控制是指中央银行对不动产以外的各种耐用消费品的销售融资予以控制。在消费信用膨胀和通货膨胀时期，中央银行采取消费信用控制，能起到抑制消费需求和物价上涨的作用。如美国1941年至1952年对住宅以外的消费信用规定首付的最低限和分期付款的最长期限。

（二）证券市场信用控制

证券市场信用控制是指中央银行对有关证券交易的各种贷款和信用交易的保证金比率进行限制，并随时根据证券市场的状况加以调整，目的在于控制金融市场的交易总量，抑制过度投机。

（三）不动产信用控制

不动产信用控制指中央银行对金融机构在房地产方面放款的限制性措施，包括对房地产贷款规定最高限额、最长期限及首次付款和分期还款的最低金额等，以抑制房地产投机和泡沫，如日本1990年规定金融机构对不动产贷款的最高额度。

（四）优惠利率

优惠利率是中央银行对国家重点发展的经济部门或产业所采取的鼓励性措施。优惠利率不只是大多数发展中国家采用，发达国家也普遍采用。

（五）预缴进口保证金

预缴进口保证金是指中央银行要求进口商预缴相当于进口商品总值一定比例的存款，以抑制进口过快增长的措施。预缴进口保证金多为国际收支经常项目出现逆差的国家所采用。

四、其他货币政策工具

其他货币政策工具主要有直接信用控制、间接信用指导和结构性货币政策工具三类。

（一）直接信用控制

直接信用控制（Direct Credit Control）是以行政命令或其他方式，直接对金融机构尤其是商业银行的信用活动进行控制，这类手段的运用需要金融监管来进行配合。直接信用控制的手段一般都是根据不同情况有选择地使用，主要手段有以下几类。

1. 规定利率限额

此类政策主要是规定贷款利率下限和存款利率上限。这是最常见的手段之一，其目的是防止金融机构为谋求高利而进行风险存贷或过度竞争。在自由化程度很高的美国，这一手段曾被长期使用。

2. 采用信用配额

此类政策是指中央银行根据市场资金供求状况及客观经济需要，分别对各个商业银行的信用规模或贷款规模加以分配，限制其最高数量。在多数发展中国家，这一手段经常被采用，发达国家也曾采用过此类措施。例如，英国从第二次世界大战以后到1971年9月规定由英格兰银行对金融机构的放款限额进行规定和调整；1990年，日本为了控制信用和物价采用放款限额，要求都市银行和地方银行降低贷款增长率。

3. 规定金融机构流动性比率

这也是限制商业银行等金融机构信用扩张的主要措施，是保证金融机构安全的手段。流动性比率是指流动性资产占总资产的比重，一般来说，流动性比率与收益成反比。为保持中央银行规定的流动性比率，商业银行必须相应采取缩减长期放款、扩大短期放款和增加应付提现的流动性资产等措施。

4. 直接干预

此类政策主要包括中央银行直接对商业银行的信贷业务、放款范围等加以干预。如对业务经营不当的商业银行拒绝提供再贴现或实行高于一般利率的惩罚性利率，对银行吸收存款的范围加以干涉等。

中国人民银行从 1984 年开始执行中央银行职能后，贷款计划曾经是最主要的货币政策工具。贷款计划主要包括两大项内容：一是确定全国贷款总规模，俗称“规模管理”或“规模控制”；二是确定中国人民银行对金融机构的再贷款额度。贷款计划这一工具对于中央银行来说非常方便，但对于金融机构的经营来说，则缺少灵活性。1998 年，我国取消了对金融机构的指令性贷款规模管理，但仍然保留指导性的贷款规模管理。

利率政策也是我国货币政策的主要手段之一。中国人民银行采用过的利率手段主要包括：第一，调整中央银行利率，具体包括再贷款利率、再贴现利率、存款准备金利率、超额存款准备金利率、央票利率、回购利率等。第二，调整金融机构存款利率和贷款利率的下限。第三，制定金融机构存贷款利率的浮动范围。第四，制定相关政策对各类利率结构和档次进行调整等。正如第 5 章所述，随着我国利率市场化的推进，对一般利率的管制日益减少，中国人民银行将越来越多地采用中央银行利率进行政策操作。

总的来说，在改革开放初期，我国货币政策工具以直接控制为主，带有较多的计划性、行政性色彩，对金融运作和资金效率的提高有不利的一面。1995 年 3 月《中国人民银行法》颁布后，我国货币政策逐步由以直接控制为主向以间接调控为主转化，并从数量型货币政策转向价格型货币政策。

（二）间接信用指导

间接信用指导（Indirect Credit Guidance）是指中央银行通过道义劝告、窗口指导等办法来间接影响商业银行等金融机构行为的做法。道义劝告一般包括情况通报、书面文件、指示及与负责人面谈意向等。窗口指导是中央银行在其与商业银行的往来中，对商业银行的季度贷款额度附加规定，否则中央银行便削减甚至停止向商业银行提供再贷款。虽然道义劝告与窗口指导均无法律效力，但中央银行的政策目的与商业银行的经营发展总体上是一致的，且商业银行对中央银行有依赖性，所以在实际中这种做法的作用还是很大的。第二次世界大战后日本曾把窗口指导作为主要的政策工具来使用。在发达国家，道义劝告的作用也很明显。间接信用指导比较灵活，且在感情上易为商业银行所接受。但其要真正起作用，前提条件是中央银行必须在金融体系中拥有较高的地位、较高的威望和足够的控制信用活动的法律权力及手段。

知识链接18–4

发挥信贷政策的结构引导作用

1. 深入推进金融支持稳企业保就业。中国人民银行印发《关于深入开展中小微企业金融服务能力提升工程的通知》（银发〔2021〕176 号），对提升中小微企业金融服务能力提出具体要求，强化“敢贷、愿贷、能贷、会贷”长效机制建设。开展“贷动小生意、服务大民生”金融支持个体工商户发展专项活动，持续提升金融服务水平。截至2021年6月末，普惠小微贷款余额17.7万亿元，同比增长31%；支持小微经营主体3 830万户，同比增长29.2%。

2. 切实支持巩固拓展脱贫攻坚成果和全面推进乡村振兴。中国人民银行会同五部门印发《关于金融支持巩固拓展脱贫攻坚成果全面推进乡村振兴的意见》（银发〔2021〕171号），调整优化金融帮扶政策，明确金融支持巩固拓展脱贫攻坚成果同乡村振兴有效衔接的工作重点和主要举措，健全农村金融组织体系，整合优化金融支农产品，拓宽涉农领域直接融资渠道；出台金融机构服务乡村振兴考核评估办法，强化考核激励约束作用，引导金融机构不断加大对乡村振兴领域金融资源投入。截至2021年6月末，全国涉农贷款余额41.66万亿元，同比增长10.1%。

3. 着力加大对新型农业经营主体等重点领域的金融支持。中国人民银行牵头印发《关于金融支持新型农业经营主体发展的意见》（银发〔2021〕133号），指导金融机构不断提升新型农业经营主体金融服务的可得性、覆盖面、便利度，推动农村一二三产业融合发展，提高农业质量效益和竞争力。

4. 加大对科技创新、制造业等重点领域的金融支持。加强和改进科技创新金融服务，保障关键技术核心攻关企业有效融资需求，提升科技型中小企业融资可得性。引导金融机构加大制造业中长期贷款投放力度，助力制造业高质量发展。截至2021年6月末，制造业中长期贷款余额同比增长41.6%，增速连续4个月超过40%；其中，高技术制造业中长期贷款余额同比增长46.3%。

5. 强化对绿色发展的金融支持。召开全国主要银行信贷结构调整座谈会，指导商业银行加大对绿色低碳产业的支持力度。围绕实现碳达峰、碳中和战略目标，在银行间市场创设碳中和专项金融债以及碳中和债务融资工具品种，支持具有显著碳减排效应的项目。引导商业银行按照市场化原则，对煤炭等传统能源产业转型升级给予合理必要支持。

资料来源：中国人民银行发布的《2021年第二季度中国货币政策执行报告》。

（三）结构性货币政策工具

结构性货币政策工具（Structural Monetary Policy Tools）是指中央银行在制定和出台时便带有结构性调整意图，具有特定的实施对象、引导资金流向特定行业或领域等的各类货币政策工具的总和。

2008年国际金融危机后，世界主要发达经济体虽然纷纷推出量化宽松政策向市场投放流动性，但因金融环境恶化，中央银行投放的流动性并未全部流向实体经济，为应对流动性陷阱导致传统总量货币政策失灵的问题，欧美等发达国家央行纷纷推出结构性货币政策工具，例如英国央行的融资换贷款计划（FLS）、欧洲央行的定向长期再融资操作（TLTRO），美联储商业票据融资工具（CPFF）最为典型，旨在引导资金直接进入企业、居民等实体经济。中国人民银行采用的如定向降准、抵押补充贷款、定向中期借贷便利、再贴现以及新冠疫情暴发以来推出的直达实体经济的普惠小微企业信用贷款支持计划和贷款延期支持工具、碳减排支持工具等均属于结构性货币政策工具。

结构性货币政策是相对于总量货币政策而言的，从政策目标来看，结构性货币政策主要着眼于引导资金流向国民经济薄弱环节及国家政策重点支持领域，解决经济发展中的结构性问题。从实施效果来看，相较于总量工具，结构性工具具有更加精准、定向、直达等特点。

第四节　货币政策传导机制

货币政策传导机制（Conduction Mechanism of Monetary Policy）是指中央银行运用货币政策工具作用于操作指标，进而影响中介指标，最终实现既定政策目标的传导途径与作用机理。由于不同政策工具对操作指标的影响不一，操作指标与中介指标、最终目标之间的关系非常复杂，传导过程本身又无法直接观察到，学者们对传导过程只能进行理论分析。不同的分析形成了各异的传导机制理论，大致可以分为三类：金融价格传导论、货币传导论和信贷传导论。

一、金融价格传导论

金融价格传导论强调金融资产的价格在货币政策传导中的作用，认为货币政策通过影响金融价格，从而影响人们的决策，进而对最终目标起作用。金融价格传导论根据强调的金融价格和传导途径的不同，可细分为利率传导机制、托宾 Q 传导机制、财富效应传导机制、汇率传导机制等。

（一）传统的利率传导机制

利率传导机制认为货币政策通过利率这个中间环节对最终目标起作用。该机制是凯恩斯最早提出。利率传导机制可用下面的途径表示，它反映的是扩张性货币政策的影响：

$$M\uparrow \rightarrow r\downarrow \rightarrow I\uparrow \rightarrow \mathrm{AD}\uparrow \rightarrow Y\uparrow$$

根据凯恩斯的流动性效应，扩张性的货币政策（$M\uparrow$）首先引起实际利率下降（$r\downarrow$），这降低了资金的成本，进而引起投资支出的上升（$I\uparrow$），并最终导致总需求增加（$\mathrm{AD}\uparrow$）和产出水平上升（$Y\uparrow$）。

尽管凯恩斯最初只强调了利率变化对投资的影响，但后续的研究表明，利率也会影响消费需求。利率高低影响不同时期消费品的相对价格。利率下降时，当前消费相对于未来消费的价格降低了，家庭会增加当前消费需求，从而推动总需求和产量上升。研究表明，家庭的耐用消费品支出对利率尤其敏感，原因是耐用消费品具有投资特征。

需要注意的是，影响企业投资和家庭消费的是实际利率而不是名义利率。这一点对于货币政策来说是非常重要的。由于实际利率等于名义利率减去预期通胀率。如果名义利率的调整赶不上预期通胀率的变化，那么货币政策的目标就难以实现。但是，如果中央银行能够有效地管理预期通胀率，那么就有可能不用大幅调整名义利率就可以实现货币政策意图。2007 年美国次贷危机后，美联储的量化宽松政策正是有效利用了这一关系。美国的名义利率已经降低到零，无法通过继续下降名义利率来实施货币刺激，但是，量化宽松政策通过货币扩张和政策承诺进一步引导预期，从而推高了预期通胀率，使得实际利率进一步下降，通过利率传导机制，进一步刺激了总需求。

（二）托宾 Q 传导机制

托宾提出了一种联系资产价格与投资的理论，称为"托宾 Q 效应"。托宾 Q 效应是指，股票价格上升时，企业会增加投资；股票价格下降时，企业会减少投资。Q 是一个指标，它定义为企业的市场价值与资本的重置成本之比。当 Q 较高时，意味着企业的市场价值超过了资本的重置成本，因而新的厂房和设备相对于企业的市场价值来说更为便宜。在这种情况下，企业将发行股票募集资金进行投资。

较高的 Q 能够推动企业投资的原因是企业家追逐收益的结果。当 $Q>1$ 时，企业家增加 1 单位资金的投资形成的新资本，在证券市场上可以以 Q 的价格出售。通过以上操作，企业家获得正的收益，他就有激励扩大投资。相反，当 $Q<1$ 时，企业家增加投资并将其出售会赔钱，他就会减少投资。因此，Q 与投资之间存在正向的联系。

基于这一原理，货币政策可以通过影响 Q 来实现总需求的管理。传导渠道如下，考虑扩张性的货币政策：

$$M\uparrow\rightarrow P_{\mathrm{S}}\uparrow\rightarrow Q\uparrow\rightarrow I\uparrow\rightarrow \mathrm{AD}\uparrow\rightarrow Y\uparrow$$

扩张性的货币会推高股票价格（$P_{\mathrm{S}}\uparrow$），导致企业的 Q 上升，企业家会增加投资，从而推动总需求和产量。

（三）财富效应传导机制

货币政策通过影响家庭的资产负债表影响家庭的消费决策，从而影响总需求和产出。经济学家莫迪利亚尼提出了消费生命周期假说对这一机制进行了探讨。消费生命周期假说认为家庭会均衡地分配一生的消费，当前消费主要取决于家庭一生的财富数量，而不是当前的收入。在家庭的财富中，金融财富是重要的组成部分。股票价格变化会影响家庭持有的金融资产的价值，从而影响消费支出。考虑扩张性的货币政策，这一货币传导机制如下：

$$M\uparrow\rightarrow P_{\mathrm{S}}\uparrow\rightarrow \text{财富}\uparrow\rightarrow C\uparrow\rightarrow \mathrm{AD}\uparrow\rightarrow Y\uparrow$$

在扩张性的货币政策下，股票价格上升，从而家庭的财富增值，家庭的消费支出增加，最后推动总需求和产出上升。这一机制通过影响家庭的财富起作用，所以被称为财富效应机制。

财富效应和托宾 Q 理论考虑的是一般的权益资产，对于各种金融资产都适用，因此也适用于房地产市场。在扩张性货币政策下，房地产价格的上升，会高于房地产投资成本，导致房地产的托宾 Q 上升，刺激房地产投资。房地产的持有者主要是家庭，房地产价格的上升会提高家庭的财富，从而刺激消费增长。因此，货币扩张会通过托宾 Q 效应和财富效应刺激总需求，提高产出水平。过去十多年间，我国房地产市场的周期变化及其对宏观经济的影响在某种程度上也反映了上述机制的作用。

（四）汇率传导机制

货币政策还可以通过汇率渠道起作用。由于汇率决定贸易品的相对价格，货币政策通过汇率会影响净出口，从而改变总需求和产出。考虑扩张性的货币政策，汇率传导机制如下：

$$M\uparrow\rightarrow r\downarrow\rightarrow E\uparrow\rightarrow \mathrm{NX}\uparrow\rightarrow \mathrm{AD}\uparrow\rightarrow Y\uparrow$$

汇率渠道中还包含利率渠道。货币扩张引起利率下降，根据利率平价，会引起本币贬值（$E\uparrow$）。本币贬值使得出口增加，进口减少，净出口上升（$\mathrm{NX}\uparrow$），从而总需求增加，产量上升。汇率传导机制的大小受到贸易开放度和进出口需求弹性的决定。对于开放度较高、进出口需求弹性较大的经济体来说，汇率传导机制更为重要。

汇率还可能通过影响资本流动和资产价格进行传导。考虑扩张性的货币政策导致本币贬值，一方面，贬值引起资本外流，国内资产价格可能下降，产生负的影响；另一方面，贬值可能引起本国持有的国外净资产上升，通过财富效应产生正的影响。由于汇率的这种影响较为复杂，其净影响具有不确定性。

二、货币传导论

货币传导论强调货币数量变化对总需求的直接影响，作用机制主要是实际余额效应。实际余额效应是指，由于持有的货币数量或价格水平变化引起人们持有的实际货币数量发生变化，这种变化会影响人们的消费决策。通常，实际余额增加，人们会增加消费；实际余额减少，人们将减少消费。实际余额效应最早由英国经济学家庇古提出，因此也称为庇古效应。实际余额效应的传导机制如下，考虑扩张性的货币政策的影响：

$$M\uparrow\rightarrow\frac{M}{P}>\left(\frac{M}{P}\right)^{*}\rightarrow C\uparrow\rightarrow \mathrm{AD}\uparrow\rightarrow Y\uparrow$$

其中，$(M/P)^{*}$ 表示人们满意的实际货币余额。当货币增加时，由于物价没有及时等比例上升，人们手中的实际货币余额超过了满意的实际货币余额，引起支出上升，总需求上升使得产量增加。

强调流动性效应还是实际余额效应是凯恩斯主义与货币主义的重要区别。如上分析，在凯恩斯主义的框架下，货币政策通过流动性效应影响利率，进而影响总需求进行传导。而货币主义者不认为流动性效应是重要的，在他们的货币需求函数中，利率甚至都消失了。货币对经济能够较直接地产生影响，不需要经过利率这个中间变量。

三、信贷传导论

信贷传导论强调信息不对称问题影响银行与贷款者之间的信贷活动，从而影响贷款者的支出水平，影响总需求和产出。信贷传导论通过两个方面起作用：一方面是通过影响贷款者的资产负债表状况发挥作用，另一方面是通过信息问题对银行贷款的影响发挥作用。

（一）企业资产负债表渠道

在不完善的金融市场，企业融资通常受到一些因素的制约。其中，企业的资产负债表质量对于融资能力影响显著。通常资产负债表质量好的企业容易获得贷款，质量差的企业不容易获得贷款。其原因是银行在信息不对称下为了规避企业的道德风险和逆向选择问题，更愿意将贷款发放给有良好资产负债状况的企业。

为了降低企业违约给银行带来的损失，银行通常要求企业提供优质的资产作抵押。那么，企业自有的资产价值就决定了企业的融资能力。由于资产价值随着金融市场波动而波动，当货币扩张时，资产价格上升，企业持有的资产价值增加，融资能力上升，投资增加，从而总需求和产出上升。货币政策的企业资产负债表传导渠道可以表示如下：

$$M\uparrow\rightarrow P_{\mathrm{S}}\uparrow\rightarrow \text{资产价值}\uparrow\rightarrow\text{逆向选择、道德风险}\downarrow\rightarrow\text{贷款}\uparrow\rightarrow I\uparrow\rightarrow \mathrm{AD}\uparrow\rightarrow Y\uparrow$$

（二）企业现金流渠道

在不完善金融市场，企业融资还会受到现金流状况的制约。现金流是指现金收入和支出的差额。货币扩张会降低名义利率，企业的现金流会增加。这会提高企业资产的流动性，使得它更加容易偿还贷款。那么，逆向选择和道德风险问题就会减弱，从而银行更加愿意放贷给企业，企业就会增加投资，进而总需求和产出上升。企业现金流渠道表述如下：

$$M\uparrow\rightarrow i\downarrow\rightarrow\text{企业现金流}\uparrow\rightarrow\text{逆向选择、道德风险}\downarrow\rightarrow\text{贷款}\uparrow\rightarrow I\uparrow\rightarrow \mathrm{AD}\uparrow\rightarrow Y\uparrow$$

该传导机制的重要特点是名义利率影响现金流。原因是名义利率高低影响企业债务支付数量。前面提到的传统的利率机制中，是实际利率影响投资。因此，两种机制是不同的。在不同期限的利率中，影响现金流的主要是短期利率。因此，该机制中短期利率的变化更为重要。

货币扩张还可以通过银行信贷配给的机制进行传导。这仍然与信息不对称有关。在信息不对称的环境下，银行无法区分贷款人是高质量的还是低质量的。在这种环境下，银行会选择一个较低的利率水平来减少可能放贷给低质量贷款人的比例。在较低利率下，贷款需求超过贷款供给，从而产生信贷配给。扩张性的货币政策由于可以降低利率水平，在更低的利率下，银行放贷给低质量贷款人的可能性会更低，这样银行更加愿意放贷，提高了企业投资，进而增加总需求和产量。这一机制与上式的表示是一致的。

（三）银行贷款渠道

银行放贷能力不是无限的，在信息不对称下，它与企业类似，也面临融资问题。银行的融资能力（吸收存款或其他资金来源）受银行资产负债表质量的影响。银行净资产越多，银行越容易吸收外部资金增加贷款发放。货币政策操作会影响银行资金来源，从而影响银行放贷的能力。考虑扩张性的货币政策，通常央行通过公开市场操作，将现金注入银行系统，那么银行的准备金增加，有更多资金可以放贷，贷款增加，从而投资、总需求和产量上升。传导途径是：

$$M\uparrow \rightarrow \text{银行准备金}\uparrow \rightarrow \text{银行存款}\uparrow \rightarrow \text{贷款}\uparrow \rightarrow I\uparrow \rightarrow \mathrm{AD}\uparrow \rightarrow Y\uparrow$$

银行贷款渠道的机制不仅在传统银行业中存在，在投资银行业中也同样重要。原因是，随着金融市场的发展，投资银行不仅仅是投融资的中介服务机构，它利用金融市场手段开始密集地参与类似银行存贷款的融资服务。一方面，它在金融市场借入大量短期资金，购买证券化产品，如住房抵押贷款证券。在该业务活动中，投资银行的净资产及其现金流影响它在金融市场的融资能力。一旦净资产和现金流恶化，它的融资能力就会大幅下降，迫使它抛售资产缩减资产规模。所有投资银行甩卖资产时，资产价格暴跌，引发了 2008 年国际金融危机。

美联储的货币政策通过购买投资银行持有的资产抵押证券，产生了稳定金融市场和经济的作用。量化宽松的货币政策，一方面支撑了资产价格，缓解投资银行资产负债表的进一步恶化，从而维持其融资能力；另一方面，给投资银行提供了大量流动性，提高了它们的现金流和准备金。上述市场稳定机制，能够维持投资银行继续向经济提供融资的能力，稳定了总需求，从而保持产出稳定。

四、货币政策传导机制的主要环节

尽管学者们在传导机制的理论分析上存在分歧，但在货币政策传导的载体和环节方面也取得了相对共识。一般来说，在市场经济发达的国家，货币政策的传导一般有三个基本环节：首先，从中央银行到商业银行等金融机构和金融市场。中央银行的货币政策工具操作，最先影响的是商业银行等金融机构的准备金、融资成本、信用能力和行为以及金融市场上的货币供给、需求及其价格。其次，从商业银行等金融机构和金融市场到企业、居民等非金融部门的各类经济行为主体。商业银行等金融机构根据中央银行的政策操作调整自己的行为，从而对企业生产、投资和居民的消费、储蓄、投资等经济活动产生影响；所有金融市场的参与者都会根据市场行情的变化调整资产组合和经济行为。最后，从非金融部门经济行为主体到社会各经济变量，包括总支出量、总产出量、物价、就业等。

在货币政策的传导过程中，金融市场发挥着极其重要的作用。首先，中央银行主要通过金融市场实施货币政策操作，商业银行等金融机构和金融市场的参与者通过市场感应中央银行货币政策的调控意图，他们的经济行为及其交易影响利率、汇率和证券价格等各种金融变量。其次，企业、居民等非金融部门经济行为主体通过市场利率的变化，接受金融机构对资金供应的调节，进而调整投资与消费行为。此外，社会各经济变量的变化也通过金融市场反馈信息，影响中央银行和各金融机构的行为，进而引起货币供给的变化。

五、我国货币政策的传导机制

我国目前货币政策的作用过程，同样包含三个环节：中央银行至金融机构，金融机构至企业、居民，企业、居民至国民经济各变量。但与西方发达国家的三个环节相比较，我国的货币政策作用过程又有很大的差别，主要是因为在整个货币政策作用的过程中，金融市场作用相对较弱。

尽管近年来通过金融市场进行的直接融资比重不断上升，但我国目前的融资仍以间接融资为主，这种金融结构使我国货币政策的传导过程显得相对直接和简单。中央银行货币政策措施在很大程度上直接作用于各金融机构；各金融机构则在既定的政策和经营规则约束下，向社会提供货币；客户按照一定的利率标准，衡量资金使用成本，在货币供应许可的情况下，获得资金进行生产与经营，进而影响国民经济各变量。这种传导过程，有一定的优点，即政策意图传导迅速、直接，中央银行对各金融机构经营活动能够进行有效约束，社会货币供给能得到严格控制。但是，它往往使政策要求、金融机构经营效果与社会需求的实际状况相脱节，最终并不利于实现政策目标。

值得关注的是，随着我国金融市场的发展和加入世界贸易组织以后对外开放程度的扩大，经济主体对金融资产的选择和金融机构成分的变化以及市场化运作程度的提高，已经使我国货币政策的传导机制变得复杂起来。

六、货币政策时滞

任何政策从制定到取得主要或全部的效果，必须经过一段时间，这段时间被称为时滞。货币政策时滞是指从货币政策制定到最终影响各经济变量、实现政策目标所经过的时间，也就是货币政策传导过程所需要的时间。

货币政策时滞可分为内部时滞和外部时滞。在理论上，内部时滞可以分为两个阶段：第一，从客观需要中央银行采取行动到中央银行认识到这种必要性所经过的时间，称为认识时滞。第二，从中央银行认识到这种必要性到实际采取行动所经过的时间，称为行动时滞。内部时滞的长短取决于货币当局对经济形势发展变化的预见能力、反应灵敏度、制定政策的效率和行动的决心与速度等。外部时滞是指从中央银行采取行动到对政策目标产生影响所经过的时间，也就是货币对经济起作用的时间。外部时滞的长短主要由客观的经济和金融条件决定。可见，内部时滞和外部时滞的划分是以中央银行为界线的。内部时滞可以通过中央银行的效率提高而缩短，对于外部时滞，中央银行则很难加以控制，所以研究货币政策的外部时滞更加重要。一般而言，货币政策时滞更多的是指外部时滞。

西方学者的研究表明，在市场经济国家，货币政策的外部时滞一般在半年到一年半。在我国，由于金融体制和传导机制有着不同的特点，货币政策的外部时滞较短，为 1~3 个月。

货币政策时滞是影响货币政策效应的重要因素。如果货币政策可能产生的大部分影响较快地有所表现，那么货币当局就可以根据期初的预测值来考察政策生效的状况，并对政策的取向和力度作必要的调整，从而使政策能够更好地实现预期的目标。在考察货币政策效应时，货币当局还必须考虑货币流通速度的变化。此外，非金融部门微观主体的预期对货币政策效果也有抵消作用，其他外来因素、体制因素、政治因素等也对货币政策效应有一定的影响，中央银行在政策制定的操作过程中应予以统一考虑。

第五节　货币政策理论

第二次世界大战后，伴随着各国中央银行的建立和凯恩斯主义的盛行，货币政策逐渐成为各国宏观经济管理的重要手段。如何制定和执行有效的货币政策成为重要的理论和实践问题。随着理论和实践的发展，货币政策理论也越来越精细。从时间顺序来看，先后出现了相机抉择的货币政策理论、基于政策规则的货币政策理论、基于单一目标的货币政策理论、非常规的货币政策理论等。货币政策理论越来越强调公众的预期对于货币政策效果的影响，进而强调预期管理来实现更有效的货币政策。

一、相机抉择与政策规则

（一）相机抉择的货币政策

相机抉择的货币政策也称为权衡性货币政策，是指中央银行根据对当前的宏观经济形势的判断，制定与执行权衡性的货币政策措施，实现货币政策的既定目标。所谓权衡性的货币政策措施意味着货币政策只根据当时环境需要而制定，不考虑货币政策过去的历史，以及该政策对未来经济的影响。通常经济下滑或萧条时采取扩张性货币政策，刺激经济；经济过热时采取紧缩性货币政策，给经济降温。这种政策是凯恩斯学派的政策主张。凯恩斯主义者认为，依经济环境而进行相机抉择的货币政策能够有效地起到削峰填谷的作用，实现经济稳定。

相机抉择的货币政策具有三个特点。第一，它是一种逆周期的宏观经济政策。货币操作通常与经济形势相反，通过逆经济风向行事进行操作。它能够产生稳定经济的原理是基于凯恩斯的有效需求理论。当有效需求不足时，扩张性的货币政策能够增加总需求；当有效需求过旺时，紧缩性的货币政策能够抑制总需求，从而实现经济稳定目标。第二，它是一种灵活性强的宏观经济政策。当前货币政策执行的方向、力度和方式仅依据货币当局对当前经济环境的判断而定，而不受过去和未来经济环境、政策路径的影响。因此，在制定当前政策时，货币当局没有特别的约束或限制，仅以实现当前目标为主要标准。第三，它是一种静态视角的宏观管理政策。相机决策的货币政策思想产生于凯恩斯主义分析框架，天然具有一种静态分析的特点。它不考虑当前政策行为对公众预期的影响，不重视这种预期可能对政策效果产生的作用。

然而，凯恩斯主义的批评者指出，相机抉择具有很大的主观性，很可能难以实现政策目标。弗里德曼指出，货币政策具有的不确定的时滞往往导致政策过度，无法实现政策目标，甚至可能成为经济波动的扰动因素。有的观点甚至认为，20 世纪 70 年代西方国家出现的“滞胀”现象就是由相机抉择的货币政策造成的。

相机抉择的货币政策会产生一种称为“时间不一致”的问题。时间不一致是指，事前中央银行承诺的最优货币措施，到了它实施时发现不再是最优的，从而改变政策措施来实现政策目标。产生时间不一致的原因是货币政策对预期的影响。因为，中央银行对货币政策的事先承诺会影响人们的预期形成，但是一旦预期形成之后，中央银行会发现，在这种环境下，采取更加激进的货币政策会达到更好的结果。然而，人们也会对货币政策的时间不一致做出反应，最终使得货币政策也无法达到最理想的结果。由于时间不一致性导致相机抉择的货币政策并不一定是有效的政策，货币主义学派、理性预期学派等经济学流派在批评这种货币政策的基础上，开始强调货币政策规则的重要性，提出基于规则的货币政策操作框架。

（二）基于政策规则的货币政策

政策规则是指，中央银行事先承诺一种货币政策操作方式，在以后的政策执行中，按照这一规则行事。早期具有较大影响力的政策规则是货币主义学派提出的“单一规则”的货币政策。弗里德曼认为，货币供应量应该遵循一个相对固定的增长率，以实现长期的物价稳定，避免货币忽多忽少对经济产生不良影响。他根据美国的历史经验，提出美国的 M2 应该保持每年 4%～5%的增长速度，以实现无通胀的经济增长。除单一规则外，具有较大影响力的政策规则是泰勒规则和麦卡勒姆规则。这两类政策相对单一规则更加灵活。

1. 泰勒规则

泰勒规则（Taylor Rule）是指当发生通货膨胀或者产量上升时，中央银行应该提高利率；反之，通胀下降或产量下降时，降低利率。泰勒规则是在理论上研究最深入、实践上应用最广泛的货币政策规则。它是美国经济学家泰勒在 1993 年提出的一种基于名义利率的规则。泰勒规则的表述是：

$$r_t=\phi\pi_t+\psi y_t \tag{18-1}$$

其中，r 是名义利率；π 是通货膨胀率；y 是产出缺口（产出缺口＝实际产出相对于潜在产出的变化）；下角标“t”表示时间；参数 ϕ 和 ψ 是给定的常数，泰勒根据美国 20 世纪 80 年代的货币实践给出 $\phi=1.5$，$\psi=0.5$。因此，泰勒规则仍然是一个逆风向行事的货币政策，但是，泰勒规则限定了货币政策的工具为名义利率，并且限定了名义利率对通胀率和产出变化作反应的大小。

在满足泰勒原则的条件下，泰勒规则具有有效稳定经济的效果。所谓的“泰勒原则”是指，名义利率的调整要使得实际利率具有顺周期的特征。不严格地说，就是名义利率对通胀率的反应系数 ϕ 要大于 1。这个条件意味着，当发生通货膨胀时，名义利率上升幅度大于通胀率，则实际利率上升；反之，发生通货紧缩时，名义利率下降幅度大于通胀率下降幅度，则实际利率下降。由于总需求是实际利率的减函数，这种政策就能够有效地稳定总需求，实现经济稳定。

2. 麦卡勒姆规则

麦卡勒姆规则（McCallum Rule）是经济学家麦卡勒姆在 1988 年提出来的一种基于基础货币的规则，它是在弗里德曼的单一规则基础上发展起来的。麦卡勒姆规则的表述为：

$$\Delta b_t=\Delta x^*-\Delta v_t^*+\lambda(\Delta x^*-\Delta x_t) \tag{18-2}$$

其中，Δb_t 表示基础货币的增速；Δx^* 是名义 GDP 的目标增长率；Δx_t 是实际的名义 GDP 增长率；Δv_t^* 是前 16 个季度货币流通速度的变量率的均值；λ 是常数，麦卡勒姆给出的反应系数 λ 是 0.5。

该规则以名义 GDP 增长率为目标，基础货币根据观察到的名义 GDP 增长率与目标名义 GDP 增长率的缺口进行调整。因此，它也被称为“名义收入目标规则”。在该规则下，货币政策仍然是逆风向调整的。当名义 GDP 增速高于目标值时，采取紧缩的货币政策；反之，当名义 GDP 增速低于目标值时，采取扩张的货币政策。但是，在实践中，麦卡勒姆规则与泰勒规则所建议的货币政策并不一致。由于基础货币的稳定性较差，麦卡勒姆规则的效果并不太好。

二、通货膨胀目标制

（一）通货膨胀目标制的含义

传统理论认为，货币政策目标包括稳定物价、充分就业、经济增长、国际收支平衡和金融稳定等。但是，这种多目标制的货币政策越来越多地受到理论和实践的挑战。20 世纪 90 年代以来，部分发达国家的中央银行逐渐将货币政策目标集中在稳定价格上，形成了“通货膨胀目标制”这种单一目标的货币政策框架。一些学者还将20世纪80年代中期到2007年美国出现的长期经济稳定的现象（大缓和）归因于这类货币政策的结果。

通货膨胀目标制（Inflation Targeting）是指货币当局明确以稳定中长期的通货膨胀率为首要目标，并将未来一段时间要达到的目标通货膨胀率向外界公布。通货膨胀目标制不再强调货币政策工具与最终目标之间的中介目标，货币政策操作主要依据未来通胀预测与目标值的偏离程度。目前，实行通胀目标制的央行设定的目标通胀率都是正的，几乎都在2%~4%。已经有很多发达国家和地区采取了通胀目标制，如美国、新西兰、加拿大、英国、瑞典、芬兰、以色列、澳大利亚以及欧元区等。

（二）实行通货膨胀目标制的条件

实行通货膨胀目标制通常需要满足三个条件。第一，要确定合理的通货膨胀目标区间。合理的目标通货膨胀是保证政策有效性的前提。然而，不同国家由于经济客观条件不同，合理的目标通货膨胀率是有差异的，这就对中央银行提出了第一个挑战。第二，中央银行要有精确预测通货膨胀率的能力。通货膨胀目标制下的政策操作是按照预测的通货膨胀率与目标通货膨胀率之差来操作的，因此，只有准确地预测未来的通胀率，才能掌握合适的货币政策操作力度。第三，中央银行要有高度的独立性。央行的独立性是通货膨胀目标制得以实施的必要制度保障，否则其政策就可能受到干预，从而无法有效实现其通胀目标。

（三）通货膨胀目标制的优点

相对于传统货币政策，通货膨胀目标制具有一些优点。首先，它有助于克服传统货币政策那种单纯盯住某种经济和金融变量的弊端，实现了规则性与灵活性的统一。在通胀目标制下，中央银行无需承诺特定的货币政策规则，而只承诺目标通货膨胀率，这就大大解放了中央银行的手脚。同时，目标通货膨胀的承诺，能够有效地管理预期，有利于实现货币政策目标。其次，通货膨胀目标制提高了货币政策的透明度。实施通货膨胀目标制的中央银行不仅公布目标通货膨胀率，还会定期向公众解释当前经济的状况和政策措施，从而形成有效的沟通机制和监督机制。基于以上两方面的原因，通常认为通货膨胀目标制更有利于实现经济的稳定。

三、非常规的货币政策

（一）非常规货币政策的含义

随着2007年美国次贷危机爆发，并蔓延世界各国，各国的货币政策发生了极大的变化。美联储首先实行了非常规货币政策对美国金融市场进行了救助，以缓解金融危机对经济的影响。随后，非常规货币政策在西方国家盛行。所谓非常规主要是与主要以调节利率进行政策操作的常规货币政策加以区别。非常规货币政策没有准确的定义，在实际运行中，主要以“量化宽松”为主要特点。

量化宽松的货币政策是指，在利率降到零附近导致中央银行无法继续采用利率作为货币政策工具时，采取以货币数量扩张为主要特征的货币政策，以实现经济和金融市场稳定等政策目标。

（二）非常规货币政策的特点

在实践中，量化宽松主要有以下特点。第一，中央银行资产负债表的总量扩张。在量化宽松政策下，中央银行以前所未有的速度和规模扩大其资产负债表，积极地为市场注入大量流动性。第二，货币政策工具的创新。量化宽松货币政策下的公开市场操作从买卖政府债券扩展到购买大量的私人债券，如资产抵押支持证券等。第三，扭曲性操作。在短期利率为零时，为进一步降低长期利率，货币当局购买长期债券，出售短期债券。这种政策在保证货币供给给定的情况下，压平收益率曲线，降低长期利率，降低长期投资的成本，以刺激经济的复苏。

量化宽松货币政策属于非常规的和临时的政策，是为了应对突发性的危机事件而采取的应急措施。因此，当危机过去后，量化宽松货币政策开始逐渐退出，货币政策回归到正常的货币政策框架中来。

（三）量化宽松政策的效果和不足

总体来说，量化宽松的货币政策在国际金融危机期间产生了积极作用：第一，量化宽松政策有效稳定了金融市场。2008 年国际金融危机的程度不亚于 1929—1933 年的大萧条，但由于中央银行的积极干预，没有发生特别大规模的银行破产风潮。中央银行的流动性注入较快地稳定了金融市场，没有出现持续的资产价格暴跌、金融机构倒闭、货币收缩等恶性循环。第二，量化宽松政策缓解了金融危机对实体经济的影响。通常大的金融危机都会带来大的经济危机，而在量化宽松政策下，金融危机对经济影响的深度、广度和持续性都大大减弱了。例如，2020 年 3 月美国受到新冠肺炎疫情和国内外经济下行、金融市场动荡的冲击，美联储 1 个月内推出了一系列非常规货币政策，继 3 月 15 日宣布实施“零利率”后，3 月 23 日又宣布实施不限量、开放式量化宽松政策，对美国经济和金融市场的止跌反弹产生了比较积极的影响。

但是，量化宽松货币政策也存在一些不足之处，可能给经济运行带来不良影响。第一，量化宽松货币政策本质上也是中央银行“最后贷款人”职能的体现，难以避免通常存在的“道德风险”问题。如果量化宽松政策采取过于频繁，反而会加剧整个金融市场的系统性风险。第二，量化宽松政策面临如何退出的挑战。当经济逐渐恢复常态之后，如何消化大规模的流动性成为货币政策的巨大挑战。如果选择的退出时机和退出速度不合时宜，政策退出可能带来很大的经济风险。

四、数量型与价格型的货币政策框架

目前，各国货币政策的框架主要有两种不同的类型：数量型货币政策和价格型货币政策。在锁定货币政策目标之后，前者侧重于控制货币供应等数量指标，后者主要关注利率、汇率等价格指标。与之相应，货币政策工具和传导机制亦有差异。各国中央银行主要根据本国实际来选择货币政策框架的类型。

（一）数量型货币政策框架

数量型货币政策框架通常以货币供应量、信用总量等数量指标为中介指标，货币政策工具主要包括法定存款准备金政策、公开市场业务、再贴现（再贷款）政策和信贷政策四种。在传导机制中，存款性公司是最重要的调控对象，中央银行发挥主导调控作用，通过调整货币供应量、信用总量等数量指标的大小来调控宏观经济。

（二）价格型货币政策框架

价格型货币政策框架通常以利率为中介指标，货币政策工具主要包括利率政策、汇率政策、公开市场操作等几种。在传导机制中，主要通过利率、汇率和资产价格变化，影响微观主体的财务成本和收入预期，促使微观主体根据宏观调控信号调控自己行为，进而实现政策目标。

数量型和价格型货币政策框架比较如表 18-1 所示。

表 18-1 数量型和价格型货币政策框架比较

类别	数量型货币政策	价格型货币政策
调控工具	存款准备金率、公开市场、再贷款和再贴现、信贷政策等	价格变量（利率、汇率）
调控目标	货币数量（货币供应量、信用总量等）	金融价格（利率、汇率、资产价格等）
传导机制	以存款性公司为主体，中央银行为主导，通过调整贷款等货币供给活动实现政策目标	以金融机构和企业、居民等微观主体为对象，通过改变其财务成本和收入预期进而改变经济行为实现调控目标
调整方式	直接调整 GDP、CPI、FAI 等宏观经济变量，对微观主体行为的影响力较弱	间接调整宏观经济变量，注重影响微观主体的预期来调整经济行为
观测重点	观测 GDP、CPI、FAI 等宏观经济变量	观测微观主体预期与经济行为的调整及其对金融价格的影响

（三）我国货币政策框架由数量型向价格型的转变

从理论上分析，数量型目标（如货币供应量）和价格型目标（如利率）是难以相容的，中央银行只能二择其一。关于数量型工具和价格型工具的选择问题，不仅仅是二者的特点差异，也受制于不同的制度安排。一般来说，数量型工具比如存款准备金率等可操作性强，但作用较猛，容易出现“急刹车”等消极影响；而利率、汇率等价格型工具便于微调，对微观经济主体有较好的宣示效果和可观测性，有利于实现货币政策调控的精准性和有效性，但是需要有良好的市场化环境和相对理性的经济主体。国际经验表明，由于金融创新和银行规避监管等活动的发展，多国央行逐渐放弃了以存款准备金制度为核心的数量型货币政策，转而采用了以利率调控为主的价格型货币政策。

改革开放以来，我国主要采用的是数量型为主的货币政策框架。近年来国内外经济金融形势发生了很大变化，金融市场尤其是货币市场日益发展成熟，经济主体的金融意识不断增强，金融价格形成的市场化程度越来越高，强化价格型调控的必要性和迫切性在上升。一方面，数量型货币政策逐渐失效，随着金融脱媒和影子银行的不断发展，大量资金由表内转向表外，导致央行很难控制实际的货币派生情况，货币供给的内生性日益增强；由于货币流通速度难以界定，货币需求也变得不稳定，数量型调控容易出现货币供给与需求的不匹配问题，货币数量的相关指标也在逐渐失效。另一方面，2015 年 10 月中国人民银行放开存款利率上限，标志着我国的利率管制已经基本取消，利率的价格杠杆功能逐渐显现，金融机构自主定价能力逐渐增强；2019 年 3 月 17 日中国人民银行改革贷款市场报价利率定价机制；同时通过创设多种新型政策工具用以管理中短期利率水平，建立公开市场每日操作常态化机制，引导市场预期。这些都为货币政策调控方式由数量型为主向价格型为主转变创造了条件。

由于数量型政策难以解决结构问题，我国货币政策转向价格型的另一个重要原因来自货币政策目标的转变，即由稳增长和防通胀等总量问题，逐渐转向去杠杆和防风险等结构问题。因此，从数量型向价格型货币政策转变，结合新架构的宏观审慎政策框架，形成双支柱的宏观调控体系有利于防范系统风险和降低杠杆率，是针对我国现状做出的切实调整。为此，需要继续改善金融生态环境，发展和规范金融市场活动，完善国债收益率曲线，进一步疏通利率传导机制，进一步促进金融宏观调控向市场化方向转变。

本章小结

1. 现代通常意义上的货币政策是指中央银行为实现既定的目标运用各种工具调节货币供应量，进而影响宏观经济运行的各种方针措施。

2. 货币政策对经济的作用突出表现为如下几点：① 通过调控货币供应总量保持社会总供求的平衡；② 通过调控利率和货币总量控制通货膨胀，保持物价总水平的稳定；③ 调节国民收入中消费与储蓄的比重；④ 引导储蓄向投资转化并实现资源的合理配置。

3. 货币政策目标是指通过货币政策的制定和实施所期望达到的最终目的，一般可概括为五项：币值稳定（或物价稳定）、充分就业、经济增长、国际收支平衡和金融稳定。

4. 货币政策诸目标之间的关系比较复杂，有的在一定程度上具有一致性，有的则相对独立，但它们之间的关系更多地表现为目标间的冲突性。

5. 我国现行的货币政策目标是：保持货币币值的稳定，并以此促进经济增长。

6. 货币政策的中间性指标具体分为操作指标和中介指标。操作指标是中央银行通过货币政策工具操作能够有效准确实现的政策变量，如准备金、基础货币等指标。中介指标处于最终目标和操作指标之间，是中央银行通过货币政策操作和传导后能够以一定的精确度达到的政策变量，主要有市场利率、货币供应量等。货币政策操作指标和中介指标的选取要符合四项标准：可测性、可控性、相关性和抗扰性。

7. 目前我国货币政策的操作指标主要有准备金和基础货币，中介指标主要有利率和货币供给量。

8. 货币政策工具又称货币政策手段，是指中央银行为调控中介指标进而实现货币政策目标所采用的政策手段。一般性货币政策工具是指法定存款准备金政策、再贴现政策和公开市场业务。选择性货币政策工具主要有：① 消费信用控制；② 证券市场信用控制；③ 不动产信用控制；④ 优惠利率；⑤ 预缴进口保证金。

9. 其他货币政策工具主要有三大类：一是直接信用控制；二是间接信用指导；三是结构性货币政策工具。

10. 货币政策传导机制是指中央银行运用货币政策工具影响中介指标，进而最终实现既定政策目标的传导途径与作用机理。货币政策传导途径一般有三个基本环节，其顺序是：① 从中央银行到商业银行等金融机构和金融市场；② 从商业银行等金融机构和金融市场到企业、居民等非金融部门的各类经济行为主体；③ 从非金融部门经济行为主体到社会各经济变量。

11. 货币政策传导的渠道主要包括金融价格渠道、货币渠道和信贷渠道。金融价格渠道包括利率渠道、托宾 Q 渠道、财富效应渠道和汇率渠道。信贷渠道包括企业资产负债表渠道、企业现金流渠道和银行贷款渠道。

12. 货币政策时滞是指从货币政策制定到最终影响各经济变量、实现政策目标所经过的时间，也就是货币政策传导过程所需要的时间。货币政策时滞可分为内部时滞和外部时滞。货币政策时滞一般是指外部时滞。

13. 货币政策操作方法分为相机抉择的货币政策和基于政策规则的货币政策等。相机抉择的货币政策是指中央银行根据对当前的宏观经济形势的判断，制定与执行权衡性的货币政策措施，实现货币政策的既定目标。基于政策规则的货币政策是指，中央银行事先承诺一种货币政策操作方式，在以后的政策执行中，按照这一规则行事。主要的货币政策规则包括泰勒规则、麦卡勒姆规则。

14. 通货膨胀目标值是一种单一目标的货币政策，它指货币当局明确以稳定中长期的通货膨胀率为首要目标，并将未来一段时间要达到的目标通货膨胀率向外界公布。

15. 2008 年国际金融危机后，主要国家实行了非常规的货币政策，主要以量化宽松为主要特点。量化宽松政策的主要特征包括：中央银行资产负债表的总量扩张、采用新型的货币政策工具，以及采取扭曲操作。

16. 近年来国内外经济金融形势发生了很大变化，金融市场尤其是货币市场日益发展成熟，经济主体的金融意识不断增强，金融价格形成的市场化程度越来越高，我国货币政策框架正在从数量型转向价格型。同时结合新架构的宏观审慎政策框架，形成双支柱的宏观调控体系，有利于防范系统风险和降低杠杆率，是针对我国现状做出的切实调整。

重要术语

货币政策目标	货币政策操作指标	货币政策中介指标	社会融资规模
一般性货币政策工具	公开市场业务	再贴现政策	选择性货币政策工具
不动产信用控制	消费信用控制	预缴进口保证金	优惠利率
证券市场信用控制	直接信用控制	间接信用指导	托宾 Q 效应
货币政策工具	货币政策时滞	通胀目标制	泰勒规则
麦克勒姆规则	非常规货币政策	量化宽松	数量型货币政策
价格型货币政策			

术语解释请扫描封底增值服务码→名词术语。

思考题

1. 结合我国实际说明货币政策主要有哪些作用。
2. 如何理解货币政策的诸目标及其彼此间的关系？
3. 你是如何理解和评价我国现行货币政策目标的？
4. 什么是货币政策的操作指标和中介指标？选定这些指标有何标准？
5. 你对我国目前货币政策的操作指标和中介指标有何了解？
6. 传统的货币政策三大工具及其作用原理是什么？试对其政策效果进行分析。
7. 我国和发达国家的货币政策传导机制有何异同？
8. 传统的利率传导机制与货币传导机制有何区别？
9. 查一查相关资料，对近 5 年来我国货币政策的实施效果作出评价。
10. 试对美国数轮量化宽松的货币政策及其内外影响进行分析。

更多思考练习请扫描封底增值服务码→习题作业、例题及综合测试。

讨论题

讨论主题：美国量化宽松的货币政策

讨论素材：《美联储的五轮量化宽松政策》

思考讨论：

1. 美国量化宽松是否会引起全球通胀？
2. 分析美国量化宽松对中国的影响。

相关讨论素材请扫描封底拓展资源码→教学案例。

延伸阅读

1. 刘光第．中国经济体制转轨时期的货币政策研究．北京：中国金融出版社，1997.
2. 王松奇．货币政策与经济成长．北京：中国人民大学出版社，1991.
3. 贺强，等．中国金融改革中的货币政策与金融监管．北京：中国金融出版社，2008.
4. 郭田勇．中国货币政策体系的选择．北京：中国金融出版社，2006.
5. 裴平，熊鹏．中国货币政策传导研究．北京：中国金融出版社，2009.
6. 汪洋．中国货币政策工具研究．北京：中国金融出版社，2009.
7. 中国人民银行．中国货币政策报告．中国人民银行网站.
8. 伯南克，劳巴克，米什金，等．通货膨胀目标制：国际经验．大连：东北财经大学出版社，2013.

更多资源请扫描封底拓展资源码→文献目录。

即测即评

请扫码答题，检测本章学习效果。

第19章 金融监管

本章导读

次贷危机的爆发让金融风险以及金融监管成为学界、业界以及政策界关注的重要话题。我国自2016年以来被称为“监管风暴”的一系列监管法律法规出台和举措强化引起了国内外的高度关注。党的十九大报告提出了“健全货币政策和宏观审慎政策双支柱调控框架”的目标。党的二十大报告明确提出：“加强和完善现代金融监管，强化金融稳定保障体系，依法将各类金融活动全部纳入监管，守住不发生系统性风险底线”。那么，什么是金融风险？什么是系统性金融风险？为什么需要将各类金融活动全部纳入监管？新时期容易爆发哪些新型金融风险？为什么需要金融监管？金融监管如何实施？金融监管如何与科技手段相结合？什么是宏观审慎监管？货币政策与宏观审慎政策之间的关系如何？本章将系统阐述金融监管的一般原理，从金融风险的视角出发，阐述金融监管与金融风险、金融监管与金融创新的关系，梳理出金融监管体制的发展历程。通过本章的学习，有助于理解上述的重要问题。

第一节　金融监管原理

一、金融监管概述

金融监管在很大程度上源于金融市场的不完全性及其带来的市场失灵。由于金融市场机制的失灵，不借助于政府的干预很难达到效率均衡结果，进而需要政府采取必要措施对金融机构和市场体系进行外部监管。随着现代科技的飞速发展和金融创新的不断涌现，金融业务之间的界限不断被打破，不同的金融工具之间、金融机构之间以及金融市场之间的差异日益模糊，相互关联性不断加强。这些特征的变化使得在某一金融领域的风险会以更快的速度传导至其他金融领域。随着金融市场开放程度逐渐深入，金融国际化和国际资本流动不断加速，某一国家或地区的金融风险也会更顺畅地传导至其他国家或地区。此外，近年来金融科技蓬勃发展，金融科技创新在为金融发展注入新活力的同时，也使风险隐患更隐蔽、更复杂、更多变，给金融监管及时性、有效性和包容性带来了新得挑战。显然，金融风险的跨工具、跨机构、跨市场、跨境传染使得金融监管的重要性日益突出。

（一）金融监管的概念

金融监管（Financial Supervision）的含义有广义和狭义之分。广义的金融监管除包括一国（地区或跨国）中央银行或金融监管当局对金融体系的法定监管以外，还包括各金融机构的内部控制、同业自律性组织的监管、社会中介组织的监管等。目前，各国（地区）的金融监管体系通常是在广义的范畴下架构的。狭义的金融监管仅指一国（地区）的中央银行或金融监督管理当局依据法律、法规的授权，对金融业实施的监督管理。中央银行或金融监管当局是监管的主体，它们作为社会公共利益的代表，在法律赋予的权力范围下利用各类监管工具对整个金融体系进行监管。进一步而言，金融监管是经济监督的重要组成部分。

小贴士19-1

从金融监管的含义中不难看出，一个有效的金融监管体系必须具备三个基本要素：监管的主体（监管当局）、监管的客体（监管对象）和监管的工具（各种方式、方法、手段）。

（二）金融监管的作用与必要性

1. 金融监管的作用

金融监管的作用主要有五个方面。第一，有利于维护社会公众的利益，可以通过各种措施控制金融机构的经营风险，避免发生国内外金融风险的“多米诺骨牌效应”，保持市场经济的稳健运行。第二，有利于维护金融在社会再生产过程中的良性运转，监管当局可以通过一定的方式和手段，在促进金融机构发挥积极正效应的同时，预防和抑制负效应的发生和发展。第三，有利于保持货币制度和金融秩序的稳定，从金融活动的特有规律出发，有效调控货币，规范金融秩序，避免金融业的恶性竞争。第四，有利于防止潜藏的风险爆发，防范金融风险的传播，增强社会公众对金融机构的信任，避免引发金融危机。第五，有利于中央银行贯彻执行货币政策。有力的金融监管是获取真实、及时、准确信息数据的保障，是有效实施货币政策的基础，是中央银行货币政策全面、有效地实施的前提。

2. 金融监管的必要性

金融监管的必要性来源于市场失灵，具体而言，可以从金融体系存在的外部性予以分析。外部性指的是金融体系运行正常与否不仅影响金融体系自身，还会对金融体系之外的实体经济等产生重要影响。根据影响的方向可分为正外部性和负外部性。本章将其称为金融体系的正负效应。

（1）金融体系的正效应。金融体系的正效应实质上是指金融体系作为一个公共品，其正常运行对整个实体经济运行有较大益处。原因在于：首先，金融体系正常运行可以较好地发挥资源配置作用，进而促使经济运行效率提升。具体而言，作为资金运动的“信用中介”，金融最基本的特征和作用就是采用还本付息的方式聚集和分配资金，调剂资金余缺。在资金运动速度加快和效率提高的同时，货币流提供了准确的社会需求信息，使得生产要素资源合理流动，从而实现社会资源的重新整合，优化资源配置。这种合理的资源配置使得一些具有较高生产效率的投资项目得以运行，进而提高整个经济运行的效率。其次，金融体系不仅可以配置资源，其自身还是现代经济运行中最核心的生产要素乃至是战略资源。不同于一般的生产要素，可能只适用于某一生产领域，金融这个生产要素广泛、深刻地覆盖并渗透到社会经济生活的各个领域。此外，金融体系正常运行可以使得该生产要素与其他生产要素更加有机地结合，进而提高经济运行的质量和速度。结合以上两点可知，金融的正效应在一定程度上表明：金融安全是国家经济安全的核心，经济安全是国家安全的一项重要内容。经济金融安全是国家利益的物质基础，进而国家安全利益最大化必须以金融为保障。金融安全已然成为国家安全的关键引领，是国家安全建设的驱动器与稳定器，是践行总体国家安全观的核心命题与重要保障。在经济全球化的今天，中国经济金融尚处于发展过程中，改革开放任务繁重，经济金融安全面临诸多掣肘。要维护国家经济安全，必须高度重视金融安全，金融监管不可或缺。

（2）金融体系的负效应。金融业是一个特殊的高风险行业，金融体系的负效应表现在金融体系运行中的风险和内在不稳定性会严重影响实体经济的发展。金融体系的内在不稳定性是指金融机构，特别是以商业银行为代表的存款类金融机构存在固有的经历周期性危机和破产的倾向。这些金融机构发生经营危机随后会传导到经济中的各方面，从而带来全面的经济衰退和社会动荡。自 17 世纪近代银行产生以来，随着金融业的快速发展，金融体系的负效应也一直伴随其中。20 世纪 70 年代以来，金融风险明显加剧，金融危机的频率加快，影响也越来越深。同时，随着各类金融创新和大量衍生工具的出现，金融风险问题日渐突出，监管难度也不断加大。尤其是进入 90 年代以来，世界经济和国际金融市场发生了极大变化，无论是在金融商品交易数量，还是在交易地区的扩展及交易品种、交易方式等方面都是日新月异。但在快速发展的背后，金融体系的负效应也大大增加了。例如，1991 年国际商业信贷银行的倒闭，1992 年和 1993 年出现的欧洲金融市场动荡，1994 年爆发的墨西哥金融危机，1995 年出现的美元汇率暴跌、英国巴林银行倒闭，1997 年的东南亚金融危机，2007 年以来的美国次贷危机等。

进入 21 世纪之后，金融业在飞速发展的同时，也伴随着影子银行、气候变化、金融科技以及新冠疫情等新时期各类业务或冲击带来的金融风险。从我国当前金融运行现状来看，影子银行虽然让更多有融资需求的企业或个人获得了融资，在一定程度上缓解了资金供需矛盾。但从更全面、更深层次来看，影子银行不仅包含常规信用中介的各类风险，其业务活动所具有的跨市场、跨行业、低透明度等特性也容易使各类风险传染扩散，最终有可能诱发金融危机。

近几年，全球各国都在关注气候变化问题，气候变化是导致经济和金融体系结构性变化的重大因素之一，也将影响各个国家的金融稳定。气候变化带来的影响具有全局性和不可逆性，对金融体系乃至整个实体经济产生更为深远的影响。此外，气候变化也是货币不稳定和金融不稳定的一个来源，气候变化对金融系统具有潜在破坏影响的观点已被越来越多的央行行长及金融监管者认同。

随着科技与金融之间的交互融合，金融科技的发展在带来金融创新的同时，也带来了数据安全与信息科技风险、披露缺失引发的信用风险以及金融创新对传统立法冲击而引发的合规性等风险。这些都导致金融风险的不断扩散与累积，最终影响了金融体系的安全与稳健。

当前阶段，世界经济仍处于 2008 年国际金融危机后的深度调整期，各国经济问题和政治问题相互关联。我国也正处于转变发展方式、优化经济结构、转换增长动力的攻关期，结构性、体制性、周期性问题相互交织，实现高质量发展还有一些短板弱项。

综上，多种风险源头导致的现代金融业大动荡，反映出世界范围内金融体系的负效应在加大，也使金融监管的必要性更加突出。

（三）金融监管的目标与原则

1. 金融监管的目标

金融监管的目标是金融监管行为期望达到的最终效果，是实现有效金融监管的前提和监管当局采取行动的依据。金融监管的目标可分为一般目标和具体目标。一般目标是监管者通过对金融业的监管所要达到的一个总体目标，具体有四点：一是确保金融稳定安全，防范金融风险；二是保护金融消费者权益；三是提高金融体系的效率；四是规范金融机构的行为，促进公平竞争。对于具体的监管目标，各个国家（地区）由于历史、经济、文化的背景和发展情况不同，其具体的监管目标也不同，但基本内容都包括维持金融业合理竞争、维护金融业安全以及推进金融业稳健发展等。

原理19-1

金融监管是为了发挥金融体系的正外部性并克服负外部性，以确保金融体系的安全稳定，防范金融风险，保护金融消费者权益，提高金融体系的效率，规范金融机构的行为并促进公平竞争。

2. 金融监管的原则

金融监管原则是监管当局的行为准则。一般来说，金融监管原则大体包括依法监管与严格执法原则，不干涉金融机构内部管理的原则，综合性与系统性监督原则，公平、公正、公开原则，有机统一原则，“内控”与“外控”相结合的原则，监管适度与合理竞争原则，稳健运行与风险预防原则，监管成本与效率原则等。

（四）金融监管的构成体系

1. 金融监管理论体系

金融监管理论体系是通过观察和经验积累形成的关于金融监管实践的理性认识。其大体上可划分为三个层次：一是基础理论，指金融监管最一般的或根本性的理论，它探求的是那些揭示金融监管普遍本质和一般发展规律的知识体系。二是应用理论，指金融监管应用性的理论，内容一般包括金融监管准则以及各种金融监管实务操作的具体程序和具体方法技术等方面。三是相关理论，指与金融监管有关联的其他学科的理论，如审计学理论、金融会计理论、银行信贷理论、银行管理理论、银行财务管理理论、金融法学理论等。三者相辅相成、有机结合，共同构成了金融监管理论的严密体系。总之，以金融监管目标为指导，以金融监管假定为基础，再加上一系列金融监管的概念和范畴，便可建造成一个较为完整的金融监管理论体系，如图 19-1 所示。

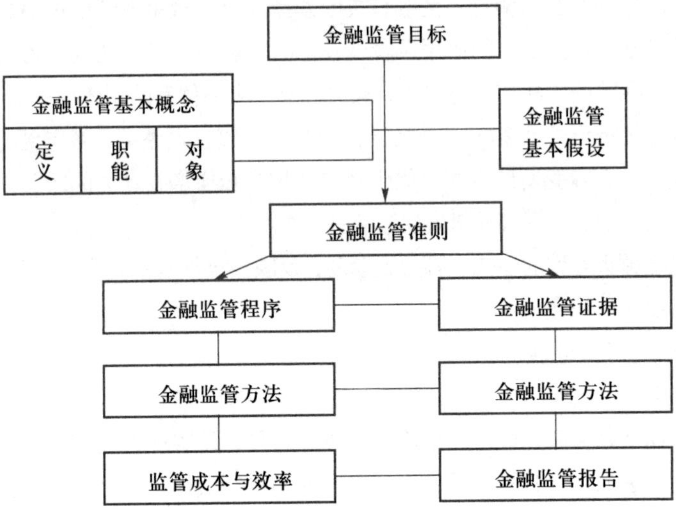

图 19-1 金融监管理论体系简图

2. 金融监管法律法规体系

金融监管法律法规是指为了保证有效开展监管，由政府和监管机构制定的一系列法律、法规。这是规范并调整商业银行及其他金融机构的行为关系的立法，也是金融监管当局监管商业银行的法律依据和准绳。金融监管法律法规体系大体上包括三个层次：一是行业性法律，如《商业银行法》《证券法》《保险法》《信托法》等；二是专业性法规，主要针对开展的业务经营而制定，如《票据法》《外汇管理条例》等；三是监管当局依据法律制定的一系列管理办法，它们不属于法律范畴，而是作为法律的补充或实施的细则，是各商业银行必须遵守的规则，如美国关于会员银行定期存款利率最高限额规定的“Q 条例”等。

3. 金融监管组织体系

金融监管组织体系是根据监管模式设立的一整套监管机构。从广义监管的角度，金融监管组织体系大体上包括以下四部分：监管主体系统、金融机构内部控制系统、金融业行业自律系统和体制外金融机构监管系统。

从监管当局角度，金融监管组织体系大体上包括两个系统：一是监管系统，由监管机构各级监管部门组成；二是监管后评价系统，由监管机构各级非监管部门组成。

4. 金融监管内容体系

从金融监管的主要内容或范围看，监管内容包含三个部分：

(1) 市场准入监管。这是指政府行政管理部门按照市场运行规则设立或准许某一行业及其所属机构进入市场的一种管制行为。各个国家（地区）的金融监管当局一般都参与金融机构的审批过程，重点有两个：一是是否具有素质较高的管理人员，二是是否具有最低限度的认缴资本额。对管理人员的条件和资本额的标准各国（地区）都有具体规定。

（2）业务运营监管。这是指对金融机构的各项经营行为的监管。目前，我国对金融机构业务运营监管的内容主要包括：业务经营的合法合规性，资本充足性，资产质量的稳妥可靠性、流动性、盈利性，内部管理水平和内控制度的健全性等。

（3）市场退出监管。这是指监管当局对金融机构退出金融业、破产倒闭或合并（兼并）、变更等行为的相关监管。各国对金融机构市场退出的监管都通过法律予以明确，并且有很细致的技术性规定，确保其退出的合理性和平稳性。这些规定主要关注公众的利益是否得到必要的保护、破产清算的标准和程序是否严谨、被兼并或收购是否合理合法等，目的是将不幸事件对公众的损害和对社会的冲击降到最低限度。

二、金融监管与金融风险

由前所述，金融监管是为了防范和化解金融风险，而对金融风险的准确识别与测度则是有效金融监管的前提。

（一）金融风险概述

广义的金融风险是指经济主体在金融活动过程中获得收益或遭受损失的可能性，也可以将其称为投机风险。狭义的金融风险则指的是金融活动中遭受损失的情况，又被称为纯粹风险。由于狭义金融风险只关注遭受损失的情况，一般利用收益分布的左侧分位数来表示风险，也即可用在险价值（VaR）表示。本章主要关注狭义风险。

（二）金融风险的特征与种类

1. 金融风险的特征

（1）不可消散性。金融风险具有不可消散性，虽然可以通风险管理（如衍生金融工具）、金融创新等手段可以对其进行一定程度的分散或转移，但是这些都不能消散金融风险。此外，每一次金融工具的创新都意味着新的风险的产生，而且金融创新中可能嵌入的较高杠杆，会使得风险从一个主体转移至另一个主体时积聚的总风险变得更大。

（2）随机性。由定义可知，金融风险只是一种可能性，从而其是一个随机变量。任何确定无疑的收益或损失都不是金融风险。

（3）普遍性。金融风险具有无时不在，无处不在的特性。金融风险是金融体系内生的，是不可避免的，只要是市场经济，只要有金融交易存在，金融风险就必然存在。

（4）隐蔽性。金融风险有隐藏和爆发两个阶段，在隐藏阶段风险累积，积聚一段时间才爆发，进而以各种损失呈现出来。因此，某种程度而言，风险具有隐藏性，不能被直观识别出来。站在整个金融部门角度而言，当隐藏的金融风险累积到超过金融部门所能承受的范围时，其很有可能以金融危机的极端形式爆发出来。

（5）传染性。金融风险存在较强的传染性。金融风险容易在金融机构之间、金融工具之间、金融市场之间传染，从而使初始的风险源被成倍放大。

2. 金融风险的种类

金融体系是一个相互作用、相互依赖的若干部分组合而成具有特定功能的有机整体，所以作为衡量金融体系安全状态的金融风险可以从多个角度、多个层次予以分类。

（1）按照是否站在整个金融系统稳定的视角，可分为**系统性金融风险**（Systemic Risk）和**非系统性金融风险**（Non-Systemic Risk）。系统性金融风险是影响整个金融系统稳定、甚至导致金融体系崩溃的风险，是一种宏观金融风险，其核心是专注于金融体系内部金融机构与金融机构之间、金融市场与金融市场之间、金融工具与金融工具之间的风险传染性。非系统性金融风险，主要指的单家机构、单个市场自身的风险，考察的视角不是整个系统，也不考虑风险的传染性。

系统性金融风险有两个维度：一是**时间维度**（Time Dimension），指的是金融体系整体风险随时间的演进趋势，来源于金融部门与实体经济之间的相互作用而引起的顺周期性效应，体现为系统性风险随时间的演进趋势；二是**空间维度**（Cross-Sectional Dimension），指的是某一时刻系统性金融风险在金融体系内部的具体分布，主要关注风险在金融机构之间、金融市场之间的相互传染，往往通过金融体系的网络结构和传染关系来刻画。

系统性金融风险的形成主要来源于冲击和放大机制。冲击是系统性风险的诱因，即系统性风险实现的“导火索”。冲击的来源分为两类：内部和外部。内部冲击，指的是来源于金融部门内部的冲击，如单家金融机构面临挤兑、破产或股价下跌等危机表现为内部负向冲击。但追根溯源，内部冲击绝大多数来源于外部冲击，即实体经济部门的冲击①。金融部门连接着实体经济中的储蓄部门和投资部门，在实现资金配置功能的过程中，也为实体经济风险传导至金融部门提供了天然的通道。此外，外部冲击还包括来自国际金融市场和本国金融监管政策转变等外生因素。

放大机制是系统性风险的本质，是客观存在于金融部门中将初始冲击成倍放大的内在机理。仅有冲击，没有放大机制，不足以形成系统性金融危机。因此，系统性风险的防范重点在于监测和限制放大机制逐渐恶化风险的过程。金融部门中的放大机制主要分为杠杆机制与关联机制两类，两者既相互区别又相互作用。

杠杆机制是指金融部门中由于负债的存在而将初始冲击自我放大的机制。从杠杆周期与资产价格的角度而言，杠杆机制的存在一定程度上加剧了经济波动。在上行周期，由于违约率的下降及抵押品价格的上升，乐观投资者从中收益，并通过增加借贷来加大杠杆从而放大收益，这进一步推升资产价格并因此增加经济产出，最终加速推动经济繁荣的形成。在下行周期，负向冲击以及逐步恶化的宏观经济环境导致资产价格下降，高杠杆的放大作用使得乐观投资者受损严重，迫使其抛售资产，进而推动资产价格下跌，最终爆发金融危机。从金融部门杠杆与资产价格的角度而言，金融机构作为特殊的企业，其逐利性使得金融部门杠杆具有顺周期性，这种顺周期性是上行周期系统性风险累积的重要诱发机制。

关联机制是指金融体系中存在的业务、管理模式、客户、投资者心理预期等各种原因形成的关联性，进而使得单家金融机构的风险通过这些关联性传导至其他金融机构，并遭受其他机构再传染的一种机制。关联机制形成至少存在以下两个原因：抱团取暖和市场竞争。其中，抱团取暖，指的是金融机构之间通过相互融资和业务交易，以共同抵御流动性冲击，实现风险分担。这本质上体现为金融机构的流动性风险管理。市场竞争，指的是金融机构存在通过吸纳更加相似的客户、采用更加相似的管理模式、持有更加相似的金融资产以应对金融体系内的市场竞争。

系统性金融风险与第 6 章的系统性风险有一定的关系，都是强调一个系统的风险，都强调了整体与个体之间的关联关系。例如，系统性金融风险强调单家金融机构与金融系统之间的关联关系，而系统性风险强调单个证券（或证券组合）与市场组合的关联关系。但是，系统性金融风险是金融体系的风险，是宏观金融风险，系统性风险则主要强调证券市场的风险，是微观金融风险。此外，系统性金融风险强调风险的传染性，而系统风险则强调证券风险的不可分散性。

---

① 例外的，类如单家金融机构由于内部经营不善破产倒闭，该内部冲击不应该归结为外部冲击。

（2）按照风险性质划分，主要分为信用风险、市场风险、流动性风险、操作风险等。其中，信用风险关注债权人与债务人之间的关系，指由于债务人（或交易对手）违约或履约能力变化而导致债权人损失的可能性。市场风险主要关注金融资产价格的不利变动而引致损失的可能性。流动性风险是指经济主体无法以合理成本及时获得充足资金，用于偿付到期债务、履行其他支付义务和满足正常业务开展的其他资金需求的风险。操作风险关注经济因素之外的由不完善或有问题的内部程序、员工、信息科技系统以及外部事件等所造成损失的可能性等。此外，还有国别风险、银行账户利率风险、保险风险、声誉风险、战略风险、信息科技风险以及交叉性金融风险、洗钱和恐怖融资风险等①。

（3）按照衡量风险范围的角度划分，可以分为宏观金融风险和微观金融风险。宏观金融风险主要关注金融部门整体的风险，如前述的系统性金融风险。该类风险不仅影响金融部门的整体稳定，还可能通过影响金融部门功能的发挥而影响宏观经济的稳定。微观金融风险则主要关注微观金融个体，如单个金融工具、金融机构、金融市场等风险。

（4）按照风险的来源划分，可以分为内源性金融风险和外源性金融风险两种。前者是来自内部的风险，后者是源于外部的风险。以前述的系统性金融风险为例，如果是单家金融机构破产而引发的机构之间的传染风险，则可以称之为内源性金融风险；如果是金融部门之外的宏观经济下滑，而导致贷款不良率提升而引发的系统性金融风险，则可称之为外源性金融风险。

（三）金融风险与金融监管的关系

1. 金融风险需要金融监管

金融风险的形成和积聚可能引发金融不稳定问题，而金融不稳定会导致金融功能的弱化甚至丧失，进一步导致实体经济增长下滑。因此，金融风险具有较高的成本。由前所述，金融风险在一定程度来源于市场失灵，仅靠市场机制是无法解决金融风险问题。为此，必要的金融监管是防范、降低金融风险的重要手段。此外，由于金融风险无法完全消除，金融监管的最终结果是降低金融风险，而不是消灭金融风险。

2. 金融监管可能带来金融风险

金融监管在一定程度上可以降低金融风险，但是金融监管也有可能引发新的金融风险。2007年美国次贷危机的爆发使得人们意识到，传统的金融监管可能会加剧系统性金融风险的形成。传统的金融监管以维持单家金融机构的稳定为目标。当单家金融机构遭遇资产损失时，在传统监管框架下，理性的金融机构会通过出售资产偿付债务以满足监管要求。但是这种行为可能导致资产价格下跌，进而引发持有该项资产的其他机构造成损失。为满足监管要求，遭遇损失的其他机构也会出售资产以满足监管要求。随后，资产价格会进一步下跌，进而对本机构造成负向影响。这种相互传染的溢出效应会导致整个金融部门的不稳定。因此，金融监管本身可能会加剧系统性金融风险。

三、金融创新与金融监管

金融创新是当代金融业发展的主流趋势，它与金融监管相互影响、相互促进。金融创新在促进金融与经济发展的同时，也会使金融风险加大，因而需要有更强有力的金融监管加以防范。而

---

① 参见中国银行业监督管理委员会 2016 年 9 月 27 日印发的《银行业金融机构全面风险管理指引》（银监发〔2016〕44 号）。

金融监管在某种程度上压缩了金融机构获取利润的空间，这会使金融机构产生通过金融创新规避金融监管以追逐利润的强烈动机。进而金融创新促使大量的金融产品和金融工具不断产生，使金融体系发生深刻变化，特别是金融结构多样化。因此，金融创新通过诱发金融风险导致了更高力度的金融监管，金融监管力度的提高使得金融创新动机越强，这种螺旋式攀升构成了金融创新与金融监管的辩证关系。金融监管与金融创新的对立统一关系，形成了“监管—创新—再监管—再创新”的动态博弈过程。

（一）金融监管倒逼金融创新

长期以来，金融业是政府管制最严厉的部门之一。随着经济的发展和金融环境的变化，许多对金融机构业务活动的限制已经过时，成为金融机构开展正常业务的障碍，甚至成为影响金融体系稳定的因素。此外，金融监管在一定程度上限制了金融机构的过度风险承担、压缩了金融机构的利润空间，金融机构为了追逐更高的利润，有强烈的绕开金融管制的动机。

例如，2006 年至 2009 年年底，中国部分商业银行为了规避监管部门对其信贷规模的监管，利用信托公司作为通道，采用委托方式向融资主体提供资金。在此阶段，资金池、信托贷款、信贷资产转让等成为影子银行业务的主要模式，并实现影子银行向融资主体的资金供给。这一时期，银行理财与信托公司的“银信合作”业务急剧膨胀。银行利用理财资金购买信托公司的信托计划，信托计划再以信托贷款方式投向房地产行业和地方政府融资平台。此外，银证合作、银基合作、银证基合作也发展迅速，证券资管、基金及其子公司资管逐渐将非标债权纳入投资范围。该时期影子银行业务大多是银行主导，信托、基金、证券和保险主要是通道方，资金大部分投向非标债权。但是，2013 年 3 月银监会发布《中国银监会关于规范商业银行理财业务投资运作有关问题的通知》（银监发〔2013〕8 号）之后，开始对银行理财投资非标资产设置了比例限制。影子银行的重心又转向了表内同业业务，产生了同业三方回购、同业特定目的载体投资、信托受益权等新的合作方式。由此可见，有的金融创新是为了规避金融监管而出现的。

（二）金融创新对传统金融监管提出挑战

金融创新给金融业带来了革命性的变革，使得金融业在社会生产和社会生活中的地位日益重要，同时也带给金融监管诸多难题，加大了金融监管的难度。

首先，金融创新在一定程度上会给金融机构带来更高的风险，这要求金融监管当局加大监管力度。不可否认，金融创新在转移和分散金融风险方面已发挥重大的作用。金融机构通过各种金融创新工具和业务把部分风险或所有风险转移给愿意承担的一方，使得金融风险得以转移或者适当地分散。但是，从全球或一国（地区）的角度看，金融创新仅仅是转移或分散了某种风险，并不意味着减少风险。相反，金融机构在利益机制驱动下会在更广的范围内和更大的数量上承担风险。例如，在银行资产证券化中，转让或充当担保品的主要是优质资产，结果是保留了劣质资产，增加了银行所持资产的风险。

其次，金融创新可能增加金融机构之间的关联性、业务运营模式的复杂性以及数据的难以获得性，这些使得传统的监管往往难以奏效。金融监管当局对某类业务进行限制之后，金融机构为了继续开展此类业务往往可能绕道借助于其他机构，而这会带来金融机构之间的过度关联。金融创新还可能来源于监管套利。监管套利，是规避监管的一种方式，指的金融监管对象会选择在监管力度较弱的领域从事业务。具体而言，本质上同样的业务由于处于不同的监管机构或者不同的监管条例下进而导致监管力度不同，金融机构通过捕捉这一套利机会获取更高的利润。监管套利的过程往往使得金融机构的业务运营模式更加复杂。此外，金融机构之间的关联性以及业务运营模式的复杂性会使得监管当局难以实时掌握金融业务的运行数据。因此，金融创新加大了监管难度。

最后，以互联网金融为代表的金融科技的发展，给人们的生活带来便利的同时，也面临业务、技术、法律等诸多方面的风险，对政府的金融监管和国家的金融治理提出新的挑战。随着大数据、人工智能、区块链、云计算等新兴信息技术的不断兴起，科技与金融的不断融合，以互联网金融为代表的新金融概念越发深入人心。但是，互联网金融的特点决定了其引发的风险也具有特殊性。互联网金融属于新兴产业，相应的法律法规和监管体系尚不完善，监管规则和监管机构也缺乏明确性。另外，互联网金融领域会更多地应用互联网和信息通信等科技手段。因此，相比于传统金融其创新速度明显较快，这也在一定程度上导致了更为严重的监管时滞现象。

第二节　金融监管体制

一、金融监管体制的发展与变迁

（一）金融监管体制的构成

金融监管体制是由一系列监管法律法规和监管组织机构组成的体系。它涉及金融监管当局（包括中央银行与其他金融监管当局）、金融监管对象等多个要素。

1. 金融监管当局

金融监管当局（Financial Supervision Authority）是依法对金融业实施监督与管理的政府机构，是金融业监督和管理的主体；是政府组织体系的构成部分，具有权威性、公共性和独立性。金融监管是政府行为，其目的是达到金融监管的目标。

中央银行是最早的金融监管当局，而且金融监管本身是推动中央银行制度建立的重要原因。早期而言，中央银行跟金融监管紧密相关。如美国联邦储备体系的成立即是为了应对美国越来越恶劣的银行破产事件。在 2007 年美国次贷危机之前的几十年中，中央银行的金融监管职能被逐渐弱化，中央银行作为货币政策职能则被逐渐强化。尤其是全球主要央行采取“通货膨胀目标制”以来更是如此。所谓通货膨胀目标制，指的是中央银行的最终目标以维持稳定作为最重要乃至唯一的目标。此外，由于金融监管过程更多的是微观管理活动，而中央银行是国家的宏观经济管理部门，宏观调控是其职责的重心。为了提高货币政策效率和金融监管力度，由中央银行专职货币政策，其他金融监管当局专职金融监管成为许多国家的一种选择。

然而，2007 年美国次贷危机以来，有关中央银行与金融监管的关系出现了新的变化。尽管中央银行作为宏观金融管理者，依然不关注微观金融机构的具体业务及其所形成的风险。但是，当金融机构的业务影响到金融体系整体稳定时，中央银行则有必要约束该金融机构。也即中央银行作为重要的金融监管管理者重新得到重视。关于这一点，需要结合本书第 18 章关于货币政策的目标包含金融稳定来理解。

中央银行需要对金融监管负责主要有两个原因：① 中央银行的“最后贷款人”制度使得中央银行有必要对金融机构进行监管。原因在于，“最后贷款人”是一种事后的补救措施，而且需要中央银行付出较高的成本。为了尽可能降低“最后贷款人”所引发的成本，需要事前对金融机构从事过高风险的行为进行干预。② 中央银行实施货币政策时，需要金融部门来传导。货币政策的实施过程可能影响金融部门稳定。让中央银行实施一定的监管职能，可以更好地协调中央银行货币政策与金融监管政策。本章后续阐述宏观审慎监管时还会进一步分析此问题。

世界各国的金融监管历史中，除中央银行之外，财政部、货币政策委员会、证券交易委员会、专门成立的金融监管局等政府机构都充当过金融监管主体。随着金融业分业经营逐渐向混业经营趋势演变，旨在维护全局性金融稳定的监管当局逐渐设立。

2. 金融监管对象

金融监管对象（Object of Financial Supervision）也称为被监管者，是专门从事金融业经营和投资经济活动的企业、组织、单位和个人，包括金融中介机构、工商企业、基金组织、投资者和金融活动的关系人等。金融监管对象既包括传统常规金融子行业，如银行、保险、证券、信托、租赁等，也包括新兴金融业态或需关注业态等监管对象。

（1）银行业监管对象。银行业监管对象是从事商业银行业务的金融机构，不管其称谓如何，凡是吸收存款，发放贷款，办理资金清算、信托投资、财务管理业务，参与货币市场融资交易活动等的机构都属于银行业监管对象。这些机构包括商业银行、政策性银行、信用合作机构、专业储蓄机构、专业信贷机构、信托投资公司、财务公司、金融租赁公司、典当行等。一些参与货币市场融资和交易活动的非银行性金融机构，如保险公司、证券公司等，也将作为银行业特定的监管对象。

（2）证券业和期货业监管对象。证券业监管的对象是从事证券融资和交易活动的企业、机构和个人，期货业监管的对象是从事期货投资交易活动的企业、机构和个人。另外，提供证券和期货交易场所的组织机构也是重要的监管对象。证券业监管对象主要包括证券经纪公司、上市公司、投资基金、投资者和证券交易所等，期货业监管对象主要包括期货经纪公司、期货投资者、期货交易所及其附属储备库等。

（3）保险业监管对象。保险业监管对象是从事保险经营和投资保险的企业、机构和个人，主要包括保险公司、人寿保险基金等。

（4）其他金融监管对象。主要有信托机构、金融租赁机构，也包括金融控股公司、另类投资（例如私募股权投资、风险投资、房地产金融投资）等需要监管的行业。

（二）金融监管模式及其变迁

从被监管对象或监管当局功能和机构设置的视角，金融监管模式有两种分类方式。

1. 根据被监管的对象，金融监管模式一般可以分为功能监管和机构监管两种模式

（1）功能监管又称为业务监管，是按照经营业务的性质来划分监管对象，如将金融业务划分为银行业务、证券业务和保险业务，监管机构针对不同业务进行监管，而不管从事这些业务经营的机构性质如何。其优势在于：根据金融业务进行监管，可以保证同类金融业务的监管力度一致，监管协调性高，可以缓解前述的监管套利；还可以避免机构监管中出现的监管真空和重复监管现象，为金融机构创造公平竞争的市场环境。但是，功能监管对监管当局的监管实施门槛要求较高，尤其在金融创新的推动下，功能监管的实施门槛会越来越高。

（2）机构监管则是按照不同机构的类别来划分监管对象，如银行机构、证券机构、保险机构、信托机构等。其优势在于：监管门槛相对较低，易于实施，且对于金融机构的单项风险监管非常有效；监管当局不需要具体评判金融机构的各项业务，只需要依据该金融机构所从事的主要业务或者从事的主要领域，按该领域的法律法规进行监管即可。但是，机构监管也有不足，易导致监

管真空和重复监管问题，且两者都会随着金融创新而加重。其中，监管真空是指一些金融领域没有监管。由于机构监管以金融机构为监管对象，一些金融业务可能并非由某类金融机构所从事，而是由金融机构与非金融机构一起合作完成，而这些业务的主体可能是非金融机构，这样就很可能形成监管真空。重复监管是指一些金融领域受多家监管机构监管。金融创新可能使得一些业务由不同类别的金融机构合作完成，这些不同类别的金融机构由不同的监管当局监管，就会导致重复监管问题。监管真空与重复监管问题会诱使金融机构进行监管套利，大大降低机构的监管效率。

监管模式的演进趋势是由机构监管逐渐发展成为功能监管。在金融规模较小、金融业务较简单的时候，采用机构监管相对合理。由于每家机构采用的业务相对单一，机构监管由于实施门槛较低，对机构进行监管即可以很好地限制金融风险的产生。随着金融发展、金融业务日趋复杂，单家机构很少只从事某一单类金融业务。此外，金融创新的逐渐推进，金融机构与其他金融机构的合作非常紧密，机构监管很难适应这一趋势，功能监管的重要性越来越高。

2. 根据监管当局功能和机构设置，金融监管模式可划分为统一监管模式和多头监管模式

统一监管模式指由一个监管当局监管不同的金融机构和金融业务，如英国、日本和韩国等国家；多头监管模式指设置不同的监管当局，分别监管银行、证券、保险业，如美国和中国等国家。从功能和机构的组合中，又派生出以下三种模式：

（1）牵头监管模式。该模式指设置不同的监管当局，并指定一个监管机构为牵头监管机构，负责协调不同监管主体，共同开展监管，如法国等国家。

（2）“双峰”监管模式。该模式指设置两类监管当局，一类负责对所有金融机构进行审慎监管，控制金融体系的系统性金融风险；另一类负责对不同金融业务开展监管，从而达到双重保险的作用，如澳大利亚、奥地利等国家。

（3）“伞式”监管模式。该模式指对特定金融机构，由一家监管机构负责综合监管，其他监管机构按企业经营业务的种类开展具体监管。美国 1999 年《金融服务现代化法案》规定，对于同时从事银行、证券、互助基金、保险与商业银行等业务的金融持股公司实行“伞式”监管制度，即从整体上指定美联储为金融持股公司监管人，负责该公司的综合监管。同时，金融持股公司又按其所经营业务的种类接受不同行业主要功能监管人的监管，各监管机构必须相互协调、共同配合。

（三）金融监管体制的类型及变迁

1. 金融监管体制的类型

金融监管体制是由一系列监管法律法规和监管组织机构组成的体系。按监管机构的设立划分，大致可分为两类：一类是由中央银行独家行使金融监管职责的单一监管体制，另一类是由中央银行和其他金融监管机构共同承担监管职责的多元监管体制。如按监管机构的监管范围划分，又可分为集中监管体制和分业监管体制。一般来说，实行单一监管体制和混业经营的国家多实行集中统一监管，而实行多元监管体制和分业经营的国家大都实行分业监管。当然这种对应不是绝对的。根据金融监管权力的分配结构和层次，大体可分为以下三类：

（1）一线多头模式。该模式指将全国的金融监管权集中于中央，由中央一级的两家或两家以上的机构共同负责，地方没有独立的权力，如德国、日本、法国等国家。

（2）双线多头模式。该模式指中央和地方都对金融机构有监管权（双线），同时每一级又有若干机构共同来行使监管的职能（多头），如美国和加拿大等国家。

（3）集中单一模式。该模式指由单一监管当局机构集中进行监管，包括大部分发展中国家和

英国等。

2. 金融监管体制的变迁

从历史的发展看，金融监管体制的变迁大致经历了以下三个阶段：

（1）混业经营与集中监管。从全球视角看，20 世纪 30 年代以前，金融业基本上是混业经营的格局，银行业是金融业的核心，证券业、保险业不发达。早在 19 世纪初期，美国的商业银行就开始兼营证券业务，州银行可以经营所有的证券业务，国民银行则受一定的限制。1900 年之后，大批国民银行把证券业务转交其附属的州银行经营。1927 年的《麦克法登法》授权国民银行承销和自营“投资性证券”。在混业经营的金融体制下，金融监管职能基本上归中央银行履行，中央银行是唯一的监管机构，是典型的集中监管体制。英格兰银行、法兰西银行、德意志银行和美国联邦储备体系都承担了金融监管的职能。

（2）分业经营与分业监管。20 世纪 30 年代的大危机对银行和证券业是一个毁灭性的打击。1933 年美国国会通过了《格拉斯-斯蒂格尔法》，确立了银行与证券、银行与非银行机构分业经营的制度，成为划时代的一部金融立法，对全球金融经营体制的影响长达 60 余年。《格拉斯-斯蒂格尔法》确立了美国金融业的分业经营格局，规定银行业与证券业分业经营，严禁商业银行认购企业股票和债券，更不能从事与银行业无关的商业活动。为了加强对证券业的监管，同年美国又颁布了《证券法》，1934 年出台了《证券交易法》，1939 年颁布《信托契约法》，1940 年颁布《投资公司法和投资顾问法》。美国还于 1934 年特设了“证券交易委员会”，专司监管证券业之责。强有力的金融监管对维护金融业的稳健经营、确立公众信心发挥了重要作用，使美国经济在较为安全的金融环境中得到快速发展。美国的分业监管模式也成为第二次世界大战后许多国家重建金融体系的参照。

（3）金融再度混业经营下的监管体制变革。从 20 世纪 70 年代末开始，随着新的竞争者崛起，商业银行面临着前所未有的生存危机，这成为推动金融创新的重要力量。不断出现的金融创新模糊了不同金融机构的业务界限，银行、证券和保险三者的产品日益趋同，相互融合。金融机构在规避管制的创新中，再次走向了混业经营。20 世纪 90 年代以来，金融区域化、全球化发展进一步加剧国际金融机构之间的竞争，金融机构通过兼并重组来达到壮大资本实力、扩大市场份额的目的，出现了花旗集团、汇丰集团、瑞银集团等巨型金融集团公司，它们已不再单纯是银行机构，而变成可以提供全方位金融服务的混业机构。1999 年 11 月，美国国会通过了《金融服务现代化法案》，允许金融持股公司下属子公司对银行、证券、保险兼业经营，证券公司和保险公司也可通过上述方式经营商业银行业务，美国金融业重新进入混业经营的时代。在这种背景下，过去追随美国实行分业经营的国家和地区，纷纷放弃分业经营，转向混业经营。当然，金融混业经营不一定完全对应集中监管，金融分业经营也不一定完全对应分业监管，各经济体的选择是综合因素作用的结果（见表 19-1）。

表 19-1 世界部分国家和地区的金融经营体制和监管体制

国家和地区	经营体制		监管体制
	过去	现在	
美国	分业	混业	混业监管
英国	分业	混业	混业监管

续表

国家和地区	经营体制		监管体制
	过去	现在	
日本	分业	混业	混业监管
德国	混业	混业	混业监管
瑞士	混业	混业（与保险业分开）	混业监管
荷兰	混业	混业	分业监管
卢森堡	混业	混业	银行、证券混业监管，保险单独监管
比利时	分业	混业	银行、证券混业监管，保险单独监管
意大利	分业	分业	分业监管
加拿大	分业	分业	银行、证券混业监管，保险单独监管
法国	分业	分业（可持非银行公司的股份，但不超过 20%）	分业牵头监管
韩国	分业	分业（业务范围在不断开放）	混业监管
中国内地	分业	分业	分头监管
中国香港	混业	混业	分头监管

然而，美国在混业经营及金融创新过程中诱发的过度风险暴露及过度关联性，使得金融体系遭受一定程度的负向冲击后，风险迅速在金融机构之间传染，最终引发系统性金融风险事件。2007 年美国次贷危机的爆发使得金融监管当局再次反思混业经营的风险，金融监管体制有了新的变化趋势，突出体现为各国先后建立以防范和化解系统性风险为目标的宏观审慎管理制度，并完善审慎监管和行为监管①相结合的微观审慎管理制度，同时促进二者的相互补充和协调。

二、国内外金融监管体制

（一）金融监管体制的国际经验

1. 美国

20 世纪 30 年代经济大危机后，美国金融业根据 1933 年出台的《格拉斯-斯蒂格尔法》逐步形成了分业经营和分业监管的体制，银行、证券和保险各金融行业分别由不同机构实施监管。行业内部同样实施功能监管模式和机构监管模式相结合的交叉监管模式。

20 世纪 80 年代，经济全球化和金融自由化浪潮兴起，美国开始逐步扩展商业银行的经营范围。1999 年《金融服务现代化法案》颁布，允许管理和资本状况良好的银行控股公司转化为金融控股公司并开展银行、证券、保险等各类业务，正式确立金融业综合经营体制。与之相适应，建

① 行为监管指的是监管当局对金融机构的经营行为进行监督管理，主要包括信息披露要求、禁止欺诈误导、保护个人金融信息、反对不正当竞争，打击操纵市场行为和内幕交易，规范广告行为、合同行为和债务催收行为，关注弱势群体保护，提升金融机构和消费者的诚信意识、解决金融消费争端等。

立了“伞形”监管体制，美联储对金融控股公司进行整体监管，相应监管机构按照业务类型监管子公司，即开展功能监管。在“伞形”监管体制下，美联储需与功能监管机构相互协调、共同配合，且监管理念逐渐从重视由监管机构全面测量金融机构的风险程度转为重视监督其建立与执行自身完善的风险监测机制，并强调借助市场与公众约束。

2008 年国际金融危机之后，美国实施了一系列的金融监管改革。例如，2008 年颁布《现代化的金融监管架构蓝图》，2009 年颁布《金融监管改革：新基础——重建金融监管》，2010 年 7 月颁布《多德-弗兰克华尔街改革和消费者保护法案》，这些监管改革重塑和加强了美联储的监管职责，强化了金融稳定体制框架。具体而言，设立金融稳定监督委员会，负责识别和防范系统性风险，加强监管协调。美联储协同其他监管当局机构负责对具有系统重要性的银行、证券、保险、金融控股公司等各类机构以及金融基础设施进行监管，牵头制定更加严格的监管标准。美联储、货币监理署（OCC）和联邦存款保险公司（FDIC）三家机构共同负责商业银行的监管；美国证监会（SEC）、商品期货交易委员会、美国投资者保护公司（SIPC）共同负责证券期货机构及市场的监管；美联储内部设立相对独立的消费者金融保护局（CFPB），统一行使消费者权益保护职责；美联储与联邦存款保险公司共同负责系统性风险处置。

2. 英国

英国政府在 1997 年提出了改革金融监管体制的方案，赋予英格兰银行货币政策的独立性，并将其对银行的监管职责剥离出去，交由证券投资委员会负责，并进一步将证券投资委员会改组成为新的金融服务监管局（Financial Services Authority，FSA）。1997 年 10 月 28 日，金融服务监管局成立，成为集银行、证券、保险三大监管责任于一身的多元监管机构，标志着英国集中监管体制的形成。

由于金融业的不断发展和金融工具的不断创新，金融业各分行业之间相互交叉和渗透，中央银行对银行业的传统监管模式已越来越不适应综合经营的新要求。此外，原多头监管、各自为政的监管局面降低了监管效力，英国金融监管体制的改革适应了金融经营体制由分业转为混业的需要。同时，金融监管改革也规范了政府债务及现金管理，确保有关债务管理的决策不受内部信息的影响，增加政府债务及现金管理的透明度。

2008 年国际金融危机重创英国金融业，之后英国积极地进行了金融改革，相继颁布《2009 年银行法》《2012 年金融服务法》两部法律和《金融监管新方法：改革蓝图》白皮书，全面调整了监管机构设置：在英格兰银行下设金融政策委员会，负责宏观审慎管理，撤销金融服务监管局，在英格兰银行下设审慎监管局，为单独设立的金融行为监管局提供指导和建议，共同负责微观审慎监管；明确英格兰银行为银行处置机构，并赋予广泛的处置权力；建立多层次监管协调机制，明确英格兰银行和财政部在危机应对中的职责分工。2013 年 4 月 1 日，《2012 年金融服务法》生效，新的金融监管框架正式运行。

新的金融监管框架仍然属于混业经营的范畴。值得关注的一点是，新的监管框架将宏观审慎监管和微观审慎监管区分开来。宏观审慎监管由单独的金融政策委员会负责，反映监管当局对降低系统性金融风险和维持宏观金融系统稳定的重视。在微观审慎监管方面，英国在危机之后率先将行为监管职责明确赋予专门机构——金融行为监管局，并形成一套完善的行为监管方法论体系。该体系包括前瞻性机构监管、专题和产品线监管以及基于事件的响应式监管，同时建立金融机构系统性评估框架。

3. 日本

日本在第二次世界大战后延续政府主导的金融监管体制，大藏省对金融体系进行行政性管理，并可对中央银行——日本银行下达业务命令。20 世纪 90 年代，日本启动全面金融改革计划，亚洲金融危机冲击使改革聚焦到金融监管组织结构问题上。1997 年通过新《日本银行法》，提升日本银行的独立性，削弱大藏省的金融控制权，成立金融服务厅统一监管金融业。2001 年大藏省更名为财务省，与金融厅成为两权分立的分别执掌金融行政和金融监督的政府机构。至此，日本集中统一监管体制基本形成，除政策性金融机构由财务省（原大藏省）负责监管以外，银行、证券、保险等商业性金融机构均由金融厅独立监管或与相关专业部门共管。

日本的金融监管体系特点包括：① 在市场准入、保险费率、偿付能力、投资监管、财务能力、信息披露制度等方面有严格的管理规定；② 具有独立的监管机构；③ 严格的法律制度保证金融监管的顺利进行。

2008 年国际金融危机后，日本强化了中央银行的宏观审慎监管职能。2011 年发布《日本银行强化宏观审慎管理的方案》，内容涉及：将宏观审慎监管与现场检查、非现场监测相结合；参考金融机构对金融体系的影响力设定检查频率和范围；定期发布金融稳定报告；为金融机构提供必要的流动性支持，确保金融稳定；从宏观审慎角度增强货币政策的有效性。

2020 年，新冠疫情大流行对全球宏观经济造成重大冲击，动摇全球金融稳定。美国、英国、日本都审时度势，放松监管，鼓励金融机构使用资本及流动性缓冲，更加注重逆周期调节和不同监管当局之间的协调，有效维持本国金融体系运作的连续性和稳定性。

（二）中国金融业经营模式及金融监管体制的发展演变

1. 中国金融业经营模式的发展演变

（1）1980—1993 年年底前我国金融业的经营模式。1980 年，国务院颁布的《关于推动经济联合体的暂行规定》中提出，银行要试办各种信托业务，国有银行先后设立了信托投资公司，并相继开办了证券、信托、租赁、房地产、实业投资等业务。1986 年以后新成立的股份制银行也建立了信托投资部或信托投资公司。随着证券业的兴起，信托投资公司增设了证券部，银行通过办理信托参与了证券业务。在国内恢复保险行业的过程中，不少银行还投资建立了保险公司。银行、证券、信托和保险开始走向混业经营的格局，但这并非真正的混业经营，而是内部缺乏风险控制、外部缺乏有效监管的“乱营”。自 1992 年下半年起，混业经营加速了风险积聚，催化了证券市场与房地产市场泡沫的生成。

（2）1994 年后形成分业经营模式。1993 年 7 月，国家开始大力整顿金融秩序。11 月 14 日，中共十四届三中全会通过《中共中央关于建立社会主义市场经济体制若干问题的决定》，明确提出银行业与证券业实行分业经营、分业管理的原则。12 月 25 日，《国务院关于金融体制改革的决定》对“分业经营”做出了进一步规定：“国有商业银行不得对非金融企业投资。国有商业银行对保险业、信托业和证券业的投资额，不得超过其资本金的一定比例，并要在计算资本充足率时从其资本额中扣除”。但 1994—1996 年这 3 年中，金融界并没有彻底地贯彻“分业”原则。1995 年起，国家陆续颁布了《中国人民银行法》《商业银行法》《保险法》及《证券法》等，从法律上确立了我国金融业实行分业经营的体制。

（3）1999 年后分业经营的管理体制松动，出现混业趋势。20 世纪 90 年代中后期，国际金融领域的出现兼并重组浪潮。为应对金融开放加深后的外部冲击，提升我国金融业的国际实力，国务院开始重新考虑中国金融经营体制的模式，并开始陆续放松对分业经营的严格管制。1999 年 8

月，国务院批准中国人民银行的提议，允许证券公司和基金管理公司进入银行间债券市场开展拆借业务和债券回购业务；同年10月，证监会和保监会决定，允许保险公司在二级市场上买卖已上市的证券投资基金。2001年7月，中国人民银行明确了商业银行可以代理证券业务，发出了混业经营的信号。2002年2月，中国人民银行和证监会允许符合条件的证券公司以抵押方式向商业银行借款；同年10月，又允许商业银行买卖开放式基金。2005年修订的《证券法》规定：证券业和银行业、信托业、保险业实行分业经营、分业管理，国家另有规定的除外。这为混业经营留下了空间。2008年年初，国务院批准了商业银行可以投资保险公司股权；2009年11月，银监会发布《商业银行投资保险公司股权试点管理办法》，商业银行被允许收购保险公司，开办保险业务。混业经营趋势越来越明显。

（4）2012年后混业经营达到新高度。随着我国金融业不断改革开放，自2012年以来资产管理行业加速发展。2012年10月19日，证监会发布修订后的《证券公司客户资产管理业务试行办法》，进一步松绑资产管理业务，放宽投资渠道。2014年修订后的《保险法》放开对保险投资标的限制，允许险资买卖债券、股票、证券投资基金份额等有价证券。大型国有和股份制商业银行相继获得了金融业经营的全牌照，逐步成立证券、基金、保险、租赁、信托等子公司，混业经营趋势也使影子银行问题加重。与此同时，非国有企业、大型民营企业逐步建立金融控股公司。伴随互联网金融、金融科技发展，大科技公司凭借互联网、大数据、人工智能等信息技术优势布局金融板块，并加强与银行、证券、保险等传统金融行业的跨行业合作，互联网金融控股公司雏形显现，混业经营达到新高度，影子银行外延进一步扩大。2018年资产管理新规落地之后，商业银行理财子公司陆续获批，影子银行风险被“精准拆弹”，防范化解重大风险攻坚战取得明显成效。

知识链接19–1

金融控股公司

金融控股公司是指对两个或两个以上不同类型金融机构拥有实质控制权，自身仅开展股权投资管理、不直接从事商业性经营活动的有限责任公司或者股份有限公司。金融控股公司是金融业实现综合经营的一种组织形式，也是一种追求资本投资最优化、资本利润最大化的资本运作形式。在金融控股公司集团中，控股公司可视为集团公司，其他金融企业可视为成员企业。集团公司与成员企业间通过产权关系或管理关系相互联系。各成员企业虽受集团公司的控制和影响，但要承担独立的民事责任。

金融控股公司具有如下特点：(1) 集团控股，联合经营；(2) 法人分业，规避风险；(3) 财务并表，自负盈亏。在金融分业监管体制下，设立控股公司，由控股公司持有证券、银行、保险和其他金融资产的股权，是实现由分业经营向混业转型的最佳模式。以控股公司作为资本运作平台，通过兼并收购或设立新的子公司以开展其他金融业务，构建金融服务平台，建立全功能金融服务集团。

当前，我国金融控股公司主要分为金融机构为主体和非金融机构为主体两大类。其中，金融机构为主体的金融控股公司主要包括银行类和非银行类。银行类金融控股公司，主要指大型商业银行依托其现有平台，通过对其他非银行类金融机构参股、持股，以子公司分业经营的方式实现保险、信托、证券、基金等金融业务的金融控股公司。典型代表是工、农、中、建四大行及国开行等。非银行类金融控股公司，主要指母公司为非银行类金融机构，通过对银行等其他金融机构参股、持股，逐步搭建形成的金融控股公司，例如光大集团和中信集团。非金融机构为主体的金融控股公司包括四类：第一，地方政府批准设立的综合性资产投资运营公司，参股、控股本地的银行、证券、保险等金融机构，如天津泰达集团、上海国际集团、北京金控集团等。第二，中央企业集团母公司出资设立、专门管理集团内金融业务的资产运营公司，如招商局、国家电网、华能集团分别设立了招商局金融集团、英大国际控股集团、华能资本服务公司，对原属母公司的金融机构履行出资人管理职责。第三，民营企业和上市公司通过投资、并购等方式逐步控制多家、多类金融机构。第四，部分互联网企业在电子商务领域取得优势地位后，逐步向金融业拓展，获取多个金融牌照，如阿里巴巴、京东、百度等形成的综合化金融平台蚂蚁集团、京东数科、度小满金融等。互联网金融的覆盖面更广，其潜在风险远超传统金融控股公司。

与单个行业的金融机构相比，金融控股公司风险的整体性、关联性、交叉性更加突出。其风险特点有：盲目介入金融业、虚假出资、集团运作、隐匿架构、逃避监管、关联交易、急剧扩张等。

2020 年 11 月 1 日，中国人民银行印发了《金融控股公司监督管理试行办法》，遵循宏观审慎监管理念，补齐监管短板，防范风险交叉传染，促进经济金融良性循环。

资料来源：《2018 年中国金融稳定报告》，2018 年 11 月 2 日。

2. 中国金融监管体制的发展演变

（1）1984—1992 年，集中监管体制阶段。改革开放以前，与计划经济体制相适应，我国实行高度集中的金融管理体制，实际上全国基本上只有一家金融机构，即中国人民银行。当时，中国人民保险公司、中国银行以及中国农业银行都是中国人民银行的部门，中国建设银行是财政部的内部机构。因此没有必要实施金融监督，管理体制以行政隶属关系为准。改革开放以后，我国先后恢复了中国银行、中国农业银行、中国建设银行以及中国人民保险公司，外资金融机构开始在北京等城市设立代表处。金融管理和监督越来越重要。1983 年 9 月，国务院决定中国人民银行专门履行中央银行职能，正式成为中国的货币金融管理当局。1984 年，中国工商银行成立，中国人民银行成为现代意义上的中央银行，负责货币政策的制定和金融监管。从此，银行、信托、保险、证券等所有金融业务都归中国人民银行监管，形成了集中监管体制。

（2）1992—2003 年，“一行三会”的分业监管体制确立。1990 年上海和深圳两大证券交易所的建立大大推动了中国证券业的发展。由中国人民银行负责股票和债券的发行、上市审批和交易监管已经不能适应证券业快速发展的需要。1992 年 10 月，国务院成立国务院证券委员会和证监会，负责股票发行上市的监管，中国人民银行仍然对债券和基金实施监管。1995 年颁布的《中国人民银行法》第 2 条规定：“中国人民银行在国务院领导下，制定和实施货币政策，对金融业实施监督管理。”这是我国第一次从立法角度明确了金融监管的主体。1997 年亚洲金融危机促使我国健全证券市场的“集中统一”监管体制。1998 年 6 月，国务院决定将国务院证券委员会并入证监会，将中国人民银行的证券监管权全部移交证监会。同年 11 月，国务院决定成立保监会，将中国人民银行的保险监管权分离出来，由保监会统一行使。中国人民银行专门负责货币政策和对银行业的监管。至此，中国金融分业监管体制格局正式形成。2003 年 4 月 28 日，银监会正式挂牌，标志中国金融业形成了“三驾马车”式垂直的分业监管体制。

（3）2003—2017 年，从以微观审慎为主到重视微观审慎和宏观审慎的平衡。2003—2008 年，我国金融业在“一行三会”的基本监管框架下，维持分业监管的基本模式。此阶段以微观审慎为主，中国人民银行的主要职责是制定和执行货币政策，防范和化解金融风险，维护金融稳定。银监会分离了银行的监管职能，证监会和银监会分别负责证券期货业和保险业的监管，并加强监管机构之间的协调配合。

2008 年国际金融危机后，监管部门意识到对系统性金融风险进行监管的重要性，开始加强宏观审慎监管。2009 年 3 月我国正式加入巴塞尔委员会，2010 年的巴塞尔协议Ⅲ，确立了微观审慎和宏观审慎相结合的金融监管新模式。2010 年党的十七届五中全会明确提出要“构建逆周期的金融宏观审慎监管制度框架”。2011 年，人民银行引入差别准备金动态调整机制。2013 年 8 月人民银行会同银监会、证监会、保监会、外汇局建立的金融监管协调部际联席会议制度正式运行，将防范化解金融领域重大风险隐患，维护金融稳定作为重要工作。2015 年，人民银行将外汇流动性和跨境资金流动纳入宏观审慎管理范畴。2016 年年初，人民银行研究构建并实施了金融机构宏观审慎评估体系（Macroprudential Assessment，MPA），导银行业金融机构加强自我约束和自律管理，进一步完善宏观审慎政策框架。

（4）2017 年至今，货币政策与宏观审慎政策双支柱调控框架。2017 年，党的十九大强调健全货币政策与宏观审慎政策双支柱调控框架，中国人民银行需要坚定执行稳健的货币政策，处理稳增长、调结构、控总量的关系。2017 年 11 月成立国务院金融稳定发展委员会，强化中国人民银行宏观审慎管理和系统性风险防范职责，健全金融监管体系，守住不发生系统性金融风险的底线，保障金融安全。为顺应综合经营趋势，更好地发挥协同作用以提高监管效率，2018 年 3 月，我国将银监会和保监会合并为银保监会，依照法律法规统一监督管理银行业和保险业，由中国人民银行拟订金融业重要法律法规草案和制定审慎监管基本制度，形成了“一行两会”（中国人民银行、银保监会和证监会）的监管新格局。

第三节　金融监管的实施

一、金融监管的手段与方法

采用恰当的监管手段与方式是实现监管目标、提高监管效率的重要途径。各国金融监管当局主要运用法律手段、经济手段和行政处罚手段，并建立了成套的系统性规章制度，创立了多种方式方法。从总体上看，各国金融监管当局依据法律、法规来监管；从具体监管过程看，主要运用金融稽核手段；从监管方法看，采用“四结合”并用的全方位监管方法。

（一）依法实施金融监管

各国金融监管体制和风格虽各有不同，但在依法管理这一点上是共同的。这是由金融业在整个国民经济中的特殊地位所决定的。金融机构必须接受国家金融管理当局的监管，金融监管必须依法进行，这是金融监管的基本点。只有确保金融监管的权威性、严肃性、强制性和一贯性，才能保证它的有效性。而要做到这一点，金融法规的完善和依法监管绝对不可少。市场经济就是要充分发挥各个生产要素和环节的主动性和积极性，鼓励和支持竞争，而竞争要做到规范有序，必须而且只能由法律作保障。

（二）运用金融稽核手段实施金融监管

“稽”，就是审查；“核”，就是认真地对照、考察、核算、核实。金融稽核，是中央银行或监管当局根据国家规定的稽核职责，对金融业务活动进行的监督和检查。它是由监管机构派出人员以超脱的、公正的客观地位，对辖属行、处、所或业务领导范围内的专业机构，运用专门的方法，就其真实性、合法性、正确性、完整性，做出评价或建议，向派出机构及有关单位提出报告。因此，金融稽核是做好金融宏观控制的一项重要手段，是经济监督体系中的重要组成部分，与纪检、监察、审计工作有着紧密的联系。金融稽核的主要内容包括业务经营的合法性、资本金的充足性、资产质量、负债的清偿能力、盈利情况、经营管理状况等。

（三）“四结合”的监管方法

1. 现场稽核与非现场稽核相结合

现场稽核是指监管当局派员直接到被稽核单位，按稽核程序进行现场稽核检查。非现场稽核是指由被稽核单位按规定将各种报表、统计资料、记录等文件如期报送监管当局，稽核部门按一定程序和标准凭以进行稽核分析。

2. 定期检查与随机抽查相结合

定期检查是按事先确定的日期进行稽核检查，被监管机构预先可知。随机抽查则根据情况随时进行，事先不通知被监管金融机构。

3. 全面监管与重点监管相结合

全面监管是指对金融机构从申请设立、日常经营到市场退出的所有活动自始至终进行全方位的监管。重点监管是指在全面监管的基础上抓住关键问题或重要环节进行特别监管。

4. 外部监管与内部自律相结合

外部监管除了官方的监管机构外，还包括社会性监管。社会性监管主要指协助监管的各种社会机构，如会计师事务所、审计师事务所、律师事务所、信用评级机构等，以及社会公众和新闻媒体的监督。内部自律，一方面包括金融机构内部的自我控制机制，另一方面包括行业公会展开的同业互律。对于同业互律而言，如各国的银行业公会、证券业公会、保险业公会等行业公会都通过共同制定行业活动规则，彼此约束和自我约束，保护共同的利益和良好的秩序。

原理19-2

金融监管必须依据法律法规来进行，主要运用金融稽核手段，采用现场与非现场稽核相结合、定期检查与随机抽查相结合、全面与重点监管相结合、外部监管与内部自律相结合并用的方法实施监管。

二、不同行业的金融监管

（一）银行业的监管

如本书第 12 章所述，银行作为公众存款机构和存款货币创造机构，在社会经济运作中具有特殊重要的作用与地位，因而也成为金融监管的重点。各国对银行业的监管除了设置政府部门的监管当局以外，还通过银行业协会等行业自律组织和存款保险机构等特设机构共同参与监管，并且通过各种制度安排，要求银行自身加强公司治理与内部控制。各国监管机构对银行业的监管重点放在以下三个方面。

1. 市场准入监管

市场准入是监管的首要环节。把好市场准入关是保障银行业稳健运行和整个金融体系安全的重要基础。批准高质量的银行和高级管理人员进入市场，并根据审慎性标准审批银行的业务范围，有利于降低银行的经营风险，提高银行管理水平和服务水准，促进银行的稳健发展和金融体系的稳定。各国对商业银行市场准入的监管主要包括以下两个方面：

（1）商业银行设立的监管。商业银行的设立都制定有一套严格的监管规定，主要包括确定商业银行设立的基本条件、最低注册资本、申请设立时必须提交的文件资料、商业银行的组织形式、分支机构的设立规定、分立或合并的规定、商业银行高级管理人员的任职资格和条件等。

（2）对银行业务范围的监管。各国一般都通过相应的法律对银行业务经营范围做出规定。商业银行的经营范围一般也要在各自的章程中予以明确。银行业监督与管理机构在商业银行设立时也要对其业务范围进行核准，商业银行应当严格按照被批准的业务范围从事经营业务活动。在商业银行的经营范围上，有以德国为代表的全能型银行业务制度和以英国为代表的分离型银行业务制度两种基本类型。实行全能型银行业务制度的国家对银行业务活动的限制较少，银行几乎可以经营全部的金融业务。实行分离型银行业务制度的国家对银行业务活动的限制较多，原则上银行只能从事规定领域的银行业务。

2. 日常经营监管

（1）资本充足性监管。对于商业银行的资本金，除注册时要求的最低标准外，一般还要求银行自有资本与资产总额、存款总额、负债总额以及风险投资之间保持适当的比例，监管的重要指标就是资本充足率。资本充足率（Capital Adequacy Ratio，CAR）是指资本对加权风险资产的比例，是评价银行自担风险和自我发展能力的一个重要标志，银行在开展业务时要受自有资本的制约，不能脱离自有资本而任意扩大业务。资本充足率监管主要是由《巴塞尔协议》给出。《巴塞尔协议》是由巴塞尔委员会制定，从其提出到现在共经历三个版本。

2010 年的《巴塞尔协议Ⅲ》延续了以风险为本的监管理念，又超越了传统的资本监管框架，在监管制度层面确立了微观审慎与宏观审慎相结合的监管模式。其相对于《巴塞尔协议 II》进行了四方面的修订：① 更加强调资本吸收损失的能力。大幅度提高普通股的最低要求。规定一级资本充足率下限从原来的 4%提升到 6%，核心一级资本占银行风险资产的下限从 2%提高到 4. 5%，包含二级资本即附属资本在内的资本充足率则要维持在 8%以上的水平，同时设 2. 5%的逆周期缓冲资本。② 引入杠杆率监管要求，防范风险加权资产的模型风险和顺周期性特征。③ 构建宏观审慎监管框架，加强逆周期监管以及对系统重要性金融机构的监管。有关宏观审慎监管框架，本章后续部分将细述。④ 引入新的流动性监管标准，更加关注压力情形下的流动性管理。

（2）流动性监管。流动性监管主要是降低商业银行的流动性风险，建立流动性风险监管标准，增强银行体系维护流动性的能力。在前两版《巴塞尔协议》中，银行资本充足率及资本质量得到了极大的重视。然而，2008 年国际金融危机表明，尽管银行资本充足率和资本质量较高，但当银行出现流动性风险时仍然易引发严重的金融危机，例如贝尔斯登的流动性危机以及北岩银行的挤兑。因此，巴塞尔委员会针对这一问题引入了两个流动性监管新指标，即流动性覆盖率（LCR）和净稳定融资比率（NSFR）。其中，流动性覆盖率指银行流动性资产储备与压力情景下 30 日内净现金流出量之比，用于度量短期（30 日内）单个银行流动性状况，目的是提高商业银行短期应对流动性停滞的敏感性。其计算公式为：流动性覆盖率=优质流动性资产储备/未来 30 日的资金净流出量。流动性覆盖率指标意在确保金融机构持有足量的现金和易于变现的资产，以便度过 30 天的短期危机。这一监管指标的推出有望压缩西方大型银行在短期负债和长期资产之间套利的空间，有助于推动商业银行回归传统的业务模式。

净稳定融资比率指可用的稳定资金与业务发展所需资金之比，用于衡量银行在中长期内可供使用的稳定资金来源是否足以支持其资产业务发展，也可以反映中长期内银行所拥有的解决资产负债期限错配的资源和能力。该指标主要用于确保投行类产品、表外风险暴露、证券化资产及其他资产和业务的融资至少具有与它们流动性风险状况相匹配的一部分满足最低限额的稳定资金来源。监控净稳定融资比率指标的目的就是防止银行在市场繁荣、流动性充裕时期过度依赖批发性融资，而鼓励其对表内外资产的流动性风险进行更充分的评估。

（3）贷款风险的控制。追求最大限度的利润是商业银行经营的直接目的，因此商业银行会把以存款方式吸收来的资金尽可能地用于贷款和投资，并集中于高盈利资产，相应地也会产生高风险。因而，大多数国家都限制商业银行的存款与贷款比例，防止贷款对象过度集中，重点监管不良贷款的比例以降低贷款风险。很长时间以来，我国规定商业银行贷款余额与存款余额的比例不得超过 75%，对同一借款人的贷款余额与商业银行资本余额的比例不得超过 10%。2015 年 6 月虽然取消了存贷比上限，但该指标被作为流动性风险的监测指标。

（4）对存款人保护的监管。此类监管主要包括制定存款业务的原则、对存款人权益的保护性规定、对存款利率的监管、对存款方式的监管、对存款保险的规定等。许多国家为了维护存款者利益和金融业的稳健经营与安全，在金融体制中设立负责存款保险的机构，规定本国金融机构按照吸收存款的一定比例向专门保险机构缴纳保险金，当金融机构出现信用危机时，由存款保险机构向金融机构提供财务支援。存款保险机构设立的目的主要在于维护存款人利益以及金融稳定。

2015 年 2 月，我国推出《存款保险条例》。存款保险制度是一种金融保障制度，是指由符合条件的各类存款性金融机构集中起来建立一个稳定金融秩序的保险机构。该保险机构要求各存款机构作为投保人按一定存款比例向其缴纳保险费，建立存款保险准备金，当成员机构发生经营危机或面临破产倒闭风险时，存款保险机构向其提供财务救助或直接向存款人支付部分或全部存款，从而保护存款人利益，维护银行信用。《存款保险条例》覆盖的范围是吸收存款的银行业金融机构，主要包括商业银行（含外商独资银行和中外合资银行）、农村合作银行、农村信用合作社等。2015 年 5 月 1 日起，存款保险制度在中国正式实施，各家银行向保险机构统一缴纳保险费，一旦银行出现危机，保险机构将对存款人提供最高 50 万元的赔付额。

综上，各个国家之所以将上述监管目标作为日常监管的重要指标，主要是基于三个版本《巴塞尔协议》的监管理念与协议内容。此外，各国又根据本国国情构建符合本国商业银行监管的指标体系。例如，美国对商业银行及其他金融机构监管采用“骆驼”（CAMEL）评价体系，指标体系包括：资本充足性（Capital Adequacy）、资产质量（Asset Quality）、管理水平（Management）、盈利状况（Earnings）和流动性（Liquidity）。原银监会在推进《巴塞尔协议》实施中，结合新形势下我国大型银行的风险特征，于 2010 年初探索创立“腕骨”（CARPALS）监管指标体系，具体包含资本充足性（Capital Adequacy）、资产质量（Asset Quality）、大额风险集中度（Risk Concentration）、拨备覆盖（Provisioning Coverage）、附属机构（Affiliated Institutions）、流动性（Liquidity）、案件防控（Swindle Prevention Control）等七方面 13 项指标。

我国对于金融机构的监管除了构建监管指标体系外，还对特别的金融机构实施特殊监管。近年来，国内部分规模较大、复杂度较高的金融机构（系统重要性金融机构）因与其他金融机构关联度高而居于金融体系的核心地位，对我国金融体系整体稳健性以及服务实体经济的能力具有重要影响。为完善我国系统重要性金融机构监管框架，防范系统性风险，2018年11月，中国人民银行、银保监会、证监会联合印发《关于完善系统重要性金融机构监管的指导意见》（简称《指导意见》）。《指导意见》明确系统重要性金融机构的定义、范围，规定系统重要性金融机构的评估流程和总体方法。此外，《指导意见》主要通过制定特别监管要求和建立特别处置机制两条途径完善系统重要性金融机构监管。

3. 市场退出监管

商业银行退出市场的原因和方式可以分为主动退出与被动退出两类。主动退出是指商业银行因分立、合并或者出现公司章程规定的事由需要解散，其主要特点是“主动地自行要求解散”。被动退出是指当商业银行可能或已经发生信用危机、严重影响存款人利益时，监管当局将对商业银行做出退出市场的处理。为了保证其退出市场的平稳性和最大限度地保护存款人利益，监管当局主要对商业银行的接管、终止、清算、解散等做出具体规定，并进行全过程的监管。监管的内容大体上包括三个方面：一是金融机构破产倒闭等行为，包括接管、解散、撤销和破产；二是金融机构变更、合并（兼并）行为；三是终止违规者经营行为。

（二）证券业监管

金融市场在市场经济中具有特殊重要性，其活动涉及面广、影响面宽、作用力大，对微观金融运行、宏观金融调控乃至整体经济运行都具有重大影响。因此，保证金融市场的稳健与正常运作具有极为重要的意义。证券机构是金融市场的组织者和参与主体，上市公司是金融市场上最基础、最有影响力的参与方，但追逐收益最大化是它们共同的目标，在利益驱使和激烈的市场竞争中，可能会出现欺诈、违约、操纵市场、哄抬价格、过度投机等不良行为，危害金融市场的安全与稳定。因此，对证券机构、上市公司和金融市场的活动进行有效的监管，规范市场行为，防范金融风险就显得极为必要和重要。自20世纪30年代以来，各国都对证券业的监管予以高度重视并采取了各种有效措施。对证券业的监管主要体现在以下三个方面。

1. 对证券机构的监管

证券机构属于特许经营行业，只有经证券监督机构审查批准，在工商部门注册的合法证券公司才能从事各项证券业务。为了将证券机构的经营活动纳入规范化轨道，《证券法》专门对证券公司的设立、业务范围、经营规则等做出了具体规定。

在我国，由证监会统一负责证券公司设立、变更、终止事项的审批，依法履行对证券公司的监督管理职责。其监管内容主要有：对证券经营机构设立、变更和终止的监管，对证券从业人员的管理，以及对证券经营机构的日常监管和检查。

除证监会的监管之外，证券交易所对会员公司的监管、证券业协会的自律监管以及证券公司内部控制与风险管理，都是证券机构监管体系中不可或缺的组成部分。

2. 对证券市场的监管

我国证券市场还处于快速发展过程中，许多方面仍不健全，突出表现在违规现象层出不穷、投资者利益得不到应有的保护，不利于证券市场的长远发展。今后一段时期证券市场的主要发展方向是规范化、市场化和国际化。其中，规范化的主要内容就是保护投资者特别是中小投资者的合法权益，坚持公开、公平、公正的“三公”原则。公开原则，包括价格形成公开和市场信息公开两层含义，其意义在于防止欺诈、接受监督、便于投资者分析选择。公平原则，主要指参与证券市场活动的一切当事人法律地位平等，合法权益受到公平保护，能够进行公平竞争，禁止相关人员入市，防止内幕交易。公正原则，是指在市场交易中实行价格优先、时间优先、客户委托优先等操作程序；监管机构和自律组织对市场所有参与者给予公正待遇，执法公正，各种纠纷和争议的处理都应当公正地进行。市场化，指的是证券市场的证券发行、交易以及退出等重要环节，主要由市场来决定，降低行政审批等人为干预程度。国际化，意味着吸引国外的投资者进入中国证券市场投资以及吸引国外的融资者到中国证券市场融资。

证券市场的监管主要包括对内幕交易的监管、对证券欺诈的监管以及对市场操纵的监管。

（1）防止内幕交易。所谓证券内幕交易又称知情证券交易，是指内部知情人利用地位、职务或业务等便利，获取未公开但将影响证券价格的重要信息，利用信息进行有价证券交易或泄露该信息的行为。我国《证券法》针对证券市场存在的屡禁不止的内幕交易问题，规定了“禁止证券交易内幕信息的知情人和非法获取内幕信息的人利用内幕信息从事证券交易活动”。为了配合《证券法》的立法宗旨，《中华人民共和国刑法》（简称《刑法》）中也增加了相关的罪名及内容。“阳光是最好的消毒剂，灯光是最有效率的警察。”美国最高法院大法官路易斯·布兰代斯（1914年）的一句名言精辟地道出了证券业监管的核心思想，即信息披露是防止内幕交易最有效的方法。

（2）防止证券欺诈。证券欺诈行为是指证券公司及其从业人员违背客户真实意愿，从事损害客户利益的行为。为了禁止证券欺诈行为，维护证券市场秩序，保护投资者的合法权益和社会公共利益。国务院证券委员会曾于 1993 年 9 月 2 日发布了《禁止证券欺诈行为暂行办法》。该办法对我国证券发行、交易及相关活动中的证券欺诈行为进行了明确的界定并制定了相应的处罚措施。该办法已于 2008 年 1 月废止，其相关内容已被《证券法》代替。

（3）防止操纵市场。证券市场中的操纵市场行为，是指个人或机构背离市场自由竞争和供需原则，人为地操纵证券价格，以引诱他人参与证券交易，为自己牟取私利的行为。中国证监会曾于 1996 年 10 月颁布《关于严禁操纵证券市场行为的通知》，对操纵市场的行为进行了明确界定。该通知已于 1999 年废止，其相关内容由《证券法》等法律、法规替代。

3. 对上市公司的监管

上市公司监管着眼于两个基本目标，即提高上市公司运作效率和运作质量，充分保护投资者利益。为了实现这两个目标，对上市公司的监管主要集中在两个方面：一是建立完善的上市公司信息披露制度，对其信息披露进行监管；二是完善公司信用债券违约处置机制，降低公司债违约频率。

（1）以信息披露为核心的制度改革。2020 年 5 月发布的《中共中央、国务院关于新时代加快完善社会主义市场经济体制的意见》中指出：加快建立规范、透明、开放、有活力、有韧性的资本市场，加强资本市场基础制度建设，推动以信息披露为核心的股票发行注册制改革，探索实行公司信用类债券发行注册管理制。此后，证监会开始了以信息披露为核心的改革之路。

在股票发行注册制改革方面，证监会形成了从科创板到创业板、再到全市场的“三步走”注册制改革思路，初步建立了符合我国国情的“一个核心、两个环节、三项市场化安排”的注册制框架。“一个核心”就是以信息披露为核心，要求发行人充分披露投资者做出价值判断和投资决策所必需的信息，确保信息披露真实、准确、完整。“两个环节”就是将审核注册分为交易所审核和证监会注册两个环节，各有侧重，相互衔接。“三项市场化安排”为设立多元包容的发行上市条件、建立市场化的新股发行承销机制、构建公开透明可预期的审核注册机制。

在债券发行信息披露制度方面，为规范公司信用类债券市场信息披露，2020 年 12 月 25 日，中国人民银行会同国家发改委、证监会发布了《公司信用类债券信息披露管理办法》（2021 年 5 月 1 日起开始施行），对企业信息披露等做了明确规定。该管理办法能够维护公司信用类债券市场秩序，保护市场参与者合法权益，完善公司信用类债券信息披露制度，促进我国债券市场持续健康发展。

（2）债券违约处置机制。我国债券违约历史较短，违约处置过程中暴露出处置效率不高、周期长等问题。但是，近年来，我国债券违约事件有所增多。为此，为防范化解债券市场风险、保护投资者合法权益，2019 年以来，中国人民银行会同国家发改委、证监会积极发挥公司信用类债券部际协调机制作用。加快完善债券违约处置机制，推出到期违约债券转让机制，实施债券市场统一执法，不断丰富市场化处置手段。2020 年 7 月 1 日，中国人民银行等三部门发布《关于公司信用类债券违约处置有关事宜的通知》，自 2020 年 8 月 1 日起施行。该通知明确了债券违约处置的基本原则，强调要遵循市场化、法治化、各方尽职尽责和平等自愿原则，建立健全受托管理人等投资者保护制度，并加强监管协调，加大债券市场统一执法力度。同时，也夯实了债券募集文件等契约基础。中国人民银行发布的 2021 年第 1 季度中国货币政策执行报告指出，下一阶段，将加强债券市场制度建设，增强债券市场服务实体经济能力。压实中介机构职责，落实公司信用类债券信息披露要求，完善信用评级制度。坚持市场化、法治化原则，完善债券违约风险防范和处置机制，坚决打击逃废债行为。

（三）对保险业的监管

对保险业的监管是指监管当局通过法律和行政的手段对保险市场的构成要素（如保险人、保险中介人等）进行的监督管理，是对保险业进行的规范与调控。

在世界各国，保险监管职能主要由政府依法设立的保险监管机关行使。虽然立法和司法部门也在一定程度和范围内对保险市场进行监管，但对保险市场的监管主要是由政府监管机构承担的，即政府会委托某一职能部门来负责对保险市场的监管。保险业也会在政府支持下，成立行业协会、同业公会等组织，协商行业内部关系，进行自我约束、自我管理。

在各国保险市场上，保险行业的自律组织——行业协会因其特有的协调功能而在监管中发挥着重要作用。在我国，除中国保险行业协会外，有三家以上的保险公司分公司的地区也可以成立地区保险行业协会。这些协会对于沟通保险信息、加强行业自律起着越来越重要的作用。

但是，当大型保险公司出现严重违约时，监督机构可以采取非常规的手段进行管理。安邦集团曾经是中国保险行业的大型集团公司之一。2018 年，安邦集团内部存在违反法律法规的经营行为，可能严重危及公司偿付能力。为了保护保险消费者合法权益，银保监会决定对安邦集团实施接管。对于像安邦集团这类保险公司，如果不及时接管，仍然采取经济处罚和行政处罚等常用的基本监管手段，则无法彻底消除可能潜藏的各种风险隐患。唯有通过直接接管的手段才能有效控制和化解风险。2020 年 2 月，银保监会发布公告，从安邦集团拆分新设的大家保险集团已基本具备正常经营能力，依法结束对安邦集团的接管。

三、专项金融风险的监管

在中国转型发展新时期，对于新阶段出现的影子银行和金融科技领域的新型风险监管显得尤为重要。政府有关部门通过遏制宏观杠杆率过快上升势头，有序处置高风险金融机构，使影子银行风险总体可控。此外，互联网金融风险也得到有效治理，有效引导金融科技发展，守住了不发生系统性金融风险的底线。

（一）影子银行风险监管

为了加强对中国影子银行体系的监管，2018 年 4 月，中国人民银行、银保监会、证监会、国家外汇管理局联合印发《关于规范金融机构资产管理业务的指导意见》（简称“资管新规”）。“资管新规”主要适用于金融机构的资管业务，即银行、信托、证券、基金、期货、保险资管机构、金融资产投资公司等金融机构接受投资者委托，对受托的投资者财产进行投资和管理的金融服务。总体思路是按照资管产品的类型制定统一的监管标准，对同类资管业务做出一致性规定，实行公平的市场准入和监管，最大限度地消除监管套利空间。“资管新规”实施以来，中国人民银行及其他监管部门，积极引导资管业务良性发展，影子银行无序扩张得到较为有效的治理。

（二）金融科技风险监管

金融稳定理事会和巴塞尔委员会将金融科技活动划分为四大类，即支付结算、存贷款与资本筹集、投资管理、市场设施。金融科技并未改变金融风险的属性，但使其演化出新的特点。第一，风险更加多样。由于金融科技及其载体如互联网本身具有的虚拟性、技术性以及创新性特点，使得金融科技的运用相对于传统金融增加了一些新风险，如流动性风险、信用风险、市场风险、操作风险、技术风险、认知风险等。微观上，信息科技风险和网络安全风险更加突出，线上业务的欺诈风险已经呈现专业化作案趋势，资金流转监控更为困难。第二，风险传染更加广泛、迅速。金融科技所依托的互联网因其具有网络交叉性、开放性和无界限性等特点，风险在传染时的范围更广，且扩散速度也将变成实时、高速，传统金融系统性风险的来源主要是“大而不能倒”，而金融科技的系统性风险的来源就是“太关联而不能倒”。第三，风险更加复杂，更具破坏性。业务上基于互联网和金融科技的金融产品频频创新，客户信用等级下沉，期限错配和高杠杆风险加剧，过度的信贷膨胀、金融活动主体之间的关联性增强。现有的金融机构将承担更大的风险、系统重要性增强，金融业务顺周期性增强，系统性风险形成及传染过程更加复杂。技术上也易产生网络信息安全和算法失效等风险，不同金融机构的技术水平差距较大，部分企业的 IT 系统存在漏洞，容易受到黑客攻击，使得客户的账户、资金和信息等被盗或泄露。监管机构利用金融科技手段时，由于训练样本缺乏、信任机制问题、机构设置问题、全局优化劣势等局限，难以有效防范相关风险的发生。

因此，在金融与科技的深度融合过程中，不仅要着重强化数据、网络安全与技术应用风险管理，也要加强金融交易模式、业务流程、资金管控、人员配备的风险管理，在一定负面清单、底线思维和监管红线下鼓励金融创新。

四、监管科技

（一）监管科技概述

监管科技是监管（Regulation）与科技（Technology）的深度融合，狭义的监管科技仅指金融机构内部的合规程序通过使用科技的辅助手段变得更加有效和高效，比如自动化监管报告或借助对非结构性语言数据的处理监控行为的合规性。广义的监管科技，还包括为了与金融行业的电子化发展同步，监管机构对技术创新加以利用。从组成部分看，监管科技可分为监管实施端（Suptech）和金融机构合规端（Comptech）。前者主要由监管机构参与，其利用区块链、云计算等新兴技术来提高监管效率；后者主要由金融机构参与，其利用监管科技及时了解监管机构最新政策并适时调整业务规模，在不影响正常经营的情况下达到监管要求，最终实现合规成本的下降。

监管科技将物联网、大数据、人工智能、区块链等技术深入应用到监管过程中，不仅能够提供高效低成本的监管，而且引发金融监管方式的变革。其特点包括：第一，高度灵活，快速反应。主要是能够对高度复杂、非线性的结构化数据及非结构化数据进行快速解耦和组合，对合规要求的新变化做出快速反应，灵活调整合规分析评估模型及参数，以满足数据处理的要求，保证金融活动持续合规。第二，信息整合，集中统一。即对数据信息进行集中收集存储、分析处理和交流共享，能够对不同形式、不同机构的监管政策法规进行自动解读和专业解释，形成统一的数据统计维度和数据合规标准。第三，实时监测。监管科技将以往线下、间断、分散的人工合规流程切换到在线、连续、集中的智能化模式，对金融机构和金融科技企业的风险数据及合规行为实时监测，及时、准确地发现和处置违规操作，快速生成合规评估报告和监管解决方案。通过监管数据共享与集成，建立数据驱动的监管和算法监管，最终实现审慎性监管，防范金融风险。

与蓬勃发展的金融科技相比，监管科技的发展明显滞后。2014—2015 年是监管科技发展的起步阶段。2014 年英国金融行为监管局发布《创新工程，征求意见书》，第一次提到监管科技的概念，将其定义为“运用新技术，促进金融机构更有效地达成监管要求”。2016 年英国金融行为监管局指出：监管科技是“金融科技子集”，是“采纳新科技实现监管目标较目前更有效和高效的达成”。其后，国际金融协会（IIF）将监管科技描述为“能够高效和有效地解决监管与合规性要求的新技术”。2016 年开始，监管科技在全球进入快速发展阶段，受到全球各个主要国家越来越多的重视，美国、加拿大、澳大利亚、新加坡等国相继发布促进监管科技发展的相关政策。各国监管科技发展各具特点：美国的监管科技技术创新能力突出，更为侧重于研究和跟踪科技底层技术架构，并着重强调趋势前沿追踪。英国鼓励并大力指引金融科技公司在监管科技领域创新，侧重建设“创新中心”和“监管沙盒”。加拿大利用监管科技推动监管框架变革修订，成立专属科技实验室进行研究，侧重监管业务流程改造、监管框架修订和“监管沙盒”应用等。相较于欧美发达国家，中国监管科技虽起步相对较晚，但发展迅猛。2017 年 5 月，中国人民银行成立金融科技委员会，提出强化监管科技应用实践作为丰富金融监管的重要手段。2017 年 6 月，《中国金融业信息技术“十三五”发展规划》中提出，要加强金融科技（FinTech）和监管科技（RegTech）研究与应用。2019 年 12 月，中国人民银行宣布启动金融科技创新监管试点，并于 2020 年年初发布第一批 6 个金融科技创新监管试点应用，标志中国金融科技“监管沙盒”正式进入试点应用阶段。

（二）监管科技的路径与应用

1. 监管科技的运作路径和机理

（1）监管机构将监管政策、制度及合规要求通过云计算、区块链等现代科技转化成为数字化监管协议（RegPort），同时为金融机构、金融科技企业提供“可编程”的多种监管应用程序接口（API），以方便监管机构通过 API 对标准统一的数字协议进行数据对接和数据传输。

（2）金融机构和金融科技企业将 API 与其操作系统进行对接、嵌套，并利用机器学习等技术对数字协议进行分析、解读，运用人工智能技术对交易数据、风险数据等进行实时、连续、动态地监控，通过云计算、大数据对风险数据进行实时分析，及时自动生成合规报告。

（3）随着新一轮监管合规政策的实施，金融机构和金融科技企业需要借助新技术对现行的操作系统进行调整、改进，以符合监管规定。与其嵌套对接的外部 API 也要随之更新升级，并通过调整或重建新的合规分析评估模型，以满足数据要求及合规要求。

2. 监管科技的应用场景

监管科技的应用场景主要涵盖技术场景和制度场景。技术场景涵盖云计算、大数据、人工智能、区块链和 API 等五大领域，共涉及六大方向。即：① 利用智能生物+大数据对比技术进行用户身份识别；② 大数据+人工智能技术监测市场交易行为；③ 通过数据资产管理提升金融机构合规数据报送能力；④ 用人工智能技术进行法律法规跟踪；⑤ 通过风险数据融合分析实现对系统性风险的洞察；⑥ 利用信息技术构建“监管沙盒”，对金融机构进行压力测试。每个场景都需要多种技术共同支撑。制度场景即在传统的金融监管模式之外构建科技维度。坚持以数据驱动为核心的金融监管原则，从数据收集与触达、数据共享、数据分析与决策、监督执行四个方面运用好数据资产。同时，充分调动社会各方积极性，打造机构自治、公众监督、行业自律、政府监管“四位一体”的金融科技治理体系。

知识链接19-2

监管沙盒

监管沙盒源于计算机领域的一种安全防护技术，英国 FCA 最早提出金融领域的“监管沙盒”概念，其是一个“安全空间”。在这个安全空间内，金融科技企业可以测试其创新的金融产品、服务、商业模式和营销方式，而不用在相关活动碰到问题时立即受到监管规则的约束。即在权益不受侵犯和风险得到有效防控的前提下，监管部门通过合理放宽限制、减少规则障碍，为企业提供的在真实市场环境中测试其创新业务的机制。监管部门通过监控测试过程和评估测试结果来判断是否正式授权企业在沙盒范围之外推广其创新成果，有利于监管机构直接辅导金融机构，减少企业创新的监管成本，为支持监管科技的未来发展提供了契机。监管者可以通过监管沙盒来构建促进创新和市场信心的新型监管框架。监管沙盒流程主要包含三个阶段及对应的三大机制：第一阶段：沙盒测试前，创新企业申请监管沙盒的准入机制；第二阶段：沙盒测试中，监管机构保护创新的激励机制；第三阶段：沙盒测试后，创新企业提交成果报告，监管机构评估成果，之后启动退出机制或市场成果推广。

资料来源：沈悦，龚强．中国金融科技监管沙盒机制设计研究．金融论坛，2021（1）。

五、宏观审慎监管

宏观审慎监管在 2007 年美国次贷危机之后成为学界、业界以及政府关注的重点话题。事实上，早在 20 世纪 70 年代末，国际清算银行就提出了“宏观审慎”的概念，以此概括一种关注防范系统性金融风险的监管理念。宏观审慎监管已经成为《巴塞尔协议 III》的重要内容。

（一）宏观审慎监管与微观审慎监管

理解宏观审慎监管的前提是理解微观审慎监管。微观审慎监管是《巴塞尔协议 I》和《巴塞尔协议 II》关注的重要内容，且以保证单家银行资本充足率达标为核心。因此，微观审慎监管以保证单家金融机构安全为目标，通过对单家金融机构提出要求，以保证其安全。微观审慎监管的理念，即是单家机构是安全的，整个金融体系就是安全的。

然而，单家机构安全与金融体系安全并不完全一致，核心在于“合成谬误”的存在。“合成谬误”描述的是个体最优与集体最优之间的冲突。这个最简单的例子就是微观经济学中讲述的“囚徒困境”现象。每个囚徒的最优选择是“坦白”，但是对于他们集体最优的却是“不坦白”。微观审慎监管会导致“合成谬误”问题。例如，在金融危机来临时，金融资产价格下跌会导致金融机构面临损失。在微观审慎监管要求下（例如满足最低资本充足率要求），金融机构为了保证自己达到监管要求，会向市场出售自己持有的金融资产或者收回贷款。这种行为可能会导致金融资产价格的进一步下跌，进而对其他金融机构造成负向外溢性。因此，保证单家机构稳健未必会导致金融体系整体稳健。

（二）宏观审慎监管与系统性金融风险

宏观审慎管理以防范系统性风险为根本目的，将金融业视作一个有机整体，既防范金融体系内部关联可能导致的风险传递，又关注金融体系的跨周期稳健运行，从而有效管理整体风险。具体而言，宏观审慎监管以限制系统性金融风险为目标。与系统性金融风险有两个维度类似，宏观审慎监管也有时间维度和空间维度两个维度。时间维度宏观审慎监管，指的是以限制时间维度系统性金融风险为目标的宏观审慎监管，一般对微观审慎监管工具采取逆金融周期的实施方式，比如《巴塞尔协议 III》的逆周期资本充足率要求。这里的逆周期资本充足率要求就是根据金融周期（信贷周期）来动态调整资本充足率要求：在信贷膨胀较快时，提高资本充足率要求；在信贷膨胀较慢时，降低资本充足率要求。时间维度宏观审慎监管特别关注金融体系与实体经济之间的关联性。空间维度宏观审慎监管，指的是以限制空间维度系统性金融风险为目标的宏观审慎监管，一般关注金融工具之间、金融机构之间、金融市场之间产生的传染风险。通过限制金融体系内部之间的传染风险来降低系统性风险。《巴塞尔协议 III》中的系统重要性银行资本附加即是例证。这里的系统重要性银行指的是在发生风险传染时，对整个金融体系系统性金融风险贡献较高的银行或者是其能对系统其他银行产生巨大传染风险的银行。通过对系统重要性银行提出更高的资本金要求，可以尽可能限制该银行对其他银行造成的风险传染性。

（三）中国宏观审慎实践

第五次全国金融工作会议以及党的十九大报告中均提出要健全货币政策与宏观审慎政策双支柱调控框架。理解这一政策框架需要理解宏观审慎政策与货币政策之间的关系。

第一，货币政策和宏观审慎政策各有侧重。近 30 年来，出于增强政策规则性和透明度的考虑，主流货币政策框架主要围绕单一目标（物价稳定）和单一工具（政策利率）发展。然而，以物价为锚的货币政策框架也存在缺陷，即使物价较为稳定，资产价格和金融市场的波动也可能很大。2008 年国际金融危机以来，各国认识到价格稳定并不能保证金融稳定。中央银行仅借助利率工具难以有效维护金融稳定，在一定程度上还容易纵容资产泡沫，积聚金融风险。此外，传统金融监管以微观审慎监管为核心，关注微观个体的稳健。然而，由于个体之间存在的各种联系以及由此产生的外部性问题，个体稳健并不意味着整体稳健。由此可见，在货币政策和微观审慎监管之间存在防范系统性风险的空白，也是导致国际金融危机的重要原因。宏观审慎政策，本质上是从宏观、逆周期、跨市场的视角，实行自上而下的衡量方法，以防范系统性风险为主要目标，着力于减缓金融体系的顺周期波动和跨市场风险传染对宏观经济和金融稳定造成的冲击。相较而言，货币政策主要以物价稳定和促进经济增长为目标，用于总需求调节。而宏观审慎政策则更针对金融机构的杠杆行为，侧重以维护金融稳定为目标。根据借鉴蒙代尔有效市场分类原则可知，为了尽可能地实现物价稳定和金融稳定这两类目标，应该让货币政策针对物价稳定，而让宏观审慎政策针对金融稳定。

第二，货币政策和宏观审慎政策之间必须充分协调，两者之间相互促进、相互制约。相互作用的核心体现在物价与资产价格之间的互动关系上。这两类政策都对物价稳定和金融稳定产生影响。通常情况下，货币政策和宏观审慎政策的方向一致，相互促进。经济萧条时，适度宽松的货币政策和宏观审慎政策有助于经济复苏；经济过热时，适度收紧的货币政策和宏观审慎政策有助于应对通胀。两者有序协调有利于促进传导效应、强化政策效果。但是，由于两者的目标不同以及经济周期和金融周期可能不一致，两类政策可能存在相互抑制作用。例如，政策目标上，货币政策在实现物价稳定的过程中可能会干扰金融稳定。当经济萧条时，货币政策的放松可能会加剧资产价格泡沫；当经济过热时，如果资产价格由高位下跌，收紧货币政策可能会进一步导致资产价格的暴跌，从而影响金融稳定。宏观审慎政策的实施有助于央行通过逆周期调节杠杆影响资产价格进而维护金融稳定。因此，需要两者相互协调配合，形成合力。

实施“双支柱”的宏观调控，要明确货币政策和宏观审慎政策之间的分工协作，需稳步推进金融监管体制改革。2017 年国务院金融稳定发展委员会（简称金融委）成立，统筹协调金融监管重大事项。2018 年，银监会与保监会整合为银保监会，而拟订行业重要法律法规草案和制定审慎监管基本制度的职责划入中国人民银行，最终由金融委统筹协调各金融管理部门工作，共同构成“一委一行两会”的金融监管体系。该体系参考了英国等国家的“双支柱+双峰监管”模式。此外，第五次全国金融工作会议明确了中央与地方监管的职责边界，并提出构建现代金融监管框架，建立金融委办公室地方协调机制，加强中央与地方金融监管协作，补齐金融监管短板。金融委办公室地方协调机制接受金融委办公室的领导和业务指导，加强信息共享，强化金融风险监测与研判，督促落实防范化解重大金融风险攻坚战工作部署，注重平衡稳增长与防风险的关系。

中国宏观审慎监管实践由银保监会和中国人民银行两部门共同推动。其中，银保监会主要是借鉴《巴塞尔协议 III》的内容制定宏观审慎政策，中国人民银行则是将已有的差别准备金动态调整和合意贷款管理机制“升级”为宏观审慎评估（Macro Prudential Assessment，MPA）体系。MPA 体系指标分为七大类（表 19–2），在具体实施时，中国人民银行会根据每一大类指标（总计七大类指标）单独打分，每类指标的总分是 100 分。该类指标 90 分以上为优秀，60 分至 90 分为达标，60 分以下为不达标。根据七大类指标总评结果，商业银行被中国人民银行分为 A、B、C 三档。A 档机构的七大类指标均需要优秀。B 档机构的不达标指标不超过两类，且不包含“资本和杠杆情况”“定价行为”这两类指标中的任一类。剩余机构均为 C 档。目前，MPA 体系的评价结果影响各参评机构的法定存款准备金利率，评价结果越好，法定存款准备金利率越高。

表 19–2　中国人民银行宏观审慎评估体系

七大类指标	总分	18 个指标	分数权重	性质
资本和杠杆情况	100	资本充足率	80	定量
		杠杆率	20	定量
		总损失吸收率	—	—
资产负债情况	100	广义信贷增速	60	定量
		委托贷款增速	15	定量
		同业负债	25	定量
流动性	100	流动性覆盖率	40	定量
		净稳定资金比例	40	定量
		遵守准备金制度情况	20	定性
定价行为	100	利率定价	100	定性

续表

七大类指标	总分	18 个指标	分数权重	性质
资产质量	100	不良贷款率	50	定量
		拨备覆盖率	50	定量
跨境融资风险	100	跨境融资风险加权余额	60	定量
		跨境融资币种结构	20	定量
		跨境融资期限结构	20	定量
信贷政策执行	100	信贷政策评估结果	40	定性
		信贷政策执行情况	30	定性
		央行资金运用情况	30	定性

在 MPA 基础上，中国人民银行充分纳入存款保险风险评级、稳健性现场评估相关内容，制定央行金融机构评级指标体系，2018 年 1 月 1 日，《央行金融机构评级管理办法（试行）》实施。央行评级体系可以为开展宏观审慎评估、核准金融机构发债、发放再贷款和核定存款保险差别费率等差别化管理提供重要依据，有助于落实宏观审慎管理和系统性风险防范职责，科学、合理评价金融机构的经营管理水平和风险状况。

其他实践方面还包括完善系统重要性金融机构的监管，防范“大而不能倒”风险和系统性金融风险；加强系统性风险的监测评估，做好银行业、证券业、保险业、金融市场的风险监测，及时预警风险。加强跨境资本流动宏观审慎管理，构建跨境人民币业务“主要金融机构+主要业务”的宏观审慎监管框架等。

本章小结

1. 金融监管的含义有广义和狭义之分。广义的金融监管除包括一国（地区或跨国）中央银行或金融监管当局对金融体系的监管以外，还包括各金融机构的内部控制、同业自律性组织的监管、社会中介组织的监管等。目前各国（地区或跨国）的金融监管体系通常在广义的范畴下架构。狭义的金融监管仅指一国（地区或跨国）的中央银行或金融监督管理当局依据法律法规的授权，对金融业实施的监督管理。

2. 金融监管体系必须具备三个基本要素：监管的主体（中央银行或其他监管当局）、监管的客体（监管对象）和监管的工具（各种方式、方法、手段）。

3. 从金融体系产生的外部性分析，金融监管的必要性来源于市场失灵。外部性指的是金融体系运行正常与否不仅影响金融体系自身，还会对金融体系之外的实体经济等产生重要影响。根据影响的方向可分为正外部性和负外部性。金融监管的正外部性（正效应）体现为发挥资源配置作用以促使经济运行效率提升，以及金融体系是现代经济运行中最核心的生产要素乃至是战略资源。金融监管的负效应指的是金融体系运行中的风险和内在不稳定性会严重影响实体经济的发展。

4. 金融监管的作用主要有：维护社会公众的利益，通过控制金融机构的经营风险，保持市场经济的稳健运行；促进金融机构发挥正效应，抑制和预防负效应；保持货币制度和金融秩序的稳定；防范金融风险；有利于中央银行贯彻执行货币政策。

5. 金融监管的一般目标：一是确保金融稳定安全，防范金融风险；二是保护金融消费者权益；三是增进金融体系的效率；四是规范金融机构的行为，促进公平竞争。

6. 金融监管体系由监管理论体系、监管法律法规体系、监管组织体系和监管内容体系共同构成。从监管当局角度，金融监管组织体系大体上包括两个系统：一是监管系统，由监管机构各级监管部门组成；二是监管后评价系统，由监管机构各级非监管部门组成。监管内容包括市场准入监管、业务运营监管和市场退出监管。

7. 金融风险是指经济主体在金融活动过程中获得收益或遭受损失的可能性。它具有不可消散性、随机性、普遍性、隐蔽性和传染性等特征。

8. 金融风险可以从多个角度进行分类。按照是否站在整个金融系统稳定的视角，可分为系统性金融风险和非系统性金融风险；按照风险性质划分，可以分为信用风险、市场风险、流动性风险、操作风险等；按照衡量风险范围的角度划分，可以分为宏观金融风险和微观金融风险；按照风险的来源划分，可以分为内源性金融风险和外源性金融风险。

9. 系统性金融风险是影响整个金融系统稳定、甚至导致金融体系崩溃的风险，其核心是专注于金融体系内部金融机构之间、金融市场之间、金融工具之间的风险传染性。系统性金融风险有两个维度，时间维度与空间维度。时间维度指的是金融体系整体风险随时间的演进趋势，来源于金融部门与实体经济之间的相互作用而引起的顺周期性效应。空间维度指的是某一时刻系统性金融风险在金融体系内部的分布，关注风险在金融机构之间、金融市场之间的相互传染，往往通过金融体系的网络结构和传染关系来刻画。

10. 系统性金融风险的形成主要来源于冲击和放大机制。冲击是系统性风险的诱因，冲击的来源分为两类：内部和外部。内部冲击，指的是来源于金融部门内部的冲击。追根溯源，内部冲击绝大多数来源于外部冲击，即实体经济部门的冲击。此外，外部冲击还包括来自国际金融市场和本国金融监管政策转变等外生因素。放大机制是系统性风险的本质，是客观存在于金融部门中将初始冲击成倍放大的内在机理。金融部门中的放大机制主要分为杠杆机制与关联机制两类，两者既相互区别又相互作用。

11. 金融风险需要金融监管。金融风险的形成和积聚可能引发金融不稳定问题，而金融不稳定会导致金融功能的弱化甚至丧失，进一步导致实体经济增长下滑。金融风险在一定程度来源于市场失灵，仅靠市场机制是无法解决金融风险问题。必要的金融监管是防范、降低金融风险的重要手段。金融监管在一定程度上可以降低金融风险，但是金融监管也有可能诱发新的金融风险。2007 年美国次贷危机的爆发与传统监管引发的系统性金融风险紧密关系。

12. 金融监管与金融创新是一种辩证关系。金融创新通过诱发金融风险导致了更高强度的金融监管，金融监管强度的提高使得规避管制的金融创新动机越强，这种螺旋式攀升构成了“监管—创新—再监管—再创新”的动态博弈过程。

13. 金融监管体制是由一系列监管法律、法规和监管组织机构组成的体系。它涉及金融监管当局（中央银行与其他金融监管当局）与金融监管对象等要素。金融监管当局是依法对金融业实施监督与管理的政府机构，是金融业监督和管理的主体。金融监管对象是专门从事金融业经营和投资经济活动的企业、组织、单位和个人。

14. 中央银行与金融监管的关系从历史视角而言，由早期的中央银行非常重视金融监管，变为中期的中央银行弱化金融监管以及最近的中央银行再次关注金融监管的历程。目前，中央银行需要对金融监管负责的主要原因有：一是中央银行的“最后贷款人”制度使得中央银行有必要对金融机构进行监管；二是中央银行实施货币政策时，需要金融部门来传导。

15. 金融监管模式取决于监管对象的确定，一般分为功能监管和机构监管两种模式。这两类模型各有优缺点。功能监管可以避免机构监管中出现的监管真空和重复监管现象，但是实施门槛较高；机构监管的实施门槛较低，但是容易出现监管真空和重复监管现象。监管真空与重复监管问题都会随着金融创新而加重，因此监管模式的演进趋势是由机构监管逐渐向功能监管过渡。

16. 金融监管体制是由一系列监管法律、法规和监管组织机构组成的体系。按监管机构的设立划分，分为单一监管体制和多元监管体制。按监管机构的监管范围划分，又可分为集中监管体制和分业监管体制。按金融监管权力的分配结构和层次，可分为一线多头、双线多头、集中单一三类模式。金融监管体制大致经历了三个阶段：混业经营与集中监管、分业经营与分业监管、金融再度混业经营下的监管体制变革。

17. 中国金融业经营体制由起初的内部缺乏风险控制、外部缺乏有效监管的“乱营”，逐渐演变为分业经营模式，而在 1999 年后分业经营的管理体制松动，出现混业趋势。而中国的金融监管体制则是由集中监管体制转变为分业监管体制。

18. 从总体上看，各国的金融监管主要依据法律、法规来进行。在具体监管过程中，主要运用金融稽核手段，采用“四结合”并用的全方位监管方法，即现场稽核与非现场稽核相结合、定期检查与随机抽查相结合、全面监管与重点监管相结合、外部监管与内部自律相结合。

19. 银行业的监管主要分为三方面，即市场准入监管、日常经营监管和市场退出监管。对市场准入的监管集中在对商业银行设立和业务范围的监管。日常经营监管主要有资本充足性监管、对存款人保护的监管、流动性监管、贷款风险的控制等方面。市场退出监管是对金融机构破产倒闭、变更、合并（兼并）的监管以及终止违规者经营行为。

20. 对证券业的监管体现在三方面：一是对证券机构的监管，主要是针对证券经营机构设立、变更和终止的监管，对证券从业人员的管理以及对证券经营机构的日常监管和检查。二是对证券市场的监管，主要包括对内幕交易的监管、对证券欺诈的监管以及对市场操纵的监管。三是对上市公司的监管，主要集中在建立完善的上市公司信息披露制度和完善公司信用债券违约处置机制等方面。

21. 《巴赛尔协议》经历了三个版本，且在每个版本都非常关注资本充足率监管。最新的《巴塞尔协议 III》注重了宏观审慎监管。微观审慎监管主要关注单家机构的稳健，难以避免“合成谬误”问题。宏观审慎监管着眼于金融体系整体稳健性，以限制系统性金融风险为目标，有时间维度和空间维度。时间维度宏观审慎监管特别关注金融体系与实体经济之间的关联性，往往采取逆金融周期的操作方式；空间维度宏观审慎监管关注金融工具之间、金融机构之间、金融市场之间产生的传染风险。

22. 货币政策与宏观审慎监管之间存在较大的关联性，可以通过蒙代尔有效市场分类原则来分析它们之间的关系。中国人民银行构建的“宏观审慎评估体系”以及银保监会采纳的《巴塞尔协议 III》是中国目前的宏观审慎政策实践。

23. 金融科技主要是指由大数据、区块链、云计算、人工智能等新兴前沿技术带动，对金融市场以及金融服务业务供给产生重大影响的新业务模式、新技术应用及新产品服务。金融稳定理事会和巴塞尔委员会将金融科技活动进一步划分为支付结算、存贷款与资本筹集、投资管理、市场设施。

24. 监管科技是监管与科技的深度融合。狭义的监管科技仅仅指金融机构内部的合规程序通过使用科技的辅助手段变得更加有效和高效；广义的监管科技还包括为了与金融行业的电子化发展同步，监管机构对技术创新加以利用。

重要术语

金融监管	金融风险	系统性金融风险	金融创新	金融监管体制
金融监管当局	金融监管对象	功能监管	机构监管	监管真空
重复监管	监管套利	影子银行	牵头监管模式	“双峰”监管模式
“伞式”监管模式	一线多头模式	双线多头模式	集中单一模式	
混业经营	分业经营	行为监管	资本充足率	流动性监管
“骆驼”评价体系	“腕骨”监管指标体系	信息披露制度	微观审慎监管	宏观审慎监管
双支柱	宏观审慎评估体系	金融科技	监管科技	

☞ 术语解释请扫描封底增值服务码→名词术语。

思考题

1. 各国为何都极其重视金融监管？为什么对金融机构的监管要强于对其他行业的监管？金融监管具有哪些作用？
2. 有效的金融监管体系包括哪些基本要素？
3. 金融监管的目标是什么？它都要求坚持哪些原则？
4. 金融监管都包括哪些内容？分别涵盖哪些方面？
5. 什么是金融风险？金融风险的特征是什么？
6. 金融风险可以根据哪些分类标准划分？
7. 什么是系统性金融风险？具有哪些维度？风险形成机制有哪些？
8. 金融风险与金融监管的关系如何？
9. 试举例说明金融监管和金融创新的关系。
10. 试阐述一国的金融监管体制是如何构成的。
11. 我国的金融监管体制经历了怎样的变迁？未来的发展方向如何？
12. 什么是集中监管体制和分业监管体制？各自的优缺点是什么？我国当前为何选择分业监管体制？
13. 微观审慎监管为什么不一定能维持金融部门稳定？
14. 货币政策与宏观审慎监管之间的关系如何？
15. 金融科技的风险特征主要有哪些？
16. 监管科技的特点、路径与应用场景包括哪些？

☞ 更多思考练习请扫描封底增值服务码→习题作业、例题及综合测试。

讨论题

讨论主题：探讨我国金融监管中存在的问题

讨论素材：《我国金融监管中存在的问题》

思考讨论：

1. 举例说明我国金融监管的漏洞。
2. 如何提高我国金融监管的效率？

☞ 相关讨论素材请扫描封底拓展资源码→教学案例。

延伸阅读

1. 方意，王晏如，黄丽灵，等. 宏观审慎与货币政策双支柱框架研究：基于系统性风险视角. 金融研究，2019（12）.
2. 戴维斯，格林. 全球金融监管. 北京：中国金融出版社，2009.
3. 斯朋. 美国银行监管制度. 上海：复旦大学出版社，2008.
4. 凌涛，张红梅. 金融控股公司监管模式国际比较研究. 上海：上海三联书店，2008.
5. 潘金生. 中央银行金融监管比较研究. 北京：经济科学出版社，1999.
6. 钱小安. 金融监管体制、效率与变革. 北京：中国金融出版社，2006.
7. 王兆星. 国际银行监管规则改革趋势和几点思考. 金融监管研究，2016（1）.
8. 谢平，许国平. 路径选择：金融监管体制改革与央行职能. 北京：中国金融出版社，2004.
9. 杨凯生，刘瑞霞，冯乾.《巴塞尔Ⅲ最终方案》的影响及应对. 金融研究，2018（2）.
10. 中国银保监会课题组. 中国影子银行报告. 金融监管研究，2020（11）.

☞ 更多资源请扫描封底增值服务码→文献目录。

即测即评

☞ 请扫码答题，检测本章学习效果。

第20章 金融发展

本章导读

从前面的讨论中你已经知道，金融是现代经济的核心组成部分，金融活动已经渗透到经济生活的方方面面。当我们把金融作为一个相对独立的产业和运行系统来考察，还会面临一系列问题：金融与经济是什么关系？金融发展与经济发展究竟谁决定谁？金融发展的推动力是什么？如何才能提高金融发展的水平？现代金融发展有何趋势？因此，我们需要全面认识金融与经济发展的关系，掌握金融创新的理论和方向，把握金融发展中的结构演进规律，了解经济发展中的金融化趋势和金融发展中的全球化趋势，深化对金融的认识。本章主要阐明金融与经济发展的关系，从经济社会发展的视角讨论金融创新与金融发展、金融结构与金融发展、经济金融化与金融全球化等问题。通过本章的学习，有助于从更高的层面理解金融的重要地位，全面把握金融发展规律。

第一节 金融发展与经济发展

随着生产力的提高和商品经济的发展，从最早的实物货币、实物借贷，发展到金属货币、信用货币和货币借贷，从早期简单的金融机构、金融市场发展到现代超级复合型金融机构和发达复杂的金融市场，金融的范畴不断扩大，逐渐形成了庞大而复杂的金融体系。在现代市场经济中，金融既是经济体系的核心组成部分，又对所有社会经济活动产生重要影响。考察金融与经济的关系，我们会发现金融与经济的关系十分密切且错综复杂。从整体上看，经济决定了金融的产生与发展，决定着金融的发达水平；同时，金融是经济活动顺利进行的基本条件，是推动经济发展的重要因素。金融失衡将严重影响正常的经济活动，引起经济失衡。

一、经济发展决定金融发展

在金融与经济的基本关系上，首先表现为经济发展对金融发展起决定性作用。一方面，在经济的发展过程中产生了金融；另一方面，经济的发展水平决定了金融的发展水平。

（一）金融产生于经济活动并随之发展

金融是依附于商品经济的一种产业，是在商品经济的发展过程中产生并随着商品经济的发展而发展的。经济学和金融学原理告诉我们，货币的产生是商品生产与交换发展的必然产物，信用也是随着商品经济的发展而逐步发展完善的。因为只有在以交换为基本关系的商品经济中，才存在为交换而生产的劳动产品或为交换而提供的劳动服务，才需要货币这种一般等价物来体现各自平等独立的商品生产者之间等价交换的原则，才出现货币信用的各种形式和工具来解决交换中价值盈余和赤字部门之间的调剂、债权债务关系的频繁变换以及清算支付等困难，才形成银行等各类专门经营货币信用业务的金融机构，才有必要建立宏观金融管理机构来协调解决全社会商品交换的价值总量平衡问题。等等。因此，商品经济越发展，交换关系越复杂，金融就越发达。脱离了商品经济，金融就成了无源之水，无本之木。

金融的范畴在商品经济的发展过程中不断得以拓展，从货币活动到银行信用活动，到债券、股票等金融工具交易活动，到期货、期权等金融衍生工具的交易活动等，现代金融已是社会经济活动中居民、企业、政府等各经济主体实现融资、投资、风险管理等金融目标的必要渠道。在满足经济活动对金融需求的同时，金融自身也获得了充分的发展。

（二）经济发展水平决定金融规模、层次和结构

经济发展的不同阶段对金融发展提出不同的要求，同时，在不同经济发展时期，金融的发展条件也不同，由此决定了金融发展的规模、层次和结构。

1. 经济发展水平决定了金融规模

随着经济发展水平的提高，金融的规模不断扩大。一方面，从货币角度来看，货币供给的规模依据于社会货币需求量，而货币需求内生于经济活动，与经济发展水平紧密相关。另一方面，从金融资产角度来看，一国金融资产总规模是该国居民、企业、政府等各经济主体所持有的金融资产总额，它直接取决于该国的国民收入水平，取决于经济发展水平。此外，一国金融机构的数量、从业人员的数量等一般也都与该国的经济规模直接相关。

2. 经济发展水平决定了金融层次

在经济发展的低级阶段，经济活动较为简单，经济活动的正常进行仅需要货币提供顺畅的媒介服务。此时金融只体现为货币，金融活动也只有简单的货币流通、货币融通和货币支付清算等，层次较低。随着经济的发展，经济活动对金融需求的广度和深度逐渐扩展，金融活动的层次和复杂程度不断提高，新的金融工具和金融交易方式不断产生，金融创新日益频繁。与此相对应，为稳定金融活动，新的金融调控、监管工具与方式不断推出。在现代经济条件下，现代金融进入高层次阶段，现代金融体系成为一个集金融交易、金融风险管理、金融调控、金融监管等于一身的庞大的组织体系。

3. 经济发展结构决定了金融结构

主要表现为宏观经济的部门结构决定了金融结构，如现代部门与传统部门并存的二元经济结构决定了二元金融结构；经济中开放部门与非开放部门的结构决定了金融业的开放结构；企业的组织结构和商品结构决定了金融机构的业务结构；市场结构决定了金融体系的组织结构和金融总量的结构；等等。

尽管现代金融已经发展成对实体经济具有巨大支配力的系统，但从根本上讲，金融是经济的组成部分，是经济发展的产物。无论是从历史的视角考察，还是从逻辑的关系推理，金融发展始终是由经济发展来决定的，它不能凌驾于经济发展之上。强调这一点，在于说明金融不能脱离实体经济而盲目追求自身的发展。金融作为现代市场经济中的第三产业，其基本功能是满足经济发展过程中的投融资需求和服务性需求。因此，金融只有为经济发展服务并与之紧密相结合，其发展才有坚实的基础和持久的动力。金融发展的立足点必须放在开发和加强金融产业的基本功能上，以提供足量优质的金融商品与服务来满足实际经济运行中的各种金融需求，在促进经济发展的过程中获得自身的健康发展。

二、金融在经济发展中的重要地位与推动作用

金融在随着经济发展而日益发展的过程中，在经济发展中的作用日益增大，重要性日益提高，地位越来越突出。

（一）金融是国民经济的核心

不同时期各国经济学家和政治家们都认识到金融的重要地位。马克思在《资本论》中多次谈到货币的“第一”和“最终”推动力的作用以及银行信用对社会经济发展的积极推动作用，并指出银行制度“是资本主义生产方式的最精巧和最发达的产物”，无产阶级革命胜利后必须掌握大银行。列宁认为，银行是现代经济生活的中心，是全部资本主义国民经济体系的神经中枢。邓小平明确指出：“金融很重要，是现代经济的核心。金融搞好了，一着棋活，全盘皆活。”① 这是对金融地位重要性的经典论断。

为什么金融在现代经济中具有如此重要的地位？这是因为：第一，现代经济是市场经济，市场经济从本质上讲就是一种发达的货币信用经济或金融经济，它的运行表现为价值流引导实物流，货币资金运动引导物质资源运动，金融在现代经济活动和社会资源的配置中具有支配性作用。第二，金融是现代经济活动的纽带，现代一切经济活动几乎都离不开货币资金运动。金融连接着国内各经济部门，连接着各经济主体，同时又连接着跨国经济主体之间的经济活动。第三，金融是

① 邓小平．邓小平文选：第 3 卷．北京：人民出版社，1993：366。

现代经济的重要调节杠杆。现代经济是通过市场机制来配置社会资源，而金融是连接国民经济各方面的纽带，它既能够比较深入、全面地反映社会各部门的经济活动，同时还可以影响各经济主体的经济活动决策，来实现国家宏观调控的目标。

（二）金融对经济发展的推动作用

金融对经济发展的推动作用主要是通过以下四条途径实现的。

1. 金融活动为经济发展提供基础条件

现代经济是高度发达的货币信用经济，一切经济活动都离不开货币信用因素。商品和劳务交易要以货币计价并通过货币来实现，各部门的资金余缺调剂要通过银行或金融市场，各种对经济活动实施调节的经济政策也都与货币信用相关。现代金融为现代经济活动提供正常的交易媒介，提供信用支持，提供转账支付与汇兑等金融服务。金融机构的业务活动和金融市场的交易活动，极大地促进了社会资金流动，节省了社会交易成本，促进社会交易的发展，提高了经济发展的效率，等等。因此，金融为现代经济发展提供了必要的基础条件。

2. 金融促进社会储蓄并转化为投资，可以优化资源配置

金融具有储蓄功能，能将社会上的闲置资金集中起来，并将资金提供给需要者有偿使用，实现储蓄向投资的转化。金融是促进社会储蓄并实现向投资转化的理想渠道。一方面，金融机构能提供存款、贷款、债券、股票等多样化的产品，满足资金闲置者的储蓄需求和资金不足者的融资需求，既激励资金闲置者让渡资金使用权，又激励资金不足者选择适当的金融产品和合理的成本来实现融资，促进储蓄与投资的扩大。另一方面，金融可以促进储蓄转化为投资并提高资源配置效率，金融机构、金融市场具有信息生产、收集和管理的能力，在借贷和金融交易活动中通过金融工具价格和收益率变动的影响，有利于投资者做出正确的判断及其决策，可以引导资金的合理流动，以实现资源的合理配置。

3. 金融可以分散和管理风险，解决信息不对称问题

金融体系具有风险识别的功能，可以提供多种管理和配置风险的方法，进行风险和收益的匹配，使金融交易和风险负担可以有效分离，从而使各个经济主体能够选择其愿意承担的风险，分散和控制风险。此外，金融体系还具有充分搜集处理各种信息的能力，可以有效解决信息不对称和委托代理行为中的激励问题。

4. 金融业的发展直接为经济发展做出贡献

经济发展是全社会各产业的均衡发展，金融作为第三产业，既是现代经济的重要组成部分，又是现代经济发展的重点产业。现代经济的发展，既是经济总量的增加，又是经济结构的优化。金融业作为第三产业中的核心产业，其在现代经济中所占的比重，是现代经济结构优化和经济发达程度的重要指标。随着现代市场经济的发展，金融业获得了快速的发展，金融业的产值大幅度增加，占国民生产总值的比重也在不断提高。在 20 世纪 60 年代，主要发达国家的金融业产值所占比重大约为 10%，到了 21 世纪初，该比重已超过 20%，是增长最快的第三产业。金融业产值的快速增长，直接增加了一国的国民产出，增加了社会就业水平和提高了国民财富，提高了经济发展的水平。

三、金融活动可能对经济发展所产生的不良影响

在货币信用高度发达的现代市场经济中，金融的作用力和影响力越来越大，但这种作用力和影响力不完全都是积极的，现代金融业的快速发展在有力推动经济发展的同时，其出现不良影响

和副作用的可能性也越来越大。当这种可能变成现实时，其就会阻碍甚至破坏经济发展。概括而论，在现代经济发展中金融可能出现的不良影响主要表现在以下几方面。

（一）因金融总量失控出现通货膨胀、信用膨胀，导致社会总供求失衡，危害经济发展

在不兑现的信用货币制度下，由于货币发行不受贵金属储备的硬约束，在技术上具有无限供应的可能性，而在信用货币的供给完全由人为因素确定的状态下，一旦人们的认识发生偏差或操作失当，就可能造成货币供给大于货币需求严重失衡状态，导致通货膨胀。同样，由于信用关系已渗透到经济生活的各个方面，信用形式日益丰富发展，信用不仅能解决盈余和短缺部门的调剂问题，还可以创造或抑制需求。例如，当社会总供给大于总需求时，信用的扩张可以发挥扩大社会总需求、提高经济均衡点的作用；但当信用过度膨胀或经济已进入较严重的供求失衡时，信用扩张只会加剧供求矛盾，进而引发通货膨胀、信用危机和金融危机，对生产、流通、分配、消费带来诸多不利影响。

（二）因金融业经营问题形成系统性金融风险，进而引发金融危机

金融业是经营信用的产业，是一个高风险行业，在经营过程中始终伴随着利率风险、流动性风险、信用风险、汇率风险、操作风险、国际风险等诸多的系统性风险和非系统性风险。这些风险的存在直接威胁着金融业的安全，一旦风险失控，就会出现债务危机、流动性危机。而少数金融机构出现支付困难、清偿力不足，就会失去公众信任，动摇信用的基础，引发挤提存款、抛售有价证券、抢购保值品等金融恐慌现象，造成社会支付体系的中断和货币信用关系的混乱，形成“多米诺骨牌”效应，使大批金融机构破产倒闭，整个国家可能陷入金融危机之中。由于金融业在国民经济中的特殊性和作用力，加上金融业是一种公共性行业，涉及面极广，一旦金融危机爆发，必然破坏整体经济运行和社会经济秩序，甚至引发经济危机，累及世界经济。2007 年美国次贷危机引发国际金融危机的案例告诉我们，金融具有脆弱性，同时金融风险具有极强的传导性，金融风险的系统性爆发和金融危机必将严重影响经济的稳定和发展。

（三）金融创新过度形成泡沫膨胀

由于当代货币信用经济高度发达，特别是 20 世纪 50 年代以来西方金融创新出现持续高潮后，大量新型金融工具不断涌现，新型金融市场不断形成，新业务、新交易层出不穷，这些创新成果在活跃金融、推动金融发展的同时，也加大了信用膨胀和金融危机的可能性与现实性。特别是那些衍生性金融工具，如从普通信贷合同中衍生出来的资产证券化产品，从虚拟资本中衍生出来的股票指数期货交易、股票指数期权交易等，从外汇交易中衍生出来的利率互换、货币互换等，从设计到交易越来越脱离真实信用和现实社会再生产，脱离实体经济的发展。它们在金融市场上通过反复易手而自我膨胀，成为最有刺激性的投机工具，在交易量几何级数的放大过程中，拉大有价证券与真实资本价值的差距，滋生金融泡沫，膨胀虚拟资本，刺激过度投机，极大地积累了金融风险。一方面，金融泡沫刺激着投机，使大量的资金不能用于实体经济发展，却在金融市场上兴风作浪；另一方面，金融泡沫不具有持久性，虚拟资本在价格暴涨中的泡沫膨胀，只能通过价格暴跌、泡沫破灭来消肿。这种膨胀与消肿将造成金融市场的动荡和整体经济运转的失常，拉大经济波动的幅度并可能引发经济危机。2007 年美国次贷危机所引发的国际金融危机与经济衰退，与次贷产品的过度证券化所引发的金融泡沫最终破灭有关。

正因为在现代经济发展中金融可能带来的这些不良影响有巨大的破坏性，所以当代各国都十分重视金融宏观调控和金融监管，力图通过有效的宏观调控实现金融总量与经济总量的均衡，也力图实现金融结构与经济结构的均衡，并通过有效的外部监管、内部自律、行业互律、社会公律

来控制金融机构的经营风险，防止金融泡沫，保持金融安全与健康，实现经济的持续、稳定、协调发展。

原理20-1

经济发展决定金融发展，金融在为经济发展服务并与之紧密结合中才能稳健发展。金融的发展是现代经济发展的推动力量。

四、金融发展的新理念

（一）金融发展理念的变化

金融发展的理想观念是什么？自从金融业形成以后，关于金融发展的理念一直是学者们思考的重点问题。

在金融产业形成的初期，金融发展的理念集中在金融如何促进经济增长方面，关注金融体系通过提供货币和信用是否有利于促进经济发展，例如古典学派、新古典学派的金融发展理论和格利（Gurley）、肖（Shaw）等人提出的金融发展理论。

20世纪70年代以后，金融发展的理念转向如何处理好金融体系的发展和政府政策的作用关系，关注如何提高金融体系的运作效率，其中比较有代表性的是麦金农（Ronald McKinnon）和肖提出的金融压制论和金融深化论，主张发展中国家放弃政府干预，通过金融自由化建立金融和经济发展的良性互动关系。

20世纪90年代以来，金融发展的理念又有了新的变化，关注的重点更多地放在如何合理利用和配置金融资源并有利于实现经济的可持续发展方面，这些新的理念主要体现在普惠金融、绿色金融和金融业的社会责任等方面。

（二）普惠金融

普惠金融（Inclusive Finance）是指立足机会平等要求和商业可持续原则，以可负担的成本为有金融服务需求的社会各阶层和群体提供适当、有效的金融服务。这是联合国在2005年提出的理念，基本内涵是通过发展小额信贷或微型金融方式建立能有效、全方位地为社会所有阶层和群体提供服务的金融体系。由于多年来金融机构在追求利润最大化和风险最小化的经营理念下，愿意服务于占20%比重却可以带来80%利润的富人或大企业，忽略或不愿为农民、小微企业、城镇低收入人群和残疾人、老年人等弱势群体服务，导致了社会发展的不公平和不美好。为了让所有人都能享受到金融服务，更好地支持实体经济和社会公平和谐发展，联合国提出了普惠金融的理念，并越来越成为各国各界包括金融业的共识。

普惠金融本意是金融服务能够惠及所有人，所关注和强调的一是每个人都应该获得金融服务机会的权利，进而有机会参与经济发展并从中获益，这是实现社会的共同富裕，建立和谐社会与和谐世界的必由之路；二是需要立足机会平等的要求和商业可持续原则，鼓励金融机构创新产品和管理，提供小额信贷和小微金融，以可负担的成本为有需求的社会各阶层和群体提供适当有效的金融服务；三是政府需要通过加大政策引导扶持、完善金融服务设施、在法律和监管政策方面提供适当的空间，鼓励小额信贷机构等新型金融机构的发展，建设满足全社会各阶层人士和经济社会发展需要的普惠金融体系。

我国近年来高度重视发展普惠金融。党的十八届三中全会明确提出发展普惠金融。2015 年《政府工作报告》提出，要大力发展普惠金融，让所有市场主体都能分享金融服务的雨露甘霖。国务院制定了《推进普惠金融发展规划（2016—2020 年）》，明确提出了发展普惠金融的指导思想、基本原则、总体目标和各项举措，目的是推进普惠金融发展，提高金融服务的覆盖率、可得性和满意度，增强所有市场主体和广大人民群众对金融服务的获得感。2020 年 10 月，党的十九届五中全会明确提出了要增强金融的普惠性。

（三）绿色金融

绿色金融（Financial Green）是指为支持环境改善、应对气候变化和资源节约高效利用的经济发展所提供的金融服务。其基本理念是金融部门要把环境保护作为一项基本政策，在业务活动中要考虑潜在的环境影响，把与环境条件相关的潜在的回报、风险和成本都融合进日常业务管理中，注重对生态环境的保护以及环境污染的治理，通过对社会经济资源的引导，促进社会的可持续发展。绿色金融最突出的特点，在于更强调人类社会的生存环境利益和生态效应，将对环境保护和对资源的有效利用程度作为计量其活动成效的标准之一，通过金融业自身的活动，引导各经济主体注重自然生态平衡。

绿色金融发端于 20 世纪的 70 年代。1974 年，当时的联邦德国成立了世界第一家政策性环保银行，命名为“生态银行”，专为一般银行不愿接受的环境项目提供优惠贷款。2002 年，世界银行下属的国际金融公司和荷兰银行提出了著名的“赤道原则”。这项企业贷款准则要求金融机构在提供投融资时，要对该项目可能对环境和社会的影响进行综合评估，并且利用金融杠杆促进该项目在环境保护及社会和谐发展方面发挥积极作用。“赤道原则”已成为国际项目融资的新标准，被越来越多的国家认可并推行。

在全球经济发展追求绿色增长的趋势下，针对环保、节能、清洁能源、绿色交通、绿色建筑等领域，通过绿色信贷、绿色债券、绿色股票指数和相关产品、绿色发展基金、绿色保险、碳金融等金融工具和相关政策构建的绿色金融体系，是支持经济向绿色化转型的一种制度安排。主要目的是动员和激励更多社会资本投入绿色产业，同时更有效地抑制污染性投资。构建绿色金融体系，有助于加快经济向绿色化转型，支持生态文明建设，也有利于促进环保、新能源、节能等领域的技术进步，有利于培育新的经济增长点并提升保持经济的可持续发展。

由于商业性金融机构具有内生的趋利性，建立健全绿色金融体系，需要政府提供金融、财政、环保等政策和相关法律法规的配套支持，通过建立适当的激励和约束机制解决项目环境外部性问题。同时也需要金融机构加大创新力度，通过开发新的金融工具和服务手段，解决绿色投融资所面临的期限错配、信息不对称、产品和分析工具缺失等问题。2016 年 8 月 31 日，中国人民银行等七部委发布了《关于构建绿色金融体系的指导意见》，提出了构建“大力发展绿色信贷，推动证券市场支持绿色投资，设立绿色发展基金，通过政府和社会资本合作模式动员社会资本；发展绿色保险；完善环境权益交易市场、丰富融资工具；支持地方发展绿色金融；推动开展绿色金融国际合作”等包含 7 个基本领域的中国特色绿色金融体系。

（四）金融企业的社会责任

金融企业社会责任是指金融机构对其股东、员工、消费者、商业伙伴、政府和社区等利益相关者以及为促进社会与环境可持续发展所应承担的经济、法律、道德与慈善责任。

1. 经济责任

在遵守法律法规的条件下，营造公平、安全、稳定的行业竞争秩序，以优质的专业经营持续为国家、股东、员工、客户和社会公众提供金融服务并创造经济价值。

2. 社会责任

以符合社会道德和公益要求的经营理念为指导，积极维护消费者、员工和社区大众的社会公共利益，努力践行普惠金融；提倡慈善责任，积极投身社会公益活动，参与构建和谐社会，促进社会发展。

3. 环境责任

通过绿色金融体系支持国家产业政策和环保政策，节约资源，保护和改善自然生态环境，支持社会可持续发展。

强调社会责任体现的是金融机构伦理化经营的理念。近年来我国政府和各类金融机构高度重视社会责任，逐步将社会责任融入金融机构的发展战略、治理结构、企业文化和业务流程之中，形成流程化的管理机制，建立适当内外部评估机制和企业社会责任的信息公开披露制度，构建金融机构履行社会责任的长效机制。

第二节 金融创新与金融发展

从20世纪50年代开始，特别是进入70年代以后，西方金融领域出现了一系列重大而引人注目的新事物：广泛采用的新技术，不断形成的新市场，层出不穷的新工具、新交易、新服务。这些新事物浪潮般地冲击着金融领域，人们把这些以新型化、自由化、多样化为特征的新事物统称为金融创新。当代的金融创新不仅革新了传统的业务活动和经营管理方式，模糊了各类金融机构的界限，加剧了金融业的竞争，打破了金融活动的国界局限，形成了放松管制的强大压力，而且改变了金融总量和结构，对货币政策和宏观调控提出了严峻的挑战，由此对世界金融业的发展和经济发展产生了巨大而深刻的影响。

一、金融创新的概念与分类

金融创新（Financial Innovation）是指金融领域内部通过各种要素的重新组合和创造性变革所创造或引进的新事物。金融创新的内涵丰富多样，其中有历史上各种货币和信用形式的创新以及所导致的货币信用制度、宏观管理制度的创新，有金融机构组织和经营管理上的创新以及金融业结构的历次创新，有金融工具、交易方式、操作技术、服务种类以及金融市场等业务上的各种创新，有当代以电子化为龙头的大规模全方位金融创新，等等。人们在对金融创新进行研究时，由于观察和力图说明问题的角度不同，分类的方法可以有很多种。较为简单的是按金融创新的内容大致归为以下三类：

（1）金融制度创新，包括各种货币制度创新、信用制度创新、金融管理制度创新等与制度安排相关的金融创新。

（2）金融业务创新，包括金融工具创新、金融技术创新、金融交易方式或服务创新、金融市场创新等与金融业务活动相关的创新。

（3）金融组织结构创新，包括金融机构创新、金融业结构创新、金融机构内部经营管理创新等与金融业组织机构相关的创新。

二、当代金融创新的主要表现

当代金融创新是指 20 世纪 70 年代以来的金融新事物，主要表现为以下几个方面。

（一）金融制度创新

1. 国际货币制度的创新

当以美元和固定汇率制维系的布雷顿森林体系彻底崩溃后，以 1976 年国际货币基金组织 20 国临时委员会在牙买加达成的国际货币制度改革协议为起点，主要发达国家正式宣布实行浮动汇率制为标志，创立了现行的在多元化储备货币体系下以浮动汇率制为核心的新型国际货币制度。国际货币制度创新的另一重要表现是区域性货币一体化趋势。它通常以某一地区的若干国家组成货币联盟的形式而存在，成员国之间统一汇率、统一货币、统一货币管理、统一货币政策。其中最著名的便是由欧洲中央银行于 1999 年 1 月 1 日发行的欧元。此外，阿拉伯货币基金组织、西非货币联盟、中美洲经济一体化银行、拉美地区的安第斯储备基金组织、中非货币联盟、加勒比开发银行等都是区域性的货币联盟。

2. 国际金融监管制度的创新

在国际经济和金融一体化进程中，面对动荡的国际金融环境、频繁的国际金融创新和日益严重的金融风险，各国强烈要求创建新型、有效的国际金融监管体制。1975 年，在国际清算银行主持下成立了巴塞尔委员会，专门致力于国际银行的监管工作，该委员会于 1988 年 7 月通过的《巴塞尔协议》成为国际银行业监管的一座里程碑。此后巴塞尔委员会出台了两版《巴塞尔协议》。随着国际证监会组织、国际保险监督官协会、国际投资与跨国公司委员会、全球期货业协会、国际证券交易所联合会等国际性监管或监管协调机构和行业自律机构的创立与履职，一个新型的国际性金融监管组织体系已经开始运转。各国监管当局的联手监管和专门机构的跨国监管正在不断创新监管方式和手段，着手创建一个集早期预警、风险防范、事后救援三大系统为一体的新型国际化监管体系。

（二）金融业务创新

1. 新技术在金融业的广泛应用

以微电子、互联网和数字化等技术的发展和广泛运用为核心的新技术革命，为金融业务创新开辟了一个全新的领域，使金融业务发生了巨大的变革：在金融业普遍装备了电子计算机并联网以后，改变了传统的业务处理手段和程序，存、贷、取、汇、证券买卖、市场分析、行情预测乃至金融机构的内部管理，均通过计算机进行数字化处理；电子化资金转移系统、电子化清算系统、自动付款系统等金融电子系统的创建，形成了国内外纵横交错的信息化资金流转网络，资金的调拨、转账、清算、支付等都可以通过计算机在网上进行数字化处理；金融和经济信息的传递、储存、显示、记录、分析等各种数据均计算机处理；各种金融交易也普遍使用计算机报价、撮合、过户、清算……大数据和计算机正在把各种金融业务织进一张巨大的信息网络之中，其终端遍布于各个家庭、企业、国家，发达国家已经实现了金融业务处理电子化、资金流转电子化、信息处理电子化、交易活动电子化。特别是 21 世纪以来方兴未艾的**金融科技**（Financial Technology，Fintech），由大数据、区块链、云计算、人工智能等新兴前沿技术带动，对金融市场以及金融服务业务供给产生重大影响的新业务模式、新技术应用、新产品服务层出不穷。信息技术的发展为金融业务创新奠定了基础，实现了金融业务中信息流、资金流和交易指令流的即时化、全球化和全时化。

2. 金融工具不断创新

各类金融机构一方面通过对原有金融工具特性的分拆和重组，不断推出新型的金融工具；另一方面在新的金融结构和条件下创造出全新特征的新工具，其种类繁多，不胜枚举。例如，有可满足投资、投机、保值、提高社会地位等多种需求的，有可适合大小投资者、长短期资金余缺者、国内外投资者等多种对象的，有介于定活期存款间、股票与债券间、存款与债券间、存款与保险间、贷款与证券间等各种组合式的，有定期转活期、债券转股票或股票转债券、贷款转证券、存款转证券等可转换式的，有与价格指数、市场利率或某一收益率挂钩等弹性收益式的，有把各种资产打包证券化的，还有各种权益互换的……总之，品种多样化、特性灵活化、标准化、国际化、通用化的各种新型金融工具源源不断地涌现出来。

3. 新型金融市场不断形成

金融市场的创新主要表现在两个方面：其一，金融市场的国际化。在金融自由化浪潮的冲击下，各国陆续取消或放松了对国内外市场分隔的限制，各国金融市场逐步趋于国际化；计算机技术引入金融市场后，各国金融市场互相连接，形成了全球性的连体市场，24 小时全球性金融交易已经梦想成真；欧洲及亚洲美元市场、欧洲日元市场等新型的离岸金融市场纷纷出现；跨国交易所业已诞生；新型的国际化金融市场不断出现。其二，金融衍生工具市场异军突起。人们通过预测股价、利率、汇率等变量的行情走势，以少量保证金签订远期合同，买卖期权或互换不同金融商品，由此形成了期货、期权、互换等不同衍生工具市场。20 世纪 90 年代以来，金融衍生工具市场呈现爆发性的增长。

4. 新业务和新交易大量涌现

银行、证券、保险、信托、租赁等各类金融机构一方面在传统基础上推陈出新，另一方面积极开拓全新的业务与交易。例如，银行在传统的存、贷、汇业务基础上推出了 CDs、NOW 账户、协议账户等新型的存款业务，各类批发或零售贷款业务或安排，新的结算工具与方式；同时大量开发新型的跨国业务、信息业务、表外业务、信用卡业务、咨询业务、代理业务及各种服务性业务等，期货交易、期权交易、掉期交易等各种新型的融资技术、融资方式、交易方式被不断地设计开发出来。

（三）金融组织结构创新

1. 创设新型金融机构

20 世纪 50 年代以来，在金融创新中涌现出与传统金融机构有别的新型金融机构：有以计算机网络为主体而无具体营业点的电子银行；有以家庭为专门对象，居民足不出户就可以享受各种金融服务的家庭银行；有专为企业提供一切金融服务的企业银行；有一切业务均由机器受理的无人银行或自助银行；有多国共组的跨国银行；有各国银行以股权方式联合成立的国际性联合银行；有集银行、证券、保险、信托、租赁和商贸为一体的大型复合金融机构，70 年代以后，跨国大型复合金融机构、金融百货公司或金融超级市场等新型金融机构风行西方国家。

2. 各类金融机构的业务逐渐趋同

金融机构在业务和组织创新的基础上，逐渐打破了职能分工的界限，实际上的混业经营迫使分业管制被动放松。例如，美国 1980 年新银行法允许商业银行、储蓄银行、证券商之间进行业务交叉和竞争，日本 1981 年的新银行法允许商业银行、长期信贷银行、信托银行经办证券业务，英国 1986 年允许所有金融机构参加证券交易所交易。管制的放松加剧了各类金融机构之间的业务交叉与渗透，模糊了原有的职能分工界限，各种金融机构的性质趋于同质化。

3. 金融机构的组织形式不断创新

在过去单一银行制、总分行制的基础上，新出现了连锁银行制、控股公司制以及经济上相互独立而业务经营上互助互认并协调一致的联盟制银行；在分支机构形式上，也创新了全自动化分支点、百货店式分支点、专业店式分支点、金融广场式分支点、直销银行等。

4. 金融机构的经营管理频繁创新

20 世纪 50 年代以来，金融机构通过管理创新不断调整业务结构，开发出多种新型负债和资产业务，中间业务特别是表外业务的比重日益加大，业务手段、业务制度、操作程序、管理制度等被不断革新；金融机构的内部机构设置也在不断创新，旧部门撤并，新部门设立，各部门权限与关系几乎被重新配置；经营管理方法也在推陈出新，如 60 年代的负债管理、70 年代的资产管理及资产组合管理、80 年代的资产负债失衡管理和多元化管理、90 年代以来的全面质量管理和全方位满意管理等，2000 年以来的全面风险管理、数字化转型，等等，经营管理上的科技赋能正在成为各金融机构战略转型的突破口。

三、当代金融创新的成因

各国经济学家对当代金融创新发生的原因有多种解释。有的认为新技术革命的出现是促成当代金融创新的主要原因和条件；有的认为 20 世纪 50 年代以后的通货膨胀和利率、汇率反复无常的波动是金融创新的重要成因；有的认为是第二次世界大战以后经济高速发展所带来的财富迅速增长激发了金融业通过创新来满足多种需求；有的认为金融机构积极创新的主要目的是逃脱或回避现有的内部传统管理指标约束和外部金融当局的种种管制和限制；有的认为金融需求的变化是刺激金融创新的动因；有的认为金融创新与世界经济深刻的结构性变化有关。上述解说虽各有道理，但却忽略了各因素间的互相作用和合力。当代金融创新的高潮不是某一因素所导致的，而是在特定的经济背景下多因素共同作用和影响的产物。其中最主要的因素有以下几点。

（一）经济思潮的变迁

20 世纪 70 年代西方兴盛的经济自由主义思潮，为金融业要求放松管制、追求自由经营提供了思想武器和理论武器。在经济自由主义思潮支配下，金融业强烈要求当局放松第二次世界大战后设置的种种限制和管制，并不约而同地通过金融创新逃避管制，形成了金融自由化浪潮。而各国当局在经济自由主义思潮影响下，一方面主动放弃了一些明显不合时宜的管制，另一方面被迫默认了许多规避管制的创新成果，放松了金融管制的程度，这又进一步促进了金融创新。

（二）需求刺激与供给推动

第二次世界大战后，各国经济与金融的快速发展，从需求和供给两个方面掀起了当代金融创新的高潮。在需求方面，经济货币化向金融化发展以后，许多新的金融需求随着金融化程度的提高不断产生出来，对金融业提供的产品和服务在范围、种类、数量、质量上的要求越来越高。这些新的或更高标准的需求，刺激了金融创新的蓬勃开展；同时，当代西方经济、金融发展的内在矛盾冲突，产生了新的金融需求。例如，长期的通货膨胀、布雷顿森林体系的崩溃和浮动汇率制的实行、国际债务危机的发生等，导致了价格、利率、汇率的易变性和不定性大大增加，日益上升的金融风险成为矛盾的焦点，使得转移风险、增加流动性方面的金融需求极为旺盛，从而引发了期货、期权、互换等各种转移价格风险、利率风险和信用风险的创新，在一定程度上分散或减少了个别风险，缓解了金融发展中的突出矛盾。

从供给方面看，由于金融机构资产的剧增，大大提高了金融创新的规模报酬，刺激了金融机构增加创新的供给。当代金融机构为了实现业务经营的“三性”方针的最佳组合，需要通过创新来回避和分散金融风险，保证流动性，提高收益性，特别是在金融业垄断竞争的格局下和激烈的竞争中，金融机构只有通过创新才能获取潜在收益，扩展或保持自己的市场份额。而当代金融创新的有利条件增多，技术难度和成本呈下降趋势，金融机构的创新能力增强，因此金融创新层出不穷。

（三）对不合理金融管制的回避

20 世纪 70 年代前后，随着经济和金融的发展、技术的进步、需求的更新、供给的变化，原有的管制出现了不合时宜或限制过分的问题，管制的副作用开始加大。当管制已经不能适应经济、金融发展的要求而又未作改革时，金融机构就会通过规避管制的创新来冲破障碍，以抵消管制的副作用。

（四）新科技革命的推动

新科技革命不仅改变了金融观念和金融运作，而且直接推动了金融创新，掀起了一场金融领域的科技革命，使金融发展进入一个更高的层次与阶段。新科技成果的应用，大大降低了创新的平均成本，增加了规模报酬和金融创新的总收益；迅速提高了金融机构的经营效率和业务处理能力，开辟了新的资金来源或业务机会；为各种金融创新提供了必要的物质基础和技术服务，大大增强了金融机构的创新供给能力，20 世纪 70 年代以来，几乎所有的金融创新都直接或间接依赖于新科技革命所提供的物质装备和技术服务。近年来，以大数据、云计算、人工智能、区块链以及移动互联为引领的新的工业革命与科技革命，一方面使金融拥有海量标准化大数据；另一方面是人工智能等前沿科技在算法、算力方面的使用，深刻地改变了金融业态，金融创新中的科技推动作用显著。

四、当代金融创新对金融与经济发展的影响

（一）对金融和经济发展的推动作用

当代金融创新对金融和经济发展的推动，主要是通过以下四个方面来实现的。

1. 提高了金融机构的运作效率

（1）金融创新通过大量提供具有特定内涵与特性的金融工具、金融服务、交易方式或融资技术等成果，从数量和质量两个方面同时提高了需求者的满足程度，增加了金融商品和服务的效用，从而增强了金融机构的基本功能，提高了金融机构的运作效率。

（2）提高了支付清算能力和速度。把电子计算机引入支付清算系统后，成百倍地提高了支付清算的速度和效率，使金融机构的支付清算能力和效率上了一个新台阶，大大提高了资金周转速度和使用效率，节约了大量的流通费用。

（3）大幅度增加了金融机构的资产和盈利率。当代金融创新中涌现出来的大量新工具、新交易、新技术、新服务，使金融机构积聚资金的能力大大增强，信用创造的功能得到充分发挥，导致了金融机构所拥有的资金流量和资产存量急速增长，由此提高了金融机构经营活动的规模报酬，降低了平均成本，加上经营管理方面的各种创新，使金融机构的盈利能力大为增强。

2. 提高了金融市场的运作效率

（1）提高了市场价格对信息反应的灵敏度。金融创新通过提高市场组织与设备的现代化程度和国际化程度，使金融市场的价格能够对所有可得的信息做出迅速灵敏的反应，提高了金融市场

价格变动的灵敏度，使价格及时地对所获信息做出反应，从而提高了价格的合理性和价格机制的作用力。

（2）增加了可供选择的金融商品种类。当代创新中大量新型金融工具的涌现，使金融市场所能提供的金融商品种类繁多，投资者选择的余地很大。面对各具特色的众多金融商品，各类投资者很容易实现令自己满意的效率组合。

（3）增强了剔除个别风险的能力。金融创新通过提供大量的新型金融工具和融资方式、交易技术，增强了剔除个别风险的能力。投资者不仅能进行多元化资产组合，还能及时调整其组合，在保持效率组合的过程中，投资者可以通过分散或转移法，把个别风险降到较小的程度。特别是金融市场上各种避险性创新工具与融资技术，对于剔除个别风险有较强的功能。

（4）降低了交易成本与平均成本，使投资收益相对上升，吸引了更多投资者和筹资者进入市场，提高了交易的活跃程度。

3. 增强了金融产业的发展能力

金融产业的发展能力主要体现为金融机构在经营活动中开创未来的能力，包括开拓新业务和新市场的能力、资本增长的能力、设备配置或更新能力、经营管理水平和人员素质的提高能力等。在当代金融创新的浪潮中，金融产业的这些能力都有较大幅度的提高。

4. 金融作用力大为增强

金融作用力主要是指金融对经济整体运作和发展的作用能力，一般通过对总体经济活动和经济总量的影响及其作用程度体现出来。当代金融创新主要通过以下四个方面从总体上提高了金融作用力，极大地推动了经济发展。

（1）提高了金融资源的开发利用与再配置效率。当代金融创新使发达国家从经济货币化推进到金融化的高级阶段，并大幅度提高了发展中国家的经济货币化程度，导致了金融总量的快速增长，扩大了金融资源的可利用程度，优化了配置效果。

（2）社会投融资的满足度和便利度上升。一是投融资成本趋于下降，有力地促进了储蓄向投资的转化；二是金融机构和金融市场能够提供更多、更灵活的投融资安排，可以从总体上满足不同投资者和筹资者的各种需求，从而使全社会的资金融通更为顺利；三是各种投融资的限制逐渐被消除，金融创新使各类投融资者实际上都能进入市场参与活动，金融业对社会投融资需求的满足能力大为增强。

（3）金融业产值的迅速增长，直接增加了一国 GDP 的总量，加大了金融业对经济发展的贡献度。

（4）增强了货币作用效率。创新后用较少的货币就可以实现较多的经济总量，意味着货币的作用能量和推动力增大。

（二）产生的新矛盾和挑战

历史和现实的考察证明，金融创新是金融发展的主要动力源，没有创新推动，就没有高层次的金融发展，就不可能对现代经济发展有如此巨大的推动和促进作用。但同样不容忽视的是，金融创新在繁荣金融、促进经济发展的同时，也带来了许多新的矛盾和问题，对金融和经济发展产生了不利影响。

第一，金融创新使货币供求机制、总量、结构乃至特征都发生了深刻变化，对金融运作和宏观调控影响重大。在货币需求方面引起的一个最明显变化就是货币需求的减弱，并由此改变了货币结构，降低了货币需求的稳定性。在货币供给方面，由于各类非银行金融机构和复合型金融机构在金融创新中也具备了创造存款货币的功能，增加了货币供给的主体；新型金融工具的不断涌现，使金融资产的流动性强弱已不明显，导致货币定义和计量日益困难和复杂化。同时由于通货-存款比率、法定存款准备金比率、超额准备金比率下降而加大了货币乘数，增强了货币供给的内生性，削弱了中央银行对货币供给的控制能力与效果，容易导致货币政策失效和金融监管困难。

第二，在很大程度上改变了货币政策的决策、操作、传导及效果，对货币政策的实施产生了一定的不利影响。金融创新后降低了货币政策中介指标的可靠性，给货币政策的决策、操作和预警系统的运转造成较大困难；同时因创新削弱了法定存款准备金政策和再贴现政策的作用力，减少了可操作工具的选择性。此外还加大了政策传导的不完全性。创新后由于传导环节复杂且影响因素增多，传导过程不确定性加大且时滞不定，使货币政策的传导过程离散化、复杂化，对政策效果的判定也更为困难。

第三，金融风险有增无减，金融业的稳定性下降。当代金融创新在提高金融微观效率和宏观效率的同时，却增加了金融业的系统性风险。一方面因为创新加大了原有的系统性风险。如授信范围的扩大与条件的降低无疑会增加信用风险并继发流动性风险，近十年间我国非金融机构利用互联网技术进行 P2P 模式的网络借贷平台等的运作，因违背了金融运作和监管的基本原理，在爆发性繁荣之后迅速连续爆雷最终归于清零。另一方面是因为创新中产生了新的金融风险。如大规模的金融科技创新所产生的信息风险和科技风险，金融业务和管理创新中出现的连带风险，与金融国际化相伴而生的国际风险等，大大增加了金融业的系统性风险。各种金融机构的业务创新和管理创新虽然带来了高收益和高效率，但也产生了高风险，20 世纪 80 年代以来银行的资产风险和表外业务风险猛增，导致了金融业的稳定性下降，金融机构的亏损、破产、倒闭、兼并、重组事件频繁发生，整个金融业处于一种结构调整和动荡不定的状态之中。

值得关注的是，金融科技发展也带来了新型金融风险。比如因新技术应用对数据可得性和质量的高度依赖，导致风险评估存在一定偏差，甚至出现"算法歧视"问题，带来业务风险、技术风险、网络风险的叠加和外溢效应；新技术产生的金融业务表外化和新业态，导致风险的扩散性大大增加；金融科技催生的金融机构跨业、跨市场经营也增大了系统性风险。如何在鼓励创新和控制金融风险之间取得平衡是一个新的课题。

第四，金融市场出现过度投机和泡沫膨胀的不良倾向。在当代金融创新中，金融市场上出现了许多高收益和高风险并存的新型金融工具和金融交易，尤其是从虚拟资本中衍生出许多新类别，如股票指数期货交易、股票指数期权交易等；一些避险性的创新本身又成了高风险的载体，如外汇互换、利率互换、货币互换、票据互换等。这些新型的金融工具和交易以其高收益和冒险刺激，吸引了大批的投资者和大量的资金，在交易量呈几何级数放大的过程中，价格往往被推到一个不切实际的高度，拉大了与其真实价值的差距，表现为市价大大超过净值，虚拟资本急剧膨胀，由此产生大量的泡沫，极易引发金融危机。

知识链接20-1

金融创新与稳定发展

在金融地位迅速上升的过程中，金融创新起了重要的推动作用，但有几点需要在创新中予以特别关注：第一，虽然金融在现代经济中的先导作用已十分突出，但金融为经济服务的本质并未改变。金融的基本作用仍然是为资金盈余者和资金需求者提供投资、融资和结算等服务，所有金融机构的业务活动及其创新都必须始终围绕着为实体经济部门服务这一宗旨，不能脱离实体经济而自我循环，避免金融资产的过度膨胀和经济的过度虚拟化。第二，金融机构在为实体经济部门提供服务的同时，这种“服务”也逐渐具有“产品”的性质，金融机构成为经营货币和提供“金融服务产品”的特殊企业，金融业也就成为一种特殊“行业”或“产业”，所有金融机构及其从业人员必须遵守这一行业的行为规范和基本行为准则，保持良好的行业运行秩序。第三，金融机构在为实质部门提供服务、促进其他部门发展的同时，也具有相对独立发展的空间和可能性。在中央银行提供的货币具有无限法偿效力和信用无限创造的机制下，金融中介的经营行为具有内在的膨胀动力和趋势。因而，金融业又是一个充满风险且对整个国民经济影响巨大的行业，金融机构必须建立良好的风险防范机制，确保金融稳定和经济的健康发展。因此，创新过程中的金融监管和宏观调控是极为重要的。

摘自：王广谦．对现阶段金融创新的几点思考．金融发展研究，2008（7）。

综上所述，当代金融创新虽然利、弊皆存，利、弊的作用力都放大了，但从总体上看，金融创新的利远远大于弊，并且利始终是主要的和主流性的。正确认识和客观评价金融创新对于金融发展和经济发展的积极推动作用，是有效利用和充分发挥其动力作用，主动驾驭并把握金融创新的内在规律，最大限度地推动金融、经济发展和社会文明进步的基本前提。当然，当代金融创新的副作用亦不能忽视，必须加以有效的引导和监管，以便进行防范和控制。对创新在不同方面存在的弊病可以采取不同的政策措施予以克服或减轻。例如，对货币供求的不利影响，可以通过完善宏观调控抵消；对货币政策实施的不良作用可以通过中央银行的管理创新来抵御；对系统性风险和经营风险可以通过强化监管、设置金融安全网或增强防范措施，将风险控制在可承受的限度之内；对过度投机和金融寻租等不良现象可以通过矫正创新方向，控制虚拟性或衍生性创新，规范交易并严格监管等措施来抑制。总之，只要改善宏观调控，加强监管，正确引导，当代金融创新中的副作用应该可以减轻到最低限度，安全与效率并非不可兼得。

第三节　金融结构与金融发展

金融发展既是总量或规模的增长过程，又是结构的演进与优化过程。在金融发展的前期阶段，金融发展主要表现为金融总量或规模的增长，而随着金融发展的持续深入，金融发展则更多地体现为金融结构演进与优化。金融结构不仅对于微观金融运作和宏观金融调控具有重大影响，而且是金融业自身能否稳健发展并充分发挥积极作用的决定性因素。

一、金融结构的含义与表现形态

金融结构（Financial Structure）是指构成金融总体的各个组成部分的分布、存在、相对规模、相互关系与配合的状态。在某一时点上考察金融结构时，它表现为一个静态的既定状况；从历史的角度看，它始终处于动态的演变状况，其结果导致了金融发展水平和层次的提升。

金融结构有多种表现形态，体现着各种金融要素的组合与运作状态，反映了金融发展的不同程度及其在国民经济中的重要性。考察金融结构的表现形态可以从多方面来进行。一般通过考察金融业各分行业（银行、证券、保险、信托、租赁等）的产业结构、金融市场结构、融资结构、金融资产结构、金融开放的结构等，可以综合反映出一国金融结构的基本状况。

二、形成金融结构的基础性条件

金融结构是金融发展的现实体现，一个国家或地区的金融结构是金融发展过程在内外部因素共同作用下逐渐形成与演变的结果。各国金融结构的差异源于形成金融结构的基础性条件不同。一般来说，形成一个国家或地区金融结构的基础性条件主要有以下几个。

（一）商品经济的发展程度

在商品经济发展的低级阶段，市场上只有简单的金融需求，金融活动只能解决货币流通、资金融通和支付清算等基本金融问题，金融机构的经营范围窄，业务能力弱，金融市场上只有简单少量的金融交易活动，金融结构亦处于简单状况。在商品经济逐步发达的高级阶段，市场上出现许多复杂的金融新需求，金融规模也随之日益扩大，金融业必须通过多种金融机构、多种金融业务、多种金融工具、多条融资途径才能提供社会所需的各种金融产品与服务，才能满足广大投资者和筹资者的需求，金融结构也因此而日益复杂。

（二）经济发展的商品化和货币化程度

商品化（Commercialization）是指所有产出品中用于交换的比例；**货币化**（Monetization）是指商品交换与分配过程中使用货币的比例。只有在以交换为基本关系的商品经济中，才存在为交换而生产的劳动产品或为交换而提供的劳动服务，才需要货币这种一般等价物来体现各自平等独立的商品生产者之间等价交换的原则，才出现货币信用的各种形式和工具来解决交换中价值盈余和赤字部门之间的调剂、债权债务关系的频繁变换以及清算支付等困难，才形成银行等各类专门经营货币信用业务的金融机构，才有必要建立宏观金融管理机构来协调解决全社会商品交换的价值总量平衡问题，等等。因此，商品化和货币化程度越高，交换关系越复杂，货币使用范围越大，金融结构就越发达。

（三）信用关系的发展程度

这通常可以从四个方面考察：一是多种信用形式齐备规范，各经济主体都可以通过相应的形式从事信用活动，信用关系成为全社会最普遍、最基本的经济关系；二是全社会成员在经常性的信用活动中具有明确的信用价值理念和是非观念，普遍具有良好的守信习惯与意愿；三是各种信用活动都纳入具有强大约束力和制衡力的信用规则下运行，信用秩序井然并具有自动维护机制；四是社会信用体系健全，信用中介机构、信用服务机构和信用管理机构齐备并规范运作，所建立的社会征信系统高效运作，覆盖面宽并具有权威性。毫无疑问，一国的信用关系发展程度越高，金融结构就越复杂，金融发展的层次和水平也越高。

（四）经济主体行为的理性化程度

在市场经济中，各独立的经济主体的理性化主要体现在他们能够趋利避害地进行选择。各种投资和融资活动都以获取收益为目的，投融资双方都将选择各种有利于降低成本、增加收益的投融资方式或渠道，充分利用各种金融业务、金融交易与金融工具，灵活调度和有效运用资金。因此，经济主体的理性化程度越高，金融需求就越旺盛，金融业务、金融交易与金融工具的种类就越多，投融资方式和渠道也越多，金融结构就越发达。

（五）文化、传统、习俗与偏好

不同的社会文化、传统、习俗与偏好，通过对人们经济行为和金融行为的作用在金融结构的形成中具有重要的影响。例如，倡导儒家文化传统、偏好安全性、推崇团队精神、历史上银企关系密切的日本人和韩国人，与崇尚个性、弘扬个性、偏好风险的美国人，在金融工具的选择和投融资方式的偏好等方面存在较大差异，在长期的历史进程中逐渐形成了本国特有的金融结构。这也是为什么在同样发达的商品经济、货币化程度和信用条件下，不同国家会形成不同金融结构的重要原因。

三、影响金融结构变化的主要因素分析

基础性条件相同的国家，会形成大致相同的金融结构。但金融结构形成之后，并不是固定不变的，事实上金融结构一直处于不断变动的状态，并且恰恰由于金融结构的变动，才引起了金融发展水平与层次的变化。通常导致金融结构发生变动的主要因素有以下几类。

（一）制度因素

从历史的角度看，货币制度的变迁是货币结构变化的主要原因。信用制度的形成与完善可以解释金融工具结构、金融市场结构和融资结构演进的原因。新式银行制度的建立与发展则是导致金融产业结构形成与变化的重要因素。

从现实的角度分析，不同的制度安排对一国的金融结构具有决定性作用。首先是经济和金融体制安排。毫无疑问，在计划金融体制与市场金融体制下将形成两种迥然不同的金融结构。例如，在我国计划经济时代，“大一统”的金融结构就是一种高度集中统一、垂直单向而又严谨的类型，没有金融市场，金融机构、金融业务和金融工具、融资方式也都十分简单。而在市场经济体制下，各种金融要素都是多元化的，金融市场发达，金融结构自然相对复杂。特别是从计划经济体制向市场经济体制的转换，是转型国家金融结构发生重大变化的根本原因。其次是金融监管体制的安排。例如，实行严格分业经营和分业监管的国家，与实行混业经营与监管的国家，当然会形成不同的金融结构。一般来说，在分业经营和分业监管体制下，金融机构和金融业务的细分，会使金融产业结构、金融市场结构和融资结构中的种类增多，构成更为细密。而监管体制的变化将导致金融结构也发生相应的变化。例如，发达国家对银行从自由经营到严加监管的制度变迁中，由于作出了各种资产流动性和安全性比率规定、支票存款不付息、强制存款保险等制度安排，导致了货币结构、金融资产结构和融资结构的变化。在一些国家从严格分业经营与分业监管向混业经营与混业监管转变的过程中，金融产业结构、金融市场结构和金融工具结构等都发生了巨大的变化。

（二）金融创新的活跃程度

金融创新越活跃，新的金融机构、金融工具、金融市场、融资方式和技术就越多，推陈出新就越频繁，金融结构也就变化越快。20 世纪 70 年代以来，西方发达国家在大规模、全方位的金融创新中，广泛采用新技术，不断形成新市场，新金融工具、新交易、新服务层出不穷，直接导致了金融结构的深刻变化，形成了世界金融业的新格局。

（三）技术进步

技术进步历来是导致经济结构变化进而推动经济发展的重要力量，金融产业也不例外。现代科学技术的突飞猛进及其在金融业的广泛应用，已经并将继续导致金融结构发生巨大的变化。近几十年来，数学分析技术、电子技术、信息技术、工程技术、管理技术等多种技术在金融业的引入，使金融业的融资技术、避险技术、分析技术和管理技术等得到了长足的发展，并因此改变了

原有的金融结构。其中最突出的是微电子技术及计算机与移动网络技术在金融业的大量运用，改变了传统的金融结构。金融业务处理、资金流转、信息处理、交易活动的电子化和数字化发展，为多种新的金融工具和交易方式的产生提供了基本的技术支撑。电子货币、数字货币的出现及电子支付系统、移动支付系统的运作改变了原有的货币结构。各种衍生金融工具的出现与交易、完全由计算机系统组成的24小时全球一体化市场的出现与运作、网络银行的诞生和数字金融的普及，使金融市场结构和金融产业结构正在发生深刻的变化。

（四）开放程度

一国是否实行对外开放政策，对该国金融结构的影响很大。一般来说，在开放条件下，一国的金融结构在相当程度上受外部因素的支配和影响。特别是与东道国金融关系密切的发达国家，通过金融机构的进入、金融业务和融资技术的带入、资本流动等形式，将导致东道国金融结构的变动。这一点在过去的殖民地国家中表现得尤为突出，也是目前许多发展中国家在开放进程中金融结构变化的重要原因。

四、金融结构的分析指标与评价角度

对一国金融结构的状况与优劣可以从多层面、多角度展开分析。结构首先表现为总量中各个部分的构成状况，因此，金融结构分析的一个主要方面就是研究组成总量的各个部分之间的数量比例关系，即通常采用的结构比率分析方法。例如，西方学者戈德史密斯采用以下结构比率指标对金融工具和金融机构的结构进行考察①：

（1）金融相关比率：现有金融资产总值在国民财富中所占的份额；

（2）金融构成比率：各类金融工具在金融工具总额中所占的份额；

（3）金融工具比率：金融机构发行的金融工具与非金融机构发行的金融工具之比；

（4）金融部门比率：各经济部门在金融资产和金融工具中所占的份额；

（5）分层比率：同类金融机构资产在全部金融机构总资产中所占的份额以及在主要金融工具中所占的份额；

（6）金融中介比率：所有金融机构持有的金融资产在全部金融资产中所占的份额；

（7）融资比率：各融资方式占全部资金来源的份额。

国内有学者采用分层次的结构比率分析法来考察金融资产的结构：第一层次是货币类、证券类、保险保障类金融资产分别占金融资产总值的比率；第二层次是分析上述三大类金融资产各自的内部比率，如货币结构、证券结构、保险保障类金融资产的内部结构；第三层次是在第二层次基础上的细分，如货币结构中的存款货币可按部门（居民、企业、政府）分析各自的结构比率；依次还可以往下类推到第四层次、第五层次以至更多的层次去分析。② 应该说，采用各种结构比率指标进行分析，是对金融结构进行定量分析和实证研究的基本方法，也是对金融结构进行静态描述和动态分析最重要的工具。

问题在于，采用数量比率指标虽然可以描述与反映金融结构的状况及其演变，但却难以评价或判断金融结构的合理性与优劣程度。由于金融问题的复杂性，到目前为止，对金融结构的规范性研究还无法用一个或一组确定的数量比率指标来进行，而在结构分析中，仅仅停留在对状态的

① 戈德史密斯．金融结构与发展．北京：中国社会科学出版社，1993：39-40。

② 王广谦．中国金融发展中的结构问题分析．金融研究，2002（5）。

描述与反映上显然是不够的。因此，单纯用定量分析的方法似乎还不能全面研究特别是评价金融结构，还需要运用定性分析的方法，对金融结构的合理性和优劣程度作出评价。

对于任何一个产业来说，其特有的功能及其强弱决定了其对经济和社会的贡献度，因此，评价产业结构的合理性与优劣，一般可以通过考察其特有的功能是否齐备和功能发挥是否充分来进行。同理，对金融结构合理性与优劣程度的考察也可以采用功能视角来进行。考虑到金融各个要素及其组合后所提供的功能，大致可概括为三个：一是投融资功能。该功能的强弱主要表现在金融资源的开发利用程度、投融资的便利程度、投融资的成本大小和价格的合理程度、投融资的效率、资金配置的优化程度等方面。二是服务功能。该功能的强弱主要表现为能否提供支付清算的便利以促进交易的完成，能否提供代理（代收代付、代客买卖）、信托、现金管理、保管箱、信息、咨询、理财、代理融通、银行卡等业务以满足社会各种金融需求，能否提高经济生活的质量并增加社会总福利。三是风险管理功能。该功能的强弱主要表现为能否有效地分散和回避风险以保持金融资产的安全性，能否为人们生活中的各种不确定性风险提供保险和保障等。可见，在定量的结构指标分析基础上，从金融功能强弱的角度来评价金融结构的合理性与优劣程度是比较科学的。

五、金融结构的作用与影响

金融结构的作用与影响主要表现在以下两个方面。

（一）对金融发展的决定与影响力

一般来说，金融结构越复杂，即金融机构、金融工具、金融市场及其组合的种类越多、分布越广、规模越大，金融功能就越强，金融发展的水平和层次就越高。从历史的线索看，如果只有金融总量的增长，没有金融结构的演进，金融发展只能是同一水平或层次上的数量扩张；只有通过结构的变化，才能增加或提升金融功能，出现升级性的金融发展。在各国金融发展进程中，金融结构的差异，往往导致金融功能的强弱不一，从而决定并影响各国在国际金融活动中的竞争力；同时，不同的金融结构也是决定和影响各国金融稳定性和避险能力的重要因素。

（二）对经济发展的影响

金融结构对经济发展的影响主要表现在两个方面：

第一，有利于提高储蓄、投资水平，并通过有效配置资金来促进经济增长。戈德史密斯的研究表明，在现代经济增长中，储蓄与投资水平具有决定性作用，而要提高储蓄与投资水平又取决于金融结构。在金融结构演进过程中，有两个因素造成了储蓄与投资二者功能的分离并相应提高了储蓄与投资的水平：一是出现了金融工具，二是成立了金融机构并扩大了金融资产的范围。假定其他因素不变，储蓄与投资二者功能的分离提高了投资效益，并提高了资本形成对国内生产总值的比率，通过储蓄与投资两个渠道的金融活动提高了经济增长率。① 合理的金融结构可以使投融资成本趋于下降，有力地促进储蓄向投资的转化；可以使金融机构和金融市场能够提供更多、更灵活的投融资安排，从总体上满足不同投资者和筹资者的各种需求，从而使全社会的资金融通更为顺利。各种投融资限制的逐渐消除，使各类投融资者实际上都能进入市场参与活动，金融业对社会投融资的满足度和便利度的上升将有力地推动经济增长。

第二，通过金融结构的优化，完善服务功能和风险管理功能，以提高经济发展的水平。金融

---

① 戈德史密斯．金融结构与发展．北京：中国社会科学出版社，1993：359。

业通过提供大量具有特定内涵与特性的金融工具、金融服务、交易方式或融资技术等成果，从数量和质量两个方面同时提高需求者的满足程度，为经济社会提供各种金融便利和服务，为人们生活中的各种不确定性风险提供保险和保障，增加金融商品和服务的效用，从而增强金融的基本功能，提高金融运作的效率，满足不断增加的各种金融需求，提升人们经济生活的质量并增加社会总福利。

综上所述，金融结构不仅是金融发展状况的具体体现，而且对一国金融发展和经济发展具有重要的决定作用和影响力。保持或优化金融结构，可以通过增加金融商品和服务的效用，提高支付清算的能力和速度，增加金融机构的资产和盈利率，有利于提高金融产业的运作效率；可以通过提高市场价格对信息反应的灵敏度，增加可供选择的金融商品种类，增强剔除个别风险的能力，降低市场交易成本，提高投融资的便利度等，有利于提高金融市场的运作效率。因此，金融结构的演进与优化总是和金融效率、金融发展水平、金融国际竞争力紧密相关。

原理20-2

金融的发展水平、稳定性程度、产业功能和运作效率与金融结构的合理性正相关。

第四节 经济金融化与金融全球化

经济金融化和金融全球化是当今世界经济、金融发展的两大趋势，在越来越开放的世界经济形势下，经济与金融在广度与深度上都趋向融合。

一、经济金融化

（一）经济金融化的含义

经济金融化（Financialization）是指一国经济中金融资产总值占国民经济产出总量的比重处于较高状态并不断提高的过程及趋势。也有人把经济金融化看做是包括银行、证券、保险、房地产信贷等广义的金融业在一个经济体中的比重不断上升并产生深刻影响的过程。一般可以从以下三个方面来理解经济金融化的含义。

1. 金融增长快于经济增长，金融资产占社会总资产的比重不断上升

二战以后，在世界经济呈现高速增长的同时，金融业也出现爆发性增长，金融业的发展速度超越了经济发展速度。20世纪80年代之前，主要发达经济体金融产业的增长快于整体经济的增长，两者增速之比从比较稳定的1倍逐渐发展到超过2倍。进入80年代以后，金融产业的发展速度进一步加快，金融产业以快于经济3~4倍的速度增长。金融产业的高速增长，使得包括货币资产在内的金融资产占社会总资产的比重不断上升，金融在整个经济中的地位不断提高，金融的重要性日益突出。目前，主要发达国家和部分发展中国家（如中国）的金融资产所占比重均处于极

高状态。以货币总量占 GDP 的比重、银行信贷资产总值占 GDP 的比重、债券市场价值占 GDP 的比重、股票市场价值占 GDP 的比重等指标来衡量一个经济体的经济金融化程度，就会发现许多国家的货币总量、银行信贷资产总值、债券市场价值、股票市场价值已超过该国 GDP 总值，有的甚至是数倍于 GDP 总值。

2. 经济金融相互渗透融合，信用关系成为最基本的经济关系

现代金融活动已渗透到经济活动的各个方面，经济活动与金融活动逐渐融合，成为一个整体，现代经济也被称为金融经济。在许多时候，经济发展状况常常以金融发展状况或相关的金融数据进行反映。例如，以银行信贷或投资总量来反映经济增长状况。同时，社会各经济主体之间的经济关系越来越表现为债权债务关系、股权关系、保险关系和信托租赁等金融关系，人们的财富也越来越多地以金融资产的形式体现，现代经济关系日益金融化。

3. 政府对经济的调控管理活动日益体现为对金融的调控管理活动

在现代社会中，政府不仅是重要的经济部门，而且负有维护经济稳定与发展的责任。当金融成为经济活动的核心时，通过对金融的监测，就能掌握经济活动的基本状态。政府可以利用金融在经济中的重要地位和作用，来实现对经济活动的调控和管理。随着经济金融化程度的加深，加强国际金融风险管理与防范已经成为各国的共识，国际金融风险的防范和国际金融关系的协调也成为各国政府经济协调的核心部分。

（二）经济金融化的发展过程

经济金融化的发展进程明显地体现出两阶段特征。20 世纪 70 年代以前为第一阶段，具体表现为经济货币化；20 世纪 70 年代后至今为第二阶段，即经济金融化。

1. 经济货币化阶段

经济货币化是指一国国民经济中用货币购买的商品和劳务占其全部产出比重的提高过程及趋势。如果严格按照货币化的定义，货币化程度应该用一定时期内媒介商品劳务交易的货币总量与总产出量之比来表示，即为**货币化比率**（Monetization Ratio）。但由于找不到相对应的统计资料，一般用一定时期的货币存量与名义收入之比来代表，因为经济的货币化直接扩大了货币需求，从而引起货币存量的增加，而一个国家的名义收入基本上可以代表总产出量。在具体分析中，可以按货币层次的口径对货币化比率进行分层研究，目的在于考察货币结构变化及其影响。

与自给自足式的自然经济和以物易物的实物交换相对应，经济货币化是与经济商品化和货币作用力成正比的。商品化程度高意味着一国经济发展已经走出了自给自足的自然经济阶段；货币化程度与物物交换或实物分配的比例成反比。一般来说，商品化是货币化的前提与基础，但商品化不一定等于货币化，因为在商品化的交换与分配中，也会存在一部分物物交换与实物分配的比例，这部分就是“非货币化的”。在现实中，商品经济的发展也不是必然伴随着货币化程度的提高，二者之间有时是不同步的，究其原因，既有客观因素，但更多的是人为的或体制的原因。例如，一些发展中国家忽视货币在发展商品经济中的重要作用，在生产、流通、分配、消费领域采用某些强制性的行政干预或计划调配方式，就会造成货币化程度滞后于商品经济发展程度的局面。

2. 经济金融化阶段

经济金融化程度通常用**金融相关率**（Financial Interrelations Ratio，FIR）来衡量，是指一定时期内社会金融活动总量与经济活动总量的比值。金融活动总量一般用金融资产总额表示。

如上所述，随着当代经济和信息技术的发展，金融创新层出不穷，使得金融结构发生明显变化，货币性金融资产占总金融资产的比重持续下降，而大量的非货币性金融资产却高速增长，非

货币性金融资产所占比重大幅上升。此时，若继续用货币化比率指标来反映一国金融、经济发展水平与市场化程度，就可能出现解释变量与被解释变量之间产生背离问题。在许多发达经济体中，货币化比率指标普遍地呈现下降趋势。因此，这一阶段需要从金融资产的角度来反映和研究金融与经济的关系。与此相应，经济货币化就发展为更为广义的经济金融化。

无论是逻辑分析还是各国经验都表明：一国经济的货币化先于金融化，货币化是金融化的先导和基础，当货币化达到一定程度时，金融化趋势才随非货币类金融工具的迅速扩张而趋于强劲。这是现代经济中金融渗透的主要形式，也是货币化向纵深发展的必然结果。

（三）经济金融化的作用与影响

西方经济学家一致认为，经济金融化是一国经济发展水平和经济发展进程最重要的标志。许多著名经济学家（如戈德史密斯、弗里德曼和施瓦茨等）的经典研究表明，不同国家在货币化比率和金融相关比率上的差别反映了其经济金融发展水平的差距。从另一个角度来看，经济金融化提高了经济效率，促进了经济的发展。对于低货币化和金融化的经济体而言，提高货币化和金融化的过程，是改善经济发展条件和金融推动经济发展的过程。

经济金融化的差别既表明了经济发展水平的差异，也体现了金融在经济运行中的地位、作用及其职能发挥状况的优劣，即金融效率的差异。经济金融化程度高，一方面表明社会经济活动越来越多地通过货币来表现和实现，货币的作用范围大，渗透力、推动力和调节功能强；另一方面，表明社会金融活动活跃，金融对经济资源的配置作用力强，金融能更有效地实现对经济的调节作用。

经济金融化是经济与金融逐渐走向融合的过程，是经济与金融互动发展的过程。一方面，经济与金融的交融发展，既促进了经济的发展，也为金融作为重要产业的发展拓宽了空间；另一方面，也意味着通过金融影响与调节经济的功能日益增强，使金融成为宏观经济调控的着力点。

但也必须看到，经济金融化的过程是金融高速增长和膨胀的过程，也是金融与经济逐步脱节与虚拟化的过程。一旦金融与经济的融合度降低，金融出现自身膨胀，就将积累起巨大的风险。而经济金融化又促使风险在金融与经济之间快速传导，金融风险将迅速引发经济风险，进而引起经济危机。2007 年美国次贷危机引发国际金融危机，并最终引发全球经济衰退，就是一个典型的案例。因此，经济金融化过程下，如何适度发展金融、控制金融风险，将是一个永恒的话题。

知识链接20-2

中国的经济货币化

中国具有漫长的自然经济历史。近代以来二元经济的特征比较明显，新中国成立以前仍是自给自足的小生产方式占主导，商品经济不发达，金融的作用很小，货币化程度低下。新中国成立以后，我国的货币化程度仍然长期停留在较低的水平上，造成这一局面的原因很复杂，主要是长期实行计划经济体制，实行产品统购包销，职工收入分配以实物分发和泛福利制度（即由政府或企业包揽住房、医疗、教育、交通、退休乃至生活服务、精神文化消费等）为主、货币工资为辅，商品经济发展水平低等。改革以来，特别是社会主义市场经济体制确立以后，客观上需要有较高的货币化程度与之相适应。

由于提高货币化程度的涉及面很宽，需要采取多方面的综合性配套改革措施。提高货币化程度的基础在于商品经济的发展，关键是要在社会主义市场经济体制中充分发挥货币的职能。为此，需要大力发展商品经济，特别是农村的商品经济，提高农村的商品产出率和消费率，扩大以货币购买的商品和劳务总量；同时，社会分配采取完全的货币工资形式，取消各种实物分发、隐性分配和公款消费等非货币化分配方式，改革泛福利制度，实现居民衣食住行等消费的商品化和包括医疗、失业、退休等社会保障在内的货币化。此外，需要加快金融体制改革，保证币值的稳定和货币流通的正常化，大力发展金融业，以便向社会提供种类齐全、快速准确、周到便利的金融服务，为提高货币化程度创造良好的货币金融环境。改革开放以后我国的货币化比率明显呈逐年上升趋势，特别是 M2 占 GDP 的比重 1996 年以后已经超过 100%，到 2020 年已达 215. 24%，具体如图 20-1 所示。

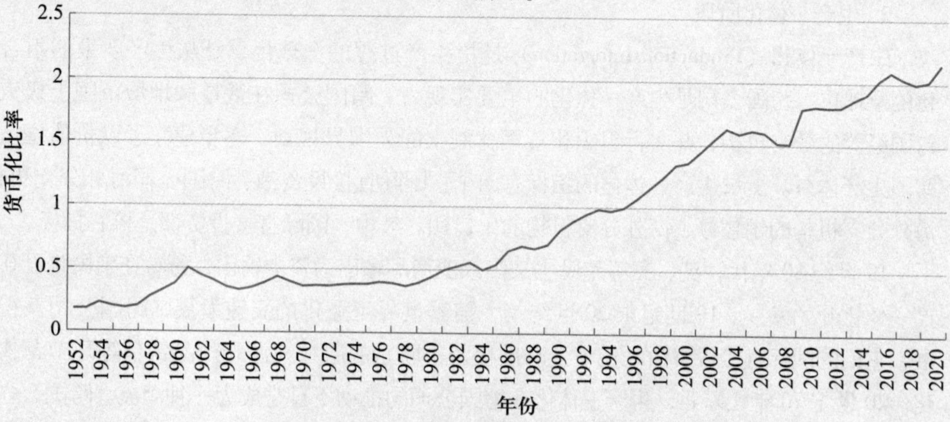

图 20-1　我国 1952—2020 年的货币化比率

资料来源：历年《中国统计年鉴》《中国金融年鉴》。

二、金融全球化

在现代金融发展过程中，全球化趋势非常强劲。经济全球化是金融全球化的基础与背景，同时金融全球化又是经济全球化的表现形式和发展阶段。

（一）经济全球化

经济全球化是当今世界经济发展的主要趋势。经济全球化是指世界各国和地区的经济相互融合、日益紧密，逐步形成经济一体化以及与此相适应的世界经济运行机制的建立与规范化过程。经济全球化相继经历了贸易一体化、生产一体化和金融国际化三个既相互联系又层层推进的发展阶段。

1. 贸易一体化阶段

贸易一体化（Trade Integration）是经济全球化的先导，也是它的首要标志。贸易一体化是指在国际贸易领域内国与国之间普遍出现的全面减少或消除国际贸易障碍的趋势，并在此基础上逐步形成统一的世界市场。衡量贸易一体化的主要指标有关税水平、非关税壁垒的数量、对外贸易依存度（等于本国进出口额与当年国内生产总值的比值）、参加国际性或区域性贸易组织的情况等。

19 世纪后半叶，随着资本主义生产方式在主要资本主义国家的确立，国内市场的狭小成为生产规模进一步扩大的主要障碍，商品交换开始走出国境，国际贸易开始有了较大规模的发展。第一次世界大战结束以后，以美国为首的资本主义经济强劲发展，带动贸易一体化又进入了一个新高潮，但很快被1929—1933年的世界性经济危机打断。第二次世界大战结束后的冷战格局限制了国际交往的发展，贸易一体化过程也深受影响。20世纪90年代以后，随着冷战格局的打破，世界商品贸易连年迅速增长，1994年全球商品贸易额首次达到4万亿美元。1995年世界贸易组织（World Trade Organization，WTO）正式成立，为经济全球化的发展创造了良好的国际协作基础。21世纪以来，全世界贸易总额的50%以上属于跨国界贸易。2020年，我国进出口贸易总额达到32.16万亿元人民币。国际贸易中的产品日趋多样化、复杂化，贸易的方式不断创新，新的国际贸易机制逐渐完善。

2. 生产一体化阶段

生产一体化（Production Integration）是指生产过程的全球化，是从生产要素的组合到产品销售的全球化。跨国公司是生产一体化的主要实现者。跨国公司在数量和地域范围上极大地扩展了跨国经营的分支机构，并实行组织和管理体制上的无国界规划，逐步建立了以价值增值为基础的跨国生产体系。衡量生产一体化的指标有四个：国际直接投资额、跨国公司海外分支机构的产值、海外分支机构的销售额、海外分支机构的出口额。其中，国际直接投资额是核心指标。

19世纪80年代，英、美等殖民主义国家变商品输出为资本输出，纷纷在殖民地开矿办厂，生产一体化开始发展。19世纪末20世纪初，随着世界工业化的高速发展，跨国公司获得了迅猛发展，它们的国际直接投资活动使与生产过程紧密联系的原料来源和产品销售等环节都实现了跨国化。20世纪70年代以后，生产一体化在跨国公司的推动下日益成为一种潮流。跨国公司的高度发展降低了贸易的成本，使得公司内贸易成为贸易一体化的重要形式，国际贸易在世界经济中的地位相对下降，生产一体化逐步成为经济全球化的主要形式。20世纪80年代以后，跨国公司及国际直接投资政策经历了较为明显的自由化转变，跨国公司开始将经营战略调整为区域经营战略，即将子公司的目标向更广的区域性市场延伸，形成了区域一体化的国际生产体系。90年代以后，跨地区的一体化因素也被逐步引入跨国公司的经营管理之中，跨国公司体系内的职能分工从最初的国内（跨国公司母国国内）与国外之分，转变为地区范围内价值链上下环节或水平之分，进一步更新为全球范围内价值链上下或之间的分工，形成了公司职能跨地区的全球一体化经营战略。

生产一体化发展到今天，无论是从社会再生产的诸环节（生产、分配、交换和消费），还是从生产的各种要素（资本、技术、原材料和劳动力）流动来看，都实现了全面的全球化，已经达到了一个前所未有的高度，并且还将随着生产力的发展继续向前发展。

3. 金融全球化阶段

国际贸易和跨国公司直接投资的发展必然产生金融全球化的需求：一是国际贸易发展所产生的国际支付和国际结算的需要，促进了货币的国际交换和银行结算业务的发展；二是国际贸易发展过程中产品交换市场的发展，又促进了为国际商品交换服务的各种国际金融市场的形成；三是生产一体化促使经济资源的全球化配置，客观上要求全球资本能自由流动，金融全球化是生产一体化的必然要求；四是跨国公司的全球化经营布局要求为之服务的金融业跨越国界，提供全方位和综合化的金融服务，从而推动了跨国银行和其他全球性金融机构的产生和发展，推动了全球性金融市场的形成与发展。20世纪70年代以后，为适应经济全球化发展的要求，众多的发展中国家放松了金融管制，采取优惠措施大量吸引外资，促使资本能够在世界各地自由流动，由此产生了大量的新兴国际金融市场，促进了金融全球化，并使之成为经济全球化最集中的表现形式。

金融全球化（Financial Globalization）是指世界各国和地区放松金融管制、开放金融业务、放开资本项目管制，使资本在全球各地区、各国家的金融市场自由流动，最终形成全球统一的金融市场和货币体系的趋势。金融全球化是从金融业务和金融机构的跨国化开始的，它的历史可以追溯到 19 世纪初英国银行业的海外扩张。但金融全球化的迅速发展则是在第二次世界大战以后。伴随着贸易全球化和生产全球化进程，金融全球化自 20 世纪 70 年代以来快速发展。布雷顿森林体系崩溃以后，各国普遍实行浮动汇率制，并逐步放开了对资本项目的管制，促进了资本的国际自由流动，催生了跨国金融机构和离岸金融市场，随之而来的金融创新的活跃，使金融全球化向更高的层次迈进。同时，电子信息技术及相关产业的迅速发展使得全球 24 小时不间断的金融交易成为可能，为金融全球化提供了技术支持。

（二）金融全球化的主要表现

1. 金融机构全球化

金融机构的全球化包括本国金融机构的准出和外国金融机构的准入两方面的含义。20 世纪 70 年代以后由于国内竞争加剧和金融管制的放松，发达国家的各种金融机构纷纷通过建立代理行关系或直接设立代表处、分行、子银行与联号银行等方式到国外发展分支机构网络，大力拓展海外业务。跨国金融机构不仅开辟发达国家的金融市场，还不断地拓展发展中国家的金融市场。发展中国家出于吸收发达国家资金以及发展本国金融市场的需要，开始逐步放宽对外资金融机构的限制，扩大其经营范围，改善经营环境；同时，发展中国家采取各种措施鼓励本国金融机构积极开展国际业务，设立国外分支机构，从而推动了跨国金融机构的蓬勃发展，形成了全球范围的经营网络。进入 90 年代后，跨国金融兼并、收购浪潮此起彼伏，不仅体现在同业之间，还体现在银行业、证券业、保险业等不同金融产业之间，跨国金融集团不断涌现。

2. 金融业务全球化

金融机构的全球化必然带来金融业务的全球化。金融业务的全球化一是体现为金融机构在全球范围内调度资金，经营各种业务。一般用国际性金融业务量占总业务量的比重来衡量金融业务全球化的程度。二是体现为金融业务种类和规程的全球化，即无论是传统业务，还是创新业务，特别是电子金融业务，全球通用性日益提高。

3. 金融市场全球化

首先，各地区之间的金融市场相互连接，形成了全球性的金融市场。由于发达国家（地区）金融管制的放松和发展中国家（地区）实行的对外开放战略，大批新兴的金融市场在适合的环境下迅速发展，成为重要的国际性金融市场。如中国香港、新加坡、巴林等目前都已经成为世界上重要的离岸金融市场，它们与发达国家原有的国际金融市场相互贯通，构成了全球性的金融市场网络，并打破了不同地区市场时差的限制，形成了 24 小时不间断的连续运行，带动了资本在全球的高速流动。

其次，各国金融市场的交易主体和交易工具日趋全球化。逐步放松的资本流动限制和外汇管制，一方面吸引了大量的外国企业在本国发行股票和债券，另一方面大量的外国投资者持有本国金融资产，各国金融市场，尤其是离岸金融市场，交易主体中非居民所占的比重上升。同时，交易主体的全球化使金融市场交易工具日趋全球化。例如，在主要发达国家的股票市场上，都有大量的外国公司股票上市，近年来我国企业也纷纷到纽约、新加坡等地上市。

最后，各国金融市场上主要金融资产的价格和收益率的差距日益缩小。随着金融管制的放松，资本在逐利的本性下不断流向收益最高的地方，促使金融资产价格和收益率在各国间产生趋同性。从目前的情况看，外汇市场和证券市场在这方面的表现最为明显，金融全球化促进了外汇市场上主要货币汇率水平的趋同和全球股权市场的一体化。

4. 金融监管与政策协调全球化

面对金融机构、金融业务、金融市场的全球化，单靠一国金融监管当局的力量已经无法适应这种迅速发展的全球化需求，这必然要求有相应的国际金融协调、监管机构和机制。金融全球化条件下的金融监管和政策协调更多地依靠各国政府的合作、国际性金融组织的作用以及国际性行业组织的规则。例如，国际货币基金组织是典型的国际金融协调机构，它负责调节成员国的国际收支差额，维持汇率的稳定。国际清算银行作为“各国中央银行的中央银行”，在全球监管中发挥了重要作用，由国际清算银行发起拟定的《巴塞尔协议》及《有效银行监管的核心原则》等文件为越来越多的国家所接受，标志着全球统一的金融监管标准逐步形成。

（三）金融全球化的作用与影响

金融全球化是经济全球化在金融领域的表现。如同经济全球化具有积极和消极两方面的影响一样，金融全球化也是一把双刃剑，会产生积极和消极两方面的效应。

1. 金融全球化的积极作用

（1）通过促进国际贸易和国际投资的发展推动世界经济增长。贸易一体化、生产一体化的发展对金融全球化提出了需求，金融全球化反过来又有力地促进了国际贸易和国际直接投资的发展。金融全球化使各国资金可以在全球范围内调剂余缺，从而可以实现资本等生产要素在全球范围的优化配置，提高了配置和利用效率。在金融全球化发展过程中，国际范围内有形资本形成的增加、人力资源的开发、技术知识的转移、生产能力的利用、市场的开拓和对外贸易的扩大，有力地推动了各国经济的发展。

（2）促进全球金融业提高效率。金融全球化促进了金融机构之间的竞争，从而降低了金融交易成本。同时，金融全球化使国内资本市场与国际资本市场相衔接，实现投资者与融资者的跨国与跨区域选择与流动，从而实现全球范围内的最佳投资组合。另外，金融全球化有利于金融创新的全球性传递，促进全球金融结构的改善与金融效率的提高。

（3）加强了金融监管领域的国际协调与合作。金融全球化使各国的经济利益息息相关，加强国际协作合乎各国共同利益。同时，资本的自由流动、汇率和利率的市场化对各国金融管理体制提出了更高的要求，势必将促进各国在金融监管领域的深入合作。

2. 金融全球化的消极作用

（1）增大金融风险。主要体现在三个方面：第一，金融机构的全球化经营将承担国际政治和社会动荡等风险因素，加大内部管理难度。如1995年巴林银行的倒闭、日本大和银行因纽约分行的问题而陷入困境，都是典型的事例。第二，全球化加大了金融业原有的利率风险、市场风险、信用风险、流动性风险和经营风险等。国际汇率波动、不同经济体之间的利率水平差异、国际电子转账与支付清算网络运行以及国际性金融犯罪因素等，都放大了金融风险。第三，金融全球化将加大信息不对称程度，增加道德风险和逆向选择风险。

（2）削弱国家宏观经济政策的独立性和有效性。金融全球化使得一国的经济和金融发展越来越受到外部因素的影响，其采取的经济政策将受到其他国家经济政策的冲击，降低经济政策制定的独立性与执行的有效性。例如，当一国国内为抑制通货膨胀而采取紧缩货币政策，使国内金融市场利率提高时，国内的银行和企业可方便地从国际货币市场获得低成本的资金，这就会削弱金融当局对货币总量、利率等指标进行控制的有效性。同时，国际游资也会因一国利率提高而大量涌进该国，从而使该国紧缩通货的效力受到削弱。

（3）加快金融危机在全球范围内的传递，增加了国际金融体系的脆弱性。金融全球化使各国的经济联系不断加强，各国经济相互融合，形成了一个有机整体。这不仅使金融的时空界限被打破，也加速了金融风险在全球的传播，金融局部失衡蔓延范围在扩大、程度在加深，单个国家的金融危机可以迅速演化为地区性甚至是世界性的金融危机。1997 年爆发的亚洲金融危机和 2007 年美国次贷危机引发的国际金融危机即为明证。

知识链接20-3

风险面前更应加强国际合作

世界银行、国际货币基金组织等国际机构近期纷纷下调 2019 年全球经济增长预期，经济学家们从经济增长动力的各个方面寻找可能的风险点。2019 年将是国际金融危机爆发以来的一个特殊时点。在全球经济下行风险加大的背景下，各国更应加强国际合作，共同应对挑战。

本轮全球经济增长周期始于国际金融危机之后，近十年来呈现出一系列新的特征：其一，增长时间长，但增速缓慢，增长率一直没有恢复到国际金融危机前的水平；其二，由于技术进步没有明显突破，生产率一直低于经济增长率；其三，多数年份的贸易增长率低于经济增长率，从而改变了二战后贸易拉动经济增长的格局；其四，经济增长动力主要源于政府的刺激政策，主要发达国家实施以量化宽松为代表的低利率或负利率政策，导致债务负担不断加重；其五，国际金融危机前的产能过剩问题不仅没有被化解，还伴随扩张性经济政策进一步加剧；其六，虚拟经济与实体经济进一步脱节，证券市场走势脱离实体经济走势。从这种意义上说，2018 年全球经济放缓与 2019 年下行风险加大都是国际金融危机的后遗症。

应对全球经济短期下行风险固然重要，但更重要的是如何化解背后的结构性矛盾。历史经验和教训一再表明，全球性问题需要全球性合作。缺乏合作的宏观经济政策、以邻为壑的贸易投资政策、迎合民粹主义的诉求不但无益于降低本国经济的短期下行风险，而且会给全球经济带来灾难性影响。

资料来源：李向阳．风险面前更应加强国际合作．人民日报，2019-01-24。

原理20-3

经济金融化与金融全球化在推进经济金融相互融合与金融高度发达的同时，也增加了金融的脆弱性和风险性。

本章小结

1. 现代经济社会中，金融与经济高度融合。在金融与经济的基本关系上，首先体现为经济发展对金融起决定性作用，经济发展决定了金融的产生，决定了金融的规模、层次和结构；其次，金融是国民经济的核心，金融对经济发展产生巨大的推动作用，且这种推动作用随着金融与经济的发展而日益增强。

2. 金融创新是指金融领域内部通过各种要素的重新组合和创造性变革所创造或引进的新事物，包括制度创新、业务创新和组织结构创新。金融创新提高了金融机构的运作效率，提高了金融市场的运作效率，增强了金融产业的发展能力，增大了金融作用力。但金融创新同时在很大程度上改变了金融运行机制，影响了宏观调控效果，导致金融过度膨胀，增大了金融风险。因此，在金融不断创新发展的同时，要实现金融管理与风险控制的协同创新。

3. 金融结构是指构成金融总体的各个组成部分的分布、存在、相对规模、相互关系与配合的状态。金融的发展，既是金融总量或规模的增长过程，又是金融结构的演进与优化过程。在金融发展的前期阶段，金融发展主要表现为金融总量或规模的增长，而随着金融发展的持续深入，金融发展则更多地体现为金融结构演进与优化。

4. 形成一个国家或地区金融结构的基础性条件主要有经济发展的商品化和货币化程度、商品经济的发展程度、信用关系的发展程度、经济主体行为的理性化程度以及文化、传统、习俗与偏好等。而导致金融结构发生变动的主要因素有制度因素、金融创新的活跃程度、技术进步、开放程度等。

5. 金融结构的演进推动了金融和经济的持续发展。金融结构对经济发展的影响主要表现在两个方面：一是金融结构演进有利于提高储蓄和投资水平，并通过有效配置资金来促进经济增长；二是通过金融结构的优化，完善服务功能和风险管理功能以提高经济发展的水平。

6. 经济货币化是指一国国民经济中用货币购买的商品和劳务占其全部产出的比重及其变化过程。经济货币化对于商品经济的发展和市场机制的运作具有重要作用，提高经济的货币化程度是促进现代市场经济发展的内在要求。

7. 经济金融化是当今世界经济、金融发展的一大趋势。经济金融化是指一国国民经济中金融资产总值占国民经济产出总量的比重处于较高状态并不断提高的过程及趋势。经济金融化的早期表现形式是经济货币化。经济金融化提高了经济效率，促进了经济的发展。经济金融化过程，既是金融效率提升的过程，也是经济不断增长的过程。经济金融化水平的差异，体现了经济发展水平的差异。

8. 金融全球化是当今世界经济、金融发展的另一大趋势。金融全球化的背景是经济全球化，具体表现为金融机构全球化、金融业务全球化、金融市场全球化和金融监管与协调的全球化。金融全球化促进国际贸易与国际投资的发展，推动世界经济的增长，但同时也积累起更大的金融风险，削弱了国家宏观经济政策的独立性和有效性，加快金融风险的国际传导，增加了国际金融体系的脆弱性。

重要术语

普惠金融	绿色金融	金融创新	金融科技	经济金融化
经济货币化	货币化比率	金融结构	金融相关比率	金融全球化
经济全球化	贸易一体化	生产一体化		

☞ 术语解释请扫描封底增值服务码→名词术语。

思考题

1. 金融与经济之间存在什么关系？为什么说经济发展对金融有决定性作用？
2. 怎样理解现代经济发展中金融发展的新理念？
3. 现代经济发展中金融可能出现哪些不良影响与副作用？应如何防范？
4. 金融创新的含义与表现是什么？其主要成因有哪些？
5. 试分析当代金融创新的利弊与作用。你认为我国在金融创新中应注意什么问题？
6. 什么是金融结构？一国的金融结构通常是如何形成与变化的？
7. 金融结构的演进如何推动现代金融和经济的持续发展？
8. 如何评价或判断一国金融结构的合理性与优劣程度？请尝试对我国目前的金融结构进行分析与评价。
9. 什么是经济金融化？怎样理解金融化的作用与影响？
10. 你对我国经济发展中的金融化问题有何看法？
11. 什么是金融全球化？金融全球化表现在哪些方面？
12. 金融全球化对世界金融与经济发展产生什么影响与作用？

☞ 更多思考练习请扫描封底增值服务码→习题作业、例题及综合测试。

讨论题

讨论主题：发展中国家金融深化的理论与实践

讨论素材：《发展中国家金融深化的主要内容》

思考讨论：

1. 发展中国家金融深化的主要内容是什么？
2. 结合实际分析发展中国家金融深化产生的效应。

☞ 相关讨论素材请扫描封底拓展资料码→教学案例。

延伸阅读

1. 戈德史密斯. 金融结构与发展. 北京：中国社会科学出版社，1993.
2. 谈儒勇. 金融发展理论与中国金融发展. 北京：中国经济出版社，2000.
3. 李健. 金融创新与发展. 北京：中国经济出版社，1998.
4. 沙奈. 金融全球化. 北京：中央编译出版社，2000.
5. 黄金老. 金融自由化与金融脆弱性. 北京：中国城市出版社，2001.

☞ 更多资源请扫描封底拓展资源码→文献目录。

即测即评

请扫码答题，检测本章学习效果。

主要参考文献

1. 黄达，张杰. 金融学（货币银行学）. 4 版. 北京：中国人民大学出版社，2017.
2. 黄达. 货币供给与宏观调控. 北京：中国人民大学出版社，1997.
3. 戴相龙，黄达. 中华金融辞库. 北京：中国金融出版社，1998.
4. 王广谦. 中央银行学. 5 版. 北京：高等教育出版社，2021.
5. 王广谦. 20 世纪西方货币金融理论研究：进展与述评. 北京：经济科学出版社，2003.
6. 王广谦. 金融中介学. 4 版. 北京：高等教育出版社，2021.
7. 张亦春，郑振龙，林海. 金融市场学. 6 版. 北京：高等教育出版社，2020.
8. 姜波克，杨长江. 国际金融学. 5 版. 北京：高等教育出版社，2019.
9. 戴国强. 商业银行经营学. 6 版. 北京：高等教育出版社，2022.
10. 魏华林，林宝清. 保险学. 4 版. 北京：高等教育出版社，2017.
11. 陈雨露. 公司理财. 3 版. 北京：高等教育出版社，2014.
12. 陈雨露. 国际金融. 北京：中国人民大学出版社，2000.
13. 郑振龙，陈蓉. 金融工程. 5 版. 北京：高等教育出版社，2020.
14. 郑振龙，江孔亮，陈蓉，等. 中国证券发展简史. 北京：经济科学出版社，2000.
15. 刘红忠. 投资学. 4 版. 北京：高等教育出版社，2019.
16. 姚遂. 中国金融史. 北京：高等教育出版社，2007.
17. 宋逢明. 金融工程原理：无套利均衡分析. 北京：清华大学出版社，1999.
18. 吴晓求. 证券投资学. 4 版. 北京：中国人民大学出版社，2014.
19. 史建平. 投资学. 武汉：武汉大学出版社，2005.
20. 王光伟. 货币、利率与汇率经济学. 北京：清华大学出版社，2003.

21. 刘明亮，邓庆彪. 利息理论及其应用. 北京：中国金融出版社，2007.
22. 吴念鲁，陈全庚. 人民币汇率研究. 北京：中国金融出版社，2002.
23. 陈观烈. 货币·金融·世界经济. 上海：复旦大学出版社，2000.
24. 易纲. 中国的货币化进程. 北京：商务印书馆，2003.
25. 李飞，赵海宽，许树信，等. 中国金融通史：第1—3卷. 北京：中国金融出版社，2002，2003.
26. 王文灵，于瑾. 衍生工具定价理论. 北京：经济科学出版社，1998.
27. 李健. 当代西方货币金融学说. 北京：高等教育出版社，2006.
28. 中国人民银行货币政策司. 货币市场知识读本. 北京：中国经济出版社，2003.
29. 黄鉴晖. 中国银行业史. 太原：山西经济出版社，1994.
30. 中国保险学会，中国保险史编审委员会. 中国保险史. 北京：中国金融出版社，1998.
31. 何旭艳. 上海信托业研究（1921—1949年）. 上海：上海世纪出版集团，2007.
32. 严庆泽，梁鸿，王立安. 世界保险史话. 北京：经济管理出版社，1993.
33. 尼夫. 金融体系：原理和组织. 北京：中国人民大学出版社，2005.
34. 德米尔古克-肯特，莱文. 金融结构和经济增长：银行、市场和发展的跨国比较. 北京：中国人民大学出版社，2006.
35. 米什金. 货币金融学：第九版. 北京：中国人民大学出版社，2011.
36. 坎普，弗里曼. 构建货币经济学模型：第二版. 北京：中国金融出版社，2004.
37. 斯蒂格利茨，格林沃尔德. 通往货币经济学的新范式. 北京：中信出版社，2005.
38. 亚历山大，夏普. 证券投资原理. 成都：西南财经大学出版社，1992.
39. 法博齐，莫迪利亚尼. 资本市场：机构与工具. 北京：经济科学出版社，1998.
40. 亨特. 金融衍生工具理论与实践. 修订版. 成都：西南财经大学出版社，2007.
41. 金德尔伯格. 西欧金融史. 北京：中国金融出版社，1991.
42. 里瓦尔. 银行史. 北京：商务印书馆，1997.
43. 艾伦，盖尔. 比较金融系统. 北京：中国人民大学出版社，2002.
44. 弗里德曼. 弗里德曼文萃. 北京：首都经济贸易大学出版社，2001.
45. 希勒. 金融与好的社会. 北京：中信出版社，2012.
46. MISHKIN F S，EAKINS S G. Financial markets and institutions. 北京：中国人民大学出版社，2007.
47. ALLEN L. 资本市场与机构. 北京：中国人民大学出版社，2003.
48. BAZ J，CHACKO G. 金融衍生工具定价、应用与数学：英文影印版. 北京：北京大学出版社，2005.
49. CHANCE D M，BROOKS R. 衍生工具与风险管理：第8版. 陈淼鑫，改编. 北京：高等教育出版社，2015.